## RÉGIONS ADMINISTRATIVES

1 Alsace
2 Aquitaine
3 Auvergne
4 Bourgogne
5 Bretagne
6 Centre
7 Champagne-
   Ardenne
8 Corse
9 Franche-Comté
10 Ile-de-France
11 Languedoc-
   Roussillon
12 Limousin
13 Lorraine
14 Midi-Pyrénées
15 Nord-
   Pas-de-Calais
16 Basse-Normandie
17 Haute-Normandie
18 Pays de la Loire
19 Picardie
20 Poitou-Charentes
21 Provence-Alpes-
   Côte d'Azur
22 Rhône-Alpes

Fra. 1

3

# PRINCIPALES CURIOSITÉS

## Signes conventionnels

| Vaut le voyage ★★★ | | |
| --- | --- | --- |

Autoroute ou assimilée     ♣ Ruines

Route de grand tourisme     ∩ Grotte

| Mérite un détour ★★ |

● Localité décrite     ♦ Site préhistorique

Intéressant ★

✝ Édifice religieux     ▲ Curiosités diverses

✕ Château

0           50 km

Cette carte situe les villes et curiosités classées par ordre alphabétique, les sites les plus importants qui leur sont rattachés et les grandes stations.

Le guide mentionne en outre d'autres localités, monuments, souvenirs historiques ou sites naturels illustres : consultez l'index.

| De | in Deutsch |
| --- | --- |
| En | in English |
| Es | en Español |
| Fr | en Français |
| It | in Italiano |
| Ne | in het Nederlands |
| Po | em Português |

# LA FRANCE
## TELLE QU'ELLE EST !

Si la France compte parmi les cinq premiers pays du monde pour l'ampleur de ses échanges commerciaux elle n'en demeure pas moins un pays au fort **enracinement rural**, même si au fil des ans, la population active travaillant dans le secteur de l'agriculture va en diminuant. Par l'intermédiaire d'une villa à la campagne ou d'une propriété tenue en héritage, le Français reste très lié et attaché à sa terre d'origine.

Les vertus de cette terre ancestrale se retrouvent, pour beaucoup de Français, dans le **village**. Celui où l'on est né, celui où l'on passe des vacances ou bien dans lequel on habite, tout au long de l'année. Au-delà des différences d'aspect, liées aux conditions climatiques et aux matériaux de construction, ils présentent tous quelques points communs : une **Grand'rue** qui concentre l'essentiel des commerces, une place du **Champ de foire** qui accueillait jadis d'importants marchés aux bestiaux et bien sûr l'**église** dont les cloches continuent d'égrener les heurs et malheurs de la communauté villageoise. La vie du village, si elle connaît un sommet au moment des foires commerciales ou patronales, se déroule tout au long de l'année de manière très paisible. Seuls le traditionnel **café** ou l'**aire de jeux de boules** résonnent de l'écho parfois passionné des conversations où chacun tente de refaire le monde.

Bien qu'une réforme de décentralisation soit effectuée depuis 1982, **Paris** demeure une grande capitale de 9 millions d'habitants dont le poids se fait sentir sur toute la France.

Siège du pouvoir politique, centre de décisions pour les affaires, Paris par la richesse inégalée de ses trésors architecturaux, ses musées et l'art de vivre qu'il symbolise, représente l'une des toutes premières destinations de tourisme.

Fort heureusement, entre Paris et les villages de la campagne française, des **métropoles régionales** se sont développées depuis quelques décennies. Résolument tournées vers l'avenir, elles sont le reflet du dynamisme des différentes régions de France.

Cet ensemble rapidement esquissé ne serait pas complet sans mentionner les **Français**. Souvent mal perçus par les visiteurs, réputés rouspéteurs, peu serviables et guère ouverts sur l'extérieur, ils demeurent cependant toujours prompts à s'enflammer pour une cause juste ou la défense de leurs traditions. A qui sait prendre le temps de les découvrir, ils réservent toujours un accueil chaleureux et durable.

# Introduction au voyage

Le Mont-St-Michel.

13

# Le paysage

A l'extrémité occidentale du continent européen, l'histoire géologique a engendré une diversité de paysages – eux-mêmes liés à la nature des sols, à l'action des éléments, à l'étagement naturel de la végétation – qui offre un plaisir raffiné et sans cesse renouvelé à qui parcourt la France et sait l'observer.

## Paris : vingt siècles d'urbanisme

Paris est née des îles qui facilitaient la traversée de la Seine sur la grande voie Nord-Sud devenue les rues St-Martin et St-Jacques croisant la route fluviale ; la Lutèce gauloise se limitait à l'île de la Cité. Elle doit son rôle politique au choix que firent d'elle les Capétiens pour leur capitale et son rayonnement au talent des écrivains, compositeurs, artistes, au travail des savants, à l'œuvre des hommes d'État et des administrateurs qui y ont exercé leur activité. L'urbanisme Renaissance et classique fait le charme du Marais où l'hôtel particulier à la française prit sa physionomie.

Au milieu du 19e s., sous l'impulsion du baron Haussmann, le cœur de la ville et les villages ruraux qui la ceinturaient furent remodelés. Les lieux d'habitation, de travail, de loisirs, de commerce furent disposés selon une ordonnance raisonnée, plus harmonieuse et plus économique que par le passé ; des quartiers nouveaux, de grands axes furent créés en même temps que l'activité se différenciait par secteurs.

Le Second Empire et la IIIe République marquent de leur empreinte la Voie Triomphale. Depuis 1945, sous l'influence entre autres de Le Corbusier, l'esthétique architecturale

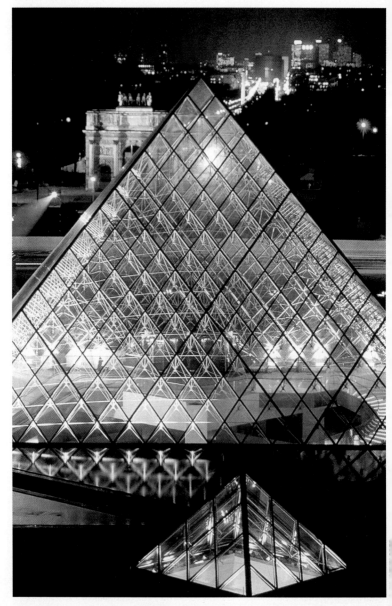

La Pyramide du Louvre : vue de nuit avec l'Arc du Carrousel.

connaît un renouveau : Unesco (1957), Palais de la Défense (CNIT) (1958), Maison de la Radio et de la Télévision (1963), Tour Montparnasse (1973), Palais des Congrès (1974). Les années qui suivent verront cette tendance se confirmer avec la construction, au centre de Paris, de quelques monuments phares, œuvres des plus grands architectes du moment : le Palais Omnisports de Bercy (1984), la Cité des sciences et de l'industrie ainsi que la Géode à la Villette (1986), l'Opéra Bastille (1989), la Grande Arche de la Défense (1989), la Pyramide du Louvre (1989), le ministère des Finances à Bercy (1990), l'aile Richelieu (1994) étape importante du projet « Grand Louvre » (1981-1998), la Cité de la musique à la Villette (1995).

## Ile-de-France, une ceinture de forêts et de rivières

De grands massifs forestiers (Fontainebleau, Rambouillet qui comptent parmi les plus belles forêts de France, Chantilly, Ermenonville, Halatte) et de belles rivières serpentant dans des vallées verdoyantes (l'Oise tranquille, la Marne capricieuse, la Seine majestueuse) font la parure des environs de Paris (le Bassin parisien) opulent territoire agricole qu'illustrent les noms de Vexin, du Valois, de la Brie, du Gatinais, de la Beauce, du Hurepoix et du Mantois. Deux chiffres soulignent le poids industriel de la région : sur 2,2 % du territoire travaillent 22 % de la population active.

En outre, la proximité du pouvoir politique a valu à l'Ile-de-France ses admirables monuments dont bon nombre subsistent de nos jours, chefs-d'œuvre des époques Renaissance et classique. A côté des plus grands châteaux, la nature a été aménagée, par des maîtres de l'art paysager, en parcs et jardins.

## Val de Loire, « Jardin de la France »

Pays de grâce paisible, le Val passe pour la région la plus éminemment française. Les pépinières et les roseraies de l'Orléanais, les halliers de Sologne où de tout temps chassèrent nos gouvernants, les maisons troglodytiques de Touraine, l'ardoise fine et la douceur angevine chères à du Bellay se succèdent le long de la nonchalante Loire. Nonchalante, du moins depuis que la concurrence du chemin de fer a ruiné, au siècle dernier, l'activité du chemin d'eau. Durant cinq siècles, en effet, la Loire a apporté la vie au pays comme grande voie de transit encore améliorée en 1642 par la mise en service du canal de Briare. Tout le long du fleuve les villes conservent la marque de cette activité : **Gien** (65 2), reconstruite, où, de berrichon, le fleuve devient solognot à hauteur du pont que franchit Jeanne d'Arc en se rendant de Vaucouleurs à Chinon ; **Châteauneuf** (64 10), grand centre de mariniers ; **Orléans**, principal entrepôt de marchandises et port de voyageurs lors de la grande batellerie ; plus en aval Blois, Tours, Langeais, Saumur. L'éperon de grès siliceux de **Sancerre** (65 12) porta probablement le château de Robert le Fort.

## Bretagne : l'attrait de la mer

La zone maritime bretonne, l'**Armor**, offre l'infinie variété de la côte, déchiquetée par une mer « qui bouge » : une poussière d'écueils, des baies immenses et des anses étroites, d'admirables « bouts du monde », le spectacle des vagues sans cesse recommencé, le cycle des marées réglant la vie des pêcheurs dans les estuaires.

L'intérieur, l'**Argoat**, reste une terre de légendes et de foi. Les monts d'Arrée et les Montagnes Noires enserrent la région du lac de Guerlédan et le bassin de Châteaulin. Aux premiers se rattachent le Ménez (mont) Bré et les sites forestiers des rochers d'Huelgoat, la montagne St-Michel et le roc Trévezel ; aux secondes le **Ménez Hom** qui domine la baie de Douarnenez et le plateau du Finistère.

Partout, des beaux monuments de granit retiennent l'attention : menhirs, dolmens, châteaux, cathédrales, villes anciennes, maisons rurales, calvaires, fontaines.

De l'embouchure de la Loire à la vallée de l'Aulne, le pays de Nantes, la Grande Brière, les marais salants et la presqu'île de Guérande, les landes de Lanvaux, la Cornouaille composent l'intérieur d'un littoral, la **Côte de l'Atlantique**, dont les ports, les stations balnéaires, les bourgs pittoresques, les sites marins (golfe du Morbihan, presqu'île de Crozon) font l'originalité.

De Fougères et du bassin de Rennes au grand port de Brest et à l'île d'Ouessant, sur la **Côte de la Manche,** le particularisme breton s'individualise dans les vieux terroirs du Guildo, du Penthièvre, du Trégor et du pays de Léon où se succèdent des villes historiques (Guingamp, Morlaix, Tréguier), des stations élégantes, des corniches marines. Alors que des caps et des promontoires (cap Fréhel, pointe St-Mathieu) grandioses s'avancent en mer, battus par les flots, la vallée de la Rance et les estuaires des Abers sont envahis par la mer à marée haute.

## La verdure normande

Le paysage normand traditionnel est célèbre pour ses collines boisées et ses frais vallons où l'aimable silhouette d'un château ou d'un manoir apporte une note d'opulence et d'ordre. La floraison architecturale aux époques romane et gothique s'y est manifestée dans de célèbres abbayes et dans d'admirables cathédrales.

En **Basse-Normandie**, la presqu'île du **Cotentin** évoque la Bretagne par l'austérité de ses paysages granitiques, la vie maritime de ses petits ports et l'amplitude des marées dans la baie du Mont-St-Michel. Le bocage séduit par ses chemins creux, ses champs cloisonnés, ses hameaux dispersés, ses herbages plantureux cernés de haies méticuleusement entretenues, ses vergers de pommiers dont la floraison en avril-mai est un enchantement. De grands massifs forestiers font la parure végétale de la province. Les modes et les jeux ont bien changé depuis que Marcel Proust contemplait Albertine jouant au diabolo, mais les plages normandes font toujours le bonheur de la jeunesse.

La **vallée de la Seine** est le grand axe des échanges de la **Haute-Normandie**, tout entière tournée vers Rouen, la ville-musée. Le pays d'Auge, bocage de luxe, y règne par son cidre, son « calvados », ses prestigieux fromages et l'élégance de ses manoirs. Au Nord du fleuve, le pays de Caux, au limon fertile, où les fermes sont de vraies oasis de verdure, tombe dans la mer par les valleuses festonnées de la côte d'Albâtre.

## Flandres, Artois, Picardie

Sous un ciel très doux, les plaines du Nord composent un pays agricole et industriel verdoyant, aux maisons de brique caractéristiques dont la diversité s'observe dans la Thiérache, le Hainaut, l'Avesnois et le Soissonnais. Les grands plateaux de Picardie, coupés d'étangs et de vallées bordées de peupliers, portent des betteraves et des céréales ; au Sud, le pays de Bray est échancré, à la manière d'une boutonnière, dans la craie du Bassin parisien. Le Boulonnais est connu pour ses plages immenses.

Le « plat pays » de Flandre, coupé de canaux et agrémenté de moulins, oppose les hauts fourneaux et les terrils du Pays Noir au bocage de l'Avesnois et au pays d'élevage de la Thiérache aux originales églises fortifiées.

Aux portes de Compiègne s'étend une vaste et magnifique forêt, vestige de l'immense forêt gauloise qui s'étendait de l'Ile-de-France aux Ardennes et dont les massifs de Raismes-St-Amand-Wallers, St-Gobain et Retz représentent d'autres lambeaux.

Boulogne – Le port de pêche.

## Champagne, Ardennes

La côte de l'Ile-de-France porte le célèbre vignoble champenois, en particulier de part et d'autre de la montagne de Reims, sur les versants qu'y creuse l'entaille de la vallée de la Marne et, au Sud d'**Épernay** (56 16), sur les pentes de la prestigieuse Côte des Blancs aux bourgs caractéristiques (Cramant, Vertus). Le mont Aimé, isolé en avant du front de la côte, couronné de bois, est une butte-témoin exemplaire de l'évolution du relief en pays de couches sédimentaires peu inclinées.

La Champagne crayeuse (sèche), vaste plaine de Châlons-sur-Marne et de Troyes connue pour ses terrains militaires, naguère « pouilleuse », est devenue l'un des grands terroirs agricoles de la France (betteraves, céréales, industries agro-alimentaires).

La Champagne humide est la vaste dépression qui auréole à l'Est la Champagne crayeuse. Au Sud du massif forestier de l'Argonne s'y étendent le Perthois, le Vallage et le Der. Les grands lacs artificiels de la Forêt d'Orient (1966) et du Temple (1991), destinés à régulariser le cours de la Seine, et de Der-Chantecoq (1974), jouant le même rôle pour la Marne, sont devenus des centres de loisirs.

A l'Est et au Sud le paysage est plus accidenté, on distingue la côte des Bars jalonnée par Bar-le-Duc, Bar-sur-Aube, Bar-sur-Seine et le plateau de Langres rude et immense où les reliefs qui prolongent la côte bourguignonne se perdent sous les sédiments du Bassin parisien.

Les Ardennes, où la Meuse déroule ses méandres, sont un ancien massif primaire bouleversé par le plissement hercynien. Ce pays, souvent dévasté par les guerres, maintient sa tradition métallurgique.

## Alsace, Lorraine, les Ballons des Vosges

Entre le Rhin et la chaîne des Vosges, l'Alsace, plaine affaissée par le contrecoup du plissement alpin, apparaît comme un immense verger bien doté par la nature. Elle présente des aspects différents liés à la variété des sols. Sur les cailloux et les sables déposés par le Rhin et ses affluents s'étendent de grandes forêts ; celle de Haguenau couvre près de 14 000 ha composée pour les deux tiers de pins sylvestres et pour le reste de feuillus où dominent charmes, hêtres et chênes. Au pied des coteaux sous-vosgiens hérissés de tours et de châteaux en ruine, la route du vin constitue un pittoresque et gourmand chemin des écoliers ; en particulier à l'époque des vendanges.

La Lorraine présente un ensemble de plateaux inclinés vers le Bassin parisien, barrés par l'original relief des « côtes » ; les buttes de Montfaucon et de Monsec, la colline des Éparges qui domine la Woëvre, la Colline inspirée (Sion) sont des buttes-témoins des côtes de Meuse, la butte de Mousson, l'une de celles des côtes de Moselle.

Le massif des Vosges, qui fait obstacle aux communications plus par son épaisseur que par son altitude, présente au Nord des sommets gréseux, rougeâtres, escarpés ; au Sud de hauts bombements trapus, arrondis, dénommés Ballons. Ses vallées abritent des lacs glaciaires, ses versants portent la magnifique forêt vosgienne et ses hauteurs les riches pâturages des Hautes Chaumes. La route des Crêtes est le grand itinéraire touristique longitudinal de la chaîne. Dans le sens transversal, de part et d'autre du col de Saverne, se font pendant Saverne dans la plaine d'Alsace et **Phalsbourg** (57 17) sur le plateau lorrain, ville fondée au 16e s. puis fortifiée par Vauban et démantelée par les Allemands en 1871.

## La verdure, les eaux, les belvédères du Jura

Le vert sombre des forêts de sapins (forêts de la Joux, de Levier, de Fresse, du Massacre) et celui plus frais des immenses prairies enchantent l'œil. De même, l'abondance des eaux vives : torrents écumants, cascades en nappe ou en éventail (de la Billaude, du Flumen, du Hérisson, du Saut du Doubs), innombrables petites sources, puissantes résurgences (sources de la Loue, du Lison), réseau serré du Rhône, du Doubs, de l'Ain et de leurs affluents (Valserine, Loue, Bienne, Albarine).

Les nappes tranquilles de 70 lacs (Bonlieu, Chalain, Nantua, St-Point...) contrastent avec tout ce ruissellement ; tout comme les retenues formées par les barrages (Vouglans), qui transforment la vallée de l'Ain en un gigantesque escalier d'eau.

De grands belvédères (Grand Colombier, Colomby de Gex, Mont-Rond...) dévoilent des paysages qui parlent aux yeux : « vals » parallèles séparés par des « monts », réunis par des « cluses » qui font l'originalité du « plissement jurassien » ; grandioses « reculées » (cirques de Baume, de Consolation, Roche du Prêtre...) révélant des structures géologiques si caractéristiques qu'on a donné le nom de jurassique, en raison de son exceptionnel développement ici, à un étage important de la sédimentation de l'ère secondaire ; barrière de la « montagne », escalier géant des « plateaux ». C'est la géographie facile.

## Les vignes de Bourgogne, la forêt du Morvan

Le seuil de Bourgogne, entre les bassins de la Seine et de la Saône et les pays qui l'avoisinent : Auxois, Bresse, Charolais doivent pour une grande part leur unité à la réussite politique des Grands Ducs d'Occident au 15e s. Leur richesse est liée aux 23 500 ha d'un vignoble qui passe pour l'un des plus beaux du monde.

En altitude et à l'écart des grandes routes, la forêt du **Morvan** occupe une place prépondérante dans un paysage de physionomie bocagère. Le Haut-Folin, socle cristallin de roches très anciennes (901 m), domine l'horizon. La forêt occupe le tiers de la superficie ; les parties inférieures des versants sont aménagées en pâturages. La dispersion des hameaux dans le paysage permet de mesurer la dissémination de la population imposée par les ressources naturelles.

## Berry, Limousin

Sur le versant Nord du Massif Central se déploient les horizons du Berry, domaine de la grande culture, dont Bourges, la capitale, matérialise l'unité historique. Des paysages très divers le composent : terres brunes hérissées de petits tertres rouges de la Brenne aux mille étangs, terre opulente de la Champagne berrichonne autour de Châteauroux, défrichée depuis l'époque néolithique, bocage vert autour de La Châtre chanté par George Sand.

Plus au Sud, les plateaux et la montagne du Limousin sont le pays des haies vives, des étangs, des herbages et des ombrages. Leurs bourgs, aux solides maisons de granit couvertes d'ardoise, maintiennent leur tradition de villes-marchés.

Autour de Guéret, la Marche est une région d'élevage dont les hauteurs tapissées de bruyères sont couronnées de ruines. C'est une « terre difficile à cultiver parce que sinueuse et sans profondeur, mais qui, échancrée de rivières et généreusement feuillue, porte des paysages poétiques » *(Jean Guitton)*. Le plateau de Millevaches domine de quelque 350 m le pays alentour. Sur un éperon, dans un méandre de la Vézère, **Uzerche**★★ (75 8) dispose ses maisons de granit, si belles qu'elles ont justifié le dicton populaire : « Qui a maison à Uzerche a château en Limousin. »

Le site de **Tulle** (75 9), au débouché du cours supérieur de la Corrèze, en aval de replats où reposent des étangs, apparente anomalie hydrographique, et plus encore les cascades de Gimel *(9 km au Nord-Est)* manifestent de façon spectaculaire la vigueur de la phase d'érosion en cours depuis le début de l'époque quaternaire.

## Poitou, Vendée, Charentes

De la Loire à la Gironde, l'unité de la façade littorale, aux plages immenses et au climat océanique, contraste avec la variété de son arrière-pays.

Du mont Mercure au mont des Alouettes, la ligne de crêtes du haut bocage vendéen, coupé de haies vives, représente la dernière ride de granit où vient s'achever le Massif Central.

Marais poitevin - Passage des vaches.

Errath/EXPLORER

17

A l'Ouest de Niort s'étend le ravissant marais poitevin qui débouche sur les polders et les marais salants de l'anse de l'Aiguillon. La Gironde, estuaire de la Garonne, attaque inlassablement la falaise sur laquelle s'est perchée l'église romane de Talmont : elle est appréciée de Meschers à la pointe de la Coubre pour la qualité de ses plages.

Au large, cinq îles exercent leur attirance sur le tourisme familial. **Noirmoutier** est connue pour ses primeurs et ses pommes de terre. **Yeu,** plus rocheuse, est une vieille terre bretonne où vécut autrefois un collège de druidesses et où débarqua au Moyen Age un village entier de Cornouaille sous la conduite de son recteur. **Ré** est l'île des petites maisons blanches et des marais salants. **Aix,** fortifiée par Vauban en 1699, abrita Napoléon durant ses derniers jours en terre française. **Oléron,** qui ferme au Sud le pertuis d'Antioche, séduit par sa végétation et la douceur de son climat.

## Périgord, Quercy

Les plateaux boisés du Périgord et les causses du Quercy criblés de gouffres sont entaillés par des vallées largement épanouies et richement cultivées ou étroitement encaissées. Du rebord de leurs falaises, de grands belvédères dominent une campagne intimement humanisée ou de profondes solitudes. Certaines grottes attirent ceux qui s'intéressent aux sciences de la terre par leurs concrétions, leurs réseaux hydrographiques souterrains ou leurs résurgences, d'autres, ceux qui s'attachent à connaître le passé lointain de l'humanité par les témoignages millénaires de l'industrie humaine qu'elles recèlent (sculptures, gravures, peintures, traces d'habitat). De l'époque féodale au 17e s., de nombreux châteaux ont été élevés dans des sites défensifs ou plaisants.

## Les volcans d'Auvergne

L'Auvergne présente des paysages qu'on ne peut voir nulle part ailleurs en France : des volcans de tous âges. Certains comme les monts Dômes ont des cônes qu'on dirait éteints d'hier, des coulées de lave qui semblent à peine refroidies ; d'autres (monts Dore et surtout Cantal) ont été démantelés par les éléments mais leur forme générale transparaît malgré les ravages du temps. Aussi l'Auvergne est-elle considérée comme « un musée des formes volcaniques récentes » *(M. Derruau).* Dans le Cézallier, les laves fluides se sont épanchées et superposées autour du dôme aplati du Luguet ; à la Cheire d'Aydat, leur torrent s'est cristallisé ; aux planèzes de St-Flour, elles ont recouvert le plateau. Ailleurs, elles se sont glissées dans des vallées qu'elles ont protégées contre l'érosion qui attaquait les collines alentour : ce sont les « inversions de relief » (Polignac, Carlat, Gergovie). Parfois, en se refroidissant, elles se sont cristallisées en « tuyaux d'orgues » (Bort-les-Orgues, le Puy).

Ces manifestations éruptives ont donné naissance à des lacs très divers. Ici, une coulée de lave est venue barrer une vallée et retenir ses eaux (Aydat, Guéry) ; là, un volcan a surgi dans une vallée qu'il a obstruée de son cône (Chambon, Montcineyre) ; ailleurs, une série d'explosions volcaniques a provoqué un effondrement du sol dans lequel les eaux se sont rassemblées (Chauvet). Un lac peut encore occuper la vasque d'un cratère (Bouchet, Servière) ou s'installer dans un cratère d'explosion aux parois abruptes (Gour de Tazenat, Pavin).

Entre la Loire et l'Allier, la montagne Bourbonnaise, le Forez et le Livradois sont des hauteurs granitiques, couvertes de forêts et de pâturages. Elles séparent des bassins qui se sont effondrés à l'ère tertiaire, les **Limagnes**, bien cultivées : la grande Limagne de Riom au Nord et les Limagnes du Sud, plus petites.

La campagne **bourbonnaise**, doucement vallonnée, est couverte d'un bocage serré dont les haies ou bouchures donnent au pays une allure boisée.

## La vallée du Rhône, grande voie de passage

Depuis l'Antiquité, la vallée du Rhône en aval de Lyon n'a cessé d'être une voie de passage : route de l'étain de Cornouaille, route du vin de Bourgogne, coche d'eau... De nos jours une autoroute, deux grandes routes nationales, onze canaux dérivant partiellement le fleuve, facilitant la navigation et alimentant des usines hydro-électriques « au fil de l'eau », une grande voie ferrée sur chaque rive, un oléoduc et un gazoduc assurent un trafic de toute première importance.

19

Mais, sur quelque 250 km, la physionomie du couloir rhodanien se renouvelle. Au Nord, le Mont-d'Or lyonnais apparaît comme un petit récif calcaire que la Saône contourne avant de forcer son passage, à Lyon.

Le Rhône lui-même ne sépare pas rigoureusement les géologies critalline du Massif Central et calcaire des Alpes. A Vienne, à St-Vallier, il a creusé son lit dans des avancées granitiques ; au contraire, à **Valence** (77 12), il se glisse entre une des dernières terrasses du Dauphiné et l'échine calcaire de Crussol venue prendre appui sur les granits du Vivarais ; de même, plus en aval, à Cruas (cimenteries sur la rive droite). De part et d'autre du fleuve, **Tournon** et **Tain-l'Hermitage** (77 1) forment deux anciens ports jumeaux, le premier à la base des falaises du Massif Central, le second au pied de l'éperon calcaire qui porte son célèbre vignoble. Le château de Rochemaure perché sur les prismes de basalte des Coirons, l'ancienne cité épiscopale de Viviers, le « Robinet » (défilé) de Donzère et les ouvrages que la Compagnie Nationale du Rhône a créés à sa sortie témoignent de la diversité de la vallée.

Le Rhône à Tain-l'Hermitage.

## Le delta du Rhône et les chaînons de Provence

Le Rhône, « père des plaines provençales », charrie chaque année quelque 20 millions de mètres cubes de graviers, de sables et de limons qui ont donné naissance aux 56 000 ha de la Camargue. Ce delta, dont les terres sont imprégnées de sel, est curieux par sa flore et sa faune et intéressant par sa mise en valeur.

De même la Durance, qui, avant d'être un affluent du Rhône, se jetait directement dans la mer en empruntant le pertuis de Lamanon, avait accumulé dans son delta les cailloux arrachés à ses berges, les avait roulés en galets puis laissés sur place – créant ainsi la plaine de la Crau – lorsque s'est produit son changement de cours.

Le lumineux climat provençal irradie le plateau aride du Vaucluse, les chaînons broussailleux des Alpilles, du Lubéron, de l'Estaque, de la Montagnette, de la Ste-Baume, de la montagne Ste-Victoire et de la chaîne de l'Étoile où se déploient les olivettes, les champs de lavande, les cultures maraîchères protégées du mistral par des haies de cyprès.

## Un relief en creux : les Gorges du Tarn

La bordure méridionale du Massif Central se distingue par des paysages d'une sévère et rare singularité. Les **Grands Causses** (causse de Sauveterre, causse Méjean, causse Noir, causse du Larzac) se présentent comme de vastes tables calcaires arides et pierreuses. De leurs corniches se découvrent d'inoubliables panoramas (Point Sublime, Roc des Hourtous, cirque de Navacelles) sur des canyons aux parois verticales, profondément encaissés : en particulier, ceux du Tarn et de la Jonte.

Dans ces plateaux s'ouvrent des grottes et des avens (les Demoiselles, la Clamouse, Dargilan, la Devèze, Aven Armand) où le travail des eaux souterraines a donné naissance à des formes rocheuses inconnues à la surface du sol : stalactites, stalagmites, gours, excentriques. Autour de la région proprement caussenarde se déploient, en arc de cercle, des paysages d'une surprenante diversité. Dans l'Aubrac aux immenses horizons, des coulées de laves très fluides ont colmaté le vieux socle granitique déjà labouré par l'érosion. De l'Aigoual au Tanargue, les **Cévennes** présentent la succession de leurs lourds sommets granitiques (« Pelouse » de l'Aigoual, « Plat » du mont Lozère) entre lesquels les « serres » schisteuses et d'étroites vallées boisées sont longtemps restées impénétrables. Plus au Sud, la garrigue, buissonneuse, tapissée de plantes aromatiques, est dominée par le pic St-Loup.

De part et d'autre de **Sète** (83 16), port créé au 17e s. par Louis XIV dans un site abrité par l'ancienne île rocheuse du mont St-Clair, s'étend la côte à lagunes du Bas-Languedoc ; l'accumulation des sables étirés par le courant marin en cordons littoraux (barres) isole des étangs, dont celui de Thau, le plus vaste du Languedoc.

Au Nord de la Montagne Noire, extrême Sud-Ouest du Massif Central, le Sidobre est l'un des grands centres européens d'extraction du granit. Des sites pittoresques, comme les Trois Fromages, la Mère l'Oie, les chaos et les rivières (compayrés), permettent aux curieux de sciences naturelles d'observer le phénomène de décomposition du granit en boules : les noyaux les plus durs de la roche ayant seuls résisté à l'altération chimique et à l'entraînement des déblais par les eaux.

## Les Pyrénées

La chaîne des Pyrénées dresse en travers du dernier isthme européen une barrière continue, longue de 400 km, entre l'océan Atlantique et la mer Méditerranée.
A l'Ouest, dans les Pyrénées atlantiques et les Pyrénées centrales, des vallées perpendiculaires à la ligne de faîte individualisent la moyenne montagne en « pays » originaux : Pays Basque, Béarn, Bigorre, Comminges. A leurs vallonnements semés de maisons blanches succèdent des crêtes découpées, des cimes neigeuses, des cirques rayés de cascades, des lacs d'altitude, des gaves tumultueux et des bassins bien cultivés. Au cœur de la zone axiale, les granits et les sédiments très anciens des Pyrénées luchonnaises ont été ciselés par les glaciers durant l'ère quaternaire.

Le cirque de Gavarnie.

L'**Aquitaine** constitue l'avant-pays gascon où le plateau de Lannemezan et les pays de l'Adour conservent leur identité. Au Nord, **Agen** (79 15) manifeste la richesse du pays des Serres qui, entre le Lot et la Garonne, porte des céréales sur les plateaux limoneux de Tournon-d'Agenais mais surtout des vignes et des arbres fruitiers sur les pentes. Le « prunier d'ente », dont l'origine remonterait aux Croisades, et, en particulier, la variété robe-sergent, produit un fruit qui, séché au four ou à l'étuve, devient le pruneau d'Agen, « bombe de miel et de sucre » *(P. Guth)*. Les **Landes** sont devenues, depuis la fixation des dunes par Brémontier et l'assainissement de l'intérieur par Chambrelent, une immense forêt de pins ; dans les clairières de leurs 14 000 km² subsistent de pittoresques maisons à colombage.
Le **Bordelais**, cœur de l'ancienne province de Guyenne, est célèbre pour les crus qui s'élaborent sur les rives de la Garonne et de la Gironde.
La rectiligne **Côte d'Argent**, tout juste échancrée par le bassin d'Arcachon, offre aux estivants l'immensité de ses plages de la Pointe de Grave à l'estuaire de l'Adour que commande **Bayonne** (78 18) port de « tête de marée » dont les accès maritimes sont tributaires de digues et de dragages continuels.
A l'Est, le **Roussillon** est la grande unité régionale des Pyrénées méditerranéennes et le secteur le plus épanoui de la chaîne malgré le rude profil et le ravinement de ses montagnes. Les hauts bassins intérieurs de la Cerdagne et du Capcir, la cime bien dégagée du Canigou, les forêts et les pâturages du Vallespir (vallée du Tech), les terrasses des Aspres couvertes d'arbres fruitiers et de vignes précèdent le jardin roussillonnais qui avec ses immenses vergers, ses cultures maraîchères et ses vignes compose l'arrière-pays de la côte Vermeille où **Collioure** (86 20) conserve sa physionomie de petit port catalan.
Au Nord de la vallée de l'Aude, l'**Albigeois** opulent et paisible voit son activité, à dominante agricole, toute tournée vers Toulouse, la capitale du Haut-Languedoc.

## Les vallées alpines

Les superbes vallées alpines, dont les eaux vives atténuent peu à peu le caractère glaciaire, constituent les secteurs les plus actifs du massif.
Dans les **Alpes du Nord**, savoyardes, les vallées tantôt s'étirent en couloirs industriels ou de transit (Romanche, Maurienne), tantôt s'élargissent en bassins où se concentrent les cultures et l'élevage et où, sur des terrasses bien exposées, se rassemble la population dans des villes-marchés.
Dans les Aravis, le Beaufortin, la Chartreuse, l'Oisans, le Vercors, les villages sont encore fiers de leurs maisons rurales traditionnelles bien intégrées à un milieu naturel difficile (altitude, froid, enneigement) ; la diversité régionale de leur plan et de leur matériau reflète celle des modes de vie et des ressources disponibles (pierre, ardoise, bois...).
Grenoble, la métropole des Alpes françaises, occupe un élargissement au confluent du Drac et de l'Isère.
Les vallées profondes se raccordent latéralement par de grands cols (Lautaret, Galibier) et séparent des massifs de haute montagne (Écrins, Mont-Blanc).
Au pied des versants humides et verdoyants, parés de magnifiques forêts de hêtres, de sapins et d'épicéas, dorment de splendides lacs (Annecy, le Bourget, Léman).
Les **Alpes du Sud**, provençales, plus arides et plus sèches, drainées par le grand sillon de la Durance, annoncent les paysages méridionaux. Là, les « clues » entaillent en gorges les chaînons et les plateaux intérieurs, le mont Ventoux domine la

plaine du Comtat, le grandiose canyon du Verdon ouvre une prodigieuse entaille dans les plans de Haute-Provence, prenant en écharpe les ultimes contreforts des Alpes.

L'élevage du mouton, la culture de la lavande, l'exploitation des forêts de mélèzes nourrissent des villages de haute altitude (St-Véran).

En Queyras, en Vallouise, en Briançonnais et en Embrunais, on admire de belles maisons de montagne.

## La Côte d'Azur, un nom prometteur

La nature se pare ici de grâces éblouissantes : éclat des rivages, bleu de la mer et du ciel, lumière enchanteresse. Et quelle miraculeuse variété : les fameuses calanques, le massif boisé et la corniche des Maures aux multiples festons, l'abrupte montagne de porphyre rouge de l'Esterel baignant dans la mer, les corniches de la Riviera...

La Côte d'Azur est la fenêtre méditerranéenne des Alpes : de Nice à Menton la montagne plonge brusquement dans la mer. Les hauts reliefs des Préalpes de Nice orientés Nord-Sud et le plan de Caussols d'une sécheresse presque désertique (parfois dénommé Préalpes de Grasse) sont traversés de vallées très profondes en raison de la proximité de la mer comme celles de la Roya, de la Bévéra, de la Vésubie, du Cians, du Var, du Loup. Ce dernier et ses affluents ont entaillé le plateau calcaire des célèbres clues de Haute-Provence.

Toute cette région a vu séculairement sa population se réfugier dans des villages perchés, véritables nids d'aigle, et fortifiés (Coaraze, Peille, Peillon, Èze, Gourdon, Saorge, St-Paul...) loin des cultures. Semblable prudence n'était pas superflue lors des grandes invasions germaniques, des pirateries des barbaresques et des méfaits des gens de guerre au Moyen Age et à la Renaissance.

Plus à l'Ouest se signalent le massif de l'Esterel, de porphyre rouge, qui culmine à 618 m au mont Vinaigre, le massif schisteux des Maures qui appartient au plissement hercynien et les courts chaînons provençaux du mont Faron qui dominent Toulon et sont d'origine pyrénéenne.

Les cordons littoraux (tombolos) de la presqu'île de Giens rattachant une ancienne île au continent, les îles d'Hyères (Porquerolles, Port-Cros, île du Levant) détachées du massif des Maures à une époque géologiquement récente et les îles de Lérins ajoutent à la diversité et à l'agrément de ces paysages.

## Une montagne dans la mer : la Corse

1 000 km de côtes rocheuses et découpées, inondées de soleil, des gorges arides et sauvages, d'immenses forêts de pins et de châtaigniers sur les versants, des sommets dépassant 2 000 m, enneigés jusqu'au printemps, avaient déjà valu à l'île le surnom de Kallisté (la plus belle) décerné par les Grecs anciens il y a 25 siècles. Le touriste moderne y apprécie, de surcroît, des villages perchés aux maisons de granit ou de schiste hautes et massives et desservis par d'étroites routes de montagne, des régions naturelles bien individualisées comme la riante Balagne, le sévère Cap Corse, la verte Castagniccia, les Agriates désertiques, le Niolo isolé formé par le bassin supérieur du Golo (Monte Cinto, forêt de Valdo-Niello) et le chaud parfum du maquis. D'autres leur préfèrent les vallées fermées de l'Asco, de la Restonica, de l'Abatesco (Fiumorbo) ou des sites originaux comme les Calanche de Piana ou le col de Bavella. Les « marins » ne manquent pas le golfe de Porto-Vecchio, de **Girolata** et de **Porto** (presqu'île de porphyre de la **Scandola**) et les îles (Sanguinaires, Lavezzi).

Les aiguilles de Bavella et Zonza.

A. Lorgnier/CEDRI-VISA

# L'histoire

La préhistoire *(voir à Eyzies-de-Tayac)*, science de la vie et de l'évolution de l'humanité avant l'invention de l'écriture, voit son extension couvrir quelque 1 500 fois la durée de l'ère chrétienne.

## Antiquité

**Avant J.-C.**

| | |
|---|---|
| **4670** | La civilisation mégalithique se répand en Bretagne (Carnac), puis en Corse (Filitosa). Elle a duré plus de 25 siècles. |
| **8e s.** | Les Celtes, originaires d'Europe centrale, s'installent en Gaule où ils établissent des oppidums. |
| **600** | Les Phocéens fondent Marseille puis Glanum *(p. 259)* en Provence et Aléria en Corse. |
| **2e s.** | La civilisation celte qui avait atteint la Bretagne régresse sous les coups des Germains et des Romains qui, en 154, fondent Fréjus comme port relais vers l'Espagne, en 122 s'établissent à Aix et quatre ans plus tard à Narbonne. |
| **58-52** | Guerre des Gaules conduite par Jules César. En 56, il réduit les Vénètes *(p. 285)* ; en 52, il subit à Gergovie le revers que lui inflige Vercingétorix *(p. 115)* ; mais quelques mois plus tard, à Alésia, le chef gaulois doit se livrer au général romain. |

**Après J.-C.**

| | |
|---|---|
| **1er s.** | Auguste conduit une politique d'expansion et de rayonnement en Gaule. Il fortifie le port de Fréjus dont il fait une base navale (itinéraires déterminés par l'étude des amphores – *musée de St-Raphaël*). |
| **5e s.** | A la suite de saint Martin à Ligugé et de saint Honorat à Lérins, des monastères confortent l'implantation du christianisme, illustrent l'essor de la vie érémitique en Gaule, fondés par les saints Victor à Marseille, Loup à Troyes, Maxime à Riez, puis Léobard à Marmoutier... |

## Les Mérovingiens (418-751)

| | |
|---|---|
| **451** | Mérovée, roi des Francs Saliens (région de Tournai), remporte la victoire des Champs Catalauniques *(p. 106)* sur Attila. C'est le grand-père de Clovis. Il donne son nom à sa dynastie. |
| **476** | Chute de l'Empire romain d'Occident ; les Barbares occupent la Gaule. |
| **498** | Baptême, à Reims, de Clovis, roi des Francs. |
| **507** | A Vouillé *(p. 224)*, Clovis bat Alaric II. |
| **6e s.** | Des insulaires venus de Grande-Bretagne, accompagnés d'évangélisateurs, supplantent les Celtes en Bretagne. A leur tour ils connurent l'effacement devant les Francs au 9e s. puis les Angevins au 11e s. |
| **732** | A Moussais-la-Bataille *(p. 224)*, Charles Martel défait les Arabes et arrête leur invasion. |

## Les Carolingiens (751-986)

| | |
|---|---|
| **751** | Pépin le Bref se fait élire roi au « Champ de mai » de Soissons et se substitue au Mérovingien Childéric, déchu. Trois ans plus tard, il se fait sacrer par le pape Étienne II. |
| **800** | Charlemagne couronné Empereur d'Occident à Rome. |
| **842** | Serment de Strasbourg. |
| **843** | Le traité de Verdun partage l'Empire carolingien entre les fils de Louis Ier. Charles le Chauve reçoit la zone occidentale. |
| **850** | Nominoé *(p. 285)* conquiert, sur les Francs, l'Est de la Bretagne et le pays de Rais au Sud de la Loire. |
| **910** | Fondation de l'abbaye de Cluny. |
| **911** | L'accord de St-Clair-sur-Epte, conclu entre Charles le Simple et Rollon chef des Normands, crée le duché de Normandie. |

Sceau de St-Louis.

## Les Capétiens directs (987-1328)

| | |
|---|---|
| 987 | Hugues Capet, duc de « France », descendant de Robert le Fort, évince Charles de Lorraine et se fait élire. En faisant couronner son fils de son vivant, il installe sa dynastie qui ne devint réellement héréditaire qu'avec Philippe Auguste en 1180. |
| 1066 | Guillaume de Normandie (p. 74), parti de Dives, prend pied en Angleterre. Par sa victoire d'Hastings, il devient roi d'Angleterre ; pour le roi de France, le Conquérant est un vassal redoutable. |
| 1095 | Prêche de la première croisade à Clermont. |
| 1137 | Mariage *(p. 88)* de Louis VII et d'Aliénor d'Aquitaine ; sa rupture, 15 ans plus tard, est une catastrophe politique pour les Capétiens. La même année, une école de médecine est fondée à Montpellier. |
| 1204 | Philippe Auguste s'empare des Andelys puis conquiert la Normandie, le Maine, la Touraine, l'Anjou et le Poitou. |
| 1209 | Début de la croisade contre les Albigeois. |
| 1214 | La victoire de Bouvines *(p. 152)* est considérée comme la toute première manifestation d'un sentiment national en France. |
| 1244 | Les cathares sont exterminés au bûcher de Montségur. |
| 1270 | Mort de Saint Louis devant Tunis (8e croisade). |

## Les Valois (1328-1589)

**La guerre de Cent Ans** – 1337-1475. Cette guerre qui s'étendit sur six règnes est à la fois un affrontement politique et dynastique entre les Plantagenêts et les Capétiens, et un conflit de droit féodal concernant les prérogatives de la suzeraineté et les règles successorales. Ce fut une période de misère par les troubles nés du brigandage, du pillage par les grandes compagnies et de désarroi où la pauvreté, la maladie (peste de 1348) et le désordre de l'Église plongeaient la population.

En 1337, Philippe VI de Valois doit défendre son royaume contre les prétentions d'Édouard III d'Angleterre (petit-fils, par sa mère, de Philippe le Bel). C'est le début de la guerre. Trois ans après le revers de Crécy *(p. 54)*, en 1349, Clément VI est alors le 4e pape d'Avignon, Philippe VI négocie avec Humbert II l'achat du Dauphiné jusqu'alors terre d'Empire. C'est le « Transport du Dauphiné à la France » solennellement conclu à Romans-sur-Isère.

En 1356, à Nouaillé-Maupertuis *(p. 224)*, Jean le Bon perd la bataille de Poitiers devant le Prince Noir.

Sous Charles V, Du Guesclin rétablit l'ordre dans les campagnes. Mais chacun des antagonistes connaît alors des difficultés intérieures qui rendent plus confuse encore leur rivalité : en Angleterre problèmes posés par la minorité de Richard II ; en France par celle de Charles VI, puis par sa démence, puis par la guerre entre Armagnacs et Bourguignons. C'est alors (1378) que, de son côté, l'Église est menacée par le Grand Schisme d'Occident *(p. 75)*. Après le désastre d'Azincourt *(p. 257)*, puis l'entrevue de Montereau *(p. 125)*, Jean sans Peur, duc de Bourgogne, bascule dans l'alliance anglaise. Le traité de Troyes semble sonner le glas de la cause de Charles VII.

En 1429, après avoir reconnu le roi à Chinon, Jeanne d'Arc délivre Orléans ; elle empêche ainsi l'armée de Salisbury de franchir la Loire et de faire sa jonction avec les troupes anglaises stationnées dans le Centre et le Sud-Ouest depuis le traité de Brétigny (1360).

Enfin Charles VII est sacré à Reims, le 17 juillet de la même année ; Paris en 1436, puis la Normandie et la Guyenne sont libérées. En 1453, la victoire de Castillon-la-Bataille marque le dernier affrontement de la guerre qui se conclut, 22 ans plus tard, par le traité de Picquigny *(p. 54)*.

| | |
|---|---|
| 1515 | Avènement de François Ier ; bataille de Marignan ; paix perpétuelle avec la Suisse. |
| 1520 | Entrevue du Drap d'Or à Guînes. |
| 1539 | Les Ordonnances de **Villers-Cotterêts** (56 3) promulguées par François Ier représentent un texte capital de l'ancienne législation française. Les 192 articles en avaient été préparés par le chancelier Poyet. Ils ordonnent la tenue de registre d'état civil dans les paroisses, mais surtout ils réforment la justice en interdisant aux artisans et aux compagnons de s'associer, en instituant le secret de l'instruction criminelle et en astreignant tout le personnel de justice à rédiger en français leurs actes, procédures, sentences ou exploits. Depuis Philippe Auguste, trois siècles d'épreuves et de succès ont amenuisé le provincialisme et lentement fait l'identité française. |
| 1541 | Jean Calvin, né à Noyon, publie l'« Institution chrétienne ». Dans ce livre, il cherche à rompre avec les délices de la Renaissance et à éviter – 24 ans après les 95 propositions de Martin Luther – la dissolution de la Réforme entre ses nombreuses tendances en affirmant sa vocation d'universalité. Par sa gravité, son ordonnance et son écriture, c'est le premier de nos grands livres classiques. |
| 1559 | Traité du Cateau-Cambrésis *(p. 258)*. |
| 1560 | Le Tumulte d'Amboise annonce la gravité de la crise politico-religieuse qui couve. |

**Les guerres de Religion** – 1562-1598. Ce nom désigne la crise de 36 ans durant laquelle se superposent les désordres religieux entre catholiques et protestants et un conflit politique complexe. Au cours de ce 16e s. finissant, la monarchie ne trouve pas son rythme administratif alors que se dessine l'hégémonie espagnole. Les seigneurs sentent l'occasion de s'affermir dans les provinces et de grandes familles cherchent, sous couvert de religion, à prendre en main le gouvernement du pays face au désarroi politique, à l'endettement financier poussé à l'extrême, et à la faveur du jeu de bascule entre les partis et d'apaisement des esprits qu'entretient la régence de Catherine de Médicis et que ne connurent alors ni l'Espagne ou l'Italie papiste, ni les pays de la Réforme. La ligue, « Sainte Ligue », formée par les Guise et les Montmorency, catholique, joue l'appui espagnol et rivalise avec les Bourbon, les Condé et les Coligny, huguenots, soutenus par l'Angleterre.

Les historiens distinguent huit guerres séparées par des paix et des accalmies. En fait, les troubles, les persécutions, les assassinats ne cessèrent pas, allant de pair avec un regain de brigandage ; de même que les intrigues, les volte-face d'intérêt et les enchevêtrements d'influences à la cour. Les guerres qui menaçaient depuis le Tumulte d'Amboise commencèrent à Wassy en 1562 avec le massacre des protestants. Dreux, Nîmes, Chartres, Longjumeau, Jarnac, Moncontour, St-Lô, Valognes, Coutras, Arques, Ivry... les jalonnent. La paix de St-Germain en 1570, la St-Barthélemy en 1572 en marquent les temps forts.

Les ligueurs opposés aux tentatives de centralisation monarchique obtiennent la convocation d'états généraux à Blois. Là, Henri III, ultime juge au nom de l'État, inquiet du pouvoir que prenait Henri de Guise, ordonne son assassinat au petit matin glacial du 23 décembre 1588. La mort du duc, meilleur capitaine du royaume, chef de la Ligue, mais ni traître ni conspirateur, ouvrait au roi, soutenu par Henri de Navarre (futur Henri IV), la route de Paris (où, sous le couteau du moine Clément, la race des Valois s'éteignit avec lui). Et au Béarnais, qui le comprit aussitôt, Henri III étant sans descendance, la possibilité, hérissée de difficultés, de monter sur le trône en tant qu'héritier légitime. L'abjuration solennelle du protestantisme par Henri IV en 1593, et l'édit de Nantes en 1598 permettaient la pacification du royaume à laquelle aspiraient les deux partis épuisés par la lutte et mettaient un terme à la crise.

**LA FORMATION TERRITORIALE DE LA FRANCE**

0        150 km

ARTOIS 1191
FLANDRES 1305
PICARDIE 1185-1214
NORMANDIE 1204
CHAMPAGNE 1314
LORRAINE 1766
PARIS
PERCHE 1525
ALSACE 1648
BRETAGNE 1532
MAINE 1204
ORLÉANAIS 1498
ANJOU 1204
BOURGOGNE 1361
FRANCHE-COMTÉ 1678
TOURAINE 1204
BERRY 1100
NIVERNAIS 1789
POITOU 1204
BOURBONNAIS 1269
BRESSE 1601
AUNIS 1224
MARCHE 1269
ANGOUMOIS 1308
LYONNAIS 1312
BUGEY
SAINTONGE 1224
SAVOIE 1860
LIMOUSIN 1224
AUVERGNE 1269
PÉRIGORD 1224
DAUPHINÉ 1349
1947
COMTAT VENAISSIN 1791
GUYENNE-GASCOGNE 1591
COMTÉ 1947 DE NICE 1860
COMTÉ DE TOULOUSE 1271
HAUT-LANGUEDOC 1271
PROVENCE 1486
BAS-LANGUEDOC 1226
BÉARN 1591
COMTÉ DE FOIX 1591
ROUSSILLON 1642
CORSE 1769

La "France" primitive des Mérovingiens et des Carolingiens.

Acquisitions sous les Capétiens directs.

Extension sous les Valois.

Extension sous les Bourbons.

Rattachements pendant la Révolution, sous le Second Empire et les Républiques.

*Pour tout ce qui fait l'objet d'un texte dans ce guide (villes, sites, curiosités isolées, rubriques d'histoire ou de géographie, etc.), reportez-vous à l'index.*

**Henri IV** – 1589-1610. Ses volte-face plus politiques que religieuses et la frivolité de sa conduite irritent une partie de la population. Mais ce grand roi sait restaurer l'image de la France. Il a rattaché la Bresse, le Bugey et le Valromey, confié à de grands architectes (Du Cerceau, Métezeau...) d'importants projets d'architecture (place des Vosges et galerie du Louvre à Paris, La Rochelle, Charleville...). Il nourrit un grand dessein économique. **Sully**, son vieil ami huguenot, applique ses qualités de gestionnaire et d'organisateur au redressement des finances publiques, au creusement de canaux, à la création de routes et de ports.

**Olivier de Serres**, qui exploite lui-même son domaine du Pradel près de Villeneuve-de-Berg, publie en 1600 le « *Théâtre d'agriculture et mesnage des champs* ». Prosélyte expérimenté de la vie rurale, du renouvellement des méthodes agricoles et de la diversification des cultures, il conforte Sully dans sa conviction que « labourage et pâturage sont les deux mamelles de la France ». Le roi médiatise cette valeur en souhaitant que les paysans mettent « la poule au pot chaque dimanche ».

| | |
|---|---|
| **1610** | **Louis XIII**, roi de France. L'activité des ports intérieurs et l'extension urbaine se poursuivent (Orléans, La Rochelle, Montargis, Langres). Le règne, marqué par une rébellion de grands seigneurs, fut illustré par saint Vincent de Paul, précurseur des œuvres sociales qui se détermina en 1617 à faire des pauvres le souci de sa vie (hôpitaux, Filles de la Charité) et dans le domaine des idées par le « *Discours de la Méthode* » (1637) où **Descartes** fonde son raisonnement sur le doute systématique (« Je pense, donc je suis »), à l'origine d'une révolution intellectuelle dont la géométrie analytique fut l'un des premiers fruits. |
| **1624** | **Richelieu** (1585-1642), Premier ministre, amenuise l'importance politique du protestantisme sensible aux arguments étrangers (La Rochelle) ou refusant l'unification du royaume (Montauban, Privas) ; réduit la noblesse par quelques exécutions exemplaires (Montmorency, Cinq-Mars) et le démantèlement de ses châteaux ; renforce le rôle de la France en Europe (guerre de Trente Ans). En 1635, il fonde l'Académie française. |

**Louis XIV** – 1643-1715. Les 72 ans de ce règne marquent la France et l'Europe de l'empreinte du Roi-Soleil *(p. 253 et 292)* et font de cette période le Siècle de Louis XIV. A son avènement, le roi n'a que cinq ans, Anne d'Autriche, régente, confirme Mazarin dans sa charge de Premier ministre. Cinq jours plus tard, la victoire de Rocroi marque l'effacement de l'Espagne sur la scène internationale. En 1648 – Port-Royal est alors à l'apogée de son rayonnement – les traités de Westphalie concluent la guerre de Trente Ans, reconnaissent à la France ses droits sur l'Alsace (sauf Strasbourg et Mulhouse) et consacrent l'usage du français comme langue diplomatique.

En 1657, après deux mois d'un siège conduit par La Ferté et d'attaques menées par Vauban sous le regard du roi, la reddition de Montmédy marque la fin des Pays-Bas espagnols. En 1662, la première année du règne personnel de Louis XIV se couronne par l'achat de Dunkerque, aboutissement de l'activité diplomatique de Lionne. La ville devient un repaire de contrebandiers et de corsaires (Jean Bart) au service du roi.

La rivalité franco-anglaise pour la maîtrise des mers domine alors les ressorts de la politique internationale. En 1678, le traité de Nimègue marque la fin de la guerre de Hollande, la restitution par l'Espagne de la Franche-Comté et de

Louis XIV en habit de sacre, par Rigaud (1659-1743).

12 places dans les Flandres, la reconquête de l'Alsace : Louis XIV devient « le Grand » mais se doit de faire assurer les frontières par Vauban.

L'affaire de la Régale qui opposa durant 20 ans le clergé de France et le roi à la papauté, la révocation de l'édit de Nantes en 1685 et ses conséquences, la répression menée contre les camisards *(p. 63)* en 1702 jalonnent une politique religieuse difficile. La fin du règne, assombrie par l'épuisement économique du pays, est relevée par la victoire de Denain, en 1712, qui sauve la France de l'invasion par l'armée austro-hollandaise et prépare la fin de la guerre de Succession d'Espagne.

**Des rêves aventureux vers l'Orient** – Un siècle après que Jean Ango et Jacques Cartier eurent sillonné les océans à la suite des Portugais, des Hollandais et des Anglais, Colbert fonde en 1664, après trois échecs, la Compagnie des Indes orientales. En mars 1666, il autorise son installation à **Port-Louis** (63 1) et sur des terrains vagues à l'embouchure (rive droite) du Scorff et du Blavet (Port-Louis, abandonné au traité du Cateau-Cambrésis, avait été fortifié par Philippe II d'Espagne de 1591 à 1598 puis par Richelieu en 1616).

La bourgade nouvelle devint l'Orient en 1671 (puis **Lorient** en 1830), l'année où un premier grand bateau y fut armé pour les Indes. C'était là le point de départ de la rivalité maritime franco-anglaise et de l'expansion européenne dans le monde. En 47 ans la Compagnie a utilisé 76 navires. Les seigneurs de la mer, au terme de périlleux, pénibles et longs mois de navigation, rapportaient des cargaisons d'épices (encore qu'ils n'eussent pas accès aux îles productrices) et de porcelaine (quelque 12 millions de pièces ont été importées pour la France seule). Les bénéfices d'abord fabuleux oscillèrent puis déclinèrent jusqu'à devenir fictifs lorsque la compagnie, réorganisée en une sorte d'organisme d'État, fut gérée par la banque de Law. Alors la fonction de Lorient passa du commerce à l'armée ; le port de Kergroise y fut creusé en eau profonde à partir de 1720, une intendance militaire édifiée par Gabriel en 1771.

| 1715 | Régence du duc d'Orléans. Louis XV, roi de France. Le règne, discrédité par l'indécision, la légèreté et la corruption (« Louis XV assiste à son propre règne »), est marqué par la perte de la plupart de nos terres lointaines (Sénégal, Québec, Antilles, Indes) mais, à l'intérieur, par une modération fiscale qui permet une aisance croissante, une amélioration du niveau de vie (succès de l'épargne) et une période de calme propice à l'agriculture (extension des prairies artificielles, introduction de la culture de la pomme de terre).<br>Réunion de la Lorraine en 1766 et de la Corse en 1769. |
|---|---|
| 1774 | Louis XVI, roi de France. Lafayette *(p. 112)* participe à la guerre d'Indépendance des États-Unis contre l'Angleterre (le traité d'Indépendance est signé à Versailles en 1783). |

## La Révolution (1789-1799)

La Révolution française est la crise, longue d'une décennie, qui mit fin à l'Ancien Régime et ouvrit l'Europe à la démocratie. Hâtée par les revendications des philosophes à l'encontre de l'absolutisme royal, des institutions et des privilèges hérités de la féodalité et ne répondant plus à une charge sociale effective, la Révolution fut provoquée par une désastreuse crise financière. Les principaux événements s'en déroulèrent à Paris mais se répercutèrent dans les villes de province (Lyon, Nantes...) et dans les campagnes.

Les grands événements qui l'ont marquée furent en 1789 la réunion des États Généraux qui se transforment en Assemblée nationale déclarée Constituante, la prise de la Bastille, l'abolition des privilèges (nuit du 4 août), la Déclaration des droits de l'homme et du citoyen ; en 1791, la fuite du roi, reconnu à Varennes (22 juin), ramené à Paris et suspendu (30 septembre) ; la **Convention** (1792-1795), à Valmy (20 septembre), Kellermann et Dumouriez contraignent les Prussiens à la retraite et sauvent la France de l'invasion ; la proclamation de la République française une et indivisible (22 septembre) ; en 1793 (le 21 janvier), l'exécution de Louis XVI, l'insurrection vendéenne, la répression du soulèvement dans le Midi et le siège de Toulon (juillet-décembre) ; en 1795, l'adoption du système métrique ; en 1799 (le 9 novembre), le coup d'État du 18 Brumaire met fin au **Directoire** et le remplace par le **Consulat** ; en 1804, promulgation du Code civil.

**La Vendée militaire** – C'est le pays de bocage (Mauges, Gatine, marais vendéen) de pénétration difficile, soulevé en 1793 contre les excès de la Convention et contrôlé par l'armée catholique et royale. Dans les pays de chouannerie (Maine, Normandie, Bretagne) les royalistes opérèrent de façon plus dispersée. Le mont des Alouettes fut l'un des théâtres d'affrontement entre les Blancs et les Bleus (républicains). Dans cette guerre, la Convention inquiète fait donner Kléber et son armée de Mayence ; la répression est effroyable durant l'hiver 1794 (colonnes infernales du général Turreau). Quelques mois plus tard la guérilla reprend, mais Hoche réussit à pacifier la région. En acculant d'Hervilly dans la presqu'île de Quiberon, il assure la victoire de la République.

## L'Empire (1804-1815)

| 1804 | Le 2 décembre, Napoléon Ier est sacré empereur des Français, à Notre-Dame de Paris par le pape Pie VII. Pour préserver les conquêtes de la Révolution, il va devoir faire face aux coalitions qui, les unes après les autres, se nouent contre lui. |
|---|---|
| 1805 | Abandon du camp de Boulogne où se préparait l'invasion de l'Angleterre. La défaite de Trafalgar laisse à l'Angleterre la maîtrise des mers. Victoires d'Ulm et d'Austerlitz. |
| 1806 | Le blocus continental, destiné à ruiner l'Angleterre en la privant de ses débouchés commerciaux sur le continent, demande, pour être efficace, de nouvelles annexions. |
| 1808 | Guerre d'Espagne où se désagrègent les meilleures armées. |
| 1812 | Campagne de Russie. |
| 1813 | Défaite de Leipzig. L'Europe entière se ligue. L'admirable campagne de France révèle le génie stratégique de l'Empereur mais ne peut éviter la prise de Paris et l'abdication de Fontainebleau (le 20 avril 1814). |

## La Restauration (1815-1830)

| 1814 | Rappel de Louis XVIII. |
|---|---|
| 1815 | Les Cent-Jours (du 20 mars au 22 juin) : tentative de rétablissement de l'Empire qui s'achève par la défaite de Waterloo. Retour de Louis XVIII. La France est ramenée à ses frontières de 1792. Au congrès de Vienne (Autriche), Talleyrand, se faisant le défenseur des minorités, replace la France dans le concert européen. Exécution du maréchal Ney. |

« La Liberté guidant le peuple », par E. Delacroix.

## La monarchie de Juillet (1830-1848)

| | |
|---|---|
| 1830 | La promulgation des ordonnances, qui violent la charte, donne le signal de la Révolution. Les Trois Glorieuses (27, 28, 29 juillet) chassent les Bourbons. Avènement de Louis-Philippe. |
| 1837 | Inauguration de la première ligne voyageurs de chemin de fer (Paris-St-Germain-en-Laye). |

## La IIᵉ République et le Second Empire (1848-1870)

| | |
|---|---|
| 1848 | Louis-Napoléon élu, le 10 décembre, président de la République au suffrage universel. |
| 1851 | Le 2 décembre, Louis-Napoléon dissout l'Assemblée législative et s'octroie la présidence de la République pour 10 ans. |
| 1852 | Le Second Empire plébiscité (2 décembre) : Napoléon III. |
| 1855 | Exposition universelle à Paris. |
| 1860 | La Savoie et le comté de Nice se rattachent à la France. |
| 1868 | Liberté de la presse. |
| 1870 | Le 19 juillet : déclaration de guerre à la Prusse. Le 2 septembre, la capitulation de Sedan marque la chute du Second Empire. Le surlendemain au matin l'émeute gronde à Paris, la République y est proclamée. Mais la route de la capitale est ouverte aux troupes ennemies qui l'atteignent et l'investissent. |

**L'industrialisation** – Dès le règne de Louis-Philippe se dessine la civilisation industrielle – jusqu'alors contrariée par la dispersion de l'activité en toutes petites usines – qui s'est surtout développée à partir de 1850. Elle met en œuvre les progrès de la science (mathématiques, physique, chimie), ceux de la technique et l'évolution des mentalités où interviennent les notions de performances et d'applications pratiques. L'ère des anciennes inventions fait place à celle du machinisme avec l'utilisation de la vapeur et de la houille blanche.

L'industrialisation se concentre sur les gisements de matières premières ou à proximité des sources d'énergie : le Nord (bassin houiller), l'Est (pays du fer), les régions de Paris, de Lyon, de Marseille, la Basse-Seine, Dunkerque, St-Étienne, Montbéliard, Caen, Mulhouse, les vallées alpines (Maurienne) et pyrénéennes ou celles du Massif Central. Cette concentration permet une production standardisée, abondante et moins coûteuse et par là une large diffusion des articles. Mais elle engendre des problèmes sociaux (repos hebdomadaire, logement, santé, éducation, sécurité, retraite, travail des enfants et des femmes...) et syndicaux.

## La IIIᵉ République (1870-1940)

| | |
|---|---|
| 1870 | Après la défaite de Sedan, la IIIᵉ République est proclamée le 4 septembre, à l'Hôtel de Ville de Paris. |
| 1871 | La Commune de Paris (du 21 au 28 mai). Par le traité de Francfort, la France perd l'Alsace, sauf Belfort, et une partie de la Lorraine. |
| 1875 | Lois constitutionnelles. |
| 1881 | Lois de Jules Ferry : enseignement primaire, gratuit puis obligatoire. |
| 1884 | Le syndicalisme reçoit son statut. |
| 1885 | Vaccin contre la rage (Pasteur). |
| 1889 | Inauguration de la Tour Eiffel (Exposition universelle). |
| 1895 | Condamnation du capitaine Dreyfus. L'« affaire », et l'action d'Émile Zola. |
| 1897 | A Toulouse, Clément Ader fait voler un « plus lourd que l'air ». |
| 1904 | Entente cordiale. |
| 1905 | Loi de séparation des Églises et de l'État. |

**La Grande Guerre** – 1914-1918. Le 3 août 1914 l'Allemagne viole la neutralité belge, engage la bataille des frontières puis déclare la guerre à la France. La résistance en Belgique et en Lorraine et les retours offensifs des Français sur Guise et sur la Meuse dérèglent le plan de l'état-major allemand de fondre sur Paris par le Nord et la vallée de l'Oise à l'Ouest ; les armées française de Laurezac et britannique de French refluent en deçà de la Marne. Le général von Kluck fonce alors sur la Seine et, enfreignant les ordres, veut atteindre la capitale par l'Est. Devant cette situation, Joffre, secondé par Gallieni, ose une manœuvre délicate et prend l'armée allemande en plein mouvement sur son flanc droit, avec la vallée de l'Ourcq pour objectif. L'armée de Maunoury, la garnison de Paris et 4 000 territoriaux conduits au front par 600 taxis parisiens gagnent, le 13 septembre, la première bataille de la Marne. Simultanément, **Foch** et Franchet d'Esperey attaquent.

Edition de la monnaie de Paris

Le maréchal Foch (médaille).

**La guerre de positions** – Septembre 1914-mai 1918. Les armées se terrent alors dans des tranchées. Dans l'Argonne, la cote 285, Vauquois et sa butte et, plus à l'Est, la crête des Éparges deviennent l'enjeu de la guerre des mines (150 000 morts). Les attaques destinées à forcer la décision en perçant le front échouent (Artois en mars, Champagne en septembre 1915). Il faut se résoudre à grignoter chaque position.

**Verdun** – 16 février 1916-20 août 1917. Le point culminant de la guerre, le champ du courage et du patriotisme, où le général Philippe Pétain (1856-1951), le grand « Vainqueur de Verdun », stoppa l'offensive ennemie.

**Les offensives** – Les offensives destinées à desserrer l'étau de Verdun échouent (Nivelle sur l'Aisne) ou ne réussissent que très partiellement. Clemenceau cherche alors à redresser le moral des troupes et à préparer l'opinion aux épreuves d'un nouvel assaut. Sur la Somme, les Allemands (offensive de Ludendorff) remportent de nouveaux succès, colmatés à Montdidier.

Le 2 mars 1918, sur le front oriental, à Brest-Litovsk, l'Allemagne dicte à Lénine et à Trotski les conditions de la paix qu'ils ont demandée.

En juin 1918, le nom de Château-Thierry cristallise l'anxiété française. L'ennemi est encore installé à moins de 80 km de Paris, et ce n'est que le 9 juillet que la 39e division française et la 2e division américaine parviennent, au bout de cinq semaines de combat, à le déloger de la cote 204 (seconde bataille de la Marne).

Foch, généralissime des troupes alliées, reprend l'initiative sur tout le front ; le 26 septembre, il déclenche l'offensive générale qui décide l'Allemagne à envoyer ses plénipotentiaires à Rethondes dans la clairière de l'armistice *(p. 120)*, le 11 novembre 1918.

| | |
|---|---|
| **1919** | Traité de Versailles (28 juin) : fin de la Première Guerre mondiale. |
| **1934** | Les manifestations et les affrontements du 6 février aggravent la division politique qui débouche sur le Front populaire (1936). |

**Seconde Guerre mondiale** – 1939-1945. En juin 1940, les troupes allemandes submergent la France ; la défaite contraint le gouvernement, formé par le maréchal Pétain, à demander l'armistice (signé le 22 juin).

Mais, dès l'été, les Forces Françaises Libres, composées surtout des troupes de Norvège et des volontaires de l'empire colonial français, ralliées à l'appel du général de Gaulle passé à Londres, poursuivent la guerre aux côtés des alliés et s'illustrent en particulier par l'épopée Leclerc au Sahara (Mourzouk, Koufra, Bir Hakeim), en Tripolitaine, dans le Sud-Tunisien et en Syrie.

En 1942, la France entière est occupée, la flotte se saborde à Toulon ; en juin 1944, débarquement allié en Normandie, en Provence en août et libération de Paris ; le 7 mai 1945, capitulation allemande à Reims.

Dès l'appel du général de Gaulle (18 juin 1940) et durant toute l'Occupation, la Résistance se développe et s'organise sur tout le territoire national. Par la force morale de ses héros, le martyre de ses 20 000 fusillés et 115 000 déportés, le courage de ses combattants, elle a facilité la libération et rendu à la France l'espérance et la fierté.

*Ce conflit, qui a embrasé tous les continents, est abordé dans ce guide sur les lieux qu'il a le plus marqués en France.*

| | |
|---|---|
| **1946** | IVe République. |
| **1958** | Ve République. |
| **1958** | Entrée en vigueur de la Communauté économique européenne (CEE). |
| **1958** | Approbation, par référendum, de la nouvelle Constitution inspirée par le général de Gaulle. |
| **1962** | Référendum instituant l'élection du président de la République au suffrage universel. |
| **1967** | Accords France-Grande-Bretagne pour la construction de l'Airbus. |
| **1968** | Événements de mai 1968. |
| **1969** | Élection du président Georges Pompidou (16 juin). |
| **1974** | Élection du président Valéry Giscard d'Estaing (19 mai). |
| **1981** | Élection du président François Mitterrand (10 mai). |
| **1981** | Inauguration de la ligne TGV Paris-Lyon (2 h 40). |
| **1994** | Inauguration du tunnel sous la Manche (6 mai). |
| **1995** | Élection du président Jacques Chirac (7 mai). |

# L'évolution de l'art en france des origines à nos jours

## DE LA PRÉHISTOIRE A L'ÉPOQUE GALLO-ROMAINE

**Préhistoire** – Si l'outillage en pierre ou osseux apparaît dès le paléolithique inférieur, l'art préhistorique n'est pas attesté avant le paléolithique supérieur (35000 à 10000 avant J.-C.), et trouve son apogée au magdalénien *(voir la rubrique Eyzies-de-Tayac pour la chronologie de la préhistoire)*. L'art mobilier (ivoire et bois gravés, statuettes votives) se développe parallèlement à l'art pariétal, bien identifié en France par les grottes de Dordogne, des Pyrénées, de l'Ardèche et du Gard. Les peintures rupestres, exécutées avec des colorants d'origine minérale, sont parfois associées à des bas-reliefs sur pierre.

La révolution néolithique (vers 6500 avant J.-C.), caractérisée par la sédentarisation, entraîne l'apparition de la céramique, la différenciation des cultures sur le territoire et la modification des pratiques d'inhumation : certains mégalithes (dolmens, allées couvertes) sont des sépultures. Les menhirs – autre type de mégalithes –, très abondants en Bretagne, ont une signification incertaine (Carnac, Locmariaquer).

La découverte du métal introduit la civilisation préhistorique dans l'âge du Bronze (2300-1800 avant J.-C.) puis du Fer (750-450 avant J.-C.). L'art celtique montre une parfaite maîtrise du travail du métal : torques (colliers) et bijoux en or, monnaies, vaisselle de bronze constituent les trésors des tombes (la Gorge-Meillet, Mailly-le-Camp, Bibracte, Vix).

**Époque gallo-romaine et Haut Moyen Age** – La conquête romaine (2e-1er s. avant J.-C.) introduit en Gaule la technique de la construction en pierre. Dans les cités, centres administratifs de l'Empire, le pouvoir central romain érige une architecture qui reflète sa puissance et impose sa culture : théâtres (Orange, Vienne), temples (Maison Carrée à Nîmes), thermes, basiliques, arcs de triomphe. L'aristocratie locale adopte la mode des villas ro-

Tête de cheval hennissant
(musée de St-Germain-en-Laye).

maines décorées de fresques et de mosaïques (Vaison-la-Romaine, **Grand** 62 2). La présence romaine a durablement modifié le paysage français par le développement urbain et l'établissement de routes, ponts et aqueducs (pont du Gard). A la fin du Bas-Empire, la reconnaissance officielle de l'Église chrétienne (380) génère l'apparition de la première architecture chrétienne, comme les baptistères (**Fréjus** 84 8, **Riez** 84 5, Poitiers).

Au 5e s., les grandes invasions barbares entraînent le recul de l'art figuratif – ignoré des peuples germaniques – au profit de motifs abstraits (entrelacs, rouelles) ou animaliers. L'orfèvrerie cloisonnée (trésor de Childéric) devient une technique très répandue dans les arts précieux.

L'**art mérovingien** (6e-8e s.) élabore une synthèse entre les apports antiques, barbares et chrétiens (hypogée des Dunes à Poitiers, crypte de **Jouarre** 106 24), à partir de laquelle va se développer l'art médiéval.

La **Renaissance carolingienne** (9e s.) est marquée par l'essor de l'enluminure et de l'ivoirerie (psautier de Dagulf, musée du Louvre), et par un retour délibéré aux formes de l'art antique impérial (Aix-la-Chapelle, oratoire de Germigny-des-Prés).

Dans les édifices religieux, l'autel est parfois surélevé, au-dessus d'une zone voûtée du chœur appelée « crypte » mais à l'origine de plain-pied avec la nef (Saint-Germain d'Auxerre, **Saint-Philbert-de-Grand-Lieu** 67 3).

## ART ROMAN (11e-12e s.)

Après les troubles de l'an mille, le rayonnement spirituel et la puissance de l'Église vont permettre l'éclosion de l'art roman, dans le premier quart du 11e s.

**Principes architecturaux de l'art roman** – La généralisation du système de voûtement en pierre, qui se substitue à la charpente, l'utilisation de contreforts, le retour au décor architectural caractérisent les premiers édifices romans (**Saint-Martin-du-Canigou** 86 17, Saint-Bénigne de Dijon). L'impossibilité d'ouvrir largement les murs qui soutiennent la voûte explique l'obscurité du vaisseau.

Le plan basilical (nef et bas-côtés, parfois précédés par un porche) prédomine en France ; cependant, certains édifices adoptent un plan centré (**Neuvy-Saint-Sépulcre** 68 19). Le chevet, à l'extrémité de la nef, révèle une très grande variété formelle : plat ou muni d'absidioles, il est fréquemment en hémicycle avec chapelles échelonnées dans le sens de la nef (**Anzy-le-Duc** 69 17) ou avec chapelles rayonnantes. Des plans plus complexes combinent chevet à déambulatoire et chapelles rayonnantes (Conques, Cluny).

Les premières tentatives décoratives préludent au renouveau de l'art décoratif, dont le linteau de Saint-Genis-les-Fontaines est l'un des premiers témoignages. Tympans, voussures, piédroits, trumeaux se couvrent de sculptures à thèmes religieux ou

Tympan du portail central de la cathédrale d'Autun.

profanes (illustration du Roman de Renart à Saint-Ursin de Bourges). A l'intérieur, l'essentiel du décor est constitué par les fresques (Saint-Savin-sur-Gartempe, **Berzé-la-Ville** 70 11) et les chapiteaux sculptés, dont l'iconographie est parfois complexe (chapiteaux du chœur de Cluny).

Le style roman s'inspire largement de modèles orientaux (griffons, animaux fantastiques) véhiculés par les croisades, ainsi que de modèles byzantins (représentation du Christ en Majesté, graphisme des drapés) et islamiques (végétaux stylisés, pseudo-coufique).

**Particularismes régionaux** – L'art roman conquiert l'ensemble de la France, avec cependant des disparités stylistiques et chronologiques.

Apparu très tôt dans les zones méridionales et en Bourgogne, il ne s'impose que tardivement dans l'Est.

Le **roman languedocien** doit beaucoup au modèle de l'église Saint-Sernin de Toulouse, dont la haute tour-lanterne ajourée d'arcatures servira d'exemple à de nombreux clochers. Les sculptures de la porte Miégeville, achevée en 1118, sont caractérisées par un style graphique, des drapés bouillonnants, un canon allongé que l'on retrouve à Moissac et, dans une moindre mesure, à **Saint-Gilles-du-Gard** (83 9).

En **Saintonge-Poitou**, l'originalité des édifices est due à la hauteur des nefs latérales, dont la fonction est de renforcer les murs de la nef centrale, et d'assurer ainsi l'équilibre du berceau. Les façades-pignons, flanquées de lanternons, sont largement couvertes d'arcatures abritant statues et bas-reliefs (Notre-Dame-la-Grande à Poitiers).

En **Auvergne**, la croisée du transept est souvent couverte par une coupole, contrebutée de hautes voûtes en quart de cercle et soutenue par des arcs diaphragmes ; cet ensemble constitue le massif barlong, dont le volume apparaît en saillie au-dessus des toitures, sous le clocher. L'utilisation de la lave, pierre particulièrement difficile à sculpter, explique la pauvreté du décor (Saint-Nectaire, Notre-Dame-du-Port à Clermont-Ferrand, Orcival). Les linteaux des tympans sont en forme de bâtière.

En **Bourgogne,** le développement de l'art roman a été fortement influencé par le modèle de l'abbaye de Cluny (aujourd'hui détruite), caractérisé par l'importance du chœur muni de chapelles rayonnantes, un double transept, et l'amorce d'un éclairage direct de la nef par de faibles ouvertures à la base du berceau ; Paray-le-Monial et Notre-Dame de La Charité-sur-Loire en dérivent. Au Nord du Morvan, la Madeleine de Vézelay représente un parti simplifié et un couvrement en voûte d'arêtes qui exerceront également leur influence dans la région.

Dans les zones du **Rhin** et de la **Meuse**, le respect des formules héritées de l'époque carolingienne définit une architecture qui relève de l'art ottonien : permanence du plan à double chœur et double transept (Verdun), reprise du plan centré et de l'élévation intérieure de la chapelle palatine d'Aix (Ottmarsheim).

En **Normandie** enfin, l'architecture est restée tardivement fidèle au couvrement charpenté (Jumièges, Bayeux). L'adoption du voûtement en pierre entraîne l'utilisation de nervures décoratives (Saint-Étienne de Caen). L'ampleur et la monumentalité des édifices, les façades harmoniques à deux tours sont également caractéristiques du roman anglo-normand.

Outre ces traits régionaux, certains édifices doivent leur particularité à leur fonction. Le plan des **églises de pèlerinage** (chœur muni d'un déambulatoire, transept à collatéraux, nef centrale à double collatéraux) facilite le culte des reliques ; Sainte-Foy de Conques, Saint-Sernin de Toulouse, Saint-Martial de Limoges et Saint-Martin de Tours (ces deux dernières ayant été détruites) constituaient les principaux édifices de ce type sur la route de Saint-Jacques-de-Compostelle.

**Les arts précieux romans** – Les trésors d'église se constituent à l'époque romane, rassemblant objets liturgiques en orfèvrerie, manuscrits, étoffes précieuses et reliquaires. Une Vierge en Majesté, en bois polychrome ou en métal repoussé et orné de pierreries, est souvent intégrée au trésor.

L'essor de l'**émaillerie limousine** est l'un des aspects majeurs de l'histoire des arts somptuaires à l'époque romane. Exécutée sur cuivre doré et champlevé (la plaque de métal est creusée pour recevoir l'émail), cette émaillerie connut un exceptionnel développement et fut exportée dans toute l'Europe. De petits objets (croix, ciboires, châsses), aussi bien que des réalisations plus monumentales (retable de l'autel majeur de l'abbaye de **Grandmont 72** 8, musée de Cluny à Paris) illustrent la diversité de ses utilisations.

# ART GOTHIQUE (12ᵉ-15ᵉ s.)

## Architecture

**Le gothique de transition** – Dès 1140 environ, à Saint-Denis, des innovations architecturales importantes marquent les préludes du gothique : l'adoption dans l'avant-nef et le chœur de la voûte sur croisée d'ogives, associée à l'arc brisé.

Ogives et moulurations provenant du voûtement se prolongent en faisceaux de colonnettes sur les piles des grandes arcades ; le chapiteau, simplifié, s'amenuise et tendra à s'effacer. En façade préside une nouvelle organisation du décor sculpté, au sein duquel apparaissent les statues-colonnes.

Ces innovations se retrouvent dans un groupe d'édifices en Ile-de-France et au Nord de la France, dans la deuxième moitié du 12ᵉ s. A la cathédrale de Sens, la voûte sexpartite, qui répond au plan rectangulaire des travées, entraîne l'alternance pile forte-pile faible au niveau des supports des grandes arcades. La pile forte reçoit trois éléments d'ogive, tandis que la pile faible ne supporte que la seule ogive intermédiaire. Voûte sexpartite avec alternance des supports et élévation à quatre étages – grandes arcades, tribunes, triforium, baies hautes – caractérisent ce premier art gothique (Sens, Noyon, Laon).

Dans les années 1180-1200, à Notre-Dame de Paris, les voûtes surhaussées sont renforcées, à l'extérieur de l'édifice, par des arcs-boutants. A l'intérieur, l'alternance des supports disparaît. Ces nouvelles dispositions constituent un style de transition vers le gothique lancéolé.

**Le gothique lancéolé** – Les règnes de Philippe-Auguste (1180-1223) et de Saint-Louis (1226-1270) voient l'apogée du gothique en France. La reconstruction de la cathédrale de Chartres (vers 1210-1230) donne un modèle, adopté par les édifices de la « famille chartraine » (Reims, Amiens, Beauvais) : voûte sur plan barlong, élévation à trois étages (sans tribunes), arcs-boutants à l'extérieur. Le chœur à double déambulatoire et les transepts munis de collatéraux aménagent un volume intérieur grandiose. Les fenêtres hautes de la nef centrale sont divisées en deux lancettes surmontées d'une rosace. Les façades se subdivisent en trois registres, comme à Laon ou Amiens : la zone des portails, aux porches profonds uni-

Vue intérieure de la cathédrale de Reims.

fiés par des gâbles, est surmontée d'une rose ajourée enserrant des vitraux. Sous l'étage des tours court une galerie d'arcatures.

Le gothique lancéolé est soumis en France à de multiples variations ; ainsi, à Notre-Dame de Dijon, le parti archaïque de la voûte sexpartite est conservé.

**L'évolution du gothique jusqu'au 15ᵉ s.** – Le perfectionnement technique du voûtement, et notamment l'utilisation d'arcs de décharge, permet d'ouvrir plus largement les murs, comme à Saint-Urbain de Troyes où à la Sainte-Chapelle de Paris (1248) : c'est le **gothique rayonnant**, qui s'impose en France du Nord, de la fin du 13ᵉ s. au dernier tiers du 14ᵉ s. (le chœur de Beauvais, Évreux, transept Nord de la cathédrale de Rouen).

Dans le Centre et le Sud-Ouest, l'architecture gothique se développe à la fin du 13ᵉ s. avec des formules originales. Jean Deschamps, maître d'œuvre à la cathédrale de Narbonne, conçoit une architecture aux proportions massives, où l'élan vertical est brisé par l'aménagement de terrasses au-dessus des bas-côtés. A Sainte-Cécile d'Albi, le recours à la brique et la fidélité au système des contreforts, hérités de l'art roman, dessinent un édifice d'une très grande indépendance par rapport aux modèles du Nord de la France.

Tout au long du 14ᵉ s., la sculpture envahit l'intérieur des édifices (jubés, clôtures de chœur, retables monumentaux et statues de dévotion).

Dès la fin du 14ᵉ s., les grands principes architecturaux n'évoluent plus, mais le vocabulaire décoratif multiplie flammèches, arcs lancéolés, pinacles, choux frisés, définissant le **gothique flamboyant**. Ce système ornemental, parfois qualifié de « baroque gothique », apparaît dans le domaine de l'architecture civile à la cheminée de la grande salle du Palais de Justice de Poitiers, sculptée par Guy de Dammartin dans la dernière décennie du 14e s. La Sainte-Chapelle de Riom, construite pour le duc de Berry, en constitue un autre exemple précoce. Le gothique flamboyant caractérise en France de nombreux édifices civils (hôtel Jacques-Cœur à Bourges) ou religieux (façade de l'église Saint-Maclou à Rouen), et s'étend au mobilier liturgique (clôture du chœur et jubé de Sainte-Cécile d'Albi).

Durant toute la période gothique, les châteaux restent fidèles aux modèles féodaux (château d'Angers, cité-forteresse de Cordes, tours de Merle) et n'évolueront qu'à l'aube de la Renaissance.

## Sculpture, Arts précieux, Peinture

**La sculpture gothique** – La statuaire et la sculpture architecturale gothiques illustrent les progrès du naturalisme et du réalisme, reflets de l'« humanisme gothique ». Les statues-colonnes des portails, encore hiératiques au 12e s., témoignent dès le 13e s. de plus de liberté et d'expressivité (statuaire d'Amiens, ange au sourire de Reims). De nouveaux thèmes s'imposent : le Couronnement de la Vierge, traité à Senlis pour la première fois (1191), devient un sujet privilégié.

**Le vitrail** – Au 12e s., on distingue essentiellement quatre ateliers actifs : celui de Saint-Denis, celui de Champagne, les ateliers de l'Ouest de la France (Le Mans, Vendôme, Poitiers...), et un groupe rhénan dans l'Est. Les maîtres verriers mettent au point un bleu intense, devenu célèbre sous le nom de « bleu de Chartres ». Vers 1300-1310, l'invention du jaune d'argent permet d'obtenir des verres émaillés plus translucides, aux couleurs plus nuancées.

L'association du vitrail à l'architecture gothique a eu pour conséquence l'élargissement des baies. La fragilité des verrières explique la rareté des ensembles médiévaux originaux, auxquels des copies ou œuvres tardives ont souvent été substituées. Les vitraux de Chartres, d'Évreux, de la Sainte-Chapelle, en grande partie intacts, constituent de précieux témoignages de cet art caractéristique de l'esprit gothique.

**L'enluminure et la peinture** – L'art de l'enluminure atteint son apogée au 14e s., avec la production de luxueux manuscrits à usage privé, exécutés par des artistes libérés de la tutelle de l'Université, tels Jean Pucelle (les « Heures de Jeanne d'Évreux ») ou les frères Limbourg (les « Très Riches Heures du duc de Berry », début du 15e s.).

La peinture de chevalet n'est attestée en France que vers 1350 (portrait de Jean le Bon, musée du Louvre). Les influences italiennes et surtout flamandes sont sensibles dans les œuvres des grands maîtres du 15e s. comme **Jean Fouquet**, **Enguerrand Quarton**, ou le **Maître de Moulins**, tant dans le traitement du paysage que par le souci du détail.

## RENAISSANCE

L'art gothique se maintient en France dans de nombreuses régions jusqu'au milieu du 16e s. Cependant, dès le début du siècle, apparaissent dans la région de la Loire les signes d'une rupture avec les traditions médiévales.

**L'italianisme et les débuts de la Renaissance** – L'esthétique de la Renaissance lombarde, connue en France depuis les

Musée Fesch, Ajaccio

« La Vierge à la guirlande », par Botticelli.

campagnes militaires de Charles VIII et de Louis XII, à la fin du 15e s., n'affecte dans un premier temps que le décor architectural, en y introduisant les motifs antiquisants de pilastres, rinceaux, coquilles (sépulcre de Solesmes, **château de Gaillon** 55 17). Peu à peu l'architecture féodale, militaire et défensive laisse place à des demeures seigneuriales plus luxueuses et plus confortables. Le château de Chenonceau (commencé avant 1515) et celui d'Azay-le-Rideau (1518-1527) témoignent de cette évolution, par le souci de régularité dans le plan, la symétrie des façades, l'amorce d'un décor architectural. Ce sont cependant les grandes entreprises royales qui furent déterminantes pour l'essor de la Renaissance française.

**L'architecture et le décor palatial sous François I<sup>er</sup> (1515-1547)** – Au château de Blois (entrepris en 1515), la façade des Loges (1520-1524) est une libre réplique des Loges du Vatican à Rome. Si l'irrégularité des travées relève d'un archaïsme médiéval, le désir de s'inspirer des modèles italiens atteste la nouveauté capitale de cette entreprise. Le château de Chambord (1519-1547), mélange de traditions françaises (tours d'angle, toits irréguliers à lucarnes) et d'innovations (symétrie des façades, raffinement du décor, escalier monumental intérieur), inspire la réfection de nombreux châteaux de la Loire sous le règne de François I<sup>er</sup> (Chaumont, le Lude, Ussé). Après la défaite de Pavie (1525) François I<sup>er</sup> délaisse ses résidences du Val de Loire et privilégie l'Ile-de-France. En 1527 débute la construction du château de Fontainebleau, sous la direction de Gilles Le Breton. La conception du décor intérieur, œuvre des artistes de la **première École de Fontainebleau,** aura une profonde influence sur l'évolution de la production artistique française.

L'italien **le Rosso** (1494-1540) impose un système décoratif nouveau en France combinant stucs, lambris, fresques allégoriques aux coloris acides, nourries de références humanistes, philosophiques et littéraires. Le style maniériste, caractérisé par l'influence de la statuaire antique, l'allongement des proportions et la surcharge décorative, s'accentue avec l'arrivée à la cour du **Primatice** (1504-1570), en 1532.

Le rayonnement de cet art trouve un écho jusqu'à la fin du siècle dans l'œuvre des sculpteurs comme **Pierre Bontemps, Jean Goujon** (reliefs de la Fontaine des Innocents à Paris) ou **Germain Pilon** (monument du cœur d'Henri II, musée du Louvre), et des peintres comme Jean Cousin le Père. Les portraitistes de cour (**Jean** et **François Clouet, Corneille de Lyon**) sont davantage influencés par les traditions flamandes.

**Henri IV et le préclassicisme** – Après les guerres de Religion (1560-1598), de nouvelles tendances viennent renouveler les arts et préludent au classicisme. L'intérêt du pouvoir monarchique pour les questions d'urbanisme conduit à l'aménagement rationnel de places (place des Vosges, place Dauphine à Paris) et à l'uniformisation des bâtiments qui les bordent (arcades au rez-de-chaussée, façades en brique et pierre). Imitées en France (Charleville, Montauban), ces réalisations préfigurent les places royales du Grand Siècle.

Le décor de Fontainebleau se poursuit sous la **seconde École de Fontainebleau,** qui désigne l'ensemble des peintres actifs dans l'entourage de la cour sous le règne d'Henri IV et sous la régence de Marie de Médicis. Les décors exécutés pour les autres palais royaux, Tuileries, Louvre ou Château-Neuf de Saint-Germain-en-Laye, participent également à la définition de ce style. **Toussaint Dubreuil** (1561-1602), **Ambroise Dubois** (1542-1614) et **Martin Fréminet** (1567-1619) prolongent le maniérisme de Fontainebleau (effets de lumière, cadrages coupant les personnages à mi-corps, perspective accentuée), tout en l'infléchissant vers plus de classicisme, et en renouvelant les thèmes, inspirés de la littérature contemporaine, comme la Franciade de Ronsard.

A la fin du 16<sup>e</sup> s., l'architecture des châteaux présente une ordonnance nouvelle, composée d'un corps de logis unique, centré sur un avant-corps et flanqué de pavillons aux extrémités (**Rosny-sur-Seine** 101 28, Gros Bois). Les ailes en retour d'équerre sont supprimées et les façades allient parement de brique et chaînage de pierre.

Sous la régence, l'architecte Salomon de Brosse (palais de justice de Rennes, palais du Luxembourg à Paris) conçoit des monuments sobres aux volumes clairs.

**Les arts décoratifs au 16<sup>e</sup> s.** – Le 16<sup>e</sup> s. est une grande période pour l'art du bijou, notamment pour les enseignes (petites broches fichées dans la coiffe ou le couvre-chef) et les pentacols (pendentifs), portés ou simplement collectionnés. **Étienne Delaune** (1518-1583) est l'un des grands orfèvres du temps.

La céramique reflète une féconde variété régionale. Du Beauvaisis proviennent les fameux grès azurés. A l'instar de l'Italie, Lyon et Nevers fabriquent des majoliques (faïence lustrée et historiée). **Bernard Palissy** (vers 1510-vers 1590) domine la production saintongeaise. Outre de nombreux plats, recouverts de reptiles, crustacés, poissons, algues, moulés au naturel, il exécuta le décor de la grotte du château d'Écouen ainsi que de celle des Tuileries. Pour certaines céramiques, Palissy s'inspire de gravures de l'école de Fontainebleau, reproduisant des nymphes dans un paysage. La technique de l'émail peint sur cuivre, aux couleurs inaltérables, est mise au point au 15<sup>e</sup> s., à Limoges, sous le règne de Louis XI. J.C. Pénicaud et surtout **Léonard Limosin** (1505-1575) excellent dans cette technique, appréciée à la cour de France.

## L'ART DU 17<sup>e</sup> s.

### Formation du classicisme – première moitié du siècle

**Architecture** – Trois architectes, **Jacques Lemercier** (vers 1585-1654), **François Mansart** (1598-1666) et **Louis Le Vau** (1612-1670) eurent un rôle essentiel dans la définition des normes de l'architecture classique en France.

J. Lemercier (château de Rueil, ville de Richelieu, église de la Sorbonne à Paris) se montre tributaire des influences italiennes, dominantes dans le domaine de l'architecture religieuse : façades à deux étages, avant-corps à colonnes, couronnement en fronton triangulaire. F. Mansart innove davantage (**châteaux** de **Balleroy** 54 14 et de Maisons-Laffitte, aile Gaston d'Orléans à Blois) : le plan des châteaux (pavillon central avec avant-corps), la répartition du décor architectural établi pour accentuer les lignes verticales et horizontales, l'utilisation des ordres (dorique, ionique, corinthien) seront désormais des constantes de l'architecture classique française. L'œuvre de Le Vau, qui débute sa carrière avant le règne de Louis XIV en concevant des hôtels particuliers pour la noblesse ou la haute bourgeoisie (hôtel Lambert à Paris), possède, par la recherche d'une architecture grandiose, d'apparat, les caractéristiques du classicisme louis-quatorzien (château de Vaux-le-Vicomte).

**Peinture** – Le retour de **Simon Vouet** (1590-1649) en France en 1627 (après un long séjour romain), puis la création de l'Académie royale de peinture et de sculpture en 1648 vont permettre l'essor de l'école française. Les références italiennes, vénitiennes (richesse du coloris) ou romaines (dynamisme de la composition) sont présentes dans l'art de Vouet et de son élève **Eustache le Sueur** (1616-1655), toujours tempérées par un souci d'ordre et de clarté. Décors à sujets mythologiques, sujets religieux prônés par la Contre-Réforme, portraits constituent l'essentiel de leur œuvre.

Les peintres comme **Poussin** (1595-1665) ou **Philippe de Champaigne** (1602-1674) pratiquent un art très intellectuel, nourri de références philosophiques, historiques ou théologiques, également emblématique du classicisme français.

D'autres courants picturaux se manifestent en France dans la première moitié du siècle. L'Italien Caravage influence par son réalisme l'école toulousaine, dont **Nicolas Tour-**

« La Richesse », par Vouet.

nier (1590-après 1660) est la figure majeure. En Lorraine, le caravagisme affecte aussi profondément l'œuvre de **Georges de La Tour** (1593-1652) par la science du clair-obscur et le choix de sujets humbles. Les frères **Le Nain**, Antoine (vers 1588-1648), Louis (vers 1593-1648) et Mathieu (vers 1607-1677), actifs à Laon puis à Paris, se rattachent au courant des « peintres de la réalité » en privilégiant des scènes de genre. Leur style atteste la connaissance du métier flamand.

**Sculpture** – Dans les premières décennies du 17e s., la sculpture est marquée par les modèles italiens contemporains. **Jacques Sarrazin** (1588-1660), formé à Rome, adopte en sculpture un vocabulaire classique, mesuré, dérivé de l'antique et des modèles picturaux de Poussin (décoration du château de Maisons-Laffitte, tombeau d'Henri de Bourbon au château de Chantilly). François Anguier (tombeau des Montmorency dans la chapelle du lycée de Moulins) et son frère Michel (décor de la porte Saint-Denis à Paris) se montrent davantage sensibles au langage baroque par la mise en scène théâtrale des sculptures et la traduction du dynamisme.

## Le classicisme versaillais

Sous le règne de Louis XIV (1643-1715), la centralisation du pouvoir et la toute-puissance de l'Académie royale engendrent un art officiel, reflet des goûts et de la volonté du souverain. Défini à Versailles, le style Louix XIV s'impose en France dans le dernier tiers du 17e s., imité dans ses principes, mais avec moins de moyens, par l'aristocratie.

Les références à l'Antiquité, le souci d'ordre et d'apparat caractérisent cet art, en architecture comme en peinture ou en sculpture. L'échec des projets du Bernin pour le palais du Louvre symbolise la résistance française aux formules du baroque, qui ne l'atteignent que superficiellement. Le Collège des Quatre-Nations (aujourd'hui Institut de France), réalisé par Le Vau, adoptant une église à coupole et des ailes incurvées, en est l'une des rares expressions.

A Versailles, **Louis Le Vau** puis **Jules Hardouin-Mansart** (1646-1708) érigent une architecture grandiose : volumes rectangulaires scandés par des avant-corps à colonnes jumelées, toit plat, décor architectural inspiré de l'antique.

**Charles Le Brun** (1619-1690), premier peintre du Roi, supervise l'ensemble du décor intérieur (peintures, tapisseries, mobilier et objets d'art) et lui assure une remarquable homogénéité de style. Tissus foncés, lambris sombres, stucs dorés, plafonds compartimentés et peints, copies de statues gréco-romaines composent ce décor, qui va cependant s'alléger vers la fin du siècle.

En 1662, la création des **Gobelins**, « Manufacture royale des meubles de la Couronne », assure l'essor des arts décoratifs. Peintres, sculpteurs, lissiers, marbriers, orfèvres, ébénistes travaillent sous la direction de Charles Le Brun et parviennent à une grande perfection technique. Les tapis sont fabriqués à la Savonnerie, établie à Chaillot. Le mobilier est massif, souvent sculpté et parfois doré. La marqueterie Boulle, qui associe laiton, écaille et bronze doré, est l'une des plus luxueuses productions de la période dans le domaine des arts décoratifs.

Le parc, conçu par **Le Nôtre** (1613-1700), répond aux exigences de rigueur et de clarté du jardin « à la française ». Compositions végétales géométriques, grandes perspectives axiales, jeux d'eau, théâtres de verdure, bosquets et sculptures allégoriques donnent l'image d'une nature maîtrisée et parfaitement ordonnée.

Le décor de sculptures est omniprésent dans les jardins : les deux sculpteurs majeurs du règne, **François Girardon** (1628-1715) et **Antoine Coysevox** (1640-1720), y contribuèrent, avec des œuvres inspirées de la mythologie antique. **Pierre Puget** (1620-1694), autre sculpteur important de la période, est l'auteur d'une œuvre beaucoup plus tourmentée, baroque, marginale dans l'art de la fin du 17e s.

# L'ART DU 18ᵉ s.

L'art du 18ᵉ s. est né en réaction contre l'austérité et le caractère imposant du grand style Louis XIV, inadapté à la vie luxueuse et aux plaisirs de l'aristocratie et de la haute bourgeoisie sous la Régence (1715-1723) puis sous Louis XV (1723-1774).

## L'art rocaille français (1715-1750)

**Architecture** – L'architecture rocaille reste fidèle, dans son ordonnance extérieure, à certains principes de composition classiques (volumes simples, symétrie des façades, avant-corps sommé d'un fronton triangulaire), mais le recours aux ordres antiques est moins rigoureux et moins systématique. Les hôtels particuliers sont les édifices les plus représentatifs de cette nouvelle architecture (hôtel de Soubise à Paris par **Delamair**, hôtel Matignon par **Courtonne**).

Les appartements d'apparat pompeux sont abandonnés au profit de pièces plus petites, plus intimes, comme les « boudoirs » ou les « cabinets ».

Le salon ovale de l'hôtel de Soubise.

A l'intérieur, les lambris, souvent blanc et or, couvrent intégralement la surface des murs (hôtel de Lassay à Paris, cabinet de la Pendule à Versailles).

Le répertoire ornemental combine enlacements végétaux, courbes, coquilles, motifs naturalistes ; des peintures – paysages ou scènes champêtres – sont insérées dans les lambris au-dessus des portes, ou aux écoinçons des plafonds. **Verberckt**, qui travailla à Versailles pour Louis XV, fut un décorateur intérieur d'une exceptionnelle virtuosité.

**Peinture** – La génération des peintres du début du siècle est marquée par l'influence de l'art flamand. **Desportes** (1661-1743), **Largillière** (1656-1746), **Rigaud** (1659-1743) traitent de somptueuses natures mortes décoratives ou des portraits d'apparat. Les thèmes profanes s'imposent : fêtes galantes, théâtre de la vie mondaine. **Watteau** (1684-1721), **Boucher** (1703-1770), **Natoire** (1700-1777) et **Fragonard** (1732-1806) peignent des scènes de genre, aimables ou bucoliques, parfois à prétexte mythologique, qu'affectionne le goût de l'époque.

La peinture religieuse n'est pas délaissée pour autant. Charles de La Fosse (1636-1716), élève de Le Brun, Antoine Coypel (1661-1722) et surtout **Restout** (1692-1768) l'adaptent aux idéaux moins stoïciens du 18ᵉ s., en l'épurant d'un trop grand dogmatisme.

Le portrait connaît un important renouvellement au 18ᵉ s. Peintre officiel des filles de Louis XV, **Nattier** (1685-1766) exécute des portraits en travesti mythologique ou des portraits à mi-corps, moins pompeux que les traditionnels portraits de cour. Le pastelliste **Quentin de La Tour** (1704-1788) excelle dans le rendu du tempérament individuel et de la psychologie, en insistant sur l'étude du visage, moins chargé de signification sociale que le costume ou les accessoires.

Les petits genres (nature morte, paysage), méprisés par l'Académie mais appréciés comme décor dans les intérieurs bourgeois, connaissent un essor significatif. **Chardin** (1699-1779) peint de sobres natures mortes, ou des petites scènes de genre d'inspiration flamande, à la fois réalistes et pittoresques.

**Sculpture** – Un souffle baroque anime la sculpture dans la première moitié du siècle. Les **frères Adam** (bassin de Neptune à Versailles), **Coustou** (1677-1746) (chevaux de Marly) ou **Slodtz** (1705-1764) introduisent dans leur art le vocabulaire du lyrisme baroque, recherchant la traduction expressive du mouvement et du sentiment. Drapés animés ou flottants, goût pour la représentation des détails, poses instables caractérisent les principales tendances de cet art.

**Bouchardon** (1698-1762), formé à Rome au contact de l'archéologie antique, représente jusqu'au milieu du siècle une tendance plus classique (fontaine de la rue de Grenelle à Paris).

**Arts décoratifs** – L'importance de la vie mondaine favorise le développement du mobilier de luxe, dont le style s'harmonise avec celui des lambris. Naissent alors de nouveaux meubles : après la commode, ce seront les secrétaires – droit ou en pente –, bonheur-du-jour, chiffonnier et innombrables petites tables, et pour les commodités de la conversation : la bergère, la voyeuse et toutes sortes de canapés et sièges où s'alanguir (duchesse, dormeuse, divans...). Les lignes courbes sont privilégiées ; les matériaux rares et précieux, comme les bois exotiques, les panneaux de laque de Chine, sont fréquemment associés aux marqueteries florales et aux bronzes dorés finement ciselés. Les grands ébénistes rocaille signent Cressent, Joubert, Migeon, et les menuisiers en siège Foliot, Séné, Cresson...
La **Manufacture de Vincennes**, transférée à **Sèvres** en 1756, produit des pièces de luxe, certaines décorées d'un bleu profond (bleu de Sèvres). La dorure est théoriquement réservée aux services royaux. L'orfèvrerie rocaille se distingue par des motifs de roseaux, vagues, cartouches, coquillages, souvent agencés de façon dissymétrique. **Thomas Germain** (1673-1748) fut l'un des plus prestigieux fournisseurs de modèles pour les tables princières.

## La réaction néo-classique

Dès le milieu du siècle, une réaction à la fois morale et esthétique se dessine contre le style rocaille, considéré comme le fruit d'une décadence des mœurs et des arts. Les modèles classiques – ceux du 17e s. et de l'Antiquité – apparaissent alors comme un recours absolu pour régénérer la production artistique.

**Architecture** – La nouvelle architecture s'astreint à plus de rigueur et de monumentalité. Les façades sont marquées par la discrétion du décor sculpté, et l'utilisation de l'ordre dorique se généralise (église Saint-Philippe-du-Roule à Paris, par J.F. Chalgrin). Certains édifices dérivent directement de modèles antiques, comme l'église Sainte-Geneviève (actuel Panthéon) à Paris, due à **G. Soufflot** (1713-1780). **Victor Louis** (1735-1807), qui donne les plans du théâtre de Bordeaux, **A.T. Brongniart** (1739-1813) et **J.F. Bélanger** (1744-1818) bénéficient de la majorité des grandes commandes architecturales sous Louis XVI.
L'influence de la philosophie des Lumières engendre un intérêt accru pour l'architecture publique et fonctionnelle (salines d'Arc-et-Senans par **Claude-Nicolas Ledoux** [1736-1806]).

**Sculpture** – Les sculpteurs recherchent un rendu naturaliste de l'anatomie, éloigné des excès de l'art rocaille. E.M. Falconet (1716-1791), P. Julien (1731-1804) et G.C. Allegrain (1710-1795) s'inspirent de modèles gréco-romains pour leurs baigneuses, alors très admirées. **J.A. Houdon** (1741-1828) est l'un des sculpteurs majeurs de la deuxième moitié du siècle. Ses bustes constituent une véritable galerie de portraits de ses contemporains, aussi bien français (Voltaire, Buffon, Madame Adélaïde) qu'étrangers (B. Franklin, G. Washington). Très réalistes, sans perruque ni vêtement, « à la française », ils représentent l'apogée du portrait sculpté en France. Houdon fut également l'auteur de tombeaux et de statues mythologiques. **J.B. Pigalle** (1714-1785) se montre encore tributaire des formules du début du siècle (tombeau du maréchal de Saxe, dans le temple Saint-Thomas de Strasbourg), que la réaction néo-classique ne parvint pas totalement à effacer en sculpture.

**Peinture** – Dès les années 60, les tentatives de l'Académie royale pour restaurer le Grand Genre conduisent à favoriser de nouveaux thèmes : histoire antique, héroïsme civique ou tragédies du 17e s. constituent le répertoire des peintres comme **J.L. David** (1748-1825), **J.B.M. Pierre** (1714-1789) ou **J.F.P. Peyron** (1744-1814). Le style est inspiré des bas-reliefs et de la statuaire antiques, les principes de composition se réfèrent aux œuvres de Poussin et des grands maîtres du 17e s.
Une tendance plus souple, représentée par les œuvres de **J.M. Vien** (1716-1809) ou de **J.B. Greuze** (1725-1805), accorde davantage d'importance à la sensibilité et au sentiment, prémices du romantisme qui s'épanouira après la Révolution.

**Arts décoratifs** – Le mobilier Louis XVI conserve certaines caractéristiques héritées du début du siècle (utilisation de matériaux précieux, décor de bronze doré ciselé), mais le galbe et la courbe laissent place à la ligne droite. Le décor quoique conservant les motifs de fleurs et de rubans adopte volontiers la frise d'oves, les grecques, les faisceaux. **René Dubois** (1738-1799) est, avec **Louis Delanois** (1731-1792), l'initiateur du style « à la grecque », inspiré du mobilier antique révélé par les fresques d'Herculanum et de Pompéi. A ce genre se rattachent des artistes prestigieux comme Œben, Riesener et, pour les meubles ornés de plaques de porcelaine peinte, Carlin, puis par la suite Beneman et Levasseur.
A la fin du siècle, les motifs nouveaux importés d'Angleterre – épis, lyres, corbeilles de vannerie, montgolfières – sont introduits dans le vocabulaire décoratif.
La porcelaine dure – dont la technique n'est connue en France qu'au début des années 70 – domine la production de la Manufacture de Sèvres. Les **biscuits** (statuettes en porcelaine non émaillées et laissées blanches), reproduisant des modèles de Fragonard, de Boucher ou d'autres artistes, connaissent un vif succès.
**Sous la Révolution**, l'iconoclasme marque une rupture dans l'histoire de l'art français, mais le mouvement néo-classique se poursuit dans le premier quart du 19e s. L'ouverture du Musée du Louvre en 1793 prélude à la création de nombreux musées en France.

**L'art sous le Ier Empire** – Après le sacre (1804), Napoléon favorise un art officiel par la commande de décors (Tuileries, détruites en 1870, Fontainebleau) ou de tableaux relatant les grands événements de l'Empire. Des artistes formés au 18e s., comme J.L. David ou ses élèves **A.J. Gros** (1771-1835) et **A.L. Girodet-Trioson** (1767-1824), bénéficient de la faveur de l'Empereur.

Les thèmes nouveaux du romantisme inspirés par la littérature contemporaine, l'orientalisme, le goût pour les anecdotes de l'histoire nationale chez les peintres troubadours définissent les nouvelles orientations de la production picturale.

Dans le domaine de l'architecture, l'art est moins novateur. Napoléon commandite de grandes réalisations commémoratives à la gloire de la Grande Armée : Arc de triomphe du Carrousel, colonne Vendôme, temple (aujourd'hui église) de la Madeleine. Les architectes officiels, **Percier** (1764-1838) et **Fontaine** (1762-1853), supervisent l'ensemble des entreprises architecturales, et donnent des modèles aussi bien pour les édifices que pour les décors de fêtes ou les arts décoratifs. De grands projets d'urbanisme voient également le jour comme la reconstruction de la ville de Lyon.

Les anciens palais royaux sont remeublés. Le mobilier Ier Empire dérive du mobilier néo-classique : commodes et serre-bijoux aux volumes massifs, quadrangulaires, en acajou plaqué de bronze doré aux motifs antiquisants. **Desmalter** (1770-1841) est le principal ébéniste de la cour impériale. Les sculpteurs **Chaudet** (1763-1810) et **Cartellier** (1757-1831) fournissent des modèles pour le décor du mobilier, dans un style néo-classique qui se retrouve parallèlement dans leur œuvre de statuaire. La campagne d'Égypte introduit le style dit « retour d'Égypte » (sphinx, lotus) dans les arts décoratifs.

**Restauration et Monarchie de Juillet** – De 1815 à 1848, deux grandes tendances traversent la production artistique en France. D'une part, l'épuisement de la veine néo-classique, qui caractérise encore l'architecture religieuse (églises Notre-Dame-de-Lorette ou Saint-Vincent-de-Paul à Paris), d'autre part, l'éclosion de l'historicisme. Ce dernier style multiplie les références à l'architecture du passé, notamment médiévale (église Notre-Dame de Boulogne-sur-Mer, cathédrale de Marseille par Léon Vaudoyer). La création des Monuments historiques en 1830 et les débuts de la carrière de **Viollet-le-Duc** (1814-1879) en sont le prolongement.

**Le Second Empire** – Avec l'avènement de Napoléon III, l'**éclectisme** domine dans l'ensemble des arts. L'achèvement du Louvre par **Visconti** (1791-1853), disciple de Percier, puis par **H. Lefuel** (1810-1880), et la construction de l'Opéra de Paris par **Garnier** (1825-1898) comptent parmi les plus grandes entreprises du siècle. Les références aux styles du passé (16e, 17e et 18e s.) sont omniprésentes. Cependant, l'introduction de nouveaux matériaux comme le fer, le verre et la fonte (gare du Nord par Hittorff, église Saint-Augustin par V. Baltard) témoignent de l'apport des doctrines rationalistes et du progrès technologique.

Le baron **Haussmann** (1809-1891), préfet de la Seine, établit les règles d'un urbanisme qui modernise la capitale. Le préfet C.M. Vaïsse conduit une œuvre parallèle à Lyon. En **peinture**, l'académisme triomphe. **Cabanel** (1823-1883), **Bouguereau** (1825-1905) ou le portraitiste **Winterhalter** (1805-1873) s'inspirent aussi bien de la statuaire antique que des grands maîtres vénitiens du 16e s. ou des décors rococo. Cependant **Courbet** (1819-1877), **Daumier** (1808-1879) et **Millet** (1814-1875) forment l'avant-garde du réalisme en peinture, avec des sujets privilégiant la vie urbaine ou rurale.

**Ingres** (1780-1867), qui représente la tendance classique, et **Delacroix** (1798-1863), le grand peintre romantique du siècle, sont au faîte de leur carrière.

Les grands chantiers architecturaux favorisent l'essor de la sculpture. **Carpeaux** (1827-1875), auteur du haut-relief de la Danse sur la façade de l'Opéra, transcende l'éclectisme par un style très personnel, qui se réfère sans plagiat à l'art flamand, à la Renaissance et au 18e s. **Dubois** (1829-1905), **Frémiet** (1824-1910) ou Guillaume (1822-1905) pratiquent un art plus académique.

Le goût du pastiche prévaut dans les arts décoratifs. Mobilier et objets d'art reproduisent les formes et les motifs ornementaux de la Renaissance, du 16e ou du 18e s. L'**industrialisation** de la production apparaît : l'orfèvre Christofle (1805-1863), le bronzier Barbedienne (1810-1892) fabriquent des objets de luxe pour la cour impériale, mais aussi des pièces en série destinées à la bourgeoisie aisée.

**Les tendances artistiques à la fin du siècle** – Sous la IIIe République, les créations architecturales suivent essentiellement le rythme des Expositions universelles à Paris (l'ancien Palais du Trocadéro, tour Eiffel, Grand-Palais et pont Alexandre-III). Le style pompeux des édifices, au décor chargé de « pâtisseries », dérive de l'éclectisme. Dès les années 90, les architectes de l'**Art Nouveau**, influencés par l'Angleterre et la Belgique, se démarquent du style officiel. Décor des façades et décor intérieur sont harmonisés et l'architecte conçoit l'ensemble des éléments : vitraux, carrelage, mobilier, papier peint... Tiges végétales, motifs floraux stylisés et japonisants, asymétrie prévalent dans le nouveau vocabulaire décoratif. **Guimard** (1867-1942) est le principal représentant de cet art (Castel Béranger à Paris, décor d'entrée des bouches de métro parisiennes). Les arts décoratifs sont intégrés au mouvement de l'Art Nouveau, grâce à des artistes comme l'ébéniste **Majorelle** (1859-1929) ou le verrier-céramiste **Gallé** (1846-1904) à Nancy.

En peinture, les **impressionnistes** exposent, dès 1874, en dehors du Salon officiel. **Monet** (1840-1926), **Renoir** (1841-1919), **Pissarro** (1830-1903) renouvellent la technique et les thèmes du paysage, par l'étude de la lumière et le travail en plein air, et imposent des sujets nouveaux, inspirés par la vie contemporaine. **Manet** (1832-1883) et **Degas** (1834-1917) se joignent temporairement au groupe.

Dans les années 85-90, les **néo-impressionnistes**, comme G. Seurat (1859-1891), **Signac** (1863-1935), portent à son paroxysme la technique de la touche fragmentée (divisionnisme). Peintre néerlandais, **Van Gogh** (1853-1890) arrive en France en 1886.

« La Gare St-Lazare », par Claude Monet.

Sa technique (couleurs pures ou expressionnistes, touche visible), ainsi que sa conception de l'art, où la vision intérieure prévaut sur l'étude du réel, auront une grande influence sur les peintres du début du 20e s. **Cézanne** (1839-1906) et **Gauguin** (1848-1903), influencés par l'art japonais et primitif, rejettent en partie l'héritage de l'impressionnisme pour s'attacher davantage au volume. En 1886, Gauguin vient chercher un renouvellement de son inspiration à Pont-Aven, petit bourg à l'Est de Concarneau, déjà fréquenté par Corot dans les années 60. Les artistes qui travaillent alors à ses côtés, **Émile Bernard, Paul Sérusier** forment l'**école de Pont-Aven**, caractérisée par des recherches synthétiques et symbolistes, et ouvrent la voie aux **nabis**.
Ces derniers, parmi lesquels **Denis** (1870-1943), **Bonnard** (1867-1947) et **Vuillard** (1868-1940), prônent la supériorité de la couleur sur la forme et le sens.
En sculpture, la fin du siècle est dominée par le génie de **Rodin** (1840-1917) ; libérée des conventions formelles académiques, expressionniste, tourmentée et symbolique, l'œuvre de Rodin ne fut pas toujours comprise en son temps.

## L'ART DU 20e s.

**Les mouvements d'avant-garde jusqu'en 1945** – Au début du 20e s., l'avant-garde se définit comme une réaction contre les nombreux courants issus du 19e s. (académisme en peinture, Art Nouveau en architecture, art officiel).
Le « **retour au style** » est caractérisé en architecture par des volumes géométriques simples, animés de sobres bas-reliefs : le théâtre des Champs-Élysées à Paris, réalisé par les frères Perret, avec un décor de **Bourdelle** (1861-1929), en fut l'un des manifestes les plus éclatants. En sculpture, **Maillol** (1861-1944), **Bartholomé** (1848-1928) et **J. Bernard** (1866-1931) simplifient les volumes, parfois jusqu'à la schématisation, en contraste avec l'esthétique de Rodin qu'ils contestent.
Le **fauvisme** crée l'événement en **peinture** au Salon d'Automne de 1906. A Derain (1880-1954), A. Marquet (1875-1947), M. de Vlaminck (1876-1958) décomposent le paysage en couleurs arbitraires et ouvrent la voie à l'art non figuratif. **Matisse** (1869-1904), après les débuts fauves, développera un art indépendant des grands courants, basé sur l'étude de la couleur.
L'autre manifestation majeure de l'avant-garde en peinture est traduite dans l'œuvre de **Braque** (1882-1963) et de **Picasso** (1881-1973), qui poursuivent l'étude de la décomposition des volumes amorcée par **Cézanne** (1839-1906). Ces recherches conduisent au **cubisme** (discontinuité dans la représentation de la réalité, monochromie, illisibilité des sujets), qui domine leur production entre 1907 et 1914.
Les cubistes du groupe de la Section d'Or (A. Gleizes et J. Metzinger, F. Léger à ses débuts) pratiquent un art moins révolutionnaire, plus figuratif. L'œuvre d'Henri Laurens, influencée par Braque, constitue la principale contribution cubiste française.
Dans les années 20-30, le **surréalisme** renouvelle l'inspiration des artistes. Art subversif, il crée un univers non logique, onirique ou fantastique. Le hasard, les messages de l'inconscient sont intégrés pour la première fois au processus de création. **Duchamp** (1887-1968), **Masson** (1896-1987), **Picabia** (1879-1953) et **Magritte** (1898-1967) participèrent à ce mouvement.

**La création artistique depuis 1945** – L'abstraction s'impose en France dans le domaine de la peinture, après la Seconde Guerre mondiale. **Herbin** conçoit l'art abstrait comme un triomphe de l'esprit sur la matière. Il publie en 1949 *L'Art non figuratif non objectif* et exerce une grande influence sur les jeunes artistes du mouvement de l'**abstraction géométrique**. Toutes les œuvres qu'il réalise à partir des années 50 sont des compositions sur le mot (inclusion de lettres) combinées avec des formes géométriques élémentaires, traitées en aplats de couleur pure.

Les peintres de l'**abstraction lyrique** axent leurs recherches sur le chromatisme et la matière, comme Riopelle qui applique la couleur au couteau, ou **Mathieu** qui travaille la peinture directement extraite du tube. L'art d'Extrême-Orient influence **Soulages**, dont le lyrisme méditatif est une variation sur les noirs. **Nicolas de Staël** crée un lien entre abstraction et figuration, ses compositions abstraites dérivant d'une observation d'objets réels, parfois encore lisibles dans l'œuvre finale.

Certains artistes comme **Fautrier** travaillent la peinture en pâte épaisse, ou lui adjoignent d'autres matériaux comme le sable.

Le domaine de l'architecture a connu un renouveau important avec **Le Corbusier** (1897-1965) qui respecte à la fois les exigences fonctionnalistes et le purisme dans l'esthétique des façades (Cité Radieuse à Marseille, chapelle de Ronchamp).

Dans les années 60, le **Nouveau Réalisme**, dont le théoricien est **Pierre Restany**, tente d'exprimer la réalité quotidienne de la vie moderne et de la société de consommation. Il se développe une réflexion critique sur les objets industriels, symboles de cette société : en les accumulant, en les cassant **(Arman)**, en les compressant ou en les assemblant **(César)**, en les piégeant sous verre...

**Yves Klein** (1928-1962), au-delà de son appartenance aux Nouveaux Réalistes, tente dans ses *Monochromes* de capter et d'exprimer l'espace, l'énergie ou l'essence universelle des choses. Il travaille la couleur pure : IKB, International Klein Blue, est le bleu qu'il a conçu.

Le rejet du formalisme et du traditionalisme caractérise également l'œuvre de **Dubuffet** (1901-1985). En 1968, il publie *Asphyxiante Culture*, un pamphlet qui prône la révolution permanente, la dérision, l'inattendu. Dans ses dernières œuvres, il compose peintures et sculptures à partir d'un puzzle d'unités colorées ou noir et blanc.

Depuis les années 60, les problèmes d'urbanisme ont conduit à reconsidérer le rapport entre architecture et sculpture, pour une meilleure intégration des deux arts. Architectes et sculpteurs travaillent de concert, comme Ricardo Bofill et D. Karavan à Cergy-Pontoise. Les artistes sont de plus en plus fréquemment incités à intervenir directement dans le paysage urbain (colonnes de Buren au Palais-Royal). Le mouvement **Support-Surface (Claude Viallat, Pagès, Daniel Dezeuze...)**, au cours des années 70, réduit la peinture à sa réalité matérielle en jouant sur le support ou sur le mode d'application des couleurs : la toile, hors châssis, est découpée, suspendue, pliée.

Les années 80 voient le retour à la **figuration**, avec des recherches multiples : références à la tradition pour **Gérard Garouste** et **Jean-Charles Blais**.

L'extrême diversité des styles et des courants qui caractérisent la création contemporaine est l'expression de sa vitalité.

« L'Homme de la liberté », par César.

# Grandes stations et manifestations

Les stations sélectionnées ci-dessous offrent, pour la plupart, un équipement très complet, des installations de choix, des ressources hôtelières et une variété de distractions aptes à satisfaire un très large public. Nous nous en tenons donc à leurs caractères essentiels et aux sites qui font leur renommée ou leur agrément.

**Aix-en-Provence** – 84 3 – *Voir à ce nom* – Thermalisme – Casino – Thermes Sextius bâtis au 18e s. près des anciens thermes romains.

**Aix-les-Bains** – 74 15 – Thermalisme – Casinos : Palais de Savoie et Nouveau Casino – « Saison » prestigieuse, l'une des plus mondaines des Alpes. Parcs – Esplanade du bord du lac★ – Musée Docteur Faure★.

**Ajaccio** – 90 17 – *Voir à ce nom* – Balnéaire (sable) – Casino – Place Maréchal-Foch – Plages en bordure du golfe.

**L'Alpe-d'Huez** – 77 6 – Montagne (sports d'hiver, alt. 1 860-3 350) – Pic du lac Blanc★★★ *(par télécabine et téléphérique)* : vue sur les massifs du Mont-Blanc et des Écrins. – Lac Besson★ *(6,5 km)*.

**Amélie-les-Bains** – 86 18, 19 – Thermalisme – Casino – Piscine romaine restaurée – Gorges du Mondony.

**Annecy** – 74 6 – *Voir à ce nom* – Balnéaire (lac) – Les bords du lac★★★ – Promenade au bord du Thiou.

**Arcachon** – 71 20 – *Voir à ce nom* – Balnéaire (sable) et climatique – Casino – Front de mer (panorama sur le bassin).

**Argelès-Gazost** – 85 17 – Thermalisme – Panorama sur les dentelures du Viscos, le gave d'Azun et les premières cimes du massif de Néouvielle.

**Argelès-Plage** – 86 20 – Casino – Balnéaire (sable) sur la côte Vermeille★★.

**Avoriaz** – 89 3 – Montagne (sports d'hiver).

**Ax-les-Thermes** – 86 15 – Thermalisme – Montagne (sports d'hiver, alt. 1 400-2 400) – Bassin des Ladres – Plateau de Bonascre★ (vue★★ sur la haute Ariège et les sommets de l'Andorre).

**Bagnères-de-Bigorre** – 85 16 – Thermalisme – Casino – Parc thermal du Salut★.

**Bagnoles-de-l'Orne** – 60 1 – Thermalisme – Casino – Lac★ – Parc de l'établissement thermal★ – Promenade au Roc au Chien★ *(à Tessé-la-Madeleine)*.

**Bandol** – 84 14 – Balnéaire (sable) – Casino – Allées Jean-Moulin★.

**Barèges** – 85 18 – Thermalisme – Montagne (sports d'hiver, alt. 1 250-2 350) – Plateau du Lienz – Font d'Ayré.

**La Baule** – 63 14 – *Voir à ce nom* – Balnéaire (sable) – Thalassothérapie – Casino – Front de mer★★ – Parc des Dryades★ – La Baule-les-Pins★★.

**Beaulieu-sur-Mer** – 84 10 – Balnéaire (sable) – Casino – Villa Kérylos★ (site★) – Baie des Fourmis★.

**Belle-Île** – 63 11 – *Voir à ce nom* – Thalassothérapie.

**Bénodet** – 58 15 – Balnéaire (sable) – Casino – Phare de la Pyramide (panorama★ sur la côte de Cornouaille et les îles de Glénan).

**Biarritz** – 85 2 – *Voir à ce nom* – Balnéaire (sable et rochers) – Thalassothérapie – Casino – La Perspective (vue★★) – Phare de la Pointe St-Martin (vue★) – Rocher de la Vierge★ – Musée de la Mer★.

**Le Boulou** – 86 19 – Thermalisme – Casino – Site au pied des Albères.

**La Bourboule** – 73 13 – Thermalisme – Parc Fenêstre★ – Plateau de Charlannes.

**Cabourg** – 55 2 – Balnéaire (sable) – Casino – Promenade Marcel-Proust.

**Canet-Plage** – 86 20 – Balnéaire (sable) – Casino – Animation sportive.

**Cannes** – 84 9 – *Voir à ce nom* – Balnéaire (sable) – Casinos : les Fleurs, Palm Beach, municipal – Boulevard de la Croisette★★ – Pointe de la Croisette★ – Observatoire de Super-Cannes (panorama★★★) – Musée de la Castre★.

**Cap-d'Antibes** – 84 9 – Balnéaire (sable et rochers) – Le tour du cap★★ – Plateau de la Garoupe (panorama★★) – Jardin Thuret★.

**Capvern** – 85 9 – Thermalisme – Vue sur la chaîne des Pyrénées.

**Carnac** – 63 12 – Thalassothérapie.

**Cauterets** – 85 17 – Thermalisme – Montagne (sports d'hiver : alt. 930-2 340) – Esplanade du Casino – Pont d'Espagne★★ – Cascade★★ et vallée★ de Lutour ; Val de Jéret★★.

**Chamonix-Mont-Blanc** – 74 8, 9 – *Voir à ce nom* – Montagne (sports d'hiver, alt. 1 035-3 842) – Site au pied des « Aiguilles » (groupes de Blaitière et de Charmoz-Grépon) en vue du dôme terminal du Mont-Blanc.

**Châtelguyon** – 73 4 – Thermalisme – Casino – Vallée des Prades★ – Gorges d'Enval★.

**Chaudes-Aigues** – 76 14 – Thermalisme – Source du Par – Niches vitrées.

**Combloux** – 74 8 – Montagne (sports d'hiver, alt. 1 000-1 853) – Panorama★ sur le massif du Mont-Blanc.

**Contrexéville** – 62 14 – Thermalisme – Casino – Lac de la Folie.

**Courchevel** – 74 18 – Montagne (sports d'hiver, alt. 1 300-2 700) – Panorama★ – La Saulire *(par télécabine puis téléphérique)* : panorama★★.

**Le Crouesty** – 63 – Thalassothérapie.

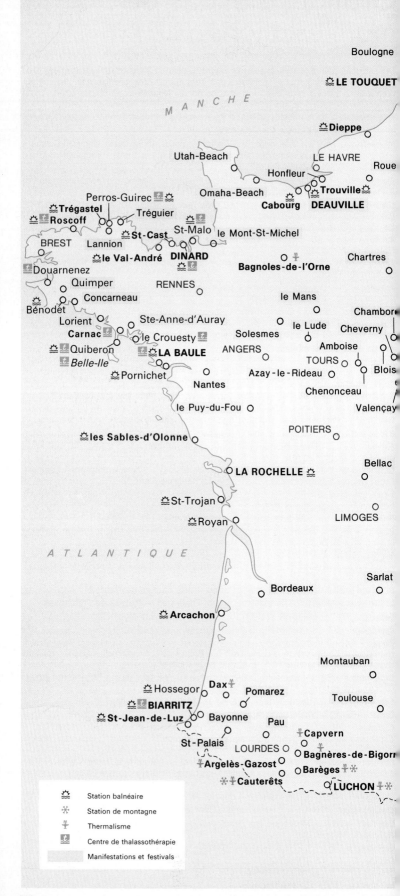

Boulogne

☼ **LE TOUQUET**

*M A N C H E*

☼ **Dieppe**

Utah-Beach

LE HAVRE

Roue

Honfleur

Perros-Guirec 🌊 ☼    Omaha-Beach    ☼ **Trouville** ☼

☼ **Trégastel**    Tréguier    Cabourg    **DEAUVILLE**

☼ **Roscoff**

☼ **St-Cast**    St-Malo    le Mont-St-Michel

BREST    Lannion    ☼ 🌊 **DINARD**

☼ **le Val-André**    ✝ Chartres

🌊 Douarnenez    Bagnoles-de-l'Orne

Quimper    RENNES    le Mans

Concarneau    Chambor

Bénodet    le Lude    Cheverny

Lorient    Ste-Anne-d'Auray    Solesmes    Amboise

**Carnac** 🌊    le Crouesty 🌊    ANGERS    TOURS    Blois

☼ 🌊 Quiberon    🌊 ☼ **LA BAULE**    Azay-le-Rideau    Blois

🌊 *Belle-Ile*    Chenonceau

☼ Pornichet    Nantes    Valençay

le Puy-du-Fou

POITIERS

☼ **les Sables-d'Olonne**

Bellac

● **LA ROCHELLE** ☼

☼ St-Trojan    LIMOGES

☼ Royan

*A T L A N T I Q U E*

Sarlat

● Bordeaux

☼ **Arcachon**

Montauban

☼ **Hossegor**    **Dax** ✝    Pomarez    Toulouse

☼ 🌊 **BIARRITZ**    Bayonne    Pau

☼ **St-Jean-de-Luz**    ✝**Capvern**

St-Palais    LOURDES    ✝ **Bagnères-de-Bigorr**

✝ **Argelès-Gazost**    ● **Barèges** ✝ ❄

❄✝**Cauterêts**    **LUCHON** ✝❄

| | |
|---|---|
| ☼ | Station balnéaire |
| ❄ | Station de montagne |
| ✝ | Thermalisme |
| 🌊 | Centre de thalassothérapie |
| | Manifestations et festivals |

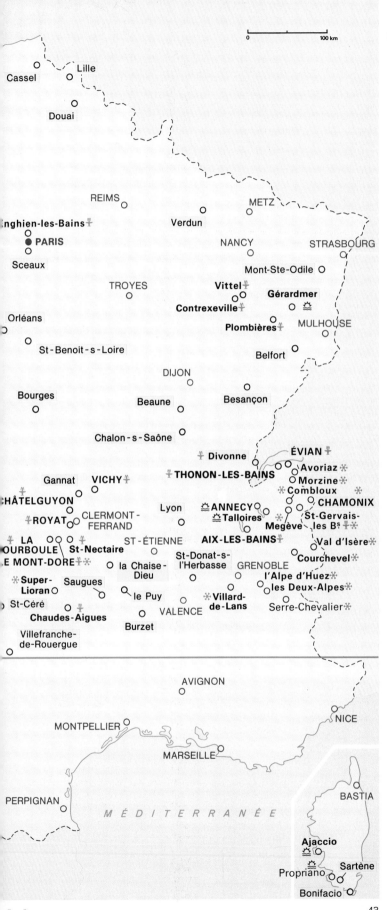

*Fra. 2*

43

★ **Dax** – 78 6, 7 – Thermalisme – Casino – Fontaine chaude – *A 9 km au Nord-Est :* Buglose (maison natale de saint Vincent de Paul).

★★★ **Deauville** – 55 3 – *Voir à ce nom* – Balnéaire (sable) – Casinos (d'été et d'hiver) – Promenade des Planches★.

★ **Les Deux-Alpes** – 77 6 – Stations jumelles de l'Alpe-du-Mont-de-Lans et de l'Alpe-de-Venosc – Montagne (sports d'hiver, alt. 1 650-3 560) – De l'Alpe-de-Venosc : belvédère de la Croix★ et belvédère des Cimes★ *(par télécabine)*.

★★ **Dieppe** – 52 4 – Balnéaire (galets) – Casino – Boulevard de la Mer (vue★) – Boulevard du Maréchal-Foch.

★★★ **Dinard** – 59 5 – *Voir à ce nom* – Balnéaire (sable et rochers) – Thalassothérapie – Casino – Pointe du Moulinet (vue★★) – Grande plage★ – Promenade du Clair de Lune★.

★ **Divonne** – 70 16 – Thermalisme – Casino – Parc thermal.

★ **Douarnenez** – 58 14 – Thalassothérapie.

★ **Enghien** – 101 5 – Thermalisme – Casino – Lac★.

★★★ **Évian** – 70 17 – Thermalisme – Casino – Jardin anglais.

★★ **Font-Romeu** – 86 16 – Montagne (sports d'hiver, alt. 1 850-2 204) – Casino – Ermitage★ (Camaril★★) – Calvaire (panorama★★ sur la Cerdagne).

★ **Gérardmer** – 62 17 – Balnéaire – Cadre montagneux couvert de belles sapinières (sports d'hiver, alt. 870-1 130) – Lac★.

★ **La Grande-Motte** – 83 8 – Balnéaire (sable) – Casino – Urbanisme estival.

★ **Hossegor** – 78 17 – Balnéaire (sable) – Casino – Promenade du Lac★.

★★ **Juan-les-Pins** – 84 9 – Balnéaire (sable) – Casino : Eden Beach – Site au creux du golfe Juan.

★★ **Luchon** – 85 20 – Thermalisme – Montagne (sports d'hiver à Super-Bagnères, alt. 1 420-2 260) – Allées d'Étigny.

★★★ **Megève** – 74 7, 8 – Montagne (sports d'hiver, alt. 1 067-2 350) – Casino – Mont d'Arbois *(par téléphérique)* : panorama★★★ sur les Aravis et le Mont-Blanc).

★★ **Menton** – 84 10, 20 – *Voir à ce nom* – Balnéaire (galets) – Casino du Soleil – Promenade du Soleil★★ – Musée du palais Carnolès★.

★★ **Le Mont-Dore** – 73 13 – Thermalisme – Montagne (sports d'hiver, alt. 1 350-1 850) – Casino – Promenade des Artistes★ – Salon du Capucin *(par funiculaire)*.

★★★ **Monte-Carlo** – 84 10 – *Voir à Monaco* – Balnéaire (sable et rochers) – Casinos : Grand Casino, casino du Sporting Club, casino Loews – Musée de Poupées et Automates★.

★★ **Morzine** – 74 8 – Montagne (sports d'hiver, alt. 1 000-2 460) – Site de vallées – Le Pléney *(par téléphérique)* : panorama.

★★★ **Nice** – 84 9, 10 – *Voir à ce nom* – Balnéaire (galets) – Casino-club.

★ **Perros-Guirec** – 59 1 – Balnéaire (sable) – Thalassothérapie – Casino – Pointe du Château (vue★) – Table d'orientation (vue★) – Sentier des Douaniers★★.

★ **Plombières** – 62 16 – Thermalisme – Casino – Parc national, dessiné par Haussmann.

★ **Pornichet** – 63 14 – Balnéaire (sable) – Casino – Boulevard des Océanides.

★ **Propriano** – 90 18 – Balnéaire (sable) – Golfe de Valinco★.

**Quiberon** – 63 12 – Balnéaire (sable, rochers) – Thalassothérapie – Casino – Côte Sauvage★★.

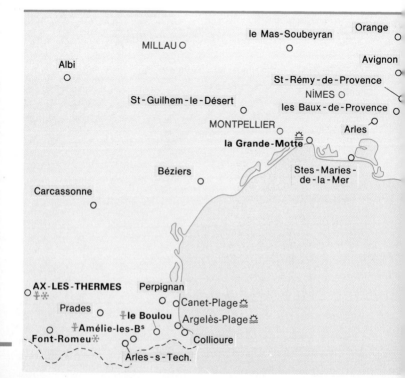

* **La Rochelle** – 71  12 – *Voir à ce nom* – Balnéaire (sable) – Casino.

* **Roscoff** – 58  6 – Thalassothérapie – Balnéaire (sable et galets) – Aquarium Charles-Pérez★ – Église N.-D.-de-Kroaz-Betz★ (clocher★, albâtres★).

* **Royan** – 71  15 – Balnéaire (sable) – Sporting casino *(à Pontaillac)* – Front de mer★ – Église Notre-Dame★ – Zoo de La Palmyre★★.

* **Royat** – 73  14 – Thermalisme – Casino – Site au pied de la chaîne des Dômes – Parc thermal – Parc Bargoin.

* **Les Sables-d'Olonne** – 67  12 – Balnéaire (sable) – Casino de la Plage – Casino des Sports – Remblai★ – Quartier de la Chaume.

* **St-Cast-le-Guildo** – 59  5 – Balnéaire (sable) – Pointe de St-Cast (vue★★) – Pointe de la Garde (vue★★).

* **St-Gervais** – 74  8 – Thermalisme – Montagne (sports d'hiver, alt. 850-2 350) – Route du Bettex★★★ – Nid d'Aigle (glacier de Bionassay★★) *(par tramway du Mont-Blanc)*.

* **St-Jean-de-Luz** – 85  2 – *Voir à ce nom* – Balnéaire (sable) – Casino.

* **St-Malo** – 59  6 – *Voir à ce nom* – Balnéaire (sable) – Thalassothérapie – Casino.

* **St-Nectaire** – 73  14 – *Voir à ce nom* – Thermalisme.

* **St-Raphaël** – 84  8 – Balnéaire (sable) – Casino – Site abrité par le massif de l'Esterel – Bord de mer.

  **St-Trojan** – 71  14 – Balnéaire (sable) – Forêt de pins maritimes.

* **St-Tropez** – 84  17 – *Voir à ce nom* – Balnéaire (sable) – Port★ : quais Jean-Jaurès et Suffren – Musée de l'Annonciade★★ – Môle Jean-Réveille (vue★) – Citadelle★ (vue★).

* **Ste-Maxime** – 84  17 – Balnéaire (sable) – Casino – Sémaphore (panorama★).

* **Serre-Chevalier** – 77  18 – Sports d'hiver.

* **Super-Lioran** – 76  3 – Montagne (sports d'hiver, alt. 1 160-1 830) – Plomb du Cantal★ *(par téléphérique)* : panorama★★.

* **Talloires** – 77  6 – Balnéaire – Site★★★ au bord du Petit Lac d'Annecy.

* **Thonon** – 70  17 – Thermalisme.

* **Le Touquet-Paris-Plage** – 51  11 – Balnéaire (sable) – Casinos de la Forêt et des Quatre Saisons – Digue-promenade – Forêt – Phare (vue★★).

* **Trégastel** – 59  1 – Balnéaire (sable) – Rochers★★ de la corniche bretonne – La Grève blanche★.

* **Trouville** – 55  3 – Balnéaire (sable) – Casino – Corniche★ – Promenade des Planches.

* **Le Val-André** – 59  4 – Balnéaire (sable) – Casino – Pointe de Pléneuf★ (vue★★) – Promenade de la Guette★.

* **Val-d'Isère** – 74  19 – Montagne (sports d'hiver, alt. 1 850-3 450) – Rocher de Bellevarde *(par téléphérique)* : panorama★★★ – Tête du Solaise *(par téléphérique)* : panorama★★.

* **Vichy** – 73  5 – *Voir à ce nom* – Thermalisme – Casinos : Élysée Palace et Grand Casino – Parc des Sources★ – Parc de l'Allier★.

* **Villard-de-Lans** – 77  4 – Montagne (sports d'hiver, alt. 1 050-2 170) – Site dans un val du Vercors dominé par l'arête de la Moucherolle – Gorges de la Bourne★★★.

* **Vittel** – 62  14 – Thermalisme – Casino – Parc paysager★.

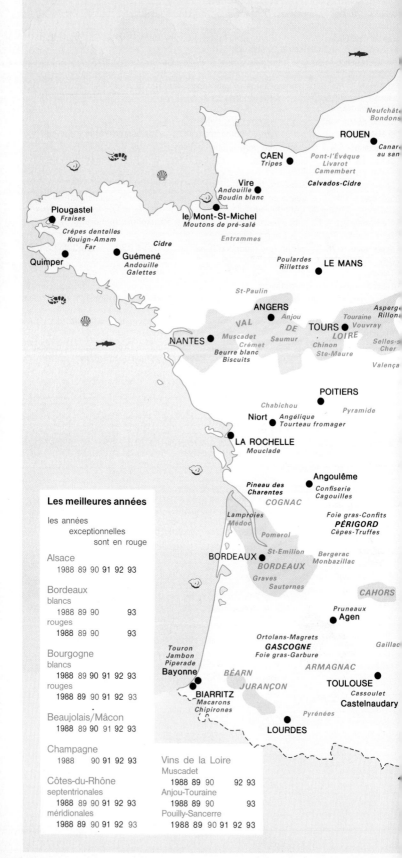

# LA TABLE
## SPÉCIALITÉS RÉGIONALES – GRANDS VIGNOBLES

Neufchât
Bondons

**ROUEN**
Canar
au san

**CAEN**
*Tripes*

Pont-l'Évêque
Livarot
Camembert

**Vire**
*Andouille
Boudin blanc*

*Calvados-Cidre*

**Plougastel**
*Fraises*

*Crêpes dentelles
Kouign-Amam
Far*

**le Mont-St-Michel**
*Moutons de pré-salé*

*Entrammes*

*Cidre*

**Guémené**
*Andouille
Galettes*

**Quimper**

*Poulardes
Rillettes*

**LE MANS**

*St-Paulin*

**ANGERS**
*Anjou*

*Touraine*
*Vouvray*

*Asperge
Rillon*

**TOURS**

VAL
DE
LOIRE

*Muscadet*
*Crémet*
*Beurre blanc*
*Biscuits*

*Saumur*
*Chinon*
*Ste-Maure*

*Selles-s
Cher*

**NANTES**

*Valença*

**POITIERS**

*Chabichou*

*Pyramide*

**Niort**
*Angélique
Tourteau fromager*

**LA ROCHELLE**
*Mouclade*

**Angoulême**
*Confiserie
Cagouilles*

*Pineau des
Charentes*

COGNAC

*Lamproies
Médoc*

*Pomerol*

*St-Emilion*

*Foie gras-Confits*
**PÉRIGORD**
*Cèpes-Truffes*

**BORDEAUX**

*Bergerac
Monbazillac*

BORDEAUX

*Graves
Sauternes*

CAHORS

*Pruneaux*
**Agen**

*Ortolans-Magrets*
**GASCOGNE**
*Foie gras-Garbure*

*Gaillac*

*Touron
Jambon
Piperade*
**Bayonne**

BÉARN

ARMAGNAC

**TOULOUSE**
*Cassoulet*
*Castelnaudary*

JURANÇON

**BIARRITZ**
*Macarons
Chipirones*

*Pyrénées*

**LOURDES**

### Les meilleures années

les années
exceptionnelles
sont en rouge

Alsace
1988 89 90 **91 92 93**

Bordeaux
blancs
1988 89 90     **93**
rouges
1988 89 90     **93**

Bourgogne
blancs
1988 89 90 **91 92 93**
rouges
1988 89 90 **91 92 93**

Beaujolais/Mâcon
1988 89 90 **91 92 93**

Champagne
1988     90 **91 92 93**

Côtes-du-Rhône
septentrionales
1988 89 90 **91 92 93**
méridionales
1988 89 90 **91 92 93**

Vins de la Loire
Muscadet
1988 **89** 90    92 93
Anjou-Touraine
1988 89 90     **93**
Pouilly-Sancerre
1988 89 90 **91 92 93**

rmentières

*Genièvre-Bière*

Arras

*Maroilles*
*oulette d'Avesnes*    Cambrai
                       *Bétises*

AMIENS
*Ficelles picardes*
*Macarons*

Montdidier
*Rollot*

                *Jambon cru*
                *des Ardennes*

| Bétises : | Spécialité régionale |
|---|---|
| Maroilles : | Fromage |
| BORDEAUX : | Grand vignoble |
| Pomerol : | Cru |
| Bière : | Boisson et liqueur |

           *Biscuits*
           REIMS
                        *Dragées*
      Epernay            Verdun
                    Ste - Menehould
PARIS              *Pieds de cochon*                    *Foie gras*
     *Coulommiers*               NANCY        STRASBOURG
      *Brie*          Commercy    *Bergamotes*    *Bière*
                     *Madeleines*  *Macarons*     *Eaux-de-vie*
   *Fontainebleau*                *Quiche*      ALSACE
                                             *Choucroute*
              *Andouillettes*                *Kougelhopf*
              Troyes            *Géromé*      *Matelote*
Pithiviers    *Soumaintrain*
*Gateau d'amandes*  *Chaource*
*Pâté d'alouettes*               Gérardmer
ORLÉANS
röô-Olivet cendré   Chablis       Langres        *Munster*
                                  *Langres*
         *Époisses*   Flavigny
ottin de  *St-Florentin*  *Anis*
avignol                        *Cassis*
Sancerre                    DIJON     *Saucisse de Morteau*
  *Sancerre*  Pouilly   *Pain d'épice*
                        *Moutarde*              Pontarlier
   Nevers            *Côte de Beaune*   *Arbois*
   *Nougâtine*       BOURGOGNE        *Cancoillotte*
                                      *Comté-Morbier*
                                      *Vacherin*
                                         JURA
                    *Mâcon*          *Meurette*
                   *Escargots*       *Gruyère*
                   *Saupiquet*       *Septmoncel*
                   *Pauchouse*
        BEAUJOLAIS      BRESSE
*Pralines* Aigueperse   *Volailles*
*Bleu*                  *Quenelles*   *Fondue*
CLERMONT-FERRAND                    *Tomme de Savoie*
                         SAVOIE    ANNECY
  *St-Nectaire*    LYON   *Beaufort*  *Gratins*
  *Gaperon*  *Quenelles de brochet*  *Reblochon*
            *Charcuterie*  *Persillé*
      *Fourme*              *Hermitage*
      *d'Ambert*
           *Rigotte*
           *de Condrieu*        GRENOBLE
St-Flour              CÔTES    *Noix*
*Cantal*
                            *St-Marcellin*
   *Aligot*              DAUPHINÉ
   *Laguiole*            *Gratins*
*Cabécou*        Privas  DU
Rodez   *Marrons glacés*
             *Tripous*  Montélimar      Gap
*Bleu des Causses*      *Nougat*      *Massepains*
           *Pélardon*
Millau     *des*      RHÔNE
*Roquefort* *Cévennes* Châteauneuf *Berlingots*
*Fouace*   *Brandade*  du Pape  Carpentras  *Fruits confits*
           Nimes        *Bânon*  *Soupe de pistou*
                         Apt                  NICE
                        *Fruits confits*
        LANGUEDOC   Arles  *Bourride*  *Brousse*
                   *Saucisson*  Aix-en-Provence
   *Frontignan*              *Calissons*   VAR
CORBIÈRES          MARSEILLE      *Aïoli*
                   *Bouillabaisse*  *Olives*
                   *Oursins*
   *Rivesaltes*
     PERPIGNAN                     *Pâté de Merles*
*Banyuls*                          *Cédrats confits*
                                      CORSE
                                   *Broccio*
                                   *Niolo*

# GRANDS ITINÉRAIRES DE TOURISME

## La France en 5 jours (Paris non compris)

### Itinéraires NORD-SUD
*(d'Est en Ouest, voir pages suivantes)*

Ces itinéraires offrent, entre les points de départ et de
destination les plus fréquentés, un grand choix de
combinaisons et de variantes de retour possibles. Ils
peuvent être abordés ou quittés en n'importe quel point
de leur parcours.

Les touristes soucieux d'organiser eux-mêmes leur voyage consulteront aussi :
- la carte des Principales curiosités ;
- les pages des Manifestations touristiques ;
- les cartes et les pages des Grandes stations.

Les routes proposées représentent l'itinéraire le plus rapide ou le plus intéressant entre deux villes d'étape. La distance et la durée du trajet journalier sont indiquées *(excursions et visites non comprises)*. La nature des curiosités signalées sur l'itinéraire ou à l'écart permet (tout comme la saison, le goût ou les visites antérieures) de faire un choix personnel.

49

# GRANDS ITINÉRAIRES DE TOURISME
## La France en 5 jours (Paris non compris)
### Itinéraires EST-OUEST
*(du Nord au Sud, voir pages précédentes)*

DOVER
FOLKESTONE
Ca

NEWHAVEN

PORTSMOUTH
ROSSLARE

PORTSMOUTH
ROSSLARE

106
1.38

Cherbourg
Fécamp
Dieppe
D

*PORTSMOUTH*
Étretat
Caudebec-en-Ca

Villequier
86
1.11
Jumièges

N 13
LE HAVRE
A 15
Honfleur
ROUE

Ouistreham
N 175
le Bec-Hellouin

Coutances
Caen
122
1.23
le Bec-Hellouin
A 13

PLYMOUTH
CORK

*PORTSMOUTH*

52
0.47

Roscoff
189
2.19
*Cap Fréhel*
le Mont-St-Michel

BREST
N 12
ST-MALO

65
0.47
St-Thégonnec
N 176
114
1.33

*Pointe de Pen-Hir*

152
1.32

Chartres
203
2.17

Locronan
245
2.38
Kernascléden
RENNES

*Pointe
du Raz*
N 165
N 24
LE MANS
A 11

Concarneau
Josselin
A 81

298
3.22
183
2.19
82
1.17
Blois
Chamb

Carnac
N 165
Angers
A 11
N 38
Cheverr
A 10

Guérande
*LOIRE*
Villandry
TOURS

NANTES
206
2.54
Chenonceau

Fontevraud

183
2.34
N 149
192
2.37
N 151

POITIERS

*Marais
poitevin*
A 10
St-Savin

LA ROCHELLE
138
1.31
119
1.45

N 11
Aulnay
LIMOGES
N 147
D 9

Brouage
N 137
Saintes

141
1.56
N 141
180
2.49
Suc-au-May

ANGOULÊME
D 939
N 89

Brantôme
D 47

Montaigne
les Eyzies-
de-Tayac
Sarlat
Padi

BORDEAUX
N 89
D 936
Domme
66
0.50
Rocamadou

la Brède
192
3.25
*GARONNE*
CAHORS
D 6

A 62

247
2.18
Moissac

TOULOUSE

ST-JEAN-DE-LUZ
166
2.59
PAU
335
4.30
N 117
A 6

*la Rhune*
D 918
N 134
*Betharram*
N 125

MADRID
St-Jean-Pied-de-Port
Lourdes
le Mas-d'Azi

*Col d'Aubisque*
D 918
179
2.38
N 20

*Cirque de Gavarnie*

BARCELONA

*Tout au long de ces grands itinéraires journaliers la **carte Michelin**
au 1/1 000 000 vous permet de choisir la bonne route.*

**PARIS :** *Programme en 3 jours*

**1ᵉʳ jour :** Le Marais – les Quais, le palais du Louvre, la Voie Triomphale, la terrasse de Chaillot.

**2ᵉ jour :** Notre-Dame, la Ste-Chapelle, quelques chefs-d'œuvre dans un musée, Montmartre.

**3ᵉ jour :** Château de Versailles (Grands Appartements, Jardins, Trianon).

Château de Chenonceau.

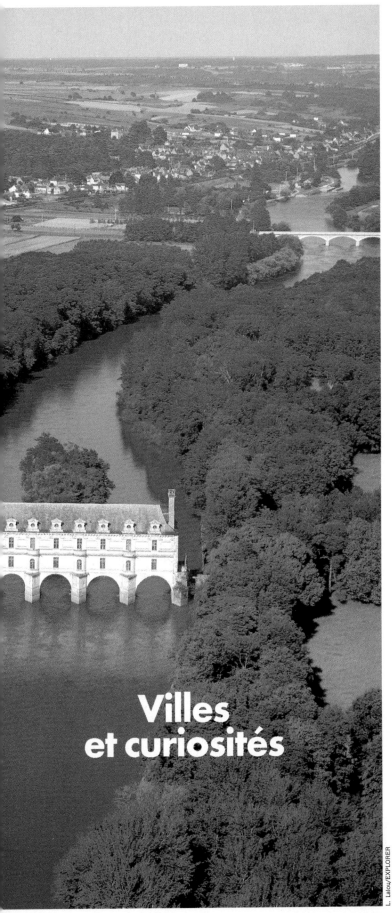

# Villes
# et curiosités

# ABBEVILLE

23 787 habitants
Cartes Michelin n°s 52 plis 6, 7 ou 236 pli 22 – Guide Vert Flandres Artois Picardie.
Plan dans le guide Rouge Michelin France.

Abbeville est née d'une métairie de l'abbaye de St-Riquier installée dans un site insulaire de l'estuaire de la Somme où se réfugiaient les populations lors des invasions normandes. Elle devint une ville d'échanges entre le Vimeux, où les villages s'enfouissent dans le bocage, et le plateau crayeux du Ponthieu.

**Le début et la fin de la guerre de Cent Ans** – Sur ce dernier, les hauteurs de **Crécy** *(19 km au Nord)* furent le théâtre de la première grande bataille de la guerre de Cent Ans. Philippe VI, qui poursuivait Édouard III depuis la Normandie, l'affronte le 26 août 1346 avec la puissante armée de ses chevaliers. Mais leur bravoure désordonnée échoue face à l'infanterie anglaise expérimentée contre les Écossais et les Gallois et soutenue par des archers d'une redoutable dextérité. Les premières bombardes, encore plus fumantes et bruyantes que dangereuses, apparaissaient sur un champ de bataille.

La guerre prit fin par le traité de **Picquigny** *(34 km au Sud-Est)*, signé le 29 août 1475. A la mi-juin, Édouard IV avait débarqué à Calais, bien persuadé par ses informateurs bourguignons qu'il allait accomplir en France une promenade militaire. En réalité il dut affronter une résistance générale. Craignant alors de courir au-devant de l'échec, il fait savoir à Louis XI, qui l'attendait à Compiègne à la tête d'une puissante armée, qu'il n'excluait pas de se retirer de France moyennant une compensation de 75 000 écus versés sous quinzaine et une rente annuelle de 50 000 écus sur 7 ans. Louis XI accepte sans balancer ni marchander. Signe manifeste du changement survenu dans les mentalités : l'idéal chevaleresque se dissout devant les valeurs bourgeoises.

**L'origine de la préhistoire** – Au milieu du 19e s., **Jacques Boucher de Perthes** (1788-1868) jetait à Abbeville les bases de la préhistoire en étudiant des silex taillés découverts à St-Acheul *(26 km au Nord-Est)* dans la vallée de l'Authie. Ses successeurs établirent que l'industrie acheuléenne appartenait au paléolithique inférieur et qu'elle jalonnait les lents progrès accomplis par l'humanité primitive grâce à ses coups de poing et à ses bifaces façonnés non plus dans un bloc de pierre mais dans des éclats.

**La bataille de la Somme** – Fin mai 1940, les monts de Caubert, sur la rive gauche de la Somme, ont été enlevés par l'armée allemande et aménagés comme un réduit protégeant les sorties Sud-Ouest d'Abbeville. Du 27 au 29, la 4e division cuirassée française, improvisée, isolée, sous les ordres du général **de Gaulle**, reconquiert une bande profonde de 14 km sur leur glacis Sud et attaque les monts sans parvenir à en liquider l'ennemi. Mais, début juin, l'invasion portée par des forces mécaniques considérables, la passivité des chefs et la panique de l'effondrement changent la campagne de France en débâcle.

Quelque 2 000 maisons anciennes d'Abbeville disparurent dans ces combats et dans les bombardements aériens de la Seconde Guerre mondiale ; depuis ces terribles destructions, elle est devenue une citée résolument moderne.

**Collégiale St-Vulfran** Ⓥ – La construction est entreprise en 1488, alors que la Picardie se relève des ruines de la guerre de Cent Ans et connaît à nouveau le goût de bâtir et de décorer. L'art gothique y manifeste encore une remarquable vitalité. La **façade**★ est une illustration exemplaire des façades flamboyantes par sa richesse décorative, sa statuaire surabondante, ses tympans ajourés et sa rose surmontée de gâbles, par les fines colonnettes qui garnissent la nudité de ses murs, par ses fenestrages et ses balustrades au dessin tourmenté comme des flammes (flamboyant). La porte centrale conserve ses **vantaux** Renaissance, chef-d'œuvre des « huchiers » picards.

Ⓥ ►► Château de Bagatelle★ – Musée Boucher-de-Perthes★ *(collections préhistoriques, peintures, sculptures médiévales)*.

# Massif de l'AIGOUAL★★★

Cartes Michelin n°s 80 pli 16 ou 240 Sud-Est du pli 10 – Guide Vert Gorges du Tarn.

A 1 567 m d'altitude, le **mont Aigoual**★★★ est le sommet d'un massif granitique imperméable, appartenant au très vieux socle hercynien, disloqué et nulle part soulevé aussi haut par le contrecoup du plissement alpin, au milieu de l'ère tertiaire. La vigueur de l'érosion, stimulée par la proximité de régions déprimées et par l'abondance des pluies, a engendré un paysage de longues crêtes rectilignes (serres) que tailladent des ravins (valats) ouverts dans les schistes. Le massif de l'Aigoual est ainsi un gigantesque château d'eau.

La forêt de l'Aigoual est le résultat du reboisement entrepris en 1875 par Georges Fabre, garde général des Eaux et Forêts, dont l'obstination vint à bout de la résistance de l'administration, des communes et des bergers. La forêt, replantée par Fabre et ses successeurs, couvre actuellement 14 000 ha ; elle est particulièrement vivace sur les versants Ouest les mieux exposés. Aux hêtraies plantées par Fabre se sont ajoutées des zones de résineux depuis une vingtaine d'années, voire de châtaigniers, l'arbre traditionnel des Cévennes entre 600 et 950 m.

★★★ **Panorama** – De la table d'orientation, érigée au sommet de l'observatoire météorologique, le regard embrasse les Causses et les Cévennes. Certains jours d'hiver, il porte simultanément sur le Mont-Blanc et le massif de la Maladeta dans les Pyrénées centrales. Mais les brumes d'été et de mi-journée et les brouillards des saisons intermédiaires réduisent souvent l'ampleur du panorama.

# AIGUES-MORTES★★

4 999 habitants
Cartes Michelin nᵒˢ 83 pli 8 ou 240 pli 23 – Guide Vert Provence.

Vision médiévale saisissante que celle d'Aigues-Mortes abritée derrière ses remparts dans un paysage de marais, d'étangs et de salines.

En 1240, Saint Louis, âgé de 26 ans, est habité par le souci de l'absence française dans les enjeux commerciaux que les Pisans et les Génois investissent en Méditerranée et par le projet d'une croisade. Mais il ne possède aucune façade sur ce littoral, et un roi de France ne saurait s'embarquer d'une terre étrangère ou vassale (la Provence est alors terre d'Empire, Sète n'existe pas et Narbonne qui s'ensable relève du duc d'Aquitaine). Le roi acquiert donc la terre d'un prieuré presque insulaire, accorde des privilèges au hameau qui se développe un peu comme une bastide à partir de 1245 mais sur un plan moins strictement géométrique, fait creuser un bassin et un chenal.

★★ **Tour de Constance** ⊙ – La tour est entreprise dès 1241 sur des pilotis de bois. Affirmation plus juridique que militaire de l'autorité royale, édifiée en huit ans, elle est capétienne par son ordonnance défensive intérieure (escaliers, chicanes, herses), et, dans ce pays sablonneux, par ses beaux moellons en calcaire de Beaucaire. Sa tourelle sert de phare, car le littoral n'est alors qu'à 3 km de là. Le 28 août 1248, le roi s'y embarque pour la 6e croisade, sur une flotte de 38 nefs génoises mouillée dans le chenal du Grau Louis. Le 1er juillet 1270, Saint Louis s'y embarque de nouveau. Cette 8e croisade lui est fatale, il meurt devant Tunis.

Aigues-Mortes – Vue aérienne.

H. Champollion/OUEST-FRANCE

★★ **Remparts** ⊙ – Saint Louis ne les a pas connus. Ils furent en effet entrepris en 1272 (31 ans après la tour) sur ordre de Philippe le Hardi. Leur aménagement fait, à dater de 1280, d'Aigues-Mortes le premier port méditerranéen des Capétiens.

A la fin du 13e s., Philippe le Bel poursuit l'aménagement du port et achève l'enceinte. Il la cantonne de 20 grosses tours défendant les portes et assurant le flanquement (tir en enfilade) le long des courtines.

Au 14e s., Aigues-Mortes compte 15 000 h. mais ses graus s'ensablent et le littoral s'éloigne. Désormais la tour de Constance, qui a perdu sa signification militaire, joue le rôle de prison pour des templiers, des seigneurs rebelles et même, de 1672 (sept ans après la révocation de l'édit de Nantes) à 1768, pour des huguenots. Le comblement des bassins et des graus par les alluvions du Rhône, le rattachement de Marseille à la France en 1481 et la création de Sète au 18e s. portent les derniers coups à Aigues-Mortes.

# AIX-EN-PROVENCE★★

123 842 habitants
Cartes Michelin nᵒˢ 84 pli 3 ou 245 pli 31 ou 246 pli J – Guide Vert Provence.
Plan dans le guide Rouge Michelin France.

Depuis le 4e s. avant J.-C., du plateau d'Entremont, leur capitale, les Salyens (celto-ligures) compromettaient par leurs razzias le développement commercial des cités grecques de la côte et surtout celui de Marseille. Aussi, en 123 avant J.-C., les Phocéens font-ils appel à Rome. La République leur envoie Sextius et ses légions qui, l'année suivante, détruisent Entremont et s'installent, un peu au Sud, près de sources thermales.

20 ans plus tard (71 ans avant les campagnes de César), alors que les Cimbres ébranlent le monde romain du Dauphiné à la Narbonnaise et bousculent les légions, les Teutons cherchent à gagner l'Italie par les Alpes-Maritimes. Ils sont écrasés par Marius dans la plaine de l'Arc, au pied de la montagne Ste-Victoire.

La colonie romaine, ravagée par les Lombards en 574 puis par les Sarrasins, est désertée ; ses monuments servent de carrière durant six siècles. Au 12e s., les comtes de Provence refont la fortune d'Aix en y installant leur résidence. Le dernier et le plus célèbre d'entre eux est le roi **René** (1409-1480), allié à Charles VII contre les Bourguignons et les Anglais, duc d'Anjou, de Lorraine, de Bar, roi de Naples. Fin et mécène, il achève la cathédrale, soutient le rayonnement des arts et des lettres ; bonhomme avec ses sujets, il sait être un administrateur rigoureux ; vers sa fin, il lègue son comté à son neveu Charles du Maine qui s'éteint sans descendance. En 1486 Louis XI peut réunir la Provence à la France.

Mais les invasions des Impériaux, les rivalités entre les grands et les luttes religieuses secouent la Provence. Le Parlement d'Aix résiste à Richelieu alors que la « crue » des charges et des offices engendre l'extension urbaine et le renouveau architectural. L'apaisement, voulu par Mazarin, y permet, à partir de 1643, l'essor du classicisme. Le parlement, la magistrature, les notables du monde rural édifient alors des demeures sobres et distinguées qui font le charme du Vieil Aix, marquées par des portails à bossages, ornées de cartouches et de masques, puis d'escaliers « de la vanité » et de stucatures. En même temps, l'impulsion intellectuelle donnée par le roi René se poursuit : parmi les personnalités qui illustrèrent la ville par leur naissance ou leur action, il faut mettre à part Fabri de Peiresc, astronome qui dessina la première carte de la lune en 1636 ; au 18e s. l'élégant portraitiste Jean-Baptiste Van Loo, Vauvenargues dont les réflexions et maximes font un moraliste optimiste et un apologiste du cœur, le comte de Mirabeau, orateur passionné, est élu député du Tiers État aux États Généraux de 1789 ; **Paul Cézanne** (1839-1906), précurseur de la peinture contemporaine dont les *Montagne-Ste-Victoire* sont célèbres, de même que la *Nature morte au sucrier*, la *Femme nue au miroir*, les *Baigneuses* (musée Granet).

★★ **Le Vieil Aix** – Ce quartier doit son cachet à l'élégance des vieux hôtels, à la grâce discrète des places, au charme des fontaines, aux statues d'angle des 17e, 18e et 19e s. qui décorent les demeures.

★★ **Cours Mirabeau** (DY) – Agréable lieu de détente rafraîchi par des fontaines, ombragé de beaux platanes, il compose un tunnel de verdure fort apprécié quand frappe le soleil de Provence. Il fut tracé en 1646, à l'emplacement du rempart du 15e s. par le frère du cardinal Mazarin qui, en même temps, faisait édifier, au Sud du cours, un nouveau quartier social sur plan régulier où les hôtels disposent au Nord leur façade d'apparat et au Sud leurs jardins ensoleillés. Le long du cours Mirabeau, les façades aristocratiques se succèdent, sur le côté Sud, qui doivent leur distinction à la chaude patine acquise par la pierre de Rognes, à leurs portes sculptées, à leurs balcons de fer forgé soutenus par des cariatides ou des atlantes de l'école de Puget.

**Hôtel Boyer d'Éguilles** (DY **M⁶**) – Muséum d'Histoire naturelle ⊘. De transition baroque-rococo ; attribué à Pierre Puget. Très bel escalier de ferronnerie de 1678.

## LE VIEIL AIX

Place d'Albertas.

**Place d'Albertas** – Hôtel (1724) et belle fontaine (1745). Ensemble architectural Régence où l'élancement des pilastres et la légèreté des balcons, à l'étage, contrastent avec la robustesse du rez-de-chaussée (arcs en plein cintre et murs à refends).

**Hôtel de ville (DY H)** – Centre historique de la justice et de l'administration urbaine. L'hôtel, dessiné par Pierre Pavillon, présente une façade très compartimentée par des pilastres et des entablements et allégée par un élégant balcon de ferronnerie. Sa **cour**★ intérieure, de 1671, offre une ordonnance toute classique. La **place**★ devant le monument fut ouverte au 18e s. La tour de l'Horloge (**F**) voisine est un ancien beffroi du 16e s. dominé par une cage de ferronnerie.

★ **Cathédrale St-Sauveur (DX)** ⊘ – Au fond de la nef, à droite, intéressant **baptistère**★ mérovingien du 4e s. ; autour de la cuve, huit colonnes romaines réemployées, provenant probablement d'une basilique antique voisine, portent une coupole (18e s.) octogonale inscrite dans une construction gallo-romaine.
Au mur de la nef, le triptyque du **Buisson ardent**★★ de Nicolas Froment, peint vers 1475, représente le buisson dans lequel Dieu apparut à Moïse, qui brûle sans se consumer et conserve sa verdure. C'est l'un des chefs-d'œuvre de la seconde école d'Avignon où s'associent un sujet religieux, un paysage sur le modèle des œuvres du quattrocento italien et un sens décoratif (bijoux, miroir, drapés) flamand.
Les **vantaux**★ de noyer, sculptés de 1500 à 1508 *(masqués par de fausses portes)*, qui représentent des prophètes et des sybilles, et le **cloître (N)** ⊘ du chapitre, dont le toit en appentis s'appuie sur de légères colonnettes, retiennent aussi l'attention. Ce dernier marque l'emplacement du forum d'Aix à l'époque d'Auguste.
Tous les ans, en juillet-août, le **Festival international d'art lyrique et de musique**, l'un des plus renommés d'Europe, transforme le vieil Aix en capitale de la musique. Depuis 1948, les plus prestigieuses interprétations des opéras de Mozart ont fait applaudir non seulement des « voix » nouvelles : Teresa Stich-Randall, Teresa Berganza, Regine Crespin, Luigi Alva, mais aussi des nouveaux metteurs en scène de génie. Il faut noter que nombreux sont les peintres ayant signé des décors inoubliables : G. Wakhévitch, Cassandre, Balthus, Derain, Masson.
La ville neuve connaît, de nos jours, un essor démographique et une extension considérables. Ses activités industrielles, thermales et touristiques, son rayonnement culturel sont en plein renouveau.

⊘ ➤ ➤ Musée des Tapisseries★ **M²** – Église St-Jean-de-Malte (nef★) – Musée Granet★ *(Beaux-Arts et Archéologie)* **M⁴** – Église Ste-Marie-Madeleine (Vierge★, triptyque★) – Fondation Vasarely★ – Fontaine des Quatre Dauphins★ (**S**).

# AJACCIO★★

Agglomération 58 315 habitants
Carte Michelin n° 90 pli 17 – Guide Vert Corse.
Plan dans le guide Rouge Michelin France.

Ajaccio se développe en amphithéâtre au fond de son magnifique golfe qui s'ouvre sur la Méditerranée. La ville fut fondée en 1492 par l'Office de St-Georges qui administrait l'île pour le compte de la République de Gênes et ne fut autorisée aux Corses qu'après sa prise, en 1553, par Sampierro Corso (1498-1567), originaire de Bastelica *(25 km au Nord-Est)* au cours de la première intervention militaire française dans l'île.
Le 13 septembre 1943, à 1 h du matin, le sous-marin « Casabianca », commandé par le capitaine de frégate L'Herminier, débarquait à Ajaccio la première unité des Forces Françaises Libres à prendre pied sur le sol de la patrie.

Mais dans l'histoire, Ajaccio compte surtout pour être la ville natale de **Napoléon** dont la stupéfiante carrière s'intègre dans le monde politique qui l'explique et qu'elle a contribué à façonner. La cité impériale conserve avec piété le souvenir de « l'enfant prodigue de la gloire ». Né le 15 août 1769, le fils de Charles-Marie Bonaparte et de Letizia Ramolino est admis à dix ans comme élève du roi à l'école militaire de Brienne (Aube). A 27 ans, il épouse Joséphine Tascher De La Pagerie, veuve du général de Beauharnais, puis dirige la campagne d'Italie (victoire d'Arcole) et, deux ans plus tard, l'expédition d'Égypte. En 1804, il devient empereur des Français sous le nom de Napoléon Ier. L'année suivante, le 26 août, du camp de Boulogne, face à l'Angleterre, il lance sa grande armée contre les Autrichiens. En 1807, il domine l'Europe ; il a 38 ans. Mais les coalitions formées depuis 1793 contre la Révolution se nouent maintenant contre l'Empire ; en Europe, aux colonies et sur les mers, l'Angleterre les anime et participe à toutes. Napoléon fait front ; très actif, bien que bouffi, empâté et prématurément vieilli, il ne fut jamais aussi grand qu'à partir de 1809 (5e et 6e coalition). Mais, comme l'opinion française, il était alors en retard sur les mentalités, car l'idéologie révolutionnaire et les conquêtes territoriales avaient éveillé les idées d'indépendance et dressé contre lui les peuples étrangers occupés ou soumis au nom de la liberté. La défaite de Waterloo, le 18 juin 1815, met un terme à l'épopée napoléonienne : après les adieux à la Malmaison le 29 juin et le départ de l'île d'Aix, le 15 juillet, c'est l'exil à l'île anglaise de Ste-Hélène. « Le général Bonaparte » y meurt le 5 mai 1821.

★ **Maison Bonaparte** ⊙ – Cette maison toute simple, de type génois, entra dans le patrimoine familial en 1743 ; Napoléon y serait né sur le canapé de l'anti-chambre, au 1er étage. Le maigre traitement du père et les quelques revenus des terres familiales (Milelli, Egitto, Salines, Sposata...) ne permettaient pas d'y vivre à l'aise ; Letizia « femme rare... conduisait tout, administrait tout » avec sagesse et sagacité ; elle y assurait l'éducation des enfants avec une tendresse sévère.

En mai 1793, Bonaparte, fidèle aux idées républicaines et menacé par les partisans de Paoli, doit s'enfuir avec les siens ; la maison est alors sacca-gée et les propriétés familiales avoi-sinantes ravagées et incendiées.

De retour à Ajaccio en 1798 Letizia fait remettre la maison en état grâce à une indemnité du Directoire – l'abbé Fesch, son demi-frère, futur cardinal, surveillant l'avancement des travaux – et surtout aux moyens que Bonaparte, général en chef de l'armée d'Italie, a donnés à son frère Joseph pour acheter les étages supé-rieurs et le premier étage de la maison voisine. A son retour d'Égypte, le 29 septembre 1799, Bonaparte fait escale à Ajaccio, ad-mire la demeure familiale transfor-mée et loge, dit-on, dans l'alcôve du second étage. Six jours plus tard, il s'esquive par la trappe, gagne le port et quitte la ville qu'il ne revit plus.

« Le Général Bonaparte », par David.

★★ **Musée Fesch** ⊙ – Installé au Palais Fesch, ce musée présente l'une des plus importantes collections de peintures italiennes conservée en France. Parmi des œuvres des 14e et 15e s., le thème de la *Vierge à l'enfant* est traité admirablement par plusieurs peintres des écoles vénitienne et florentine.

**Place Letizia** – Ardemment voulue par Napoléon devant sa maison natale, elle occupe l'emplacement de bâtiments disparus. Un buste de l'Aiglon s'y élève.

**Place Maréchal-Foch** – Belle place ombragée de palmiers, centre de l'animation ajaccienne, dominée dans sa partie haute par une statue, en marbre blanc, du Premier Consul, due à Laboureur.

**Musée napoléonien** ⊙ – *Au 1er étage de l'hôtel de ville.* L'acte de baptême de Napoléon (21 juillet 1771) rédigé en génois, des tableaux, portraits, statues des membres de sa famille composent un ensemble attachant pour les fidèles et les historiens. Moulage, en bronze, d'un masque mortuaire réalisé à Ste-Hélène.

▶▶ *Si vous le pouvez, voyez encore les curiosités signalées par ce signe en fin de chapitre.*
*Quelques-unes d'entre elles sont situées en dehors des plans recadrés pour ce guide. Reportez-vous alors aux plans du* **guide Rouge Michelin France** *ou à ceux des guides Verts.*

46 579 habitants
Cartes Michelin n°s 80 pli 11 ou 82 pli 10 ou 235 pli 23.
Guide Vert Pyrénées Roussillon.
Plan dans le guide Rouge Michelin France.

Albi doit aux argiles du Tarn la matière première des briques roses de ses maisons, de ses ponts et de ses grands monuments.

Au 13e s., la première, elle accueillit des adeptes de la doctrine des cathares qui devinrent, du coup, les Albigeois. La « croisade » contre eux fut menée, dans le domaine de la foi, par saint Dominique et, sur le terrain, par des armées venues du Nord et de l'Est qui commirent les effroyables massacres de Béziers, Carcassonne, Minerve et Lavaur. Ces guerres, de 1208 à 1229, ouvrirent aux Capétiens la pénétration dans le Languedoc ; mais il fallut l'Inquisition et le bûcher de Montségur pour venir à bout du catharisme.

## CATHÉDRALE STE-CÉCILE

| | | | |
|---|---|---|---|
| 1 | Judith | 6 | Charlemagne |
| 2 | Prophète Sophonie | 7 | Constantin |
| 3 | Prophète Isaïe | 8 | Peinture de la |
| 4 | Prophète Jérémie | | Vierge à l'Enfant |
| 5 | Esther | 9 | Chapelle Sainte-Croix |

| | |
|---|---|
| 10 | Chapelle abritant un tableau de la Sainte Famille |
| 11 | Chapelle du Rosaire |
| 12 | Peinture du Jugement dernier |

★★★ **Cathédrale Ste-Cécile** – En 1282, au moment où commence la construction de la cathédrale qui s'étendra sur deux siècles, les chantiers du palais épiscopal voisin, de la Berbie et des Jacobins à Toulouse sont déjà très avancés. Pour les évêques, le rayonnement de l'Église est alors indissociable de sa puissance temporelle, aussi donnent-ils, extérieurement, à leur cathédrale la physionomie d'une forteresse. Au 19e s., le formidable édifice reçut les trois derniers étages de son clocher-donjon, son couronnement de hauts mâchicoulis et son chemin de ronde. Cet ensemble redoutable s'ouvre, depuis 1520, par un porche en forme de baldaquin où le gothique flamboyant déploie les grâces de ses arcatures tourmentées, de ses torsades et de sa voûte en réseaux.

A l'intérieur, la parfaite simplicité de la large nef unique bordée de chapelles du gothique méridional passe presque inaperçue tant est éblouissante la décoration flamboyante. Le jubé★★★ est l'un des rares et des plus somptueux qui nous soient conservés. Aux 15e et 16e s. toutes les grandes églises possédaient un jubé, galerie transversale de séparation entre le chœur réservé au clergé et la nef attribuée aux fidèles ; de sa galerie se faisait la lecture des textes sacrés lors des offices. Celui-ci, comme la clôture du **chœur** ⊙, date de 1485. Sculptés dans le calcaire blanc, leurs gâbles, leurs arcatures, leurs piliers, leurs accolades ont été fouillés par le ciseau avec une étourdissante minutie.

Dans leur statuaire s'épanouissent le naturalisme des attitudes et le réalisme des visages de l'art gothique ; les personnages de l'ancienne loi y sont disposés à l'extérieur, ceux de la nouvelle à l'intérieur, côté chœur, où sont sculptées deux rangées de 66 stalles.

Les compartiments de la grande voûte furent peints de 1509 à 1512 par des artistes venus de Bologne ; ils méritent d'être détaillés à la jumelle.

L'hallucinant **Jugement dernier** est l'un des grands chefs-d'œuvre de la peinture murale de la fin du 15e s. Il a malheureusement été défiguré et amputé de sa partie centrale pour permettre l'installation du grand orgue au 17e s. Il faut cependant en admirer, à la partie haute, la cour céleste ; à gauche les apôtres nimbés d'or, de saints ecclésiastiques déjà admis et les élus portant ouvert le livre de leur vie ; à droite les réprouvés stupéfaits et punis dans l'objet même de leur péché.

★ **Palais de la Berbie** ⊙ – Cette ancienne résidence épiscopale abrite le **musée Toulouse-Lautrec**★★. Henri de Toulouse-Lautrec (1864-1901), né à Albi à l'hôtel du Bosc, handicapé par deux accidents et difforme, y occupe une place prépondérante et s'y révèle l'un de nos grands peintres de mœurs traitant avec une discrète noblesse la dépravation et la déchéance de sa vie parisienne (Jane Avril, Mlle Lucie Bellanger, Au bal de l'Élysée-Montmartre, Au salon de la rue des Moulins, La Goulue et La Môme Fromage).

➤ Vieil Albi★.

# ALÉRIA★

2 726 habitants
Carte Michelin nº 90 pli 6 – Guide Vert Corse.

Aléria fut d'abord une colonie grecque fondée vers 565 avant J.-C. par les Phocéens avant de devenir une colonie de Carthage en 280 avant J.-C., puis de Rome lorsque Cornélius Scipion la conquit 21 ans plus tard.

La cité subit donc successivement les influences hellénistiques, africaines et latines. Elle connut un grand rayonnement en Méditerranée avant la décadence de l'Empire romain, les atteintes de la malaria, l'incendie par les Vandales et l'abandon par sa propre population au début du 5e s. après J.-C.

★★ **Musée Jérôme-Carcopino** ⊘ – Ce musée, installé dans le fort de Matra★, est placé sous le patronyme d'un historien, corse d'origine, dont les ouvrages sur l'archéologie et l'histoire de la Rome antique, en particulier sur Jules César et la correspondance de Cicéron, font autorité, en hommage à son action en faveur du renouveau de l'archéologie insulaire et de l'étude de la capitale antique de la Corse. Les collections évoquent les relations entre Aléria, la Grèce et l'Italie par quelques vases, céramiques, cratères, découverts dans la métropole préromaine, dans les vestiges de la colonie romaine ou provenant de Grèce et de villes étrusques. Observer en particulier deux vases à boire attiques (rhytons) en forme de tête de mulet et de chien.

⊘ ►► Fouilles d'Aléria★.

# AMBOISE★★

10 982 habitants
Cartes Michelin nºs 64 pli 16 ou 238 pli 14 – Guide Vert Châteaux de la Loire.
Plan dans le guide Rouge Michelin France.

Amboise occupe, sur la rive gauche de la Loire, au pied de l'escarpement fortifié dès l'époque gallo-romaine et qui porte son château, un site de ville-pont favorisé par l'existence de l'île St-Jean.

★★ **Château** ⊘ – Le 15e s. est le siècle d'or d'Amboise. Charles VIII, qui est né au château en 1470, y poursuit, à 22 ans, les travaux entrepris par son père Louis XI. La chapelle flamboyante St-Hubert (admirables vantaux dus à des sculpteurs flamands), qui servit d'oratoire à Anne de Bretagne, les tours rondes et les grands combles gothiques de l'aile qui domine la Loire étaient déjà bien avancés lorsque le roi partit guerroyer en Italie. Lorsqu'il en revint, ébloui, en 1496, il amena à Amboise 22 artistes : des architectes (Fra Giocondo, le Boccador), des sculpteurs, des ébénistes, des jardiniers et des œuvres d'art.

Les Italiens apportaient avec eux un goût de l'Antiquité et un sens décoratif encore inconnus en France (arcades superposées, portes dessinées en arcs de triomphe, toitures à rampants marquetés...). Les fastes du prince servaient le rayonnement de la monarchie ; et le goût pour cette renaissance artistique qui pénétrait en France s'affirma bientôt sous Louis XII et plus encore sous François Ier. Ce dernier donna à Amboise l'éclat d'un luxe princier où fêtes, distractions, chasses composaient un vrai tourbillon. Mais le démantèlement du monument entrepris par les troupes de Louis XIII, puis poursuivi sur ordre du Sénat sous Napoléon, fit disparaître, sur le plateau, ce premier château de la Renaissance en France. Nous ne le connaissons que par une gravure de Du Cerceau.

11 mois après le traité du Cateau-Cambrésis le **tumulte d'Amboise** jette sur le château un reflet sanglant annonciateur de l'imminence et de la gravité des événements. 1 500 huguenots, dirigés par La Renaudie, marchent sur Blois où ils arrivent le 15 mars 1560, alléguant une démarche auprès du jeune François II en faveur du libre exercice de leur culte. Ils projettent, en fait, de s'emparer de la personne du roi pour le contraindre au désaveu des Guise. Mais leur conjuration a été éventée et la cour s'est réfugiée à Amboise plus facile à défendre.

Là, les conjurés sont arrêtés, groupe par groupe, à leur arrivée et la répression est inexorable. On a même prétendu que Catherine de Médicis, François II et sa jeune femme Marie Stuart seraient venus, après dîner, assister aux dernières grimaces des pendus qui se balançaient sous le grand balcon et aux créneaux du château.

★ **Clos-Lucé** ⊘ – Dans ce manoir de briques roses à chaînages de pierres, François Ier installa Léonard de Vinci en 1516.

Le grand maître du Cinquecento (16e s.) florentin était alors âgé de 64 ans. A Amboise il n'ouvrit pas d'école et ne se servit guère de sa palette, mais il mit en scène des fêtes royales, dressa les plans d'un château pour Louise de Savoie, mère de François Ier, à Romorantin, étudia le drainage de la Sologne et se plut à imaginer des mécaniques qui, faute de sources d'énergie, ne purent devenir des anticipations techniques.

*Afin de donner à nos lecteurs l'information la plus récente possible, les conditions de visite des curiosités décrites dans ce guide ont été groupées en fin de volume.*

*Dans la partie descriptive du guide, le signe ⊘ placé à la suite du nom des curiosités soumises à des conditions de visite les signale au visiteur.*

# AMIENS★★★

Agglomération 156 120 habitants
Cartes Michelin nos 52 pli 8 ou 236 pli 24.
Guide Vert Flandres Artois Picardie.
Plan dans le guide Rouge Michelin France.

L'histoire de l'ancienne capitale de la Picardie est traversée de quelques événements marquants : partage du manteau de saint Martin (au 4e s.) avec un mendiant mordu par le vent glacial, obtention de franchises municipales en 1117, rattachement au domaine royal en 1477 par Louis XI après la mort de Charles le Téméraire, essor de l'industrie textile par le développement (velours) que Colbert lui insuffla au 17e s., batailles de Picardie (1918) puis de la Somme (1940).

Parmi les Amiénois qui s'illustrèrent, il faut au moins mentionner Pierre Choderlos de Laclos (1741-1803), ingénieur militaire et auteur des *Liaisons dangereuses*, Charles Tellier (1828-1913), inventeur, en 1872, de la machine frigorifique, Jules Verne (1828-1905), né à Nantes, écrivain d'anticipation et auteur des *Voyages extraordinaires*, Édouard Branly (1844-1940), dont les radioconducteurs à limaille permirent la réception de la télégraphie sans fil, Roland Dorgelès (1885-1973), auteur des *Croix de bois*.

De tout temps nœud de communications très important, centre économique, artistique, intellectuel, Amiens est devenu, depuis 1964, une ville universitaire.

★★★ **Cathédrale Notre-Dame** – Elle doit son exceptionnelle unité architecturale à la rapidité de sa construction. Commencée en 1220, elle fut achevée en 68 ans ; une telle prouesse fut rendue possible par l'idée de son architecte, Robert de Luzarches, de faire tailler et calibrer les pierres, à la cote, dans la carrière même plutôt que sur le chantier où dès lors il suffisait de les assembler.

La cathédrale appartient au gothique lancéolé ; elle en présente l'élévation à trois étages avec triforium ajouré dans le chœur et le transept. Sa nef, la plus haute de France (42,50 m), est d'une élégance admirable.

Malheureusement, l'affouillement du sous-sol par les eaux de la Somme engendra une flexion longitudinale de l'édifice que manifestent des lézardes dans la nef, à proximité du transept. Pour contenir cet écartement, aggravé par la pression des voûtes, on ancra, au 16e s., dans le triforium, une chaîne de fer de Tolède, inattaquable par la rouille, placée au rouge, qui se rétracta en se refroidissant et qui, depuis quatre siècles, assure sa fonction. On consolida aussi la cathédrale en multipliant les contreforts du chevet et en ajoutant dans la nef des chapelles latérales en guise de doubles bas-côtés destinées à élargir l'assise au sol.

La célèbre et légère flèche de bois qui domine le carré du transept fut montée par le maître charpentier Cardon en deux ans (1528-1529).

L'œuvre décorative de la cathédrale est particulièrement importante. Se prêtent en particulier à l'admiration : les sculptures de la façade Ouest (le Beau Dieu du portail central) ; les roses de la grande façade (rose de la Mer – 16e s.), du croisillon gauche (rose des Vents – 14e s.), du croisillon droit (rose du Ciel – 15e s.) ; la grille du chœur en fer forgé du 18e s. ; les stalles en chêne du début du 16e s.

La 3e chapelle du bas-côté gauche abrite un Christ roman (12e s.), peut-être d'inspiration orientale, particulièrement intéressant à étudier : les pieds cloués séparément, les jambes bien parallèles, vêtu d'une longue robe, le visage glorieux sous sa couronne royale, il est très antérieur à l'arrivée à Paris des reliques de la Passion et de la sainte couronne d'épines achetées par Saint Louis et donc très étranger à la prise de conscience en Occident de la réalité médicale de l'agonie du Christ.

⊙ ►► Musée de Picardie★★ *(archéologie, peinture)* – Hortillonnages★ *(petits jardins maraîchers).*

*Créez vos propres itinéraires*
*à l'aide de la carte des principales curiosités et régions touristiques.*

# Château d'ANCY-LE-FRANC★★

Cartes Michelin nos 65 pli 7 ou 243 pli 1 – Guide Vert Bourgogne.

Le **château d'Ancy-le-Franc** ⊙, dessiné par Sébastien Serlio, l'un des architectes italiens attirés en 1541 par François Ier à la cour de France, fut entrepris en 1546 et achevé 50 ans plus tard pour Antoine III de Clermont-Tonnerre. La première Renaissance (italianisante) y jette ses derniers éclats en France.

La symétrie et l'ordonnance chères à Bramante, la disposition des volumes et des surfaces selon le rapport 5/8 (« la divine proportion »), le raffinement de la cour, où de doubles pilastres, encore profondément encastrés dans les murs, coiffés de chapiteaux corinthiens séparant des niches à coquilles, lui donnent une grande noblesse.

La décoration intérieure compte de très belles œuvres : chambre de Judith où Cornelius Van Haarlem, un élève du Primatice, a peint le plafond à caissons ; reliures anciennes de la bibliothèque ; cabinets italiens à secrets ; la *Bataille de Pharsale* où Niccolo dell'Abbate s'est livré, en camaïeu doré, à une étourdissante étude de musculature ; médaillons des *Arts libéraux* peints par Le Primatice dans la chambre des Arts.

# Les ANDELYS★★

8 455 habitants
Cartes Michelin nos 55 pli 17 ou 231 pli 24 ou 237 plis 2, 3.
Guide Vert Normandie Vallée de la Seine.
Plan dans le guide Rouge Michelin France.

La valeur stratégique des Andelys, verrouillant la vallée de la Seine et la route de Rouen, est telle que Richard Cœur de Lion, fils d'Henri II et d'Aliénor d'Aquitaine, roi d'Angleterre et duc de Normandie, décide en 1196 de rompre la paix de Louviers consentie avec le roi de France et de construire sur la falaise la plus formidable place forte du 12e s. destinée à protéger le domaine des Plantagenêts face aux prétentions de la couronne. Un an plus tard, selon la légende, le château fort est debout et Richard en le voyant s'écrie : « Qu'elle est belle ma fille d'un an. »

Le **Château Gaillard**★★ ⊙ en effet avait de quoi forcer l'admiration. Ses 17 tours, ses murailles de huit pieds d'épaisseur, son site sur la falaise, ses trois enceintes successives, protégées par de profonds fossés (celle du châtelet, celle de la basse-cour, celle du logis) et servant de défenses avancées au donjon, le rendaient imprenable.

Imprenable, en effet, sauf par la ruse. C'est ainsi que Philippe Auguste finit par s'en emparer en 1204 après un siège de huit mois. Cette victoire lui permit de rattacher au domaine royal la Normandie, le Maine, l'Anjou, la Touraine et le Poitou. Henri V d'Angleterre le reprit au roi de France quatre ans après Azincourt, en 1419 ; dix ans plus tard, La Hire puis Henri V d'Angleterre l'enlevèrent tour à tour. Enfin, en 1449, Charles VII le conquit définitivement.

Le château fut démantelé par Henri IV entre 1603 et 1610.

# ANDLAU★

1 632 habitants
Cartes Michelin nos 62 pli 9 ou 242 pli 27.
Guide Vert Alsace Lorraine.

Au milieu des vignes, Andlau est un village alsacien plaisant par ses grandes et belles maisons souvent à colombage, aux grands toits ajourés de lucarnes, aux fenêtres et aux balcons fleuris.

★ **Église** – Son ouvrage Ouest, très massif, édifié vers 1130, possède le plus bel ensemble de la sculpture romane en Alsace. Il est coupé à mi-hauteur par une frise, longue de près de 30 m, datant du milieu du 12e s., où le symbolisme biblique se mêle aux scènes de la vie quotidienne, en 40 tableaux.

Le **portail**★★ Ouest est une œuvre archaïque et lourde mais d'une intensité de vie et d'une qualité de sculp-

Andlau – La frise de l'église (détail).

M. Guillard/SCOPE

ture, traitée en méplat, tout à fait remarquables. Les pilastres, de chaque côté de la porte, s'ornent d'une composition de rinceaux et d'animaux et d'une série de petits personnages ; le linteau déroule les scènes de la Création et du Paradis terrestre, le tympan montre le Christ remettant leurs attributs à saint Pierre et à saint Paul.

La **crypte**★ date, dans son ensemble, du 11e s.

# ANDUZE

2 913 habitants
Cartes Michelin nos 80 pli 17 ou 240 pli 15.
Guide Vert Gorges du Tarn.

Anduze, appelée « porte des Cévennes » ou « portail du pas », occupe un site de cluse dans un pli en dôme, en aval du confluent des Gardons de St-Jean et de Mialet.
Ce fut une rivale d'Alès jusqu'à la mise en exploitation des gisements miniers de cette dernière.
Le calvinisme, qui y pénétra en 1557, en fit une importante cité huguenote que le duc de Rohan protégea des inondations par une digue (rive droite) et fortifia. A dater de 1624, comme à Montauban et à Privas, la politique d'unification du royaume conduite par Richelieu y fut mal reçue et ranima des haines encore vives. Anduze devint un centre de résistance au pouvoir. Elle était si forte qu'en 1629 Louis XIII préféra s'attaquer à Alès où il signa l'édit confirmant la liberté de conscience reconnue à Nantes 31 ans plus tôt, mais qui, cessant de considérer les réformés comme un corps politique, les privait de leurs places de sûreté. A la suite de quoi les fortifications d'Anduze furent rasées. A l'aube du 18e s., elle devint un centre de ravitaillement des camisards.

## ENVIRONS

★ **Le Mas Soubeyran** – *7 km au Nord.* Ce hameau cévenol, sous le couvert des chênes et des châtaigniers, est un site d'histoire et un haut lieu du protestantisme. Ici naquit, le 3 janvier 1675, le chef camisard Pierre Laporte dit Roland et se tient, chaque année, début septembre, une assemblée générale des réformés de France. La Réforme est née des 95 propositions de Luther affichées en 1517. La parution de l'*Institution chrétienne* en 1541 et le synode de La Rochelle en 1559 en marquent les origines en France. Le tumulte d'Amboise et les guerres de Religion annoncent et manifestent la gravité de la crise politico-religieuse.

La mort de Henri IV ouvre une période difficile pour les réformés (prisons, galères, dragonnades). En 1685 la révocation de l'édit de Nantes, en les mettant en devoir d'abjurer, provoque l'émigration de près de 200 000 d'entre eux ; ceux qui restent se cachent dans des lieux déserts pour pratiquer leur culte. La mort de l'abbé du Chayla, au Pont-de-Montvert en 1702, au cours d'une rixe, met en branle l'autorité judiciaire. Pour s'y soustraire, les **camisards** s'embusquent dans les serres cévenoles impénétrables, où 5 000 d'entre eux tiennent tête à l'armée royale ; Louis XIV en arrive à ordonner la destruction de 460 hameaux ou villages. La mort de Roland met fin au mouvement en 1704.

Les réformés, privés d'état civil, vivent en clandestins de 1724 à 1787 ; alors l'édit de Tolérance dénoue le problème. Le triomphe des idées de liberté, en 1789, marque la reconnaissance de la liberté de conscience.

Le **musée du Désert** ⊘ (maison natale de Roland) expose des documents, ordonnances, arrêts, cartes, bibles, souvenirs des assemblées concernant la Réforme en pays cévenol.

⊘ ►► Bambouseraie de Prafrance★.

# Château d'ANET★

Cartes Michelin n°s 55 pli 17 ou 196 pli 13 ou 231 pli 36.
Guide Vert Normandie Vallée de la Seine.

Ce qui subsiste du **château d'Anet** ⊘ (aile gauche, chapelle, quelques dépendances) vaut surtout par l'œuvre réalisée par Philibert Delorme sur un chantier qui était déjà en cours lorsqu'en 1546 Diane de Poitiers, qui régnait depuis dix ans déjà sur Henri II, fit appel à lui.

Delorme a alors 34 ans, il a travaillé en Italie ; c'est un architecte doué d'une personnalité affirmée et exigeant quant à son propre travail. Anet est le seul chef-d'œuvre de lui qui nous soit conservé. Élevé pour Diane en 1552, c'est la première œuvre du style Henri II ; c'est aussi le point de départ de ce qui devint, un siècle plus tard, l'idéal classique de François Mansart. Delorme, en effet, s'y dégage de la prééminence ornementale de l'école de Fontainebleau marquée par les maîtres italiens : il conçoit un beau monument comme un ensemble où la décoration est subordonnée à l'architecture, elle-même réglée par les canons de la « divine proportion ».

On lui doit les douves et leurs pavillons d'angle à chaînages, le grand toit rythmé de fenêtres alternativement petites et grandes et coiffé de cheminées à décoration funéraire, les tourelles des murs pignons, les entrelacs des balustrades, le monumental portail en pierre blanche de Vernon marqueté de marbres noirs (les deux couleurs du veuvage de Diane, adoptées à la mort de son mari, Louis de Brézé, en 1531) orné d'un cerf de bronze aux massacres authentiques.

A l'intérieur on admire des tapisseries tissées pour Diane et la cheminée de la salle à manger ornée d'atlantes de Puget et de médaillons de Jean Goujon.

⊘ ►► Chapelle funéraire de Diane de Poitiers (statue de Diane★).

# ANGERS★★★

Agglomération 206 276 habitants
Cartes Michelin n°s 63 pli 20 ou 64 pli 11 ou 232 pli 31.
Guide Vert Châteaux de la Loire.
Plan dans le guide Rouge Michelin France.

Dans un paysage de bocage façonné par les eaux du Loir, de la Sarthe, de la Mayenne et de l'Oudon qui, réunies, forment la Maine, Angers s'élève, à 8 km du Val de Loire proprement dit, au contact des sols sédimentaires du Bassin parisien et des schistes armoricains ; ces derniers exploités par les ardoisières de Trélazé *(6 km à l'Est)* depuis le 12ᵉ s.

Le 9 juin 1129, Geoffroi Plantagenêt, beau-fils de Foulques Nerra, épouse Mathilde, la petite-fille de Guillaume le Conquérant, héritière convoitée de la Normandie et de l'Angleterre. 23 ans plus tard, nouveau mariage : son propre fils Henri II épouse Aliénor d'Aquitaine divorcée du roi Louis VII et devient, deux ans plus tard, roi d'Angleterre. L'État féodal angevin, pratiquement indépendant, s'étend alors de l'Écosse au Pays basque. Face à lui, le domaine capétien fait piètre figure et, comparée à Angers, Paris passe pour une grosse bourgade. D'ailleurs, l'Anjou est alors politiquement coupé de l'Ile-de-France.

En 1203 (Aliénor d'Aquitaine, âgée de 81 ans, vit retirée à Fontevraud), Philippe Auguste rattache l'Anjou au domaine royal, en même temps que la Normandie, le Maine, la Touraine et le Poitou en les confisquant à Jean sans Terre, roi d'Angleterre mais grand vassal de la couronne. La politique des Plantagenêts, en violation du droit féodal, avait en effet fait de ces terres une possession anglaise. En 1471, le roi **René** remet l'Anjou à Louis XI.

**Les voûtes angevines (ou « Plantagenêts »)** – Les amateurs de belle architecture apprécient cette transition originale et particulièrement heureuse du roman au gothique. Les voûtes bombées (leur clef est à près de 3 m au-dessus de celles des doubleaux et des formerets) sont probablement issues des coupoles d'Aquitaine (dot d'Aliénor) associées à la croisée d'ogives apparue vers la fin du 11e s. Elles n'utilisent qu'un seul type de nervures, très fines, pour leurs doubleaux, leurs liernes et leurs formerets.

Au milieu du 12e s., la voûte angevine s'identifie. Elle apparaît vers 1150 avec les célèbres doubleaux angevins à double rouleau de Normand le Doué, à la couverture de la nef de la **cathédrale St-Maurice★★**. A la fin du siècle, elle s'allège : ses nervures plus nombreuses retombent sur de sveltes colonnes (chœur et transept de St-Maurice). Au début du 13e s., la voûte angevine connaît son apogée : le vaisseau, dépourvu d'appuis latéraux, s'élève sur un jeu de liernes (salle des Malades de l'hôpital St-Jean) et repose sur de fines colonnettes très décoratives (6 colonnes portent les 12 voûtes qui fractionnent en voûtains la couverture du **chœur★★** de l'**église St-Serge★** ⊘) vers 1210.

Voûtes angevines

Milieu du 12e s.

Fin du 12e s.

Début du 13e s.

Cathédrale St-Maurice.

Chœur de St-Serge

**★★★ Château** ⊘ – Reconstruit par Saint Louis, de 1228 à 1238, en réutilisant largement les fondations de l'enceinte gallo-romaine, ce très beau spécimen d'architecture féodale était destiné à s'opposer à des menaces pouvant venir du duché de Bretagne. Il représentait une puissance formidable avec ses 17 grosses tours rondes à assises de schistes et de pierre de taille. Le rempart, de 660 m de développement, fait comprendre, côté de la Maine surtout, la valeur défensive du site. Les fossés furent creusés en 1485 par Louis XI.

En 1562, sous Henri III pendant les guerres de Religion, ses tours furent abaissées et dérasées en terrasse de tir, par Philibert Delorme, ancien abbé de St-Serge, pour répondre aux besoins de l'artillerie.

**★★★ Tenture de l'Apocalypse** – 1375-1380. Cette tapisserie, haute de 5 m, longue à l'origine de 168 m, est la plus ancienne et la plus importante qui nous soit parvenue, « un des plus hauts chefs-d'œuvre de l'art occidental », déclare Jean Lurçat (1892-1966) qui la découvre en 1938 et y puise sa vocation artistique. 76 pièces subsistent, admirables par leur ampleur, leur ordonnance et leur dessin, interprétant littéralement le texte de saint Jean. Commandée au marchand lissier Nicolas Bataille pour le duc Louis Ier d'Anjou, elle fut, vraisemblablement, exécutée à Paris dans l'atelier de Robert Poinçon, à

Angers – Tenture de l'Apocalypse (détail).

partir de cartons de Hennequin de Bruges, d'après les enluminures d'un manuscrit du roi Charles V.

**★★ Tenture de la Passion et Tapisseries mille-fleurs** – *Au logis du Gouverneur.* Dans ce très bel ensemble de tapisseries flamandes il faut remarquer la *Dame à l'orgue* (16e s.) et *Penthésilée* ; mais surtout les trois pièces de la *Tenture de la Passion* (fin du 15e s.) pour la richesse de leurs coloris et l'élégance du dessin des *Anges porteurs des instruments de la Passion.*

★ **Hôpital St-Jean (musée Jean-Lurçat)** ⊘ – L'hôpital, fondé en 1174, a exercé son activité durant 680 ans. La salle des Malades, admirable par sa voûte angevine, abrite la série des tapisseries du **Chant du monde**★★ (1957), vaste ensemble moderne de 10 grandes compositions par lequel Jean Lurçat symbolise sa vision des contradictions du monde contemporain et amorce la rénovation de l'art de la laine (*Voir à Aubusson*).

⊘ ►► Maison d'Adam★ – Galerie David-d'Angers★ *(sculptures)* – Galerie romane★★ *(préfecture)* – Hôtel Pincé★ *(musée Turpin-de-Crissé, archéologie, art d'Extrême-Orient)* – Quartier de la Doutre★ – Château de Pignerolle *(musée européen de la Communication)*★.

# ANGOULÊME★★

42 876 habitants
Cartes Michelin nᵒˢ 72 – plis 13, 14 ou 233 plis 29, 30.
Guide Vert Poitou Vendée Charentes.
Plan dans le guide Rouge Michelin France.

La **ville haute**★★ d'Angoulême, le « plateau », domine de 70 m le confluent de l'Anguienne et de la Charente dont elle sépare les cours. Aristocratique et administrative, elle contraste avec la ville basse, commerçante et industrielle, où maintiennent leurs activités la papeterie, mécanisée et traditionnelle, et la métallurgie (Ruelle devint au 19ᵉ s. la plus grande fonderie de canons de France).
Guez de Balzac (1597-1654), angoumois d'origine, revint sur le tard ensevelir dans sa ville son tempérament sombre et vaniteux ; mais par la qualité de son style, il fut considéré, après Malherbe, comme un restaurateur de la langue française (*Le Prince*, 1631) ; Richelieu en fit l'un des premiers membres de l'Académie. Honoré de Balzac, angoumois d'adoption, est l'autre gloire littéraire de la cité.
**Charles de Coulomb** (1736-1806), enfant d'Angoulême, a attaché sa réputation de chercheur à la mise au point de sa balance à torsion et celle de physicien par l'énoncé, en 1785, de sa « loi » confirmant la formulation de la gravitation universelle (1687) de Newton.
La face Nord des **remparts** fut en 1806 le théâtre de l'exploit du général Resnier, âgé de 77 ans, qui tenta un essai de deltaplane... lequel se solda par une jambe cassée et le renoncement d'un projet de débarquement en Angleterre selon cette technique.

★ **Cathédrale St-Pierre** – Elle fut en grande partie détruite par les calvinistes, restaurée en 1634 puis réédifiée par Abadie à partir de 1866.
Elle conserve une **façade**★★ où la statuaire d'origine (vers 1125) a heureusement été largement conservée ; plus travaillée que les façades typiquement angoumoises, elle associe les représentations de l'Ascension un peu traitée comme à Cahors et du retour du Christ.
Parmi 70 personnages, statues et bas-reliefs, le Jugement dernier (admirable Christ en majesté entouré des évangélistes), des saints dans les médaillons, et l'épisode d'un combat inspiré par la Chanson de Roland (linteau au premier portail de droite) retiennent l'attention.

⊘ ►► Centre national de la bande dessinée et de l'image (C.N.B.D.I.)★.

# ANNECY★★★

49 644 habitants
Cartes Michelin nᵒˢ 74 pli 6 ou 244 plis 18, 19.
Guide Vert Alpes du Nord.
Plan dans le guide Rouge Michelin France.

Annecy séduit par son site, dans un paysage de montagne et d'eau très bien composé. Sa cluse sépare les Bauges au Sud du Genevois au Nord. Ce fut d'abord une cité lacustre puis une bourgade gallo-romaine. Après avoir erré sur les sites défensifs d'Annecy-le-Vieux et sur les flancs du Semnoz, la ville s'est fixée, au 13ᵉ s., en bordure du Thiou, fournissant la force motrice à ses moulins, sous la protection du château.
Au 16ᵉ s., elle l'emporte, comme métropole régionale, sur Genève qu'abandonnèrent les comtes las des incessantes revendications de la bourgeoisie et les catholiques refusant la Réforme. Au 17ᵉ s., sa grande figure est **saint François de Sales**, prévôt à la cathédrale, qui s'engage dans la lutte contre le calvinisme implanté dans tout le Chablais. En 1604, il rencontre sainte Jeanne de Chantal, veuve de Rabutin Chantal, grand-mère de Mme de Sévigné et fondatrice, à Annecy, de l'ordre de la Visitation. Dans l'actuelle bibliothèque salésienne, il écrivit son *Introduction à la vie dévote*, destinée aux laïcs. En 1608, avec le magistrat Antoine Favre, il fonda l'Académie florimontaine, 30 ans avant l'Académie française.

★★ **Le Vieil Annecy** – Ce quartier pittoresque s'ordonne de part et d'autre du Thiou, émissaire du lac ; ses ponts offrent de plaisantes perspectives sur les arêtes plissées du mont Veyrier et sur le **Palais de l'Île**★ (ancienne prison, qui abrite aujourd'hui le **musée de l'histoire d'Annecy** ⊘) faisant figure de proue dans le lit du torrent. La rue Ste-Claire conserve sa physionomie du début du 17ᵉ s. avec ses arcades portant des avant-soliers et ses maisons de bois à pignons.
La cour du palais épiscopal est le site de la rencontre entre Jean-Jacques Rousseau et Mme de Warens un matin de printemps, en 1728.

Annecy et le lac.

★★★ **Le lac** ⊙ – L'avenue d'Albigny★ en offre une très belle perspective. Dominé par le Semnoz dans un site de cluse modelée par les glaciers, c'est le joyau des Alpes de Savoie.

⊙ ►► Jardins de l'Europe★ *(arboretum)* – Château★ – à Sevrier *5 km* – musée de la Cloche★.

## ENVIRONS

★★ **Talloires** – Cette villégiature au bord du « Petit lac » d'Annecy séduit par le **site**★★★ de sa baie, justement célèbre. Des quais du port, vue sur la montagne d'Entrevernes et, toute proche, la pointe boisée du château de Duingt.

# ARBOIS★

3 900 habitants
Cartes Michelin nᵒˢ 70 – Est du pli 4 ou 243 pli 30 – Guide Vert Jura.

L'église St-Just pour les amateurs d'art, une « reculée » pour les géographes, le carrefour de la place de la Liberté pour qui goûte le pittoresque de la province française, les vins rosés tendres, vifs, au fruité agréable et à la saveur originale pour les gourmets, font la célébrité d'Arbois.

Mais pour tous, Arbois est avant tout la ville de Pasteur. **Louis Pasteur** (1822-1895) a quitté Dole à 4 ans et demi lorsque son père, tanneur, est venu s'installer à Arbois. C'est là que se déroula sa jeunesse et que, sa vie durant, entouré de sa famille et d'amis, il revint en vacances.

Ce grand savant, l'un des plus grands hommes que l'humanité ait produits, établit, dans son laboratoire de l'École Normale Supérieure de Paris, à 25 ans, le principe de la dissymétrie moléculaire, à 35, celui des fermentations ; à 40, il jette les bases de l'asepsie qui fait justice des idées reçues sur les générations spontanées, puis il étudie les maladies ruineuses de la bière, du vin, des vers à soie, à 58 ans les virus et les vaccins. Puis il isole le virus de la rage, étudie sa prophylaxie et en inocule pour la première fois le sérum le 7 juillet 1885.

En bordure de la N 83, la **vigne de Pasteur** fut le laboratoire où le célèbre chimiste procéda en 1878 à ses expériences sur la fermentation du raisin.

Dans Arbois, la **maison de Pasteur**★ ⊙ – qui était à l'origine l'atelier de tannerie de son père – fut transformée par le savant en accueillante maison bourgeoise. Le mobilier, la bibliothèque, les instruments scientifiques évoquent l'inlassable activité qu'il poursuivait, avec ses collaborateurs, même durant ses périodes de congés.

« En fait de bien à répandre, le devoir ne cesse que là où le pouvoir manque »
*(Louis Pasteur).*

# ARCACHON★★

11 770 habitants
Cartes Michelin nᵒˢ 71 pli 20 ou 234 pli 6 – Guide Vert Pyrénées Aquitaine.
Plan dans le guide Rouge Michelin France.

Jusqu'en 1852, l'emplacement d'Arcachon n'était occupé que par une pinède. C'est alors que les frères Pereire qui venaient d'acquérir la ligne déficitaire de chemin de fer de Bordeaux à La Teste, eurent l'idée de la prolonger jusqu'à la baie. En fait, la ville est double : ville d'hiver abritée des vents dans la pinède et ville d'été dont le front de mer et le **boulevard de la Mer★** font l'attrait.

★ **Le bassin** ⓥ - Entre Arcachon, Andernos et les dunes boisées de la flèche littorale du cap Ferret, le bassin d'Arcachon, où affleure l'île aux Oiseaux, s'étend sur 25 000 ha dont les 4/5 découvrent à marée basse. Avec ses 1 800 ha marins de parcs à huîtres, le bassin est le domaine de l'ostréiculture.

## ENVIRONS

★★ **Dune du Pilat** - *7,5 km au Sud.* La dune du Pilat, encore vive, échancre la forêt d'Arcachon. Avec ses 2 800 m de longueur et 114 m d'altitude, c'est la plus étendue et la plus haute d'Europe.
La crête de la dune offre le meilleur belvédère sur cette côte landaise, dite **côte d'Argent**, rectiligne, longue de 230 km de l'embouchure de la Gironde à celle de la Nivelle : immense plage de sable où déferlent les rouleaux de mer argentés d'écume, mais côte inhospitalière où seuls Arcachon et Capbreton ont pu abriter un port. Chaque année, l'océan y dépose 15 m³ de sable marin par mètre linéaire, si bien que les dunes, souvent aussi élevées que les falaises de la côte normande, avaient fini par recouvrir l'église de Soulac en 1774. Leur progression fut enrayée par Brémontier (1738-1809), ingénieur en chef de la généralité de Bordeaux, qui parvint à les fixer sur une largeur d'environ 5 km, puis stoppée en 1823, sous la Restauration. Les dunes ont déterminé la formation d'étangs, fermés par des cordons littoraux et que des « courants » (Contis, Huchet) font communiquer avec l'Atlantique. Le **panorama★★** sur l'océan et la forêt landaise se révèle magnifique, spécialement au coucher du soleil.

# ARC-ET-SENANS

1 277 habitants
Cartes Michelin nᵒˢ 70 Nord-Est du pli 4 ou 243 pli 18 – Guide Vert Jura.

Les bâtiments de l'ancienne saline constituent l'un des plus curieux ensembles monumentaux français de style classique et un rare témoignage de l'architecture industrielle entre 1775 et 1780, à l'époque de l'essor des techniques.

★★ **Saline royale** ⓥ - Telle qu'elle se présente à nos yeux, la saline ne comprend que l'axe diamétral et la moitié de la première couronne de bâtiments prévus par **Claude-Nicolas Ledoux (1736-1806)** ; le reste n'ayant jamais été réalisé. Et cependant, pour partielle qu'elle soit, cette réalisation est très évocatrice de la conception d'une « ville idéale » au 18ᵉ s. Ledoux avait conçu un projet grandiose : une ville tout entière ordonnée selon un plan circulaire dont la maison du directeur formait le centre, les bâtiments des Sels, des Commis et des corps de métiers le noyau et qui comportait une église, un marché, des bains publics, une maison de récréation... Cette conception place Ledoux parmi les précurseurs de l'architecture moderne.
En visitant, il faut observer, outre la noblesse et l'originalité de la construction, le symbolisme partout présent : complète convergence de l'ensemble sur la maison du directeur, cœur de l'entreprise, décor de rochers, cols d'urne d'où s'échappent des flots pétrifiés évoquant la source d'activité de la saline. L'unité de style et l'agencement des matériaux, la disposition des colonnes et des frontons à l'antique sont révélateurs de l'influence de Palladio, architecte italien du 16ᵉ s.

# Gorges de l'ARDÈCHE★★★

Cartes Michelin nᵒˢ 80 pli 9 ou 240 pli 8 ou 245 plis 14 et 15 ou 246 pli 23.
Guide Vert Provence.

L'Ardèche prend sa source à 1 467 m d'altitude, dans le massif de Mazan, au Nord du col de la Chavade. Elle se jette dans le Rhône après un cours de 119 km. Elle est connue pour ses crues de printemps et pour les « coups » soudains qui peuvent multiplier son débit par 3 000 (celui du 22 septembre 1890 emporta 28 ponts).

**Le plateau ardéchois** - A une haute vallée montagnarde et à de lumineux bassins plantés de vergers entre Pont-de-Labeaume et Vallon succède le plateau ardéchois (plateaux des Gras au Nord, d'Orgnac au Sud). Ce plateau, composé de bancs épais de calcaire gris, fissuré de diaclases dues à la dissolution des rochers, s'est lentement façonné dans la sédimentation des débris sous la surface des mers, durant l'ère secondaire. Sa carapace soulevée et émergée lors du soulèvement des Alpes durant l'ère tertiaire s'est fracturée par endroits. Il est couvert de chênes verts, de buis et de genévriers et fréquenté par des choucas, des pies-grièches et quelques rapaces. La proximité de la grande voie de migration qu'était déjà la vallée du Rhône durant l'ère quaternaire y a favorisé l'installation de l'homme préhistorique depuis les périodes les plus reculées ; il semble que s'y soient accomplis l'invention de l'arc, la domestication du chien, les débuts de l'agriculture et de la poterie. Orgnac III abrita des chasseurs d'aurochs probablement contemporains de l'homme de Tautavel ; St-Marcel-d'Ardèche semble avoir connu des agriculteurs lors du réchauffement qui suivit la dernière grande glaciation, il y a quelque 100 siècles ; Vallon-Pont-d'Arc des pasteurs dès l'époque néolithique. Les dolmens proches de St-Remèze et les grottes aménagées des baumes au pied des falaises, mais au-dessus des éboulis, datent de l'âge du bronze.

★★ **Aven d'Orgnac** – *Rive Sud. Voir à ce nom.*

★ **Aven de Marzal** ⊙ – *Rive Nord.* Au fond de ce puits naturel d'effondrement, à 130 m de la surface du plateau, scintillent les cristaux de calcite de la salle « des Diamants ». Un **musée du Monde souterrain** ⊙ présente des objets authentiques ayant servi aux plus éminents spéléologues. **Le zoo préhistorique** ⊙ élargit l'intérêt du site à celui d'un centre attractif.

Vallon-Pont-d'Arc.

**Les gorges : de Vallon-Pont-d'Arc à Pont-St-Esprit** – *47 km.* Le tracé de l'Ardèche est ici déterminé par les méandres que parcourait déjà la rivière à la surface du plateau où elle s'enfonçait à mesure que la poussée alpine le soulevait à l'ère tertiaire. La verticalité des parois creusées de marmites de géants, les méandres emboîtés au fond du canyon dans l'épaisseur du calcaire urgonien offrent un exemple géographique type de morphologie fluviale alors que l'alternance des rapides et des calmes fait la diversité de l'hydrographie.

★★ **Pont-d'Arc** – Gigantesque arche naturelle franchissant l'Ardèche, haute de 34 m et large de 59 m. En fait, le site est celui du recoupement « récent » de la racine d'un méandre, facilité par la présence de fissures et de cavités dans le calcaire, elles-mêmes agrandies par les eaux en marmites de géants, puis traversant le rocher.
L'ancien cours du méandre abandonné suivait au Nord la base du cirque empruntée par la route.

★★★ **Haute Corniche** – Impressionnante série de belvédères. On observe de la Serre de Tourre le méandre du Pas du Mousse dont le piton central, boisé, n'est pas encore recoupé ; des aiguilles de Morsanne, la structure du plateau et le léger pendage de ses strates vers le Sud ; de Gournier, un paysage de lapiaz ; de la Cathédrale, les aiguilles composant les flèches de ce monument de la nature ; du Balcon des Templiers, la formidable corniche du « mur des Templiers » dominant de 220 m un immense méandre (sur un éperon, au fond de la vallée, ruines d'une maladrerie).

# ARLES★★★

Agglomération 54 309 habitants
Cartes Michelin n°s 83 pli 10 ou 245 pli 28 ou 246 pli 26.
Guide Vert Provence – Plan dans le guide Rouge Michelin France.

Arles, grande cité provençale très animée et jalouse de ses traditions, est la plus vaste commune de France (77 000 ha). C'est surtout une ville d'art : capitale romaine et important centre religieux à l'époque romane.

**La Rome des Gaules** – Cette très ancienne bourgade celto-ligure, colonisée dès le 6e s. avant J.-C. par les Grecs de Marseille, entre de bonne heure dans l'organisation romaine de la Narbonnaise. Après sa victoire sur les Teutons, Marius emploie ses captifs à creuser un canal navigable qui relie la ville à la mer et facilite, par là, l'approvisionnement de Rome. Plus tard, à la fin de la guerre des Gaules, César y établit une colonie de ses vétérans puis il y fait construire la flotte destinée à parfaire le siège (49 avant J.-C.) qui ruina Marseille. Arles devient alors un grand port fluvial et maritime.

Sous Auguste son rôle commercial au carrefour des axes romains se développe encore ; promue préfecture des Gaules, elle se pare de beaux monuments.

**★★ Théâtre antique** ⊙ – Un des plus importants de la fin du 1er s. avant J.-C., il conserve deux admirables colonnes entières de brèche africaine et de marbre italien se profilant dans un paysage d'une rare élégance. Il servit de carrière dès le 5e s., fut transformé en réduit fortifié au 9e s. et ne fut dégagé qu'au 19e s.

**★★ Arènes** ⊙ – Cet amphithéâtre pouvant contenir 20 000 spectateurs date du règne de Vespasien (vers 75). Sa bonne conservation est due au rôle de forteresse qu'il joua aux 5e et 6e s. C'est alors que son promenoir supérieur (grande ellipse) disparut... s'il fut effectivement construit. Plus vaste et plus récent que celui de Nîmes, il entre dans le plan d'urbanisme politique des empereurs Flaviens. La puissance de l'architecture antique s'y affirme ; mais la culture grecque de l'époque hellénistique s'y reconnaît dans les entablements horizontaux des corniches et dans les dalles posées à plat qui couvrent les galeries à la place des voûtes romaines habituelles.

**★ Cryptoportiques** ⊙ – *Sous-sol du* **musée d'Art chrétien.** Impressionnant magasin souterrain du 1er s. avant J.-C. ayant permis d'aménager l'esplanade du forum en dépit de la pente du sol. Les sarcophages du musée, en particulier ceux d'Imago et de la Chasse, proches par leur facture de celui de sainte Hélène *(musée du Vatican à Rome),* montrent, par leurs thèmes, l'expansion du christianisme dans la vallée du Rhône dès le règne de Constantin (vers 350).

**★ Église St-Trophime** – L'église, reconstruite à partir de 1080, s'ouvre par un **portail★★** qui est un des chefs-d'œuvre de l'école romane provençale de la fin du 12e s. Par la disposition de ses piédroits à colonnes et par le dessin de sa frise, ce portail semble emprunté à l'art antique de l'arc municipal de **Glanum** et des sarcophages du 4e s. des Alyscamps et de Trinquetaille à

Arles – Galerie de l'ellipse inférieure des arènes.

Arles ; de même qu'il l'est par son matériau puisé dans le théâtre antique proche. Le **cloître★★** ⊙, construit après 1150, est célèbre pour ses sculptures (chapiteaux à feuillages ou historiés, piliers Nord-Est et Nord-Ouest).

**Hôtel de ville** – La façade, toute classique, relève du second style Louis XIV. Le vestibule au rez-de-chaussée est couvert d'une admirable **voûte★** (1684), presque plate, dessinée par Jules Hardouin-Mansart et portée par 20 colonnes adossées aux murs.
De très nombreux compagnons du tour de France vinrent étudier l'agencement de ses berceaux dont les deux principaux se disposent perpendiculairement et qui prennent appui sur des trompes d'angle par l'intermédiaire de voûtes à pénétrations. Observer l'épure des arêtes courbes ou gauchies et la taille parfaite des claveaux.

⊙ ►► Musée d'Art païen★ – Museon arlaten★ *(ethnographie provençale)* – Musée Réattu★ *(peintures, donation Picasso★)* – Palais Constantin★ – Alyscamps★ *(nécropole).*

**★★ La Camargue** – Immense plaine alluviale de 95 000 ha, la Camargue est le produit de l'action conjuguée du Rhône, de la Méditerranée et du vent. Assez homogène en apparence, elle se divise en trois zones distinctes : la zone de culture, dans le Nord du delta, les salins qui s'étendent près de **Salin-de-Giraud** et à l'Ouest du petit Rhône et la zone naturelle qui occupe le Sud du delta.

La flore et la faune sont d'une richesse et d'une variété exceptionnelles (on dénombre plus de 400 espèces d'oiseaux différentes). La création de la **Réserve nationale de Camargue**, puis du **Parc naturel régional de Camargue**, a permis d'en sauvegarder le fragile écosystème. Cette Camargue naturelle conserve la tradition des manades et des gardians. Une visite à **Aigues-Mortes★★**, et aux **Saintes-Maries-de-la-Mer★** est particulièrement recommandée.

ⓥ ►► Musée camarguais★ – Centre d'information de la Camargue à **Ginès**.

# ARRAS★★

*Agglomération 79 607 habitants*
Cartes Michelin n°s 53 pli 2 ou 236 pli 15 – Guide Vert Flandres Artois Picardie.
Plan dans le guide Rouge Michelin France.

La capitale de l'Artois s'est développée au Moyen Age autour de l'abbaye de St-Vaast. Du 12e au 14e s. les comtes d'Artois lui accordent ses franchises communales et favorisent le commerce des grains, les fabriques de draps et les boutiques de change. La ville, opulente, entretient des sociétés poétiques ou littéraires dont les trouvères, écrivant pour le théâtre, brocardent les notabilités qui s'en amusent. Au 15e s. l'Artois passe aux mains des ducs de Bourgogne. Les tapissiers d'Arras reçoivent alors des commandes qui assurent leur activité jusque vers 1460.

En 1572, la vie communale manifeste sa vitalité par la construction de l'**hôtel de ville★** ⓥ avec son **beffroi** ⓥ où la tradition du gothique flamand se nuance de décorations de style Henri II. (Il fut reconstruit après 1919.)

**Maximilien Robespierre** naît à Arras en 1758 dans une famille de robe aisée. Il embrasse naturellement la carrière du barreau. Élu député en 1789, il devient républicain en 1792 et joue un rôle de premier plan en 1793 au Comité de salut public. Sincère, résolu, ombrageux, indifférent aux faveurs, l'« Incorruptible » incarne l'action révolutionnaire : secondé par Saint-Just et Couthon, il pourchasse les complots et écrase les factions déviationnistes, jusqu'à prendre part à la condamnation de ses amis Girondins et à se discréditer lui-même par les conséquences extrêmes de son idéologie. Il est guillotiné le 27 juillet 1794.

★★ **Les Places** – La **Grand'Place**, la **place des Héros** et la **rue de la Taillerie** qui les relie composent un exceptionnel ensemble d'urbanisme en affirmant le rôle séculaire d'Arras comme ville-marché. Elles existaient déjà au 11e s. mais leur physionomie actuelle est le fruit d'un échevinage soucieux d'unité architecturale. La décoration du baroque flamand (17e et 18e s.) s'y applique à partir de 1635 sur une architecture plateresque espagnole (16e et 17e s.) ; en effet Arras fut espagnole de 1492 à 1640. Ses 345 colonnes et ses 155 maisons, toutes édifiées sur avant-soliers, préservant des intempéries les marchands et les chalands du marché, frappent par l'unité de leurs façades de brique et de pierre, sans saillie et par la régularité de leurs dimensions. Mais quelle diversité dans le détail : frontons à volutes simples, doubles ou à ressauts ; arcades à consoles ou à pilastres ; chaînage des portiques ; variété des enseignes (baleine, paon, harpe, cloche...).

Seule la maison, au Nord de la Grand'Place, en briques, à rez-de-chaussée de grès, présente un pignon à redans.

Arras – La Grand'Place.

## ENVIRONS

**Vimy** – *10 km au Nord*. Au sommet d'un bombement crayeux de l'Artois, qui fut enlevé en avril 1917 par le corps expéditionnaire canadien intégré dans la 3e armée britannique, le **mémorial canadien de Vimy★** perpétue le souvenir des 66 000 frères d'armes tués ou disparus en France.

ⓥ ►► Ancienne abbaye St-Vaast★★ (musée des Beaux-Arts★).

# Col d'AUBISQUE★★

Cartes Michelin nᵒˢ 85 pli 17 ou 234 pli 43 – Guide Vert Pyrénées Aquitaine.

A 1 709 m d'altitude, le col d'Aubisque sépare le Béarn (gave d'Ossau) et la Bigorre (gave de Pau). Il n'est pas le plus élevé (Tourmalet 2 114 m) mais le plus spectaculaire des seuils qui cloisonnent les Pyrénées françaises en vallées perpendiculaires à l'axe de la chaîne et déterminent des pays originaux, plus en rapport avec les basses vallées qu'avec les vallées adjacentes.

Dans un immense paysage pastoral qui domine des versants rocheux et de belles vallées profondément humanisées, le site prend sa pleine ampleur au mamelon Sud du col *(relais TV – 1/2 h à pied AR)* d'où la **vue**★★★ se déploie sur les stratifications magnifiques du cirque de Gourette fermé de gauche à droite par le Grand Gabizos, la Pène Blanche et le Pic du Ger.

# AUBUSSON

5 097 habitants
Cartes Michelin nᵒˢ 73 pli 1 ou 239 pli 4 – Guide Vert Berry Limousin.
Plan dans le guide Rouge Michelin France.

Aubusson, dont le quartier ancien se blottit au pied d'un promontoire de la rive droite de la Creuse, a attaché son nom à l'art de la tapisserie presque au même titre que Beauvais et les Gobelins. Son rayonnement, qui a éclipsé celui quelque peu antérieur de Felletin *(11 km au Sud),* se ressent particulièrement dans les magasins, galeries, ateliers, expositions le long de la Grande-Rue, de la rue Vieille, à l'**hôtel de ville** ⊙ en saison et au **musée**★ ⊙ du centre culturel et artistique Jean-Lurçat.

La tapisserie fut probablement introduite ici au début du 14ᵉ s. par des lissiers flamands appelés par Marie de Hainaut devenue comtesse de la Marche. Dès le siècle suivant les artistes d'Aubusson accèdent à la renommée ; *la Dame à la Licorne* (conservée au Musée de Cluny) est sortie, dit-on, d'ateliers aubussonnais. Leurs ateliers bénéficient en 1665 de l'organisation attachée au titre de Manufacture royale que leur accorda Colbert, dans leur ensemble. Mais, 20 ans plus tard, les expatriations consécutives à la révocation de l'édit de Nantes faillirent les anéantir.

La grande époque d'Aubusson fut la seconde moitié du 18ᵉ s. La production des lissiers, sur des cartons de Watteau, de Lancret, d'Oudry et de Boucher, s'adressait alors à une clientèle plus aisée que riche. Elle se ramenait principalement à des tapis d'ameublement, à des imitations d'autres manufactures, à des interprétations presque libres de gravures ou d'estampes et à des reproductions de modèles anciens.

Après des décennies de récession liée aux crises politiques et économiques, à la concurrence du papier peint et des métiers mécaniques, le renouveau né de l'action de Jean Lurçat (1892-1966) se distingue par une inspiration issue du cubisme : nombre réduit de couleurs, absence de perspective, fonds plats, tissage à gros points, sujets devenant plus une illustration qu'une reproduction de la nature.

---

### Tapisserie et tapis : l'art de la laine

Le travail de la laine remonte à une très lointaine Antiquité. Il fut probablement, à l'origine, dans les cavernes et dans les huttes le complément des peaux de bêtes dans la recherche d'un peu de confort. Il semble qu'il naquit en Perse, fut à l'honneur chez les Grecs puis dans le Proche-Orient et pénétra en Occident à l'occasion des Croisades. Cet art manuel, tout différent de la broderie et des travaux d'aiguille, est exclusif des produits mécaniques répandus depuis le 19ᵉ s.

La tapisserie et le tapis ne se distinguent ni par leur art, ni par leur fabrication, mais par leur destination.

La **tapisserie** est une œuvre de laine, parfois de soie, illuminée jadis par des fils d'or ou d'argent, à destination décorative, et prévue pour être accrochée à un mur ; elle présente donc un haut et un bas et ses sujets : verdures, personnages, histoires, exécutés d'après le carton d'un artiste, ont une valeur représentative.

Le **tapis** est destiné à être posé au sol ; son épaisseur est donc gage de son confort et ses motifs décoratifs doivent pouvoir être vus sous tous les angles.

Le **tissage**, procédé le plus simple de fabrication, consiste à croiser les fils longitudinaux (chaîne) de l'ouvrage par des fils transversaux (trame). La décoration s'obtient en utilisant pour la trame des laines de différentes couleurs dont la disposition donne un dessin serré, souvent complexe et géométrique ; les bouts de laine se cachant sous l'envers du travail. Les tapis tissés les plus célèbres sont ceux de Kilim en Turquie et ceux du Mzab au Sahara.

Le **point noué** consiste à substituer à la trame des brins de laine qui rassemblent deux par deux les fils de la chaîne et sont noués à l'endroit sur l'ouvrage. Leur coloration et leur disposition composent le sujet de la tapisserie ou le décor du tapis, souvent dit « de haute laine ». Les tapis sont pour la plupart à point noué et les manufactures se distinguent surtout par le type de nœud utilisé, par la largeur et le motif des bandes de bordure, par le nombre de nœuds au mètre linéaire, par les sujets choisis ou leur répartition : ceux de Beauvais au point très fin, ceux de la Savonnerie, veloutés et égalisés aux ciseaux, ceux d'Aubusson au point ras. Qu'ils soient de **basse lisse** (horizontaux) en cachant le travail que l'artisan doit suivre dans un miroir, comme ceux de Beauvais ou d'Aubusson, ou qu'ils soient de **haute lisse** (verticaux) et permettent un contrôle permanent du travail, comme ceux des Gobelins, les métiers donnent tous un résultat identique.

# AUCH★

23 136 habitants
Cartes Michelin n°s 82 pli 5 ou 235 pli 29 – Guide Vert Pyrénées Aquitaine.
Plan dans le guide Rouge Michelin France.

Ville d'étape bimillénaire sur la route Toulouse-Bordeaux qui a longtemps évité le cours instable de la moyenne Garonne, Auch, primitivement oppidum des Basques sur la rive gauche du Gers, a connu une longue existence urbaine.
Elle honore Charles de Batz, le vrai d'Artagnan, et l'intendant d'Étigny qui la régénéra au 18e s. et précéda de remarquables administrateurs départementaux installés dans l'ancien évêché dont la façade est rythmée de pilastres cannelés.

★★**Cathédrale Ste-Marie** – Dans son déambulatoire s'ordonne un ensemble de **vitraux**★★, œuvre du Gascon Arnaud de Moles, achevés en 1517 et considérés comme un chef-d'œuvre de la Renaissance par la mise en valeur du sujet principal entouré de saynètes qui permettent de le commenter selon le symbolisme ou la préfiguration chers aux humanistes d'alors, par la composition, les couleurs nuancées, les dégradés et les demi-teintes qui succèdent au cloisonnement et à la couleur pure de l'époque gothique. Adam et Ève, Jonas, la Nativité du Christ sont particulièrement beaux.
Les **stalles**★★★ ⊙ du chœur, où 1 500 sujets sont représentés, achevées en 1554, confondent l'imagination par la noblesse des grands personnages qui occupent les hauts dossiers, par l'indescriptible variété des détails et le rendu des physionomies que l'on ne se lasse pas d'observer sur les pare-closes, les accoudoirs, les miséricordes et sur les panneaux et les niches des dossiers. La survivance de la richesse flamboyante se manifeste dans cette œuvre Renaissance.

# AULNAY★★

1 462 habitants
Cartes Michelin n°s 72 pli 2 ou 233 pli 17 – Guide Vert Poitou Vendée Charentes.

La poitevine Aulnay se trouva saintongeaise le 22 décembre 1789 par la vertu de la division départementale de la France opérée par la Constituante.

★★**Église St-Pierre** – Elle séduit par son site dans un vieux cimetière planté de cyprès où se dresse encore une belle croix hosannière gothique. Elle fut élevée de 1140 à 1170 alors qu'Aliénor d'Aquitaine régnait comme épouse de Louis VII puis de Henri II d'Angleterre sur le Sud-Ouest de la France. Elle relève du roman poitevin par son architecture (élévation de ses trois nefs sans tribune) et du roman saintongeais par sa sculpture.

D'après photo J. Guillard/SCOPE

Aulnay – La crucifixion de saint Pierre.

Sa façade Ouest déparée par de lourds contreforts du 15e s. qui cachent l'articulation des portails et, aux extrémités, noient les faisceaux de colonnes d'origine, vaut surtout par ses archivoltes somptueusement sculptées et par ses grandes figures (anges, vertus). Au tympan de l'arcade de gauche est sculptée la Crucifixion de saint Pierre – qui voulut être supplicié la tête en bas, indigne qu'il se trouvait d'être traité comme son maître – une œuvre saisissante. Cette manière de faire, qui abaissait le centre de gravité du gibet, donc ses dimensions et son coût, fut souvent adoptée, déjà avant Néron.

Au portail Sud, admirable par sa composition en deux registres, cerné par de hautes colonnes d'angle et un grand arc de décharge, la 2e voussure, portée par des atlantes assis et représentant les prophètes et les apôtres, est l'un des sommets de la sculpture saintongeaise du 13e s.
Le chevet est célèbre pour sa haute fenêtre axiale dont les parements sont sculptés de rares rinceaux évoquant l'art décoratif du haut Moyen Age. Le clocher très beau aux étages inférieurs (fâcheusement rehaussé au 15e s. et pourvu d'une flèche d'ardoise au 18e s.) et les chapiteaux de la nef retiennent aussi l'attention.

# AUTUN★★

17 906 habitants
Cartes Michelin n°s 69 pli 7 ou 243 pli 25 – Guide Vert Bourgogne.
Plan dans le guide Rouge Michelin France.

Un demi-siècle après la soumission de la Gaule par Jules César, l'empereur Auguste fonde Autun, le long de la voie romaine Lyon-Sens, sur un tertre, en bordure de la plaine de l'Arroux. La nouvelle ville prend Rome pour modèle et son enceinte, longue de 6 km, protège bientôt des monuments (théâtre, amphithéâtre), des entrepôts et des commerces florissants. Son attrait s'exerce en particulier sur les Éduens qui sont demeurés dans Bibracte, leur oppidum fortifié par un rempart de 5 km au sommet du mont Beuvray *(29 km à l'Ouest)*, et finissent par venir s'y installer.
Au Moyen Age, la cité se ramasse dans son quartier le plus élevé.

★★ **Cathédrale St-Lazare** ⊘ – Elle fut bâtie, en grès, de 1120 à 1146 et placée sous le vocable de l'ami que le Christ avait ressuscité et dont les reliques venaient d'être ramenées de Marseille. Son caractère roman bourguignon, bien altéré à l'extérieur par l'adjonction d'une tour et d'une flèche de pierre au 15e s., survit à l'intérieur dans la brisure, précoce, de ses grandes arcades, dans son berceau brisé monté sur doubleaux et dans son faux triforium destiné à garnir le nu du mur entre les arcades et le comble des bas-côtés. Sculpté à l'identique de la galerie de la porte d'Arroux, ce faux triforium témoigne du rayonnement conservé par les monuments antiques en plein 12e s.

St-Lazare vaut surtout par la sculpture bourguignonne du 12e s. qu'elle abrite et qui, pour l'essentiel, est l'œuvre du maître Gislebertus accomplie ici entre 1125, année de son arrivée de Vézelay, et 1145. Le **tympan**★★★ du portail central (vers 1135) prend pour sujet le Jugement dernier. Moins mystique que celui de Moissac antérieur d'une trentaine d'années, mais d'une technique artistique maîtrisée avec encore plus d'audace, il surpasse toute la sculpture de son époque par l'ampleur de sa composition. Des anatomies déformées, des naïvetés ou des disproportions qui pourraient passer pour risibles sont en fait chez lui un moyen d'expression dramatique par lequel il matérialise la hiérarchie des valeurs spirituelles. Observer par exemple le bonheur des élus et l'angoisse des damnés, la taille du Christ, celle des apôtres et celle des autres personnages.

Les **chapiteaux**★★ des piliers de la nef (éclairage), et ceux de la salle capitulaire surtout (originaux du chœur, disposés à hauteur du regard) relèvent du même talent.

⊘ ► ► Musée Rolin★ *(collection gallo-romaine, peinture, sculpture)* – Porte St-André★.

# AUXERRE★★

38 819 habitants
Cartes Michelin nos 65 pli 5 ou 238 pli 10 – Guide Vert Bourgogne.
Plan dans le guide Rouge Michelin France.

Auxerre, port sur l'Yonne navigable et point de départ du Nivernais, est la capitale de la basse Bourgogne, région vallonnée où les plateaux portent des champs et des forêts et les versants bien exposés, des vignes et des arbres fruitiers. La ville, sur le versant gauche de la vallée, était déjà importante dans l'Antiquité gallo-romaine comme ville d'étape sur la voie romaine de Lyon à Boulogne par Autun et Lutèce.

★ **Abbaye St-Germain** – C'est le monument le plus vénérable de la cité, et le plus prestigieux pour les historiens et les archéologues. Il est placé sous le vocable de saint Germain (378-448) né à Auxerre dont il fut le premier évêque, évangélisateur de la Gaule à la suite de saint Martin, qui fut le témoin des assauts livrés par les Barbares à l'Empire romain.

Très vraisemblablement, Clothilde, femme de Clovis, éleva sur le tombeau du saint, au début du 6e s., une petite basilique mérovingienne ; et cette dernière fut agrandie en 841 (époque carolingienne) par une avant-nef à l'Ouest et une crypte à l'Est, où furent replacées les reliques, après les travaux, 18 ans plus tard.

Cette **crypte**★ ⊘ abrite donc en superposition une cavité, recreusée au 9e s. pour cacher le tombeau aux Normands, et un tombeau postiche destiné à les leurrer, puis des aménagements ultérieurs. Dans sa partie mérovingienne (emplacement de l'oratoire primitif) on admire deux architraves de chêne portées par des colonnes gallo-romaines et un chrisme du 5e s. ; dans la partie carolingienne, une fresque des évêques d'Auxerre, un pavement et, surtout, un chapiteau copié d'un modèle ionique antique, émouvant témoignage de la pauvreté sculpturale de cette époque. Le clocher, du milieu du 12e s., isolé par la destruction de plusieurs travées, est une œuvre romane remarquable dont il faut admirer la pyramide terminale à huit pans imperceptiblement renflés.

⊘ ► ► Cathédrale St-Étienne★★ (crypte★ – trésor★ – vitraux★★).

# AVEN ARMAND★★★

Cartes Michelin nos 80 Sud du pli 5 ou 240 pli 10 – Guide Vert Gorges du Tarn.

Le causse Méjean laisse, à qui parcourt ses immenses étendues désertiques, une impression de monotonie et de désolation saisissantes. Quelques villages où subsistent des habitations de pierres sèches, quelques cultures d'avoine dans les sotchs, quelques reboisements de pins noirs sur les versants, côté Ouest surtout, soulignent la sévérité du paysage caussenard.

L'**Aven Armand** ⊘, qui s'ouvre dans ce plateau, fut découvert par Louis Armand sous la conduite d'Édouard-André Martel en 1897 et ouvert au public 30 ans plus tard. Cette merveille souterraine est née de l'intense activité hydrologique, insoupçonnée à la surface, qui règne dans l'épaisseur du causse. Une grande salle formée par l'érosion et la dissolution des roches, l'accumulation au sol de blocs de la voûte effondrés, la variété et la beauté des concrétions (400 stalagmites composent une « Forêt vierge » pétrifiée) font l'intérêt de la visite.

# AVIGNON★★★

Agglomération 181 136 habitants
Cartes Michelin nᵒˢ 81 plis 11, 12 ou 245 pli 16 ou 246 pli 25.
Guide Vert Provence.
Plan dans le guide Rouge Michelin France.

Fermée dans ses remparts, la vieille ville est une cité méridionale animée et gaie. Elle fut pendant 68 ans la résidence où régnèrent sept papes français, puis trois autres après qu'en 1377 Grégoire XI eut regagné Rome, puis celle des légats pontificaux jusqu'en 1791 lorsque la ville et le comtat Venaissin se réunirent à la France.

Au début du 14e s., les papes sentent le besoin de se soustraire aux pressions partisanes des grandes familles romaines. Avignon, qui est une de leurs terres, bien que rattachée au comté de Provence et placée sous la protection du Saint-Empire romain germanique, occupe une position très centrale en Europe. En outre Philippe le Bel préconise ce choix avec insistance, peut-être pas sans l'arrière-pensée de faire entrer la papauté dans son jeu politique. En 1309 Clément V se décide et s'y installe : Avignon devient la capitale de la chrétienté ; dès l'année suivante, il doit se résoudre à la dissolution de l'ordre des Templiers.

La cour pontificale et le gouvernement de l'Église transforment la cité : il faut bâtir et décorer.

## AVIGNON

Ville d'art et de culture, Avignon doit beaucoup à Jean Vilar qui a fondé en 1947 le **festival d'art dramatique.** Ce festival annuel de renommée internationale est, sans doute, à l'origine de cette explosion culturelle qui a servi de modèle à d'autres villes de Provence. Outre les grandes manifestations théâtrales, de multiples représentations illustrent les différents arts du spectacle : danse, musique, cinéma, lectures-poésie, mimes, expositions... ainsi que des échanges culturels.

★★★ **Le Palais des Papes** (EY) ⊘ – C'est un vaste château féodal, à la fois forteresse et palais, dont la puissance défensive est impressionnante. Il comprend au Nord le Palais Vieux et, au Sud, donnant sur la place, le Palais Nouveau. La hauteur et le nu de ses murailles, la dimension de ses mâchicoulis, la robustesse de ses contreforts sont considérables.

**La papauté d'Avignon** – En 1334, Benoît XII commence la construction du Palais Vieux. Cet ancien moine cistercien, de goûts et de tempérament austères, veut par là mettre à l'abri le trésor et les archives de l'Église. De cette époque datent le Consistoire, la chapelle St-Jean, le grand tinel, la chapelle St-Martial et trois chambres d'apparat. Clément VI lui succède en 1342. Mécène soucieux de la fortune et du rayonnement de l'Église, il entreprend le Palais Nouveau (Grande Audience, Petite Audience, chapelle Clémentine) et achète Avignon à Jeanne de Provence.

La France pouvait alors soutenir la comparaison avec l'Italie pour l'architecture, voire la sculpture ; mais pas pour la peinture. Clément VI fait donc appel à des artistes italiens **(première école d'Avignon).** Simone Martini qui arrive de Sienne peint la fresque du Consistoire ; Matteo Giovanetti de Viterbe décore la chambre de la Garde-robe de motifs végétaux dans le goût seigneurial d'alors ; dans la chapelle St-Martial il montre sa virtuosité dans le traitement des perspectives ; dans la Grande Audience, les prophètes répondent à l'idéal courtois.

Innocent VI, après la peur jetée dans les esprits par la bataille de Poitiers et les troubles de la guerre de Cent Ans, relève les remparts de la ville selon une technique militaire déjà bien dépassée (mâchicoulis peu nombreux, tours ouvertes côté ville). Malheureusement les traces de l'animation princière, l'ameublement et la plus grande part de la décoration peinte ont disparu.

**La seconde école d'Avignon** – En 1378, à Rome, les cardinaux mécontents de la succession de Grégoire XI élisent un autre pape, Clément VII, qui revient à Avignon. Durant 37 ans, deux, voire trois papes rivaux, à Rome, Avignon et Pise, se combattent et s'excommunient. C'est le grand schisme d'Occident qui désoriente la chrétienté, perturbe les esprits et annihile l'activité artistique à la cour pontificale. A Avignon, celle-ci ne reprend qu'en 1418 avec l'installation des légats pontificaux (Italie, Angleterre, France).

La seconde école d'Avignon produit des années 1440 à 1500. Elle est marquée par une sorte de compromis entre la stylisation et les jeux de lumière des Italiens (musée du Petit Palais où l'on peut en particulier étudier les grands peintres italiens durant tout le 15e s.) et le réalisme mystique des Flamands. Alors apparaît une peinture « française » dont Enguerrand Quarton est la grande figure (sa Pietà de Villeneuve-lès-Avignon est actuellement au Louvre à Paris) avec Jossé Lieferinxe et Nicolas Froment (triptyque du Buisson ardent dans la cathédrale d'Aix-en-Provence).

★★ **Pont St-Bénézet** (EY) ⊘ – Il fut lancé en 1177, assure-t-on, par Bénézet lui-même, berger du Vivarais et fondateur de la congrégation des Frères Pontifes. Durant plus d'un siècle – jusqu'à l'achèvement, en 1309, de celui de Pont-St-Esprit, construit lui aussi par les Frères Pontifes – ce fut le seul pont de pierre sur le Rhône.

Il assura le développement économique d'Avignon bien avant de relier la cité des papes à Villeneuve, la ville des cardinaux. 18 arches du « Pont d'Avignon » furent emportées par une crue du Rhône au 17e s.

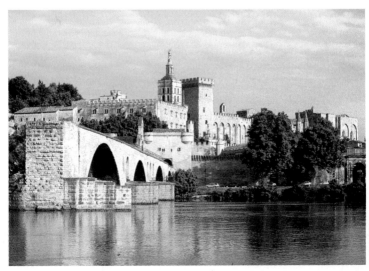

Le pont St-Bénézet et le Palais des Papes.

## ENVIRONS

★ **Villeneuve-lès-Avignon** – *2 km à l'Ouest, sur la rive droite du Rhône.* A la sortie du pont St-Bénezet, en terre française, Philippe le Bel dresse un châtelet dont subsiste la tour. Un demi-siècle plus tard, Villeneuve est devenue la ville des cardinaux qui, trop à l'étroit dans Avignon, s'y construisent 15 belles résidences, les « livrées ». Au même moment, Jean le Bon puis Charles V édifient le fort St-André sur une hauteur où se trouvait déjà une abbaye. Ce vaste ensemble, protégé par une enceinte et une admirable porte fortifiée à tours jumelles, offre, de la chapelle romane N.-D.-de-Belvezet, une des vues les plus célèbres de la vallée du Rhône : porte de St-André au premier plan, le fleuve et le palais des Papes sur la rive gauche.

★ **Chartreuse du Val de Bénédiction** ⊘ – Elle fut fondée en 1356 par Innocent VI, quatre ans après son élection à la place du général de l'ordre des Chartreux qui s'était récusé par humilité. Elle fut bientôt la plus importante de France. La porte monumentale (17e s.), l'église qui abrite le tombeau du fondateur, le petit cloître et surtout le grand (cloître du Cimetière) bordé par les cellules des pères en sont les sites les plus révélateurs.

A proprement dire, saint Bruno n'a pas fondé l'ordre des Chartreux. Mais en vivant retiré au « désert » dans le massif de la Chartreuse de 1084 à 1090, ce contemporain de saint Hugues a institué la pratique rigoureuse de l'ascétisme. Les constitutions de l'ordre, inéluctables, furent promulguées 50 ans plus tard.

⊘ ►► Petit Palais★★ – Rocher des Doms★★ (vues★★) – Cathédrale N.-D.-des-Doms (coupole★) – Remparts★ – Musée Calvet★ (*Préhistoire, ferronnerie, beaux-arts*) **M¹** – Musée Louis-Vouland (*faïences★*) – Hôtel des Monnaies (façade★) (**B**) – Musée Lapidaire★ (**M²**) – Fresques★ de l'église St-Didier.

# Château d'AZAY-LE-RIDEAU★★★

Cartes Michelin nos 64 pli 14 ou 232 pli 35 – Guide Vert Châteaux de la Loire.

Le **château d'Azay-le-Rideau** ⊘ fut construit de 1518 à 1529 pour le financier Gilles Berthelot dans un plaisant paysage de verdure où l'Indre joue le rôle de miroir d'eau. L'architecture en est encore une œuvre française du 15e s. avec son chemin de ronde monté sur corbeaux, ses combles aigus où pointent de grandes souches de cheminées, ses fenêtres à meneaux et sa porte sculptée en plis de serviette tout à fait gothiques. Mais les défenses (mâchicoulis couverts, tourelles, poivrières) ne sont qu'une parure manifestant le rang du promoteur.

La décoration, en revanche, se ressent du goût italianisant adopté pour l'aile François Ier à Blois : coquilles florentines aux gâbles de la grande fenêtre des combles, pilastres, entablements moulurés et surtout l'escalier d'honneur à rampes droites (il est encore à vis à Blois) et paliers rectangulaires (encore courbes à Chenonceau) et horizontaux. A l'intérieur l'attention doit surtout porter sur le plafond à la française de la salle à manger et sur la cheminée de la chambre de François Ier.

## ENVIRONS

**Marnay** – *6 km à l'Ouest d'Azay-le-Rideau par la D 57 puis la D 20.* Le **Musée Maurice-Dufresne★** ⊘, voué à la locomotion, présente toutes sortes d'engins.

# BARCELONNETTE★

2 976 habitants
Cartes Michelin nos 81 pli 8 ou 245 plis 9, 10 – Guide Vert Alpes du Sud.

La capitale de l'Ubaye doit la régularité de son plan à sa fondation comme bastide en 1231. Elle appartient à la maison de Savoie jusqu'à son attribution à la France par le traité d'Utrecht, en 1713.

Dans le noyau urbain subsistent des maisons à grands auvents protecteurs contre les abats de neige et à crépis de chaude coloration. A sa périphérie s'élèvent les demeures des « Barcelonnettes » ou « Mexicains », émigrants enrichis au Mexique par le commerce des tissus et revenus au pays ; les trois frères Arnaud de Jausiers, les premiers de la vallée, partirent en 1821 ouvrir leur magasin au centre de Mexico.

⊘ ►► Musée de la Vallée dans la Villa la Sapinière.

*LES GUIDES VERTS MICHELIN*

*Paysages*
*Monuments*
*Routes touristiques*
*Géographie*
*Histoire, Art*
*Itinéraires de visite régionaux*
*Lieux de séjour*
*Plans de villes et de monuments*

*Une collection de guides régionaux sur la France.*

# BAR-LE-DUC★

17 545 habitants
Cartes Michelin nos 62 pli 1 ou 241 pli 31 – Guide Vert Alsace Lorraine.
Plan dans le guide Rouge Michelin France.

La capitale du Barrois, installée sur le plateau, en retrait de la côte des Bars, que jalonnent aussi les anciennes places fortes de Bar-sur-Seine et de Bar-sur-Aube, annonce un peu la Lorraine par sa physionomie. La ville basse, portuaire et industrielle, est baignée par l'Ornain et le canal de la Marne au Rhin.

Elle entra dans la dépendance capétienne en 1301 lorsque Philippe le Bel réussit à se faire reconnaître comme suzerain par le comte de Bar et fut réunie à la France en 1766, en même temps que la Lorraine.

★ **Ville haute** – Elle conserve, place St-Pierre, quelques maisons anciennes (15e, 16e et 17e s.). Son château (musée) surveillait déjà les alentours au 6e s. ; il appartient à la Renaissance rhénane par ses fenêtres moulurées et ses impostes sculptées. L'église St-Étienne, étonnante par son clocher-porche édifié telle une survivance médiévale à la fin du 18e s., abrite deux œuvres de Ligier (ou Léger) **Richier**. Son Christ *(derrière l'autel)* est plus conventionnel et moins saisissant que son **Squelette★★** ; l'image de la corruption de la chair permise par les progrès de la dissection y est bien éloignée des gisants sereins du Moyen Age.

## ENVIRONS

**La « Voie Sacrée »** – Pour alimenter la bataille de Verdun, assurer la relève et le ravitaillement des troupes et le transport des blessés, la France ne disposait que de deux voies qui ne soient pas coupées par le canon ennemi. Elles reliaient l'une et l'autre Bar-le-Duc à Verdun : le Meusien, petit chemin de fer à voie étroite dont le trafic put être porté à 2 000 tonnes par jour, et une route départementale, sinueuse, longue de 56 km, à peine large de 6 m (actuelle N 35), mais vitale, qui devint la « Voie Sacrée » des poilus. Bien vite, elle fut défoncée par le trafic incessant de 8 500 camions à bandages pleins, des Berliet surtout, des Renault et des Peugeot, qui à raison de 800 véhicules par heure transportaient 90 000 tonnes par semaine. 10 000 territoriaux l'entretenaient jour et nuit.

★ **St-Mihiel** – *33 km au Nord-Est* – L'importance de St-Mihiel est liée au rôle de surveillance que la cité jouait à un point de passage de la rivière entre des pays relevant des souverainetés germanique et française.

Le saillant de St-Mihiel, où les Allemands réussissent à pénétrer dès septembre 1914, interdit à l'armée française toute communication avec Verdun par la vallée, rendant son ravitaillement exclusivement tributaire de l'état de la « Voie Sacrée ». Plus que par son ancienne abbaye bénédictine fondée au 8e s., mais reconstruite au 17e s., la ville est connue dans le monde des arts par son église St-Étienne, église-halle élancée qui abrite le célèbre **Sépulcre★★** de Ligier Richier, l'un des maîtres de la statuaire du 16e s., natif de St-Mihiel. L'œuvre, plus théâtrale que celle de Chaumont entreprise en 1554, est restée inachevée en raison du départ de son auteur, acquis aux idées de la Réforme, pour Genève en 1565 ; elle révèle cependant un sens de la composition et une intensité dramatique où s'affirme la richesse des écoles de sculpture provinciales à la Renaissance.

# La BAULE★★★

14 688 habitants
Cartes Michelin nos 63 plis 14 ou 230 pli 51, 52 – Guide Vert Bretagne.
Plan dans le guide Rouge Michelin France.

La Baule est une des plus célèbres stations balnéaires de la côte atlantique. Créée en 1879, la ville, dont le **front de mer★★** est résolument moderne, est protégée des vents par les pointes de **Penchâteau** à l'Ouest, de **Chémoulin** à l'Est et par les bois de pins au Nord. De luxueux hôtels, des immeubles modernes, un casino, des centres de thalassothérapie ainsi que la proximité de stations telles que : **La Baule-les-Pins★★**, **Le Croizic★**, **Le Pouliguen★**, **Pornichet★** en font un lieu de séjour privilégié pour découvrir la **« Côte d'Amour »** et la **presqu'île de Guérande★**.

# Les BAUX-DE-PROVENCE★★★

457 habitants
Cartes Michelin nos 83 pli 10 ou 245 pli 29 ou 246 pli 26 – Guide Vert Provence.

Un éperon dénudé, long de 900 m et large de 200 m, détaché des Alpilles, bordé de deux ravins à pic ; un château fort détruit ; de vieilles maisons mortes dressées sur ce roc aride : tel est le **site★★★** du village des Baux.

Ses monuments les plus remarquables sont l'ancien hôtel de ville du 17e s. (salles voûtées d'ogives), la porte Eyguières (jadis le seul accès à la ville), la **place St-Vincent★** ombragée d'ormes et de micocouliers et sa terrasse donnant sur le vallon de la Fontaine et le val d'Enfer, l'église St-Vincent (12e s.) où les bergers des Alpilles drapés dans leurs houppelandes célèbrent leur **fête★★** durant la messe de minuit de Noël, la **rue du Trencat★** taillée dans le rocher où le vent et la pluie ont buriné des cannelures et des alvéoles. Le village a donné son nom à la bauxite, minerai découvert sur son territoire en 1822 et d'où est sortie l'industrie de l'aluminium (carrières dans la région).

**Château** ⊘ – Dès le 11ᵉ s. les seigneurs des Baux, « race d'Aiglons », comptent au nombre des plus puissants féodaux du Midi. Leur adhésion à la Réforme et surtout leur tempérament turbulent et indocile lassent Louis XIII qui, en 1632, ordonne le démantèlement du château et des remparts. La ville meurt.

Des vestiges du donjon féodal (13ᵉ s.) : **panorama★★** sur les Alpilles. Vers l'Ouest se profilent les moulins de Fontvieille ; celui de St-Pierre fut choisi en 1935 comme moulin d'Alphonse Daudet (natif de Nîmes) où le conteur aurait rédigé ses délicieuses lettres donnant à l'*Arlésienne* sa célébrité, à la *Chèvre de Monsieur Seguin* sa juvénilité émouvante, à la *Mule du pape* son caractère rancunier, au révérend dom Balaguère la précipitation gourmande qui lui fait escamoter ses *Trois messes basses*.

⊘ ►► Cathédrale d'Images★ *(spectacle audiovisuel)* – Musée Yves-Brayer★.

# BAYEUX★★

14 704 habitants
Cartes Michelin nᵒˢ 54 pli 15 ou 231 pli 17.
Guide Vert Normandie Cotentin.
Plan dans le guide Rouge Michelin France.

Capitale du Bessin aux plantureux herbages, sortie intacte de la guerre, Bayeux fut la première ville de France libérée, dès le 7 juin 1944.

Bayeux a donné naissance à Alain Chartier (1385-1433), chroniqueur qui s'est dépensé à stimuler la participation de toutes les classes du peuple de France au salut du pays durant la guerre de Cent Ans. Cinq siècles plus tard, sept jours après le débarquement, le général de Gaulle « à pied, de rue en rue, dans une extraordinaire émotion » prononçait une première allocution sur le sol libéré ; et le 16 juin 1946, il y esquissait les lignes directrices de sa pensée constitutionnelle.

Bayeux – Tapisserie de la Reine Mathilde : l'embarquement de l'armée normande.

**★★★ Tapisserie dite de la reine Mathilde** ⊘ – Cette somptueuse broderie, probablement confectionnée en Angleterre dès le 11ᵉ s., raconte les suites du serment non tenu de Bayeux par lequel Harold reconnaissait les droits de Guillaume à la succession d'Édouard le Confesseur. Ce « long film » relate l'épopée normande en 58 séquences « sur-titrées » saisissantes de vérité ; c'est en outre un irremplaçable document d'histoire sur les navires, les armes, les costumes et les mœurs au milieu du 11ᵉ s.

---

### La conquête de l'Angleterre

Sur le trône d'Angleterre Édouard le Confesseur est mort sans descendance. Harold, son favori, avait juré « sur les reliques », à Bayeux, d'honorer les droits à la couronne de **Guillaume** le Bâtard, duc de Normandie (cousin d'Édouard) ; mais faiblesse ou présomption, il récuse son serment. Alors Guillaume, fort de l'appui du pape, de la neutralité du roi de France, du soutien de ses barons normands, riche des trésors de Rouen et de Caen organise, en 7 mois, une expédition punitive.

Le gros de sa flotte rassemblé dans le port de **Dives** *(48 km à l'Est)* compte quelque 3 000 bâtiments et embarque 50 000 cavaliers et soldats. Le 28 septembre 1066 l'armée prend pied dans le Sussex, le 14 octobre elle donne l'assaut à Hastings. Guillaume est devenu le Conquérant.

Quelques jours plus tard, avec l'assentiment des Normands, il accepte la couronne royale qu'on lui offre et le 25 décembre, dans l'abbaye de Westminster, le Conquérant est sacré roi.

Situation conforme au droit féodal, mais effectivement ambiguë : Guillaume se trouve roi d'Angleterre, indépendant, mais en même temps duc de Normandie et, à ce titre, vassal du roi de France. Les difficultés, inéluctables, ne tardent pas : elles s'aggravent encore en 1152 des conséquences du divorce de Louis VII et d'Aliénor d'Aquitaine et ne prendront fin qu'au terme de la guerre de Cent Ans.

★★ **Cathédrale Notre-Dame** – La « Mère-église », chère aux habitants de Bayeux, porte la marque des chantiers qui, siècle après siècle, l'ont façonnée.

De l'église romane (1049-1097) subsistent surtout la crypte voûtée d'arêtes et l'étage inférieur de la grande nef dont les murs et les écoinçons furent ornés au 12e s. d'une profusion de « frettes » (vannerie et bas-reliefs). Dans la seconde moitié du 12e s., les piliers de la nef furent cantonnés de colonnettes, les grandes arcades doublées et les collatéraux voûtés d'ogives.

Du 13e s., l'apogée du gothique, datent l'étage supérieur de la nef épaulé extérieurement par des arcs-boutants à double volée remplaçant les tribunes romanes, l'admirable chœur rayonnant avec son élégant triforium, sa galerie normande et les quatre piliers cannelés qui ferment l'hémicycle. A la même époque, les portails et le pignon de la façade furent plaqués en avancée sur la façade romane, les croisillons édifiés avec leurs arcs en tiers-point et leur galerie de circulation ajourée.

Les siècles suivants furent jalonnés par la construction des chapelles dans les collatéraux (14e s.) ; par des fresques peintes à la naissance des voûtes et dans un enfeu de la crypte et par la construction de l'étage octogonal au-dessus de la croisée du transept (15e s.) ; par la mise en place de mobilier et d'œuvres d'art (16e, 17e et 18e s.) ; par la reconstruction des piles du transept qui menaçaient de s'effondrer et le couronnement du lanternon extérieur qui le surmonte (19e s.).

🕐 ►► Musée mémorial de la Bataille de Normandie★. Musée Baron Gérard.

# BEAULIEU-SUR-DORDOGNE★★

1 265 habitants
Cartes Michelin nos 75 pli 19 ou 239 pli 39 – Guide Vert Berry Limousin.

En 1076, l'abbaye bénédictine de Beaulieu, qui traversait une période difficile, se plaça dans l'obédience de Cluny. 25 ans plus tard, sa restauration commençait.

★★ **Église St-Pierre** – C'est l'ancienne abbatiale. Limitrophe de l'Auvergne, du Limousin et du Quercy, elle se ressent de Conques par ses tribunes et son déambulatoire, du Dorat et de Solignac par ses voussures limousines et la discrétion de sa décoration, de Cahors par la disposition du chœur.

Son **portail**★★, daté de 1125, est une œuvre d'artistes toulousains. Il conserve la stylisation romane (composition compartimentée, piédroits et trumeau de Moissac ; plissé des vêtements de Souillac et Cahors), mais laisse déjà pressentir la personnalisation plus nuancée du gothique (visages expressifs des apôtres). Il représente les préliminaires du Jugement dernier : les morts, assignés à comparaître, sortent de leur tombeau ; l'exaltation des apôtres, la magnificence de la croix et des instruments de la Passion, le témoignage des plaies du Christ, la soumission du Mal représenté par des monstres laissent entendre le prochain rendu du jugement.

🕐 ►► Vierge romane★ *(trésor de l'église).*

# BEAUNE★★

21 289 habitants
Cartes Michelin nos 69 pli 9 ou 243 pli 27 – Guide Vert Bourgogne.
Plan dans le guide Rouge Michelin France.

Cité du vin et ville d'art, Beaune, fortifiée dès 1368, fut, avant Dijon, la résidence des ducs de Bourgogne.

**Le vignoble** – Au Sud de Dijon s'étend l'un des vignobles les plus beaux et les plus prestigieux du monde ; Beaune en occupe pratiquement le cœur à distance égale de Gevrey-Chambertin et de Givry. La vigne, introduite ici dès l'époque gallo-romaine, se développa au Moyen Age grâce aux défrichements des moines et acquit sa célébrité au 15e s. lors du rayonnement de la cour des grands ducs d'Occident. Au 16e s. se dessina réellement la fortune des grands crus lorsqu'une partie du bien foncier des abbayes fut cédée aux détenteurs urbains de l'épargne qui surent exploiter, au mieux de leurs propriétés naturelles, les pâtures et les bonnes terres.

Au pied de la « Côte » – dont l'abrupt rectiligne marque le fossé d'effondrement de la Saône et que d'étroites vallées cloisonnent en combes et en bouts du monde –, dans les zones les plus favorables par leur drainage, leur exposition, leur climat, la texture de leurs éboulis, se développent les grands crus et des murs enclosent les vignes les plus précieuses. Se distinguent au Nord, la **Côte de Nuits** célèbre pour ses très grands vins rouges issus du cépage de pinot noir fin (Nuits, Vosne, Vougeot, Chambolle, Morey, Gevrey...) et au Sud, la **Côte de Beaune** où le même cépage produit aussi de très grands vins rouges (Beaune, Pommard, Volnay, Chassagne-Montrachet, Santenay, Mercurey) et le chardonnay de très grands vins blancs (Meursault, Puligny-Montrachet...).

Le 3e dimanche de novembre se déroule à Beaune la vente aux enchères des vins des Hospices.

**Les Hospices : une fondation charitable au 15e s.** – En 1443, **Nicolas Rolin** (1377-1461), chancelier de Philippe le Bon, fonde l'Hôtel-Dieu de Beaune. Prodigieuse promotion sociale que la sienne. Issu d'une modeste famille d'Autun, juriste, conseiller de Jean sans Peur, il est promu chancelier en 1422 par Philippe le Bon dont il sut accroître le prestige et gérer les affaires, en s'assurant par là des faveurs, une fortune et une puissance hors de pair. Ce fut lui qui sut affranchir la Bourgogne de l'alliance anglaise puis la réconcilier à la France par le traité d'Arras en 1435.

Remords d'indélicatesses commises durant son ascension, caution d'un homme de 66 ans inquiet pour son salut ou réelle charité pour les miséreux, il fonda là un établissement de soins gratuits et en assura le fonctionnement perpétuel par la dotation d'un domaine de 1 300 ha de bois, de terres arables et de vignes entre Aloxe-Corton et Meursault ; 58 ha de grands crus, conservés, en garantissent de nos jours encore l'entretien et la restauration.

Tombé en disgrâce en 1457, Nicolas Rolin mourut à Autun quatre ans plus tard.

★★★ **Hôtel-Dieu** ⊙ – Durant 520 ans, de 1451 à 1971, l'Hôtel-Dieu a abrité des malades. Il nous est parvenu intact. Par la beauté de son architecture, la qualité de ses aménagements, l'élégance de sa décoration (ferronneries, lucarnes à pignons, girouettes), la disposition artistique de ses tuiles vernissées et son vieux puits, il évoque plus le luxe d'un palais gothique que la simplicité d'un hospice. La cour intérieure de style flamand bourguignon, la pharmacie, la salle des religieuses, la cuisine sont intéressantes. Mais surtout la Grand'Salle ou chambre des pauvres, cœur de l'établissement, qui resta en service jusqu'en 1959, rend sensible la dimension spirituelle des hôpitaux d'autrefois.

Beaune
Polyptyque du Jugement dernier : St-Michel.

Le **polyptyque du Jugement dernier**★★★ fut commandé à Roger van Der Weyden par Nicolas Rolin lui-même pour constituer le retable de l'autel de la Grand'Salle et exécuté par le maître (et localement par des élèves) de 1443 à 1451. C'est l'une des œuvres majeures de la peinture gothique, à la fois par la perfection des détails (examen à la loupe), l'émotion qui s'empare des personnages à cette heure décisive et le réconfort qu'il apportait aux justes en leur dépeignant le prix de leur souffrance et l'enjeu de leur vie.

⊙ ►► **Musée du Vin de Bourgogne**★ – **Collégiale Notre-Dame**★ (tapisseries★★) – **Hôtel de La Rochepot**★.

# BEAUVAIS★★

Agglomération 57 704 habitants
Cartes Michelin nᵒˢ 55 plis 9, 10 ou 237 pli 5 – Guide Vert Flandres Artois Picardie.
Plan dans le guide Rouge Michelin France.

Beauvais, cité fortifiée dans une zone de marécages, se constitue en commune dès 1099. C'est là que prirent naissance en 1357 les troubles de la Jacquerie. En 1602 y naquit Gilles Personne de Roberval, physicien qui prouva la pression atmosphérique (la pesanteur de l'air) en 1647 (que Pascal fit mesurer au Puy de Dôme l'année suivante) et réalisa en 1670 la balance à plateaux et fléaux composés qui fit sa notoriété ; il se comporta en contradicteur de la philosophie de Descartes.

★★★ **Cathédrale St-Pierre** – De l'ancienne cathédrale carolingienne, ne subsistent que trois travées à l'Ouest. En 1225, l'évêque décide d'ériger, en l'honneur de saint Pierre, la plus vaste et la plus haute cathédrale de l'époque, avec 48 m de hauteur sous voûte. La construction du chœur, commencée en 1238, est achevée en 1263 ; sa voûte s'effondre en 1272 puis de nouveau en 1284. Il faut sans attendre renforcer les culées, dresser de nouveaux contreforts, multiplier les arcs-boutants au chevet et les lancer, tels des étais hors-œuvre, à la base même du toit, à 40 m de hauteur, au point de masquer la hardiesse et l'élancement du vaisseau.

A l'intérieur, de la même façon, on dédouble les grandes arcades des travées droites du chœur par des piliers venant, en sous-œuvre, soutenir les parties hautes, on multiplie les lancettes qui compartimentent et raidissent le fenestrage, on allège tout l'étagement en les garnissant de verrières. Autant de facteurs qui contribuent à la sensation de vertige ascendant que donne la cathédrale ; mais autant d'aveux de la présomption originale.

Les travaux reprennent après la guerre de Cent Ans. Martin Chambiges reçoit mission d'élever le transept. Il dessine le grand gâble et la rose du croisillon Sud ; mais au lieu de poursuivre la nef, il faut dresser la tour du transept. Cette dernière est achevée en 1539, un siècle après celle de Strasbourg qu'elle surpasse de 11 m. Mais l'orgueilleuse construction de 153 m, non contrebutée par une nef, s'effondre à son tour en 1573. La cathédrale reste inachevée.

Son œuvre décorative mérite d'être admirée surtout pour les vantaux du portail Sud, sculptés dans le goût Renaissance ; pour les **vitraux★★** de l'école beauvaisienne fondée par Ingrand Leprince (remarquer la rose Sud de Nicolas Leprince et les verts qui illuminent son triforium ; les Sibylles, entre la rose et le triforium au bras gauche) ; pour les tapisseries qui y sont régulièrement exposées et dont la célébrité est liée à l'œuvre d'Oudry qui dirigea la manufacture de 1734 à 1753. **Horloge** astronomique★ ⊙.

★ **Église St-Étienne** – Les bas-côtés de la nef romane sont couverts d'une des toutes premières voûtes sur croisée d'ogives ; observer les doubleaux légèrement outre-passés et l'archaïsme des ogives. Admirer, à gauche du chœur, le **vitrail de l'Arbre de Jessé★★★** dont la descendance se ramifie sur un fond bleu très lumineux ; son dessin, son coloris et sa transparence témoignent d'une rare maîtrise.

⊙ ►► Musée départemental de l'Oise★ *(peinture, sculpture, tapisserie).*

# Abbaye du BEC-HELLOUIN★★

Cartes Michelin nos 54 pli 19 ou 231 pli 21.
Guide Vert Normandie Vallée de la Seine.

L'**abbaye du Bec-Hellouin** ⊙, dont le renom a égalé celui de Jumièges, eut en matière de doctrine et d'éloquence un rayonnement sans pareil.

1042. Lanfranc (1005-1089), savant jurisconsulte et éminent professeur, frappe à la porte de l'abbaye, fuyant par esprit d'humilité le succès que ses cours lui ont valu à Avranches. Trois ans plus tard, il le reprend, par obéissance, son enseignement au Bec qui devient alors un des grands centres intellectuels de l'Occident. Lanfranc, successeur d'Hellouin et conseiller de Guillaume le Conquérant, est élu archevêque de Canterbury et primat d'Angleterre. Il réforme alors son Église dont il remplace le haut clergé par des sujets issus du Bec.

Saint Anselme (1033-1109), élève de Lanfranc, philosophe dont la réflexion, possédée par la vérité, est d'une rigueur quasi expérimentale et théologien insigne, succède à son maître au Bec d'abord – où il achève en 1078 son *Proslogion* considéré comme l'une des sources de la pensée philosophique occidentale – puis à dater de 1093 à Canterbury. Le Bec possède en Angleterre de riches domaines que la dissolution des abbayes outre-Manche, consécutive au divorce d'Henri VIII et à sa rupture avec Rome (1534), lui font perdre. Mais son prestige spirituel y reste intact ; aussi bien les chefs des deux Églises d'Angleterre - anglicane et catholique romaine -, se prévalant de la succession de saint Anselme, ont-ils toujours entretenu avec le Bec des liens privilégiés, seulement interrompus par l'expulsion des moines entre 1792 et 1948.

**Destruction, profanation, restitution** – A la Révolution, les moines qui restaient au Bec sont expulsés ; le bronze des cloches, le cuivre, le plomb envoyés à la fonte ; les tapisseries, les archives, la bibliothèque, le mobilier dispersés. En 1809, en conformité avec un décret autorisant la démolition d'édifices religieux faisant double emploi dans une commune, l'église abbatiale du 13e s. et la salle capitulaire sont exploitées comme carrières.

Dès 1802 et pour près d'un siècle, l'abbaye devient dépôt de remonte et d'étalons. En 1901 elle est attribuée au ministère de la Guerre.

Depuis 1948, une œuvre gigantesque de restitution s'y est accomplie concernant en particulier la tour St-Nicolas de 1467 et le logis abbatial de 1735. Mais la grande église arasée, dont le chœur long de 42 m était l'un des plus vastes de la chrétienté, a perdu sa signification archéologique sans occulter son pouvoir émotionnel.

# BELFORT★

Agglomération 75 509 habitants
Cartes Michelin nos 66 pli 8 ou 243 pli 10 – Guide Vert Jura.
Plan dans le guide Rouge Michelin France.

La Savoureuse partage Belfort en deux parties fort différentes. Sur la rive droite la ville nouvelle étend ses industries, ses quartiers commerçants et ses secteurs urbains rénovés ; sur la rive gauche, au pied du rocher qui porte le château, la citadelle « imprenable » de Vauban, chef-d'œuvre du grand architecte qui avait déployé là tout son génie, est une cité du 17e s. dont on a décidé d'abattre les remparts à la fin du 19e s. sous la pression de l'extension urbaine.

**Le chemin des invasions** – Entre les monts du Jura, au Sud, et les Vosges cristallines, au Nord, la Trouée de Belfort (ou Porte de Bourgogne), empruntée par le canal du Rhône au Rhin et par la voie ferrée, a vu déferler les Celtes, les Barbares, les Impériaux... dont a souffert au cours des siècles la malheureuse cité qui commande ce passage. En 1870, le colonel **Denfert-Rochereau**, à la tête de 16 000 hommes, pour la plupart des gardes mobiles, dispute durant un mois les approches de la ville face à 40 000 Allemands avant de s'enfermer dans le réduit de la citadelle. Il ne consent à quitter Belfort, avec ses troupes - après 103 jours de siège, 21 jours après l'armistice de Versailles -, que sur l'ordre formel du gouvernement. Cette admirable défense permet à Thiers, rivalisant de ténacité avec Bismarck, de ne pas lier le sort de la ville à celui de l'Alsace et de la Lorraine et d'en faire le chef-lieu d'un Territoire.

Le 14 novembre 1944, la 1re armée française, stoppée dans sa marche vers la Haute-Alsace et le Rhin, doit faire sauter le bouchon de Belfort. La prise du fort de Salbert (au Nord-Ouest de la ville), dans la nuit du 19 par des commandos de l'armée d'Afrique, est un fait d'armes qui permet la libération de Belfort le 22 novembre et la progression sur Mulhouse.

★★ **Le Lion** ⊙ – Le Lion de Belfort symbolise la force et la résistance des défenseurs de la ville en 1870 et manifeste le retentissement national que connut leur héroïsme. Cette œuvre gigantesque – le lion mesure 22 m de longueur et 11 m de hauteur – s'adosse à la paroi rocheuse qui porte le château. **Frédéric Bartholdi** (1834-1904) né à Colmar a donné ici, en 1880, libre cours à sa ferveur patriotique et à la fougue de son génie. On lui doit aussi le monument des Trois Sièges, sur la place de la République, en contrebas et, à l'entrée du port de New York, la fameuse statue de *La Liberté éclairant le monde*, ainsi que la fontaine des Terreaux à Lyon.

## ENVIRONS

**Pays de Montbéliard** – *19 km au Sud.* La principauté de Montbéliard dut à son rattachement au duché de Wurtemberg, en 1397, son adhésion précoce à la doctrine de Luther. Son annexion politique à la France date de 1793. De puissantes familles y vécurent comme les Mousson, les Montfaucon, les Châlon qu'évoquent encore le château du chef-lieu et ses tours rondes. Jean Cuvier, prénommé Georges par ses proches, y vit le jour.

L'émergence industrielle qui se manifesta sous le règne de Louis XVI y connut d'exemplaires développements. Georges-Frédéric Japy, petit-fils d'un serrurier et maréchal-ferrant de Beaucourt, créa en 1773 un atelier d'horlogerie d'où essaimèrent des usines en région parisienne et dans le Nord produisant des articles de quincaillerie et d'électromécanique, des poupées dansantes, des machines à écrire. En 1811, au moulin de Sous-Cratet, près d'Hérimoncourt, Jean-Pierre Peugeot, descendant d'une lignée de meuniers industrieux (grains, teinturerie, tannerie), fait ses débuts dans la métallurgie et connaît quelques déboires. Ses fils Armand et Eugène, en lançant une fabrique de bicyclettes en 1886 et en produisant quelques tricycles à vapeur en 1889, deviennent les fondateurs d'un groupe industriel. A **Sochaux**, un **musée Peugeot**★ ⊙ est consacré à la production de la marque (moulins à café, bicyclettes, outillage, automobiles) ; on y remarque en particulier un vis-à-vis de 1892, un double phaéton de 1906, une torpédo Bébé de 1913, un coach Eclipse « fuseau de Sochaux » de 1936 et un coupé 404 Diesel Records de 1965.

⊙ ➤► Le camp retranché★★★.

# BELLE-ÎLE★★

4 489 habitants
Cartes Michelin nᵒˢ 63 plis 11, 12 ou 230 plis 48, 49 – Guide Vert Bretagne.

Belle-Ile intéresse en particulier par le regard qu'elle offre sur plus de 150 ans d'histoire et séduit par la beauté de ses sites marins.

Au Moyen Age, possession des comtes de Cornouaille, elle attire, par sa richesse céréalière, les razzias de pirates hollandais, anglais et français.

**Le Palais** – C'est la capitale de l'île ; son havre naturel doit son caractère à la citadelle qui la domine et à la ligne fortifiée qui enserre la ville. En 1548, une attaque anglaise, repoussée, fait prendre conscience à Henri II de l'attrait qu'exercent toujours outre-Manche l'Aquitaine et le littoral atlantique ; il fait donc construire un fortin moins rudimentaire que l'ancien château des moines.

Durant les guerres de Religion, en 1572, Albert de Gondi reçoit l'île avec mandat de la défendre ; on lui doit les cachots de la porte du Palais. L'année suivante, Gabriel de Lorgues, dit Montgomery (celui-là même qui avait blessé mortellement Henri II dans un tournoi à Paris, puis, devenu huguenot, rescapé de la St-Barthélemy, avait fui en Angleterre par crainte de la vindicte de Catherine de Médicis), à la tête d'une flotte de 80 vaisseaux, s'empare de Belle-Ile entre deux échecs devant La Rochelle et la pille, justifiant à postériori la politique conduite par le roi au traité du Cateau-Cambrésis.

★ **Citadelle Vauban** ⊙ – La situation de l'île à proximité des ports de la côte Sud de la Bretagne (Lorient) et de l'embouchure de la Loire (Nantes) en fait un enjeu très recherché dans la lutte pour la maîtrise des mers, objet de la rivalité franco-anglaise qui domine la politique internationale en Europe du règne de Louis XIV à la chute de Napoléon. L'Angleterre, à la recherche de débouchés qu'elle désire exclusifs pour ses manufactures, inspire des guerres de circonstance à la France qui, elle aussi, a besoin de terres lointaines mais doit, en outre, garantir ses frontières.

Nicolas Fouquet, invité à acquérir Belle-Ile dès 1658, consolide les anciennes défenses de la citadelle et y installe les 200 canons des batteries de la mer.

En 1674 (guerre de Hollande), 70 navires des Provinces-Unies mouillent à la plage des Grands Sables dans le temps où Vauban travaille à St-Malo, Rochefort, Blaye, St-Martin-de-Ré. A partir de 1682, le grand ingénieur adapte la citadelle aux besoins nés des nouvelles techniques militaires : il transforme une ancienne chapelle (devenue la tour Henri II) en poudrière abritée des boulets rouges par un toit à ressauts, aménage l'ancien arsenal ainsi que la promenade des officiers (galerie avec regards sur l'océan).

En 1696 (guerre de la Ligue d'Augsbourg *(1)*), les Anglais s'emparent des îles voisines de Houat et d'Hoëdic et prennent pied à Belle-Ile.

---

*(1) Au cours de cette même guerre, mais 4 ans plus tôt, Louis XIV, pour créer une fixation de diversion, avait entrepris d'aider Jacques VII d'Écosse écarté du trône d'Angleterre pour des motifs religieux et soulevé contre Guillaume III. Mais la flotte française de secours, commandée par Tourville, avait été anéantie au large de St-Vaast-la-Hougue par la Royal Navy, du 2 au 5 juin 1692.*

De 1710 à 1713 (guerre de Succession d'Espagne), ils s'installent aux Grands Sables et nous enlèvent l'Acadie et Terre-Neuve au Canada. En 1723, l'ancien bastion de Louis XIII est transformé en bastion de la Mer (ou du Gouverneur).

En 1746 (guerre de Succession d'Autriche), la flotte anglaise coule l'*Ardent*, un navire royal, entre le Palais et Quiberon.

En 1761 (guerre de Sept Ans), alors que nous perdons aux Antilles la Guadeloupe et la Martinique, et aux Indes le territoire de Pondichéry, la citadelle de Belle-Ile tombe après 38 jours de siège ; durant deux ans, sous la menace d'une flotte de 130 voiles, l'île subit la « colonisation » de Hogdson. Par le traité de Paris, signé le 10 février 1763, la France recouvre les Antilles mais perd le Canada ; l'Angleterre restitue Belle-Ile mais s'installe en Méditerranée, à Ibiza, dans une situation favorable à ses visées sur la Corse.

En 1775, l'arsenal de Louis XVI est le dernier grand ouvrage entrepris dans la citadelle. Trois ans plus tard, la guerre d'Indépendance américaine exige le maintien de la puissance et de la liberté portuaires en Bretagne.

La rivalité franco-anglaise se confirme durant la Révolution et sous l'Empire. La Convention doit accuser en 1793 la perte de Pondichéry et faire face, devant Toulon, à une flotte anglo-espagnole, en 1794 perdre les Antilles et étouffer un royaume anglo-corse, en 1795 écraser les émigrés à Quiberon. En 1802, Bonaparte, encore Premier Consul, fait fortifier le Palais puis, empereur, il perd à nouveau les Antilles alors qu'il doit affronter les coalitions successives.

★★ **La Côte Sauvage** – Belle-Ile est un lambeau de l'ancien rivage de la Bretagne, effondré entre la pointe de Penmarch et l'île d'Yeu. Elle n'a été séparée du continent que par la montée des eaux, conséquence de la fonte des derniers grands glaciers quaternaires, il y a quelque 8 000 ans.

La Côte Sauvage, entre la pointe des Poulains et la pointe de Talud, y reçoit l'assaut des vagues, et les falaises du plateau de schiste déchiqueté y composent d'admirables paysages.

La **plage de Port-Donnant**★★, entre des falaises, est connue pour la violence des courants et la force des rouleaux.

Les **aiguilles de Port-Coton**★★ présentent leurs pyramides élancées trouées de grottes et leurs couloirs dégagés par les vagues dans les parties les moins résistantes de la roche.

Ⓥ ►► Sauzon★ – Pointe des Poulains★★ – Port-Goulphar★.

# BESANÇON★★

Agglomération 122 623 habitants
Cartes Michelin nᵒˢ 66 pli 15 ou 243 pli 19 – Guide Vert Jura.
Plan dans le guide Rouge Michelin France.

Besançon est la capitale de la Franche-Comté. Son noyau urbain historique occupe un **site**★★★ original encadré par une ceinture de « monts » et enfermé dans un méandre du Doubs débouchant des montagnes du Lomont par la cluse de la Rivotte.

La valeur stratégique de ce site, déjà remarquée par César, donna naissance à une ville gallo-romaine dont témoignent encore un arc de triomphe du 2ᵉ s., la Porte Noire, et l'axe urbain de la voie romaine devenue la Grande-Rue au cœur de la **vieille ville**★. Besançon était déjà une grande étape sur l'itinéraire commercial vers l'Allemagne, la Suisse et l'Italie.

Début septembre, chaque année, la ville abrite un intéressant **festival international de musique de Besançon et de Franche-Comté**, durant lequel un prix de direction d'orchestre est décerné à de jeunes chefs.

**Ville espagnole puis française** – En 1493, l'empereur Maximilien d'Autriche donna la Comté à son fils Philippe le Beau qui épousa Jeanne la Folle, héritière d'Espagne. Leur fils Charles Quint hérita donc de l'Espagne par sa mère et des domaines des Habsbourg, dont les Flandres et la Comté, par son père. Successivement impériale, bourguignonne, la Comté devint ainsi espagnole au 16e s.

Cette époque marque l'apogée commercial de la province, illustré par l'ascension de la famille de Granvelle. Perrenot, humble paysan de la vallée de la Loue, parvient à devenir le chancelier de Charles Quint et se fait construire de 1525 à 1545 le **palais Granvelle**★ : très beau témoignage de l'architecture civile du 16e s. avec sa façade à trois étages, compartimentée en cinq registres, son grand toit aux pignons à redans et ses mansardes monumentales sculptées. Aux proportions et aux détails décoratifs de la première Renaissance (arcs en anse de panier, moulures) s'ajoutent les colonnes toscanes et la superposition des ordres ioniques et composites alors toute nouvelle.

1674 : Louis XIV conquiert la Franche-Comté. Il fait de Besançon (au détriment de Dole) la capitale de cette province devenue française ; mais conscient de la vulnérabilité de cette nouvelle frontière, il ordonne à Vauban de rendre la ville imprenable. Alors le grand ingénieur rase une partie des fortifications espagnoles de 1668 et édifie, de 1675 à 1711, la **citadelle**★★ ⊘ dont la valeur stratégique apparaît à qui parcourt les chemins de ronde des remparts qui ceinturent les esplanades intérieures, les échauguettes et les audacieuses guérites du Roi (**A**) et de la Reine (**B**).

Plus tard, les forts de Chaudanne, de Beauregard et de Brégille parachèvent le système défensif de Besançon et confirment la primauté désormais accordée à son rôle militaire sur son activité économique.

**Capitale française de l'horlogerie** – La plupart des grandes firmes sont présentes à Besançon. La ville et le Jura français ont vu quelques créateurs faire accomplir des progrès décisifs à cette technique artistique.

1660 : **Mayet** crée à Morbier (Jura) le premier centre de fabrication d'horloges comtoises.

1766 : **Antide Janvier,** né à St-Claude, construit des sphères mouvantes et un grand planétaire. Puis il fabrique des horloges astronomiques et ouvre, à Paris, une école d'horlogerie.

1771 : **Georges-Frédéric Japy** *(p. 84)* crée à Beaucourt la première fabrique mécanique de calibres de montres. Il fonde en 1777 une fabrique d'ébauches au moyen de machines-outils.

1790 : **Laurent Mégévand** ouvre une manufacture d'horlogerie.

1798 : **Louis Perron** invente l'échappement libre à goupilles (un siècle plus tard un horloger américain en tire parti, crée et développe l'industrie du réveille-matin) ; il réalise des montres et des horloges originales entre 1817 et 1827.

1889 : **Frédéric L'Épée** expose des boîtes à musique et fabrique des porte-échappements.

1897 : **Leroy** entreprend à Besançon la montre la plus compliquée du monde qu'il achève en 1904 *(exposée au musée).*

1920 : **Maurice Favre-Bulle** produit, à Besançon, la première horloge électrique.

1952 : **CETEHOR** (Centre technique de l'industrie horlogère) lance à Besançon une horloge mécanique à remontage automatique par la lumière du jour. La même année Lip réalise la première montre électrique européenne.

Besançon – Pendule
(musée des Beaux-Arts).

1958 : à Besançon, Lip innove avec sa montre-bracelet électrique, puis, en 1967, avec son micro diapason à quartz pour montres et, en 1971, avec les premières montres-bracelets françaises à quartz.

Une salle au premier étage du **musée des Beaux-Arts** ⊘ témoigne de l'activité traditionnelle exercée en Franche-Comté dans la fabrication des montres et des horloges. Des sabliers, les premières méthodes de mesure du temps, un cadran solaire multiface précèdent des horloges de table du 16e s., des montres-réveils et des montres de gousset des 17e et 18e s., des cartels Régence et de belles œuvres du 19e s. Des mouvements d'horloges de clochers, des pendules de cheminées, des horloges de parquet et de mur, des comtoises permettent d'apprécier l'ingéniosité des mécanismes, l'art des boîtiers (or ciselé, émail uni ou peint) et la variété des formes.

⊘ ►► Cathédrale St-Jean (Vierge aux Saints★ et Rose de St-Jean★) – Horloge astronomique★ – Musées★ de la citadelle *(musée d'histoire naturelle*★, *musée Comtois*★, *musée agraire*★, *musée de la Résistance et la Déportation*★) – Musée des Beaux-Arts et d'Archéologie★★ – Préfecture★ – Bibliothèque municipale★.

# Grottes de BÉTHARRAM★★

Cartes Michelin nos 85 Nord du pli 17 ou 234 pli 39 – Guide Vert Pyrénées Aquitaine.

A 12 km de Lourdes, les **grottes de Bétharram** ⊘ sont l'une des curiosités naturelles les plus visitées des Pyrénées.

Elles présentent cinq étages de galeries superposées qui correspondent aux lits successifs de la rivière souterraine. Les plafonds spongieux et de grande portée de la partie supérieure, la célèbre colonne en formation, exemple type de l'évolution des stalactites et des stalagmites, le gouffre d'effondrement profond de 80 m, la diaclase, étroite fissure où la rivière s'est glissée, présentent de remarquables exemples de concrétions et de formes d'érosion souterraines.

# BEYNAC-ET-CAZENAC★★

Cartes Michelin nos 75 pli 17 ou 235 pli 6 – Guide Vert Périgord Quercy.

Parmi tous ceux du Périgord, le **château de Beynac**★★ ⊘ est l'un des plus célèbres, à la fois par son site (**panorama**★★, du calvaire voisin), son histoire et son architecture.

Protégé du côté du plateau par une double enceinte, il domine la Dordogne d'un aplomb de 150 m ainsi que le village, blotti au pied de la falaise, où vécurent O' Galop, le premier dessinateur de Bibendum, et le poète Paul Éluard.

Dès 1115 existait là un donjon carré, renforcé lors de la rivalité entre les Capétiens et les Plantagenêts. Durant la guerre de Cent Ans, la Dordogne départagea souvent le domaine royal et les possessions anglaises ; ce fut pour Beynac une grande période, face à son rival de Castelnaud sur la falaise opposée. Les Anglais partis, le Périgord s'organisa en quatre baronnies ; Beynac fut l'une d'elles avec Biron, Bourdeilles et Mareuil, aussi le château conserve-t-il encore sa salle des États.

# BIARRITZ★★★

28 742 habitants
Cartes Michelin nos 78 pli 18 ou 234 pli 29 – Guide Vert Pyrénées Aquitaine.
Plan dans le guide Rouge Michelin France.

Sur la côte basque, entourée de plages de sable fin, Biarritz est une station balnéaire bien aménagée pour la détente. Ses équipements modernes : aéroport, centre de congrès, cinq parcours de golf, en font une station de classe internationale.

Il y a plus d'un siècle, alors simple bourgade dont les plages étaient fréquentées par les Bayonnais, Biarritz accéda rapidement à la célébrité après les séjours qu'y firent l'impératrice Eugénie et Napoléon III, entraînant dans leur suite maints personnages illustres de l'époque. Plus tard, la reine Victoria en 1889 et surtout le roi Édouard VII dès 1906 firent des séjours prolongés à Biarritz.

L'agrément de Biarritz réside aujourd'hui dans ses équipements rénovés et le plaisir toujours renouvelé qu'offre la fréquentation de ses promenades, jardins et plages disposés de part et d'autre du promontoire rocheux du plateau de l'Atalaye.

Le relief sous-marin, l'orientation des plages, au fond du golfe de Gascogne, donnent naissance à de puissantes vagues dont les rouleaux permettent la pratique du surfing.

**Les promenades** – Depuis la Grande Plage jusqu'au **rocher de la Vierge**★, le promeneur flânera à sa guise le long des rues ombragées et fleuries. Plus au Sud la perspective de la Côte des Basques lui offrira une **vue**★★ dégagée sur les sommets du Pays basque : la Rhune, les Trois Couronnes et le Jaizkibel.

## ENVIRONS

★★ **Bayonne** – Biarritz, Anglet et Bayonne ne forment qu'un même ensemble urbain (agglomération 164 378 h.). Bayonne est tout d'abord, à 8 km de l'océan, un port d'estuaire sur l'Adour, situé en « tête de marée », qui exporte le maïs de la Chalosse, le soufre de Lacq et des hydrocarbures. Mais elle est aussi la capitale économique de cet ensemble et l'animation de ses quais et de ses vieilles rues n'est pas sans intérêt.

La ville a donné son nom à la baïonnette : imaginée dès 1640 par des Basques, puis adoptée par Vauban, elle fut utilisée à partir de 1703 par toute l'infanterie française. La rue du Pont-Neuf conserve ses arcades anciennes et ses hautes demeures, les effluves qui émanent de ses pâtisseries et de ses confiseries témoignent de l'importance acquise, ici, par l'industrie du cacao dès le 17e s.

⊘ ► Musée Bonnat★★ – Musée basque★★ – Cathédrale Ste-Marie★ (Cloître).

★ **Route impériale des Cimes** – Cette route sinueuse, aménagée dans un but stratégique par Napoléon III, relie Bayonne à Saint-Jean-Pied-de-Port. Belles **vues**★ sur la côte et le Pays basques.

*Les **cartes** Michelin sont constamment tenues à jour,*
*Ne voyagez pas aujourd'hui avec une carte d'hier.*

# BITCHE

5 517 habitants

Cartes Michelin nᵒˢ 57 pli 18 ou 242 pli 11 – Guide Vert Alsace et Lorraine.

Entre l'Alsace et la Lorraine, dans le paysage forestier des « Petites Vosges », gréseuses, Bitche est une ville-forteresse gardienne de la frontière.

★ **Citadelle** ⊘ – Un premier château s'élevait là, dès le 12ᵉ s. Mais, en 1683, à la demande de Louis XIV, Vauban donne les plans d'une citadelle. Quinze ans plus tard, lorsque la France doit abandonner la Lorraine aux termes du traité de Ryswick, la citadelle est rasée. Louis XV la fait reconstruire en 1741.
La puissance de l'ouvrage, bâti sur d'énormes assises de grès rouge, et la complexité de son système défensif (fossés, bastions, glacis...) n'apparaissent que si l'on en fait le tour *(1/2 h à pied AR par le sentier prenant avant la 2ᵉ porte)*.
La citadelle perd sa valeur stratégique au début du 20ᵉ s.

★ **Fort du Simserhof** ⊘ – *4 km à l'Ouest.* La visite de ce gros ouvrage, l'un des plus importants de la Ligne Maginot *(voir ci-après),* constitue une initiation à un type de fortifications dont le rôle qu'elles ont joué en 1940 est resté bien méconnu. Achevé en 1935, il était conçu pour une garnison interarmes (infanterie de forteresse, artillerie, génie) de 1 200 hommes disposant d'une autonomie complète de 3 mois en vivres, munitions, carburant. De l'extérieur, on ne voit que le bloc d'accès, orienté au Sud, avec sa porte blindée de 7 t, ses créneaux de flanquement précédés de fossés « Diamant », et les cloches de tir ou d'observation.

---

## La Ligne Maginot

Les leçons de la Grande Guerre, la part qu'y ont prise les gaz, les chars, les avions condamnent en 1920-25 aussi bien la place forte ou le fort isolés que le réseau de tranchées à découvert. Le concept de Régions et Secteurs Fortifiés offrant des fronts continus de 20 à plus de 60 km s'impose, en même temps que celui de fortification permanente enterrée, adaptée au combat moderne : la « Ligne Maginot », multiforme, comprendra ici de gros ouvrages mixtes, là de petits ouvrages d'infanterie ou d'artillerie, des abris, des chapelets de casemates ou, derrière une cuvette inondable, de simples blockhaus, liés par des nappes de barbelés, champs de mines, réseaux de rails ou fossés antichars, et se fournissant un appui-feu mutuel. Dans les intervalles entre ces ensembles fortifiés manœuvreront les troupes de soutien. L'édification est lancée le 14 janvier 1930.
Le fait que la Ligne Maginot ne couvre pas le Nord du pays par suite de considérations politiques et financières, qu'elle ne serve pratiquement pas de base offensive durant la « drôle de guerre », qu'elle ait été privée au moment crucial de ses troupes d'intervalle tenues de se replier, et réduite à sa seule garnison (qui n'excéda jamais 30 000 hommes), rendra vaine la pathétique et glorieuse résistance de mai-juin 1940 : les équipages invaincus devront se plier aux clauses de l'armistice.

---

# BLOIS★★

Agglomération 65 132 habitants

Cartes Michelin nᵒˢ 64 pli 7 ou 238 pli 3 – Guide Vert Châteaux de la Loire.
Plan dans le guide Rouge Michelin France.

Ville charnière entre la Beauce et la Sologne, Blois fut d'abord protégée par un château féodal et installée où le Val nuance sa physionomie en passant du calcaire de l'Orléanais à la craie de la Touraine. La ville s'est transformée à partir de 1503, lorsque les rois, quittant Amboise, s'y installèrent et, avec eux, les métiers de luxe.

★★★ **Château** ⊘ – De la féodalité au classicisme de Louis XIII, toute l'évolution de l'architecture civile s'y observe.
De l'époque féodale subsistent, avec leurs tours rondes, leurs escaliers en spirale et leurs combles aigus, la tour de Foix et la salle des États généraux (1205) aux voûtes lambrissées où se tinrent les assemblées de 1576 et de 1588.
La transition du gothique à la Renaissance apparaît à la galerie de Charles d'Orléans, et surtout à l'aile Louis XII (1498-1501). Ce roi, né à Blois, en 1462, fait réaménager le château avec Anne de Bretagne, et édifier une aile nouvelle où

Blois – Château : l'escalier François Iᵉʳ.

le modernisme apparaît dans les portails en arcs de triomphe, dans les arabesques qui décorent (sur cour) trois piliers gothiques de motifs italiens et dans les galeries qui, à chaque étage, desservent les pièces du logis.

La première Renaissance (italianisante) donne à l'aile François I<sup>er</sup> (peut-être dessinée par Claude de France) sa séduction ; en 15 ans, l'art, où la part des ornemanistes est devenue prépondérante, a connu une transformation totale. Certes l'ouvrage reste inachevé ; mais la façade des Loges, créée 7 m en avant de l'ancien rempart percé pour élargir le logis, affiche dans ses trois étages de galeries aux baies encore dissymétriques le luxe décoratif nouveau. De même l'escalier François I<sup>er</sup>, dû à Pierre Trinquart (d'une réfection excessive au goût des archéologues), avec ses pans ajourés, ses balcons et sa décoration séduisante. Les appartements, très modifiés, sont, au 1<sup>er</sup> étage, le cabinet de travail de Catherine de Médicis avec ses armoires secrètes et, au 2<sup>e</sup> étage (celui de l'assassinat de Henri de Guise), la résidence de Henri III.

Le style Louis XIII apparaît à l'aile de Gaston d'Orléans (1632-1637). Le frère du roi a fait appel à François Mansart, mais celui-ci ne manifeste pas ici la plénitude de son talent : l'œuvre est rigide plus que noble. Les travaux en furent interrompus lorsque la naissance de Louis XIV ôta tout espoir de régner à son oncle.

⊘ ►► Église St-Nicolas★ – Hôtel d'Alluye (galeries★).

# Château de BONAGUIL★★

Cartes Michelin n<sup>os</sup> 79 pli 6 ou 235 pli 9 – Guide Vert Périgord Quercy.

Cette stupéfiante **forteresse** ⊘, qui se dresse aux confins du Périgord Noir et du Quercy, est très représentative de l'architecture militaire de la fin du 15<sup>e</sup> s. et du 16<sup>e</sup> s.

Autour d'un donjon du 13<sup>e</sup> s., le château fut agrandi en 1445, puis de nouveau entre 1482 et 1520. Il offre la particularité de dissimuler, sous la carapace traditionnelle des châteaux forts, une remarquable adaptation aux techniques nouvelles des armes à feu : canonnières et mousqueterie. En outre, Bonaguil, qui fut édifié non comme un château de surveillance ou de menace mais comme un abri sûr, apte à faire victorieusement front à toute attaque, présente la nouveauté, dans les années 1480-1520, d'utiliser les armes à feu à des fins exclusivement défensives. C'est déjà la conception d'un fort. Mais c'est aussi un anachronisme à l'époque où Montal et les châteaux de la Loire se muaient en demeures de plaisance.

# BONIFACIO★★

2 683 habitants
Carte Michelin n° 90 pli 9 – Guide Vert Corse.

Bonifacio, où des témoignages d'occupation humaine dès la préhistoire et durant l'Antiquité grecque puis romaine ont été retrouvés, est entrée dans l'Histoire en 828 lorsque le marquis Boniface de Toscane donna son nom à la bourgade. Les Génois, désireux de s'assurer la possession de ce site stratégique pour la surveillance de la Méditerranée occidentale, réussirent à s'infiltrer dans la place par la ruse en 1187 et y installèrent une colonie huit ans plus tard.

La cité, convoitée par les principaux souverains d'Europe, eut à soutenir de nombreux sièges. Celui de 1420 par Alphonse V d'Aragon reste dans la légende par le célèbre escalier de 187 marches qui fut taillé à même la falaise Sud, en une nuit, dit-on.

Au Sud-Est du cap Pertusato, les îles Lavezzi furent le théâtre, le 14 février 1855, du naufrage de la *Sémillante* qui avec 750 hommes à bord partait renforcer le corps expéditionnaire qui assiégeait Sébastopol.

★★ **Le site** – Magnifique « bout du monde », Bonifacio comprend à la fois un port et une ville haute.

La **marine**★, ensemble du port aménagé au fond d'un fjord de 1 500 m, est un havre sûr pour les bateaux de guerre, de pêche et de plaisance, fermé par un étroit goulet et protégé de la haute mer par un promontoire haut de 60 m.

La **ville haute**★★, juchée sur le promontoire parfois en surplomb sur la mer, est intéressante par ses anciennes demeures hautes de quatre ou cinq étages reliées entre elles par des arcs-boutants qui sont en fait des canalisations permettant de diriger les eaux pluviales vers des citernes.

La loggia, par laquelle s'ouvre à l'Ouest l'église Ste-Marie-Majeure, est construite sur une citerne de 650 m³ ; elle abritait, au temps de la domination génoise, les délibérations sur les affaires de la cité de quatre anciens, élus pour trois mois ; deux fois par semaine le podestat, dont la maison lui fait face, y rendait la justice.

★ **Grotte du Sdragonato** – La promenade en mer *(3/4 h)* à cette célèbre grotte marine (du Dragon) fait connaître les vagues des Bouches de Bonifacio, la pénombre de la grotte éclairée par un puits naturel en forme de Corse inversée, les strates calcaires et les falaises du fameux promontoire et l'escalier du roi d'Aragon.

⊘ ►► Église St-Dominique★.

# BORDEAUX★★★

Agglomération 696 364 habitants
Cartes Michelin nᵒˢ 71 pli 9 ou 234 pli 3 – Guide Vert Pyrénées Aquitaine.
Plan dans le guide Rouge Michelin France.

« Prenez Versailles, ajoutez-y Anvers, vous aurez Bordeaux », c'est ainsi que Victor Hugo, frappé par la majesté des constructions du 18ᵉ s. et par l'ampleur du fleuve, définissait la ville.

Mais, bien avant Versailles, Bordeaux avait pesé dans l'histoire de France.

**La dot d'Aliénor** – 1137. Dans la cathédrale St-André on célèbre le mariage du fils du roi, le prince Louis (le futur Louis VII) et de la fille unique du duc Guillaume d'Aquitaine. Aliénor apporte en dot pratiquement tout le Sud-Ouest de la France. Mariage mal assorti qui se déchire, après 15 ans de mésentente conjugale, lorsque Suger, abbé de St-Denis et grand ministre, n'est plus là pour exhorter les époux à se supporter mutuellement et à préserver ainsi sa politique d'extension du royaume. En 1152, le concile de Beaugency prononce le divorce. Aliénor retrouve sa chère liberté... et sa dot. Deux mois plus tard, elle se remarie avec Henri Plantagenêt, duc de Normandie, comte d'Anjou, suzerain de la Touraine et du Maine. Deux mois encore et le Plantagenêt hérite de la couronne d'Angleterre sous le nom de Henri II. C'est pour les Capétiens une catastrophe politique ; la lutte franco-anglaise qui s'engage durera trois siècles.

Après 1360, Bordeaux, la ville du Prince Noir (Edouard de Galles), sert de base aux expéditions que ce bon capitaine et féroce pillard organise contre les bastides « françaises ». Enfin, en 1453, à Castillon-la-Bataille, Bordeaux et la Guyenne sont repris par l'armée royale. C'est le dernier affrontement de la guerre de Cent Ans.

**Les Intendants** – Colbert a organisé le travail des Intendants, hauts représentants du pouvoir central mis en place par Richelieu. Leur vision des problèmes locaux, plus prospective que celle de la population, leur a donné à lutter pour faire d'une cité aux rues étroites et tortueuses une ville moderne par son urbanisme.

A Bordeaux, ils ont donné à la ville, au 18ᵉ s., une physionomie classique où les édifices civils occupent une place de choix. L'œuvre de Claude Boucher, de Tourny, de Dupré, de Saint-Maur, se mesure aux grandioses ensembles que forment les quais, la place de la Bourse, les allées de Tourny, l'hôtel de ville, le Grand Théâtre.

**Les Girondins** – Pendant la Révolution, les députés de Bordeaux, dont les plus connus furent Condorcet et Vergniaud, créent le groupe politique des Girondins, de sensibilité bourgeoise, qui dispose de la majorité à la Législative et durant les premiers mois de la Convention. Mais ils sont de tendance fédéraliste, aussi les Montagnards les rendent-ils responsables de l'état de la patrie et les accusent-ils de conspirer contre l'unité et l'indivisibilité de la République. Vingt-deux d'entre eux, mis en accusation en mai 1793, sont condamnés à mort et exécutés.

**Le port** – Dès le Moyen Age, la domination anglaise ouvrit Bordeaux à la vie maritime par l'expédition de ses vins ; et, du même coup, elle engendra le développement du vignoble. Au 15ᵉ s., les troubles de la guerre de Cent Ans ne réduisirent pas le commerce du « claret » en Angleterre, et, jusqu'au 17ᵉ s., cette exportation fit l'objet d'une campagne annuelle assurée par des navires anglais et hollandais. Au 18ᵉ s. s'ajouta le trafic des denrées coloniales en provenance des « isles » qui détermina le développement portuaire de la ville, jouissant, à 98 km de l'océan, de la situation privilégiée de ville de premier pont.

De nos jours, cette activité déserte la courbe du fleuve, trop tributaire de la marée pour les navires de fort tirant d'eau et s'exerce au Verdon, à Ambès et à Bassens, le long de la Gironde.

## LA VILLE DU 18ᵉ SIÈCLE

★★ **Grand Théâtre** (DX) ⊙ – Récemment restauré, il compte parmi les plus beaux de France. Édifié de 1773 à 1780 par Victor Louis (1731-1802), le théâtre de Bordeaux précède celui de Besançon dû à Ledoux et l'Odéon de Paris dû à Vailly. Louis, propagateur du style Louis XVI, a réalisé là, en matière d'architecture dramatique et lyrique, une innovation inspirée de l'Antiquité par les dimensions de l'ouvrage et la retenue de la décoration.

A l'extérieur règne la colonnade qu'il affectionne, dressée en avant des murs et de la terrasse.

Celle de la façade compose un péristyle colossal dont l'entablement porte 12 grandes statues de muses et de déesses. Le raffinement intérieur apparaît dans le dessin de l'escalier (Garnier en a repris l'idée pour l'Opéra de Paris) et dans la salle de spectacle avec ses piliers, ses rampes, ses galeries où les loges occupent une position saillante, ses balcons exclusivement en bois et qui font par le choix de leurs essences et l'étude de leur profil la qualité acoustique de cette salle.

★ **Place du Parlement** (EX 109) – Elle est représentative de l'urbanisme sous Louis XV par l'ordonnance de ses demeures dont certaines sont caractérisées par un rez-de-chaussée sur arcades, des fenêtres à impostes et un décor de masques. La balustrade qui couronne ces façades souligne l'unité de l'ensemble.

★ **Quartier des Chartrons** (DX) – Le pavé (quartier) des Chartrons, en arrière du quai où se concentrent l'armement et le commerce du vin, devint au 18ᵉ s. celui de la haute société bordelaise qui y édifia de beaux hôtels. La rue Notre-Dame, le cours de la Martinique, le **cours Xavier-Arnozan** (l'ancien « pavé ») sont bordés de nombreuses demeures ornées de façades classiques avec attiques, **balcons★** de fer forgé, fenêtres à entablements et à impostes.

# BORDEAUX

B   Tour St-Michel
D   Porte de la Grosse-Cloche
E   Tour Pey Berland
H   Hôtel de Ville
L   Maison de Jeanne de Lartigue
M¹  Musée des Douanes
M²  Musée des Arts décoratifs
M³  Musée des Beaux-Arts
M⁴  Musée d'Aquitaine
M⁵  Muséum d'Histoire naturelle
M⁷  Musée d'Art
      contemporain
M⁸  Centre Jean-Moulin
R   Monument aux Girondins

**Monument des Girondins** (DX R) – Il forme un ensemble sculptural étonnant ; il se compose d'une colonne de 50 m de hauteur surmontée de la Liberté brisant ses fers et de deux remarquables **fontaines**★ en bronze symbolisant le Triomphe de la République (côté Grand Théâtre) et le Triomphe de la Concorde.

⊙ ►► Musée des Beaux-Arts★★ **M³** – Cathédrale St-André★ – Basilique St-Michel★ – Place de la Bourse★★ – Église Ste-Croix (façade★). – Musée d'Aquitaine★★ **M⁴** – Musée d'Art contemporain★ (Entrepôt Lainé★★) **M⁷** – Croiseur Colbert★.

# Musée des Tumulus de BOUGON★★

Cartes Michelin nᵒˢ 68 pli 12 ou 233 pli 6 – Guide Vert Poitou Vendée Charentes.

Cette dénomination désigne à la fois un site préhistorique et un musée ⊙ de conception moderne situés près du village de Bougon, bien connu par ailleurs pour ses fromages de chèvre.

**Une nécropole mégalithique** – Les cinq tumulus de Bougon, sépultures monumentales de pierre et de terre de forme allongée ou circulaire, dont certaines remontent à 4 700 ans avant J.-C., soit 2 000 ans avant les Pyramides d'Égypte, constituent l'une des plus anciennes architectures funéraires connues dans le monde. Ces constructions mégalithiques sont l'œuvre de sociétés néolithiques qui vivaient dans des villages environnants dont les habitations n'ont laissé que fort peu de traces. Un élégant péristyle de métal et de verre résolument contemporain, construit sur le sol calcaire initial, s'édifie autour des vestiges d'un prieuré cistercien. Il constitue le point de départ d'une promenade à travers la préhistoire, depuis la création de l'univers jusqu'à la nécropole de Bougon.

# BOULOGNE-SUR-MER★

Agglomération 95 930 habitants
Cartes Michelin nᵒˢ 51 pli 1 ou 236 pli 1 – Guide Vert Flandres Artois Picardie.
Plan dans le guide Rouge Michelin France.

La côte rocheuse du Boulonnais a fait, de très bonne heure, de Boulogne, une base de traversée de la Manche. C'est là que s'embarqua l'empereur romain Claude pour sa campagne de conquête de l'Angleterre. Il y organisa un service régulier de liaisons avec Douvres et y fit élever un amer gigantesque haut de 200 pieds romains (12 étages) qui ne fut démantelé qu'au 16ᵉ s.
La pêche y fut toujours une activité prépondérante. Dès 1203 une charte régissait le fonctionnement du syndicat des armateurs. De nos jours, les bateaux s'amarrent surtout le long du quai Gambetta ; ils font de Boulogne le premier port de pêche fraîche d'Europe continentale. Les autres bassins, développés, creusés ou aménagés en eau profonde à partir du 19ᵉ s., en font le 2ᵉ port de voyageurs et le 10ᵉ port de commerce français.

La **ville haute★★**, encore entourée de remparts (13ᵉ s.), occupe le site de l'ancien castrum romain. C'est le cœur historique et monumental de Boulogne.

★ **Colonne de la Grande Armée** ⊙ – *3 km au Nord*. Elle commémore le rassemblement de l'armée, en 1803, pour opérer, selon le projet de Napoléon, un débarquement en Angleterre. Le projet fut abandonné lorsqu'en août 1805, il fallut lever le camp pour faire front à l'entrée en guerre de la Russie et de l'Autriche (3ᵉ coalition).
Un peu à l'Ouest, une stèle marque l'emplacement du trône de l'Empereur lors de la deuxième grande distribution de croix de la Légion d'honneur le 16 août 1804.

## ENVIRONS

★★ **Cap Gris-Nez** – *20 km au Nord*. C'est le grand accident morphologique de la côte d'Opale qui protège et régularise la côte flamande depuis la montée du niveau des mers qui suivit la fonte des grands glaciers quaternaires. Il sépare la baie d'Ambleteuse, au Sud, où les falaises ont été décapées en promontoires qu'échancrent les gorges étroites des « crans » et la baie de Wissant, au Nord, où s'opère la rectification du littoral sous l'effet de l'ensablement. Par beau temps, la **vue★** porte jusqu'aux falaises anglaises.

⊙ ►► Basilique Notre-Dame (coupole★, crypte★ et trésor) – Château-Musée★ – Nausicaa★★ *(musée de la Mer)*.

# Bassin du BOURG-D'OISANS★

Cartes Michelin nᵒˢ 77 pli 6 ou 244 pli 29 – Guide Vert Alpes du Nord.

Le « **Bourg** » occupe un **bassin** bien cultivé qui était encore au 13ᵉ s. un lac glaciaire et que les alluvions de la Romanche et du Vénéon ont comblé. C'est le centre économique de l'Oisans.

★★★ **L'Oisans** – Dans ce pays, drainé par la Romanche descendue du col du Lautaret et par ses affluents, la population se groupe en villages, contrastant par là avec la dispersion de l'habitat en Savoie, qui occupent des sites de terrasses et sont desservis par d'impressionnantes petites routes en corniche. Le cloisonnement de la vallée, propre à la morphologie glaciaire, y maintient la complémentarité agricole de l'agriculture et de l'élevage ; sa partie inférieure qui débouche, au Sud de Grenoble, dans le Sillon alpin, est un couloir industriel type des vallées alpines.

**Les Écrins** – Le massif des Écrins, limité par les vallées de la Romanche, du Drac et de la Durance, relève des massifs centraux des Alpes du Sud ; il compte plus de 100 km² de glaciers blottis entre ses sommets chauves. De la route des Grandes Alpes (col du Galibier, oratoire du Chazelet, la Grave) on peut avoir de bons aperçus de ses faces Nord et Est. Le massif n'est pénétré que par quelques vallées rayonnantes constituant autant d'unités humaines presque cloisonnées et desservies par des routes en cul-de-sac ; la plus fameuse est celle de la Bérarde (vallée du Vénéon).

## ENVIRONS

**★★★ Vallée du Vénéon** – *31 km de Bourg-d'Oisans à la Bérarde.* La route de la Bérarde offre un fabuleux spectacle de morphologie glaciaire rehaussé par l'ampleur de l'auge et la rudesse du granit. Se succèdent ainsi l'impressionnant verrou de Bourg-d'Arud encombré de blocs erratiques, les replats de Plan-du-Lac, les terrasses du Clapier-de-St-Christophe (lacets), de Pré-Clot et de Champhorent, les moraines plantées de bouleaux (arbre de l'époque glaciaire) et de résineux, les cascades tombant des vallées latérales « suspendues » et quelques villages bien groupés avant la Bérarde, centre d'escalade et naguère encore hameau de bergers.

➤➤ Cascade de la Sarennes★ – Gorges de la Lignarre★.

# BOURG-EN-BRESSE★★

40 972 habitants

Cartes Michelin nᵒˢ 74 pli 3 ou 243 pli 41 ou 244 pli 4 – Guide Vert Bourgogne.
Plan dans le guide Rouge Michelin France.

Bourg est la capitale et le grand marché aux volailles blanches de la plantureuse Bresse, plaine limoneuse largement inondable. Au Sud s'étend la Dombes, région d'étangs aménagés dans des cuvettes aux contours imprécis qui marquent l'extension extrême des anciens glaciers alpins.

**« Fortune infortune fort une »** – Devise tristement évocatrice des malheurs que le destin accumula sur **Marguerite d'Autriche** (1480-1530).
A l'âge de 2 ans, elle perd sa mère Marie de Bourgogne. A 3 ans, son héritage bourguignon la fait choisir par Louis XI comme épouse du dauphin Charles VIII ; un simulacre de mariage est organisé à Amboise. A 11 ans, rupture pour raison d'État : elle est répudiée de la cour de France au bénéfice d'Anne de Bretagne. A 21 ans, elle épouse Jean de Castille qui la laisse veuve en moins d'un an ; elle met au monde un enfant mort-né. A 24 ans, elle se remarie avec Philibert le Beau qui meurt bientôt d'un refroidissement contracté au cours d'une chasse. Elle décide de s'en tenir là et de consacrer désormais sa vie à l'oraison et à la gestion de son patrimoine.
Ses malheurs ont forgé son caractère. En Bourgogne, en Franche-Comté et en Artois, elle exerce ses qualité d'habileté diplomatique, de rigueur financière et d'efficacité politique. Si bien qu'à 26 ans, à la mort de son frère Philippe le Beau (père de Charles Quint), elle reçoit de son père, Maximilien de Habsbourg, la charge du gouvernement des Pays-Bas. Elle s'installe alors à Bruxelles. La même année, en 1506, pour le repos des cendres de son mari, elle décide de réaliser le vœu, déjà ancien de 24 ans, prononcé par sa belle-mère Marguerite de Bourbon, et fait élever le monastère de Brou, glorification de sa personne, affirmation de son rang et symbole de son amour conjugal.

**★★ Église de Brou** ⊘ – Dès 1506, les travaux du monastère sont entrepris. L'église elle-même est édifiée en 19 ans seulement de 1513 à 1532, dans un style gothique tardif, très homogène mais exubérant à l'excès, sous la direction d'un maître d'œuvre flamand, Loys Van Boghem, secondé par une équipe d'artistes, flamands eux-mêmes pour la plupart, dont l'œuvre décorative est largement pénétrée par la Renaissance.
Dans la nef, très élégante, où la pierre du Revermont dispense sa clarté blonde, le triforium a été remplacé par un balcon ajouré très réussi. Le jubé★★ de pierre, à trois arcatures en anse de panier, s'orne d'une profusion de rinceaux, de cordelières, de lacs d'amour et de feuillages. Dans le chœur, les 74 **stalles**★★, réalisées en 2 ans par des menuisiers bressans, portent tout un peuple de statuettes évoquant l'Ancien Testament à droite et le Nouveau à gauche. Dans l'**Oratoire**★★★ de Marguerite d'Autriche, à gauche, le retable des Sept Joies de la Vierge confond l'esprit par la virtuosité de son exécution. Les **vitraux**★★ inspirés d'œuvres de Dürer et de Titien sont d'une magnifique polychromie.
Les trois **tombeaux**★★★ font de l'église un mémorial princier. A droite, celui de Marguerite de Bourbon, en conformité avec le goût de son époque, est traité dans un enfeu, selon une disposition générale gothique et une décoration flamboyante. Celui de Philibert le Beau, au centre, est tout à fait Renaissance ; en haut, le prince en armure d'apparat sommeille sous la protection d'angelots, en bas, son cadavre est gardé par de délicieuses statuettes représentant ses propres vertus. Celui de Marguerite d'Autriche, à gauche, s'intègre à la clôture du chœur : la princesse s'y affirme, en haut, sur une dalle de marbre noir, elle repose dans son linceul en bas ; le somptueux dais sculpté et gravé de sa célèbre devise en fait le plus richement traité de ces trois mausolées.

D'après photo/C.N.M.H.S.

Bourg-en-Bresse
Statuette du tombeau
de Philibert le Beau.

⊘ ➤➤ Musée★ (dans le monastère), *(peinture, sculpture, arts décoratifs).*

# BOURGES★★★

Agglomération 94 731 habitants
Cartes Michelin nᵒˢ 69 pli 1 ou 238 plis 30, 31 – Guide Vert Berry Limousin.
Plan dans le guide Rouge Michelin France.

Bourges était déjà une ville au temps de la conquête de la Gaule par César qui la prit en 52 avant J.-C., la saccagea et y massacra, dit-on, 40 000 habitants.

La cité devint métropole de l'Aquitaine première au 4e s. et son importance s'affirma avec le temps. Mais elle n'acquit son rôle national qu'à la fin du 14e s., lorsque Jean de Berry, fils de Jean le Bon et oncle de Charles VII, en fit la capitale de son duché et un foyer d'art, rayonnant à l'instar de ceux de Dijon et d'Avignon où régnaient alors les ducs de Bourgogne et les papes. C'est lui qui commanda aux frères de Limbourg ses « Très Riches Heures », l'un des plus purs chefs-d'œuvre de l'art des miniaturistes.

★★★ **Cathédrale St-Étienne** – Au 12e s., Bourges était le siège d'un archevêché traditionnellement lié au domaine royal, face aux pays du Sud-Ouest, de mouvance angevine. Son titulaire, primat d'Aquitaine, rêvait d'une belle cathédrale dans le nouveau style apparu en Ile-de-France. En 1198, quelques années seulement après Chartres, l'œuvre était entreprise.

En dressant le plan de l'édifice, l'architecte sut tirer parti de toute la technique du gothique dans l'art de diriger et de répartir les poussées du monument. Il se montra, en outre, novateur et économe en renonçant à élever un transept, en reconduisant six travées sexpartites de même plan et en réutilisant les portails romans de l'ancienne cathédrale aux porches Nord et Sud de la nouvelle. Malheureusement – imprudence ou manque de moyens – il édifia sa façade sur des fondations insuffisantes.

En 1200, la crypte était achevée ; en 1215, le chœur ; en 1220, le gros œuvre de la nef et l'admirable ligne d'arcs-boutants à double volée le long du vaste vaisseau. Une restauration excessive au début du 19e s. a valu à la cathédrale l'ouverture d'oculus, la réfection des pignons extérieurs et l'adjonction malencontreuse de balustrades et de pinacles sur les contreforts.

La **façade Ouest**, immense, annonce par ses cinq portails les cinq vaisseaux intérieurs ; le style rayonnant y domine. Les portails furent entrepris en 1230. En 10 ans, les deux de droite qui se rattachent à Notre-Dame de Paris étaient achevés ; en 1250, le grand portail central consacré au Jugement dernier. Soixante ans plus tard, un tassement du sol oblige à épauler la tour Sud par un énorme pilier-boutant et à renforcer l'ensemble de la façade. Mais le 31 décembre 1506, la tour Nord s'effondra et Guillaume Pellevoysin, le nouvel architecte, travailla 30 ans à sa réfection et à celle des deux portails correspondants : il introduisit dans son ouvrage de remarquables éléments d'architecture et de décoration Renaissance.

Le **chevet** de la cathédrale superpose une église inférieure avec ses fenêtres gothiques disposées entre les bases des chapelles et des contreforts ; le déambulatoire extérieur avec ses chapelles à trois pans ; le déambulatoire intérieur enjambé par le premier étage des arcs-boutants ; la partie haute du chœur que viennent étayer, à la naissance de la voûte, les grands arcs-boutants à double volée et à double batterie. Le gothique lancéolé règne ici magistralement.

A l'intérieur, les cinq **nefs**, achevées en 1270, frappent par leur élévation et par la qualité de la lumière qu'y diffusent les vitraux. Les bas-côtés extérieurs, sur lesquels donnent des chapelles, s'élèvent déjà à 9 m sous voûte ; les bas-côtés intérieurs, dotés d'un triforium aveugle, à 21 m ; la nef centrale à 37,15 m. Limitée par les grandes arcades, dépourvue de tribunes, elle est couverte d'une large voûte sexpartite dont l'alternance des piles fortes et faibles est habilement dissimulée par les faisceaux de colonnes contournant les piliers. L'ensemble offre une disposition rare reprise au chœur du Mans presque aussitôt.

Sous le chœur, une **crypte**★★ ⊙ de même plan rattrape les 6 m de dénivellation du sol. C'est l'une des plus belles du 13e s. avec son déambulatoire extérieur voûté en triangles et ses galeries intérieures montées sur des ogives tordues pour faciliter le réglage en hauteur des clefs de voûtes.

Les **vitraux**★★★ – qui constituent l'un des ensembles les plus célèbres de France – couvrent tout l'art du vitrail du 12e au 17e s. Pour l'essentiel, ceux du 13e s. entourent le chœur et relèvent de la technique des maîtres

Bourges. – La cour du palais Jacques-Cœur.

verriers de Chartres. Ils font pénétrer la lumière dans l'édifice par les fenêtres basses des chapelles, par les fenêtres doubles des bas-côtés intérieurs, par les fenêtres hautes de la grande nef.

★★ **Palais Jacques-Cœur** ⊙ – Fils d'un pelletier de Bourges, Jacques Cœur (1395-1456) fréquente d'abord comme orfèvre la cour de Jean de Berry, puis celle de Charles VII, lorsque le dauphin, âgé de 15 ans, vient se réfugier dans le palais de son oncle. Il prend rapidement conscience de la reprise économique qui se dessine et de l'œuvre à accomplir dans le bassin méditerranéen. Il possède bientôt des salines, des mines, des forges, des chantiers navals, des navires, des comptoirs au Levant ; il fournit la cour en articles de luxe et devient argentier du roi. A 50 ans, au comble de sa fortune, il décide d'élever sa demeure.

Son palais, achevé en moins de 10 ans à partir de 1445, manifeste la reprise du goût de bâtir, après le marasme dû à la guerre et le succès que connaît alors le gothique flamboyant. L'hôtel, somptueux, comporte des commodités voulues par son propriétaire et qui trouvent là l'origine de leur faveur comme ses étuves (sanitaires) et sa cour à galerie, promenoir abrité pour les visiteurs. Il apportait, en outre, des innovations à l'architecture civile du Moyen Age finissant : oratoires particuliers ménagés dans la chapelle, pièces nombreuses et indépendantes, sculptures sur les linteaux désignant la destination des pièces desservies par les divers escaliers...

⊙ ➤ Hôtel Cujas★ *(musée du Berry)* – Hôtel Lallemant★ *(arts décoratifs)* – Jardin des Prés-Fichaux★ – Hôtel des Échevins (Musée Maurice-Estève★).

# Lac du BOURGET★★

Cartes Michelin nᵒˢ 74 pli 15 ou 244 plis 17, 18 – Guide Vert Alpes du Nord.

Au contact des Préalpes et du Jura méridional, le lac du Bourget est le plan d'eau naturel le plus renommé et le plus vaste (4 500 ha) de France. Sa nappe, garnissant une vallée glaciaire, atteignait jadis le pied du Grand Colombier et était directement alimentée par le Rhône. De nos jours, elle communique avec le fleuve par le canal de Savières creusé dans la plaine marécageuse de Chantagne. La rive Ouest, abrupte, est dominée par la Dent du Chat et le mont de la Charvaz.

Le lac et ses abords constituent un milieu biologique d'une richesse et d'une originalité remarquables. Ses eaux sont en particulier fréquentées par le lavaret, salmonidé migrateur, et par l'écrevisse américaine importée, il y a un siècle, de la côte Est des États-Unis. Parmi les oiseaux qui hantent ses berges on peut remarquer, à partir du mois de novembre, plus de 300 grands cormorans venant hiverner dans la grande Cale sur la rive Ouest.

Le lac a valu à **Alphonse de Lamartine** (1790-1867) la consécration littéraire. A 26 ans, il traîne en Bourgogne, en Italie et à Paris une jeunesse désœuvrée de poitrinaire distingué. A Aix, en octobre 1816, il rencontre Mme Charles, Julie, qu'il immortalise sous le nom d'Elvire et dont la mort, 14 mois plus tard, donne au poète sa maturité. En mars 1820, les *Méditations poétiques* lui apportent, d'un coup, la gloire littéraire ; l'écriture y pèche certes par quelques facilités et négligences mais la poésie transfigure l'ouvrage. La révolution de 1830 fait de lui un homme politique ; sa carrière s'édifie sur une œuvre oratoire considérable et idéaliste. Lorsqu'il passe à l'opposition en 1833 sa popularité est immense, soutenue par son *Histoire des Girondins*. En février 1848, il proclame le gouvernement provisoire et sauve le drapeau tricolore. Mais le coup d'État du 2 décembre l'isole dans ses terres. Criblé de dettes, aux abois, il doit vendre son bien à des prix dérisoires et s'astreindre à bâcler des « travaux forcés littéraires » : quelques volumes d'histoire politique sur la Russie, la Turquie, la Constituante et un Cours familier (famélique, vilipendent ses détracteurs) de littérature. Une récompense nationale proposée par Napoléon III facilite ses derniers mois.

➤ Le tour du lac★★.

★★ **Abbaye royale de Hautecombe** ⊙ – Quarante-deux princes et princesses de la maison de Savoie reposent dans l'église entièrement restaurée au 19ᵉ s. dans un style néo-gothique exubérant. Durant des siècles, les souverains installés à Turin souffrirent de voir leur domaine partagé par la ligne de crêtes de la chaîne des Alpes. Aussi, pour pallier les effets d'une telle contrainte, Victor-Emmanuel II entreprit-il en 1857 de forer entre Bardonnèche et Modane le tunnel ferroviaire du Fréjus, la première en date des grandes percées alpines (13 657 m) ; ironie de l'Histoire, lorsque l'œuvre fut achevée, 15 ans plus tard, la Savoie s'était donnée à la France par le plébiscite de 1860.

La **grange batelière** (12ᵉ s.), ou grange d'eau, permettait à la fois l'accostage et le déchargement des bateaux et l'entreposage des marchandises.

*Chaque année,*
*le **guide Rouge Michelin France***
*rassemble, sous un format maniable, une multitude de renseignements à jour.*
*Emportez-le dans vos déplacements d'affaires,*
          *lors de vos sorties de week-end, en vacances.*
*Tout compte fait, le guide de l'année, c'est une économie.*

# BRANTÔME★★

2 080 habitants
Cartes Michelin n°ˢ 75 pli 5 ou 233 pli 31 – Guide Vert Périgord Quercy.

Au cœur de l'opulente campagne périgourdine, faite de champs à peine inclinés et plantés de noyers, cernés par les falaises de rivières à méandres et bâtie de fermes bien construites, Brantôme offre une image de séduction.

Les **bords de la Dronne**★★ y composent un paysage d'une subtile sérénité avec leurs maisons aux toits d'ardoise, édifiées comme de vraies gentilhommières, leurs plans d'eau assagis par des barrages offrant des perspectives vaporeuses sur un vieux pont coudé, sur un parc public où s'associent les pelouses et les grands arbres et sur de nobles monuments : **clocher**★★ ⊙ roman et grande façade de l'abbaye du 18ᵉ s.

**Pierre de Bourdeilles** (1540-1614), abbé commendataire, s'y retira après qu'en 1584 une chute de cheval l'eut handicapé… et après que les Bourbons eurent succédé aux Valois, lui faisant ainsi perdre la faveur des grands. Sous le pseudonyme de Brantôme, ce courtisan batailleur et chroniqueur se plut alors à consigner ses souvenirs dans des Mémoires posthumes sur les « Vies » des Dames illustres, des Hommes illustres, des Grands capitaines, des Dames galantes… Ces chroniques, volontiers licencieuses, décrivent avec complaisance des exploits auxquels leur auteur impotent ne participe plus. Ce sont de piquants portraits.

Brantôme – Les bords de la Dronne.

## Château de la BRÈDE★

Cartes Michelin n°ˢ 71 pli 10 ou 234 pli 7 – Guide Vert Pyrénées Aquitaine.

Dans la paisible campagne des Graves, le **château de la Brède** ⊙ (marécage), entouré de larges douves en eau, présente, pratiquement inchangée, la physionomie aristocratique qu'il avait à la fin du 15ᵉ s.

**Charles Montesquieu**, qui y naquit en 1689, fut le spirituel auteur des *Lettres persanes* (1721), le crédule historien de *La Grandeur et la décadence des Romains* (1734) et surtout le fécond écrivain de *l'Esprit des lois* (1748), son œuvre majeure conçue et rédigée au château. Ce magistrat de Bordeaux, zélé surtout pour les voyages et la gestion de son vignoble, s'y hausse, à l'image de Montaigne, au rang de philosophe et s'y fait le théoricien de la séparation des pouvoirs législatif, exécutif et judiciaire, garante de la liberté des citoyens. Les 31 volumes de l'ouvrage, qu'on ne lit plus guère aujourd'hui mais qui connurent 22 éditions en 18 mois, font entrer le droit politique dans l'histoire littéraire française.

La **chambre** et la **bibliothèque** (qui abrite quelques 7 000 volumes) permettent une bonne évocation de l'homme et de l'écrivain.

## BREST★

Agglomération 201 480 habitants
Cartes Michelin n°ˢ 58 pli 4 ou 230 pli 7 – Guide Vert Bretagne.
Plan dans le guide Rouge Michelin France.

Station navale qu'utilisèrent les Gaulois puis les Romains, Brest ne prit son importance qu'au 13ᵉ s. C'est une ville reconstruite après les destructions de la Seconde Guerre mondiale : 4 années de bombardements et 43 jours de siège.

La rue de Siam, rectiligne, entre l'arsenal et la place de la Liberté, et dont le nom a fait le tour du monde évoqué par les marins, était déjà l'axe de la ville ancienne.

En 1341, au moment où il entre en guerre contre Jeanne de Penthièvre pour la succession du duché *(p. 138)*, Jean de Montfort confie Brest en gage à Édouard III d'Angleterre. Mais une fois la paix revenue et le traité de Guérande signé et en dépit de trois sièges, l'Anglais s'incruste. Il ne lâche sa proie qu'aux termes du contrat de mariage entre Richard II, le nouveau souverain, et Isabelle, fille de Charles VI en 1397. Une garnison royale française s'installe alors dans la place et s'y maintient.

Au début du 17ᵉ s., Richelieu qui veut doter la France d'escadres toujours prêtes à appareiller et qui a reconnu la valeur de Brest, « la force de la France au bout de la France » *(J. Michelet)*, comme celle de Toulon, fonde le premier atelier de l'arsenal sur les rives de la Penfeld d'où un bâtiment sort dès 1634. Plus tard, Colbert poursuit son œuvre en créant les écoles de gardes maritimes, de canonnage, d'hydrographie, de génie maritime. Duquesne perfectionne l'arsenal et élève les remparts que Vauban remanie en 1683. Parmi les sculpteurs entretenus au port figure Coysevox qui œuvre à des proues et à des poupes de navires. La sculpture religieuse bretonne de la fin du 17ᵉ s. a été très marquée par cet atelier d'art.

Au 18ᵉ s., les lignes fortifiées du Quélern (sur le Goulet) témoignent de la puissance navale qu'il fallait protéger lors des guerres pour l'Indépendance américaine.

**Cours Dajot** – Cette promenade, construite en 1769 sur l'ancien rempart, domine (**vue★★**) l'ensemble portuaire et la rade de 150 km², échancrée par les estuaires de l'Élorn, du Daoulas, du Faou et de l'Aulne et fermée par la presqu'île de Roscanvel. Sur la droite s'ouvre le Goulet de Brest. Profond de 55 m, large de 2 km, long de 5 km, ce goulet est un exemple spectaculaire de l'immersion de la partie inférieure d'un fleuve côtier par la remontée du niveau des océans lors de la fonte des glaciers quaternaires. Ce phénomène général a déterminé des formations identiques appelées **abers** en Basse-Bretagne (Aber-Wrach, Aber-Benoît, Aber-Ildut...), rivières en Bretagne du Sud (rivières d'Auray, de Pont-Aven, d'Étel...), ria en Galice (Nord-Ouest de l'Espagne), calanques dans les chaînons provençaux (Cassis).

★ **Musée des Beaux-Arts** ⊘ – Il abrite des œuvres significatives des recherches de l'école de Pont-Aven, *Mer jaune* par Lacombe, une curieuse évocation de la ville d'Ys *(p. 214), les Perroquets* de Monet et *le Bouquet de roses* par Suzanne Valadon.

**Pont de Recouvrance** – C'est le plus important pont levant d'Europe avec sa travée métallique de 87 m de portée. Il offre une vue dominante sur l'aber encaissé et sinueux de la Penfeld devenu au 17ᵉ s. arsenal, base navale et port de guerre.

**Château** – Avec la tour Tanguy qui lui fait face sur la rive droite de la Penfeld, il témoigne des fortifications historiques de Brest.

★★ **Océanopolis** ⊘ – En bordure du port de plaisance du Moulin Blanc, Océanopolis se présente comme un vaste bâtiment aux allures de crabe géant. A l'entrée du niveau 1, la falaise aux oiseaux répertorie les principales espèces qui nichent en Bretagne, tandis qu'au niveau 2, plusieurs aquariums d'eau salée recréent la vie sous-marine au large des côtes brestoises.

## ENVIRONS

★★ **Calvaire de Plougastel-Daoulas** – *11 km à l'Est – au Sud de l'église.* Ce calvaire fut édifié de 1602 à 1604, quatre ans après une épidémie de peste, par les frères Bastien et Henri Priget. Ses 180 personnages, traités en ronde bosse, figés dans une attitude de pose, frappent par la violence expressive de leur physionomie, encore rehaussée par l'importance des têtes. 28 scènes illustrent la vie du Christ (Nativité, lavement des pieds) mais surtout sa Passion (arrestation, outrages) et sa Résurrection. Le grès ocre de Logonna-Daoulas, choisi pour le monument, fait valoir les scènes traitées en **kerzanton**, roche éruptive grenue de la famille des diorites, très riche en mica noir. Cette pierre, extraite à fleur d'eau dans une échancrure voisine de la rade de Brest (filon épuisé), facile à travailler, durcit à l'air avec le temps. Elle a fait la réputation de l'atelier de sculpture du Folgoët et a longtemps été le matériau des monuments aux morts adopté dans le Finistère.

Plougastel-Daoulas
Calvaire : la scène du Lavement des pieds.

MICHELIN

★ **Les Abers** – La côte Nord-Ouest du Finistère, dite encore « Côte des Légendes », est entaillée par des estuaires appelés « abers » dont le spectacle, à marée haute, est remarquable. Les abers diffèrent des estuaires de la côte Nord par leur sillon beaucoup moins profond et par leurs pentes moins raides.

Une charmante **route touristique**★, tracée en corniche, suit la côte depuis l'Aber-Ildut jusqu'à Trémazan, puis la route continue par l'Aber-Benoît, l'Aber-Wrac'h (dont le port de plaisance est très fréquenté) et conduit au phare de l'île de la Vierge (le plus haut de France avec ses 82,5 m).

# BRIANÇON★★

11 041 habitants
Cartes Michelin nᵒˢ 77 pli 18 ou 244 plis 42, 43 ou 189 pli 9.
Guide Vert Alpes du Sud – Plan dans le guide Rouge Michelin France.

Les terrasses de la **citadelle** ⊘ (statue de **La France**★ par Antoine Bourdelle) constituent le meilleur observatoire sur le site de Briançon. La plus haute ville d'Europe (1 321 m) occupe le centre de convergence des vallées qui forment le bassin supérieur de la Durance. Au pied du col de Montgenèvre se rejoignent les deux grandes routes vers l'Italie par l'Oisans et par l'Embrunais.

Probablement ce site stratégique, déjà occupé par les Gaulois, reçut-il les survivants d'une tribu alémanique écrasée par Marius au pied de la montagne Ste-Victoire et, au 15ᵉ s., des réfugiés vaudois. Dans cette zone de passage, à vocation naturellement commerçante et militaire, « dominée par des verrous prédestinés à l'édification de fortifications » *(P. et G. Veyret)*, les anciens forts (Dauphin, Sallettes, les Trois-Têtes, Anjou, Randouillet), installés par Vauban selon un système de couverture mutuelle, ont permis la résistance victorieuse du général Éberlé à l'armée austro-sarde qui envahit le Dauphiné après Waterloo.

★★ **La Ville haute** – En janvier 1692, la guerre de la Ligue d'Augsbourg dure depuis 6 ans. Les mercenaires à la solde de Victor-Amédée II, duc de Savoie, envahissent le Dauphiné et incendient Briançon ; 2 maisons sur 258 échappent au désastre. Louis XIV dépêche alors Vauban avec mandat de dresser un plan de reconstruction et de fortification rendant la ville inexpugnable. Un séjour d'une semaine suffit au grand ingénieur pour remplir sa tâche, mais âgé et malade il ne peut en suivre la bonne exécution et déplore les accommodements apportés à son projet.

Briançon-Vauban, par opposition à Briançon-Ste-Catherine, la Ville basse, conserve sa physionomie de place frontière du règne de Louis XIV avec sa porte de Pignerol et son église fortifiée. Ses rues étroites et pentues, sa **Grande Gargouille**★ (ou Grande-Rue) surtout, illustrent son adaptation à la topographie.

▶▶ Pont d'Asfeld★.

# BRIARE

6 070 habitants
Cartes Michelin nᵒˢ 65 pli 2 ou 238 pli 8 – Guide Vert Bourgogne.

Briare est une active cité du Val d'Orléans ; ses émaux pour le revêtement des sols et des murs, ses céramiques et ses grès sont connus.

★★ **Pont-Canal** – Du 14ᵉ au 19ᵉ s., le grand trafic a toujours emprunté le Val de Loire ; mais l'irrégularité du débit du fleuve et la hauteur des fonds exerçaient des contraintes souvent insurmontables par les compagnies. Aussi Henri IV, dans le cadre de sa politique d'unification économique, fit-il entreprendre en 1605 le canal de Briare qui assura, à partir de 1642, par le Loing raccordé à Montargis, la jonction navigable entre les bassins de la Loire et de la Seine. C'était le premier canal à double versant d'Europe.

Le canal latéral à la Loire (1822-1838) le prolonge au Sud jusqu'à Digoin. Il franchit la Loire à Briare sur un pont-canal réalisé de 1890 à 1894 (58 ans après ceux du Guétin et de Digoin). Sa gouttière métallique, la plus longue du monde avec ses 662,68 m, repose sur 15 piles de granit dessinées par Eiffel et dont la charge est constante, que le pont soit ou non parcouru par des péniches en transit et quel que soit le port en lourd de celles-ci : simple application du principe d'Archimède.

# BRIOUDE★★

7 285 habitants
Cartes Michelin nᵒˢ 76 pli 5 ou 239 pli 32 – Guide Vert Auvergne.
Plan dans le guide Rouge Michelin France.

Parmi les Limagnes du Sud, celle de Brioude est la seule à donner l'image d'une plaine, privilégiée au regard des montagnes qui l'encadrent et par la fertilité de son sol et la clémence de son climat.

★★ **Basilique St-Julien** – Elle s'élève au lieu où, selon la tradition, Julien, centurion d'une légion romaine basée à Vienne, connut le martyre en 304. Elle fut longtemps une étape très fréquentée par les pèlerins qui, au-delà du Puy, empruntaient le chemin de Regordanne (par Langogne et Villefort), seule voie de communication entre l'Auvergne et le Languedoc.

L'église actuelle, entreprise par le narthex en 1060, fut achevée en 1180 (chœur et chevet). Sa nef fut surélevée et voûtée d'ogives en 1259.

Le **chevet**★★ est l'une des dernières manifestations de l'art roman en Auvergne. Il présente cinq chapelles à corniches et chapiteaux sculptés, à toits d'ardoise, étayées par des contreforts et décorées par les mosaïques de pierre. Le **porche**★ Sud conserve un haut linteau pentagonal très auvergnat ; ses pentures de fer forgé et deux admirables marteaux de bronze.

La longue nef, chaudement colorée par les grès et les basaltes roses, rouges ou bruns, a retrouvé son pavage du 16ᵉ s. en galets de l'Allier.

La sculpture, favorisée par la présence de grès et de marbres à proximité, se déploie surtout dans les **chapiteaux**★★ auxquels ont travaillé quatre et peut-être six ateliers successifs aux 12ᵉ et 13ᵉ s. Parmi les sujets les plus significatifs on distingue *(collatéral droit, à hauteur du porche)* un chevalier en armure, peut-être un croisé en rapport avec le prêche de la Ire croisade à Clermont, ou un usurier par qui l'artiste dénonce l'avarice ou flétrit l'activité des prêteurs et agents d'affaires, fléau social du Moyen Age. Dans le collatéral droit, observer deux œuvres du 14e s., la Vierge parturiente et le Christ lépreux.

La peinture murale, malheureusement dégradée, couvre près de 140 m². Deux œuvres s'y distinguent de façon toute particulière : la grande figure de saint Michel *(1re travée de la nef)* et l'ensemble de fresques à la tribune du narthex *(salle de droite)*. Dans ces dernières se reconnaissent le Christ bénissant, les élus et les damnés, les vertus et les vices et une centaine d'anges ; sur le mur de refend, l'enfer est représenté par la défaite hallucinante de Satan foudroyé (13e s.).

## ENVIRONS

★ **Lavaudieu** – *10 km au Sud-Est.* Ancien prieuré (11e s.) de moniales bénédictines dépendant de La Chaise-Dieu, attachant par les galeries à plafond de bois de son petit **cloître**★ ⊙ et les **fresques**★ du 14e s. qui décorent sa chapelle et son réfectoire.

# BROUAGE★

498 habitants
Cartes Michelin nos 71 pli 14 ou 233 pli 14 – Guide Vert Poitou Vendée Charentes.

A la surface de ses anciens marais salants convertis en pâturages, Brouage illustre l'avance du rivage saintongeais. Au Moyen Age c'était une cité maritime qui commerçait avec les ports de la Baltique. Samuel Champlain, fondateur de Québec, y naquit en 1570. Mais, durant les guerres de Religion, les Rochelais bloquèrent le havre (chenal) de Brouage en y coulant des navires chargés de pierres.

Aussitôt l'Aunis dégagé de la menace anglaise (débarquements en quelques points de la côte et sur l'île de Ré, soutien actif aux rebelles de La Rochelle), Richelieu veut faire de Brouage « l'arsenal du Ponant » : il édifie une ville neuve protégée par un rempart. Mais, malgré les travaux de Vauban, les marais salants passent à l'état de marais gâts, générateurs de fièvres, le havre s'envase et les chenaux se colmatent ; il faut se résoudre à fonder Rochefort et à laisser à l'abandon la rivale de La Rochelle.

★★ **Remparts** – Bâtis de 1630 à 1640, ils offrent un exemple encore intact de l'architecture militaire antérieure à Vauban avec leurs canonnières, leurs portes fortifiées et leurs délicates échauguettes en encorbellement. Sur la route de retour de St-Jean-de-Luz, où il avait épousé l'infante Marie-Thérèse, Louis XIV vint un soir les arpenter en songeant à Marie Mancini qui, six mois plus tôt, y était venue cacher son chagrin.

# CAEN★★★

Agglomération 189 000 habitants
Cartes Michelin nos 54 pli 16 ou 231 pli 30 – Guide Vert Normandie Cotentin.
Plan dans le guide Rouge Michelin France.

Caen, capitale de la Basse-Normandie, est une ville industrielle et, grâce à la création d'un canal latéral à l'Orne, un port de mer important.

« **Enfin Malherbe vint** » – Par cet hémistiche, Boileau, souverain critique littéraire du siècle de Louis XIV, rendit justice à François Malherbe, né à Caen en 1555, moins poète que grammairien acariâtre et doctrinaire intransigeant de la versification et de la langue qu'il voulait « dégasconner » après les libertés prises par les écrivains de la Pléiade.

**La sidérurgie caennaise.** – Le gisement de fer de Basse-Normandie, le deuxième de France après celui du bassin lorrain, a justifié au début du 20e s. l'implantation d'une industrie lourde aux portes de la ville. La Société Métallurgique de Normandie (SMN) était attaché au groupe Usinor-Sacilor depuis les années 80. Elle n'a pas échappé à la crise de l'acier et, malgré les efforts consentis par le groupe, elle a cessé toute activité en fin 1993.

**La bataille de Caen.** – La bataille de Caen a duré plus de deux mois. Les premiers obus tombent le 6 juin 1944 sur la ville qui prend feu ; l'incendie des quartiers centraux dure 11 jours ; lorsque le 9 juillet les Canadiens y pénètrent, les Allemands à leur tour la pillonnent.

L'abbaye aux Hommes, l'hospice du Bon Sauveur et les carrières de Fleury abritent la population.

Le dernier obus ne tombe sur Caen que le 20 août. Pendant ce temps, une dure bataille s'engage pour le franchissement de l'Odon – qui coûta plus cher aux Britanniques que celui du Rhin – mais la menace de Montgomery, pesant sur la ligne de retraite allemande, éclaire la stratégie de tenaille qui fut celle de la bataille de Normandie.

★★ **Le Mémorial, un musée pour la Paix (CX)** ⊙ – *Esplanade Dwight-Eisenhower. Accès signalé à partir du centre-ville et du périphérique Nord. Compter 2 h au minimum.* Érigé dans la ville qui, en 1944, se trouva au cœur de la bataille de Normandie, ce bâtiment sobre s'ouvre sur une esplanade où treize pierres, gravées d'un message de paix, représentent les différentes nations qui ont combattu à cette époque sur le sol normand. Il occupe l'emplacement même du poste de commandement du général allemand W. Richter qui, le 6 juin, opposa une résistance farouche aux troupes de débarquement alliées. Ce lieu abrite, désormais, une galerie consacrée aux prix Nobel de la paix.

S'appuyant sur des techniques audiovisuelles et scénographiques des plus avancées, le mémorial propose un parcours dans la mémoire collective, de 1918 à nos jours : la faillite de la paix (l'entre-deux-guerres), la France des années noires (la « Drôle de guerre » et l'occupation allemande), l'extension mondiale du conflit, le jour J évoqué de façon saisissante avec des films d'archives alliées et allemandes projetés simultanément sur un écran géant, la bataille de Normandie et la libération de la France puis de l'Europe du joug nazi.

Dépassant le cadre de la Seconde Guerre mondiale, le film *Espérance* retrace, à l'aide de séquences fortes appuyées par une musique originale de Jacques Loussier, l'alternance des conflits et des actions pacifistes qui ont suivi. Il invite, de ce fait, à une réflexion approfondie sur les liens étroits qui existent entre le respect des droits de l'homme et la sauvegarde de la paix.

## LA VILLE DUCALE

La parure architecturale de Caen appartient pour l'essentiel à l'art roman. Elle manifeste l'attachement de Guillaume et de Mathilde à leur ville de prédilection. Après les invasions des Vikings (hommes du Nord – North men – Normands) aux 9e et 10e s., et forts du soutien des ducs, les bénédictins se mettent à l'ouvrage. Leurs abbatiales sont les premiers grands édifices religieux de Normandie. Elles se distinguent extérieurement par les tours vigoureuses qui encadrent leurs façades, par les « lanternes » élevées sur le carré du transept, et intérieurement par la clarté qui règne dans l'édifice, par la simplicité de ses lignes et par l'ampleur de ses dimensions liée à l'adoption délibérée d'une couverture de charpente ancrée sur des solins plutôt qu'à une lourde voûte en berceau de pierre. Autre particularité normande : la galerie technique de surveillance qui court à la base des fenêtres hautes.

**La main de Mathilde** – Caen prit son importance au 11e s., lorsque **Guillaume** de Normandie et Mathilde, sa jeune femme, en firent leur cité préférée. Pour en arriver là, Guillaume, qui avait demandé la main de Mathilde de Flandre, une arrière-cousine, avait dû dévorer l'affront d'un refus, la fière Mathilde ne voulant pas de ce prétendant de naissance illégitime (Guillaume était né, en 1027, à Falaise, des complaisances de la belle Arlette pour Robert le Diable). Mais éperdu d'amour et fou de rage, Guillaume revient à Lille et administre à la demoiselle une magistrale correction.

Mathilde subjuguée consent à lui donner sa main. Le mariage est célébré vers 1050, malgré l'opposition papale qui tire argument de la lointaine parenté des fiancés et Rome prononce à la fois l'excommunication des époux et l'interdit sur la Normandie.

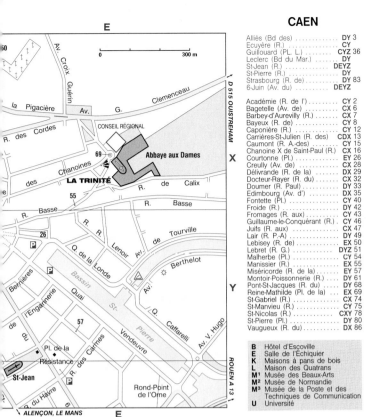

| | |
|---|---|
| **B** | Hôtel d'Escoville |
| **E** | Salle de l'Échiquier |
| **K** | Maisons à pans de bois |
| **L** | Maison des Quatrans |
| **M¹** | Musée des Beaux-Arts |
| **M²** | Musée de Normandie |
| **M³** | Musée de la Poste et des Techniques de Communication |
| **U** | Université |

En 1059 l'illustre Lanfranc obtient la levée de ces sanctions et les époux font amende honorable en élevant l'un l'abbaye aux Hommes, l'autre l'abbaye aux Dames.

Pendant que Guillaume, quelques années plus tard, guerroie en Angleterre ou organise l'administration de son royaume, la main de Mathilde, douce et ferme, tient le duché de Normandie dont elle a reçu la régence.

★★ **Église St-Étienne (CY)** – C'est l'église de l'abbaye aux Hommes fondée par Guillaume le Conquérant. Elle fut élevée en 12 ans à partir de 1066.

Sa façade est une œuvre du 11e s., saisissante par la superbe envolée de ses tours (les flèches octogonales ont été ajoutées à l'époque gothique).

La nef immense est un modèle d'ordonnance romane par ses grandes travées carrées qu'une pile plus faible divise en deux parties et par l'élévation de tribunes au-dessus des bas-côtés. Le 3e étage a été refait au 12e s. lorsqu'on remplaça la couverture en charpente par une voûte sexpartite.

La tour-lanterne, probablement due à Guillaume le Conquérant et à Lanfranc eux-mêmes, est un chef-d'œuvre de l'art roman par l'équilibre et la simplicité de ses arcs.

Le chœur, développé et refait au début du 13e s., est l'un des plus précoces spécimens du gothique normand. Il a fait école dans d'autres grands édifices de la province.

★ **Château (DX)** – Cette vaste citadelle qui couronne une butte fut créée par Guillaume en 1060 (puis renforcée, agrandie et consolidée ultérieurement). Des remparts, vues étendues sur Caen.

★★ **Église de la Trinité (EX)** ⊘ – Elle fut fondée en 1062 par Mathilde pour l'abbaye aux Dames. C'est un bel exemple de l'art roman avec ses neuf travées, ses arcs en plein cintre, ses tribunes et l'arcature de son triforium. Tout comme celles de St-Étienne, les parties hautes ont été remaniées au 12e s., lors du remplacement de la couverture en charpente par des voûtes sexpartites.

Le chœur avec ses voûtes d'arêtes (11e s.) de grande portée (au centre, tombeau de la reine Mathilde) et la crypte, admirablement conservés, ajoutent à l'intérêt de la visite.

⊘ ►► Musée des Beaux-Arts★★ **M¹** – Musée de Normandie★★ *(archéologie et ethnographie)* **M²** – Église St-Pierre★ (chevet★★) – Hôtel d'Escoville★ **B** – Église St-Nicolas★.

*De nombreux terrains de camping offrent des commodités (magasins, bars, restaurants, laveries), et des distractions (salle de jeux, tennis, golf miniature, jeux pour enfants, piscine...)*

*Consultez le* **guide Michelin Camping Caravaning France** *de l'année.*

# CAHORS★★

19 735 habitants
Cartes Michelin nᵒˢ 79 pli 8 ou 235 pli 14 – Guide Vert Périgord Quercy.
Plan dans le guide Rouge Michelin France.

Sur son promontoire calcaire que boucle presque un cingle (méandre) du Lot, la première rivière canalisée de France, Cahors connut au 13ᵉ s. la prospérité et le renom international liés à l'activité de ses habitants, collecteurs d'impôts, monnayeurs et changeurs.

**Boulevard Gambetta** – Grand axe historique de la traversée Nord-Sud de Cahors, c'est un « cours » méridional, planté de platanes, actif et animé, commerçant d'un côté, plus administratif de l'autre. Il porte le nom du plus illustre des Cadurciens, **Léon Gambetta** (1838-1882) ; devenu parisien à 18 ans, puis avocat, cet ardent patriote, membre du corps législatif, prit une part active à la déchéance de Napoléon III et à la proclamation de la République le 4 septembre 1870. Pour organiser sur la Loire la résistance à l'armée prussienne, il quitta Paris en ballon le 7 octobre.

★★ **Pont Valentré** ⊙ – Ce pont de pierre élevé de 1308 à 1378, contemporain du pont de brique de Montauban, est l'œuvre des marchands. Ses six belles arches gothiques et ses fortifications témoignent de l'importance que Philippe le Bel, associé à la ville par un acte de pariage (partage seigneurial sur base d'égalité), attachait à la sécurité de Cahors.

Le pont Valentré.

★ **Cathédrale St-Étienne** – Église fortifiée dans ce pays bouleversé par les guerres. Mais surtout, l'une des premières églises à coupoles de l'Aquitaine, elle vaut par ses deux coupoles (18 m de diamètre et 32 m de hauteur sous clef), où se décèle l'un des tout premiers exemples de l'emploi systématique de l'arc brisé (arcs latéraux et transversaux) et par ses pendentifs empiriques dont l'aplatissement est encore bien éloigné du sphéroïde idéal.
Son **portail Nord**★★ illustre l'Ascension. Placé là au 13ᵉ s., il présente la scène au moment où le Christ commence à s'élever et où des anges viennent apaiser les craintes des apôtres. Par ses sculpteurs formés dans les ateliers de Moissac et sa technique de compartimentage des scènes, il relève de l'école languedocienne.

►► Barbacane et tour St-Jean★.

# CALAIS

Agglomération 101 768 habitants
Cartes Michelin nᵒˢ 51 pli 2 ou 236 pli 2 – Guide Vert Flandres Artois Picardie.
Plan dans le guide Rouge Michelin France.

La proximité de la côte anglaise (38 km) est le facteur majeur de la destinée de Calais, sur le « Pas », auquel la ville a donné son nom. Le port, premier port français de voyageurs, est en effet à la fois tête de ligne pour l'Angleterre et tête d'étape vers les grandes villes de France, d'Allemagne, de Suisse et d'Italie.
En 1189, c'est là que Richard Cœur de Lion mit pied à terre pour partir à la Croisade.
En mai 1347, 8 mois après sa victoire de Crécy sur Philippe VI de Valois qui marquait le début de la guerre de Cent Ans, Édouard III vient à bout de Calais par la famine. La ville reste anglaise pendant plus de deux siècles jusqu'à ce que Guise s'en empare en janvier 1558, treize mois avant le traité du Cateau-Cambrésis.
Au Sud-Est de Calais, entre Guînes et Ardres se déroula, en 1520, la rencontre du camp du Drap d'or. L'alliance envisagée par Henri VIII d'Angleterre et François Iᵉʳ contre Charles Quint ne put être conclue, sans doute à cause même du luxe ostentatoire déployé par les deux souverains.

**★★ Monument des Bourgeois de Calais** – *Devant l'hôtel de ville.* Groupe de bronze réalisé par Rodin en 1895 commémorant la démarche d'Eustache de Saint-Pierre et de ses compagnons, amaigris par huit mois de famine, qui vinrent, en chemise, nu-pieds, s'offrir à la vindicte d'Édouard III pour éviter le massacre de la population. Le roi d'Angleterre eut le geste d'apaisement nécessaire pour assurer la tranquillité future dans

Calais – Les Bourgeois de Calais par Rodin.

sa nouvelle conquête. Le talent de Rodin apparaît dans ces effigies frémissantes de vie, héroïques et hautaines dans leur humiliation.

⊘ ►► Phare (panorama★★) – Musée des Beaux-Arts et de la Dentelle★.

**★ Côte d'Opale** – L'itinéraire de Calais à Boulogne permet de découvrir la partie la plus spectaculaire de la Côte d'Opale, front de mer où alternent falaises sauvages, landes et plages immenses de sable fin enveloppées de dunes piquées d'oyats.

*Sortir de Calais par la D 940.*

**Blériot-Plage** – Station appréciée pour sa belle plage qui s'étend jusqu'au cap Blanc-Nez. Aux Baraques (500 m à l'Ouest de la station), un monument commémore la première traversée aérienne de la Manche par **Louis Blériot** le 25 juillet 1909.

**Le Tunnel sous la Manche** – Entre **Blériot-Plage** et **Sangatte** le **tunnel sous la Manche** relie la Grande-Bretagne au continent. Son inauguration en 1994 fut la concrétisation de plus de deux siècles de rêves inaboutis, de projets inachevés. Il permet de mettre Paris à 3 heures de Londres et d'assurer le transbordement de 30 millions de passagers par an et ce par voie ferroviaire. *(Voir le plan-guide Michelin « Le Tunnel sous la Manche ».)*

L'ouvrage est composé de deux tunnels ferroviaires unidirectionnels de 7,60 m de diamètre, séparés par un tunnel de service. La longueur totale du tunnel est de 49,4 km dont 38 km sous la mer.

Le service de navettes, aux couleurs vert et bleu, est appelé « le Shuttle ». Longues de 775 m, les navettes passagers ont deux niveaux pour les voitures de tourisme et un niveau pour les autocars et les caravanes. Il existe des navettes spéciales pour les poids lourds.

Le Shuttle fonctionne 24 h sur 24, toute l'année. La fréquence de départ varie en fonction du volume du trafic (2 à 4 par jour, 1 par heure la nuit). Le parcours dure 35 mn dont 28 mn dans le tunnel.

Le **terminal** est situé sur la commune de **Coquelles**, à 3 km de la côte, et s'étend sur une superficie de 700 ha.

**★ Cap Blanc-Nez** – Du haut de ses falaises de craie (134 m de haut) **vue★** étendue sur les falaises anglaises et la côte, de Calais au cap Gris-Nez.

**Wissant** – Cette belle plage de sable fin au cœur du site national des caps Gris-Nez et Blanc-Nez est l'un des principaux centres nationaux de char à voile.

**★★ Cap Gris-Nez** – Voir p. 90.

**Ambleteuse** – Pittoresque village situé à l'embouchure de la rivière Slack, à égale distance de Boulogne et du cap Gris-Nez. A l'entrée de la plage bordée de rochers se dresse le **fort Mahon** (17ᵉ s.), ouvrage construit par Vauban ; il protégea naguère Ambleteuse, alors station navale, où Napoléon basa une partie de sa flottille de débarquement.

**Wimereux** – Importante station balnéaire familiale, encadrée au Sud par le cap d'Alprech et au Nord par la ligne de falaises du cap Gris-Nez. Bordant la plage, une digue-promenade offre de belles vues sur le pas de Calais, la **colonne de la Grande Armée** et le port de Boulogne ; dans le prolongement, s'amorce un sentier en direction de la **pointe aux Oies**, où le futur Napoléon III débarqua, le 6 août 1840, en vue de sa tentative de soulèvement de la garnison de Boulogne.

**★ Boulogne-sur-Mer** – *Voir à ce nom.*

*Dans ce guide,*
*les plans de villes indiquent essentiellement*
*les rues principales et les accès aux curiosités.*
*Les schémas mettent en évidence les grandes routes et l'itinéraire de visite.*

# CANNES★★★

68 676 habitants
Cartes Michelin nᵒˢ 84 pli 9 ou 115 plis 38, 39 ou 245 pli 37.
Guide Vert Côte d'Azur.
Plan dans le guide Rouge Michelin France.

Au bord du golfe de La Napoule, étirée entre les hauteurs du Suquet et la pointe de la Croisette, Cannes séduit par la beauté de son **site★★**, l'extrême douceur de son climat, son élégance et la splendeur de ses fêtes. En 1834, alors qu'il se rendait en Italie, Lord Brougham, ancien chancelier d'Angleterre, est empêché de pénétrer dans le royaume sarde à cause d'une épidémie de choléra sévissant en Provence. Sur le chemin du retour, il fait étape à Cannes. Émerveillé et rapidement conquis par le site, il reviendra y séjourner chaque année pendant l'hiver. Imité par l'aristocratie anglaise, il fut ainsi à l'origine du premier grand essor de Cannes.

Résidents ou touristes de passage flânent sur l'élégant **Boulevard de la Croisette★★**. Bordée par d'exceptionnelles plages de sable fin, cette promenade offre pour le plaisir de tous une succession de jardins admirablement fleuris tandis qu'en front de mer se succèdent, palaces aux noms prestigieux, commerces luxueux et immeubles aux façades sobres et soignées. Aux deux extrémités de la Croisette, deux ports de plaisance permettent d'admirer yachts et voiliers. A l'entrée de la Croisette s'élève le nouveau Palais des Festivals et des Congrès qui chaque année, en mai, abrite le Festival international du film. La ville connaît alors ses fêtes les plus brillantes.

**Le Suquet** – C'est la vieille ville de Cannes. Gagner la Tour du mont Chevalier d'où l'on a une belle **vue★** d'ensemble de la Croisette, le golfe de La Napoule, les îles de Lérins et l'Esterel.

## ENVIRONS

★★★ **Massif de l'Esterel** – L'Esterel offre un décor naturel qui frappe d'admiration ; c'est une des plus belles régions de Provence, ouverte au grand tourisme depuis la création par le Touring-Club de la route de corniche ou « Corniche d'Or » (1903). L'opposition entre la vie grouillante de la côte et la solitude des routes de l'intérieur est extraordinaire ; sauvage et solitaire, le massif est couvert de sombres forêts, hélas clairsemées par des incendies répétés, et plonge abruptement dans le bleu indigo de la mer, offrant un rivage farouche bordé d'écueils et d'îlots.

# Église de la CANONICA★

Carte Michelin nᵒ 90 Sud-Est du pli 3 – Guide Vert Corse.

Dans la plaine littorale, près de l'embouchure du Golo, se dresse l'**église-cathédrale de la Canonica** ⊙ ; elle occupe le site de la colonie romaine de Mariana fondée un siècle avant J.-C. par Marius.
Édifiée sur plan basilical, cette église fut entreprise vers 1110 et consacrée en 1119. Elle est très représentative du roman pisan primitif en Corse par la pauvreté et la discrétion de sa polychromie, mais aussi par la qualité de son matériau admirablement appareillé : les moellons de caleschiste, marbre d'un gris-ocre provenant du cap Corse, étant disposés en bandes horizontales, alternativement en lit et en délit. L'abside et son fronton présentent un joli décor de pilastres et d'arcatures.

# CARCASSONNE★★★

43 470 habitants
Cartes Michelin nᵒˢ 83 pli 11 ou 86 pli 7 ou 235 plis 39, 40.
Guide Vert Pyrénées Roussillon.
Plan dans le guide Rouge Michelin France.

Carcassonne est le grand centre commercial de l'Aude et de ses vins. C'est aussi une cité fortifiée qu'une fée semble avoir figée, d'un coup de baguette magique, depuis le Moyen Age.
L'escarpement sur lequel est bâtie la cité de Carcassonne commande les communications entre la Méditerranée et Toulouse. Aussi a-t-il été fortifié dès les temps gaulois. Le camp retranché devint romain pendant cinq siècles, wisigothique pendant deux siècles, au 8ᵉ s. la forteresse tombe sous la domination franque. A partir du 9ᵉ s., Carcassonne fut la capitale d'un comté, puis d'une vicomté dans la suzeraineté de Toulouse. Comme tout le Midi, elle connut une époque prospère interrompue par la croisade des Albigeois.
Le 1ᵉʳ août 1209, les croisés, sous le commandement de Simon de Montfort, mettent le siège devant Carcassonne. La place est réduite à merci au bout de quinze jours par le manque d'eau et l'emprisonnement de son négociateur et chef Raymond-Roger Trencavel.
En 1240, son fils échoue dans une tentative pour recouvrer son héritage par la force avec l'aide des habitants. Alors Saint Louis fait raser le bourg et condamne les habitants à expier leur trahison par sept ans d'exode ; après quoi il autorise leur retour, mais sur la rive gauche de l'Aude.
C'est la ville basse actuelle, bastide dont les boulevards occupent les anciens remparts et dont l'urbanisme est caractéristique.

**LA CITÉ ET SES REMPARTS**

0       100 m

Tour Notre-Dame
LICES
BASSES
T. de Samson
Tour de la Charpenterie
T. du Moulin du Connétable
Echauguette
T. de la Chapelle
Tour du Major
T. de la Poudre
CHÂTEAU COMTAL
T. des Casernes
Tour du Trésau
Tour de Bérard
St-Gimer
Tˢ de la Porte du Château
Barbacane du Château
Barbacane
Tour de Guet
Porte Narbonnaise
Tour de la Justice
T. St-Paul
Pl. du Prado
Avant-porte de l'Aude
Porte d'Aude
HAUTES
Tour de la Peyre
Tour Wisigothe
Tour de l'Inquisition
T. Carrée de l'Évêque
St-Nazaire
Tour de Balthazar
Tour de la Vade
T. Cahuzac
Tour du Plô
Echauguette
LICES
Théâtre
Tour St-Nazaire
T. des Prisons
Tour Pouléto
T. Mipadre
Barbacane
T. du Grand Brulas

Vᵉˢ. VIIᵉ s.   Wisigoths
VIIIᵉˢ. XIIIᵉˢ s.   avant Saint Louis / Saint Louis / Philippe le Hardi

### ★★★ LA CITÉ

Saint Louis remet alors la cité en état et la renforce pour imposer le royaume de France à ses nouvelles acquisitions territoriales et le protéger face à l'Espagne. Son fils Philippe le Hardi poursuit son œuvre ; la place passe alors pour imprenable : c'est la « Pucelle du Languedoc ». Le Prince Noir durant la guerre de Cent Ans n'ose pas l'affronter et se borne à brûler la ville basse.

En 1659, avec l'annexion du Roussillon par Louis XIV et l'invention de l'artillerie moderne, le rôle militaire de la cité, déjà amenuisé depuis deux siècles, est réduit à néant. C'est l'abandon.

Mais au 19ᵉ s., Prosper Mérimée s'intéresse aux ruines ; Viollet-le-Duc envoyé sur place est enthousiaste : en 1844, il entreprend sa restauration qui dure jusqu'en 1910.

**Les fortifications** – La cité permet une évocation tout à fait exceptionnelle de ce que fut la guerre de siège au Moyen Age.

Elle présente toutes les formes architecturales destinées à faire obstacle à un assaillant : ponts-levis et ponts dormants avec herse, tours à « bec », ouvertes « à la gorge » (protégées à leur sommet par un hourd et à leur base par un « fruit »), courtines avec chemin de ronde à merlons entre lesquels s'ouvrent des créneaux, échauguettes, archères, mâchicoulis, dont la puissance dissuasive se trouve décuplée par la disposition intérieure assurant une couverture réciproque.

**Château Comtal** ⊙– 12ᵉ s. Il est l'œuvre des comtes, adossé au rempart gallo-romain. Un grand fossé et une barbacane l'isolent de l'intérieur de la cité.

**Enceinte intérieure** – Elle comprend une partie wisigothique, du 6ᵉ s. (remaniée et surélevée au 13ᵉ s.), dont les tours se reconnaissent facilement : elles sont étroites, arrondies vers l'extérieur, plates vers l'intérieur. La partie du 13ᵉ s. comprend les ouvrages de défense les plus remarquables ; les tours sont souvent à « bec ».

**Enceinte extérieure** – Elle fut édifiée par Saint Louis ; Philippe le Hardi y a mis la dernière main. Les tours de cette enceinte sont, pour la plupart, ouvertes « à la gorge » (c'est-à-dire vers l'intérieur). Si l'assiégeant y prenait pied, il se trouvait exposé aux contre-attaques des défenseurs.

De place en place, quelques tours complètement fermées constituaient des réduits d'où l'on pouvait harceler l'ennemi entré dans la lice.

Les diverses époques de ces constructions se distinguent par leur appareillage. Les fondations gallo-romaines sont faites de gros blocs ajustés sans ciment.

Les constructions wisigothiques sont établies avec des pierres cubiques alternant avec des rangées de briques souvent disposées en arêtes de poisson.

Les bâtiments des comtes sont élevés en moellons de grès jaunâtre assemblés de façon assez grossière. Les muitailles royales se composent de pierres rectangulaires assemblées régulièrement. Elles sont lisses au temps de Saint Louis et à bossages sous Philippe le Hardi pour mieux résister aux chocs. Les murailles et les tours de l'enceinte intérieure présentent quelques anomalies apparentes de parties romaines ou wisigothiques observables au-dessus de murailles du 13ᵉ s. Il s'agit là de reprises en sous-œuvre lorsqu'on a creusé le sol pour établir la lice.

► ► Basilique St-Nazaire★ (vitraux★★ et statues★★).

# CARNAC★

4 243 habitants
Cartes Michelin nᵒˢ 63 pli 12 ou 230 pli 35, 49 – Guide Vert Bretagne.
Plan dans le guide Rouge Michelin France.

Entre les rivières d'Étel et d'Auray, Carnac est un centre préhistorique dont le nom évoque la civilisation mégalithique.

★★ **Les mégalithes** – L'ensemble de Carnac, morcelé dans sa continuité par la création de routes, compte pour l'essentiel 2 792 menhirs disposés sur dix ou onze lignes et comprenant les **alignements du Ménec**★★ (1 169 menhirs), de **Kermario**★ (1 029) et de **Kerlescan**★ (594). Parmi les mégalithes, il faut aussi compter les dolmens (sépultures), les cromlechs (enceintes monolithiques) et les tumulus.

La civilisation mégalithique s'est développée durant la période néolithique entre 4670 et 2000 avant J.-C. Elle est l'œuvre de sédentaires qui surent domestiquer la nature (en progrès sur les nomades de la période paléolithique vivant de cueillette, de chasse et de pêche), produire des objets polis, des poteries et des vanneries et exercer le commerce du silex ; ceux de Carnac pratiquaient des échanges avec ceux du Grand-Pressigny (au Nord du Poitou) et de Belgique.

Les gravures des mégalithes témoignent d'un art abstrait en opposition avec les gravures figuratives des cavernes remontant au paléolithique supérieur ; l'orientation des alignements selon une direction Ouest-Nord-Est ajoute à leur caractère énigmatique. Plusieurs théories y voient une destination religieuse, astronomique ou lunaire.

Les tumulus et les dolmens apparus 40 siècles avant J.-C. constituent des sépultures collectives et les cairns qui les recouvrent, antérieurs de dix siècles aux premières pyramides d'Égypte, sont considérés comme « les constructions monumentales les plus anciennes du monde ».

4 000 siècles plus tôt, la région de Carnac était habitée par des hommes préhistoriques. A l'âge de la pierre taillée (paléolithique inférieur), par une population de nomades, contemporains de ceux de Tautavel, de Terra Amata et de la vallée de l'Ardèche.

Au 5ᵉ s. avant J.-C., les Celtes s'y installèrent. Puis, dans la région de Carnac s'éleva la grande villa gallo-romaine des Bosseno ; plus tard arrivèrent des populations venues des îles Britanniques et des moines irlandais.

★ **Église St-Cornély** – Au cœur du bourg, l'église, l'un des plus beaux monuments de style Renaissance du Morbihan, fut élevée en 1639 et placée sous le vocable de saint Cornély (Corneille), protecteur des bêtes à cornes, qui est représenté entre deux bœufs sur la façade.

La décoration date des 17ᵉ, 18ᵉ et 19ᵉ s. : porche *(côté gauche)* à baldaquin de granit en forme de couronne de style baroque, lambris des voûtes peintes au 17ᵉ s. (mystères du Rosaire, vies du Christ, de saint Jean-Baptiste, de saint Cornély), grilles du chœur et chaire en fer forgé du 18ᵉ s.

Ⓥ ► ► Musée de Préhistoire J.-Miln-Z.-Le-Rouzic★★ – Tumulus St-Michel★.

Carnac – Les mégalithes.

# CASSIS★

7 967 habitants
Cartes Michelin n⁰ˢ 84 pli 13 ou 246 pli M – Guide Vert Provence.
Plan dans le guide Rouge Michelin France.

Dans le paysage pittoresque des chaînons calcaires provençaux, Cassis occupe un très joli **site**★ au fond d'une baie dominée par le **cap Canaille**★★★ (alt. 362 m), la plus haute falaise littorale de France. Le petit port doit à la qualité de sa lumière d'avoir attiré des peintres comme Derain, Vlaminck, Matisse et Dufy.

★★ **Les Calanques** – *1 h en bateau*. A l'Ouest, entre Cassis et Marseille, le massif de Puget est échancré par les Calanques. Ces petites vallées en gorges encaissées, accessibles surtout par la mer, ont été envahies par la montée des eaux qui suivit la fonte des grands glaciers quaternaires. Elles composent des sites balnéaires plaisants et abrités de falaises où s'enracinent quelques pins maritimes. Celles d'**En-Vau**★★, de **Port-Pin**★ et de **Port-Miou** sont particulièrement caractéristiques.

# CASTRES★

44 812 habitants
Cartes Michelin n⁰ˢ 83 pli 1 ou 235 pli 31 – Guide Vert Gorges du Tarn.

Construite sur les bords de l'**Agout**, Castres est le point de départ idéal pour des excursions dans le **Sidobre**, les **monts de Lacaune** et la **Montagne Noire.**
Ville active, Castres et sa région est le premier centre français du lainage cardé. A ces activités traditionnelles du textile se sont ajoutées plus récemment diverses industries de chimie, de pharmacie et robotique.

★ **Musée Goya** ⊙ – Installé au second étage de l'ancien palais épiscopal (actuel hôtel de ville), ce musée, spécialisé dans la peinture espagnole, est célèbre pour sa collection d'**œuvres de Goya**★★, particulièrement : *La Junte des Philippines présidée par Ferdinand VII*, son *Autoportrait*, le portrait de *Francisco del Mazo* et les *Désastres de la Guerre*.

# CAUDEBEC-EN-CAUX★

2 265 habitants
Cartes Michelin n⁰ˢ 52 pli 13 ou 54 pli 9 ou 231 pli 21.
Guide Vert Normandie Vallée de la Seine.

Ville-marché (le samedi), depuis 1390, sur la rive droite de la Seine, Caudebec possède avec son **église Notre-Dame**★ « la plus belle chapelle du royaume » selon Henri IV frappé par l'heureux équilibre entre la qualité de ce chef-d'œuvre de l'architecture flamboyante et celle des œuvres sculptées qui le parent.
De la première relèvent la flèche délicatement ciselée dans sa partie haute, la balustrade qui règne au-dessus des tribunes, la façade et, intérieurement, la grande nef centrale dont le triforium ajouré manifeste l'aptitude de la craie cauchoise à se plier à la virtuosité du sculpteur.
De la seconde, l'amateur d'art observe à la façade, dans les fins jambages des piédroits, les attitudes et les expressions des petits personnages et les dais. Dans l'église, les œuvres sculptées les plus marquantes sont les panneaux des fonts baptismaux (scènes du Nouveau Testament au registre inférieur et scène de l'Ancien Testament qui les préfigure au registre supérieur), la chapelle du Sépulcre dont les statues proviennent de Jumièges et la **clef de voûte**★ de la chapelle de la Vierge (chapelle axiale) stupéfiant monolithe de sept tonnes et d'une retombée de 4,30 m.

# Corniche des CÉVENNES★★★

Cartes Michelin n⁰ˢ 80 plis 6, 16, 17 ou 240 plis 6, 10, 11, 15.
Guide Vert Gorges du Tarn.

La route dénommée « Corniche des Cévennes » fut aménagée au début du 18ᵉ s. pour faciliter la pénétration des troupes de Louis XIV chargées de réduire l'insurrection camisarde.

**De Florac à Anduze** – *67 km*. La route suit la crête « Entre deux Gardons » (ceux de St-Jean et de Ste-Croix-Vallée-Française) et offre des belvédères saisissants sur les découpures des crêtes et la profondeur des vallées.
- Dans la montée vers St-Laurent-de-Trèves, se découpent, à droite, les escarpements orientaux du causse Méjean ;
- A St-Laurent furent découvertes des traces de dinosaures datant de quelque 190 millions d'années ; **vues**★ sur le mont Aigoual, le mont Lozère et le Causse ;
- Le Can de l'Hospitalet fut l'un des sites des assemblées camisardes ;
- Le Col des Faïsses offre un large panorama sur les Cévennes ;
- Au Pompidou, la route pénètre en terrain schisteux, les châtaigniers apparaissent, puis les serres se creusent, enchevêtrées.

# La CHAISE-DIEU★★

778 habitants
Cartes Michelin nᵒˢ 76 pli 6 ou 239 pli 33 – Guide Vert Auvergne.

A plus de 1 000 m d'altitude, sur le haut plateau granitique du Livradois, La Chaise-Dieu était, déjà au 11ᵉ s., une abbaye connue ; au 12ᵉ s., elle venait, en importance, aussitôt après celle de Cluny ; au 13ᵉ s., son rayonnement gagnait le Bordelais, l'Espagne, la Sicile, la Suisse et 300 congrégations relevaient d'elle. Son apogée fut atteint lorsque Pierre Roger, l'un de ses anciens novices et moines puis prélat à Rouen, évêque d'Arras et archevêque de Sens, fut élu pape à Avignon en 1342 sous le nom de Clément VI. En 1518, l'instauration de la commende amorce son déclin que la réforme mauriste introduite par Richelieu au 17ᵉ s. ne parvient pas à enrayer ; la décadence au 18ᵉ s. précède l'extinction de l'abbaye sous la Révolution.

★★ **Église abbatiale de St-Robert** ⊘ – Une puissante façade de granit encadrée de deux tours affirme à la fois sa grandeur et sa sévérité à peine tempérée par les voussures du portail (mutilé par les huguenots) auquel conduit un escalier monumental. A l'intérieur, l'élévation, à un seul étage, est très simple. Les grandes arcades qui séparent les trois vaisseaux de hauteur presque égale s'élèvent jusqu'à la naissance des voûtes. Cette architecture de granit, d'un style gothique surbaissé, est allégée par l'élancement des piliers chanfreinés à huit pans.

★★ **Chœur des moines** – C'est l'œuvre (1344-1352) de Clément VI. Ce pape mécène, constructeur du Palais Nouveau à Avignon, qui avait pris goût au gothique septentrional, confie à l'architecte Hugues Morel l'élévation de l'abbatiale de son ancien monastère. En 1348, Clément VI, en annonçant qu'il y élit sa sépulture, confirme le sens donné à sa vie.
Les 14 **tapisseries**★★★ (1500-1518) flamandes, provenant des ateliers d'Arras et de Bruxelles, en laine, lin et soie, illustrent des scènes de la vie du Christ mises en rapport avec les épisodes de l'Ancien Testament qui les préfigurent ; la Tentation de Jésus, la Cène et le Tombeau vide sont particulièrement remarquables. Elles sont tendues au-dessus de 144 **stalles**★★ du 15ᵉ s., en chêne du Limousin, sculptées de motifs floraux ou de personnages ; celle de l'abbé et du doyen, à l'entrée, sous le jubé, étant traitées d'une manière très recherchée. Le tombeau de Clément VI, très restauré après sa mutilation par les huguenots qui prirent l'abbaye en 1572, a perdu ses pleurants mais le gisant est empreint d'une confiance sereine.

★ **Danse macabre** – 1470. Le goût des sujets morbides est apparu lors des grandes épidémies de peste noire, puis à la fin du 15ᵉ s., lors des derniers troubles de la guerre de Cent Ans. Les horreurs de la mort devinrent alors l'objet de prédications, les pierres tombales montrèrent la décomposition des corps (au lieu des gisants pacifiés), les artistes peignirent les plaies du Christ (plutôt que des Jugements derniers) ; les danses macabres devinrent un motif décoratif. Celle de La Chaise-Dieu se distingue des farandoles germaniques : elle met chacun (grands de ce monde, dames, clergé) en présence du mort qu'il deviendra. Elle a inspiré, en 1938, *La Danse des morts* au compositeur Arthur Honegger.

**Les travées de l'Ouest** – Comme le **cloître**★ et la tour Clémentine, elles sont l'œuvre de Grégoire IX, neveu de Clément VI qui voulut, par là, répondre aux besoins nés de l'affluence des pèlerins. Au 16ᵉ s., elles furent fermées par le jubé dont le balcon se prolonge sur une travée de la nef et en contourne les piliers.
Au revers de la façade un premier orgue fut installé en 1683, agrandi en 1726 ; son **buffet**★ sculpté de grands personnages est bien éloigné de l'esprit qui prévaut dans l'architecture du chœur.

# CHÂLONS-SUR-MARNE★★

Agglomération 62 452 habitants
Cartes Michelin nᵒˢ 56 pli 17 ou 241 pli 25 – Guide Vert Champagne.
Plan dans le guide Rouge Michelin France.

Installée à l'origine sur une île de la Marne, Châlons occupe le centre de la Champagne crayeuse. Au Sud-Ouest, en direction de Troyes, la plaine de l'Aube fut en 451 le théâtre des **champs Catalauniques**. On désigne sous ce nom l'ensemble des combats où Attila – qui avait renoncé à piller Lutèce sur l'intervention de sainte Geneviève – fut défait par l'armée romaine d'Aetius et dut s'enfuir vers l'Est.
Châlons vit naître, en 1749, Nicolas Appert, d'abord confiseur, puis industriel de l'alimentation, qui inventa en 1795 le procédé de conservation des aliments par stérilisation en bocaux de verre, d'abord appelé appertisation.

★★ **Cathédrale St-Étienne** – L'édifice actuel, entrepris vers 1235, appartient encore au gothique lancéolé créé à Chartres 40 ans plus tôt ; mais petit progrès sur son modèle, le triforium est ici ajouré à partir du transept.
La cathédrale est célèbre pour ses **vitraux**★. Les fenêtres hautes du chœur, celles du croisillon gauche (observer les superbes verts champenois), celle de la première travée à gauche (vitrail des Mégissiers : remarquer les peaux qui pendent) sont garnies de vitraux du 13ᵉ s. Mais les plus beaux, de la Renaissance, se trouvent dans les chapelles du bas-côté droit (Création, Paradis terrestre, Passion, Vie du Christ, Saints).

★ **Église N.-D.-en-Vaux** ⊘ – Église caractéristique du style gothique primitif dont elle présente l'élévation à quatre étages. Son déambulatoire champenois inspiré de celui de St-Remi de Reims et les vitraux du bas-côté gauche aux beaux verts champenois retiennent l'attention. A gauche de l'église, le **musée du Cloître de N.-D.-en-Vaux**★ ⊘ présente des **statues-colonnes**★★ provenant de l'ancien cloître roman.

# CHALON-SUR-SAÔNE

54 575 habitants
Cartes Michelin nᵒˢ 69 pli 9 ou 243 pli 27 – Guide Vert Bourgogne.
Plan dans le guide Rouge Michelin France.

Chalon est la grande ville de la fertile vallée de la Saône, affaissée entre les rebords du Jura et du Massif Central.

La rivière a déjà reçu à Corre le canal de l'Est en 1882, à Pontailler celui venant de la Marne en 1907, à St-Jean-de-Losne celui du Rhône au Rhin en 1833 et celui de Bourgogne en 1832. Mais ce n'est qu'à Chalon, au débouché du canal du Centre (1790), qu'elle devient réellement la « Grande Saône » des mariniers, jusqu'à Lyon où elle se jette dans le Rhône aménagé. Bien avant les facilités créées par l'ouverture de ces canaux, la Saône navigable avait engendré le commerce : on a découvert à Chalon, 20 000 pieds d'amphores ayant servi à importer du vin de la région de Naples, avant que l'implantation de la vigne en Bourgogne, dès l'époque gallo-romaine, ne cause l'extinction de ce trafic.

Depuis, et dès le 18ᵉ s., les industries se sont installées à proximité de la voie d'eau : métallurgie lourde installée par les usines Schneider du Creusot (naguère le Petit-Creusot), industries électrique et nucléaire.

**Les origines de la photographie** – Le Chalonnais Joseph **Nicéphore Niepce** (1765-1833), chercheur dans l'âme, qui, en 1807, avait donné les plans d'un moteur à combustion interne (le principe des réacteurs) mais dépourvu de talent pour le dessin et rêvant cependant de lithographie, entreprit, à 48 ans, de réaliser des gravures spontanément produites par la lumière.

Il connaissait les propriétés optiques de la chambre noire déjà observées et étudiées au 11ᵉ s. par le physicien arabe El Hazen, par Léonard de Vinci et plusieurs savants du 18ᵉ s. dont Jacques Charles le mari de Julie, l'« Elvire » de Lamartine. Après trois ans de travail, il parvient à enregistrer une image positive, et fixée, sur un support et le 28 mai 1816, il adresse à son frère Claude une gravure effectuée dans sa propriété de St-Loup-de-Varennes *(7 km au Sud)*, la première photographie. Daguerre vulgarisa la découverte et d'autres

Chalon-sur-Saône – L'appareil photographique de Nicéphore Niepce, le premier du monde (musée).

*Musée Nicéphore-Niepce Chalon-sur-Saône*

chercheurs la firent progresser (Talbot et Bayard) : procédé négatif-positif, optique, film, couleur... de la chambre à iris de Niepce à l'Hasselblad répondant aux exigences de l'exploration lunaire.

Par la simplicité de sa mise en œuvre, la photographie avait pris place au cœur de la vie moderne comme auxiliaire de la science, mode d'expression artistique et témoin de la vie familiale.

Le **musée Nicéphore-Niepce**★ ⊘ offre un panorama de l'histoire et des techniques de la photographie et des collections de documents anciens.

⊘ ►► Musée Denon★ *(peinture, collections archéologiques)*.

# CHAMBÉRY★★

Agglomération 102 548 habitants
Cartes Michelin nᵒˢ 74 pli 15 ou 244 pli 18 – Guide Vert Alpes du Nord.
Plan dans le guide Rouge Michelin France.

A dater de 1232, les comtes de Savoie installèrent leur capitale dans cette cluse de physionomie presque jurassienne qui sépare les massifs de la Chartreuse et des Bauges. Ils surent tirer parti de sa situation sur les routes traditionnelles vers l'Italie et y restèrent attachés après que leur maison se fut transportée à Turin.

Les « portiques », rue de Boigne, où la célèbre **fontaine des Éléphants** crée une illustration pittoresque, évoquent l'urbanisme architectural transalpin.

La **Ste-Chapelle**★, dans le périmètre du château, est une création d'Amédée VIII destinée à abriter le Saint Suaire emporté à Turin en 1578 par les souverains lorsque la Savoie devint française. Elle séduit par son architecture flamboyante, ses vitraux Renaissance et ses voûtes en réseau, peintes en trompe l'œil.

Aux **Charmettes** ⊘, domaine campagnard de Mme de Warens et que Jean-Jacques Rousseau habita entre 1736 à 1742, l'oratoire et le « jardin de curé » évoquent le charme de ce « séjour du bonheur et de l'innocence ».

⊘ ►► Vieille ville★ – Château★ – Musée Savoisien★ *(préhistoire, art religieux, ethnographie régionale)* – Église St-Pierre de Lémenc (crypte★).

# Château de CHAMBORD★★★

Cartes Michelin nᵒˢ 64 Sud des plis 7, 8 ou 238 pli 3.
Guide Vert Châteaux de la Loire.

A l'orée de la giboyeuse forêt solognote où nos rois et nos gouvernants ont toujours aimé chasser, dans un parc de 5 500 ha fermé par un mur long de 32 km, le **château de Chambord** ⊙ annonce les grandes constructions classiques.

Lorsque François Iᵉʳ, à 21 ans, revient d'Italie, auréolé par la victoire de Marignan qui lui a ouvert le Milanais, la vieille résidence royale de Blois, malgré les travaux qu'il y accomplit, ne le satisfait plus. Il imagine, à quatre lieues, une fabuleuse architecture de rêve dont il semble avoir confié le plan de masse à Léonard de Vinci : un donjon central de tradition féodale cantonné de tours mais ordonné en une demeure où la vie de société et le goût de la Renaissance trouvent à se déployer. Le château, entrepris en 1519, doit servir le rayonnement de la monarchie. Plus tard, Philibert Delorme, Jean Bullant puis Mansart y travaillèrent aussi.

A peine le château sortait-il de terre que le roi connaissait la défaite à Pavie et la captivité (1525). De retour en France, il jugea plus compatible avec son métier de roi de s'installer à proximité de la capitale : St-Germain-en-Laye et Fontainebleau. L'escalier (1544) est célèbre pour ses deux hélices superposées ouvrant sur des loges intérieures et par sa voûte décorée de salamandres.

Les terrasses, vrai chemin de ronde élargi en promenoir, prêtent leurs recoins à l'intrigue, aux confidences, aux jeux galants qui tenaient une grande place dans la vie de cette brillante société. Leurs lanternes décorées de poivrières féodales, les colonnettes adossées aux souches des cheminées, les lucarnes de la toiture, les coquilles garnissant les fausses fenêtres, les marqueteries d'ardoise en constituent le théâtre.

Les appartements composent un très riche aménagement muséographique (boiseries, tapisseries, mobilier, portraits, collections cynégétiques).

# CHAMONIX-MONT-BLANC★★★

*9 700 habitants*
Cartes Michelin nᵒˢ 74 plis 8, 9 ou 244 pli 21 – Guide Vert Alpes du Nord.
Plan dans le guide Rouge Michelin France.

La capitale française de l'alpinisme et de la haute montagne, au pied de ses célèbres aiguilles qui la dominent de près de 3 000 m, et en vue du dôme terminal du Mont-Blanc, occupe un élargissement de la vallée glaciaire de l'Arve, au cœur du massif. Celui-ci, par son altitude, la vigueur de ses reliefs, ses roches cristallines, sa morphologie glaciaire, est le plus célèbre des massifs centraux.

La langue terminale du glacier des Bossons, long de 7 km, descendant du dôme du Goûter, est suspendue, 500 m au-dessus de la vallée à l'entrée de la ville.

Chamonix servit de champ d'observation en Savoie au naturaliste et géologue genevois Saussure qui, en 1760, promit une récompense au vainqueur du Mont-Blanc. Le 8 août 1786, le Dr Michel Paccard et Jacques Balmat réussirent l'exploit, inaugurant par là l'ère des escalades en montagne... et l'urbanisation de la vallée.

## ENVIRONS

★★★ **Aiguille du Midi** ⊙ – *Compter 5 h par téléphériques et télécabine.* L'aiguille du Midi et, mieux encore, son piton central (alt. 3 842 m) offrent un **panorama**★★★ éblouissant sur les splendeurs neigeuses de la haute montagne : **Mont-Blanc**, Mont-Maudit, Grandes Jorasses, dôme du Goûter dont les contreforts sont enfouis sous quelque 30 m de glace. Les granits apparaissent dans les dômes

Chamonix – Les aiguilles des Drus.

et les sommets arrondis (Mont-Blanc, Peuterey, Goûter), les schistes dans les aiguilles et les arêtes vives séparant les couloirs de neige (Drus, Grandes Jorasses).

La **vallée Blanche** ⊙ ou glacier du Géant *(traversée par télécabine jusqu'à la pointe Helbronner)* permet d'observer les cirques glaciaires supérieurs avec leurs flancs déchiquetés par les attaques incessantes du gel. La neige persistante s'accumule dans les « cirques », s'y tasse, s'y durcit en « **névé** » où elle se transforme en glace dont le fleuve se fendille en crevasses, se coupe en « **sérac**s » et s'écoule en une langue glaciaire dans la vallée naissante qu'elle rabote. De la sorte, les glaciers du Géant et du Mont-Blanc-de-Tacul représentent la partie haute de la Mer de Glace.

★★★ **Mer de Glace (par le Montenvers)** ⊘ – *2 h 1/2 par chemin de fer à crémaillère puis téléphérique.* De la gare supérieure du chemin de fer inauguré en 1908, se découvre l'ensemble de la mer de Glace. Le glacier, long de 14 km, épais de 400 m par endroits, progresse de 90 m par an. Il transporte des roches qui, tels des abrasifs, strient ses parois, charrie des débris rocheux que son évaporation laisse en surface et qui lui donnent son aspect souillé et grisâtre ; à l'aval, il les dépose en une moraine frontale. Dépassant les épaulements latéraux (cascades), le **panorama**★★★ est célèbre pour son cadre montagneux : aiguilles du Grand-Charmoz, du Grépon, de Blaitière, du Tacul, Pointe Helbronner, Dent du Géant, Grandes Jorasses, les Drus, Aiguille Verte du Montenvers.

⊘ ➤➤ Le **Brévent**★★★ – La **Flégère**★★ – L'**aiguille des Grands-Montets**★★★ – **Bellevue**★★ et le **Nid d'Aigle** (glacier de Bionnassay)★★.

## Château de CHANTILLY★★★

Carte Michelin n° 106 pli 8 – Guide Vert Ile-de-France.
Plan dans le guide Rouge Michelin France.

Le nom de Chantilly, placé sous le signe de l'élégance, évoque un château, d'admirables collections d'art, un parc, une forêt et le monde du cheval et des courses.

**Château** ⊘ – En 1528, l'année même où François I<sup>er</sup> entreprend Fontainebleau, Pierre Chambiges édifie sur les fondations d'un château féodal, qui déjà avait été reconstruit en 1386, pour Anne de Montmorency, le grand connétable qui servit six rois de Louis XII à Charles IX, un château, dans le goût nouveau de la Renaissance, qui saisit Charles Quint d'admiration.
En 1560, Jean Bullant donne les plans d'un petit château attenant, au Sud.
Dans ce dernier, dont plus tard le Grand Condé et ses descendants firent leurs appartements, on admire de nos jours des boiseries Régence et rocaille et, en particulier, dans le cabinet des Livres les *Très Riches Heures du duc de Berry*, manuscrit somptueusement enluminé en 1415 par les frères Limbourg et achevé, 60 ans plus tard, par Jean Colombe (reproductions), des vélins, des incunables, des coffrets d'argent, des icônes et, dans la chambre de Monsieur le Prince, une commode de Riesener.
Par mariage, Charlotte de Montmorency apporte Chantilly à Henri II de Bourbon-Condé. Leur fils Louis II de Bourbon, dit le Grand Condé, fait travailler Le Nôtre au parc, aux bosquets, aux parterres d'eau (dont les jeux sont si réussis que Louis XIV voulut les imiter, en plus grand, à Versailles), François Mansart qui redessine la façade (faisant ainsi disparaître l'œuvre de Pierre Chambiges) et redistribue les pièces, Vatel comme maître d'hôtel qui se donna la mort lors d'une réception, à cause, dit-on, du retard d'une marée.
La Révolution rase le grand château au niveau du 1<sup>er</sup> étage, ruine le petit et démantèle le parc.
A son retour d'exil, Louis-Joseph de Condé s'attache à remembrer son domaine et à le remettre en état. A sa mort, il le transmet au duc d'Aumale (Henri d'Orléans, cinquième fils de Louis-Philippe) qui fait réédifier le grand château de 1875 à 1883 dans un style néo-Renaissance et lègue à l'Institut de France cet ensemble à la fois palais, mausolée et musée.
Le grand château abrite un **musée**★★ d'une richesse telle (manuscrits, mobilier, peinture, sculpture...) qu'il serait difficile de constituer de nos jours une pareille collection.

★★ **Grandes écuries** – Elles furent édifiées en 1721 par Jean Aubert pour Louis-Henri de Bourbon, arrière-petit-fils du Grand Condé. Ce chef-d'œuvre déjà très admiré à son époque est le plus noble monument du 18<sup>e</sup> s. de Chantilly qui nous soit parvenu. Les grandes écuries abritent le **musée vivant du Cheval et du Poney**★ ⊘ (stalles de l'époque du duc d'Aumale, collections de harnachements, de costumes, d'outillage des métiers liés à la plus noble conquête de l'homme, et, dans la rotonde centrale, démonstrations équestres commentées).
3 000 chevaux à l'entraînement sur les pistes, des prix (Jockey Club, Diane), des chasses à courre perpétuent la première grande réunion hippique officielle du 15 mai 1834 et font de Chantilly la capitale du pur-sang.

⊘ ➤➤ **Parc**★★ – **Appartements des Princes**★ – **Jardin anglais**★.

## CHAOURCE★

1 031 habitants
Cartes Michelin n<sup>os</sup> 61 pli 17 ou 241 pli 41 – Guide Vert Champagne.

Au cœur de la Champagne humide, Chaource possède une **église**★ rurale gothique particulièrement intéressante (chœur du 12<sup>e</sup> s., nef des 15<sup>e</sup> et 16<sup>e</sup> s.).
Le monument, restauré après le bombardement du 14 juin 1940, peut presque être considéré comme un musée d'art rural champenois, attachant par la simplicité et la vérité de la statuaire qui provient, pour partie, de sanctuaires désaffectés du voisinage. Quelques œuvres méritent une attention toute particulière : le grand Christ de pitié du 15<sup>e</sup> s. et, du 16<sup>e</sup> s., mais encore de goût gothique, la Sainte Marthe *(chapelle de la Vierge)* plus tardive que celle de l'église Sainte Madeleine de Troyes, le **St-Sépulcre**★★, la crèche et la pietà de la chapelle du Paradis *(à gauche)*.

# CHARLEVILLE-MÉZIÈRES

Agglomération 67 213 habitants
Cartes Michelin n°s 53 pli 18 ou 241 pli 10 – Guide Vert Champagne.
Plan dans le guide Rouge Michelin France.

Ville double. Mézières, administrative et militaire, s'est développée à partir du 10e s. au pied d'un château gardant l'isthme formé au Sud par le triple méandre de la Meuse ; Charleville, commerçante et bourgeoise, a grandi au 17e s. dans le méandre central plus épanoui.

Arthur Rimbaud y naquit en 1854 ; ce grand poète symboliste, en révolte contre la société, pénétra peu à peu dans la recherche d'un subconscient exprimé (les nuits du *Bateau ivre*), annonçant les tentatives d'écriture automatique des surréalistes.

★★ **Place ducale** – Comme la ville, la place fut construite en 16 ans à partir de 1612 par Clément Métezeau, frère cadet de Louis qui achevait l'année même la place des Vosges à Paris. La parenté entre les deux ensembles est donc bien naturelle : même goût de l'ordonnance géométrique, mêmes pavillons de brique à chaînages de pierre édifiés sur avant-soliers dont les arcades présentent un dessin très régulier. Plusieurs de ces pavillons, restaurés, ont retrouvé leurs œils-de-bœuf et leurs frontons Louis XIII.

Sur le côté Ouest, le palais de justice et l'hôtel de ville sont plus tardifs et plus banals en dépit de leurs pilastres et de leurs balcons en avant-corps.

Au centre de la place se dresse la statue de Charles de Gonzague qui obtint des privilèges de franche gabelle pour la ville qu'il venait de fonder et lui donna son nom.

# CHARTRES★★★

39 595 habitants
Carte Michelin n° 106 pli 37 – Guide Vert Ile-de-France.
Plan dans le guide Rouge Michelin France.

En progressant vers Chartres, dans l'immense terre à blé de la Beauce, le regard cherche d'abord, puis discerne, distingue, détaille et admire la silhouette de la cathédrale dont Rodin faisait « l'Acropole de la France ».

En ce lieu qui, dans l'Antiquité, fut à la fois la ville de la peuplade des Carnutes et un important centre religieux druidique, se pratiquait le culte des eaux ; peut-être aussi celui de la déesse-mère en qui les évangélisateurs auraient vu une préfiguration de la Vierge.

Au contact entre le plateau beauceron et la vallée encaissée de l'Eure, le **Vieux Chartres**★ compose un quartier pittoresque, évocateur de la vie séculaire de cette capitale de la Beauce : ville de négoce et d'artisanat. Les « métiers de la rivière », meuniers, teinturiers, corroyeurs, cordonniers, foulons, drapiers, sergiers, tanneurs,

|  | Gallo-Romain |  | 11e-12e siècle |
|---|---|---|---|
|  | 9e siècle |  | 13e siècle |

Chapelle St-Piat- 14e s.
( Trésor )

N

0    20 m

Déambulatoire

Sacristie

CHŒUR

Clôture ★★

Crypte

Portail
Nord

Croisillon
Nord

TRANSEPT

Croisillon
Sud

Portail
Sud

Parties hautes

Remblais

NEF

Pavillon
de l'Horloge
16e s.

Clocher
Neuf

Clocher
Vieux

8

9

10

11

7

Portail Royal ★★★

**CATHÉDRALE** ★★★

**CRYPTE** ★

1   Notre-Dame-de-la-Belle-Verrière
2   Vitrail de Saint Fulbert
3   Vitrail de la Paix
4   Chapelle Vendôme
5   Orgues
6   Vierge du Pilier

7   Chapelle St-Martin
8   Crypte St-Lubin
9   Mur gallo-romain
10  Puits des Saints-Forts
11  Chapelle Notre-Dame-de-Sous-Terre

mégissiers y exerçaient leur bourdonnante activité. Les biefs des anciens moulins, les lavoirs ont été remis en valeur ; de vieilles maisons du 17e s. ont conservé leur portail à bossages surmonté d'un œil-de-bœuf. Le quartier St-André, les bords de l'Eure, la rue des Écuyers, le grenier de Loëns, la rue du Cygne en constituent les sites les plus attrayants.

De bonne heure, un pèlerinage à N.-D.-sous-Terre s'y développa et au 11e s. l'évêque Fulbert éleva une cathédrale qui fut incendiée en 1194.

★★★ **Cathédrale Notre-Dame** – La reconstruction de l'édifice fut entreprise aussitôt et menée à bien en 25 ans seulement. Les porches Nord et Sud furent ajoutés 20 ans plus tard, ce qui assure au grand œuvre et à sa décoration une homogénéité presque unique dans le style gothique. Depuis près de 8 siècles, la cathédrale où l'on dénombre 175 figurations de la Vierge se prête aux grands pèlerinages par son vaste chœur entouré d'un double déambulatoire et par son immense transept. De même les pèlerins isolés la fréquentent de façon presque ininterrompue. Le plus célèbre d'entre eux est Charles Péguy qui y vint en 1912 et en 1913 et nous transmit son émotion dans sa *Présentation de la Beauce à Notre-Dame de Chartres* :

« Un homme de chez nous, de la glèbe féconde
A fait jaillir ici d'un seul enlèvement,
Et d'une seule source et d'un seul portement,
Vers votre assomption la flèche unique au monde... »

Le nouvel édifice fait accomplir au gothique de transition des progrès irréversibles. La voûte sexpartite, dont la travée de base est de plan carré, est remplacée par une suite de travées rectangulaires ; les grandes arcades et les arcs des fenêtres sont devenus plus aigus ; une baie ronde s'inscrit à l'abri du formeret au-dessus des fenêtres hautes ; les tribunes qui assuraient l'équilibre des édifices antérieurs sont abandonnées et leur fonction assurée par l'emploi généralisé d'arcs-boutants ; un étroit triforium (encore aveugle) facilite la visite technique des étages supérieurs ⊘. C'est le gothique lancéolé.

A l'extérieur fuse la verticalité du gothique, mais l'architecte a su conserver deux grands chefs-d'œuvre romans : le clocher vieux (1145), prodigieux d'audace et de légèreté

« C'est l'épi le plus dur qui soit jamais monté...
La flèche irréprochable et qui ne peut faillir...
L'angle une fois trouvé par un seul homme au monde... » *(Ch. Péguy)*

et le **portail Royal**★★★ (façade Ouest) dont les statues colonnes alignent dans l'embrasure des portes leurs personnages aux corps raides et aux visages intensément expressifs. Les **vitraux**★★★ irradient de leur douce lumière la pénombre intérieure. Ils couvrent 2 700 m² et comptent 5 000 personnages. 45 furent offerts par des confréries de corporations. Ils datent pour la plupart des 12e et 13e s. et constituent un des sommets de cet art. Le « bleu de Chartres » est fameux pour sa limpidité et sa profondeur ; sa gamme transparaît en particulier dans la merveilleuse N.-D.-de-la-Belle-Verrière (1). En 1964, les architectes américains ont offert un vitrail à la cathédrale (2) et, de même, en 1971, les amis allemands de la cathédrale (3).

⊘ ►► Musée des Beaux-Arts *(émaux★)* – Église St-Pierre★ *(verrières★)*.

# Massif de La CHARTREUSE★★

Cartes Michelin nos 74 pli 15 et 77 pli 5 ou 244 plis 28, 29.
Guide Vert Alpes du Nord.

Le petit massif de la Chartreuse, peu élevé, couvert de sapinières, délimité par les cluses de Grenoble et de Chambéry et par le Grésivaudan, relève des Préalpes du Nord. La hardiesse de ses crêtes, la vigueur de ses reliefs, l'encaissement de ses vallées lui confèrent une physionomie très montagnarde. Il les doit à la grande épaisseur et à la résistance de ses bancs de calcaire urgonien, plissés et faillés.

Le massif a donné son nom au monastère fondé, en 1084, dans le « désert » par saint Bruno et qui devint la maison mère de l'ordre religieux qui en naquit.

★★★ **Charmant-Som** – *1 h 1/2 à pied AR.* Panorama sur le sommet de Chamechaude, la vallée du Guiers-Mort et le site du couvent dans une combe presque jurassienne.

★★ **Pas du Frou** – Profonde entaille creusée par le Guiers-Vif.

★★ **Col du Granier** – Cette formidable paroi représente l'entaille faite par l'érosion à la base d'un pli en berceau (synclinal).

★★ **Bec du Margain** – Le Bec domine de 820 m le couloir du Grésivaudan, le plus connu du Sillon alpin, ouvert entre les Massifs Centraux et les Préalpes. Cette ancienne fosse marine, calibrée et façonnée par les glaciers, nivelée par les alluvions de l'Isère, est un grand axe de circulation. Au côté Chartreuse adonné aux vignes et aux cultures s'oppose le versant Belledonne beaucoup plus austère et industriel (papeterie – chimie – métallurgie – électricité) ; à Lancey, en 1891, Aristide Bergès orienta les aménagements hydrauliques d'une papeterie vers la production de « houille blanche ». A l'horizon, la **vue** porte, de droite à gauche, sur le Vercors, les Grandes Rousses, le massif de Belledonne, le Mont-Blanc et les Bauges.

# CHÂTILLON-SUR-SEINE★

6 862 habitants
Cartes Michelin nᵒˢ 65 pli 8 ou 243 pli 2 – Guide Vert Bourgogne.

Châtillon occupe à proximité de l'oppidum celte du mont Lassois, près de Vix *(7 km au Nord)*, une situation antique intéressante. La haute Seine cessait, ici, d'être navigable sur l'itinéraire commercial qui, par les vallées alpines et jurassiennes, assurait les échanges d'ambre, d'étain, de corail et de céramique entre les peuples de Cornouailles britannique et les Étrusques d'Italie. Des entrepôts de rupture de charge, générateurs de richesse, y fructifiaient.

★★ **Trésor de Vix** – Le 1ᵉʳ étage du **musée** ⊘ abrite les pièces maîtresses découvertes dans la tombe d'une reine de 30 ans inhumée au tout début du 5ᵉ s. avant J.-C. Elles permettent d'imaginer la qualité du mobilier que les classes aisées importaient alors de Grèce et d'Italie par la richesse de quelques pièces exposées : gigantesque cratère, chef-d'œuvre des bronziers grecs, vases de l'industrie étrusque, bijoux d'or (diadème) et de fer de fabrication gauloise.

➤➤ Source de la Douix★.

# Château de CHAVANIAC-LAFAYETTE

Cartes Michelin nᵒˢ 76 pli 6 ou 239 pli 33 – Guide Vert Auvergne.

La demeure ⊘ où naquit, le 6 septembre 1757, Marie-Joseph-Gilbert, marquis de La Fayette occupe une des dernières pentes du Livradois au-dessus du val d'Allier. L'histoire de l'amitié franco-américaine l'emporte ici sur l'archéologie.

A 19 ans, **La Fayette**, au courant de ce qui se prépare en Amérique, obtient un contrat de disponibilité. Un mois plus tard, on apprend à Paris la proclamation de l'Indépendance ; La Fayette s'enflamme pour la cause des « Insurgents » et se fait prosélyte. Il finance lui-même, de son immense fortune, les dépenses de son expédition. Il débarque à Georgetown en 1777, se lie d'amitié avec Washington et combat avec lui. En octobre, la victoire de Saratoga rallie la cour de France à leur cause ; le roi signe un traité d'alliance et envoie une armée de secours. Le 17 octobre 1781, la victoire de Yorktown est celle de Washington, de La Fayette et de l'Amérique dont l'Indépendance est consacrée par le traité de Versailles signé le 3 septembre 1783. De retour en France, La Fayette participe aux grandes manifestations de la Révolution alors que son ami était élu président des États-Unis en 1789.

Le château, acquis en 1916 par l'association The La Fayette Memorial Inc. grâce à Mme Astor, abrite du mobilier rural des 17ᵉ et 18ᵉ s. mais surtout d'émouvants souvenirs des deux héros.

# Château de CHENONCEAU★★★

Cartes Michelin nᵒˢ 64 pli 16 ou 238 pli 14.
Guide Vert Châteaux de la Loire.

Le **château de Chenonceau** *(1)* ⊘ est un joyau de la Renaissance construit de 1513 à 1521, à l'emplacement d'un moulin fortifié en bordure du Cher, pour Thomas Bohier, intendant des finances de François Iᵉʳ. Son logis, rectangulaire, s'orne extérieurement de tourelles d'angles et de lucarnes en œils-de-bœuf sculptées d'amours.

Six femmes ont régné sur cette demeure ; trois l'ont tout particulièrement marquée de leur sceau de maîtresse de maison.

**Catherine Briçonnet**, épouse de Thomas Bohier, en imagine le vestibule central droit, véritable salon d'accueil sur lequel donnent les pièces ; son arête axiale, brisée par la disposition des clefs de voûtes, est un chef-d'œuvre. Elle innove aussi en introduisant, dès 1515, dans le Val, un escalier à l'italienne dont les rampes droites sont plus adaptées aux réceptions que les vis gothiques ; mais les retours en sont encore courbes et coupés de marches.

**Diane de Poitiers**, en 1556, confie à Philibert Delorme, qui avait travaillé pour elle à Anet, le dessin de son jardin floral *(côté Est)* et le dessin du pont qu'elle veut lancer sur le Cher.

Trois ans plus tard, à la mort d'Henri II, **Catherine de Médicis** humilie la favorite en la contraignant à lui céder Chenonceau en échange de Chaumont. Plus tard elle fait élever sur le pont les deux étages de galeries, dessiner le jardin Ouest devant les communs et agrandir les fenêtres en leur donnant leurs frontons ouvragés.

Dans les pièces, admirer tout particulièrement une cheminée de Jean Goujon (salle de Diane de Poitiers), la librairie de 1521, le plafond du cabinet Vert, le portrait de Diane par Le Primatice, les tapisseries et le linteau de cheminée du salon Louis XIV, tout à fait Renaissance par ses rinceaux, ses corbeilles de fruits, ses cornes d'abondance et ses animaux fantastiques.

---

*(1) Chenonceaux, commune, comporte un x ; le château n'en a pas.*

# CHERBOURG

Agglomération 92 045 habitants
Cartes Michelin nᵒˢ 54 pli 2 ou 231 pli 2 – Guide Vert Normandie Cotentin.
Plan dans le guide Rouge Michelin France.

Cherbourg doit à sa situation extrême, à la pointe du Cotentin, d'être devenue à la fois un port militaire et une escale transatlantique.

Déjà au 17e s., Vauban avait reconnu « la position audacieuse » de Cherbourg ; mais sans protection face à la puissance des vagues, le site était sans valeur. Il fallait donc l'abriter par une digue qu'imagina le capitaine de vaisseau de La Bretonnière. Les travaux commencèrent en 1776 et Louis XVI assista à l'immersion de l'un des gigantesques cônes de charpente bourrés de moellons et de mortier. Mais la mer détruisait l'œuvre des hommes à mesure qu'elle s'accomplissait. La lutte dura trois quarts de siècle avant que la digue pût résister aux éléments déchaînés. Le port militaire, commencé sur ordre de Napoléon Ier, fut inauguré en 1858, par Napoléon III. Enfin en 1869 un premier transatlantique mouillait dans la rade.

**Les hommes-grenouilles à l'œuvre** – La prise de Cherbourg, les 26 et 27 juin 1944, devait marquer une étape décisive de la bataille de Normandie. Mais le 7e corps américain trouva le port dévasté et infesté de mines. Aidé d'hommes-grenouilles de la Royal Navy, il dut draguer le port jusqu'à la dernière épave afin que les installations encore en service prennent le relais du port artificiel d'Arromanches pour assurer le ravitaillement des troupes alliées.

Des terrasses du fort de Roule (**musée de la Libération** ⊘) le **panorama**★ se déploie sur la grande rade, la petite rade, les bassins et les quais où s'exercent les activités du port.

# Château de CHEVERNY★★★

Cartes Michelin nᵒˢ 64 pli 17 ou 238 pli 15 – Guide Vert Châteaux de la Loire.

H. Boulé, Rennes

Cheverny – La façade du château.

**Cheverny** ⊘, construit de 1604 à 1634, présente la simplicité et la distinction toute classique de l'architecture Henri IV et Louis XIII.

Sa façade est bâtie en pierre de Bourré *(28 km au Sud-Ouest)* qui blanchit et durcit avec le temps. Elle s'ordonne de façon symétrique de part et d'autre de la cage centrale d'escalier. Deux grands pavillons d'angle à dômes carrés délimitent le corps de logis ; les grands toits d'ardoise Louis XIII sont percés de mansardes et d'œils-de-bœuf. A l'étage, entre les fenêtres couronnées de volutes, les tableaux des murs portent les médaillons des César (le buste de Jules César occupe le fronton central). La porte, très élégante, s'orne, à l'imposte, de deux grands colliers concentriques, celui de l'ordre du St-Esprit avec la croix de Malte et, à l'intérieur, celui de l'ordre de St-Michel.

Les appartements, desservis par un majestueux escalier Louis XIII à montées droites, orné de balustres massifs et d'une abondante décoration sculptée, abritent un riche mobilier du 17e au 19e s.

# CHINON★★

8 627 habitants
Cartes Michelin n<sup>os</sup> 67 pli 9 ou 232 pli 34 – Guide Vert Châteaux de la Loire.
Plan dans le guide Rouge Michelin France.

Au Sud du fertile Véron, Chinon occupe en bordure de la Vienne un site bien exposé et connu pour la douceur de son climat.

A la métairie de **la Devinière** *(8 km au Sud-Ouest)* naquit, en 1494, **François Rabelais**, fils d'un avocat de Chinon. Il étudia la médecine à Montpellier, la pratiqua à Lyon. Sous un style bouffon, il inocule à la bourgeoisie naissante le mépris de la cuistrerie et de la fausse culture et le respect d'une morale sociale fondée sur la droiture d'hommes libres et intègres.

François Rabelais

★★ **Le Vieux Chinon** – La « Ville-Fort » (fortifiée) de Jeanne d'Arc conserve sa physionomie médiévale et Renaissance. Ses vieilles maisons à colombage et à poteaux corniers, ses gentilhommières des 16<sup>e</sup> et 17<sup>e</sup> s., pour la plupart en tuffeau blanc, composent un paysage urbain d'un grand pouvoir évocateur.

La rue Voltaire (anciennement Haute-St-Maurice) en constitue le grand axe. Le musée du Vieux Chinon (demeure ogivale où Richard Cœur de Lion serait mort le 6 avril 1199 et où se tinrent les états généraux de 1421), l'hôtel du Gouvernement (arcades 17<sup>e</sup> s. dans la cour), le palais du Bailliage du 15<sup>e</sup> s. et l'hôtel Poirier de Beauvais (16<sup>e</sup> s.) la bordent.

Au **Grand Carroi**★★ (carrefour) se pressent les demeures les plus anciennes du quartier ; sur la margelle du puits, **Jeanne d'Arc** arrivant de Vaucouleurs aurait posé le pied pour descendre de cheval, le dimanche 6 mars 1429. Le surlendemain, au château, elle identifiait le dauphin mêlé à la troupe de ses courtisans et lui déclarait « tu es héritier de France et vrai fils de roi, lieutenant du roi des Cieux qui est roi de France », scène émouvante bien propre à mettre fin aux doutes sur sa naissance qui le torturaient. De là, elle fut envoyée à Poitiers. De retour à Chinon, elle reçut quelques hommes d'armes et partit le 20 avril vers son destin miraculeux et tragique.

★★ **Château** ⊙ – L'éperon qui domine Chinon fut occupé par un oppidum gaulois puis par un château fort avant que Henri II Plantagenêt n'y élève en 1152, pour protéger l'Anjou de la menace capétienne, le château actuel. Celui-ci, conquis en 1205 par Philippe Auguste sur Jean sans Terre, devint une résidence royale renforcée par Charles VII puis fut abandonné par la cour et peu à peu démantelé. Le château fut en 1308 la prison des dignitaires de l'ordre du Temple et en 1498 le lieu où Louis XII reçut Louis Borgia, légat pontifical, venu lui remettre la bulle d'annulation de son mariage avec Jeanne de France, ce qui rendait possible son union avec Anne de Bretagne.

Les ruines comprennent à l'Est le fort St-Georges protégeant le point le plus vulnérable du château ; le château du Milieu (porte de l'Horloge, jardins offrant une belle vue sur le Vieux Chinon, logis royaux) et le fort du Coudray à l'extrémité de l'éperon.

## ENVIRONS

★ **Champigny-sur-Veude** – *15 km au Sud*. Le château de Champigny, bâti dans la première moitié du 16<sup>e</sup> s. par Louis de Bourbon et son fils, fut démoli en 1635 sur ordre de Richelieu : il aurait porté ombrage à celui que le cardinal édifiait alors, 6 km plus au Sud, et pour lequel ses matériaux furent réutilisés. Seuls ont subsisté les communs et la chapelle.

★ **Sainte-Chapelle** ⊙ – C'est un bijou Renaissance allégé par deux originales galeries latérales et qui s'ouvre par un porche (1570) de Toussaint Chesneau, véritable avant-corps traité à l'antique avec ses volutes, ses entrelacs, ses pilastres, sa terrasse et déjà annonciateur de classicisme.

Elle est éclairée par d'admirables **vitraux**★★ Renaissance (1538-1561) attribués aux Pinaigrier, maîtres verriers de Tours, de l'école de Jean Fouquet et de Bourdichon. Quelques-uns sont peut-être sortis d'un atelier bourbonnais. Ils représentent 34 portraits des Bourbon-Montpensier, des épisodes de la vie de Saint Louis et des scènes de la Passion. Le chatoiement de leurs couleurs, des bleus de Prusse surtout à reflets mordorés, est incomparable.

★ **Richelieu** – A 25 km au Sud. Le *« bourg clos »* voulu par le cardinal Armand du Plessis matérialise le sens de l'ordre, de l'équilibre mesuré, de la symétrie qui inaugure le Grand Siècle. La ville que La Fontaine nommait le « plus beau village de l'univers » fut construite par Lemercier. Il ne reste aujourd'hui presque plus rien de l'orgueilleuse demeure du cardinal.

⊙ ►► Musée de l'hôtel de ville – Promenade en train à vapeur (entre Chinon et Richelieu).

# CLERMONT-FERRAND★★

Agglomération 254 416 habitants
Cartes Michelin nᵒˢ 73 pli 14 ou 239 plis 19, 20 – Guide Vert Auvergne.
Plan dans le guide Rouge Michelin France.

Le **site**★★ de Clermont doit son originalité au volcanisme. Le quartier ancien, bâti sur un cône éruptif, compose avec ses vieilles maisons et sa cathédrale de lave une « ville noire ». Au Nord, les plateaux de Chanturgue et des Côtes où s'était installé un oppidum gaulois représentent, à un niveau ancien de la Limagne, des surfaces que le phénomène d'inversion de relief a protégées de l'érosion et qui se trouvent maintenant en altitude. À l'horizon, la chaîne des Puys donne à la capitale de l'Auvergne son arrière-plan incomparable. La place de la Poterne, où s'élève la jolie **fontaine d'Amboise**★ (1515), est un bel observatoire de ce site.

**Vercingétorix** – En 58 avant J.-C., la Narbonnaise ne suffit plus pour la tranquillité de Rome : il faut que la Gaule entière devienne un glacis, une voie sûre pour ses importations d'étain et d'ambre, un terroir agricole pour son approvisionnement. César, poussé par l'ambition de la gloire, entreprend donc de la soumettre. En mars 52, il se présente avec six légions devant le grand oppidum des Arvernes. Quelques jours plus tard, il essuie devant les troupes de Vercingétorix (72-46 avant J.-C.) – à qui une fougueuse statue équestre, par Bartholdi, a été élevée sur un terre-plein de la place de Jaude – un revers mémorable qui le contraint à rebrousser chemin, par le Berry, la Bourgogne et le Jura, vers l'Italie. Les spécialistes n'ont pas encore pu s'accorder sur le site de cette bataille (plateaux de Chanturgue ou de Gergovie ?) non plus que sur celui de la bataille d'Alésia (Alise-Ste-Reine en Bourgogne ou Chaux-de-Crotenay dans le Jura... ?) qui, à la fin de l'été, marqua la victoire décisive de César. Durant 6 ans, le chef gaulois attendit, incarcéré à Rome dans la prison Mamertine, son exécution par strangulation ordonnée par César.

**La première croisade** – Le 28 novembre 1095, sur la place Delille, le pape Urbain II, ancien moine de Cluny, clôture un concile tenu à Clermont en raison de la stabilité de la province. En présence d'une foule d'archevêques, d'évêques, d'abbés mitrés, de barons, de chevaliers, de menu peuple, il exhorte son auditoire à reconquérir la Terre sainte. L'accroissement de population que connut l'Auvergne dans le siècle qui suivit les invasions des Francs, des Normands et des Danois permit la réalisation de cet élan de foi populaire parti au cri de « Dieu le veut ».

D'innombrables croisés avaient péri en chemin lorsque Godefroy de Bouillon se rendit maître de Jérusalem 3 ans plus tard.

**Blaise Pascal** – 1623-1662. Au Sud-Ouest de la cathédrale, une dalle marque l'emplacement de la maison natale de cet écrivain et penseur de génie insoumis, par tempérament, aux idées reçues. Son organisme, torturé par la maladie, abrite une intelligence d'une acuité et d'une précocité scientifique surprenantes : il étudie à 11 ans les lois de l'acoustique, à 12 ans, il redécouvre, seul, la 32ᵉ proposition d'Euclide, à 16 ans, il rédige un Essai sur les coniques qui étonne Fermat, Roberval et Descartes, à 19 ans, il invente une machine à calculer *(exposée au musée du Ranquet)*. Puis il imagine une presse hydraulique, le principe de l'hydrostatique, pressent le calcul des probabilités. A 33 ans, il met son talent littéraire au service de la cause de Port-Royal ; à 34, il rédige ses notes, les *Pensées,* où l'on voit « l'œuvre la plus forte du 17ᵉ s. et l'un des textes majeurs de notre littérature ».

Blaise Pascal (musée du Ranquet).

« A mesure que l'on a plus d'esprit, on trouve qu'il y a plus d'hommes originaux ; les gens du commun ne trouvent pas de différence entre les hommes... On se persuade mieux, pour l'ordinaire, par les raisons qu'on a soi-même trouvées, que par celles qui sont venues dans l'esprit des autres... »

**Les Grands Jours d'Auvergne** – Le lundi 28 septembre 1665 les Grands Jours s'ouvrent à Clermont ; ils s'y tiennent jusqu'au 30 janvier 1666. En envoyant ses commissaires revêtus de la pleine autorité judiciaire en Auvergne, province centrale restée à l'égard de la Fronde, il semble que Louis XIV ait voulu manifester par une opération exemplaire l'autorité royale et l'arrivée d'une période d'ordre. Cela, en réprimant le comportement souvent tyrannique et la violence excessive par laquelle les seigneurs avaient compté réduire les rébellions paysannes qui depuis un quart de siècle, en Auvergne comme ailleurs, étaient nées des contraintes d'un pouvoir central en formation.

La cour instruit 1 360 dossiers, prononce 692 arrêts de condamnation dont 450 par défaut car les auteurs des crimes et même les suspects ont pris la fuite dès la première des 23 exécutions effectives. Du coup, les sentences ne sont plus prononcées que par contumace et les pendaisons exécutées en effigie. Ce simulacre de justice, « sans qu'il y eût de sang répandu » *(Esprit Fléchier)*, permet néanmoins la restitution de nombreux biens et la destruction de châteaux qu'avait épargnés Richelieu, 40 ans plus tôt. L'autorité de l'État et la justice royale se sont fait sentir pour tous et dans toute la France.

### La cité du pneu

Vers 1830, Aristide Barbier et Édouard Daubrée s'associent et fondent à Clermont une petite usine de machines agricoles auxquelles ils ajoutent des balles, des courroies et des tuyaux de caoutchouc.

En 1886, les frères **André** puis **Édouard Michelin**, petits-fils de Barbier, la prennent en main. Ces deux génies créateurs, sachant découvrir la réalité derrière l'accessoire, appliquent, les premiers, la méthode scientifique à l'industrie. La satisfaction des besoins réels du client, l'observation scrupuleuse de la réalité, la révision incessante des acquis antérieurs leur permettent de créer, en particulier, le pneu vélo démontable en 1891, le pneu pour auto en 1895, le pneu « Confort » à basse pression en 1923.

Suivent en 1937 le « Métalic » à carcasse en acier qui fait du poids lourd un véritable outil de transport, en 1946 le radial (commercialisé sous l'appellation « X » en 1949), associant une carcasse radiale réglant le problème de l'échauffement et une ceinture triangulée en acier assurant la tenue de route ... inlassablement perfectionné depuis. Ainsi, depuis 1991, le pneu dit « Vert » ou « basse résistance au roulement », est devenu une réalité. Ce concept contribue à la protection de l'environnement, en permettant une diminution de la consommation de carburant du véhicule.

★★ **Basilique N.-D.-du-Port (FV)** – C'est la plus célèbre et la plus accomplie des grandes églises romanes de la Basse-Auvergne dont la saisissante et simple beauté ne s'oublie pas. Elle fut édifiée vers 1150 sur une crypte du 11e s.

A l'extérieur, son portail Sud se distingue de ceux du Quercy et de la Bourgogne par sa composition où les sujets, très abîmés, se détachent nettement les uns des autres. On reconnaît sur les piédroits, Isaïe à gauche et Jean-Baptiste à droite ; sur le linteau pentagonal, propre à l'école auvergnate, le sculpteur a réalisé des prouesses pour disposer, proportionner et hiérarchiser les personnages ; au tympan, le Seigneur trône entre deux séraphins. Le flanc Sud de l'église est caractéristique du style roman auvergnat par ses grands arcs faisant office de contreforts, son arcature supérieure à triples baies, les claveaux polychromes et la mosaïque du pignon du transept. Le chevet a été très restauré au 19e s.

A l'intérieur, la qualité du matériau et celle de l'architecture permettent de comprendre la robustesse de ces églises. Au transept, de grands arcs, hérités – mais à quelle hauteur et avec quelle ampleur – des maîtres d'œuvre carolingiens, épaulent et portent la croisée, tels des murs de refend lancés au niveau des tribunes pour raidir les parties hautes.

Allégés d'un matériau en petit appareil et d'arcs de décharge, ils soutiennent et parachèvent l'admirable géométrie de la coupole sur trompes qu'il faut observer des marches d'accès au déambulatoire.

**Le chœur**★★★, surélevé, petit, mais de proportions très heureuses, est délimité par huit colonnes disposées en hémicycle et portant des voûtains surhaussés. Leurs **chapiteaux**★★, ainsi que ceux qui sont adossés au mur du déambulatoire, comptent parmi les plus célèbres d'Auvergne par leur conservation, la rareté de leur thème et l'expression des personnages.

Sous le chœur, la « Souterraine », chère aux Clermontois, conserve un puits très ancien, peut-être de l'époque celto-gauloise, et une petite vierge noire, reproduction d'une icône byzantine, vénérée en ce lieu depuis le 13e s.

**Rue Pascal** (FV) – C'est la plus typique du **Vieux Clermont**★★ bordée de sévères maisons de lave. Au no 22 : façade à bossages et balcon de fer forgé, rosace de lave au pavement du hall ; au no 4 (hôtel de Chazerat) : cour ovale à pilastres ioniques ; place du Terrail : jolie fontaine du 17e s.

★★ **Cathédrale N.-D.-de-l'Assomption** (EFV) – Pour le visiteur qui vient de voir N.-D.-du-Port, la révolution qui s'est accomplie en un siècle dans l'art de bâtir saute aux yeux. L'église actuelle, élevée à partir de 1248 par Jean Deschamps, un peu sur le modèle des cathédrales de l'Ile-de-France, relève le gothique rayonnant ; elle manifeste la mainmise des Capétiens sur l'Auvergne. Elle est originale par les terrasses qui, à l'extérieur, couvrent son déambulatoire et par son matériau, la lave de Volvic, dont la résistance a permis d'amincir ses piliers dont le travail fut autorisé par les progrès des aciers au 13e s. Sa façade, ses flèches et ses deux premières travées sont l'œuvre de Viollet-le-Duc en 1865.

Ses **vitraux**★★ à médaillons, imités de ceux de la Ste-Chapelle de Paris, composent un ensemble allant du 12e au 15e s. Observer en particulier les tonalités chaudes, rouges et violines, des roses du transept montées sur une galerie ajourée du triforium. **Trésor**★ ⊘ présentant des collections du 12e au 19e s. d'orfèvrerie et d'émaux. La chapelle St-Georges (*1re du déambulatoire à gauche*) conserve une fresque représentant une frise d'animaux et le martyre du saint protecteur des croisés. Dans la chapelle axiale, une vierge romane de majesté, contemporaine de celles de Marsat (*Voir à Riom*) et d'Orcival, est l'héritière probable de la Vierge d'or d'Étienne II (10e s.), leur prototype, qui fut détruite à la Révolution.

⊘ ►► Vieux Montferrand★★ – Musée des Beaux-Arts à Montferrand★★ – Église St-Léger★ de Royat.

# CLUNY★

4 430 habitants
Cartes Michelin nos 69 pli 19 ou 243 pli 39 – Guide Vert Bourgogne.
Plan dans le guide Rouge Michelin France.

Dans son acte de fondation même, en 910, pour 12 solitaires, dans les immenses forêts de la vallée de la Grosne, l'**ancienne abbaye de Cluny**★★ ⊘ trouvait réunis tous les facteurs de sa future prospérité.

Elle était créée dans une région frontalière où se neutralisaient les souverainetés du roi de France, le Carolingien Charles III absorbé par les difficultés de la négociation avec les envahisseurs normands, et celle du roi de Germanie Louis IV, adolescent encore inexpérimenté et affaibli par la rivalité entre ses grands vasseaux et par les invasions des Hongrois et des Normands (lui aussi) ; son indépendance était absolue à l'égard de toute autre autorité que celle du pape à qui elle était directement rattachée ; à l'époque du morcellement de la propriété féodale et du droit seigneurial, elle ne relevait – mais de façon absolue – de même que ses futures « filles » et toutes ses dépendances, que de son père-abbé élu ; dans un monde politique et social instable, désorienté, sans scrupule, elle proposait un idéal d'ascétisme et de culture propre à la règle de saint Benoît dont elle représentait la réalisation exemplaire. Cluny devint ainsi un instrument assez puissant pour soutenir la papauté dans ses propres États et affirmer son autorité face aux barons du Latium et pour la seconder dans son ambition de réformer l'Église.

Le développement de Cluny fut rapide, son prestige immense, son influence éminente au moment où se dessinait la culture occidentale. En moins d'un siècle, elle avait acquis une puissance politique et une richesse foncière considérables ; elle comptait déjà 1 184 « filles » et maisons réparties en « provinces » mais organisées de façon hiérarchique (plus de 3 000 dans toute l'Europe, 150 ans plus tard). Durant deux siècles et demi cette capitale monastique sut se donner pour chefs des hommes hors du commun dont plusieurs (saint Mayeul, saint Odilon, saint Hugues, Pierre le Vénérable) eurent pour eux la durée : jusqu'à 60 ans de règne.

Le gouvernement d'un tel empire n'allait pas sans poser des problèmes de conformité à la règle et à son idéal de pauvreté. Il requérait aussi une puissance intellectuelle et une volonté qui sachent le tenir à l'abri de ses propres tentations en regard desquelles les guerres et les dévastations représentaient des risques mineurs. La régression de l'ordre s'amorça au 13e s., mais sa prospérité survécut jusqu'au 18e s.

**Église abbatiale** – Commencée en 1088 sous **saint Hugues**, elle fut achevée en 1130 sous Pierre le Vénérable. Sa destruction entreprise dès 1798 se poursuivit jusqu'en 1823. De son narthex ne subsistent que les bases de deux tours, les « Barabans » ;

de ses cinq nefs (doubles bas-côtés), rien : de ses cinq clochers, que celui de l'**Eau bénite**★★ d'une magnifique élévation octogonale et celui de l'Horloge ; de son grand transept, que le croisillon droit à deux chapelles, voûté d'une coupole octogonale portée à 32 m de hauteur ; de son petit transept, que la chapelle extrême, dite de Bourbon (socles sculptés de têtes de prophètes).

**Bâtiments abbatiaux** – Refaits au 18ᵉ s.

**Farinier** – Raccourci au 18ᵉ s. ; charpente en carène du 13ᵉ s. et huit chapiteaux du chœur de l'ancienne abbatiale.

## ENVIRONS

★★ **Château de Cormatin** ⊙ – *13 km au Nord. 4 km au Nord de la hauteur de Taizé* – où s'est installée en 1940 une communauté œcuménique chrétienne (église de la Réconciliation) – le château de Cormatin est vraisemblablement dû à Jacques II Androuet Du Cerceau ; il représente le style Henri IV par les ordres antiques cantonnés aux portes monumentales, par son haut soubassement de pierres et par ses chaînages garnissant les angles et les encadrements des fenêtres. Le maniérisme issu des salons littéraires des Précieuses, sous Louis XIII, y trouve son accomplissement dans les dorures éclatantes et les bleus de lapis-lazuli du **cabinet Ste-Cécile**★★★.

⊙ ►► Musée Ochier★ (*sculpture*).

# COGNAC

19 528 habitants
Cartes Michelin nᵒˢ 72 pli 12 ou 233 pli 28 – Guide Vert Poitou Vendée Charentes.
Plan dans le guide Rouge Michelin France.

Cognac fut longtemps un port fluvial sur la calme Charente, exportateur de sel, le meilleur du monde au dire des Scandinaves, puis au 11ᵉ s., de vins. Ce fut, en 1570, l'une des quatre places de sûreté reconnues aux protestants par le traité de St-Germain.

Le quartier ancien, sur le versant Ouest de la Charente, conserve d'intéressantes maisons anciennes, l'une du 15ᵉ s., à colombage sur la Grande-Rue, d'autres, du 16ᵉ s., avec bossages, portes et encadrements de fenêtres ouvragés sur la rue Saulnier, la maison de l'Échevinage, du 17ᵉ s., avec ses niches d'angles sur la rue de l'Isle-d'Or. L'ancien château, rebâti en 1450 par Jean le Bon, offre, sur le fleuve, une austère façade égayée en 1515 par le « balcon du roi », grande loggia soutenue par un cul-de-lampe sculpté d'une salamandre. François Iᵉʳ y naquit en 1494.

---

### Le cognac

L'alcool était déjà connu dans l'Antiquité. Il fut étudié en 1250 par Arnaud de Villeneuve qui lui attribua des propriétés quasi miraculeuses. Parmi toutes les eaux-de-vie, le cognac a acquis une réputation universelle. Le goût s'en est répandu au début du 17ᵉ s. d'abord aux Pays-Bas, en Scandinavie et en Angleterre lorsque, après 1622, les vignerons, en Aunis, imaginèrent, comme un pis-aller, de distiller leurs vins qui supportaient mal les longues traversées pour en faciliter l'écoulement sous un moindre volume, éviter les droits excessifs qui les frappaient et permettre le stockage de leurs surplus.

Un siècle plus tard ce stock fait l'objet de spéculations… bien plus, on s'aperçoit alors que le vieillissement améliore le produit.

La carte des crus de cognac, dressée en 1887, affinée en 1909, 1938 et 1941, distingue la Grande Champagne, la Petite Champagne, les Borderies, les Fins Bois, les Bons Bois et les Bois Ordinaires. De l'une à l'autre de ces six zones, le sol calcaire perd sa richesse en chaux pour devenir plus argileux et siliceux ; en même temps, les eaux-de-vie voient leur force et leur finesse s'atténuer et laisser place à un goût de terroir plus affirmé et à une aptitude plus rapide au vieillissement.

L'élaboration du cognac s'effectue par la distillation, en deux temps, dans l'alambic charentais, des vins blancs, légers, parfumés, un peu acides produits sur 90 000 ha. Neuf litres de vin donnent un litre d'eau-de-vie. Celle-ci est emmagasinée dans des fûts de chêne du Limousin, pendant au moins deux ans et demi durant lesquels la texture du bois favorise la dissolution de son tanin et de ses résines dans la liqueur qui, elle-même, s'en imprègne et s'oxygène par ses pores mais, ce faisant, perd annuellement 2,5 % de son volume. Cette « part des anges » équivaut à quelque 2 millions de bouteilles par an.

En trois siècles un tel produit a engendré un mode de vie rurale tout imprégné de finesse ironique, de distinction, d'esprit d'indépendance qu'exprimèrent les révoltes contre la gabelle, les Croquants et les troubles des guerres de Religion ; et perceptible dans le chai où prospère la meilleure part de l'épargne familiale.

---

⊙ ►► Musée municipal (musée du Cognac). *La plupart des grandes maisons de cognac font visiter leurs chais.*

# COLMAR★★★

Agglomération 83 816 habitants
Cartes Michelin nᵒˢ 62 pli 19 ou 87 pli 17 ou 242 pli 31.
Guide Vert Alsace et Lorraine.
Plan dans le guide Rouge Michelin France.

Dans la plaine, au débouché de la vallée de Munster, Colmar, dès le 13ᵉ s., pratiquait le commerce du vin et, par là, s'assurait une prospérité qui fit d'elle la capitale de la Haute-Alsace, la dota de beaux monuments et permit son développement industriel ultérieur, le long du canal (Logelbach).

En 1834, elle vit naître **Frédéric Bartholdi**, sculpteur académique et patriotique à qui l'on doit en particulier la statue du général Rapp à Colmar, celle de *La Liberté* à New York et le *Lion de Belfort*.

D'autres Colmariens s'illustrèrent par leur fidélité à la France durant les 47 ans d'occupation allemande (1871-1918), comme Jacques Preiss déporté à Munich, Hansi qui s'évada et combattit dans les rangs français, Blumenthal, Halmer, l'abbé Wetterlé.

★★ **Retable d'Issenheim** – *Dans la chapelle au* **musée d'Unterlinden**★★★ ⊘ Ce célèbre retable fut peint par **Grünewald**, artiste allemand appelé à Issenheim *(22 km au Sud)* par les Antonites pour décorer, de 1512 à 1516, la chapelle de leur couvent. Il faut le voir non pas comme un assemblage de dix tableaux, qui sont autant de chefs-d'œuvre disposés sur les panneaux fixes ou les volets mobiles du retable, mais comme un ensemble cohérent (ses éléments ont été dissociés par la présentation muséographique) répondant à un programme qui échappe encore à la perspicacité des spécialistes, mais voulu par le supérieur du couvent, probablement dans une vision spirituelle de la souffrance et à laquelle participent le choix et la disposition des scènes, les attitudes et les expressions des personnages, la symbolique des sujets, des animaux et des monstres et même la répartition des couleurs. Observer Marie-Madeleine au pied de la croix dont l'attitude exprime à la fois la tension vers le Christ et la répulsion devant le spectacle de son agonie et, de même, la répartition et le contraste des zones obscures ou sombres des tableaux traversées par des fulgurances de lumière.

Dans la pathétique crucifixion centrale, Grünewald se révèle comme un maître de la peinture religieuse occidentale.

Colmar – Le retable d'Issenheim (partie centrale).

★★ **Ville ancienne** – La place de l'Ancienne-Douane, la rue des Marchands et la rue Mercière composent le cœur de la ville ancienne. Les vieilles demeures alsaciennes y abondent, pittoresques avec leurs balcons fleuris, leurs tourelles en encorbellement, leurs oriels et leurs colombages.

La **maison Pfister**★★ avec son oriel à toit pyramidal et sa décoration de fresques et de médaillons et l'**Ancienne Douane**★, ornée d'une galerie de bois et d'une tourelle d'escalier à pans coupés, datant de 1480, sont les plus remarquables.

⊘ ►► Église des dominicains *(Vierge au Buisson de roses*★★ et vitraux★) – Ancien Corps de garde★ – « Petite Venise »★ – Maison des Têtes★ – Église St-Matthieu (vitrail de la Crucifixion★).

*Créez vos propres itinéraires*
*à l'aide de la carte des principales curiosités et régions touristiques.*

# COLOMBEY-LES-DEUX-ÉGLISES

660 habitants
Cartes Michelin n⁰ˢ 61 pli 19 ou 241 pli 38 – Guide Vert Champagne.

Sur les marches de la Champagne, aux confins de la Bourgogne et de la Lorraine, Colombey doit sa notoriété au **général de Gaulle**, né à Lille en 1890, qui y possédait depuis 1933 la propriété de **la Boisserie** (musée) ⊙ où il mourut, retiré des affaires de l'État, le 9 novembre 1970.

Le Mémorial, inauguré le 18 juin 1972, et surtout la tombe du Général, dans le cimetière près de l'église, sont devenus des lieux de pèlerinage.

# COMPIÈGNE★★★

Agglomération 67 057 habitants
Carte Michelin n° 196 pli 10 – Guide Vert Flandres Artois Picardie.
Plan dans le guide Rouge Michelin France.

Durant le haut Moyen Age, Compiègne était appréciée des Mérovingiens et Charles le Chauve s'y fit construire un château au 9ᵉ s. Alentour, la ville grandit et se fortifia. En 1429, Philippe le Bon, duc de Bourgogne, qui convoitait la Picardie, voulut la faire entrer dans ses possessions au cours d'une opération montée avec les Anglais. Mais **Jeanne d'Arc**, indignée par l'inertie de la cour alors installée à Sully-sur-Loire, vint à Compiègne pour inspecter et renforcer la ligne de défense de l'Oise. Le 23 mai 1430 au soir, les Bourguignons se saisissent d'elle. Philippe le Bon, jugeant la prise trop compromettante, la vend aux Anglais. Un an plus tard c'est le bûcher de Rouen.

★★★ **Le Palais** ⊙ – Depuis les derniers Capétiens, Compiègne fut toujours une résidence royale. Mais Louis XV ne peut se satisfaire des bâtiments disparates et vétustes hérités de son arrière-grand-père : en 1738, il ordonne la reconstruction du château. Élevé par Ange-Jacques Gabriel, fils de Jacques, c'est une des plus grandes œuvres du style Louis XV. Son grand projet de 1751 réutilise les soubassements anciens par souci d'économie et de solidité dans un terrain truffé d'anciennes carrières. L'architecte opte pour l'emploi généralisé des balustrades en bordure de toitures aplaties et pour une extension des bâtiments à l'horizontale (idée qu'il reprit plus tard à la place de la Concorde et à l'École Militaire, à Paris). Mais les 40 ans que demanda la réalisation, poursuivie après sa retraite par un dessinateur de sa propre agence, manifestent l'évolution générale du goût vers la simplicité. De l'aile gauche de la cour d'honneur (1755) à la grande façade côté parc dessinée en 1775 et élevée 10 ans plus tard (l'escalier voulu par Napoléon en 1801 y coupe l'effet cherché par Gabriel) et au péristyle (1783) fermant la cour d'honneur, on observe ainsi l'abandon des entablements, des consoles de fenêtres, des attiques.

Le château, en plein chantier, fut, en 1770, le théâtre de la première rencontre entre Louis XVI et Marie-Antoinette d'Autriche ; puis, en 1810, celui de la rencontre entre Napoléon Iᵉʳ et Marie-Louise, petite-nièce de la précédente.

Durant le Second Empire, Napoléon III fait de Compiègne sa résidence préférée. La décoration intérieure et l'ameublement du palais présentent un beau mobilier 18ᵉ s. et Premier Empire (commodes, appliques, encoignures, tapisseries).

★★ **Musée de la Voiture** ⊙ – Outre de très anciennes berlines des 18ᵉ et 19ᵉ s., les amateurs de l'automobile y remarquent :

**La Mancelle** (1898), mail-coach à vapeur d'Amédée Bollée père ;

**Panhard** n° 2 ;

**Renault** (1899) type A, châssis n° 22, à prise directe ;

**La Jamais Contente** (1899), voiture électrique, montée sur pneus Michelin, qui, la première, atteignit les 100 km/h ;

**Renault** (1900) type C, l'une des premières du monde à carrosserie fermée de Labourdette ;

**Une autochenille Citroën** (1924) qui participa à la Croisière Noire.

## ENVIRONS

★★ **Clairière de l'Armistice** – *8 km à l'Est*. En pleine forêt de Compiègne, à proximité de l'Aisne, c'est le lieu où le 11 novembre 1918 fut signé à 5 h 1/4, dans un site alors à l'abri d'une futaie, l'acte prenant effet le jour même à 11 h et mettant fin aux hostilités de la Grande Guerre. Une voiture-restaurant, identique au **wagon-bureau** ⊙ du maréchal Foch, présente les objets authentiques ayant servi aux délégués de 1918. **Ferdinand Foch** (1851-1929) vit le jour à Tarbes dans une maison bourgeoise du 18ᵉ s. (musée). Professeur de stratégie, puis commandant de l'École de Guerre, il participa à la bataille des Frontières (1914), se distingua au Marais de St-Gond et reçut, après le désastre britannique entre St-Simon et Tergnier, le 21 mars 1918, le commandement unique « des armées de l'Entente ». Désormais chef de la conduite des opérations, promu à la dignité de maréchal, il déclencha le 8 août l'offensive décisive.

Dans le même site, en 1940, une délégation française, reçue par les dignitaires du régime nazi, venait à son tour recevoir les conditions du vainqueur de la bataille.

★★ **Château de Pierrefonds** ⊙ – *14 km au Sud-Est*. Le château fort de Pierrefonds matérialise en quelque sorte la représentation type que l'on se forge d'un château médiéval dominant le village de ses manants et de ses vilains. Pour la plus grande part, c'est une construction du siècle dernier.

Pierrefonds faisait partie du comté, puis duché, de Valois. Son château, carolingien d'origine, rebâti en pleine guerre de Cent Ans par Louis d'Orléans, frère de Charles VI, comme point d'appui d'une ligne de défense entre l'Oise et l'Ourcq, fut démantelé sous Louis XIII. En 1857, Napoléon III, habité de rêveries romantiques, confie la restauration du donjon à **Viollet-le-Duc** (1814-1879). Quatre ans plus tard, il demande à l'architecte une réfection intégrale du château destiné à devenir une résidence impériale et un site de réception pittoresque pour les célébrités invitées à Compiègne. Du château de Louis d'Orléans, il ne reste guère que les bases des murailles et des tours visibles le long de la route charretière d'accès. L'œuvre de Viollet-le-Duc, est une réalisation considérable mais souvent imaginaire autant pour le mobilier que pour l'architecture. Elle offre néanmoins le mérite de mettre en valeur le système défensif antérieur à l'ère du canon (chemin de ronde Nord).

⊙ ➤ Hôtel de ville★ – Musée de la Figurine historique★ – Musée Vivenel *(vases grecs*★★*, archéologie, beaux-arts).*

# CONCARNEAU★★

18 630 habitants
Cartes Michelin nᵒˢ 58 pli 15 ou 230 plis 32, 33 – Guide Vert Bretagne.
Plan dans le guide Rouge Michelin France.

L'activité et l'extension de Concarneau sont nées de son importance comme port de pêche. Elles se manifestent par la flotte de chalutiers et de cargos qui anime son arrière-port dans l'estuaire du Moros, par la criée où se déroule, de bonne heure le matin, la pittoresque vente aux enchères de la marée fraîche, par les conserveries de poissons et de légumes et par l'avant-port où s'amarrent les plaisanciers.

★★ **Ville close** – Sur une petite île au fond de la baie, ce fut une des places de sécurité de la Cornouaille. Comme celles de Dinan et de Guérande, son enceinte montre l'attachement des villes à leur indépendance face aux dangers nés des guerres féodales en particulier lors de la guerre de Succession *(Voir à Josselin).* Néanmoins les Anglais s'y introduisirent en 1342 et n'en furent délogés qu'en 1373 par Du Guesclin. Les **remparts** ⊙ de granit, élevés au début du 14ᵉ s., achevés à la fin du 15ᵉ s., présentent les mâchicoulis bretons sur corbeaux ; ils furent remaniés par Vauban, à la fin du 17ᵉ s., lorsque la menace anglaise pesait sur les côtes. Les tours furent alors dérasées et équipées de plates-formes de tir.
L'architecture intérieure de la porte de ville, avec ses gros merlons, ses moellons réguliers et ses pignons, date de la même époque. **Musée de la Pêche**★ ⊙, proche. Au cœur de la ville close, la fonction des rues Vauban et St-Guénolé illustre la création spontanée des places médiévales par simple élargissement de la voirie.

# CONQUES★★★

362 habitants
Cartes Michelin nᵒˢ 80 Nord des plis 1, 2 ou 235 pli 12 – Guide Vert Gorges du Tarn.

Le **site**★★ de Conques, sur un versant bien exposé, doit être admiré du rocher du Bancarel *(3 km au Sud).*

★★ **Église Ste-Foy** – Reconstruite en 15 ans, à partir de 1045, c'est l'une des plus anciennes églises romanes de pèlerinage sur les chemins de St-Jacques-de-Compostelle (l'abbaye possédait une chapelle et un hospice à Roncevaux). Son architecture intérieure, allégée par les hautes arcades de la nef, est éclairée par les fenêtres de la tribune Sud ; elle est remarquable par l'ampleur du transept et son déambulatoire couvert d'une voûte annulaire à pénétrations.
Le **tympan du portail occidental**★★★ – où se discernent des traces de la polychromie ancienne – contraste par sa richesse sculpturale avec la nudité générale de la façade. Il jalonne l'évolution du goût entre l'immobilité solennelle appréciée en Languedoc et en Bourgogne et la simplicité des attitudes diffusées par les chapiteaux des églises d'Auvergne. Par ailleurs, le pesage des âmes (sous le Christ) exprime peut-être l'idée toute nouvelle au début du 12ᵉ s. de la personnalisation du Jugement dernier.
Il semble que ce tympan ait été avancé d'une travée et placé en façade au 15ᵉ s. pour agrandir la nef ; déplacement qui aurait entraîné celui de statues (groupe de l'Annonciation, saint Jean-Baptiste, Isaïe) dans le croisillon gauche.

★★★ **Trésor** ⊙ – Il renferme des pièces précieuses qui constituent la plus complète expression de l'orfèvrerie religieuse en France du 9ᵉ au 16ᵉ s.
La statue reliquaire, en majesté, de sainte Foy en constitue la pièce maîtresse. Les reliques de la sainte, parvenues à Conques à la fin du 9ᵉ s., furent alors vénérées par les prisonniers et les aveugles. La statue ne fut pas réalisée en une fois mais, au contraire, lentement confectionnée et enrichie. Certains de ses éléments datent probablement du Bas-Empire et sont des réemplois de l'Antiquité (masque du visage, intailles de pierres précieuses, camées) ; les cristaux gravés et l'orfèvrerie remontent aux époques mérovingienne et carolingienne (7ᵉ-9ᵉ s.). A la fin du 10ᵉ s., l'ensemble fut rénové à Conques et enrichi d'émaux, de pierreries et de cabochons.
Quatre autres pièces sont exceptionnelles : le « A » de Charlemagne (reliquaire de la Ste-Croix enrichi d'intailles et d'argent repoussé et doré au 11ᵉ s.), le reliquaire du pape Pascal II (filigranes et bandeaux du début du 12ᵉ s.), l'autel portatif de Ste-Foy en albâtre et argent repoussé et celui de Bégon en porphyre et argent niellé (début 12ᵉ s.).

# CORDES-SUR-CIEL★★

932 habitants
Cartes Michelin nᵒˢ 79 pli 20 ou 235 pli 23 – Guide Vert Pyrénées Roussillon.

Au sommet du puech de Mordagne, Cordes occupe un **site**★★ admirable, dominant la vallée du Cérou. Le bel ensemble de **maisons gothiques**★★ des 13ᵉ et 14ᵉ s. témoigne de la richesse passée de la cité, remarquer particulièrement la maison du **Grand Fauconnier**★ et la maison du **Grand Veneur**★. Depuis plus d'un demi-siècle, des artistes et artisans d'art contribuent à la restauration et à la sauvegarde des traditions de cette petite ville.

# CORTE★

5 693 habitants
Carte Michelin nᵒ 90 pli 5 – Guide Vert Corse.

Corte doit à son **site**★ entouré de gorges et de ravins, et surtout à deux personnalités hors du commun : Gaffori et Paoli, l'importance et le rôle qu'elle joua dans l'histoire militaire et politique de l'île comme foyer du patriotisme corse.

**Jean-Pierre Gaffori** (1704-1753), né à Corte, fait partie du Triumvirat élu des « Protecteurs de la Nation » qui ont repris les armes contre Gênes. En 1746, soutenu par le courage intraitable de sa femme Faustine, il enlève sa ville aux Génois. Quatre ans plus tard ces derniers réussissent à reprendre la citadelle mais ne viennent pas à bout de la détermination résolue des défenseurs de la vieille ville ; la maison Gaffori porte encore sur sa façade les impacts de balles génoises. En juin 1751 Gaffori, nommé général de la Nation, se voit confier le pouvoir exécutif ; trahi, il succombe dans une embuscade en octobre 1753. Après l'assassinat de Gaffori, **Pascal Paoli** (1725-1807), originaire de Morosaglia dans la Castagniccia, et alors en exil en Italie, est sollicité pour rejoindre sa patrie. Proclamé général en 1764, sous le regard attentif de l'Europe, il fixe sa capitale à Corte, élabore une Constitution, fonde une université, frappe monnaie, réforme la justice, stimule l'industrie, encourage l'agriculture.

La République génoise, qui ne parvient pas à maîtriser la guerre d'Indépendance (1729-1769), demande à la France une mission de conciliation. Louis XVI envoie Marbeuf. Paoli, inapte à évaluer les circonstances en homme d'État, fait traîner les choses. Il faut passer outre et le 15 mai 1768, par le traité de Versailles, Gênes cède provisoirement ses droits sur l'île à la France. Paoli, non consulté, proclame une levée en masse mais subit le 8 mai 1769 le revers de **Ponte Nuovo**.

Paoli connaît alors 21 ans d'exil, une réception triomphale à Paris après l'amnistie de tous les proscrits, le retour en Corse, la dénonciation comme contre-révolutionnaire, la déchéance de son commandement, l'échec d'un nouveau soulèvement, l'échec d'un royaume anglo-corse, un nouvel exil. Il meurt à Londres en 1807.

★ **Ville haute** – Dominé par la **citadelle** ⊘ juchée sur son rocher, le vieux Corte, avec ses rues pavées de galets et coupées de marches, ses hautes maisons austères, a conservé son caractère de haut lieu historique de la Corse.

Sur la place Paoli, animée, se dresse la statue en bronze du héros. Plus haut, sur la place Gaffori, derrière la statue du chef suprême, s'élève sa maison criblée de balles lors du siège de 1750. Sur la rue de l'Ancien-Collège, au nᵒ 1, une vieille demeure vit naître Joseph Bonaparte, roi de Naples et d'Espagne, puis Jean Thomas Arrighi de Casanova, gouverneur des Invalides ; Napoléon y fut conçu.

Une rampe en face du Palais national mène au **belvédère**★ aménagé sur un piton en avant du promontoire qui porte la citadelle ; il permet d'en apprécier le site.

▶▶ Chapelle Ste-Croix★.

# COUTANCES★★

9 715 habitants
Cartes Michelin nᵒˢ 54 pli 12 ou 231 pli 26 – Guide Vert Normandie Cotentin.
Plan dans le guide Rouge Michelin France.

Sur un promontoire du Contentin bocager, dominée par sa cathédrale, Coutances est connue comme centre d'élevage des vaches laitières de race normande.

★★★ **Cathédrale** – Le style gothique à son apogée et les traditions normandes y fusionnent : élevée entre 1220 et 1275, elle tire parti des progrès accomplis à l'abbatiale de la Trinité de Fécamp tout juste achevée.

A l'extérieur, la façade – dont la partie basse est plaquée sur une ancienne façade romane – est encadrée de deux tours. Leurs lignes ascendantes, très en faveur dans la province, sont soulignées aux angles par des tourelles carrées, les « fillettes ». La grande tour-lanterne octogonale, elle aussi cantonnée de fillettes, surgit au carré de la croisée ; elle frappe par la finesse de ses lancettes et l'étroitesse de ses ouvertures. Au chevet, d'audacieux arcs-boutants enjambent le double déambulatoire et épaulent la voûte du chœur au niveau de la retombée des ogives. A l'intérieur, la nef (1220-1225) appartient au gothique lancéolé avec ses grandes arcades très moulurées, son triforium à larges baies géminées et ses fenêtres hautes encore étroites mais pourvues, à leur base, du célèbre balcon de circulation normand. Au transept, d'un style plus avancé, les gros piliers renforcés de colonnettes d'une superbe envolée portent les pendentifs sur lesquels repose l'octogone de l'élégante tour-lanterne achevée en 1274 et éclairée, tel un puits de lumière, par 16 fenêtres. Elle révèle une technique d'une rare audace : chaque assise est montée en « tas de charge » (porte-à-faux) sur l'inférieure, si bien que ses poussées s'exercent dans le vide et que la construction tient par le rôle de coin que joue chaque étage (les fillettes extérieures rétablissent, en faisant contre poids, le point d'application des forces dans la zone d'équilibre). Le tambour à deux étages, deux galeries et seize voûtains porte la clef à 40,85 m du sol. Le chœur porte à sa perfection le gothique rayonnant. L'élévation du vaisseau, celle du premier déambulatoire et les six colonnes jumelées de l'hémicycle en témoignent. La hauteur des grandes arcades a entraîné, par souci d'harmonie, l'allongement des fenêtres hautes et la suppression du triforium (mais pas celle du balcon de circulation) audessus de la légère arcature et justifié le dessin des voûtes complexes qui couvrent à la fois le second déambulatoire et les chapelles.

►► Jardin des plantes★.

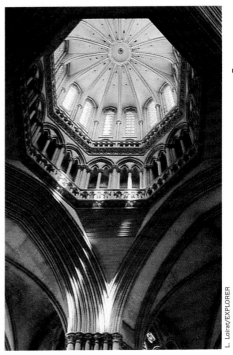

Coutances – La tour-lanterne de la cathédrale.

## La COUVERTOIRADE★

148 habitants
Cartes Michelin nos 80 pli 15 ou 240 plis 14, 18 – Guide Vert Gorges du Tarn.

Sur le causse du Larzac, le vieux bourg fortifié de la Couvertoirade est une ancienne possession des templiers. Il impressionne par la robustesse de ses belles maisons caussenardes avec leur escalier extérieur desservant le logis, leurs citernes et leur bergerie voûtée au rez-de-chaussée. La plupart datent du 17e s.
Les remparts furent élevés vers 1450 – quelque 140 ans après la dissolution de l'ordre du Temple – par les chevaliers de St-Jean-de-Jérusalem, en raison de l'insécurité régnant dans ces campagnes écartées du Haut-Languedoc alors qu'en Guyenne la guerre de Cent Ans s'apaisait.
Examiner en particulier les **remparts** (tours et chemin de ronde) ⊙, l'**église-forteresse** ⊙ (stèles discoïdales à l'entrée du chœur), le château (démantelé) des 12e et 13e s., les maisons de la rue Droite, les hôtels de la Scipione et de Grailhe.

## DEAUVILLE★★★

4 261 habitants
Cartes Michelin nos 54 pli 17 ou 231 pli 19.
Guide Vert Normandie, Vallée de la Seine – Plan dans le guide Rouge Michelin France.

Face à **Trouville**, petite ville déjà connue et fréquentée vers 1830, Deauville n'est véritablement sortie de terre que dans les années 1860, sous l'impulsion du docteur Oliffe, médecin de l'ambassade d'Angleterre à Paris, et du financier Donon.
Aujourd'hui, Deauville doit sa réputation mondiale autant au luxe et au raffinement de ses diverses installations qu'à l'élégance des manifestations qui tout au long de l'année, mais surtout en saison d'été, ponctuent son calendrier des festivités : courses hippiques dont le Grand Prix, régates, tournois de golf et tennis, galas, marché international du yearling, Festival du film américain. La station se développe autour de deux pôles : la gare et la place de Morny avec le port des yachts sur la Touques, le bord de mer avec la célèbre **promenade des planches**, le casino et Port-Deauville.

### ENVIRONS

★★ **La Corniche Normande** : de Deauville-Trouville à Honfleur par la D 513.
Très agréable itinéraire à travers la campagne normande avec de belles vues sur l'estuaire de la Seine. Dans le vieux quartier de **Honfleur**★★ *(voir à ce nom)* on flânera autour du Vieux Bassin, ensemble unique de quais pittoresques bordés de maisons de bois protégées d'ardoises sur le quai Ste-Catherine.

★★ **La Côte Fleurie** : de Trouville-Deauville à Cabourg par la D 513.
Cette route permet de traverser plusieurs stations aux très belles plages et dotées d'équipements sportifs très complets. **Villers-sur-Mer**★★, **Houlgate**★★ et **Cabourg**★★ sont des lieux de séjour appréciés.

# Grotte des DEMOISELLES★★★

Cartes Michelin nos 80 plis 16, 17 ou 240 plis 15, 19 – Guide Vert Gorges du Tarn.

La **grotte des Demoiselles** ⊘, découverte en 1770, est probablement une grotte marine de l'ère secondaire qui fut soulevée, avec le plateau, par le contrecoup du plissement alpin, au milieu de l'ère tertiaire, et agrandie par l'effondrement de sa voûte par les tremblements de terre qui la secouaient alors, ouvrant ainsi un aven sur le plateau de Thaurac. La calcification de ses parois et la formation de concrétions furent très actives par la suite. L'abondance, la forme et les dimensions de ses stalactites, de ses stalagmites et de ses draperies translucides, de même que les balcons et belvédères qui dominent sa partie centrale, sont impressionnants.

# DIEPPE★★

35 894 habitants
Cartes Michelin no* 52 pli 4 ou 231 plis 10, 11.
Guide Vert Normandie Vallée de la Seine – Plan dans le guide Rouge Michelin France.

Ancien village du Pays de Caux, Dieppe, doit son développement à sa vocation maritime. Les bassins à flot furent creusés à partir de 1839. Aux quais des bassins de l'avant-port accostent les car-ferries de la ligne de Newhaven.
La pêche au hareng (11e s.), le commerce des laines anglaises, l'importation des épices d'Orient par des navires italiens ont d'abord fait l'activité dieppoise.

**Les découvertes et la course** – Dès le 14e s. des Diepois débarquent sur les côtes de Guinée et Jean Cousin navigue dans l'Atlantique Sud. En 1402, le Cauchois Jean de Béthencourt reconnaît les côtes des Canaries. Jean Ango (1480-1541), dont la flotte de course capture plus de 300 bâtiments portugais, arme des flottes pour des expéditions lointaines. Les frères Parmentier (à ne pas confondre avec l'agronome) poussent jusqu'à Sumatra et dessinent des mappemondes. Giovanni da Verrazano (navigateur florentin au service de la France) découvre, le premier, le site de New York en 1524. Au 16e s., Samuel de Champlain, armateur dieppois, parti de Honfleur, fonde Québec. Le sucre des Antilles et les ivoires de Guinée arrivent dans le port cauchois.

★ **Les ivoires dieppois** – Dès le début du 16e s., les navires dieppois rapportaient dans leurs cales des défenses d'éléphants acquises à l'occasion de l'escale inévitable sur les côtes d'Afrique au retour du Brésil, pays avec lequel Dieppe commerçait régulièrement. Des artistes, attirés par Jean Ango, ont fait preuve de l'habileté minutieuse et de la maîtrise qui leur permirent de limer et de polir un matériau aussi fragile auquel s'ajoutèrent l'os de baleine et la dent de cachalot. La production, interrompue lorsque les artisans s'exilèrent à la révocation de l'édit de Nantes, reprit au 18e s. après la reconstruction de Dieppe. C'est alors que Jean Mauger et Michel Mollart, sous le règne de Louis XVI, et plus tard Pierre Baillou (1807-1872) façonnèrent de ravissants petits objets d'esprit rococo et de nombreuses médailles. Le **musée★** ⊘, installé dans le château, présente une collection de ces chefs-d'œuvre : modèles de navires, bustes, médaillons, tabatières, sujets religieux ou mythologiques.

## ENVIRONS

★ **La Côte d'Albâtre** – Cette promenade permet de découvrir le Nord de la Côte d'Albâtre, ses plages, ses falaises blanchâtres au profil rectiligne qu'échancrent les valleuses, ses fermes cauchoises originales, dispersées à l'abri de leurs levées de terres plantées de hêtres.
*Quitter Dieppe par la D 75 en prenant la direction de Pourville.*

Tour à tour, les stations balnéaires de **Pourville-sur-Mer, Ste-Marguerite-sur-Mer, Veules-les-Roses** et **St-Valéry-en-Caux** étalent leurs plages au creux de vallons verdoyants parsemés de haies et de maisons à colombage.
Les sites les plus intéressants en sont le **manoir d'Ango**, délicieuse résidence campagnarde du célèbre armateur où se mêlent la brique et la craie (imposant **colombier★**), la gorge du Petit-Ailly, la chapelle et le cimetière marin de Varengeville, la valleuse de Vastérival et le **phare d'Ailly★** d'où la vue se développe sur 60 km de côte cauchoise.

⊘ ►► Cité de la Mer★ – Église St-Jacques★ – Chapelle N.-D.-de-Bon-Secours (vue★).

# DIJON★★★

Agglomération 226 025 habitants
Cartes Michelin nos 65 pli 20 ou 66 pli 12 ou 243 pli 16 – Guide Vert Bourgogne.
Plan dans le guide Rouge Michelin France.

A proximité d'un magnifique vignoble, Dijon, ancienne capitale des ducs de Bourgogne, est une ville d'art au carrefour de grandes voies de communication Nord-Sud et Est-Ouest.

**Les « grands ducs d'Occident »** – Dès Robert le Pieux, au début du 11e s., Dijon est la capitale d'un duché qui tombe en déshérence en 1361, à la mort de Philippe de Rouvres. En 1363, le roi de France Jean II le Bon, qui avait donné l'Anjou à son fils Louis et le Berry à Jean (la couronne devant aller à l'aîné Charles V), remet en apanage la Bourgogne à Philippe qui devient ainsi le premier représentant des ducs issus de la maison de Valois, pairs de France, régents du royaume, et dont la dynastie marque la période la plus brillante de la cour de Dijon.

**Philippe le Hardi** devient duc en 1364, l'année même où son frère Charles V monte sur le trône de France. Charles est « sage » mais en butte à la guerre anglaise ; Philippe, le plus brillant des quatre frères, froid et réfléchi, est hardi. Son mariage en 1369 avec Marguerite de Flandre fait de lui le prince le plus puissant de la chrétienté. Soucieux de s'assurer, ainsi qu'à sa dynastie, une nécropole digne de son rang, il fonde, en 1383, la chartreuse de Champmol et attire de ses provinces flamandes des sculpteurs, des peintres, des orfèvres, des enlumineurs en renom : Jean de Marville chargé des plans de son tombeau, Jean de Baumetz originaire de l'Artois qui travaille cinq ans à la décoration de l'autel de la chartreuse, Claus Sluter, Melchior Broederlam qui succède à Marville comme peintre à la cour, Malouel originaire de Gueldre qui donne au style flamand-bourguignon sa personnalité (sa Grande Pietà ronde est au Louvre).

Le poids des hommes fait pencher la balance en faveur de la Bourgogne. Jean de Berry, tuteur de Charles VI, écarté du pouvoir après la guerre entre Armagnacs et Bourguignons, est de nouveau chargé du royaume en 1392 lorsque le roi sombre dans la démence. C'est surtout un mécène qui cherche à contrebalancer le rayonnement de Dijon en rassemblant de son côté des artistes et des enlumineurs à Bourges, à Poitiers et à Riom.

**Jean sans Peur**, cousin de Charles VI, à l'âge de 33 ans devient duc en 1404. Il maintient à l'ouvrage les artistes choisis par son père. Mais son ambition politique, nourrie de la maladie du roi et de la suspicion d'illégitimité que fait peser sur le dauphin l'inconduite notoire de sa mère Isabeau de Bavière, en fait un vassal rebelle et le pousse à rechercher un accord qui lui donne la suprématie dans le royaume. L'entrevue a lieu à **Montereau** en 1419. Il y est assassiné.

**Philippe le Bon**, en 1419, à l'âge de 23 ans, devient donc duc de Bourgogne. Le duché bascule dans l'alliance anglaise : Henri V d'Angleterre devient roi de France par le traité de Troyes. Dès lors, peu à peu, Dijon va voir son influence et son rayonnement concurrencés par les Pays-Bas et les Flandres où la Renaissance brille d'un vif éclat. Durant son règne, long de 48 ans, la vie artistique se poursuit. Travaillent à Dijon Claus de Werve, Henri Bellechose originaire du Brabant (son retable de St-Denis est au Louvre), probablement Robert Campin en qui l'on identifie le maître de Flémalle et Roger Van der Weyden ; et à Bruges, mais toujours au service du duc, Van Eyck créateur de l'art flamand à qui l'on doit le perfectionnement technique de la peinture à l'huile (son Annonciation est à la National Gallery de Washington). A la même époque, Nicolas Rolin, chancelier du duc, fonde l'Hôtel-Dieu de Beaune.

Jamais l'État Bourguignon ne fut aussi vaste ni sa cour aussi fastueuse : en 1429, le jour de son mariage, Philippe le Bon fonde l'ordre de la Toison d'or. Jamais la cour de France et le roi de Bourges ne furent aussi pitoyables.

Mais l'alliance anglaise devient pesante, embarrassante, voire impopulaire : elle renforce trop l'envahisseur au risque de priver la Bourgogne de sa prééminence au moment même où Jeanne d'Arc éveille le sentiment national ; il convient de nuancer le jeu politique et le duc accepte que Charles VII traverse ses terres pour aller se faire sacrer à Reims. A 33 ans, Philippe, qui avait toujours eu le comportement d'un souverain étranger, venait de se soumettre au droit féodal ; à terme l'inextricable guerre de Cent Ans devait se dénouer.

**Charles le Téméraire** devient duc en 1467 ; c'est le dernier et peut-être le plus célèbre des Valois de Bourgogne. Il est dévoré par l'ambition, le prestige et le souci de sa gloire, mais il dilapide ses moyens réels. En un siècle le rapport des forces s'est inversé et le duc se trouve en face de Louis XI, souverain, opiniâtre, rusé et d'une redoutable efficacité qui ne songe qu'au royaume. Lorsque Charles le Téméraire tombe devant Nancy en 1477, c'en est fait de la dynastie bourguignonne. Mais pas des difficultés de la monarchie. En effet, Marie de Bourgogne, la fille du Téméraire, épousait la même année Maximilien de Habsbourg, empereur du Saint-Empire romain germanique, en dépit de l'opposition militaire, politique et diplomatique de Louis XI qui était son parrain. Elle donna le jour à Philippe le Beau qui engendra à son tour Charles Quint. Pour recouvrer la Bourgogne et les territoires qui avaient constitué sa dot, il fallut à la France plus de deux siècles et demi d'actions militaires et diplomatiques.

## LA VILLE DUCALE

★ **Palais des ducs et des États de Bourgogne** – Le palais ducal, abandonné depuis Charles le Téméraire, est transformé et aménagé ainsi que ses abords au 17e s., et ce qui en subsiste se trouve encastré dans de nobles bâtiments de style classique. Dijon se sent en effet alors une âme parlementaire et demande une salle où les États de Bourgogne puissent tenir séance. Les plans, ainsi que ceux de la place de la Libération, en sont donnés par Jules Hardouin-Mansart et les avant-corps de la salle des États évoquent ceux de la cour de Marbre de Versailles. L'aile orientale, en revanche, annonce par son péristyle les ouvrages du 18e s.
La place, en hémicycle, est conçue pour donner de l'ampleur à la cour d'honneur ; ses arcades sont couronnées par une élégante balustrade de pierre.

**La peinture et la sculpture au temps des ducs** – L'école artistique dijonnaise était alors un des grands foyers artistiques de l'Europe. Peut-être, un peu trop ostentatoire, manqua-t-elle parfois de grâce ou de délicatesse dans son raffinement, mais elle s'impose, selon les artistes, par sa somptuosité, sa vigueur et sa puissance.

★★★ **Salle des Gardes.** – *Au 1ᵉʳ étage du musée des Beaux-Arts* ⊙. C'est la grande salle du palais des ducs.

Deux tombeaux, qui se trouvaient dans le chœur de la chapelle de Champmol avant la Révolution, en composent le centre. Celui de Philippe le Hardi dont Jean de Marville donna le plan et dont la partie décorative fut assurée par Claus Sluter puis par son neveu Claus de Werve qui tempéra quelque peu la rudesse de l'ouvrage ; les fantaisies infinies du style flamboyant font de ses côtés une galerie de cloître où tout un cortège de pleurants (les parents et les officiers du duc) admirables, encapuchonnés dans leur grand manteau de deuil, composent le cortège de ses obsèques. Le tombeau voisin de Jean sans Peur et Marguerite de Bavière en reproduit l'ordonnance.

Au mur, deux retables éblouissants : celui des saints et des martyrs sculpté par Jacques de Baerze, peint et doré par Broederlam ; celui de la Crucifixion dont les fameux revers des volets sont aussi l'œuvre de Broederlam.

Le portrait de Philippe le Bon par Roger Van der Weyden, né à Tournai, élève de Van Eyck et peut-être de Campin et maître de Memling, est admirable de pénétration psychologique. Son triptyque des Sept Sacrements est au Musée royal d'Anvers et son Jugement dernier à Beaune.

Dans une salle voisine : admirable Nativité (1425) du maître de Flémalle.

★ **Ancienne chartreuse de Champmol** ⊙ – *Entrée 1, boulevard Chanoine-Kir. Hôpital.* De la chartreuse ne subsistent que le **Puits de Moïse**★★ et le **portail de la chapelle**★, œuvres de Claus Sluter, le plus prestigieux des sculpteurs dijonnais de l'époque, originaire de Hollande, formé dans le Brabant, qui donna ici sa mesure, de 1385 à 1404. Des attitudes très étudiées, le sens du mouvement, un réalisme affirmé, des draperies aux lourds plis cassés caractérisent les hauts-reliefs des six prophètes qui se détachent des faces de l'hexagone formant le piédestal du calvaire qu'était à l'origine ce « puits » (la tête du Christ se trouve au musée archéologique). De même, les statues de Philippe le Hardi et de Marguerite de Flandre qui, au portail de la chapelle, sont considérées comme des portraits.

⊙ ►► Musée des Beaux-Arts★★ – Rue des Forges★ – Église Notre-Dame★ – Crypte★ de la cathédrale St-Bénigne – Musée archéologique★ – Église St-Michel★.

# DINAN★★

11 591 habitants
Cartes Michelin nᵒˢ 59 plis 15, 16 ou 230 pli 25 – Guide Vert Bretagne.
Plan dans le guide Rouge Michelin France.

Dinan a été fixé par le site de « tête de marée » du petit port installé au fond de l'estuaire de la Rance. Mais, par sécurité, la ville s'est bâtie en bordure du plateau 30 m plus haut.

**Bertrand du Guesclin** – Vers 1315-1380. La ville a élevé une statue à ce soldat qui fut la grande figure de son histoire et un héros de la guerre de Cent Ans. Après son revers de Poitiers, Jean II le Bon, durant sa captivité de quatre ans en Angleterre, prend conscience des limites que le droit seigneurial impose à la couronne et nourrit l'idée d'une chevalerie monarchique. En 1361, il s'attache donc ce chevalier de la quarantaine qui jusqu'alors avait surtout connu les rebuffades et les difficultés liées à la modestie de sa naissance, à sa pauvreté et à sa rare laideur. Trois ans plus tard, Charles V garde, au service de sa politique, ce soldat de valeur, soutenu par l'opinion populaire, brave jusqu'à l'imprudence aventureuse et adversaire convaincu des Anglais au point d'avoir, dans sa jeunesse, soutenu Charles de Blois. En 1366, Du Guesclin, qui a débarrassé la France des Grandes Compagnies, est élevé à la dignité de Connétable ; il délivre le Périgord en 1370, la Normandie en 1378. En 1379, il remet son épée au roi pour ne pas avoir à s'en servir contre son propre pays. En 1380, il meurt sous les murs de Châteauneuf-de-Randon.

★★ **Vieille ville** – Elle se tasse à l'abri d'un rempart long de 2,5 km construit par les ducs au 14ᵉ s. pour protéger la ville marchande et verrouiller leur domaine face aux menaces anglaise, normande puis française sous Louis XI.

★ **Château** ⊙ – Il fut commencé par Jean IV vers le milieu du 14ᵉ s. Ses tours très saillantes, de la fin du 15ᵉ s., permettaient le tir de flanquement. Remarquer les très beaux mâchicoulis du donjon de la duchesse Anne.

**Basilique St-Sauveur** – Façade marquée par l'art roman poitevin. Dans le bas-côté gauche, le vitrail des Évangélistes, connu pour la qualité de ses jaunes, est un bel exemple de la vitrerie bretonne à la fin du 15ᵉ s. Dans le croisillon gauche : tombeau renfermant le cœur de Du Guesclin.

**Vieilles maisons** – L'activité urbaine née d'une certaine liberté de gestion accordée par le duc Jean IV à sa bonne ville y engendra un renouveau architectural où le granit supplanta le bois. Les maisons de Dinan, pittoresques par leurs poteaux corniers, leurs colombages et leurs encorbellements, se distinguent par les socles de pierre de leurs façades, leurs courts poteaux de bois soutenant les avant-soliers et leurs murs latéraux de granit assurant leur solidité et leur bonne verticalité.

Les plus intéressantes s'élèvent sur la rue de l'Apport (logis de la Mère Pourcel, du 15ᵉ s.), sur la **place des Merciers**★ (pignons triangulaires et porches), sur la **rue du Jerzual**★ reliant la ville et son port (boutiques des 15ᵉ et 16ᵉ s. où se maintient l'artisanat depuis six siècles), et sur la place Du Guesclin (hôtels des 17ᵉ et 18ᵉ s.).

# DINARD★★★

9 918 habitants
Cartes Michelin n<sup>os</sup> 59 pli 5 ou 230 pli 11 – Guide Vert Bretagne.
Plan dans le guide Rouge Michelin France.

Située sur la côte d'Émeraude, à l'embouchure de la Rance, Dinard est une station balnéaire renommée, bénéficiant d'installations raffinées, de plages de sable bien abritées et d'une végétation méditerranéenne due à la douceur de son climat.

En 1850, Dinard n'était qu'un petit port de pêcheurs dépendant de St-Énogat, quand un riche Américain, nommé Coppinger, eut l'idée d'y faire construire un château. Deux ans plus tard, une famille anglaise fut à l'origine de la venue de maintes familles britanniques. Dinard était lancée. Sous le Second Empire, la mode des bains de mer contribua largement au développement de la station (l'impératrice Eugénie devait l'inaugurer en 1868), qui connut ses grandes heures de faste à la fin du 19<sup>e</sup> s. et au début du 20<sup>e</sup> s., où elle devint la rivale de Brighton. Villas somptueuses et hôtels de luxe fleurirent, fréquentés principalement par une clientèle étrangère huppée.

Concerts et bals animaient les soirées mondaines. Si aujourd'hui bon nombre de grands hôtels ne sont plus que des souvenirs, des villas cossues témoignent de la splendeur passée.

**Le bord de mer** – De la **plage de l'Écluse★** (ou **grande plage**) à la plage du Prieuré, les promenades longeant la mer font découvrir de belles vues sur la côte et l'estuaire de la Rance. De la **pointe du Moulinet★★**, la vue s'étend jusqu'au cap Fréhel à gauche et jusqu'aux remparts de St-Malo à droite. Le soir en saison, une musique d'ambiance agrémente la **promenade du Clair de Lune★**, ornée de beaux parterres fleuris et plantée d'essences méridionales.

# DISNEYLAND PARIS★★★

Carte Michelin n° 106 pli 22 – Guide Vert Disneyland Paris.

Dans la plaine briarde, à une trentaine de kilomètres à l'Est de Paris, un centre de villégiature unique en Europe a vu le jour sur le territoire de **Marne-la-Vallée**. Ce gigantesque ensemble, qui doit se développer jusqu'en 2017, comprend actuellement un parc à thèmes, ainsi qu'une zone d'hébergement et de loisirs. Cette zone inclut 6 hôtels illustrant plusieurs régions américaines, un terrain de camping-caravaning (Ranch Davy Crockett), un parcours de golf de 27 trous (golf Disneyland Paris) et un centre de divertissement (Festival Disney) reflétant la vie américaine. On y trouve des restaurants, des boutiques, une discothèque et un spectacle équestre (*Buffalo Bill's Wild West Show*★★), évoquant l'épopée de l'Ouest.

## ★★ Parc Disneyland Paris

Comme ceux des États-Unis ou du Japon, ce parc à thèmes concrétise le rêve de Walt Disney qui voulait créer « un petit parc enchanté où enfants et adultes pourraient se distraire ensemble ».

Le parc s'étend sur plus de 55 ha et comprend cinq « pays » principaux (**Main Street USA - Frontierland - Adventureland - Fantasyland - Discoveryland**), chacun d'eux illustrant un thème. De spectaculaires attractions mettent en scène d'étonnants automates dans des décors particulièrement soignés.

© Disney

# DOMME★★

1 030 habitants
Cartes Michelin nᵒˢ 75 pli 17 ou 235 pli 6 – Guide Vert Périgord Quercy.

Domme, bastide de fondation française, aux belles maisons de pierre blanc et ocre, a dû adapter son plan aux contraintes du plateau.

★★★ **Panorama** – Du belvédère de la Barre qui domine la Dordogne de 145 m, mais mieux encore, de la promenade des Falaises *(pas de parapet)* un peu en contrebas du jardin public, on découvre la plaine alluviale de la Dordogne.

La vallée ne présente pas ici des cingles (méandres) aussi bien formés que celui de Trémolat *(48 km en aval)* ou aussi accomplis que celui de Luzech *(49 km au Sud)* que dessine le Lot. Mais les sinuosités de la rivière et leurs tracés successifs, parfois recoupés par le cours actuel, s'inscrivent dans la campagne par les courbures des falaises, les rangées d'arbres (peupliers) et le parcellaire des champs cultivés.

La régularité de l'auge alluviale, l'équilibre atteint entre les forces d'érosion et d'accumulation de la rivière, la fixité actuelle du tracé des méandres font de la Dordogne périgourdine une vallée « calibrée » selon l'expression des géographes. Le touriste, lui, contemple entre les hauteurs où se sont campés des châteaux forts et les versants boisés où se nichent les villages une campagne opulente avec ses prairies, ses noyers, ses champs de tabac et de céréales.

# DOMRÉMY-LA-PUCELLE★

182 habitants
Cartes Michelin nᵒˢ 62 pli 3 ou 242 pli 25 – Guide Vert Alsace et Lorraine.

Dans ce village de la vallée de la Meuse, **Jeanne d'Arc** naquit le 6 janvier 1412. Au Bois-Chenu *(1,5 km au Sud)* elle entendit l'appel de sainte Catherine, patronne des jeunes filles, de sainte Marguerite, invoquée contre les cataclysmes, et de saint Michel, chef des milices célestes, qui lui dictaient sa mission. Après avoir convaincu le sire de Baudricourt, elle quitta Vaucouleurs le 23 février 1429 à l'âge de 17 ans. En 15 mois se succèdent alors pour elle le voyage de Chinon, les épreuves de Poitiers, la campagne d'Orléans, le voyage du sacre à Reims, les campagnes de Paris, de la Loire et de l'Oise, le bûcher de Rouen au cours desquels elle cristallise, face aux périls de la guerre de Cent Ans, aux malheurs des territoires occupés et de l'insoumission bourguignonne, la naissance du sentiment national.

★ **Maison natale de Jeanne d'Arc** ⊙ – C'était une maison de paysans aisés, aux murs épais, émouvante par sa simplicité (petit musée).

# Le DORAT★

2 203 habitants
Cartes Michelin nᵒˢ 72 pli 7 ou 233 pli 22 – Guide Vert Berry Limousin.

Dans la Marche herbagère et doucement vallonnée, pays d'élevage des bœufs limousins dont **St-Yrieix-la-Perche** *(41 km au Sud de Limoges)* est le gros marché, le Dorat possède une église impressionnante par ses dimensions et son équilibre.

★★ **Collégiale St-Pierre** – L'édifice, reconstruit en une cinquantaine d'années, à partir de 1112, appartient au Limousin par son site, par son rude et inaltérable granit, par les traits originaux de son architecture romane. Cette appartenance s'observe à sa massive tour de façade carrée flanquée de clochetons et ornée d'un portail à archivoltes festonnées, à sa tour-lanterne ajourée, inspirée, mais avec quelle originalité, de celle de St-Junien *(45 km au Sud)*, élevée un demi-siècle plus tôt, à ses voussures limousines dont le boudin souligne la plupart des arcatures intérieures et extérieures. Ces voussures, simples ou doubles, règnent aux fenêtres des bas-côtés, aux baies de la coupole octogonale, à celle du portail Nord...

La **crypte** ⊙, dédiée à Ste-Anne, de la fin du 11ᵉ s., marque, par rapport à celle d'Uzerche qui lui est antérieure d'un demi-siècle, une évolution considérable par l'appareillage de ses moellons de granit dans le berceau courbe, à pénétration, de son déambulatoire et dans les petites voûtes d'arêtes de son sanctuaire.

# DOUAI★

42 175 habitants
Cartes Michelin nᵒˢ 53 pli 3 ou 236 pli 16 – Guide Vert Flandres Artois Picardie.
Plan dans le guide Rouge Michelin France.

Douai, comme Valenciennes, fut un entrepôt d'hivernage pour les négociants qui fréquentaient les routes commerciales de l'Europe du Nord aux 11ᵉ et 12ᵉ s. La ville s'est installée sur les deux berges de la Scarpe : à l'Ouest, les magasins, les ateliers et une chartreuse (musée) dans un site jadis isolé ; à l'Est, la commune bourgeoise, qui obtint ses libertés dès la fin du 12ᵉ s. et dotée du Parlement des Flandres – dont l'actuelle cour d'appel est l'héritière –, avec ses monuments : beffroi, hôtel de ville, église Notre-Dame, et ses demeures du 18ᵉ s.

Douai est la patrie de **Jean Bellegambe** (1470-1534), peintre qui se forma probablement à Valenciennes dans l'atelier de Marmion puis travailla dans la vallée de la Scarpe. Il traita surtout des sujets religieux dans un esprit gothique pour les détails familiers, Renaissance pour les décors (colonnades, coquilles), flamand pour le réalisme. Son **polyptyque d'Anchin★** *(dans l'ancienne chartreuse)* est célèbre.

★ **Beffroi** ⊙ – C'est l'un des plus connus du Nord. Victor Hugo et Corot admirèrent sa tour gothique (1390) à couronnement décoratif. La façade sur cour, de style Renaissance flamande, fut refaite en 1860.

**Les houillères** – L'hôtel d'Aoust (architecture Louis XV, porte à décor rocaille et sculptures allégoriques) était le siège de la direction des houillères qui exploitèrent le bassin du Nord et du Pas de Calais du 18e s. à 1990. Douai occupe en effet la bordure du bassin houiller qui constitue l'extrémité de la grande dépression carbonifère jalonnée en Allemagne par le bassin de la Ruhr et en Belgique par celui de Charleroi. Le dernier puits a fermé le 21 décembre 1990. Le bassin, en exploitation depuis le 18e s., a connu des tragédies comme la catastrophe de Courrières en 1906 où 1 100 mineurs trouvèrent la mort dans un coup de grisou.

⊙ ►► Ancienne chartreuse★ *(musée★ : collections de peintures).*

# DOUARNENEZ★

16 457 habitants
Cartes Michelin nos 58 pli 14 ou 230 pli 17 – Guide Vert Bretagne.

Douarnenez, Ploaré, Pouldavid et Tréboul ont fusionné pour former la commune de Douarnenez, grand centre de la pêche et de l'industrie des conserves.
Tréboul, relié au reste de l'agglomération par un grand pont métallique qui franchit l'estuaire du Port-Rhu, est un séjour balnéaire très fréquenté.
Le site de la ville, au fond d'une immense baie harmonieusement incurvée, les spectacles animés qu'offrent les quais du port, les rues du vieux quartier qui descendent vers la mer en « tirant des bords » (zigzaguant) font son principal intérêt touristique.

★★ **Port-Musée** ⊙ – Tout à la fois conservatoire de bateaux et atelier permanent de transmission des savoir-faire, le port-Musée est une invitation aux retrouvailles avec un passé maritime récent. Regroupées sur le site exceptionnel du Port-Rhu, qui fut autrefois le port de commerce de Douarnenez, les installations du port-Musée permettent de découvrir tous les aspects de la vie maritime et portuaire, à travers des navires à flot, des chantiers de construction et un musée à terre riche de 200 embarcations.

# Saut du DOUBS★★★

Cartes Michelin nos 66 Sud du pli 18 ou 243 plis 21, 22 – Guide Vert Jura.

Les gorges du Doubs, en aval de Villiers-le-Lac, marquent la frontière entre la Suisse et la France.
Dans cette région le Doubs s'est peu à peu enfoncé dans les plissements jurassiens. Mais un seuil de pierres formé par les éboulements de ses rives obstrue son cours et retient, en amont, les eaux du lac de Chaillexon.
Le Saut du Doubs est la cascade haute de 27 m par laquelle la rivière franchit ce barrage et regagne son niveau naturel. Par un sentier sous bois *(3/4 h à pied AR)* gagner le belvédère principal ; au-delà, un sentier en forte pente permet de descendre au niveau même de la vasque aux eaux d'un vert noirâtre d'où la vue de la chute s'abattant dans cet entonnoir est très impressionnante.

# DUNKERQUE

70 331 habitants
Cartes Michelin nos 51 plis 3, 4 ou 236 pli 4 – Guide Vert Flandres Artois Picardie.
Plan dans le guide Rouge Michelin France.

Dunkerque (Église des Dunes), village de pêcheurs, s'agrandit au 14e s. jusqu'à devenir le port des Flandres où s'entreposent les bois des pays scandinaves, les laines d'Angleterre et les vins de Bordeaux. Au 17e s., il représente un véritable enjeu que se disputent Espagnols, Anglais, Hollandais et Français. En 1658, après sa victoire de Dunes, Turenne s'en empare, mais la ville est aussitôt remise à l'Angleterre en contre-partie de son soutien contre l'Espagne. Elle ne devint française que par son achat négocié en 1662 et couronnant l'activité diplomatique de Lionne.
Dès lors, Dunkerque devient un repaire de contrebandiers et de corsaires au service du roi : 3 000 navires étrangers sont capturés ou détruits, le commerce hollandais ruiné. Le plus intrépide d'entre eux est **Jean Bart** (1651-1702), honoré d'une statue (1848) due à David d'Angers (place Jean-Bart).
En 1713, la démolition des remparts, prescrite par une clause du traité d'Utrecht, cause le déclin du port, malgré les travaux apportés par Calonne à ses installations. Napoléon lui préfère Anvers. Fin mai-début juin 1940, l'« enfer de Dunkerque » fut le nom donné à la bataille de rembarquement, sous le bombardement ennemi, des troupes alliées coupées de leurs bases continentales par la percée allemande de Sedan vers la Manche. Elle se déploya de Dunkerque à Malo, **Zuydcoote** et **Bray-Dunes**.

★★ **Le port** – Dunkerque se classe 3e port de France, avec, en 1992, plus de 40 millions de tonnes. Son activité dans la ville même et tout le long de la zone industrielle est en expansion : construction navale, sidérurgie (usine sur l'eau de Sollac-Dunkerque), aciers spéciaux, raffinerie, pétrochimie...

⊙ ►► Musée d'Art contemporain★★ – Musée des Beaux-Arts★.

# Basilique NOTRE-DAME de l'ÉPINE★★

Cartes Michelin nᵒˢ 56 pli 18 ou 241 pli 26 – Guide Vert Champagne.

Le village champenois de l'Épine, tapi au pied de sa grande église de pèlerinage, dispose ses maisons en retrait de la route et précédées de leur cour ; quelques-unes sont à colombage tant la craie est un piètre matériau de construction.

La basilique Notre-Dame fut entreprise en 1410 par sa partie centrale et les parties intérieures de la nef, poursuivie vers 1450 par la façade et achevée, en 1510, par le chevet. La virtuosité du gothique flamboyant s'y manifeste extérieurement à la façade allégée par un grand gâble concave très exigu, à la flèche de droite (celle de gauche a dû être refaite au siècle dernier) dont l'évidement total des surfaces fait participer l'ossature et les arêtes aux motifs décoratifs, aux **gargouilles**★ qui étonnèrent Victor Hugo.

A l'intérieur, les piliers ronds à colonnes engagées sont une survivance du style gothique lancéolé ; le faux triforium paraît inspiré de celui de la cathédrale de Reims antérieur de plus de deux siècles ; le jubé et sa poutre de gloire sont du 15ᵉ s. ; la clôture du chœur, gothique à droite, est Renaissance à gauche, comme le beau vitrail *(dernière travée du bas-côté droit)* de l'Arbre de Jessé, chef-d'œuvre de la Renaissance champenoise par sa composition savante, le modelé des visages et la qualité des verts.

## ÉTRETAT★★

1 565 habitants
Cartes Michelin nᵒˢ 52 pli 11 ou 54 plis 7, 8 ou 231 pli 8.
Guide Vert Normandie Vallée de la Seine.

Au débouché d'une vallée sèche du Pays de Caux, Étretat n'était, au milieu du 19ᵉ s. encore, qu'un simple village de pêcheurs. Des artistes comme Eugène Isabey, des écrivains comme Alphonse Karr et Guy de Maupassant le mirent alors à la mode.

Deux promenades à pied permettent de bien saisir l'originalité de la « côte d'Albâtre », falaise de craie présentant des couches alternées de silex foncé et de marnes jaunâtres.

Étretat – La falaise d'Aval.

★★★ **Falaise d'Aval** – *1 h à pied AR au départ de la digue promenade ; pousser jusqu'à la crête de la Porte d'Aval.* Ce site profile une arche rocheuse magnifiquement découpée. Vue magnifique sur l'arche de la Manneporte, l'Aiguille, îlot en forme d'obélisque, et l'arête du plateau tronqué au-dessus de la plate-forme d'abrasion marine formant une longue plage de galets. Le jeu des couleurs, variant selon l'heure, l'état du ciel et celui de la mer dans les festons des valleuses, est un véritable enchantement.

★★ **Falaise d'Amont** – *3/4 h au départ du monument Nungesser et Coli.* Ce monument fut érigé à l'endroit où les deux aviateurs furent aperçus pour la dernière fois lors de leur tentative de traversée de l'Atlantique Nord en reliant sans escale Le Bourget à New York à bord de l'« Oiseau-Blanc » (8 mai 1927). « Ceux qui, les premiers, ont osé » se seraient perdus en mer ou, peut-être, dans les forêts de Nouvelle-Angleterre. Un sentier puis un escalier taillé dans la falaise crayeuse permettent d'atteindre la mer.

*Actualisée en permanence,
la carte Michelin au 1/200 000 permet de choisir d'un seul coup d'œil :*
  *— une route principale pour un grand itinéraire,*
  *— une route de liaison régionale ou de dégagement,*
  *— une petite route où il fait bon flâner.*
*Équipez votre voiture de cartes Michelin à jour.*

# ÉVREUX★★

Agglomération 57 968 habitants
Cartes Michelin nᵒˢ 55 plis 16, 17 ou 231 pli 35.
Guide Vert Normandie Vallée de la Seine. Plan dans le guide Rouge Michelin France.

Depuis 15 siècles l'histoire d'Évreux n'est qu'une longue succession d'incendies et de destructions exécutés par les Vandales, les Vikings, les Plantagenêts et, plus près de nous, par les aviations allemande en 1940 et alliée en 1944. Mais chaque épreuve terminée, les Ébroïciens ont relevé leur ville de ses ruines et lui ont rendu sa prospérité. La mise en valeur des bords de l'Iton traités en promenade à hauteur de l'ancien rempart gallo-romain et celle de la tour de l'Horloge élevée par Henri V d'Angleterre en 1417, deux ans après la bataille d'Azincourt, en témoignent.

★ **Cathédrale Notre-Dame** – Sa construction entreprise au 12ᵉ par Henri II d'Angleterre se poursuivit sous les dynasties normande et Plantagenêt (chœur achevé vers 1260), si bien que dans son ensemble la cathédrale est un édifice gothique du 13ᵉ s. Elle n'échappa pas aux malheurs d'Évreux et il fallut en particulier la restaurer après l'incendie de 1356 durant le siège de Jean le Bon et sous le règne de Louis XI. Au 16ᵉ s., on refit ses bas-côtés dans le style flamboyant et après la Seconde Guerre mondiale on dut reconstruire ses parties hautes.

Les **vitraux**★ constituent un exceptionnel document sur l'évolution de l'art du vitrail.
Fin du 13ᵉ s. : les fenêtres du bas-côté droit vibrent d'une intense couleur.
14ᵉ s. : dans la 4ᵉ chapelle du déambulatoire, à droite, la verrière se fait plus élégante. Les vitraux du chœur surtout, mis en place vers 1330, par leur limpidité, la légèreté de leurs ors et la transparence de leurs couleurs, faisaient l'admiration d'Émile Mâle : on y suit, de 1330 à la fin du siècle, le remplacement progressif d'un décor translucide par un tableau composé.
15ᵉ s. : la 2ᵉ fenêtre haute à gauche dans la nef vaut par la nuance subtile de ses grisailles à la blancheur nacrée. Les verrières de la chapelle axiale sont d'un grand intérêt documentaire sur le règne de Louis XI.
16ᵉ s. : Jugement dernier à la rose du transept gauche.
17ᵉ s. : 3ᵉ chapelle du déambulatoire, à gauche.

Ⓥ ►► Ancien évêché (*musée*★★ : *archéologie, art sacré médiéval*) – Église St-Taurin (châsse de saint Taurin★★).

# Les EYZIES-DE-TAYAC★★

853 habitants
Cartes Michelin nᵒˢ 75 pli 16 ou 235 pli 1 – Guide Vert Périgord Quercy.

Les découvertes d'abris creusés à la base des falaises et de grottes ornées, à proximité des Eyzies, puis leur étude entreprise il y a plus d'un siècle sont à l'origine de la science préhistorique.
Science d'origine essentiellement française, la préhistoire a fait ses premiers pas à l'aube du 19ᵉ s. après les travaux de Boucher de Perthes dans la Somme, à St-Acheul et à Abbeville. Puis de nombreux chercheurs, Lartet, Mortillet, les abbés A. et J. Bouyssonie et Lemozi, le Dr Capitan, D. Peyrony, Rivière, Cartailhac, Lantier et l'abbé Breuil ont œuvré dans la vallée de la Vézère, ouvrant la voie à la recherche contemporaine.

**A B C de préhistoire** – L'ère quaternaire, la plus récente et la plus brève des grandes ères géologiques, débuta il y a quelque 2 000 millénaires. Elle est marquée par le développement des glaciers qui envahirent les hautes montagnes, conséquence d'un refroidissement général de l'atmosphère du globe, mais surtout par un événement capital : l'invasion de l'Asie et de l'Europe par les représentants de l'humanité primitive apparue 1 000 millénaires plus tôt en Afrique orientale.
A la fin de l'ère tertiaire, il y a, semble-t-il, 3 000 000 d'années (1), les lueurs d'une pensée réfléchie – et non plus simplement instinctive – sont apparues chez les préhominiens, différenciant ainsi les plus anciens ancêtres de l'homme des autres espèces.
Pour l'essentiel, l'ère quaternaire des géologues correspond donc aux « temps préhistoriques » des anthropologues et le paléolithique (âge de la pierre taillée) y est prédominant par sa durée.

**Le paléolithique inférieur** – 2 000 000 à 150 000 ans avant J.-C. Les premiers outils sont imaginés, les espèces se succèdent, de plus en plus évoluées : Australopithèque d'Afrique australe, Pithécanthrope de Java, Sinanthrope de Chine du Nord, Atlanthrope d'Afrique du Nord.
Des traces de campements de chasseurs d'aurochs parcourant la steppe, il y a quelque

| ÈRE QUATERNAIRE | | Ancienneté |
|---|---|---|
| Naissance de Jésus-Christ | | |
| Fondation de Rome | | 753 ans |
| FER | | 900 " |
| BRONZE | | 2 500 " |
| ÂGE DES MÉTAUX | | |
| Pyramides d'Égypte | | 2 800 " |
| NÉOLITHIQUE (PIERRE POLIE) | | 7 500 " |
| MÉSOLITHIQUE | | 10 000 " |
| | SUPÉRIEUR | 35 000 " |
| PALÉOLITHIQUE (PIERRE TAILLÉE) | MOYEN | 150 000 " |
| ÂGE DE LA PIERRE | INFÉRIEUR | 2 000 000 " |
| Apparition de l'homme | | |

(1) Nous donnons les évaluations d'ancienneté et de durée en millénaires pour la géologie, en années pour la préhistoire.

# LE PALÉOLITHIQUE SUPÉRIEUR

350 000 ans, ont été reconnues, en particulier dans les Pyrénées (crâne de la Caune d'Arago, près de **Tautavel**, mâchoire de Montmaurin). A Nice, une empreinte de pied humain et le foyer de **Terra Amata** aménagé par des chasseurs de grands mammifères dans les vallées du Paillon et du Var, sur une ancienne plage à 26 m au-dessus du niveau actuel de la Méditerranée, ont été étudiés.

A la même période appartiennent des gisements découverts dans la basse Ardèche et dans la région de Carnac, ainsi que les bifaces et les outils exécutés dans des éclats de silex à Gouzeaucourt *(17 km au Sud de Cambrai)*.

Les fragments du crâne de l'homme de Fontechevade *(au Sud-Est de La Rochefoucauld)* ont été associés à la culture Tayacienne (passage du paléolithique inférieur au paléolithique moyen).

**Le paléolithique moyen** – 150 000 à 35 000 ans avant J.-C. Le rameau de Néandertal (homme de la Chapelle-aux-Saints en Corrèze), apparu il y a environ 150 000 ans, peut-être issu des Atlanthropes, s'éteignit sans descendance il y a 35 000 ans. Les premières sépultures remontent à cette période.

**Le paléolithique supérieur** – 35 000 à 10 000 ans avant J.-C. Avec la « race » de Cro-Magnon caractérisée par des hommes grands, fins, habiles de leurs mains, doués d'un esprit inventif, puis, quelque 20 000 ans plus tard, avec celle de Chancelade (Magdalénien) aux individus plus petits mais robustes apparaît l'Homo sapiens (sage, intelligent), conscient de sa connaissance, caractérisé par le fort volume de son crâne et par son langage articulé. C'est l'actuel rameau de l'humanité.

Les industries de l'Aurignacien et du **Périgordien** (cette dernière, interrompue par de longs déplacements de populations) sont alors concomitantes, mais elles diffèrent et paraissent sans lien. Les outils, sans cesse perfectionnés, les conditions de vie facilitées par la mise au point de nouveaux procédés de chasse permettent alors à l'homme de consacrer une part de son temps à la création d'œuvres artistiques (gravures et peintures).

A **Aurignac** (82 16) a été identifiée l'industrie aurignacienne qui se distingue par la grande dimension de ses lames retouchées, de ses sagaies et de ses burins, par ses grattoirs épais et par ses bâtons de renne perforés ; elle connut son apogée il y a 25 000 ans ; les célèbres gravures des grottes de Pair-non-Pair à **Marcamps** (71 8) la révèlent ; celles de la grotte de la Grèze et de l'**abri du Poisson** ⊽ marquent le début de l'occupation humaine de la basse vallée de la Vézère.

L'industrie des javelots et des lances (pointes à crans) a été étudiée près de Mâcon, au pied de la falaise de **Solutré**★★ (69 19).

132

Le réchauffement du climat à la fin du Magdalénien a poussé l'homme à vivre en plein air dans des sites bien exposés en Ile-de-France (Pincevent et Étiolles) alors que plus tard, à la période Azilienne, il s'abritait encore dans les grottes des Pyrénées et du Périgord. Au paléolithique succèdent le mésolithique (10 000 à 7 500 ans) où l'art subit une éclipse, puis le néolithique (âge de la pierre polie) ; avec lui et l'apparition de l'écriture sur des supports d'argile cuite s'achève la préhistoire.

Au Mas-d'Azil, il y a une centaine de siècles, de nombreux changements apparaissent (réchauffement de la température, modification de la flore et de la faune) ; l'industrie humaine miniaturise son outillage (nouveaux types de harpons) et bouleverse les modes de vie en Europe où l'agriculture ne tarde guère à apparaître.

La lenteur des progrès réalisés par l'homme confond l'imagination : près de 30 000 siècles lui ont été nécessaires pour apprendre à polir la pierre. En revanche, les 50 siècles qui ont suivi ont vu se développer de brillantes civilisations au Proche-Orient et en Égypte et la découverte des métaux (bronze).

## LA CAPITALE DE LA PRÉHISTOIRE

L'étude méthodique des différents gisements de la région des Eyzies a permis aux chercheurs de mieux connaître la préhistoire.

Dans le département de la Dordogne, on dénombre près de 200 gisements ou sites préhistoriques, dont plus de la moitié se situent dans la basse vallée de la Vézère. Les hommes d'alors ont trouvé là des **abris et des cavernes naturels** ⊙ facilement accessibles et des surplombs pouvant leur servir d'habitat. Ils y ont laissé le témoignage de leur passage et de leurs activités. 20 000 ans avant les vallées du Tigre et du Nil, celle de la **Vézère** était peuplée d'hommes habités par un souci artistique, travaillant l'ivoire de mammouth et le bois de renne et peignant les parois des grottes.

Les Eyzies étaient une capitale de l'humanité bien avant Ninive et la bouleversante stratigraphie de **Laugerie Haute** ⊙, épaisse de 6 m, révèle 7 000 ans de civilisations successives (industries solutréenne, moustérienne et magdalénienne).

⊙ ►► Grotte du Grand-Roc★★ – Musée national de la préhistoire★ – Grotte de Font-de-Gaume★.

# Le FAOUËT

2 869 habitants
Cartes Michelin nos 58 pli 17 ou 230 pli 20 – Guide Vert Bretagne.

Au cœur d'un pays forestier où domine le hêtre, le gros bourg du Faouët illustre la prospérité que connut la Bretagne après la tourmente de la guerre de Succession. Au 15e s., neuf foires s'y tenaient chaque année, concurremment à celles de Guéméné-sur-Scorff (27 km à l'Est) en pays de Rohan, justifiant la construction de la halle.

**Halle** – Édifiée au début du 16e s., elle se divise en trois nefs de 15 travées. Des colonnes de granit portent sa puissante charpente que protège un grand toit d'ardoise.

★ **Chapelle St-Fiacre** – 2,5 km au Sud. C'est l'une des nombreuses chapelles rurales de la région. A l'image des Rohan, leurs rivaux, qui achevaient l'église de Kernascléden et son hôpital, les Bouteville entreprennent, en 1450, cette chapelle édifiée en 30 ans et probablement la dotent, elle aussi, d'un hospice pour les malades et les pèlerins. Sa façade cantonnée de clochetons est dominée par la haute flèche centrale à balcon surplombant, dans la lignée de celle du Kreisker (p. 257). Le **jubé**★★ (1480), de style flamboyant, est une réalisation séduisante de la sculpture sur bois, peinte, en Bretagne.

Le Faouët.
Jubé de la chapelle de St-Fiacre (détail).

H. Champollion/OUEST-FRANCE

Les vitraux, du 16e s., divisés seulement en registres horizontaux, jalonnent l'évolution de l'art des verriers passant de médaillons juxtaposés à une composition ordonnée. Remarquer, à la maîtresse-vitre du chœur, les scènes de la Passion ; au croisillon droit, la *Vie de saint Jean-Baptiste* ; au croisillon gauche, un *Arbre de Jessé* et la *Vie de saint Fiacre*.

# FÉCAMP★★

20 808 habitants
Cartes Michelin nos 52 pli 12 ou 54 pli 8 ou 231 pli 8.
Guide Vert Normandie Vallée de la Seine. Plan dans le guide Rouge Michelin France.

Fécamp vit toujours de son port, longtemps « capitale » des terres-neuvas français pour la pêche à la morue. C'est aujourd'hui à la fois un port de commerce actif (matières pondéreuses et transit de bois) et un port de pêche (harengs et maquereaux) à proximité duquel se sont installées des usines de fumage et de surgélation du hareng et du saumon.

Dès le 11e s., Fécamp a connu un développement monastique considérable dû à l'énergie de Guillaume de Volpiano qui avait déjà appliqué à St-Bénigne de Dijon la réforme issue de Cluny et dont la réputation propagea la glorification du Précieux Sang et le renom de la Trinité. Au 19e s., Guy de Maupassant donna à Fécamp une grande place dans son œuvre littéraire.

★★ **Église de la Trinité** – Cette ancienne abbatiale, aux dimensions de cathédrale, marque une étape dans l'évolution de l'art gothique en Normandie. Construite pour l'essentiel entre 1168 et 1219, elle est tributaire des influences de l'Île-de-France. Elle en a reçu dans une première période les églises à tribunes du 12e s. dans la lignée de St-Denis (elles-mêmes inspirées des abbatiales normandes de Jumièges et de Caen) ; technique qu'elle a reconduite en s'en affranchissant progressivement à la partie gauche du chœur, au transept et dans la nef. De même, au 13e s., elle apprit de Chartres le système combiné des arcs-boutants et du triforium rendant désuètes les tribunes elles-mêmes ; elle l'appliqua à la fin du siècle à l'occasion de la réfection de la partie droite du chœur.

En revanche, la Trinité, dans le même temps, affirme son caractère normand : elle maintient la galerie technique de circulation à la base des fenêtres hautes et lance à la croisée du transept une tour-lanterne très lumineuse et d'une magnifique envolée.

⊘ ➤➤ Palais Bénédictine★★ *(collection d'objets d'art, histoire et fabrication de la Bénédictine)* – Musée des Terres-Neuvas et de la Pêche★ – Musée Centre-des-Arts★ *(peinture, céramique, ivoire, archéologie, mobilier régional).*

# FENIOUX★

133 habitants
Cartes Michelin nos 71 pli 4 ou 233 pli 16 – Guide Vert Poitou Vendée Charentes.

Pour les amateurs d'architecture religieuse romane rurale, Fenioux constitue une étape modeste, mais de choix.

★ **Église** – Les architectes qui la reconstruisirent de 1000 à 1050 ont conservé, à l'extérieur sur la flanc Sud, un claustra d'un édifice antérieur carolingien. Elle est très saintongeaise par sa façade Ouest souvent donnée comme exemplaire de cette école. La sculpture y développe le « sermon saintongeais » : le Zodiaque (fuite et renouvellement du temps) et le cycle des mois (tu gagneras ton pain, tout au long de l'année, par ton travail), les Vierges sages et les Vierges folles (veiller pour éviter la réprobation finale), les Vertus et les Vices (triomphe du Bien sur le Mal).

Le petit portail latéral gauche offre un charmant décor de feuilles et de fleurs de clématites qui font la parure de nombreuses maisons saintongeaises. Le clocher, de plan circulaire, malgré une certaine raideur que lui vaut sa reconstruction au 19e s. par des disciples de Viollet-le-Duc, est un chef-d'œuvre de légèreté.

★ **Lanterne des Morts** – De telles lanternes étaient nombreuses aux 11e et 12e s. en Limousin, en Poitou et en Saintonge. Celle-ci est très belle avec son fût creux de 14 colonnes, son entablement mouluré, ses courtes colonnettes laissant filtrer la lumière du fanal et sa petite pyramide en écailles portant une croix.

# FERNEY-VOLTAIRE

6 408 habitants
Cartes Michelin nos 70 Sud du pli 16 ou 243 pli 44 – Guide Vert Jura.

A la frontière franco-suisse, Ferney évoque la mémoire de l'un de nos plus grands et plus féconds écrivains.

François-Marie Arouet (1694-1778), qui prit le nom de **Voltaire**, acquit en 1758 la terre de Ferney dont la situation frontalière lui permettait tout autant d'esquiver les difficultés que l'audace de son théâtre engendrait avec les Genevois que de trouver une terre d'asile hors de France. L'homme avait le sens aigu des affaires : il possédait une part de 5 000 livres dans un négrier nantais.

En 1758, le « touche-à-tout de génie » *(E. Faguet)* s'installe au château de Ferney. Il a déjà abordé les plus grands genres : l'épopée en 1723 avec *La Henriade,* la tragédie en 1743 avec *Mérope,* l'histoire en 1751 avec *Le Siècle de Louis XIV* et l'*Essai sur les mœurs.* Sa période philosophique commence. Par son action, ses deniers et sa plume, le patriarche de Ferney enrichit le village, lutte contre le fanatisme des juges et pour la réhabilitation des protestants et des prêtres. Ferney, « la retraite frénétique », devient un lieu de pèlerinage pour les grands seigneurs et les gens de lettres. A 70 ans, l'écrivain, d'une invraisemblable fécondité, n'a encore écrit que la moitié de sa correspondance et de ses pamphlets qui devaient à leur malignité perverse et destructrice le nom de « fusées volantes ». Paris l'accueille triomphalement comme le défenseur des opprimés lors d'un dernier voyage dans la capitale à l'occasion de la quatrième représentation d'*Irène* au théâtre du palais des Tuileries. Le plus vivant des hommes, reçu comme un demi-dieu, le porte-parole le plus écouté de son époque dont il fit « le siècle de Voltaire », s'y éteint dans la crainte de ne pas avoir assez rendu service.

L'évocation du patriarche se cherche plutôt près du carrefour central où lui a été dressée une statue qu'au château dont la visite est très restrictive.

Voltaire par Houdon (musée du Louvre – Paris).

## FIGEAC★★

9 549 habitants
Cartes Michelin nᵒˢ 79 pli 10 ou 235 pli 11 – Guide Vert Périgord Quercy.
Plan dans le guide Rouge Michelin France.

Étalée sur la rive droite du Célé, Figeac s'est développée au débouché de l'Auvergne et du Haut-Quercy. Ville d'échanges, elle a connu un passé prestigieux dont témoigne aujourd'hui l'architecture de ses hautes maisons de grès.

La grande industrie de Figeac est l'entreprise Ratier spécialisée dans les constructions aéronautiques.

**Jean-François Champollion** – Le 23 décembre 1790 naquit à Figeac cet orientaliste dont le génie permit à l'égyptologie de faire des pas de géant. Au début du 19e s., la civilisation égyptienne demeurait une énigme, les hiéroglyphes (mot qui signifie « graver sacré ») n'ayant pas été interprétés. Après de brillantes études à Grenoble et à Paris, il est nommé, à 19 ans, professeur d'histoire à la faculté de lettres de Grenoble. Il réussit, à partir de copies, à déchiffrer les inscriptions en trois caractères différents (hiéroglyphes, démotiques et grecs) de la fameuse « pierre de Rosette ». Après des missions en Égypte où il traduit de nombreux documents, il fonde en 1826, à Paris, le musée égyptien du Louvre, dont il devient le premier conservateur. En 1831, il se voit confier la chaire d'archéologie au Collège de France, mais n'y dispense que trois cours et meurt l'année suivante, épuisé par son énorme labeur.

## ★ LE VIEUX FIGEAC

Le quartier ancien de Figeac a conservé son plan du Moyen Âge avec ses rues étroites et tortueuses. Il est circonscrit par une ligne de boulevards qui occupent l'emplacement des anciens fossés.

Figeac conserve de nombreux bâtiments témoins de l'architecture des 13e, 14e et 15e s. construits dans un beau grès beige. La plupart s'ouvrent au rez-de-chaussée par de grandes ogives surmontées au 1er étage d'une galerie ajourée. Sous le toit plat, le « **soleilho** », grenier ouvert, servait à faire sécher le linge, à ranger le bois, à cultiver les fleurs… Ses ouvertures sont séparées par les colonnes ou piliers en bois, en pierre, parfois en briques, qui supportent la toiture. A cette architecture s'ajoutent les tours en encorbellement, portes, escaliers à vis caractéristiques de cette époque.

⊘ ►► Hôtel de la Monnaie★ – Musée Champollion★.

## FILITOSA★★

Carte Michelin nᵒ 90 pli 18 – Guide Vert Corse.

Le site archéologique de Filitosa, découvert en 1946, offre une synthèse des origines de l'histoire en Corse : périodes néolithique (6000-2000 avant J.-C.), mégalithique (3000-1000), torréenne (1500-800) puis romaine.

Pour un touriste, Filitosa est un pivot autour duquel s'articulent surtout les cultures mégalithique et torréenne.

Les **Mégalithiques** inhumaient leurs morts dans des caveaux ou sous des dolmens. Ce peuple pacifique savait sculpter le granit avec un outillage d'obsidienne importée ; vers 1800 avant J.-C., il représentait ses chefs, sans arme (signification religieuse ?), sur des menhirs, ébauches de statues où déjà la tête se distinguait du corps. Vers 1500 l'anatomie se précise (colonne vertébrale, omoplates) ; les Mégalithiques représentent alors, pour acquérir leur puissance, leurs ennemis, en armes, tués au combat : les Torréens.

Les **Torréens**, probablement débarqués dans le golfe de Porto-Vecchio, étaient un peuple de la mer, guerrier, efficace, techniquement évolué (vêtements de cuir, cuirasses, armes de bronze, voire de fer), qui avait déjà fait trembler les empires du pourtour

135

méditerranéen et inquiété l'Égypte de Ramsès III. Ce peuple essentiellement construc-teur se sédentarise peu à peu et noue des relations avec les peuplades italiennes et sardes. En cinq siècles de contacts et d'affrontements, il finit par prendre le dessus sur les Mégalithiques et les refoule progressivement vers le Nord de l'île, avant d'abandonner lui-même la Corse vers 800, probablement pour la Sardaigne à la recherche du cuivre et où il éleva les nuraghi, sortes de forteresses circulaires hautes de 6 à 8 m *(voir le guide Vert Michelin Italie)*.

★★ **Station préhistorique** ⊙ – Sur le chemin du site, observer à droite la superbe statue-menhir de Filitosa V portant, de face, une longue épée et un poignard oblique ; de dos apparaissent des détails anatomiques ou vestimentaires.

A l'intérieur de l'enceinte cyclopéenne, œuvre des Mégalithiques cernant le plateau, quatre ensembles retiennent l'attention et témoignent de la suprématie des Torréens : le **monument Est** qu'ils comblèrent ; les vestiges de **cabanes** qu'ils réoccupèrent ; à l'entrée du **monument central**, circulaire, à destination religieuse, des fragments de statues-menhirs. Ces statues, dont Filitosa IX et XIV, relevées, ont été découvertes, débitées par les Torréens eux-mêmes, disposées le visage contre terre et réemployées dans leurs constructions comme pour manifester leur victoire définitive sur les Mégalithiques qui les avaient représentés. Le **monument Ouest**, torréen, prend appui sur les aménagements mégalithiques antérieurs.

Les cinq statues-menhirs redressées près d'un olivier millénaire sur l'autre versant du vallon marquent la fin de l'époque mégalithique dans cette région.

# FOIX★

9 660 habitants
Cartes Michelin nᵒˢ 86 plis 4, 5 ou 235 pli 42 – Guide Vert Pyrénées Roussillon.
Plan dans le guide Rouge Michelin France.

La capitale du Pays de Foix occupe dans le bassin de l'Ariège une dépression qui sépare la montagne et les collines du Plantaurel, aussi son rôle historique fut-il prédominant au Moyen Age.

Les comtes de Foix durent reconnaître la suzeraineté des rois de France à la fin de la croisade des albigeois ; mais héritiers du Béarn à la fin du 13ᵉ s., ils se fixent dans ce pays encore indépendant. Ils restent néanmoins attachés à leur château de Foix comme à une demeure ancestrale sans pour autant lui accorder les travaux d'entretien qu'il requiert ; aussi bien doivent-ils se résigner à admettre le démantèlement de ses parties basses alors très vastes, mais refusent-ils de laisser raser les tours qui manifestaient leur propriété et représentaient leur puissance.

Gaston Fébus, Gaston IV, Catherine de Foix, Gaston de Foix, Henri IV, qui rattacha par sa personne le comté à la couronne, en furent les grands représentants.

★ **Site** – Des terrasses du **château** ⊙ le site de Foix revêt son originalité : vers le Nord-Ouest apparaissent les alignements très verdoyants du Plantaurel et ses plissements remarquablement réguliers ; vers le Sud, la « zone axiale » des Pyrénées, plus confuse, où se reconnaissent le pic des Trois-Seigneurs et sur la gauche le sommet cristallin de St-Barthélemy ; vers l'Est enfin, le plateau de Sault d'où surgissent quelques pointements comparables au « Pog » de Montségur.

## ENVIRONS

★★ **Grotte de Niaux** ⊙ – Cartes Michelin nᵒˢ 86 Sud-Est du pli 4 ou 235 pli 46.
Cette grotte, de la vallée de Vicdessos, est célèbre pour ses dessins préhistoriques remarquablement conservés, en particulier les représentations d'animaux du « Salon noir », exécutés d'un trait d'une pureté étonnante marquant l'apogée de l'art magdalénien.

# FONTAINEBLEAU★★★

15 714 habitants
Cartes Michelin nᵒ 106 plis 45, 46 – Guide Vert Ile-de-France.
Plan dans le guide Rouge Michelin France.

Au 12ᵉ s. déjà, les Capétiens avaient un manoir au cœur de la forêt giboyeuse. La forêt de Fontainebleau est une futaie de chênes rouvres, de pins sylvestres et de hêtres qui couvre 25 000 ha. Elle se développe surtout sur les hauteurs qui forment des rides de direction Est-Ouest constituées par des dunes de sable consolidées en grès ; les chaos correspondent à des tables de grès basculées ou disloquées ; les gorges et les vallonnements sableux se disposant entre les rides. La forêt, parcourue par un réseau de sentiers aménagés, fait l'objet d'une surveillance très attentive depuis Colbert et d'un programme d'exploitation respectant les lois biologiques de sa révolution.

Mais la réputation du lieu date du château que s'y fit édifier François Iᵉʳ. Le goût de la nature, les traditions militaires et équestres entraînèrent le développement de la ville au siècle dernier.

★★★ **Le Palais** ⊙ – Fait insigne, le château est resté aménagé et habité par les souverains depuis les derniers Capétiens jusqu'à Napoléon III. Napoléon Iᵉʳ s'y plut : il ne rencontrait pas là, comme à Versailles, l'ombre accablante d'un rival en gloire ; c'est la « maison des siècles », disait-il. Il le garnit de mobilier Empire, l'aménagea pour lui-même, pour le pape Pie VII, pour Joséphine.

En 1528, François Ier charge Gilles le Breton de remplacer les bâtiments médiévaux par deux constructions réunies par une galerie.

En Italie, il a pris, comme Charles VIII, goût aux demeures plaisantes ornées d'œuvres d'art. Il fait donc tout naturellement appel à des artistes italiens qui, par leur activité féconde, constituent la première **école de Fontainebleau** : le Rosso (école de Florence), le Primatice (école de Pérouse), Niccolo dell'Abbate (école de Parme) accompagnés d'architectes, de savants, de menuisiers, d'orfèvres, de stucateurs... et de chefs-d'œuvre (tableaux de Raphaël, *La Joconde* de Léonard de Vinci). Avec eux, la France est pénétrée par le goût de la Renaissance, et la science des nombres et des proportions puisée aux monuments antiques ; le plaisir de vivre se répand, les peintres et les sculpteurs délaissent les sujets religieux pour des divinités aux belles académies.

De cette époque datent : l'aile gauche et la façade de la **cour du Cheval-Blanc ou cour des Adieux**★★ ; la partie concave de la **cour Ovale**★, la plus intéressante du palais ; la **porte dorée**★, avec sa loggia peinte par le Primatice ; à l'intérieur, la **galerie François Ier**★★★, œuvre du Rosso et premier grand ensemble de la Renaissance en France où se mêlent fresques et stucs ; la **salle de bal**★★★ (achevée par Philibert Delorme sous Henri II) peinte par le Primatice et Niccolo dell'Abbate.

Henri II, Catherine de Médicis et Charles IX poursuivent l'œuvre entreprise.

Henri IV agrandit encore le château (jeu de Paume, galerie de Diane, fermeture de la cour Ovale). Mais le style change : la seconde école de Fontainebleau cherche ses modèles en Flandre et ses artistes en Ile-de-France ; la peinture à l'huile prévaut.

Louis XIII achève la cour des Adieux aussi appelée cour du Cheval-Blanc (depuis l'installation par Charles IX d'une statue équestre de Marc Aurèle, en plâtre), où le célèbre escalier du Fer-à-Cheval construit par Du Cerceau fut, le 20 avril 1814, le théâtre des adieux de Napoléon Ier à ses troupes après son abdication.

⊘ ➤ Ensemble des Grands Appartements★★★ – Petits Appartements★ – Musée Napoléon-Ier★ – Jardins★.

# La FONTAINE-DE-VAUCLUSE★★★

Cartes Michelin n[os] 81 pli 13 ou 245 pli 17 ou 246 pli 11 – Guide Vert Provence.

La Fontaine de Vaucluse *(1 h à pied AR au départ du village du même nom)* est l'une des plus puissantes résurgences du monde. Elle figure déjà dans la géographie du Grec Strabon écrite il y a près de 2 000 ans.

Sa réputation est telle qu'elle a valu aux résurgences le nom de sources vauclusiennes.

La fontaine est le débouché à l'air libre, au pied d'une falaise du plateau de Vaucluse, d'un vaste et profond système hydrologique souterrain alimenté par l'infiltration des eaux de pluie tombées sur le plateau, le massif du Ventoux, la montagne de Lure et canalisées par plus de 400 avens. Les eaux pénètrent dans cette masse de calcaire secondaire, fissurée par le soulèvement des Alpes ; elles s'accumulent dans un gouffre encore inexploré et ressortent sous pression par un puits empruntant une ligne de faille.

Depuis plus d'un siècle de nombreuses plongées d'étude ont été effectuées. En 1983, Hasenmayer a atteint la cote – 200 ; un engin télécommandé équipé de moyens vidéo la cote – 315 en 1985 sans pour autant permettre de sonder ce puits naturel d'un niveau très inférieur à celui de la mer.

Dans ce gouffre marquant l'extrémité du sentier, le débit de la source, rarement nul, peut atteindre 100 m³ par seconde. En période sèche, le regard contemple les marmites de géants creusées dans les strates du plateau soulignées par des rideaux de végétation.

Mais lors des fortes eaux (généralement en fin d'hiver) la Sorgue tumultueuse jaillit, son énorme flux écume et vaporise sur les rochers. C'est un grandiose spectacle de la nature.

# Abbaye de FONTENAY★★★

Cartes Michelin n⁰ˢ 65 Sud-Ouest du pli 8 ou 243 pli 2 – Guide Vert Bourgogne.

L'ancienne abbaye de Fontenay, tapie dans un vallon solitaire, à l'écart de la vallée humide de la Brenne, permet d'imaginer ce qu'était un monastère cistercien, au 12ᵉ s., vivant en autarcie, à l'intérieur de son enceinte.

**Saint Bernard (1091-1153)** – Alors que le sentiment religieux aspirait à un ascétisme, à une spiritualité et à un renoncement à soi-même, que la richesse et la puissance de Cluny ne satisfaisaient plus, Robert de Molesme avait fondé l'abbaye de **Cîteaux** *(23 km au Sud de Dijon)*. En 1112, Bernard, de Fontaine-lès-Dijon, frappe à sa porte et fait vite la réputation de l'abbaye ; trois ans plus tard, il reçoit mission de créer **Clairvaux** *(14 km au Sud-Est de Bar-sur-Aube)*. En 1118, à 27 ans, il fonde Fontenay, sa deuxième fille.

Saint Bernard, contemporain de Pierre le Vénérable qui dirige alors Cluny, est l'un des maîtres spirituels du Moyen Age : écrivain, prédicateur, théologien, philosophe, homme d'État. Son corps presque anéanti par le jeûne et la mortification est habité par une énergie et une vigueur incroyables ; en lui douceur, délicatesse et humilité cohabitent avec un tempérament inflexible de domination que seul canalise l'intérêt majeur de l'Église. A sa mort, à Clairvaux, il a vu la fondation de 167 monastères cisterciens (il y en eut 700 à la fin du 13ᵉ s.) ; l'ordre enrichi par les libéralités des fidèles n'avait alors plus guère de remontrances à adresser à Cluny.

1 Statue de Notre-Dame-de-Fontenay.
2 Chœur.

3 Tombeau du seigneur de Mello d'Époisses et de son épouse.

**Ancienne abbaye** ⓥ – L'ensemble de Fontenay est la transcription architecturale des idées de saint Bernard, parfaitement adaptée à la vie monastique qu'elle devait abriter et aux dispositions de la règle de saint Benoît. L'égale répartition du temps entre la prière, le travail (intellectuel et manuel, à la différence de Cluny) et le sommeil, dans le cycle des 24 heures de la journée, y trouve son cadre dans une disposition « fonctionnelle » et l'aménagement des locaux : église, cloître, salle capitulaire, salle des copistes (scriptorium), dortoir, forge...

Le saccage par les Anglais, le pillage par les routiers des grandes compagnies durant la guerre de Cent Ans, les épreuves des guerres de Religion, les méfaits du régime de la commende, les transformations en papeterie l'ont laissée en piteux état. Depuis 1906 ses propriétaires œuvrent pour lui rendre son aspect initial.

L'**église abbatiale**, bâtie de 1139 à 1147, est la première réalisation du « plan bernardin » par son dépouillement, son ordonnance toute simple, son chœur à chevet plat, ses chapelles de plan carré. La nef en berceau brisé, sur doubleaux, est solidement épaulée par des bas-côtés voûtés en berceaux transversaux. Il faut voir, là, la leçon de prudence tirée par saint Bernard de l'effondrement de la grande voûte de Cluny en 1125, trop hâtivement ou trop audacieusement construite.

# FONTEVRAUD-L'ABBAYE★★

Cartes Michelin nos 64 Sud-Ouest du pli 13 ou 232 pli 33.
Guide Vert Châteaux de la Loire.

L'ordre de Fontevraud est né, en 1099, de l'échec, en France, de la réforme de Grégoire VII destinée à revaloriser le clergé par plus de compétence et plus de respectabilité. Dès leur origine, les Plantagenêts, encore plus angevins qu'anglais, élirent l'abbaye pour nécropole. Aliénor d'Aquitaine y mourut en 1204 alors que son mari Henri II et son fils Richard Cœur de Lion y reposaient déjà.

Cet ordre mixte, de caractère aristocratique, était soumis à la direction générale d'une abbesse (le culte de la Vierge, qui se répandait, auréolait alors la condition féminine). L'abbaye, le plus vaste ensemble monastique de France, comprenait cinq monastères distincts et cloisonnés : Ste-Marie (pour les religieuses), St-Jean-de-l'Habit (pour les moines), St-Benoît (maison hospitalière), St-Lazare (congrégation vouée aux lépreux), Ste-Marie-Madeleine (accueil des pécheresses repenties).

Les bâtiments, saccagés par les huguenots puis au cours de la Révolution, puis transformés en pénitencier, font l'objet d'une importante restauration.

★★ **Église abbatiale** ⊙ – Construite entre 1104 et 1150, elle accuse une grande parenté avec l'art du Sud-Ouest ; l'Anjou étant alors politiquement coupé de l'Ile-de-France. Le chœur compose un ensemble architectural simple, clair et élancé ; le carré du transept présente des pendentifs reçus, selon la mode angevine, sur de courtes colonnettes et une coupole pyramidale décomposée en arcs superposés à la façon des « dubes » de Loches.

Dans la nef, très large, des grands arcs formerets, détachés des murs latéraux, ont permis la création d'une coursive sur les arcatures ; quatre coupoles (refaites en 1906) et les chapiteaux fouillés de palmettes et de rinceaux rappellent, par leur facture, ceux de la Saintonge et de l'Angoumois.

A la croisée du transept, les **gisants des Plantagenêts**★ sont d'intéressants spécimens de la sculpture funéraire gothique. Ceux d'Henri Plantagenêt (mort en 1189), de Richard Cœur de Lion (en 1199), d'Aliénor d'Aquitaine (en 1204) sont en tuffeau peint. Celui d'Isabelle d'Angoulême, femme de Jean sans Terre, morte en 1218, en bois peint.

★★ **Cuisine** – Vers 1160 ; refaite en 1902. Cette rare cuisine romane, couverte d'une toiture poitevine en écailles, mesure 27 m de hauteur. En élévation se succèdent les étages carrés et octogonaux. Elle servait surtout de fumoir pour la conservation des viandes et des poissons (saumons) ; les cheminées de ses absidioles étant allumées deux par deux, selon le sens du vent.

► ► Église St-Michel★.

# Château de FOUGÈRES★★

Cartes Michelin nos 59 pli 18 ou 230 pli 28 – Guide Vert Bretagne.
Plan dans le guide Rouge Michelin France.

L'industrie de la chaussure, née d'une reconversion des drapiers, fit de Fougères au 19e s. la plus industrialisée des villes bretonnes. La région fit partie des marches frontières conquises en 850, par Nominoé *(voir à Vannes)*, sur les Francs.

**Château** ⊙ – Le promontoire rocheux, isolé par un méandre facilement inondable constituant un glacis de défense facile jusqu'à la naissance de l'artillerie, fut fortifié dès le 10e s. par crainte des Vikings installés en Normandie depuis le traité de St-Clair-sur-Epte en 911.

En 1173, Raoul II entreprit sa transformation en château de pierre. Au 13e s. les grosses tours du château fort gardaient le duché de Bretagne face à la France des Capétiens. Ses tours rondes, carrées, à mâchicoulis et ses chaînages de schiste renforcés de granit jalonnent l'évolution de l'architecture militaire. Devenu l'enjeu des batailles de la guerre de Succession *(voir à Josselin)* au 14e s., il fut démoli par Richelieu dans le cadre de sa politique centralisatrice face aux grands féodaux.

► ► Église St-Sulpice★ – Jardin public★.

# Le FUTUROSCOPE★★

Cartes Michelin nos 68 plis 13, 14 et 232 pli 46 (Sud-Est).
Guide Vert Poitou, Vendée, Charentes.

Ce vaste complexe (70 ha) qui s'est développé aux portes de Poitiers a pour vocation d'initier le public aux nouvelles réalités technologiques et de le sensibiliser aux mutations d'une civilisation dominée par l'image.

Conçu par l'architecte français Denis Laming, le **Futuroscope** ⊙ ou **Parc européen de l'image**, sur lequel règne une sphère, monument symbole (surmontant le Pavillon de la Communication), plonge le visiteur dans un univers architectural aux formes singulières où dominent le verre et l'acier. De multiples attractions y sont proposées.

Différents pavillons présentent de nombreuses innovations en matière de communication. Parmi les attractions les plus spectaculaires noter : le **Lac enchanté** et son **théâtre alphanumérique** qui proposent un spectacle régi par les technologies du futur ; le **Kinémax**, l'**Omnimax** et le **Solido** sont de surprenantes salles de projection.

# Cap FRÉHEL★★★

Cartes Michelin nos 59 pli 5 ou 230 pli 10 – Guide Vert Bretagne.

Le cap Fréhel *(1/2 h à pied AR au départ du phare),* qui domine la mer de 70 m, compose un **site** ⊘ grandiose sur la côte Nord de la Bretagne.

Le promontoire de grès rouge armoricain a été dégagé des sols environnants moins résistants, par l'action des vagues. Dans ce pays humide, la porosité de la roche et la force du vent limitent la végétation de la lande aux plantes adaptées à la sécheresse (joncs, bruyères).

Le **panorama**★★★ se développe jusqu'aux îles anglo-normandes et au Cotentin.

# Cirque de GAVARNIE★★★

Cartes Michelin nos 85 pli 18 ou 234 plis 47, 48 – Guide Vert Pyrénées Aquitaine.

La notoriété de Gavarnie, village perdu au fond d'une haute vallée en cul-de-sac des Pyrénées, tient à la splendeur de son cirque glaciaire et à la fascination qu'il a de tout temps exercée sur les imaginations.

Le cirque de Gavarnie *(3 h 1/2 à pied AR au départ du village, location possible de montures : chevaux ou ânes)* est un parfait exemple de relief glaciaire aménagé dans une « oule » pyrénéenne, sorte de bout du monde semblable aux reculées du Jura. Il présente un étagement de trois gigantesques gradins principaux (14 km de développement au gradin supérieur) enneigés et glacés qui correspondent aux assises de plis couchés secondaires et tertiaires soulevés à près de 3 000 m d'altitude.

De ses arêtes s'échappent d'innombrables cascades ; la plus grande, formée par les eaux de fusion des glaces du Marboré et de l'étang gelé du Mont-Perdu, fait un bond de 422 m. Elle constitue la tête du gave de Pau.

En aval du cirque, en contrebas du restaurant, la gorge par laquelle les eaux torrentielles franchissent le verrou de sortie et le chaos morainique portant une forêt de pins sont caractéristiques. Plus bas, l'auge glaciaire descendant vers le village avec ses vallées suspendues, ses replats, ses moraines et ses prairies compose un paysage pastoral d'une remarquable sérénité.

Plus en aval encore, à l'entrée de Luz-St-Sauveur, le gave de Gavarnie a creusé un canyon étroit dans le marbre gris.

Un tel site ne pouvait qu'enflammer les esprits et, six siècles avant les extases de Victor Hugo, le merveilleux populaire désignait l'échancrure de l'arête frontière, élargie par les glaces, comme la Brèche de Roland (visible de Gèdre). Touchante transposition du réel qui situait au sommet du cirque le rocher sur lequel Roland mourant tenta en vain de briser son épée Durandal pour qu'elle ne tombât pas aux mains des infidèles. En fait, l'arrière-garde de l'armée de Charlemagne fut écrasée par des Basques (Vascons) 115 km plus à l'Ouest, au port de Ronceveaux, en 778. La **Chanson de Roland,** la première de nos chansons de geste, probablement écrite au 11e s., est exceptionnelle dans la littérature épique plus encore par l'analyse psychologique du héros à l'approche de l'échec et de la mort que par la glorification de ses faits d'armes ou la description de la résistance désespérée des douze pairs de l'Empire tombés dans un guet-apens.

# GORDES★

2 031 habitants
Cartes Michelin nos 81 pli 13 ou 245 pli 17 ou 246 pli 11 – Guide Vert Provence.

Gordes occupe un **site**★ sur une falaise ensoleillée du plateau du Vaucluse. Ce dernier, qui constitue une des grandes unités géographiques des Alpes du Sud, se présente comme une succession d'affleurements calcaires couverts de garrigue alors que la vigne et les arbres fruitiers prospèrent, en dépit des difficultés d'irrigation, dans les zones déprimées.

**Château** ⊘ – Réédifié à la Renaissance, il conserve, en particulier au premier étage, une remarquable **cheminée**★. Siège de la fondation **Victor-Vasarely**, il abrite le **musée didactique Vasarely**★, regroupant des peintures et des panneaux décoratifs de cet artiste, hongrois d'origine, qui étudia, dès 1930, les aberrations linéaires et chromatiques et leurs effets optiques : les Graphismes dès 1929, puis, après les périodes Denfert et Noir-Blanc, les Permutations et les Structures expansives (1964-1976).

## ENVIRONS

★★ **Abbaye de Sénanque** ⊘ – *4 km au Nord.* Caractéristique abbaye cistercienne fondée en 1148 dans ce **site**★ retiré favorable à la paix intérieure et au renoncement. La simplicité architecturale de l'abbatiale et le tableau montrant la prodigieuse filiation de l'ordre de Cîteaux au 12e s. retiennent particulièrement l'attention.

★ **Village des Bories** ⊘ – *3,5 km au Sud-Ouest.* Ces constructions de pierres sèches, répandues en Provence depuis près de 4 000 ans, semblent s'être particulièrement multipliées sur le plateau du Vaucluse du 14e au 19e s., à l'écart des villages, comme abris isolés ou en hameaux organisés. Les bories, constructions encore mystérieuses, frappent par l'art consommé de leurs bâtisseurs contrastant avec la pauvreté du matériau et la simplicité des moyens.

Outre quelques habitations, ce village comprend des bâtiments d'usage : aire de battage, four à pain, grange, pressoir, bergerie...

# GRAND COLOMBIER★★★

Cartes Michelin nos 74 pli 5 ou 244 pli 17 – Guide Vert Jura.

Séparant le Valromey de la plaine du Rhône en aval de Génissiat, le Grand Colombier est le point culminant du Bugey (1 531 m), l'un des plus beaux belvédères du Jura et le seul accessible par la route. Pour les géologues, c'est un dôme de couches calcaires plissées dont la voûte a été rabotée par l'érosion, laissant à nu des assises convergentes de part et d'autre de la ligne de crête.

**De Virieu-le-Petit à Culoz** - *29 km.*
La route d'abord tracée dans de magnifiques sapinières (rampe à 19 %) dessert, à son sommet, une croix et un point géodésique d'où le panorama d'une magnifique ampleur s'étend sur le Jura, la Dombes, la vallée du Rhône, le Massif Central et les Alpes. Les crêts, les combes, les cluses, les monts, les vals, les plissements, en dôme (anticlinaux) ou en berceau (synclinaux), s'y lisent comme sur une coupe de géologie. Plus loin, le Grand Fenestrez (**observatoire★★**) domine en un abrupt de 900 m la plaine de Culoz que l'on atteint par une route hardiment tracée en lacet.

Coupe théorique d'un « plissement » jurassien
Les « **vals** » (synclinaux) parallèles sont séparés par les « **monts** » (anticlinaux).
Une « **cluse** » entaille transversalement un mont et fait communiquer deux vals.
Une « **combe** » creuse le sommet d'un mont ; ses rebords escarpés s'appellent « **crêts** ».

# Écomusée de la GRANDE LANDE★

Cartes Michelin nos 78 plis 1 à 5 ou 79 plis 1 à 11 ou 233 plis 6 à 11 ou 234 pli 18.
Guide Vert Pyrénées Aquitaine.

Composé de trois unités situées au cœur du Parc naturel régional des Landes de Gascogne, cet écomusée évoque la vie traditionnelle aux 18e et 19e s.
Là, vivaient trois familles et leur domesticité dans une trentaine de maisons restaurées ou remontées sur leur emplacement cadastral d'origine. Outre la demeure du maître (marquèze), on examine les bâtiments d'exploitation qui l'accompagnaient et leur architecture asiatique sans fondation dont toute la robustesse repose sur l'assemblage des pièces de bois. Un troupeau de brebis landaises, un élevage de petites abeilles noires et un domaine arboricole élargissent cette activité muséographique.
**Marquèze** ⊘ - *Accès par chemin de fer au départ de Sabres, prévoir au moins 2 h 1/2 :* maison de 1824 ; poutres larges, murs de torchis, toit à trois pentes ;
**Les Brassiers :** maison de domestiques, plus modeste ;
**Moulin de Bas :** meules pour broyer le gros et le petit grain ;
**Les charbonnières :** production de charbon de bois par combustion lente.
L'industrie traditionnelle des produits résineux est évoquée à Luxey *(22 km au Nord-Est).*
Les **Landes** représentent une vaste dépression marine où, après le retrait des eaux, les glaciers quaternaires des Pyrénées ont accumulé leurs alluvions qui ont formé les plaques imperméables et stériles des « alios ». Cette immense nappe sablonneuse, étrangère aux sables littoraux *(voir à Arcachon)* et géologiquement récente, doit sa pauvreté à la stagnation des eaux due à l'inorganisation du drainage naturel.

### Les Landes, une conquête de l'homme sur la nature

Sur les sols les moins mouillés, les bois de pins ont progressé ou régressé depuis l'époque gallo-romaine, selon les besoins des hommes et les conditions naturelles. A la fin du 18e s., Brémontier, en perfectionnant la méthode landaise d'Amanieu de Ruat, parvint à fixer les dunes littorales, puis 4 000 ha de dunes intérieures, en procédant à des semis de pins, de genêts et d'ajoncs mélangés et protégés par des fagots de branchages.
Le problème du drainage demeurait. Il fut résolu en 1857 par Chambrelent au moyen de fossés et de puits filtrants. On lui doit l'assainissement du pays et sa mise en valeur. Napoléon III acquit, à titre démonstratif, les 8 000 ha du domaine de Solférino. Dès 1890, les pins maritimes, « la fortune », occupent 840 000 ha et, de nos jours, 950 000 ha environ, au détriment des céréales et de l'élevage. Le pin des Landes qui pourrait largement couvrir nos besoins nationaux en résines ne les assure qu'à raison de 6 %, concurrencé par les produits asiatiques ; il alimente les industries de transformation du bois (sciage-tranchage, déroulage, pâte à papier, carbonisation et distillation).
Pour préserver cette magnifique forêt, très vulnérable à l'incendie, un corps de sapeurs-pompiers forestiers a été créé. De nombreux observatoires reliés par téléphone et radio permettent la détection rapide des feux. Un réseau de pare-feu, et surtout de pistes facilitant l'accès en tous temps et dans les moindres délais du matériel de lutte, a été fortement amélioré. Des points d'eau ont été établis. Enfin, pour obtenir des coupures plus larges et en même temps assurer le maintien sur place des populations, l'extension des cultures a été encouragée. Par ailleurs, les exploitations, la circulation et le camping sont strictement réglementés.

# GRENOBLE★★

Agglomération 400 141 habitants
Cartes Michelin nᵒˢ 77 pli 5 ou 244 pli 28 – Guide Vert Alpes du Nord.
Plan dans le guide Rouge Michelin France.

Grenoble, la capitale des Alpes françaises, est une ville en plein essor, aux larges avenues rectilignes. Bien qu'elle soit située sur les routes de Vienne à Turin par le col de Montgenèvre et à Cannes par celui de la Croix-Haute, son développement fut longtemps freiné par la précarité des voies de communication : rivières sujettes à débordements et parcours très accidentés.

**Fort de la Bastille** – *Accès par téléphérique* ⊘. L'ouvrage, créé au 16ᵉ s., renforcé au 19ᵉ s. (casemates, parements, glacis se couvrant l'un l'autre), était surtout destiné à protéger les accès à Grenoble.

De ses terrasses se révèle le meilleur panorama sur le **site★★** de la ville encadrée par le Vercors au Sud-Ouest, le Taillefer au Sud-Est, la Chartreuse au Nord. La vue se porte en particulier sur le confluent de l'Isère débouchant, un peu assagie, du Grésivaudan et du Drac plus fougueux qui la repousse au pied de la montagne. A elles deux ces rivières charrient là, en moyenne annuelle, quelque 20 000 tonnes de graviers et cailloux par jour. Leurs eaux mêlées ont ouvert dans les Préalpes calcaires du Nord la cluse de Grenoble séparant la Chartreuse et le Vercors et où se concentrent les voies de communication.

**Église St-Laurent** ⊘ – L'église romane (11ᵉ et 12ᵉ s.) et le sanctuaire de la nécropole paléochrétienne, installé à la sortie de la ville, auquel elle s'est superposée, composent le monument le plus vénérable de Grenoble.

La **crypte★** en particulier permet d'en suivre l'histoire de la fin du 2ᵉ s. à l'époque carolingienne (9ᵉ s.) par son monument à quatre absides, sa colonnade aux fûts de provenance antique et ses chapiteaux épais, sculptés de motifs chrétiens primitifs.

« **Le site de pont** – C'est là qu'est le point capital : l'influence du Drac faisait de l'Isère à Grenoble un lit fluvial tel qu'il était impossible d'en trouver l'équivalent tout au long de la grande vallée, c'est-à-dire d'Albertville au défilé bas-dauphinois de Saint-Gervais-Royon. Nulle part ailleurs ne débouchait du cadre montagneux un affluent assez brutal, assez violent, pour accumuler un barrage à travers toute l'énorme dépression. » *(R. Blanchard.)*

★ **Quartier ancien** – Dès le règne de Dioclétien (fin du 3ᵉ s.), une enceinte protégeait une cité de 9 ha installée sur le cône de déjection du Drac en légère éminence non inondable. Cette ville romaine se situe aux alentours de la place Granette que célébra Stendhal et de part et d'autre de la Grande-Rue (ancienne voie romaine). Au 13ᵉ s., elle s'étendit vers le Nord-Est jusqu'à l'Isère, quartier où subsistent quelques porches et cours du 16ᵉ s. (nᵒ 8 rue Brocherie, nᵒˢ 8 et 10 rue Chenoise).

La prise de la ville par Lesdiguières, lieutenant général des armées de Piémont et Savoie nommé par Henri IV, coïncide avec l'essor de l'industrie (gantière en particulier) ; l'extension urbaine, alors générale en France, détermina la construction d'une nouvelle enceinte, tracée autour du quartier ancien. Le maréchal de Créqui, son gendre, reprit la même opération à l'Ouest. L'enceinte Haxo, doublant la surface de la ville au Sud, la rendit apte à connaître la poussée industrielle à la fin du 19ᵉ s. Dans le quartier ancien naquit Vaucanson (1709-1782), mécanicien inventif, créateur d'une pompe à eau, du tour à chariotage et de machines régularisant le moulinage de la soie. Trahi par son succès, il doit sa réputation à ses merveilleux automates.

**Cathédrale** – Intéressant **ciborium★** du 14ᵉ s., en pierre peinte, adossé au mur droit du chœur.

★ **Palais de justice** – Sa façade présente un porche blasonné et une absidiole en encorbellement sur console d'époque flamboyante. A droite, une façade Renaissance où s'observe encore une certaine variété dans la disposition des ouvertures (discordances entre les étages) ; à gauche, sa réplique plus froide du 19ᵉ s.

★★★ **Musée de Grenoble** ⊘ – Construit sur les rives de l'Isère au cœur de la vieille ville (la tour de l'Isle, vestige des remparts du Moyen Age, s'insère dans le périmètre de visite), le nouveau musée inauguré en 1994 est le fruit d'une collaboration entre architectes grenoblois : Antoine et Olivier Félix-Faure, et le cabinet « Groupe 6 ». Modèle de sobriété, l'espace intérieur concentre sur un seul niveau l'essentiel du parcours de visite. De part et d'autre d'une galerie de communication aux murs blancs et nus, les travées, dont les parois sont discrètement teintées, abritent les œuvres du 16ᵉ au 19ᵉ s. Le chevet courbe du bâtiment accueille quant à lui l'art moderne et l'art contemporain. L'éclairage naturel, indirect, est modulé en fonction des œuvres exposées.

De grandes ouvertures vitrées ménagent de bonnes perspectives sur la dizaine de sculptures monumentales animant le parvis et le parc Michallon qui jouxte le bâtiment au Nord, ainsi que sur la ville et la montagne.

C'est l'un des plus prestigieux musées de province, tant par sa richesse en chefs-d'œuvre des siècles passés que par ses collections d'art moderne. Dans la **section de peinture ancienne**, il ne faut pas y manquer le *Saint Jean-Baptiste au désert* de Philippe de Champaigne, le *Saint Grégoire Pape entouré de saints et saintes* de Rubens, le *Saint Jérôme* de Georges de La Tour ni l'*Intérieur aux aubergines* de Matisse ou la *Femme lisant* de Picasso. Toutes les grandes tendances contemporaines, après 1945, sont par ailleurs évoquées : de l'**Abstraction lyrique** au **Nouveau Réalisme**, à **Support-Surface** en passant par le **Pop-Art** et l'**Art Minimal**.

⊘ ►► Musée dauphinois★ *(arts et traditions populaires).*

# GRIGNAN ★

Cartes Michelin nos 81 pli 2 ou 245 pli 3 ou 246 plis 8, 22 – Guide Vert Provence.

Ce vieux bourg du Tricastin doit sa célébrité au château qui le domine et fut la résidence du comte François de Grignan, lieutenant général du roi Louis XIV en Provence, qui, à 40 ans, avait épousé, en troisièmes noces, Françoise-Marguerite, fille de **Mme de Sévigné**. La célèbre épistolière y fit plusieurs longs séjours. Les lettres que durant 27 ans elle y adressa à sa fille créent un genre littéraire nouveau ; elles composent un chef-d'œuvre pétillant de spontanéité, de gaillardise et d'esprit, une sorte de gazette du Grand Siècle où les historiens aiment puiser.

La grande façade Renaissance du **château**★★ ⊙ a fait l'objet au début du 20e s. d'une restauration importante consécutive à un incendie. L'étagement de ses pilastres moulurés et de ses colonnes, ses fenêtres à meneaux, ses niches à coquilles, ses corniches qui rythment les entablements, ses pots à feu qui allègent les rives du toit datent de 1556 et illustrent la pénétration de la Renaissance française en Provence.

La cour d'honneur primitive du château, bordée d'un pavillon gothique, se trouve ainsi ramenée au rôle d'une cour intérieure donnant sur la terrasse couvrant l'église St-Sauveur qui offre une **vue**★ sur le Tricastin, le comtat Venaissin et le mont Ventoux. A l'intérieur : **mobilier**★ Louis XIII, Régence, Louis XV.

# GUÉRANDE ★

11 665 habitants
Cartes Michelin nos 63 pli 3 ou 230 pli 51 – Guide Vert Bretagne.

A l'abri de ses remparts, Guérande conserve la physionomie d'une châtellenie qui envoyait des députés aux États de Bretagne. Entre les zones déprimées de la Grande Brière et des marais salants, ce fut, jusqu'au 15e s., un port exportateur vers la mer Baltique d'un sel renommé pour les saumures. Son déclin s'amorça lorsque l'esprit d'entreprise le céda en dynamisme à celui qui se développait à Nantes sur la Loire et au Croisic à l'entrée du golfe.

★ **Remparts** – Entrepris en 1343, ils ne furent achevés que sous le duc François II en 1476 (logis du Gouverneur). Ils permettent de mesurer la menace que les guerres féodales faisaient peser, au 15e s., sur l'essor et la survivance des villes.

**Collégiale St-Aubin** ⊙ – Elle frappe par sa belle façade de granit à chaire extérieure (contrefort de droite). Au flanc Sud, un portail du 16e s., en forme de porche, présente les motifs décoratifs de la Renaissance.
La nef, bordée de hautes arcades, fut couverte au 19e s. d'une voûte de briques ; ses chapiteaux sculptés de grotesques et de motifs floraux jouissent d'une certaine renommée. Dans le chœur : maîtresse-vitre de l'Assomption (très restaurée au 19e s.) ; petit vitrail du 14e s. de la Vie de St-Pierre *(fenêtre à gauche)* ; chaire Louis XIV et, à droite, « crypte » où sont conservés des sarcophages du 6e s.

# Abbaye d'HAMBYE ★★

Cartes Michelin nos 59 Nord du pli 8 ou 231 pli 27 – Guide Vert Normandie Cotentin.

Dans la verdure de la vallée de la Sienne, l'abbaye d'Hambye, fondée au 12e s., compose un site où s'unissent la sérénité bénédictine et le charme très romantique de ruines où les voûtes disparues ne viennent plus rompre l'élan vertical.

L'**église abbatiale**★★ ⊙, dont le chœur fut édifié de 1180 à 1200, compose l'élément essentiel de cet ensemble. Elle vaut par le haut clocher carré percé de baies en plein cintre à sa partie supérieure qui, au transept, portait avant 1810 la tour-lanterne, par les fines colonnes et les grandes arcades aiguës qui ceinturent le chœur.

Parmi les bâtiments conventuels qui s'ordonnent autour de l'ancien cloître, la salle capitulaire, un chef-d'œuvre du gothique normand, occupe une place à part. Six piliers centraux divisent la salle en deux nefs, le dernier recevant l'ensemble des arcs de l'abside d'un dessin très réussi.

*Dans le **guide Rouge Michelin France** de l'année,*
*vous trouverez un choix d'hôtels agréables, tranquilles, bien situés,*
*avec l'indication de leur équipement (piscines, tennis, plages aménagées,*
*aires de repos...) ainsi que les périodes d'ouverture et de fermeture des*
*établissements.*

*Vous y trouverez aussi un choix de maisons qui se signalent par la qualité de*
*leur cuisine : repas soignés à prix modérés, étoiles de bonne table.*

*Dans le **guide Michelin Camping Caravaning France** de l'année,*
*vous trouverez les commodités et les distractions offertes par de nombreux*
*terrains (magasins, bars, restaurants, laverie, salle de jeux, tennis,*
*golf miniature, jeux pour enfants, piscines...).*

# Château de HAUTEFORT★★

Cartes Michelin n<sup>os</sup> 75 pli 7 ou 233 pli 44 – Guide Vert Périgord Quercy.

Coiffant une colline aux confins du Périgord blanc et du Limousin, commandant un parc de 40 ha et des jardins soignés, le **château** ⊘ de Hautefort dresse sa silhouette inattendue dans ce paysage.

Il fut édifié, de 1625 à 1670, par Nicolas Rambourg, architecte alsacien qui transforma un édifice plus ancien, dont témoigne encore la robustesse des tours et des pavillons, selon les canons de l'architecture classique alors en plein essor mais en conservant – peut-être sur le modèle de Valençay – des dômes à plan circulaire du 16e s.

Le château vit naître le troubadour Bertrand de Born et Eugène Le Roy, romancier auteur de « Jacquou le Croquant ».

Marie de Hautefort (1616-1691) illustra son nom :

Le château de Hautefort.

dame d'atours d'Anne d'Autriche, vertueuse, aimée de façon platonique par Louis XIII, mais intrigante, elle régna, après sa disgrâce, sur les salons littéraires du monde des Précieuses.

Ravagé par le feu en 1968, le château a fait l'objet d'une réfection scrupuleuse. Sa visite permet d'admirer une verdure de Felletin du 17e s. et quatre tapisseries flamandes sauvées des flammes, de beaux meubles, une **charpente**★★ dans une tour et surtout de rares pavages périgourdins.

# Château du HAUT-KŒNIGSBOURG★★

Cartes Michelin n<sup>os</sup> 62 pli 19 ou 87 pli 16 ou 242 pli 27.
Guide Vert Alsace et Lorraine.

Le château du **Haut-Kœnigsbourg** ⊘ coiffe de sa gigantesque masse de grès rose une colline de la forêt vosgienne qui domine la plaine d'Alsace de près de 600 m (**Panorama**★★).

Du château primitif du 12e s. et de la reconstruction effectuée par les comtes de Thierstein à la fin du 15e s. il reste bien peu de chose, car l'édifice fut assiégé, pillé et démantelé en 1633 par les troupes suédoises qui participaient à la guerre de Trente Ans.

La construction actuelle est une réfection quasi intégrale à l'initiative de l'empereur d'Allemagne Guillaume II entre 1900 et 1908 alors qu'il régnait sur l'Alsace-Lorraine annexée. Réédifié dans le goût néo-féodal alors en vogue outre-Rhin, il provoqua des controverses enflammées dans lesquelles se mêlaient le rejet de réalisations imaginaires ou abusives, le souci archéologique et puriste et l'esprit de résistance à l'égard de cette intervention germanique en deçà du Rhin.

# Le HAVRE★★

Agglomération 250 000 habitants
Cartes Michelin n<sup>os</sup> 52 pli 11 ou 54 pli 7 ou 231 pli 19.
Guide Vert Normandie Vallée de la Seine. Plan dans le guide Rouge Michelin France.

Le **port**★★ du Havre est la façade maritime du grand ensemble d'urbanisme et d'industrie qui a la Seine pour axe et dont les autres métropoles sont Paris et Rouen.

**Un choix judicieux** – En 1517 le port d'Harfleur envasé ne peut plus remplir sa fonction. François I<sup>er</sup> ordonne donc la construction d'un nouveau port baptisé « Havre-de-Grâce ». Bonnivet, grand amiral de France, fixe son choix sur un site de pauvre apparence et marécageux. Mais c'est un trait de génie et le fruit d'une connaissance approfondie du problème : l'étale de la marée haute s'y prolonge plus de deux heures.

Depuis, la zone portuaire a développé ses bassins, ses canaux et ses équipements sur près de 20 km en amont en même temps qu'une importante activité industrielle (chimie, métallurgie, automobile, réparation navale, raffinerie de pétrole) s'installait sur la rive droite surtout.

**Célébrités havraises** – Parmi les nombreuses personnalités qui travaillèrent au Havre ou y virent le jour, Bernardin de Saint-Pierre (1737-1814) doit à son roman *Paul et Virginie* (1787) une place dans la littérature française par les effluves exotiques qu'il y mêla au courant pastoral. **Claude Monet** a lancé le nom de Ste-Adresse en signant, en 1867, son tableau *Terrasse à Ste-Adresse* (Metropolitan Museum à New York) dont l'impalpable lumière et la clarté du sujet font un chef-d'œuvre de l'école impressionniste. **Ste-Adresse**★★ offre toujours la même séduction à qui parcourt le vallon d'Ignauval et à qui, du promontoire de la Hève, laisse son regard plonger des falaises sur l'horizon maritime de la Manche et l'estuaire de la Seine.

André Siegfried (1875-1959) a attaché son nom de sociologue et d'économiste à l'étude du monde politique et social des pays anglo-saxons et de la vie politique française. Arthur Honegger (1892-1955) a quant à lui renouvelé l'expression théâtrale et la composition musicale de l'oratorio (*Le Roi David*, 1924).

★ **Quartier moderne** – Le 13 septembre 1944, Le Havre est libéré ; mais la ville vient de subir un désastre total. Elle a été écrasée par un bombardement allié ininterrompu et ses installations détruites par un dynamitage acharné des Allemands.

L'ampleur des destructions est telle qu'il faut étudier une reconstruction intégrale. **Auguste Perret** (1874-1954), dont le rôle fut considérable dans l'élaboration de l'architecture moderne comme novateur de l'usage du béton armé et de la standardisation des formes, reçoit, à 70 ans, la tâche de rééditier Le Havre. Il imagine alors une ville distribuée selon un maillage tout à fait nouveau et construite, au premier étage, sur une dalle recouvrant un rez-de-chaussée technique (énergie, fluides, gaz, transports...). L'audace même du projet le fait échouer.

Perret abandonne donc ce que son urbanisme avait d'avance et modèle le quartier nouveau sur les grands axes anciens ; mais il y applique ses principes d'utilisation des matériaux.

**Quartier de l'hôtel de ville** : square irrégulier et lignes dissymétriques où les volumes opposent leurs verticales et leurs horizontales ;

**Avenue Foch**★ : les balcons et les rangées d'arbres soulignent une perspective qui trouve son aboutissement dans l'ouverture sur le large de la Porte océane ;

**Église St-Joseph**★ : la verticalité de la tour-lanterne s'allie à la luminosité des parois percées de jours garnis de verres colorés dans une résille de béton ;

**Rue de Paris** : ses perspectives s'élargissent transversalement sur le bassin du Commerce et conduisent au front de mer Sud ;

**Musée des Beaux-Arts André-Malraux**★ ⊘ : construction de verre et de métal. Il abrite les **collections**★ d'Eugène Boudin, Havrais d'adoption qui a « décrassé » la palette des peintres de Barbizon (*p. 189*) et fut sacré « Roi des ciels » par Baudelaire (*Barques jaunes à Étretat, Intérieur d'une église en Bretagne*) et de Raoul Dufy, né au Havre, qui fit partie du groupe des fauves (*Amphitrite, déesse de la mer*).

## ENVIRONS

★★ **Pont de Normandie** – Inauguré le 20 janvier 1995, il rapproche sensiblement Le Havre de Honfleur. D'une portée de 856 m entre ses deux pylônes de 215 m que soutiennent 92 paires de haubans, il fait figure de « recordman » du monde dans ce type de pont haubané.

# Cascades du HÉRISSON★★★

Cartes Michelin nᵒˢ 70 pli 15 ou 243 pli 31 – Guide Vert Jura.

Le Hérisson prend naissance à 805 m d'altitude, comme émissaire du lac de Bonlieu au pied des versants Ouest formant le cirque de la Chaux-du-Dombief. Son cours supérieur, à peine long de 2 km, se déroule sur le plateau du Frasnois. Puis le torrent descend sur le plateau de Champagnole, à 520 m. Il y a là une différence de niveau de 280 m, sur une longueur de 3 km ; le cours d'eau effectue ce trajet dans des gorges boisées célèbres où il multiplie les rapides et les cascades.

Au-dessus d'un sol d'alluvions (lacs, fond plat et verdoyant), le sentier (*départ à 8 km à l'Est de Doucier – puis 3 h à pied AR jusqu'au carrefour d'Ilay*) gravit les strates de calcaires empilés à la fin de la période jurassique (milieu de l'ère secondaire) durant quelque 35 000 millénaires. Leurs effleurements, de plus en plus récents, déterminent des cascades : successivement celles de l'**Éventail**★★★, du **Grand Saut**★★, du Château Garnier, du saut de la Forge★, puis celle du Saut Girard.

# HONFLEUR★★

8 272 habitants
Cartes Michelin nᵒˢ 54 pli 8 ou 231 pli 20.
Guide Vert Normandie Vallée de la Seine. Plan dans le guide Rouge Michelin France.

Au pied de la **Côte de Grâce**★★, baignée dans la lumière tamisée de l'estuaire de la Seine, Honfleur dispense la séduction de sa vie maritime. Un tel paysage ne pouvait manquer de susciter la création artistique ; la peinture y est, dit-on, une « maladie endémique » dont furent atteints non seulement Boudin, Lebourg de pure souche normande mais aussi des Parisiens tels que Paul Huet, Daubigny, Corot, etc. Les écrivains y comptèrent l'historien Albert Sorel, l'humoriste Alphonse Allais, le poète Henri de Régnier, la poétesse Lucie Delarue-Mardrus. Le musicien Erik Satie y composa.

Honfleur participa à l'épopée maritime normande pour avoir vu s'éloigner de ses quais en 1503 Paulmier de Gouneville qui aborda au Brésil, en 1506 Jean Denis qui explora l'embouchure du St-Laurent, en 1608 Samuel de Champlain qui fonda Québec, en 1681 Cavelier de La Salle qui le premier descendit le Mississippi jusqu'à son embouchure, ouvrant ainsi à la France le vaste territoire qu'il nomma Louisiane en l'honneur de Louis XIV.

Honfleur – Le vieux bassin.

★★ **Le vieux Honfleur** – Quartier maritime ancien, il compose un ensemble très original. Le **vieux bassin**★★ abrite des embarcations de plaisance et de pêche. Le contraste qu'il offre entre le quai St-Étienne aux riches demeures de pierre mansardées et le quai Ste-Catherine avec ses hautes et étroites façades habillées de fine ardoise, la vieille église St-Étienne, la Lieutenance, le premier plan que composent à cet ensemble les mâtures des yachts et bateaux de pêche font la joie des peintres et des photographes.

Le **clocher isolé**★ ⊘ et l'**église Ste-Catherine**★ construite après la guerre de Cent Ans, toute en bois, par les « maîtres de hache » du chantier naval, constituent avec les maisons à colombage qui les entourent un exemple fort rare en Europe occidentale.

La **rue Haute**, ancien chemin de grève où logeaient les armateurs, conserve de belles maisons de pierre, de brique, à colombage.

⊘ ►► Musée Eugène-Boudin *(peinture de l'école de Honfleur)* – Pont de Normandie★★ *(voir Le Havre)*.

# HUNSPACH★★

615 habitants
Cartes Michelin nᵒˢ 57 plis 19, 20 ou 242 pli 16 – Guide Vert Alsace et Lorraine.

De belles maisons blanches à colombage, abondamment fleuries, aux auvents de façade soulignant les étages et dont quelques-unes ont conservé leurs fenêtres à petites vitres bombées – héritage d'une mode baroque ; des cours fermières et des vignes grimpantes ; des fontaines à balancier font le charme de ce village alsacien soigneusement protégé de tout modernisme incongru.

# ISSOIRE★★

13 559 habitants
Cartes Michelin nᵒˢ 73 plis 14, 15 ou 239 pli 20 – Guide Vert Auvergne.
Plan dans le guide Rouge Michelin France.

Issoire, au débouché de la Couze de Pavin dans une Limagne du Sud drainée par l'Allier, est une vieille cité auvergnate qui adhéra en 1540 à la doctrine de Luther.

La métallurgie (presses de grande puissance et transformation de l'aluminium ou d'alliages légers en produits destinés à l'aéronautique) en fait une ville industrielle.

★★ **Ancienne abbatiale St-Austremoine** – C'est la plus vaste des églises romanes d'Auvergne, édifiée vers 1135 mais surabondamment refaite (façade, toitures, clocher, nombreux chapiteaux, coloriage intérieur) au 19ᵉ s.

Le **chevet**★★, illustration typique de l'art auvergnat, vaut par son ampleur, son équilibre pyramidal, sa décoration (corniches, modillons à copeaux, mosaïques de pierres, sculpture).

A l'intérieur, la puissance des arcs diaphragmes, au carré du transept, et le déambulatoire annulaire compartimenté de voûtes d'arêtes font la solidité de ces églises. Les **chapiteaux**★ sculptés dans l'arkose vers 1140 dénotent l'influence de l'atelier de Mozac ; autour du chœur ceux du Lavement des pieds et de la Cène sont particulièrement bien composés.

La peinture murale (15ᵉ s.) du **Jugement dernier**★ ⊘ *(à droite, dans le narthex)* amuse par sa truculence, impressionne par le Christ de son arc central, effraye par le redoutable traitement que saint Michel inflige aux damnés.

# Château de JOSSELIN★★

Cartes Michelin nᵒˢ 63 pli 4 ou 230 pli 37 – Guide Vert Bretagne.

Depuis neuf siècles, le château de Josselin surveille le passage de l'Oust.

La **guerre de Succession de Bretagne** oppose, à partir de 1341, deux héritiers qui se disputent le duché : Jeanne de Penthièvre, petite-fille de Jean II, et Jean de Montfort, frère de Jean III, mais issu d'un second mariage. Le conflit, long et confus, qui ébranle la Bretagne s'éclaire à la lumière des débuts de la guerre de Cent Ans qu'il transpose mais occulte dans la province. Jeanne de Penthièvre, épouse de Charles de Blois, dont les droits fondés sur la coutume bretonne sont reconnus, s'appuie sur les Valois. Montfort, évincé, s'engage aux côtés des Plantagenêts victorieux sur mer, l'année précédente, à la bataille de l'Écluse (au large de Sluis en Zélande). Il leur fait envahir puis saccager de façon exemplaire la région de Tréguier les années mêmes de leurs succès à Crécy et à Calais.

En Porhoët, les garnisons de Josselin et de Ploërmel *(12 km à l'Est)* s'affrontent et ravagent le pays sans faire la décision. On convient donc de s'en remettre à l'issue d'une rencontre représentative de 30 chevaliers dans chaque camp. Le **combat des Trente** est organisé en 1351, à la Mi-Voie entre les deux villes. Aux côtés de quatre Bretons, Ploërmel aligne six Allemands et vingt Anglais. Josselin sort vainqueur mais la conclusion est mise en cause.

Huit ans après la bataille de Poitiers, la guerre de Succession se termine en 1364 à la bataille d'Auray par la mort de Charles de Blois. En 1365, le traité de Guérande reconnaît le duché de Bretagne à Montfort, mais dans la suzeraineté capétienne.

Le **château** ⊙ actuel présente encore à sa partie inférieure, reconstruite par Olivier de Clisson à la suite de ces événements, la rudesse féodale de sa grande muraille donnant sur la rivière et contrastant avec les parties hautes plus plaisantes. En effet, le mariage d'Anne de Bretagne, en 1491, apaise la tension entre le duché et la France. Jean de Laval peut donc surélever le bâtiment dans le nouveau goût Renaissance.

En 20 ans la vieille forteresse se transforme en palais ; côté cour surtout où une **superbe balustrade**★★ régnant entre les pignons à la base des toitures offre une grande variété de motifs décoratifs : pinacles, remplages au dessin tourmenté, cordelières, chiffre d'Anne de Bretagne.

A l'intérieur apparaît alors un escalier très nouveau à rampes droites.

Au 17ᵉ s., Richelieu fait abattre le donjon et cinq tours. En 1760 le parc est aménagé ; en 1882 le monument restauré.

➤ ➤ Basilique N.-D.-du-Roncier★ (mausolée★ d'Olivier de Clisson).

# Forêt de la JOUX★★

Cartes Michelin nᵒˢ 70 pli 5 ou 243 pli 31 – Guide Vert Jura.

La forêt de la Joux est l'une des plus belles sapinières de France. Avec les forêts de Levier, de Chapois et de la Fresse qui la jouxtent, elle couvre une superficie de 66 761 ha et constitue un massif forestier d'une rare homogénéité.

★★ **Route des Sapins** – *45 km de Levier à Champagnole.* Le sapin Président de la forêt de Levier, l'épicéa géant de Chapeau Paris, le belvédère et le sapin Président de la Roche, le belvédère des Chérards et le sapin Président de la Joux, haut de 45 m, jalonnent le trajet.

En parcourant la forêt, il est intéressant d'avoir à l'esprit le principe d'une bonne exploitation forestière selon lequel la coupe annuelle ne doit jamais excéder l'accroissement naturel et de savoir que pour les quatre forêts qui composent cet ensemble, en moyenne annuelle, 10 000 à 12 000 tiges sont coupées qui correspondent à 20 000 m³ de bois d'œuvre. On comprend alors à quel point la vie jurassienne peut être considérée comme une civilisation du bois : bois de charpente, tavaillons, mobilier, jouets, bois de chauffage, utilisation industrielle (écorcés, émincés, agglomérés, pâtes à papier...), sans compter les nombreux usages domestiques parfois désuets mais dont les objets sont de nos jours recherchés pour leur valeur décorative, leur simplicité et leur authenticité.

# Abbaye de JUMIÈGES★★★

Cartes Michelin nᵒˢ 54 pli 10 ou 231 pli 22.
Guide Vert Normandie Vallée de la Seine.

L'éminent archéologue Robert de Lasteyrie voyait dans Jumièges « une des plus admirables ruines qui soient en France ».

L'abbaye ⊙, fondée dès le 7ᵉ s. par saint Philibert, comptait, 50 ans plus tard, 700 moines et 1 500 convers. Ses revenus considérables provenaient des largesses des princes mérovingiens et des dîmes dont elle avait reçu le bénéfice sur un vaste terroir des boucles de la Seine.

Les invasions normandes la ruinèrent et il fallut attendre 1020 pour que de grands abbés bâtisseurs la relèvent. Plus tard elle connut les méfaits des guerres de Religion et de la commende. Les quelques moines qui restaient se dispersèrent à la Révolution. En 1793, elle fut adjugée aux enchères publiques et l'un de ses acquéreurs successifs entreprit de l'exploiter comme carrière, il fit sauter le chœur et la tour-lanterne à la mine. En 1852, un nouveau propriétaire la sauva de l'anéantissement, mais elle est en ruine.

Dès l'arrivée dans l'abbaye, l'**église Notre-Dame** frappe par sa façade que cantonnent deux superbes tours en retrait, hautes de 43 m, les plus anciennes des grandes abbayes normandes.

La dimension quasi spirituelle de cette architecture où les lignes ascendantes ne subissent plus l'arrêt des toitures s'empare du visiteur. Quelle émotion en présence de ces tours décoronnées, des quatre grandes travées doubles de la nef (1052-1067) dont il faut par la pensée reconstruire les tribunes, le bas-côté droit et la couverture, probablement en charpente, d'un mur de la tour-lanterne avec son grandiose arc d'entrée, des bases du chœur avec son déambulatoire et sa chapelle axiale.

Sur la droite de l'abbatiale, l'**église St-Pierre** présente un porche et des premières travées à ciel ouvert très représentatifs par leurs arcatures jumelées de l'archi-tecture carolingienne en Normandie.

# KAYSERSBERG★★

2 755 habitants

Cartes Michelin nos 62 pli 18 ou 87 pli 17 ou 242 pli 31 – Guide Vert Alsace et Lorraine.

Dans la vallée de la Weiss à son débouché dans la plaine d'Alsace, Kaysersberg, qui commandait, à l'époque gallo-romaine, un important passage entre la Gaule et les Pays rhénans, est une petite cité alsacienne fleurie qui faisait autrefois partie de la décapole. Elle plaît par les vignes qui couvrent ses coteaux bien exposés et le caractère médiéval de ses rues bordées de maisons souvent du 16e s.

Albert Schweitzer.

C'est la ville natale d'**Albert Schweitzer** (1875-1965) ; sa **maison natale** se trouve au no 124, rue du Général-de-Gaulle, tout à côté du **musée** ⊘. Organiste très jeune, devenu spécia-liste de Jean-Sébastien Bach, docteur de philo-sophie (thèse sur Kant) et de théologie, il entreprend à 30 ans l'étude de la médecine pour secourir les malades les plus déshérités du Gabon où, en 1913, il construit un premier hôpital de brousse, face à Lambaréné.

En 1924, il revient en Afrique après son internement en France en 1917 à titre de ressortissant allemand. Là, il fonde deux nouveaux hôpitaux grâce aux recettes que lui apportent ses concerts en Europe et au Colorado (USA) en 1949 et aux ressources que lui vaut l'attribution du prix Nobel de la Paix.

Albert Schweitzer fut à l'avant-garde de la lutte contre la souffrance dans le tiers-monde et de l'entente entre l'Allemagne et la France. C'est aussi un écrivain considéré comme un grand classique, surtout étudié au Japon et aux États-Unis.

➤➤ Église★ (retable★★) – Hôtel de ville★ – Vieilles maisons★ – Pont fortifié★ – Maison Brief★.

# KERNASCLÉDEN★★

434 habitants

Cartes Michelin nos 58 pli 18 ou 230 Nord du pli 35 – Guide Vert Bretagne.

Au 15e s., Kernascléden constituait un ensemble socio-religieux (hôpital et église du pèlerinage) protégé par les Rohan.

★★ **Église** – Cet édifice gothique, élevé en granit entre 1430 et 1455, est caractéristi-que du style flamboyant en Bretagne par son clocher à balcon, par sa flèche dont les arêtes sont ornées de motifs floraux sculptés, par ses contreforts à pinacles, par la balustrade qui règne aux rives de sa toiture et par les deux **porches** (celui des Apôtres★ à gauche) qui s'ouvrent sur le côté Sud. Intérieurement, il en possède la maîtresse-vitre qui garnit le chevet plat et illumine le chœur, mais il s'en particularise par sa lourde et basse voûte de granit.

Les **fresques★★** (1470-1485) qui font la réputation de Kernascléden sont probable-ment l'œuvre d'un atelier local où l'on connaissait l'art des miniaturistes du Val de Loire.

Aux voûtes du chœur sont représentées 24 scènes de la Vie de la Vierge : observer particulièrement la Résurrection du Christ (à l'arc triomphal), les Funérailles de la Vierge (côté droit du chœur) et surtout l'Annonciation et le Mariage de la Vierge (côté gauche du chœur). Par le jeu des damiers et les perspectives des ailes des anges, les artistes ont vaincu les difficultés nées des huit voûtains concaves et de leurs arêtes. Au croisillon Nord, les anges musiciens de la cour céleste (qualité des drapés) évoquent le raffinement de celle des Rohan.

Au mur du croisillon Sud on reconnaît la Passion, une Danse macabre, où les morts entraînent les vifs, sur un fond jaune sulfureux, symbolique à la fin du 15e s. de l'au-delà et de l'éther mystérieux ; au-dessous la vision de l'Enfer image les supplices endurés par les réprouvés.

# Château de LANGEAIS★★

Cartes Michelin nos 64 pli 14 ou 232 plis 34, 35.
Guide Vert Châteaux de la Loire.

Dès le 10e s. le grand seigneur angevin Foulques Nerra fait élever sur la hauteur un donjon (en ruine, dans le parc du château), véritable poste de surveillance du Val de Loire. Achevé en 994, il passe pour le plus ancien de France.

Le **château** ⊙ actuel fut construit en quatre ans, à partir de 1465, à la fin de la guerre de Cent Ans, par Louis XI préoccupé par les menaces bretonnes sur le Val et la Touraine. 22 ans plus tard, il était devenu sans objet.

Vu de l'extérieur, le château est resté la forteresse féodale de Louis XI avec son pont-levis, ses fenêtres peu nombreuses, ses tours et son chemin de ronde crénelé. Mais il a reçu sur cour les agréments d'un manoir de la Renaissance (toits percés de lucarnes, tourelles, sculptures, fenêtres à meneaux).

Tout en conservant la disposition féodale de pièces se commandant l'une l'autre par des portes étroites et disposées selon les diagonales, les **appartements**★★★, bien meublés grâce aux soins de Jacques Siegfried, filateur, armateur et banquier havrais, le rendent plus vivant que la plupart des autres grands châteaux et donc plus évocateur de la vie seigneuriale et de la vie de cour à l'époque de Louis XI et au début de la Renaissance.

Les pièces sont tendues de belles tapisseries des Flandres, pour la plupart, et des mille-fleurs, d'anciennes cordelières des tertiaires de l'ordre de St-François et décorées d'entrelacs de K et de A (initiales de Charles VIII et d'Anne de Bretagne). Au premier étage : très ancien lit à colonnettes, crédence et bahut gothiques ; dans la chambre de Charles VIII : horloge du 17e s. à une seule aiguille.

**Les mariages d'Anne** – En butte aux menaces bretonne et bourguignonne, Louis XI guette depuis la mort de Charles le Téméraire l'occasion de reprendre le duché de Bourgogne qui lui a échappé en 1477 par le mariage de Marie de Bourgogne et de Maximilien de Habsbourg. Marie meurt en 1482, laissant deux enfants, Philippe le Beau et Marguerite d'Autriche âgée de 2 ans. Louis XI saisit alors l'opportunité et organise le mariage de la fillette avec le dauphin Charles VIII né en 1470. La jeune fiancée gagne Paris en 1483 puis Amboise où se déroule un simulacre de mariage religieux.

1488 : Louis XI est mort depuis 5 ans. Marguerite grandit et reçoit son éducation à la cour de France, elle a 8 ans. Et voilà que François II, duc de Bretagne, irréconciliable adversaire de la couronne, meurt à son tour. Il laisse lui aussi une fille, Anne, âgée de 11 ans, dont le mariage est subordonné, par le traité du Verger, à l'agrément royal (ce qui a déjà permis d'éconduire Alain d'Albret). Seule héritière du duché, Anne représente un parti convoité. Elle suit tout d'abord le penchant de son père pour Maximilien de Habsbourg ; le mariage a lieu par procuration, mais l'« empereur sans le sou » n'a pas de quoi se rendre à Nantes.

Charles VIII, de son côté, qui a maintenant 21 ans, préfère la réunion immédiate de la Bretagne à celle, future, de la Bourgogne : il rompt avec Marguerite et presse Anne d'en faire autant avec Maximilien. Conseillée par ses tuteurs qui savent ce que fut l'occupation anglaise, au siècle précédent, dans les pays de Tréguier, de Brest, de Concarneau et d'Auray, allant de pair avec les ravages de la guerre de Succession, la duchesse comprend que l'indépendance bretonne ne peut que se dissoudre dans une subordination aux Tudors ou aux Habsbourgs ou dans l'intégration au royaume de France auréolé du prestige de Saint Louis. Le mariage est célébré à Langeais le mardi 16 décembre 1491. Anne a 14 ans.

Maximilien en reçoit un double affront : personnel comme mari putatif d'Anne et paternel comme père de Marguerite. Les relations entre la France et l'Empire romain germanique s'enveniment encore.

Charles VIII meurt accidentellement en 1498. Pendant qu'il guerroyait en Italie, Anne avait sagement gouverné le royaume et son duché. A 22 ans, sans descendance vivante donc toujours seule héritière de son duché, selon les stipulations du traité de Rennes, et « pas si vilaine » malgré son visage ingrat et sa claudication, elle épouse Louis XII, cousin de Charles VIII, rendu libre par la répudiation de la juvénile Jeanne de Valois estampillée par le tribunal ecclésiastique. Elle lui donna deux enfants dont Claude qui épousa François Ier à qui elle apporta la Bretagne en dot (1514).

# LAON★★

26 490 habitants
Cartes Michelin nos 56 pli 5 ou 236 pli 38 – Guide Vert Flandres Artois Picardie.
Plan dans le guide Rouge Michelin France.

La vieille ville, dominant la plaine, occupe un **site**★★ perché en avant du front de côte de l'Ile-de-France : c'est une « butte-témoin » épargnée par l'érosion. Sa valeur défensive la fit choisir comme capitale par les rois carolingiens qui s'y abritèrent durant 150 ans, de Charles le Chauve (840) à Louis V (987). Il fallut l'arrivée d'Hugues Capet pour que la capitale se transporte en Ile-de-France.

Au 17e s., les trois frères **Le Nain**, peintres originaires de Laon, mais surtout Louis (1599-1648) représentèrent, sans flatterie ni satire, une paysannerie pourvue dès le règne de Louis XIII de l'aisance des denrées que souhaitera Colbert trente ans plus tard.

★★ **Cathédrale Notre-Dame** – La cathédrale actuelle, entreprise en 1160 et achevée vers 1230, appartient au gothique de transition, encore riche de réminiscences romanes (tour-lanterne à la normande). Elle offre une façade singulière par la profondeur de ses porches et la hauteur de ses tours en terrasses, cantonnées de tourelles très ajourées.

Sa **nef**★★★ très longue, étonnante persistance de la tradition carolingienne dont la dynastie s'était effondrée deux siècles plut tôt, offre une magnifique perspective. A l'intérieur règne une superbe élévation à quatre étages (grandes arcades, tribunes vastes et claires, triforium aveugle qui n'est encore que le comble des tribunes, fenêtres hautes). En plan, sous les voûtes sexpartites, la nef, le transept et le chœur développent une alternance de colonnes fortes et faibles, déjà moins marquée qu'à Sens (1140) et qu'à Senlis (1153), où des faisceaux de cinq ou de trois colonnes sont engagés dans les piliers ; un léger doubleau tombant au droit des colonnes fortes.

⊙ ►► Quartier de la cathédrale★★ – Rempart du Midi★ (vues★) – Musée★ *(archéologie, peinture)* – Chapelle des Templiers★ – Église St-Martin★ – Porte de Soissons★.

# Château de LAPALISSE★★

Cartes Michelin nᵒˢ 73 pli 6 ou 239 pli 9 – Guide Vert Auvergne.

Lapalisse s'est développée au pied du **château** ⊙ qui, depuis le 11ᵉ s., garde le passage de la Besbre. Son seigneur le plus célèbre est Jacques II de Chabannes (1470-1525), maréchal de France qui s'illustra à la conquête du Milanais et mourut après la bataille de Pavie d'un coup d'arquebuse reçu au combat. La coquille d'un scribe ridiculisant ce vaillant soldat inaugura le succès des « lapalissades ». L'édifice actuel entrepris au début du 16ᵉ s. est l'œuvre de Florentins que Jacques II avait ramenés d'Italie ; il relève de la première Renaissance, italianisante. Sa façade intérieure est égayée par des losanges et des damiers de briques polychromes, par des chaînages de grès qui soulignent les arêtes des tours et les encadrements des fenêtres selon la mode de l'époque, par des linteaux en accolade, des meneaux aux fenêtres, des médaillons au portail de la tour centrale, des rinceaux, des pilastres et des chapiteaux conrinthiens. Le mobilier et la décoration intérieure s'observent en particulier dans le salon de réception meublé Louis XIII, dans le **salon doré** orné de plafonds à caissons et de tapisseries flamandes du 15ᵉ s., dans la chapelle flamboyante et à la charpente en carène des **communs** (collection de drapeaux rassemblée par un curé de Doyet).

# Grotte de LASCAUX

Cartes Michelin nᵒˢ 75 pli 7 ou 233 pli 44 – Guide Vert Périgord Quercy.

Dans un petit bois de chênes qui domine Montignac au Sud fut découverte, le 12 septembre 1940, la grotte de Lascaux par un jeune homme parti à la recherche de son chien disparu dans un trou.
Cette grotte se place au premier rang des sites préhistoriques de l'Europe par le nombre et la qualité de ses peintures qui dateraient pour la plupart de la fin de l'époque aurignacienne et, pour certaines, de l'époque magdalénienne *(p. 131).* Elles représentent des taureaux, des vaches, des chevaux, des cerfs, des bisons garnissent les parois et les plafonds selon une telle composition que l'abbé Breuil considérait Lascaux comme la « chapelle Sixtine » de la préhistoire.

La grotte authentique est interdite au public, mais un **fac-similé**, à 200 m de la grotte originale, en vraie grandeur (**Lascaux II**★★) ⊙ reproduit les parois de plusieurs de ses salles et bon nombre de ses peintures.

Grotte de Lascaux – Détail dans la salle des Taureaux.

# Les îles de LÉRINS★★

Carte Michelin nᵒ 115 pli 39 – Guide Vert Côte d'Azur.

L'excursion aux **îles de Lérins** ⊙ *(services de bateaux au départ du port de Cannes)* est intéressante pour le vaste panorama qui s'y déploie sur la côte du cap Roux au cap d'Antibes, pour la végétation méditerranéenne (pins maritimes, pins parasols, pins d'Alep, cyprès, eucalyptus) qui s'y développe, pour les souvenirs historiques et les sites archéologiques que l'on y rencontre.

★★ **Ile Ste-Marguerite** – Déjà habitée par les Celto-Ligures, elle fut un mouillage pour les navigateurs antiques au large du golfe marécageux de La Napoule. Les pointes du Bataignier, du Dragon et de la Convention, le sentier botanique et l'allée des Eucalyptus géants longue de 500 m constituent de belles promenades en **forêt**★★. Diverses espèces de pins y protègent un dense sous-bois méditerranéen (arbousiers, lentisques, cistes...).

Le Fort Royal, construit par Richelieu pour la protection des côtes, occupé par les Espagnols de 1635 à 1637 durant la guerre de Trente Ans, remanié en 1712 sur des plans de Vauban, remis en état sous la Convention, servit de prison à des pasteurs huguenots, au Masque de fer (de 1687 à 1698) et au maréchal Bazaine, en 1873, après son coupable et désastreux repli sur Metz. La guérite au pied du fort et sa terrasse sont intéressantes.

★★ **Ile St-Honorat** – Le monastère qu'y fonda saint Honorat au début du 5e s. fut l'un des premiers de la Gaule romaine, à peu près contemporain de ceux de St-Martin à Tours, de St-Victor à Marseille, de St-Loup à Troyes... ; et l'un des plus célèbres de la période mérovingienne, la Provence n'étant pas encore atteinte par les invasions. En 1073, les moines élèvent sur un petit promontoire de la côte Sud un **donjon crénelé**★ où se confine leur vie conventuelle lors des incursions des pirates barbaresques. Plus que par son site, il vaut par son bel appareil à bossages, son cloître à deux étages et sa terrasse.

De nos jours, les cisterciens ont relevé leur monastère dans un style néo-roman.

# LESSAY★

1 719 habitants
Cartes Michelin nos 54 pli 12 ou 231 pli 14 – Guide Vert Normandie Cotentin.

En bordure de sa lande, dont Barbey d'Aurevilly (1808-1889), fondateur du régionalisme normand, a su dépeindre l'âpre poésie, Lessay, à l'occasion de sa foire séculaire de la Ste-Croix en septembre, offre une extraordinaire animation.

★★ **Église abbatiale** – Cet édifice fondé en 1056 est l'une des expressions les plus parfaites de l'art roman en Normandie. C'est aussi une exemplaire réussite de reconstruction menée, 13 ans durant, par Yves Froidevaux, architecte en chef des Monuments historiques, qui parvint à réédifier le monument du tas de décombres qu'il était après les destructions de 1944. Il avait explosé, miné par l'ennemi avant sa retraite. Extérieurement, le chevet dominé par le puissant clocher carré est remarquable. Intérieurement, les tribunes au-dessus des grandes arcades et la galerie normande de surveillance technique qui court à la base des fenêtres hautes sont caractéristiques. Mais, surtout, Lessay jalonne l'évolution de l'architecture par le passage de la voûte d'arêtes, utilisée dans les bas-côtés (11e s.), à la croisée d'ogives d'abord maladroitement appliquée dans le chœur (fin 11e s.) puis, plus habilement, dans la nef (début 12e s.).

Ce progrès bouleversait l'art de bâtir, ouvrait l'ère gothique en permettant de lancer des voûtes à grande hauteur et de remplacer les murs par de vastes verrières.

R. Mazin/TOP

Lessay - L'abbatiale.

# Centre historique minier de LEWARDE★★

Cartes Michelin nos 53 pli 3 ou 236 pli 16 (8 km au Sud-Est de Douai).
Guide Vert Flandres Artois Picardie.

Sur le site de la fosse Delloye, ensemble minier qui fonctionna de 1930 à 1971, les bâtiments ont été conservés pour abriter le **Centre historique minier** ⊙.

L'aménagement et la conception du musée ont été confiés aux Ateliers du Grand Hornu en Belgique. L'architecte Henri Guchez, tout en préservant les structures, y a enserré des salles d'expositions, un restaurant, des salles de conférences, de projection, etc.

Après une découverte libre des bureaux, la visite guidée par d'anciens mineurs permet de suivre les différentes étapes jusqu'à la descente dans le puits : vestiaire, bains-douches – ou « salle de pendus » à cause des crochets où étaient suspendus vêtements, casques et bottes –, lampisterie, infirmerie... Un petit train mène ensuite au puits n° 2 où la « descente » s'effectue en ascenseur vers les galeries. Là, un parcours de 450 m de galeries permet de comprendre l'évolution du travail du mineur de 1930 à nos jours. La visite se termine par le bâtiment d'exploitation où se trouve la machine d'extraction, l'atelier de triage-criblage, l'écurie de la fosse. Le centre propose aussi une vaste exposition de fossiles.

# LILLE★★

Agglomération 950 265 habitants
Cartes Michelin n°s 51 pli 6 ou 236 pli 16 ou 111 – Guide Vert Flandres Artois Picardie.
Plan dans le guide Rouge Michelin France.

Lille est la métropole d'une communauté urbaine de près d'un million d'habitants dont Roubaix et Tourcoing sont les deux autres centres principaux. La ville s'est lentement développée dans un site défavorable, marécageux et coupé de bras d'eau, mais qui marquait, au Moyen Age, le terminus de la Deûle navigable entre la Flandre industrielle au Nord et l'Artois agricole au Sud. Elle devint donc marchande au 13e s., drapante au 14e s. et lainière au 16e s.

**Bouvines** - *12 km au Sud-Est.* En 1204, aux Andelys, Philippe Auguste avait amorcé la reconquête de son royaume sur les Plantagenêts. Pour lui faire échec, Jean sans Terre noue une alliance avec Othon IV le Germanique lui-même désireux d'affaiblir le Capétien. Leur stratégie est de prendre le roi de France en tenaille. Le Plantagenêt débarque donc à La Rochelle, marche sur Angers mais échoue, le 2 juillet 1214, à La Roche-aux-Moines devant le fils de Philippe Auguste. 25 jours plus tard, Othon et ses mercenaires – arrivant d'Aix-la-Chapelle et passant cette fois encore par la Flandre – se font écraser par le roi dans la plaine de Bouvines. C'est la première victoire retentissante des Capétiens ; elle renforce la monarchie et recueille une considérable satisfaction populaire. C'est aussi le terme de 60 ans de batailles entre les maisons d'Anjou et de France. On est encore à 132 ans de la guerre de Cent Ans.

**Ville bourguignonne puis espagnole** – Au 15e s. la Flandre était bourguignonne et Philippe le Bon *(p. 125)* se fit édifier à Lille la belle demeure de brique qu'est le palais Rihour (1454). Par son mariage, Marie de Bourgogne apporte le pays à l'Autriche d'abord puis à l'Espagne par le couronnement de Charles Quint.
Durant sa période espagnole, Lille voit reconstruire l'**hospice Comtesse**★ ⊙ (1650) qui, par sa porte à claveaux saillants, ses murs de briques à chaînages de grès, ses plafonds cloisonnés, la **voûte en carène**★★ de la grande salle des malades, est une vraie demeure lilloise d'alors.
En revanche, la vieille **bourse**★★, de la même époque (1652), marque la survivance et le rayonnement du style Louis XIII et son adaptation au goût flamand (petit campanile, portes à frontons coupés, cariatides portant les entablements, cartouches rétrécis « auriculaires », colonnes, pilastres et fenêtrage de grès, décorations de fleurs et de grappes de fruits) ; cette construction matérialise le poids des manufactures textiles dans les affaires économiques en honorant, sous les arcades, les savants et les applications de leurs découvertes.

**Lille devient française** – Le 27 août 1667, après 9 jours de siège, Louis XIV pénètre à Lille qui devient la capitale des provinces du Nord. Aussitôt l'activité s'accroît et la ville s'agrandit.

★ **Citadelle** ⊙ – Quatre mois plus tard, pour protéger la plus grande ville flamande, Vauban entreprend la construction de la citadelle, son chef-d'œuvre, dans un site méracageux de 1 700 ha dont il intègre le caractère inondable au système défensif. L'association du grès et de la brique répartis de la façon la plus économique, la netteté des formes, la logique du plan, la prise en compte des impératifs de l'artillerie dans le dessin de ses fortifications rasantes en font « la reine des citadelles ».
Passé la Porte Royale, à l'intérieur de cette cité militaire, se disposaient autour de la vaste place d'Armes douze casernes, les magasins et l'arsenal. C'était un « bijou d'architecture militaire » *(J. Milot)* si puissant que sa prise, qui demanda 48 jours de siège, après les 62 jours passés devant la ville elle-même, ruina le potentiel militaire hollandais, au point de rendre inéluctable la conclusion de la guerre de Succession d'Espagne, 5 ans plus tard, en 1713.
La qualité de la construction apparaît dans les frontons sculptés d'allégories de la Porte Royale, dans le tympan imagé de l'arsenal, dans les voûtes concentriques de la porterne Ste-Barbe. En revanche, la chapelle, de style jésuite, a perdu sa décoration classique.
Sébastien Le Prestre (1633-1707) naquit à St-Léger *(25 km au Sud-Est d'Avallon)* dans le Morvan et devint sous le nom de marquis de **Vauban** une gloire du siècle de Louis XIV. Homme de guerre, il dirigea en personne 53 sièges de 1652 à 1703 ; ingénieur, il créa en fait le corps des ingénieurs de l'armée et étudia l'armement ; architecte et urbaniste, il redessina les ports, creusa des canaux (Languedoc, la Bruche), construisit l'aqueduc de Maintenon, remania 300 places fortes et en édifia 33 nouvelles (beaucoup ont disparu). Commissaire général des Fortifications en 1678, il s'inspira d'abord des ouvrages de ses prédécesseurs qu'il perfectionna : aux bastions se couvrant l'un l'autre qu'il protégea par des demi-lunes et environna d'un profond fossé, il ajouta (Belfort) une seconde enceinte avancée ; enfin, nouveau progrès, il bastionna les courtines intérieures et dota les demi-lunes de réduits défensifs (Neuf-Brisach). Mais, surtout, il sut tirer parti des inventions nouvelles, des changements de tactique, des obstacles naturels et des dispositions du terrain pour dessiner ses polygones intérieurs de base.
Pour couvrir les nouvelles frontières de la France, il déploya son activité dans les Flandres, les Ardennes, en Alsace, en Franche-Comté, dans les Pyrénées, les Alpes et sur le littoral. Certains de ses ouvrages ont, encore en 1940, servi de points d'appui lors de la retraite des armées française et britannique.
Le bastion de Turenne fut le lieu d'exécution de patriotes par l'occupant durant les deux guerres mondiales.

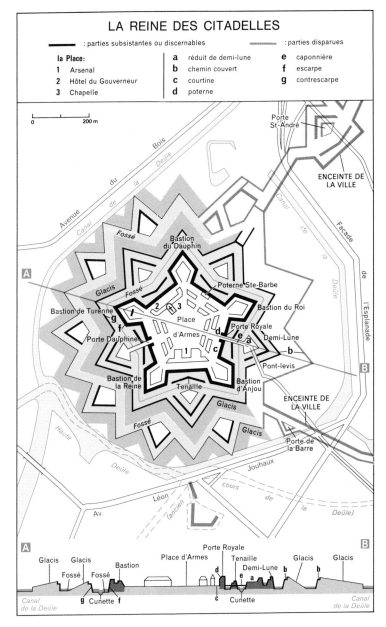

**★★ Musée des Beaux-Arts** ⓥ – Parmi les chefs-d'œuvre de la peinture française qu'il conserve, il ne faut pas manquer la *Fontaine mystique* de Jean Bellegambe (début 16ᵉ s.), où transparaît la symbolique gothique du renouveau lié à la rédemption ; la *Nativité* par Philippe de Champaigne (1674), sereine composition classique sur le thème de l'incarnation ; le portrait de *Madame Pélerin* par Quentin de La Tour au modelé très nuancé et celui de *J. Forest* (1746) par Nicolas de Largillière.

ⓥ ►► Vieux Lille★★ – Demeure de Gilles de Boë★ – Rue de la Monnaie★ – Église St-Maurice★ – Porte de Paris★.

*Attention, il y a étoile et étoile !*

*Sachez donc ne pas confondre les étoiles :*

- *des régions touristiques les plus riches et celles de contrées moins favorisées,*
- *des villes d'art et celles des bourgs pittoresques ou bien situés,*
- *des grandes villes et celles des stations élégantes,*
- *des grands monuments (architecture) et celles des musées (collections),*
- *des ensembles et celles qui valorisent un détail...*

Agglomération 170 065 habitants
Cartes Michelin n°s 72 pli 17 ou 239 pli 13 – Guide Vert Berry Limousin.
Plan dans le guide Rouge Michelin France.

Limoges est née d'un gué sur la Vienne où se croisaient les voies romaines Lyon-Saintes et Bourges-Bordeaux. Mais son activité commerciale ne s'affirme qu'au début du 19e s. En 1808, la ville compte de nombreuses maisons de gros et de commissions, et ces dernières assurent un roulage considérable avec plus de 5 000 chariots et 20 000 chevaux de trait. Puis l'industrie s'y établit : celle de la porcelaine d'abord car St-Yrieix *(40 km au Sud),* proche des gisements de kaolin, était dépourvue de main-d'œuvre, puis celle de la chaussure née des tanneries.

**Les Limougeauds célèbres** – Nombreux sont les enfants de Limoges qui ont acquis la célébrité.

**Léonard Limosin** (1505-1576), émailleur et peintre qui a travaillé avec Le Primatice à Fontainebleau et passe pour le chef de file de l'importante école d'émailleurs du 16e s. :

**Pierre Vergniaud** (1753-1793), l'une des figures girondines de la Législative puis de la Convention ;

**Jean-Baptiste Jourdan** (1762-1823), le vainqueur de Fleurus ;

**Thomas Bugeaud** (1784-1849) qui reçut le grade de caporal à Austerlitz, puis devint le pacificateur et le colonisateur de l'Algérie ; ce fut lui qui, le 16 mai 1843, enleva la smala de l'émir Abd el-Kader ;

**Sadi-Carnot** (1837-1894) qui devint président de la République ;

**Auguste Renoir** (1841-1919), l'un des maîtres de l'école impressionniste...

---

### Les émaux

L'émail est connu depuis l'Antiquité. Au 12e s., à la faveur de la richesse minéralogique de la région, Limoges acquiert dans sa fabrication une rare maîtrise. Les émaux sont composés de verre au plomb, coloré par des oxydes métalliques ; ils sont broyés et étalés sur une plaque d'or, d'argent ou de cuivre. Des cuissons successives leur donnent alors l'aspect dur d'un cristal. Au 12e s., Limoges fabrique surtout des émaux compartimentés sur une plaque de cuivre gravée au burin, dits « champlevés » ; au 14e s. apparaissent les émaux peints. Léonard Limosin, nommé directeur de la manufacture par François Ier, produit des pièces d'un éclat et d'une couleur admirables.

---

[*] **Musée Municipal** ⊙ – Installé dans l'ancien palais épiscopal, il conserve dans deux salles du rez-de-chaussée une éblouissante collection de quelque 300 émaux limousins cloisonnés ou champlevés dus aux meilleurs artistes.

**La porcelaine** – Le mot **céramique** recouvre l'ensemble de l'industrie de la terre cuite : brique (poterie), grès, porcelaine, faïence et, dans un certain sens, le verre. Pour l'essentiel, elle relève de trois techniques.

**Poterie siliceuse** – Elle est composée d'une pâte sableuse et d'un liant.

**Porcelaine** – Elle se reconnaît à sa blancheur, à sa dureté, à sa translucidité ; elle se vitrifie, comme le grès, à la cuisson.

A la recherche de la perfection obtenue par les artisans chinois, les Européens, partant d'une argile blanche, produisirent d'abord aux 17e et 18e s. une **porcelaine tendre**, difficile à façonner, mais qui établit la réputation de

Musée Adrien-Dubouché –
Porcelaine de la Manufacture du comte d'Artois.

Sèvres dès avant 1771. Une première cuisson des argiles donne la « fritte », qu'on écrase et malaxe pour obtenir la pâte dont on fait la pièce sur laquelle sont appliqués la « couverte » puis les « émaux » (oxydes métalliques) avant cuisson au « grand feu » vers 1 400°. A partir du 18e s., à ce stade on sut poser sur la pièce de nouveaux émaux qu'aurait dénaturés cette trop forte chaleur, il fallut donc procéder à une troisième, voire à une quatrième cuisson à des températures dégressives en rapport avec leur degré de fusion : c'est le « petit feu » qui permet une grande variété de couleurs et le seul que supporte l'or.

La **porcelaine dure** ou vraie porcelaine apparaît en France vers 1770. Elle est obtenue à partir d'une pâte à base de kaolin (argile très pure) et de feldspath. Elle est très translucide, d'une sonorité limpide et ne se raye pas à l'acier. La pièce est formée avec la pâte crue, puis séchée aux environs de 500° : c'est le « dégourdi ». Elle reçoit alors une première couche d'émail puis est cuite en « grand feu » ; parfois elle subit une ou plusieurs autres cuissons successives en « petit feu » pour ses émaux les plus fragiles.

Le « biscuit » est cuit au grand feu sans émail coloré.

**Faïence** – Imitation de la porcelaine, c'est une poterie opaque à pâte poreuse et tendre, étanchéifiée par une « glaçure » dite « couverte » à l'oxyde d'étain qui permet en outre sa décoration. Son procédé décoratif le plus ancien et le plus difficile est le « grand feu » : le décor est peint sur la couverte et ne subit qu'une seule cuisson, ce qui limite le choix des couleurs et interdit toute retouche.

A quelques nuances près, toutes les manufactures utilisèrent le même processus opérationnel. Leur particularité tient au talent de leurs artisans, à la dimension et à la forme des objets, à leur décoration, au dosage de certains composants.

La porcelaine de Limoges se rattache presque exclusivement à la porcelaine dure. Postérieure de près de 30 ans à celles de Strasbourg et de Niderviller en Lorraine, elle est née en 1771 de la découverte, trois ans plus tôt, d'un gisement de kaolin particulièrement pur à St-Yrieix par Darnet, chirurgien de cette ville.

★★ **Musée Adrien-Dubouché** ⊘ – Les chefs-d'œuvre de cet art éminemment décoratif qu'abritent les vitrines de ce musée concernent l'ensemble de l'industrie de la céramique ; les grands centres de production et les diverses époques de sa fabrication. Les collections de Limoges sont dispersées entre les vitrines 61 et 62 [débuts très liés à la manufacture de Sèvres *(p. 219)*], celles du salon d'honneur (production du 19e s.) et celles de l'aile gauche du rez-de-chaussée (pièces contemporaines).

**La ville** – De bonne heure deux agglomérations contiguës, mais rivales, se développèrent : la cité et le château.

**La cité** – Dominant la Vienne, c'est le quartier historique le plus ancien de Limoges. Il s'ordonne autour de la **cathédrale St-Étienne**★, qui s'ouvre par le **portail St-Jean**★ et conserve, au revers de la façade, son **jubé**★ (1533) ; autour du chœur, intéressants **tombeaux**★.

**Le château** – C'est l'actuel centre-ville aux ruelles commerçantes et animées. L'**église St-Michel-des-Lions**★ est une église-halle originale, de plan rectangulaire. Ce quartier englobait la puissante abbaye de St-Martial. Dès la fin du 11e s., l'abbatiale de St-Martial (démolie à la Révolution), érigée sur le tombeau d'un évangélisateur de la Gaule au 3e s., se rangeait parmi les grandes églises romanes de pèlerinage sur les routes allant de St-Remi de Reims, à St-Sernin de Toulouse et à St-Jacques-de-Compostelle. Elle s'étendait au Sud-Ouest de l'actuelle place de la République *(plan sur le pavage moderne)*.

➤➤ Cours du Temple★.

# LISIEUX★★

23 703 habitants
Cartes Michelin nos 54 pli 18 ou 231 pli 32.
Guide Vert Normandie Vallée de la Seine. Plan dans le guide Rouge Michelin France.

Lisieux est le grand centre économique du Pays d'Auge qui avec ses herbages, ses chaumières et ses manoirs est en quelque sorte un bocage de luxe, symbole de la Normandie « herbagère, éclatante et mouillée » chère à la poétesse Lucie Delarue-Mardrus.

**La « Petite Thérèse »** – Thérèse Martin (1873-1897) est née à Alençon dans une famille profondément chrétienne, d'un père horloger et d'une mère dentelière. A la mort de la mère, les Martin s'installent à Lisieux, aux Buissonnets. A 15 ans, Thérèse quitte sa maison pour toujours : elle vient d'obtenir du Saint-Père l'autorisation d'entrer au Carmel.

Au Carmel, celle qui voulait être appelée la Petite Thérèse gravit les rudes degrés de la perfection. « Les dispenses ne sont pas faites pour une âme de cette trempe », dit la prieure. Elle s'éteint à l'infirmerie, peu de jours après avoir remis les derniers feuillets du « manuscrit de sa vie » *Histoire d'une âme*. Sœur Thérèse de l'Enfant-Jésus fut canonisée le 17 mai 1925.

**Pèlerinage** – Les fidèles désireux de se recueillir sur les traces de la sainte se rendront aux **Buissonnets** ⊘, la maison familiale où elle passa ses jeunes années ; à la **chapelle du Carmel** où son effigie est exposée à droite et à la **salle des Souvenirs** ⊘ où des témoignages de sa vie de carmélite peuvent être vénérés.

Pour les grands pèlerinages, une vaste basilique a été érigée au Sud-Est de Lisieux.

**Les manoirs du Pays d'Auge** – Les manoirs et les fermes du **Pays d'Auge**, isolés dans leur « clos » entouré d'une haie et planté de pommiers de variétés tardives, disséminent, autour de la maison d'habitation, leurs bâtiments d'exploitation rurale : pressoir, grenier à pommes, étable, laiterie où le colombage est roi. Ceux de **Coupesarte** ⊘ *(16 km au Sud-Ouest)*, entouré de douves, et de **Crèvecœur**★ *(18 km à l'Ouest)*, avec son musée de la Recherche pétrolière, sont particulièrement caractéristiques.

➤➤ Cathédrale St-Pierre★.

# LOCHES★★

7 133 habitants
Cartes Michelin nᵒˢ 68 pli 6 ou 238 pli 14 – Guide Vert Châteaux de la Loire.
Plan dans le guide Rouge Michelin France.

Loches s'étale largement sur la rive gauche de l'Indre. La ville moderne s'est développée au pied de l'éperon fortifié qui domine la vallée et délimite la cité médiévale.

★★ **Cité médiévale** – Elle est close par un rempart long de 1 km et percé de deux portes. Au Sud, le grand **donjon**★★ ⊙ carré fut édifié par les comtes d'Anjou dès le 11ᵉ s., pour compléter les projections primitives. Au 13ᵉ s., il fut à son tour renforcé par de larges fossés creusés dans le rocher, par des tours en éperon, par le Martelet dont les cachots souterrains sont particulièrement impressionnants, puis doté d'un corps de logis avec ses dépendances.

Au centre, l'**église St-Ours**★ est intéressante par son porche angevin où s'abrite un portail roman et originale par les « dubes », pyramides creuses à huit pans qui coiffent la nef.

Au Nord, le **château**★★ ⊙, entrepris à la fin du 14ᵉ s., est en fait l'extension progressive d'une tour de guet du 13ᵉ s. dite d'Agnès Sorel : logis féodal créé par Charles VI, poursuivi, mais dans un style plus raffiné, par Charles VII, Charles VIII et Louis XI. Dans la grande salle du Vieux Logis, les 3 et 5 juin 1429, Jeanne d'Arc sut convaincre le Dauphin de se rendre à Reims pour s'y faire sacrer.

Charles VIII et Louis XII prolongèrent encore la grande façade et en refirent le fenêtrage.

Le minuscule oratoire flamboyant d'Anne de Bretagne, sculpté de l'hermine et de la cordelière de St-François, et le **gisant d'Agnès Sorel**★, en albâtre, retiennent particulièrement l'attention.

▶▶ Porte Royale★ – Remparts★ de la cité et le tour extérieur.

# LOCRONAN★★

796 habitants
Cartes Michelin nᵒˢ 58 plis 14, 15 ou 230 pli 18 – Guide Vert Bretagne.

Locronan est une ville-carrefour, au croisement des routes Châteaulin-Quimper et Crozon-Douarnenez, installée au pied d'un modeste menez (montagne de granit) à l'Ouest de la Montagne Noire. Enrichie par la culture du lin et le tissage de voiles exportées par les navires de Douarnenez, comme le sel, les cuirs, les vins, elle s'est ouverte, en retour, aux influences rapportées des Flandres aux 17ᵉ et 18ᵉ s. Le musée et plusieurs ateliers (expositions) évoquent les anciens métiers régionaux : vannerie, verrerie, saboterie, taille de la pierre et surtout tissage (ourdissage, filage...) pour le travail du lin, de la laine, du coton et de la soie.

★★ **Place de l'Église** – Célèbre petite place bretonne, ornée d'un vieux puits, elle s'est lentement modelée du 15ᵉ au 19ᵉ s. Son unité est plus liée au granit qu'à l'architecture des demeures des tisserands et des marchands de toile. Les maisons, aveugles à l'Ouest, côté où frappent les bourrasques, eurent dès le 17ᵉ s. un premier étage en pierre. Leurs greniers s'éclairent de lucarnes ouvertes dans la toiture.

★★ **Église St-Ronan et chapelle du Penity** – Église de pèlerinage du 15ᵉ s. voûtée de pierre. En lui donnant un chevet plat, selon une façon de faire courante en Bretagne, l'architecte « s'affranchissait des problèmes posés par les chevets complexes et pouvait éclairer l'édifice naturellement sombre » (R. Mussat) : derrière l'autel, beau vitrail du 15ᵉ s. représentant les scènes de la Passion.

La **chaire**★ (1707) se prête au goût alors répandu de la prédication et à l'illustration de la vie de saint Ronan sur les panneaux de la cuve et de la rampe.

La chapelle du Penity (bas-côté droit) conserve un retable du 16ᵉ s. d'inspiration brabançonne (**bas-relief**★ de la Cène) ; un St-Michel en armure (au pilier) portant la balance des âmes et un gisant de St-Ronan, une des premières œuvres traitées en kersanton dès le début du 15ᵉ s.

⊙ ▶▶ Conservatoire de l'affiche en Bretagne.

# LONS-LE-SAUNIER★

19 144 habitants
Cartes Michelin nᵒˢ 70 plis 4, 14 ou 243 pli 30 – Guide Vert Jura.
Plan dans le guide Rouge Michelin France.

Des siècles durant, Lons fut « le Saunier » par son activité liée à l'exploitation de salines tirant parti, comme **Salins** (52 km au Nord-Est), des couches salifères de l'ère secondaire dégagées par l'érosion ; en témoignent le puits salé et les eaux thermales dont sont justiciables les troubles du développement.

Le plus célèbre enfant de Lons est **Claude Rouget de Lisle** (1760-1836), compositeur et peut-être parolier de La Marseillaise. Sa statue se dresse à l'Ouest de la promenade de la Chevalerie et l'horloge du théâtre égrène deux mesures de son chef-d'œuvre avant de frapper les heures. Capitaine dans le génie, il est plus artiste que militaire. Son Chant de guerre de l'armée du Rhin, l'une de ses nombreuses compositions, doit son titre définitif aux fédérés de Marseille qui le chantèrent à Paris lors de l'insurrection d'août 1792, il devint chant national en juillet 1795, fut interdit sous la Restauration et fut proclamé hymne national le 14 février 1879.

★ **Rue du Commerce** – L'incendie ravagea Lons-le-Saunier du 25 juin au 4 juillet 1636, lors de l'attaque de la ville par Condé sur la directive de Richelieu. Sept ans plus tard, une trêve accordée par Mazarin permet aux habitants de se réinstaller. La rue du Commerce est réédifiée dans la seconde moitié du 17e s., selon un programme réglementé. Cette rue, tracée en légère courbe, est célèbre par son pittoresque, par la variété de ses commerces et par la présentation des boutiques.

De ce qui aurait pu engendrer la monotonie, les Comtois, par leur indépendance d'esprit et leur goût du beau, ont fait une réussite d'urbanisme. Observer les grands toits éclairés de quelques mansardes et percés de hautes cheminées, les 146 arcades de pierre, dont bon nombre remontent à l'époque romane, ouvrant sur la rue ou portant des avant-soliers (analogues aux couverts du Midi) de toutes dimensions et de toutes formes, les trappes donnant accès aux caves, quelques têtes sculptées, des balcons et des appuis de fenêtres en fer forgé.

Au n° 24 se trouve la maison natale de Rouget de Lisle.

## ENVIRONS

★★★ **Cirque de Baume** – *19 km à l'Est.* Parmi les « reculées » qui impriment au rebord Ouest du Jura ses formes de relief les plus caractéristiques, le cirque de Baume est l'une des plus spectaculaires. Ici, le travail des eaux, particulièrement actif, a affouillé le sous-sol de la dalle calcaire jusqu'à provoquer l'effondrement de la voûte.

Le belvédère des Roches de Baume *(à proximité du D 471)* révèle des vues saisissantes sur cet amphithéâtre de bout du monde, sur les assises rocheuses qui le cernent, épaisses de 200 m, et qui marquent le contact spectaculaire entre les hautes tables calcaires du Jura et la plaine de la Bresse.

# Source de la LOUE★★★

Cartes Michelin nos 70 pli 6 ou 243 Sud du pli 20 – Guide Vert Jura.

Au pied d'une reculée entaillant le plateau jurassien, la source de la Loue compose l'un des plus beaux et des plus originaux sites du Jura par le spectacle des eaux vives, par les falaises qui étreignent la vallée naissante et par l'abondance de la végétation.

La rivière apparaît toute formée au pied d'une falaise d'une centaine de mètres de hauteur dans une vaste grotte à l'entrée de laquelle son débit et son importance apparaissent au mieux.

En fait cette source est une résurgence des eaux du Drugeon et surtout du Doubs infiltrées dans la région de Pontarlier en raison de la porosité et de la fissuration du calcaire. Grossies des eaux pluviales, elles se sont organisées en un réseau hydrographique souterrain qui réapparaît, ici, à l'air libre.

La Loue rejoint le cours du Doubs en aval de Dole.

# LOURDES★★★

16 300 habitants
Cartes Michelin nos 85 Nord du pli 18 ou 234 plis 39, 40.
Guide Vert Pyrénées Aquitaine.
Plan dans le guide Rouge Michelin France.

Petite ville-marché, au contact des zones de plaine et de montagne de la Bigorre, Lourdes est devenue au 19e s. une capitale religieuse.

**Le site géographique** – Du sommet du **Béout** *(téléphérique puis 3/4 h à pied AR)*, où de gros blocs erratiques donnent une idée de la puissance des grands glaciers de l'ère quaternaire, le site de Lourdes, qu'ils ont modelé, apparaît avec une simplicité presque schématique. La **vue**★ se développe au débouché des vallées du Lavedan sur les terrasses morainiques, entre lesquelles serpente le gave, sur le rocher (ancien verrou glaciaire) où se dresse le château et sur la grande moraine terminale qui contraint le gave à un coude brusque vers l'Ouest.

**La cité religieuse** – Le 11 février 1858, **Bernadette Soubirous** (1844-1879) connut à la grotte de Massabielle la première des 18 apparitions dont elle fut favorisée. Lourdes devenait une cité mariale de renommée universelle et bientôt le domaine de la grotte attirait les pèlerins venus des cinq continents, réservant, depuis 1874, une place privilégiée aux malades : premier pèlerinage du monde, Lourdes en a reçu près de 70 000 sur plus de 5 500 000 visiteurs recensés en 1993.

1858 : Premières apparitions.

1862 : Bernadette novice au couvent de St-Gildard (sœurs de la Charité) à Nevers.

1866 : Début de la construction du premier sanctuaire.

1871 : Construction de la basilique supérieure.

1889 : Basilique du Rosaire (style romano-byzantin).

1925 : Béatification de Bernadette (canonisée en 1933).

1958 : Basilique souterraine St-Pie-X.

1988 : Espace Ste-Bernadette.

**Le domaine de la Grotte** – *Tenue correcte requise.* C'est là que, durant les mois d'été, se déroulent les grands pèlerinages (diocésains, national, internationaux). Le climat spirituel s'y manifeste par l'ampleur des cérémonies et le recueillement des processions.

**Esplanade :** longue de 500 m, processions journalières.

**Basilique du Rosaire :** style néo-byzantin. Les deux rampes courbes d'accès ont popularisé la physionomie du monument.

**Crypte :** recueillement et silence.

**Basilique supérieure :** dédiée à l'Immaculée Conception ; vaste nef de cinq travées.

**Basilique souterraine St-Pie-X :** 12 000 m² ; ellipse de 201 × 81 m.

**Grotte miraculeuse :** le site des apparitions ; d'émouvantes manifestations de foi, indifférentes au respect humain, se manifestent sur ce terre-plein.

**Fontaines :** eau de Lourdes recueillie par les pèlerins.

**Piscines :** immersion des malades.

**Chemin du Calvaire :** domine les basiliques et le gave.

⊙ ►► Château fort★ *(musée★ du Folklore pyrénéen)* – musée Grévin de Lourdes★.

## ENVIRONS

★★★ **Pic du Pibeste.**

# LUNÉVILLE★

20 711 habitants
Cartes Michelin nᵒˢ 62 pli 6 ou 242 pli 22 – Guide Vert Alsace et Lorraine.
Plan dans le guide Rouge Michelin France.

Comme l'essor intellectuel et artistique de la Lorraine, les transformations de Lunéville s'amorcent dès le 17ᵉ s. à l'initiative des ducs. En 1620, **Georges de La Tour** (1593-1652), né à Vic-sur-Seille *(26 km au Nord)*, reçoit la charge de peintre officiel de la ville ; il devient – en opposition avec son caractère impitoyable – le maître de la sérénité et du mysticisme mesuré, mis en valeur par son art des éclairages nocturnes. Au siècle suivant, le duc Léopold – qui cependant a un faible pour Nancy et l'hôtel de Beauvau-Craon proche de son palais ducal – tient quelques années sa cour à Lunéville où se plaît la duchesse Charlotte. L'architecte Boffand dessine les larges rues de la ville, le grand parc et le **château★** ⊙ (1719). En s'inspirant de Versailles, il proclame la dignité de la maison de Lorraine par un haut portique à colonnades et une profusion de statues et de trophées ; il dissimule l'importance des toits par la haute balustrade qui règne à leur base.

Plus tard, Stanislas, qui y réside à plusieurs reprises, fait reprendre la décoration du château de Léopold.

Par la paix de Lunéville, signée le 9 février 1801, la maison des Habsbourg confirme le traité de Campoformio en reconnaissant à la France toute la rive gauche du Rhin : c'est-à-dire les conquêtes de la Révolution. Elle accomplit aussi une démarche encore imprévisible vers la formation de l'unité allemande en consentant à une réduction considérable du nombre des principautés et des États germaniques.

Après 1871, la ville a bénéficié du repli d'industries qui s'étaient installées en Alsace (De Dietrich).

⊙ ►► Parc des Bosquets★ – Boiseries★ de l'église St-Jacques.

# LYON★★★

Agglomération 1 262 223 habitants
Carte Michelin nᵒ 246 plis B, C, F, G et plan nᵒ 30 (en une feuille)
ou nᵒ 31 (en feuille avec répertoire).
Guide Vert Vallée du Rhône.
Plan dans le guide Rouge Michelin France.

Vingt siècles d'histoire, une situation exceptionnelle à la rencontre des grands couloirs de circulation de la Saône et du Rhône, une population dynamique ont fait de Lyon la deuxième agglomération de France. Le commerce et l'industrie nés d'un esprit d'initiative très répandu marquent une activité où prédominent l'imprimerie, la mécanique et la chimie. La richesse historique de la ville se manifeste par son rayonnement aux époques gallo-romaine, Renaissance et contemporaine.

## LA COLLINE DE FOURVIÈRE 31 J 8, J 9

Village celte puis gaulois, camp de base de Jules César, Lyon devint sous Auguste la métropole des Trois Gaules impériales (Lyonnaise, Aquitaine, Belgique) par opposition à la Gaule Narbonnaise, sénatoriale et plus ancienne. Agrippa, qui y commanda, en fit l'origine du réseau de voies romaines qu'il décida de construire dans un dessein politique : à celle venant d'Arles s'ajoutèrent ainsi celles de Saintes, d'Orléans et Rouen, de Genève et Aoste et celle de Chalon avec ses prolongements vers Amiens, Trèves et Bâle.

Dès le 1er s., l'industrie de la poterie s'y développa qui déménagea pour la Graufesenque *(p. 160)*. Près de l'amphithéâtre des Trois-Gaules (colline de la Croix-Rousse) s'élevaient alors le temple de Rome et d'Auguste et le sanctuaire fédéral où, annuellement, sous la surveillance romaine, se tenait la bruyante assemblée des chefs des 60 nations gauloises.

Le christianisme qui avait gagné Vienne puis Lyon au milieu du 2e s. y connut en 177, à l'occasion d'une émeute lors de ces fêtes, ses 50 premiers martyrs dont saint Pothin âgé de 90 ans et sainte Blandine. Vingt ans plus tard, saint Irénée, devenu alors chef de l'Église de Lyon, connut le même sort. Selon Grégoire de Tours, l'Évangile, réintroduit à Lyon vers 250 par des missionnaires romains, s'y développa, comme dans la plupart des villes, sous Constantin.

**Fourvière** (ET) – La colline doit son nom au vieux forum (Forum vetus) qui subsistait encore au 9e s., sous Louis Ier. Il occupait l'emplacement de la chapelle de pèlerinage (Vierge noire) attenante à la basilique (1870) sur son flanc droit. La ville romaine comptait de nombreux bâtiments publics : le palais impérial (capitole) donnant sur le forum, un théâtre et un odéon (reconstitués) sur le versant de la colline, des thermes proches, un cirque, des temples et un amphithéâtre sur la rive gauche de la Saône.

La terrasse, à gauche de la basilique, forme belvédère sur le site★★★ de Lyon au confluent de la Saône et du Rhône et sur l'agglomération qui s'étend largement sur les hauteurs environnantes et la plaine dauphinoise.

★★ **Musée de la Civilisation gallo-romaine** ⊘ (**ET M³**) – J 8. La pièce majeure en est peut-être la **table Claudienne★★★**, table de bronze gravée, découverte en 1528. On y lit le discours prononcé au Sénat, à Rome, en 48 par l'empereur Claude. Une notice permet de mesurer la différence entre la lourdeur du discours politique et l'adroite transcription qu'en laissa Tacite pour la postérité, avec son talent d'écrivain.

LYON GALLO-ROMAIN
0 — 600 m

Amphithéâtre des Trois-Gaules
CONDATE — Table Claudienne
Pl. des Terreaux
ARAR SAÔNE
Forum vetus Capitole
Thermes
Temple
St-Jean
Théâtre
Odéon
RHODANUS
Pl. Bellecour
Cirque
ILE DES CANABAE
LUGDUNUM
SAÔNE
RHÔNE
RHODANUS

★★ **LE VIEUX LYON** 31 H 9, J 9, K 9

Sur 1 km, en bordure de la Saône, le Vieux Lyon compose un exceptionnel ensemble urbain gothique et Renaissance.

★ **Primatiale St-Jean** (ET) ⊘ – J 9. L'église actuelle, entreprise en 1192, succède à plusieurs sanctuaires dont un baptistère paléochrétien (vestiges, côté Nord). Elle fut agrandie sous Philippe Auguste et Saint Louis en partant d'un chevet roman. Les 280 médaillons qui décorent les piédroits de sa façade, commencés en 1310, s'apparentent par leur richesse et leur variété à ceux de la cathédrale de Rouen (portails des Libraires et la Calende) et à ceux de la chapelle du palais des Papes d'Avignon. Mais ils déconcertent par la disposition apparemment désordonnée des sujets où le sacré, le profane et le grotesque se mêlent.

A l'intérieur, l'abside s'éclaire, à la fenêtre axiale, d'un vitrail du début du 13e s. (remarquable médaillon de la Rédemption) ; elle est très rhodanienne par ses pilastres cannelés portant une arcature aveugle et sa frise de palmettes. L'horloge astronomique (14e s.) a conservé ses anches et ses pignons en fer forgé.

★★ **Quartier St-Jean** (ET) – J 9. Lyon, qui fut rattachée au domaine royal au début du 14e s., était au Moyen Age une ville frontière face au Dauphiné, à la Savoie et à l'Empire. Charles VII en fit un entrepôt européen en y fondant, en 1419, deux foires annuelles. Louis XI y introduisit le moulinage de la soie grège importée du Levant et d'Italie faute de sériciculture française ; mais les réticences actives des consuls firent émigrer l'unique atelier à Tours. En doublant le nombre des foires, 44 ans plus tard, il y instaura un commerce lointain, très en avance sur son époque et générateur d'avenir : auberges et hôtelleries de qualité, création de chambres de compensation, évitant le transport des espèces, respectées pour la probité de la bourgeoisie naissante et embryon de la banque lyonnaise au 16e s.

Le développement des échanges au 16e s., donc celui des négociants, des banquiers et des hauts fonctionnaires, valut à Lyon une période faste. Dans cette ville bouillonnante d'idées s'édifièrent des demeures gothiques aux élégantes façades flamboyantes encore percées de fenêtres dissymétriques ; d'étroits couloirs y menaient à des cours intérieures à tourelles (rue St-Jean, nos 11 et 58). Les maisons Renaissance, les plus nombreuses, s'ornent de motifs venus de l'Italie (tourelles polygonales, galeries superposées, arcs en anse de panier, bustes, enseignes d'angle comme le bœuf (fin 16e s.) de la rue du Bœuf, sculpté par Jean de Bologne (hôtel Paterin, 4, rue de la Juiverie).

Dans l'**hôtel Gadagne**★ ⊘ (**ET M¹**) sont installés le **Musée historique**★ ⊘ et le **musée de la Marionnette**★ ⊘ créée par Laurent Mourguet (1769-1844) dont le Guignol incarne l'esprit populaire lyonnais.

Avec la Renaissance française apparaissent les ordres (colonnes superposées) : hôtel Bullioud (8, rue de la Juiverie) et sa galerie sur trompes.

Alors Lyon rayonnait aussi d'un humanisme actif. La typographie, inventée en Corée en 1403, puis à Mayence en 1447, arrive en 1485 sur les bords de la Saône. L'art des copistes et des enlumineurs est bouleversé

Guignol et ses compères dans le Castelet.

par ce système de graphisme constructif. La diffusion des livres secoue l'Europe par l'élargissement de la connaissance (littérature, découvertes, techniques, récits) ; la Réforme, née de la lecture facilitée de la Bible, apparaît 50 ans après la presse à imprimer.

Alors, Louise Labé, la Belle Cordière, règne sur le monde des arts et des lettres, illustré par Maurice Scève, poète de l'école lyonnaise.

En 1548, la ville compte près de 400 imprimeurs comme Sébastien Gryphe, Guillaume Rouillé et Étienne Dolet, l'éditeur de Marot et de Rabelais *(Voir à Chinon)*, médecin à l'hôpital de Pont-du-Rhône durant trois ans, correspondant avec Érasme et Du Bellay, qui publie, à l'occasion des foires, son *Pantagruel* en 1532 et son *Gargantua* en 1534.

Le Florentin Angelo Benedetto y fabrique de la porcelaine blanche et plusieurs autres dont Julio Gambiu qui émigra à Nevers vers 1565.

★★ **Musée de l'Imprimerie et de la Banque** ⊘ (**FT M⁵**) – H 10, J 10. Il éclaire le tout début de l'imprimerie à Lyon (et l'évolution de ses techniques), des premières gravures sur bois à la découverte de la typographie et à la photocomposition ; l'art de la mise en pages ; l'essor des banques (Guérin, Crédit Lyonnais) après 1863, ainsi que les créations qu'elles ont permises (soieries, échanges, chemin de fer PLM en 1863).

## LA PRESQU'ÎLE 31 H 10, J 10, K 9, K 10, L 9

La Presqu'île est formée par les alluvions du Rhône qui ont repoussé le confluent vers le Sud, de 4 km depuis l'époque romaine. Elle fut d'abord un terrain occupé par des baraquements militaires. La proximité des deux fleuves en fit un entrepôt puis le centre vital de l'agglomération. Elle a servi de cadre au développement de la ville classique et moderne amorcé sous Henri IV et Louis XIII, poursuivi aux 18e et 19e s., et dépassé, depuis, par les quartiers modernes de la proche et de la grande banlieue. Son animation et son attrait se matérialisent par les beaux immeubles (19e s.) et les boutiques élégantes de la rue de la République, par les ombrages et les fontaines de la place de la République (**FT**).

**L'ère des novateurs** – Cette époque fut, pour Lyon, axée sur les sciences et les techniques. Parmi les hommes qui s'y sont illustrés, il faut citer en particulier :

Les **frères Jussieu** (Antoine, Bernard et Joseph), botanistes au 18e s.

**Claude Bourgelat**, passionné d'hippisme et créateur de la première école vétérinaire d'Europe.

**Jouffroy d'Albans** qui, en 1783, fit remonter la Saône à son pyroscaphe, le premier bateau à vapeur à aubes.

**Marie-Joseph Jacquard** qui, perfectionnant un métier de Vaucanson, fabriqua en 1804 sa mécanique à tisser.

**André Ampère**, esprit absorbé par la réflexion, mathématicien, inventeur du galvanomètre, de l'électromagnétisme et de l'électrodynamique.

**Barthélemy Thimonnier**, créateur en 1829 de la machine à coudre.

**Jean-Baptiste Guimet** qui parvint, en 1834, à fabriquer de l'outremer (substance colorante) artificiel.

**Émile Guimet** qui fonda à Lyon, en 1879, un musée d'orientalisme.

**Claude Bernard**, physiologiste qui établit, en 1853, la fonction glycogénique du foie.

Les **frères Lumière** (Auguste et Louis), créateurs de la cinématographie.

**Marius Berliet** (1866-1949).

**Louis Lépine**, administrateur qui réglementa la circulation ; institua le concours où exposent les inventeurs et fabricants français.

**Hector Guimard**, architecte créateur de la décoration curviligne et florale du « modern style » : entrée des bouches du métropolitain à Paris.

# LA PRESQU'ÎLE

**H**   Hôtel de Ville
**M¹**  Hôtel de Gadagne
**M³**  Musée de la Civilisation
         gallo-romaine
**M⁴**  Musée des Hospices civils
**M⁵**  Musée de l'Imprimerie et de
         la Banque

**Antoine de St-Exupéry** *(voir à Toulouse).*

**Les frères Voisin,** aviateurs et constructeurs d'automobiles très soucieux de l'aéro-dynamique des formes.

**Place Bellecour (FT)** – K 9, K 10. Le projet en fut lancé dès 1609 par Henri IV ; mais ce n'est que 50 ans plus tard que la ville put disposer des terrains. Elle fut dessinée par Robert de Cotte qui, en jouant avec les dispositions des allées d'arbres sur le côté Sud, parvint à dissimuler l'irrégularité de son plan trapézoïdal et à lui donner une physionomie rectangulaire. Les immeubles qui la bordent, rasés par la Convention (« Lyon n'est plus »), furent refaits au 19e s.

Lyon – Place Bellecour.

**Hôtel-Dieu (FT)** – J 10, K 10. Soufflot, âgé de 27 ans, en donna les plans en 1740 ; il éleva là l'un des plus importants édifices du royaume. Le bâtiment fait date dans l'architecture française par sa longue façade sur le quai de Rhône, par son avant-corps central à colonnes ioniques dressées sur un soubassement à refends et couronné par un dôme de plan et de lanternon carrés. Les linges sculptés aux imposes des fenêtres (premier étage des pavillons) évoquent sa fonction hospitalière. Une balustrade allège la longue façade et dissimule les toits aplatis.

**Place des Terreaux (FS)** – H 10. Elle occupe la zone du confluent antérieurement à l'époque romaine. La place, chère au cœur des vieux Lyonnais, s'orne d'une **fontaine★** de Bartholdi où quatre chevaux frémissants évoquent les fleuves bondissant vers l'océan.
L'hôtel de ville date de Louis XIII ; mais sa façade, refaite par Robert de Cotte après un incendie, est caractéristique du 18e s. par son dôme et son tympan arrondi porté par des atlantes.

★★ **Musée des Beaux-Arts** ⊙ – Installé dans le palais St-Pierre (FS). Parmi un choix d'œuvres représentatives des grandes périodes de l'art pictural français, il faut tout particulièrement retenir *La Folle* par Géricault, la *Femme au perroquet* par Delacroix, un dessin de Daumier (*Après l'audience*) et deux portraits par Puvis de Chavannes : sa femme et *Suzanne Valadon* (sa nièce).

★★★ **Musée historique des Tissus** ⊙ **(FU)** – K 10. Outre quelques tissages d'art très anciens, il présente des soieries lyonnaises surtout créées depuis le 17e s. par des maîtres comme Philippe de Lassalle : lampas et satins brodés Louis XV, broderies, velours ciselés Empire et Restauration. Le musée abrite aussi le Centre international d'études des textiles anciens.
Sur le versant de la Croix-Rousse, les Traboules **(FS)** ouvrent des communications abritées, de rue à rue, pour protéger des intempéries les précieuses pièces de soie. Ces passages ont beaucoup servi durant la Révolution et la Résistance.

### La soie

A partir des années 1740, Lyon fournit la France et l'Europe en soieries : brocarts, velours, gros de Tours, damas, lampas, chinés à la branche, flammés ; ses soies peintes de grands motifs décoratifs sont partout admirées. En 1744, une grève très dure et très longue avait manifesté la révolte des canuts, en raison de la cherté de la vie ; en 1875, le mouvement se renouvelle ; réduits à la misère par le changement des modes de vie, les ouvriers soyeux accusent l'introduction des métiers mécaniques.

## ENVIRONS

**★★ Musée Henri-Malartre** ⊙ – *A Rochetaillée, 10 km au Nord du pont Clemenceau.*
Il présente, dans un château et ses dépendances, une collection rassemblée pour
la plus grande part par Henri Malartre. La vocation de collectionneur de ce ferrailleur
perspicace s'éveilla en 1931, lorsque dans un lot de vieux métaux il découvrit une
Rochet-Schneider de 1898 dont le moteur fonctionnait encore.
Les premiers engins automobiles construits en France furent, en 1769 (20 ans avant
la Révolution), le fardier de Cugnot *(p. 199)* ; en 1862, le cycle à 4 temps de Beau
de Rochas ; en 1873, l'Obéissante d'Amédée Bollée ; en 1878, la Jacquot à
vapeur.
Parmi les quelque 150 constructeurs (Rochet, Audibert et Lavirotte, Vermorel...)
que comptait la région au début du siècle, il faut mettre à part **Marius Berliet**. Il créa
son premier chariot profilé en 1896 puis assit sa réputation sur la robustesse de
ses châssis, sur ses moteurs monoblocs (1913), sur la fiabilité de ses camions CBA
(ceux de la Voie Sacrée – *p. 73*). Il lança le diesel en 1931, puis les gros porteurs
de 15 et 20 t en 1932.
Le musée permet de jalonner quelques progrès techniques de l'automobile réalisés
en France, en particulier :

**Scotte** (1892) : omnibus à vapeur (chaudière tubulaire) ;

**Rochet-Schneider** (1895) : vis-à-vis ;

**Noël-Benet** (1900) : phaéton 2 places, première traction avant à cardans, équipé de
pneus 810 × 90 Michelin ;

**Mildé** (1900) à 2 moteurs électriques (un sur chaque roue arrière) et train avant
mobile ;

**Corre** (1904) : tonneau équipé de roues élastiques de Beaujeu, fabricant installé à
Viscomtat *(62 km à l'Est de Clermont)* et concurrent des boudins d'air des frères
Michelin ;

**Berliet** (1908) : double phaéton 4 cylindres ;

**Citroën** (1922) : une 5 CV, une torpédo à soupapes latérales ; « Tout acier » ;

**Lorrain-Dietrich** (1925) : voiture à double allumage qui gagna au Mans ;

**Voisin** : carène (1932) à double carburateur double corps ; à carrosserie
d'aluminium ;

**Renault** (1933) : Vivastella, limousine de 16 CV ayant appartenu aux frères
Lumière ;

**Citroën** (1938) : TPV (Toute Petite Voiture) étudiée quai de Javel en 1936. Cet ancêtre
de la 2 CV, maquillé en camionnette durant l'Occupation, est doté d'un capot allongé
pour abriter un moteur de 7 CV.

⊙ ►► Musée lyonnais des Arts décoratifs★★ **FU** – Musée Guimet★★ *(arts
orientaux, histoire naturelle)* – Musée des Hospices civils **FT M⁴** (apothicai-
rerie★) – Basilique St-Martin-d'Ainay **EU** (chapiteaux★) – Église St-Nizier
**FT** *(Vierge à l'Enfant★)* – Église St-Paul (tour-lanterne★) – Montée de
Garillan★ **ET** – Parc de la Tête d'Or★ – Place Rouville **ES** (vue★).

## Le **MAINE-GIRAUD**

Cartes Michelin n⁰ˢ 72 pli 13 ou 233 pli 29 – 4 km au Nord de Blanzac.
Guide Vert Poitou Vendée Charentes.

Le modeste manoir du **Maine-Giraud** ⊙ est depuis le 17ᵉ s. une exploitation rurale où
s'élabore une célèbre eau-de-vie des Fins Bois.
En 1838, **Alfred de Vigny** (1797-1863), âgé de 41 ans, déçu par la vie de caserne
et des rêves avortés de gloire, vient se claquemurer dans cette terre familiale.
Poète à part de l'école romantique, aristocrate sans fortune, « élu de la souffrance »
par un mariage décevant et par une liaison sans panache avec Marie Dorval, actrice
de second plan dont il fit la gloire à l'occasion de *Chatterton* (1835), il rédigea là
quelques chefs-d'œuvre de son recueil posthume : *Les Destinées* (1864), *La Mort
du loup*, exemple du devoir stoïquement accompli, et *La Maison du berger*, type de la
retraite solitaire.
Vigny, plus créateur d'idées qu'artiste, « Cornélien mélancolique », hausse le
romantisme à la virilité et à une certaine noblesse de poésie impersonnelle où
l'usage continu de symboles sert l'expression transparente des idées : *Moïse*, le
génie incompris ; *Éloa*, la pitié indulgente ; *La Bouteille à la mer*, la science
impérissable... Mais dans son maine (mas, manoir), Vigny, tout autant que poète, est
un vigneron charentais : soucieux de spéculations et d'actions commerciales profita-
bles ; préoccupé d'obtenir « le cognac le plus pur », il fait perfectionner sa distillerie
en 1848.

*Chaque année,*
*le **guide Rouge Michelin France***
*indique les adresses et les numéros de téléphone*
*des réparateurs, concessionnaires, spécialistes du pneu*
*et garagistes assurant, la nuit, les réparations courantes...*
*Tout compte fait, le guide de l'année, c'est une économie.*

# Le MANS★★

Agglomération 189 107 habitants
Cartes Michelin n° 60 pli 13 et 64 pli 3 ou 232 pli 10.
Guide Vert Châteaux de la Loire.
Plan dans le guide Rouge Michelin France.

En rattachant le comté du Maine à ses domaines, en 1063, Guillaume le Conquérant faisait participer, pour deux siècles, les belles campagnes mancelles à la richesse de l'État normand.

A l'emplacement d'un ancien oppidum celte, le **Vieux Mans★★** domine la plaine, fermé dans son enceinte gallo-romaine (4e s.), l'une des rares encore debout dans l'Ouest de la France (**maison de la Reine Bérengère★** et maison du Pilier Rouge).

★★ **Cathédrale St-Julien** ⊙ – Le passage de la nef au chœur manifeste – même pour le touriste le moins averti de l'archéologie – le changement intervenu dans l'art de bâtir en 160 ans.

**Nef romane** – 1060-1120. Derrière la façade Ouest très archaïque, s'étend la nef romane, renforcée et voûtée de pierre en 1158 ; une série d'arcatures y rompt le nu des murs. Le vitrail de l'Ascension *(2e du bas-côté droit),* daté de 1140, est d'un coloris remarquable. A l'extérieur, le porche Sud présente une belle arcature en dents d'engrenage et, au **portail★★**, des statues-colonnes hiératiques. Les arcs-boutants furent ajoutés en 1419.

**Chœur et transept gothiques** – 1217-1448. Le regard admiratif embrasse cet ensemble architectural que quelques points en particulier permettent d'examiner.

Le chœur proprement dit, achevé en 1254, ne comporte pas de triforium ; son élévation très simple, à deux étages, est d'une superbe envolée ; à la base des fenêtres hautes règne une galerie de circulation à la normande. Il est entouré d'un double déambulatoire dont la galerie intérieure, à triforium, s'élève à 22 m sous clefs ; la galerie extérieure, d'une géométrie élégante, introduit entre chacune de ses travées une voûte triangulaire qui rattrape l'allongement de l'arc de cercle et le pilier rond qui en marque le sommet est placé au droit de la division en Y des arcs-boutants extérieurs.

Cet ensemble est éclairé par de belles **verrières★★** du 13e s. disposées sur trois étages : chapelles ouvrant sur le déambulatoire extérieur, fenêtres du déambulatoire intérieur, fenêtres hautes du chœur.

Au croisillon Sud du transept (1385-1392), observer le raccordement entre le chœur gothique et l'ancien transept roman.

Le croisillon gauche fut élevé de 1425 à 1448 dans un style identique. Dans la chapelle des fonts : deux remarquables **tombeaux★★** Renaissance ; celui de gauche fut élevé pour Charles V d'Anjou, frère du roi René *(p. 53),* et témoigne de la mode italienne et du goût pour l'Antiquité ; le second, à la mémoire de Guillaume Du Bellay, cousin du poète, le représente accoudé sur un sarcophage qu'orne une ravissante frise de divinités nautiques.

A l'extérieur, le **chevet★★★** est d'une ampleur et d'une hardiesse spectaculaires. Il faut le voir de la base de l'escalier donnant sur la place des Jacobins. Son architecte y déploie une science consommée de la distribution des poussées. De bas en haut s'étagent les chapelles rayonnantes avec leurs contreforts et leurs balustrades ; entre elles les murs de refend reçoivent les culées des grands arcs-boutants à double volée et double batterie qui enjambent les déambulatoires au-dessus desquels ils décrivent leur célèbre division en Y ; lestés de pinacles ils contrebutent, à sa base, la haute voûte du chœur.

Le Mans - Le chevet de la cathédrale.

★★ **Musée de l'automobile de la Sarthe** ⊘ – *Dans l'enceinte du circuit – 5 km au Sud.*
Dès le milieu du 19ᵉ s., Le Mans devint une ville industrielle. En 1873, **Amédée Bollée**
père (1844-1917), fondeur de cloches, y achève (104 ans après le fardier de Cugnot)
sa première automobile, l'Obéissante, un break de 12 places (musée des Techniques
à Paris), puis il construit la Mancelle (musée de Compiègne), secondé et suivi par
ses fils Amédée et Léon.

Le 26 juin 1906, sur le circuit de la Sarthe long de 103,180 km, Szisz, sur Renault,
remporte le premier Grand Prix grâce aux jantes amovibles Michelin. En 1923,
naquirent les « 24 Heures du Mans » organisées par l'Automobile club de l'Ouest.

Le musée, aménagé comme un sanctuaire au cœur des terrains de l'épreuve des
« 24 Heures », permet de jalonner les progrès de cette industrie réalisés en France,
en particulier :

**De Dion-Bouton** (1885) à vapeur, à 2 machines indépendantes ;

**Henry Vallée** (1897) à châssis tubulaire et triangulation de suspension ;

**Krieger** électrique (1908), traction avant à 2 moteurs ;

**Zèbre** (1909), prototype de voitures pour professions libérales ;

**Saïga** (1912), nouvelle par son aérodynamique et son habitacle ;

**De Dion** (1912), équipée d'un moteur V8 ;

**Citroën Type A** (1919), première construction de grande série en Europe ;

**Sara** (1926) à refroidissement par air ;

**Voisin aérodyne** (1935) à 6 cylindres sans soupapes ;

**CGE Tudor** électrique (1940) ;

**Grégoire Socema** (1952) à turbine à gaz ;

**Citroën DS** : le carénage reprofilé (1962), améliorant l'aérodynamique de la voiture,
est souligné par une présentation en « fusée » ;

**Citroën M35** (1970), prototype du moteur birotor.

Dans le domaine de la course :

**DB Panhard** (1960) : première au Mans à l'indice de performance ;

**Porsche 904 GTS** (1964) transformée en voiture laboratoire par Michelin (suspension
à variation de garde au sol, dispositions mécaniques permettant de faire varier la
chasse et le carrossage des roues) ;

**Matra-Simca** (1974) : technologie de pointe, alliages au titane ;

**Renault** (1978) : exploitation sportive du turbo en essai d'endurance au Mans ;

**Rondeau** (1983) : vitesse de pointe de 335 km/h. A participé aux « 24 Heures » en
1983 ;

**Peugeot** (1989) : WM P 88 ;

**Cougar** (1990) : Moteur Porsche.

⊘ ► ► Musée de Tessé★ *(peintures)* – Église de la Couture★ – Église Ste-Jeanne-
d'Arc★ – Abbaye N.-D.-de-l'Épau★ *(4 km à l'Est).*

# MARAIS POITEVIN★

Cartes Michelin nᵒˢ 71 plis 1, 2, 11, 12 ou 233 plis 3, 4, 5.
Guide Vert Poitou Vendée Charentes.

Le marais est l'ancien golfe marin du Poitou, fossé d'effondrement bordé par la
falaise « morte » du rivage tel qu'il se présentait au début des temps historiques
et piqueté d'imperceptibles hauteurs, anciennes îles ① de roches dures, où se
sont installés les villages. Le marais repose sur un lit de vases marines durcies, le « bri »,
et doit être équipé de digues et de vannes assurant alternativement l'écoulement de
ses eaux ou sa protection contre les crues des rivières et les hautes marées. Cette terre
sans assises oblige la voie ferrée, entre Luçon et La Rochelle, à effectuer un long détour
et à prendre appui sur
l'ancien rivage et sur
les « îles ».

On distingue à tra-
vers ses 80 000 ha,
près de l'océan un
marais desséché ;
sur ses vases mol-
les les éleveurs de
moules font glisser
leurs embarcations
« plates ». Vers l'in-
térieur, un marais
mouillé, « la Venise
verte » (nom donné
en raison des lentil-
les d'eau), s'étend
sur 15 000 ha ; ses
vases ont été fixées
par la végétation
et fertilisées par
l'humus.

Depuis le creusement des canaux et le compartimentage en îles par les abbayes, dès le 13e s., et leur régénération par Henri IV après les guerres de Religion, les principales ressources du marais sont les bovins, les ovins, les peupliers et la pêche. A l'embouchure de la Sèvre niortaise, la zone basse du marais poitevin constitue l'**anse de l'Aiguillon**, au fond du Pertuis breton et protégée de la houle de l'océan par la flèche littorale ② de la **pointe d'Arçay** qui se termine par des languettes de sable déposé par le courant côtier et par le digue de l'Aiguillon créée par des ingénieurs hollandais.

L'anse de l'Aiguillon présente actuellement une physionomie de marais. Les digues du Limousin, de 1771, du Maroc... ont accéléré son colmatage naturel et ont déplacé vers le Sud et vers l'Ouest la baie originelle. Elle s'est formée sous l'action des courants côtiers ③, amplifiée par celle des marées qui font glisser le long du rivage les débris de roches arrachés par les vagues ou apportés par la Sèvre. Leur accumulation régularise le tracé du littoral et donne naissance à des polders, à des parcs à huîtres, à des bouchots à moules. La baie, plus pittoresque à marée haute, est plus belle à marée basse ; ces phénomènes acquérant alors une représentation plus visuelle.

# MARSEILLE★★★

Agglomération 1 087 370 habitants
Cartes Michelin nos 84 pli 13 ou 245 pli 44 ou 246 plis K, L, M – Guide Vert Provence.
Plan dans le guide Rouge Michelin France.

Les terrasses de N.-D.-de-la-Garde – basilique de pèlerinage élevée dans un style romano-byzantin au 19e s. par Espérandieu – constituent, à 162 m d'altitude, le meilleur belvédère sur Marseille. Le **panorama★★★** s'y déploie sur l'arrière-pays montagneux au pied duquel s'étend, immense, l'agglomération, le quartier du Vieux-Port, les îles surveillant la baie et les bassins du grand port méditerranéen qui, au 19e s., contribua à l'expansion française et européenne en Orient et en Afrique. La ville doit tout à la mer. Elle est née d'un comptoir fondé en 600 avant J.-C. par les Phocéens, marchands et navigateurs d'Asie mineure. A leur tour ses habitants établirent des relais sur leurs lignes maritimes et à l'intérieur : Nice, Antibes, les îles de Lérins, Agde, Glanum (St-Rémy), Arles. Aux 3e et 2e avant J.-C., la ville couvre 50 ha au Nord du Vieux-Port. Trois temples grecs s'élèvent au sommet des buttes où elle s'est installée puis étendue. Ville de culture et centre actif de profits, elle excite la convoitise des Celto-Ligures d'Entremont. En 123, elle sollicite contre eux l'alliance de Rome. Le Sénat saisit l'occasion pour rendre plus sûres ses voies de communication avec ses colonies en Espagne et plante ainsi le premier jalon de la pénétration romaine en Gaule.

70 ans plus tard, alors qu'une guerre civile oppose César et Pompée, Marseille, dans l'obligation de prendre parti, fait le mauvais choix. César victorieux l'assiège et la réduit en 49 avant J.-C. Arles, Narbonne et Fréjus s'enrichissent de ses dépouilles ; son déclin se dessine.

★ **Basilique St-Victor** (DU) – Face à la ville gréco-romaine s'est formé le quartier né du rassemblement des chrétiens. Saint Victor y aurait été martyrisé au tout début du 4e s. et, vers 420, on y aurait construit, pour son culte, une abbaye fortifiée. La basilique, reconstruite en 1040 puis remaniée (crypte et nef) au début de la période gothique, conserve, dans sa **crypte★★** ⊘, des sarcophages du 4e s. où les

La passe du Vieux-Port.

# MARSEILLE

| E | Belvédère St-Laurent | M³ | Musée des Docks romains | N | Ancienne cathédrale de la Major |
| H | Hôtel de ville | M⁴ | Musée de la Marine et de l'Économie de Marseille | R | Centre de la Vieille Charité |
| K | Jardin des Vestiges | M⁵ | Musée Cantini | S | Hôtel de Cabre |
| M¹ | Musée d'Histoire de Marseille | M⁷ | Musée Grobet-Labadié | V | Porte d'Aix |
| M² | Musée du Vieux Marseille | M⁸ | Musée de la Mode | W | Docks de la Joliette |

archéologues reconnaissent la tendance à l'individualisme différenciant l'art chrétien de l'art antique : celui du Concile des apôtres et celui des Compagnons de St-Maurice sont célèbres.

★★ **Le Vieux-Port et ses abords** – Sur la berge Sud, le buste de Vincent Scotto (1876-1952), compositeur de mélodies très populaires, contemple le spectacle animé du Vieux-Port.

A l'Est, débouche la Canebière, artère animée de grande métropole, dont les marins marseillais ont répandu le nom dans les cinq continents.

Après sa prise par César, Marseille est néanmoins restée une ville libre. L'activité portuaire s'y poursuivit, avec des hauts et des bas, dans la « corne », bassin du port antique d'origine situé au Nord-Est du Vieux-Port actuel ; ce dernier servant alors de plus en plus d'avant-port. Mais la réduction de la vie urbaine compromet désormais l'entretien des entrepôts (**musée des Docks romains★** ⊘ – **M³**) et du bassin d'origine peu à peu envahi par la vase jusqu'à l'être tout à fait au 11ᵉ s.

Avec les Croisades et la concurrence que se livrent en Méditerranée Pise et Gênes, l'activité renaît au 12ᵉ s. Elle se développe lors de la réunion de la Provence à la France en 1481 et plus encore – au détriment d'Arles - lorsque Louis XIII y fit construire les quais.

Le Jardin des Vestiges (**K**), site archéologique relevant du musée d'Histoire de Marseille, est une remarquable mise en valeur de ce passé antique ; la « corne » du bassin primitif y est saisissante de même qu'à l'intérieur le bateau du 3ᵉ s. envasé et récemment exhumé.

★★ **Centre de la Vieille-Charité** (**DS R**) ⊘ – 1671. Hospice de détention et de travail pour les miséreux ; remarquablement restauré. La **chapelle★** est un chef-d'œuvre de Pierre Puget : un petit déambulatoire et des escaliers encastrés permettent la desserte des chapelles et des tribunes selon les catégories des pensionnaires ; la coupole centrale, ovale, montée sur tambour, s'appuie sur des colonnes et des pilastres ioniques.

De la galerie du deuxième étage de l'hospice : très curieuses perspectives de guingois sur le dôme oblong de la chapelle, dépourvu de toute décoration superflue.

⊘ ►► Musée du Vieux-Marseille★ **M²** – Ancienne cathédrale de la Major★ **N** – Musée Cantini★ *(art contemporain, collection de faïences)* **M⁵** – Corniche du président J.-F.-Kennedy★★ – Château Borély (musée d'Archéologie méditerranéenne★) – Musée Grobet-Labadié★★ *(arts décoratifs, peinture)* **M⁷** – Palais Longchamp★ (musée : *beaux-arts)* – Port moderne★★ – Château d'If★★.

## Grotte du MAS-D'AZIL★★

Cartes Michelin nᵒˢ 86 pli 4 ou 235 pli 42 – Guide Vert Pyrénées Roussillon.

La **grotte du Mas-d'Azil** ⊘ compose un site doublement intéressant.

Le regard y découvre d'abord une percée hydrologique très simple, longue de 420 m, forcée par l'Arize sous un chaînon du Plantaurel qui d'abord avait barré son cours et dont elle a peu à peu agrandi le tunnel.

**Edouard Piette** (1827-1906) fouille le site. C'est lui qui communiqua sa passion de la préhistoire au jeune séminariste qui devint l'abbé Breuil. Il y découvrit dès 1887 un habitat humain intermédiaire entre l'industrie magdalénienne finissante et la civilisation néolithique à son début. Dans ce site, fut étudiée et définie l'industrie azilienne (– 11000 – 9500) caractérisée par un outillage miniaturisé et des harpons en bois de cerf (les rennes avaient fui vers le Nord lors du réchauffement qui suivit la glaciation de Wurm) et par le façonnage de galets plats, ornés de points souvent assemblés par paires et de traits rouges peints à l'oxyde de fer calciné. Dans ces galets, longtemps énigmatiques, les chercheurs entrevoient des calendriers lunaires ou féminins, et, peut-être, les prémices de la numérotation abstraite. Cette population d'hommes bruns, à tête ronde, probablement originaire de l'immense réservoir humain asiatique, attirée par la douceur du climat, a créé un bouleversement considérable dans le mode de vie et favorisé l'extension du peuplement en Europe.

Mais, dans la grotte, comme sur toute la lisière des Pyrénées, l'occupation humaine était beaucoup plus ancienne et remontait à l'époque magdalénienne (– 15000 ans).

## MEAUX★

Agglomération 63 006 habitants
Carte Michelin nᵒ 106 plis 22, 23 – Guide Vert Ile-de-France.
Plan dans le guide Rouge Michelin France.

En 1682, l'éducation du dauphin est terminée, tâche ingrate pour son précepteur **Jacques-Bénigne Bossuet** (1627-1704) qui en reçoit pour piètre récompense l'évêché de Meaux, ville qui s'était signalée, dès 1521, comme un foyer d'asile et d'action du calvinisme. Là, l'Aigle de Meaux s'adonne à la gestion de son diocèse, à la lutte contre le gallicanisme et le quiétisme et prépare cinq de ses grandes oraisons funèbres en particulier celle de Marie-Thérèse, femme de Louis XIV et celle du Grand Condé où il analyse les qualités de cœur et d'esprit qui font les héros en brossant, en parallèle, les portraits complémentaires et opposés du duc d'Enghien, du Grand Condé *(p. 239)* et de Turenne *(p. 266)*. A la fois historien et apôtre, doué d'un solide tempérament bourguignon, c'est l'un de nos grands écrivains classiques : son style parfaitement charpenté vibre du lyrisme poétique de nos meilleurs prosateurs.

★ **Cathédrale St-Étienne** – 12ᵉ-16ᵉ s. Toutes les grandes étapes qui ont marqué l'évolution du gothique y apparaissent. Extérieurement, les sculptures (14ᵉ s.) décapitées de son croisillon Sud et la vaste composition du Jugement dernier, au portail central de la façade Ouest flamboyante, sont intéressantes ; cette dernière, en particulier, exécutée au 15ᵉ s. selon une mode répandue au 13ᵉ s. L'intérieur frappe par la clarté de son vaisseau qui paraît d'autant plus élevé que les anciennes tribunes furent supprimées au 13ᵉ s. (leurs arcades subsistent dans les trois travées droites du chœur).

⊘ ►► Ancien Évêché★ – Musée Bossuet.

*Actualisée en permanence,*
*la carte Michelin au 1/200 000 indique :*

— *les parcours difficiles ou dangereux, les pentes notables,*

— *les bacs passant, ou non, les autos,*

— *les ponts à limite de charge, les passages à hauteur limitée...*

*Équipez votre voiture de cartes Michelin à jour.*

# Château de MEILLANT★★

Cartes Michelin nᵒˢ 69 pli 1 ou 238 pli 31 – Guide Vert Berry Limousin.

Le **château de Meillant** ⊙ témoigne des transformations accomplies dans l'architecture civile à la fin du 15ᵉ s. pour adapter au goût du jour et au souci naissant du confort et du bien-être un château de l'époque féodale. C'est un document sur l'expansion que connut la première Renaissance au Sud du Val de Loire par l'apport de motifs italianisants sur une structure gothique. En cela, il est dans la lignée du palais Jacques-Cœur de Bourges, des châteaux de Chaumont et de Chenonceau.

Parmi les grandes familles qui l'occupèrent, les Amboise, les Béthune-Charost et les Mortemart surtout y ont laissé leur empreinte.

On y admire particulièrement le côté Sud féodal, le plus noble. Le côté Nord, sur cour, le plus pittoresque, se présente comme un placage sur l'édifice ancien, décoré à la Renaissance, puis restauré à l'excès à dater de 1842. L'intérieur abrite un mobilier de valeur : cheminées, tapisseries, tapis, en particulier dans le grand salon.

## ENVIRONS

**Bruère-Allichamps** – *6 km à l'Ouest*. Une borne milliaire gallo-romaine, découverte dans la commune en 1757, marque le carrefour principal du bourg. Une croyance populaire a fait de cet emplacement le centre géographique de la France.

# MENTON★★

29 141 habitants
Cartes Michelin nᵒˢ 84 plis 10, 20 ou 115 pli 28 – Guide Vert Côte d'Azur.
Plan dans le guide Rouge Michelin France.

Menton occupe un **site**★★ ensoleillé, entre la mer et la montagne, sur les pentes inférieures d'un amphithéâtre dominé par le mont Agel, les hauteurs de Gorbio et celles de Ste-Agnès. Le pittoresque de ces crêtes calcaires dissimule la pauvreté naturelle des sols et la force redoutable de l'érosion qui provoque des glissements de terrains dans les ravins. Sur les falaises, les castellars désignent des sites occupés et fortifiés dès l'époque néolithique.

La ville, achetée à Gênes par les Grimaldi de Monaco dès le 14ᵉ s., fut rattachée à la France lors de l'annexion du comté de Nice. Les terrasses plantées d'oliviers, d'orangers et de citronniers et ses nombreux jardins (Biovès, Colombières, botanique exotique, Garavan) composent un plaisant environnement botanique.

**Hôtel de ville** – C'est une aimable construction avec corps central et pavillon d'angle, dans le goût italien du 17ᵉ s. Ses pilastres, ses impostes, ses chapiteaux corinthiens et sa corniche crème tranchent sur le crépi rose des murs. La **salle des Mariages**★ ⊙ a été décorée par Jean Cocteau en 1958.

★★ **Vieille ville** – Elle s'adosse à la montagne en contre-haut de l'axe formé par la rue Longue et la rue St-Michel bordée d'orangers, qui perpétue le tracé de l'ancienne voie romaine Julia Augusta.

★★ **Parvis St-Michel** – Disposé sur deux niveaux, il compose un beau décor de place-salon à l'italienne intégrée au plan d'urbanisation des Grimaldi dont le chiffre apparaît dans la mosaïque de galets gris et blancs de son pavage. Il est fermé par les façades de vieilles demeures mentonnaises, par celle de la chapelle de la Conception au crépi saumon et par celle de l'**église St-Michel**★ ⊙. Cette dernière (1640-1653), bel édifice baroque, fit l'objet d'une réfection importante après le tremblement de terre de 1887.

**Rampe St-Michel** – Escalier monumental à doubles rampes et pavé de galets.

## ENVIRONS

★★ **Roquebrune-Cap-Martin** – *2 km au Sud-Ouest*. Pittoresque **village perché**★★ où il faut, pour en saisir tout le charme, flâner dans les ruelles, jusqu'au **Donjon**★ ⊙ au sommet duquel s'offre un **panorama**★★ sur la mer, le cap Martin, la principauté de Monaco et le mont Agel.

⊙ ►► **Promenade du Soleil**★★ – Musée du palais Carnolès★ *(collections de peintures)*.

# METZ★★

Agglomération 193 117 habitants
Cartes Michelin nᵒˢ 57 plis 13, 14 ou 242 pli 9 – Guide Vert Alsace et Lorraine.
Plan dans le guide Rouge Michelin France.

Metz est installée sur le plateau lorrain au pied des côtes de Moselle. A l'époque gallo-romaine, c'était déjà un carrefour où se croisaient les routes de la Manche au Rhin et de Trèves à l'Italie par Besançon et la Suisse dont l'actuelle rue Serpenoise, commerçante et animée, conserve le tracé urbain.

Au 4ᵉ s., face à la menace des Germains, elle fut dotée d'une enceinte et d'une basilique judiciaire qui devint l'église d'un monastère ; c'est l'ancienne église St-Pierre-aux-Nonnains. Durant le haut Moyen Age, elle fut résidence des rois d'Austrasie puis capitale de la Lotharingie avant d'être rattachée à l'Empire romain germanique puis de devenir une ville libre. L'annexion française, en 1552, lors de l'affaire des Trois Évêchés, en fit une ville frontière qu'il fallut fortifier.

**1871-1918-1944** – La capitulation du maréchal Bazaine, le 27 octobre 1870, dont l'incapacité avait laissé échapper le succès à Borny, à Rezonville, à Gravelotte, à St-Privat, livre la ville aux Allemands et sept mois plus tard, au traité de Francfort, la France doit se résoudre à son abandon.

Alors Metz se vide du quart de sa population ; de nombreux artistes et industriels optent pour la France au moment même où se développe la grande industrie et Nancy profite de cet exode.

L'empreinte allemande marque alors la ville. En 1898, la cathédrale reçoit, en façade, son portail néo-gothique où Guillaume II prête ses traits au prophète Daniel (on lui a, depuis, coupé la moustache). Tout un ensemble de forts, achevés ou construits alentour, font de Metz le cœur du plus grand camp fortifié du monde. De 1902 à 1908 on procède à l'aménagement du quartier de la gare : la gare elle-même est bâtie dans une architecture où le néo-roman rhénan se mêle au symbolisme du IIe Reich (l'empereur a dessiné lui-même le clocher) ; à proximité s'élèvent la grande poste et des hôtels pour les officiers.

Il s'agissait en effet de répondre aux exigences du plan Schlieffen qui prévoyait de faire de Metz l'articulation de la stratégie d'une attaque contre la France : le secteur Sud de Metz restant sur la défensive tandis que le secteur Nord-Ouest opérerait un vaste mouvement tournant d'invasion, par la Belgique. Le 13 septembre 1914, Joffre en fit échouer l'exécution sur la Marne et sur l'Ourcq (taxis), à moins de 50 km de Paris.

Après la victoire de 1918, la ceinture des forts autour de Metz devint un élément d'appui de la ligne Maginot tellement puissant qu'en 1944, il fallut deux mois et demi aux forces alliées pour le réduire.

★★★ **Cathédrale St-Étienne** ⊘ – Elle correspond à la réunion, vers 1240, puis à la transformation de deux églises antérieures séparées par une ruelle : N.-D.-la-Ronde, d'une orientation transversale pour les trois premières travées (côté Ouest) et St-Étienne.

Le vaisseau, des 13e et 14e s., relève du gothique champenois, son étroitesse relative et surtout la faible hauteur de ses bas-côtés rendent plus saisissante encore la nef, dont les clefs de voûte sont cependant portées à 41,77 m de hauteur.

Dans le chœur et le transept, achevés au début du 16e s., se ressent la décadence du gothique.

Les **verrières**★★★ ont valu à la cathédrale le surnom de « lanterne du Bon Dieu ». Ils couvrent 6 500 m² et témoignent de l'art des verriers du 14e s. à la rose de la façade ; du 15e s. au rang inférieur du fenêtrage du transept gauche (St-Pierre et St-André) ; du 16e s. dans la partie haute de cette même verrière, dans le transept droit et le chœur ; contemporains sous les tours (vitraux abstraits de Bissière) et surtout dans le déambulatoire à gauche et au Sud du transept gauche (*Scènes du Paradis terrestre* de Marc Chagall).

⊘ ►► Musée La Cour d'or★★ (Section archéologique★★★ – Grenier de Chèvremont★) – Porte des Allemands★ – Place St-Louis★ – Église St-Maximin★ – Église St-Pierre-aux-Nonnains★.

# Massif du MÉZENC

Cartes Michelin nos 76 pli 18 ou 239 pli 47 – Guide Vert Vallée du Rhône.

Au Sud du Velay, le massif volcanique du Mézenc détermine la ligne de partage des eaux entre l'Atlantique et la Méditerranée. C'est le centre d'une traînée éruptive coupant l'axe des Cévennes. Les premiers cratères y surgirent à l'ère tertiaire lorsque le soulèvement alpin, en disloquant le vieux plateau central, facilita la sortie des roches en fusion. Une deuxième phase d'activité volcanique engendra des « planèzes » comme le Devès, une troisième, à la fin de l'ère tertiaire, fit surgir les Sucs du Velay et, plus récemment, les dernières éruptions, en s'épanchant dans les vallées, donnèrent naissance à d'épaisses coulées basaltiques.

Le mont Gerbier de Jonc.

**Mont Mézenc** – *2 h à pied AR au départ de la Croix de Boutières.* Du double sommet, d'où sont descendues deux coulées de lave, se révèle un immense **panorama**★★★ sur le Velay. Le sommet Sud révèle le somptueux paysage des Sucs et la partie centrale de la grande caldeira démantelée par l'érosion glaciaire, le sommet Nord (croix) domine les immenses champs où les laves se sont épanchées et où la nature se prête à la grande propriété avec les trouées profondes des Boutières à l'Est et, tout proche, le village des Estables.

★★ **Gerbier de Jonc** – *1 h 1/2 à pied AR.* Cette aiguille de lave, trop pâteuse pour s'épancher, est un volcan de type « péléen », un Suc caractéristique du Velay dont les éboulis de phonolithe claire résonnent sous les pieds des grimpeurs. Du sommet, **vue**★★. Dans l'étable d'une ferme, au pied du Gerbier, une fontaine passe pour la source de la Loire. Certains géographes la situent plutôt dans les eaux sauvages des prairies humides proches des Estables.

★★ **Cascade du Ray-Pic** – *11 km au Sud du Gerbier de Jonc – 1 h 1/2 à pied AR.* Dans ce site sévère, le torrent de la Bourges succède en fait à plusieurs coulées de lave, très visqueuses (de type hawaiien) descendues de la région de Lachamp, qui se sont superposées et dont les prismes de basalte canalisent le bond de la chute principale. Dans le lit du torrent se côtoient les pierres de granit clair et de basalte sombre.

★ **Lac d'Issarlès** – *20 km à l'Ouest du Gerbier de Jonc.* De forme arrondie, ce joli lac de montagne, d'un bleu intense, dont la surface offre un plan d'eau de 90 ha, occupe un cratère volcanique profond de 138 m. Il fait partie de l'ensemble hydro-électrique de Montpezat, chevauchant la ligne de partage des eaux entre l'Atlantique et la Méditerranée et tirant parti, par un tunnel de 13 km, d'une différence d'altitude de 650 m entre les deux versants *(variations possibles du niveau du lac de septembre à juin).*

# Pic du MIDI DE BIGORRE★★★

Cartes Michelin nᵒˢ 85 pli 18 ou 234 pli 44 – Guide Vert Pyrénées Aquitaine.

Au départ du col du Tourmalet (alt. : 2 114 m), « le mauvais détour », tellement le brouillard et les nuages y contrarient le passage, une route **privée, à péage** ⊘, l'une des plus élevées d'Europe, mène aux Laquets.
De là, un sentier *(2 h à pied AR)* en rude montée, tracé en lacet dans la pierraille, conduit au sommet du Pic du Midi de Bigorre, arasé à la cote de 2 865 m pour édifier le réémetteur de télévision.

J.D. Sudres/SCOPE

Le Pic du Midi de Bigorre – Vue sur le massif de Néouvielle.

★★★ **Panorama** – La situation du Pic du Midi, pyramide de roches primaires isolée en bordure même de la zone axiale en position avancée sur la plaine de la Bigorre, fait de la terrasse un admirable belvédère sur les Pyrénées, de la Rhune à l'Andorre. Au Sud se dressent les sommets du massif de Néouvielle, immense château d'eau et extraordinaire « musée » de relief glaciaire.

**Observatoire et l'Institut de physique du globe du pic du Midi** ⊘ – La haute altitude, une situation panoramique dégagée et la pureté de l'atmosphère sont les atouts majeurs de cet observatoire – à l'origine créé par le général Nansouty destiné à la botanique et à la météorologie – il est maintenant voué à l'astronomie. Dès 1706, on y observe, pour la première fois, la couronne solaire à l'occasion d'une éclipse totale. Au 19ᵉ s., Vaussenat y place une lunette de 20 cm à monture équatoriale ; au début du 20ᵉ s., Jules Baillaud et son fils y montent la grande coupole et installent des lunettes à lentilles et des télescopes à miroirs.
A l'heure actuelle, l'observatoire et l'Institut de physique du globe constituent l'une des stations scientifiques d'altitude les plus importantes du monde. La recherche y concerne surtout la couronne solaire, la cartographie lunaire, le rayonnement cosmique et la luminescence nocturne.

# MILLAU★

21 788 habitants
Cartes Michelin nᵒˢ 80 pli 14 ou 240 Nord-Ouest du pli 14.
Guide Vert Gorges du Tarn.
Plan dans le guide Rouge Michelin France.

Blottie entre le causse du Larzac et le causse Noir, Millau, fixée depuis l'Antiquité par un gué au confluent du Tarn et de la Dourbie, est devenue une ville-pont, donc une ville d'échanges dès le Moyen Age.
La nécessité de sacrifier les jeunes agneaux, apparue dès le 2ᵉ s. pour l'exploitation du lait de brebis dans les caves de Roquefort, en a fait un centre de traitement des peaux, puis de ganterie de qualité.
La rigueur du climat caussenard qui s'adoucit au creux de la vallée, les platanes le long des cours, les fontaines, l'animation donnent à la ville une physionomie déjà méridionale. Récemment les effets conjugués de l'orientation très variée des corniches, de la profondeur des vallées et des vents ascendants en ont fait un grand centre de deltaplane.

**La Graufesenque** – Le site archéologique de 10 ha (champs de fouilles ⊙) sur la rive gauche de la Dourbie et la collection de **poteries★** du **musée archéologique** font découvrir l'importance de ce centre industriel (pièces faites en série) du monde antique. L'activité qui s'y exerça durant près de deux siècles, du règne d'Auguste à celui d'Hadrien, connut son apogée au temps de Néron. Quelque 450 potiers y ont produit durant le premier siècle plus de 800 000 pièces dénombrées, dans une centaine de grands fours où la cuisson à 950 ºC durait deux semaines. Malgré les difficultés du transport, leur production fut diffusée en Grande-Bretagne, en Europe centrale et sur le pourtour de la Méditerranée. Ces pièces (vases, coupes, bols, assiettes) moulées ou tournées, probablement imitées de celles d'Arezzo en Toscane, d'une qualité de demi-luxe, valent par leur décoration de sceaux, leur couverte rouge vitrifiée et le soin de leur fabrication. Vers 170, l'épuisement du filon d'argile engendre la décadence puis l'extinction de la Graufesenque. Lezoux, près de Clermont-Ferrand, devint alors un centre de poterie plus important encore.

## ENVIRONS

★★★ **Chaos de Montpellier-le-Vieux** ⊙ – *18 km au Nord-Est – 2 h à pied AR.*
Ce site, découvert en 1883 sur le rebord du causse Noir, est né du ruissellement des eaux plongeant vers la Dourbie. Le paysage ruiniforme, sculpté dans la dolomie caverneuse et meuble par l'eau et le vent, illustre l'influence des roches sur le modelé du relief : le carbonate de chaux décomposé se réduit en arène tandis que le carbonate de magnésium résiste à la dissolution. Les fissures du sol (diaclases) favorisent et dirigent cette dissolution et le ravinement. Les roches aux formes étranges ont reçu des noms évocateurs : Douminal, Porte-de-Mycènes, Sphinx, Éléphant...
Dans un tel paysage, la flore fait avoisiner les essences propres aux sols calcaires et aux climats secs (lavande, buis) et celles qui se plaisent dans les arènes siliceuses (thym, genévrier).

# MOISSAC★★

11 971 habitants
Cartes Michelin nᵒˢ 79 plis 16, 17 ou 235 Sud-Est du pli 17.
Guide Vert Pyrénées Roussillon.
Plan dans le guide Rouge Michelin France.

Près du confluent du Tarn et de la Garonne, commandant une plaine limoneuse que les crues enrichissent deux fois par an, mais installée sur une imperceptible éminence qui l'en protège, Moissac est connue du monde gourmand pour son chasselas doré, raisin blanc qui mûrit sur les coteaux voisins bien exposés.

★ **Église St-Pierre** – Dans le monde de l'art, Moissac est célèbre pour cette abbatiale fondée au 7ᵉ s. par les bénédictins. L'église fut consacrée en 1063 et son **cloître★★** ⊙ terminé quelque 35 ans plus tard ; par ses chapiteaux historiés il constitua en quelque sorte un modèle imité dans toute l'Europe dès le milieu du 12ᵉ s.
L'église, voûtée initialement en coupoles sur le modèle de celles de Périgueux, fut transformée au 15ᵉ s. en un édifice gothique méridional à nef unique : les parties refaites se reconnaissent, à l'extérieur par l'emploi prédominant de la brique.
Son **portail méridional★★★** est une œuvre romane magistrale : elle outrepasse la beauté pour atteindre au mysticisme par la parfaite harmonie qu'elle révèle entre le talent du sculpteur et la connaissance des Écritures du père-abbé Roger au 11ᵉ s. Le sujet du tympan est le retour du Christ à l'accomplissement des temps ; et la lecture du texte de la vision de saint Jean (Apocalypse, livre IV) allant de pair avec la contemplation de l'œuvre sculptée en constitue comme un audiovisuel par anticipation.
Tout y est : le « trône dressé dans le ciel », le juge « vision de jaspe ou de cornaline », les « 24 vieillards aux couronnes d'or », les « quatre Vivants (évangélistes) aux ailes déployées ».

# Principauté de MONACO★★★

29 876 habitants
Cartes Michelin nᵒˢ 84 plis 19, 20 ou 115 plis 27, 28 ou 245 pli 38.
Guide Vert Côte d'Azur.
Plan dans le guide Rouge Michelin France.

La principauté de Monaco est un État souverain de 1,92 km². Son importance politique remonte à l'achat de la seigneurie, en 1308, par les Grimaldi, à la République de Gênes. Monaco, la capitale, occupe un site fréquenté depuis l'époque néolithique au 5ᵉ s. avant J.-C. Les Phocéens y fondèrent un comptoir et, au 1ᵉʳ s., les Romains y aménagèrent un port.

Le prince souverain actuel, Rainier III règne depuis 1949, assisté du Conseil National. La Principauté comprend : le Rocher de Monaco, la vieille ville ; Monte-Carlo, la ville neuve ; la Condamine, quartier du port, qui les relie, et le quartier de Fontvieille.

## MONACO

| | | | | |
|---|---|---|---|---|
| Albert-Iᵉʳ (Bd) | BXY | Armes (Pl. d') | BY 2 | Palais (Pl. du) ............ BY 35 |
| Grimaldi (R.) | BXY | Basse (R.) | BY 3 | Pêcheurs (Chemin des) .... CY 37 |
| Princesse-Caroline (R.) | BY 48 | Bellando-de 6 Castro (R. du Colonel) | BY 7 | Princesse Marie-de-Lorraine (R.) ...... BCY 54 |
| | | Comte Félix-Gastaldi (R.) | BY 10 | Ste-Barbe (Promenade) .. BY 60 |
| | | Major (Rampe) | BY 27 | Suffren-Reymond (R.) .... BY 64 |

| | |
|---|---|
| E | Centre d'acclimatation zoologique |
| D | Chapelle de la Miséricorde |
| M² | Collection des voitures anciennes |
| M³ | Historial des Princes de Monaco |
| M⁴ | Musée Naval |

★★ **Le Rocher** – C'est le quartier ancien de Monaco, bâti sur une terrasse qui domine la mer de 60 m.
Le **Musée océanographique**★★ **(CY)** ⊘ présente des squelettes de grands mammifères marins ainsi que dans les bassins de son aquarium des espèces de la faune méditerranéenne et tropicale. C'est aussi un institut de recherche scientifique qui expose des laboratoires embarqués, des moyens d'exploration et des travaux d'océanographie appliquée. La **cathédrale (BY)** conserve un bel ensemble de **primitifs niçois**★★ parmi lesquels le grand retable de St-Nicolas dû à Louis Bréa.
Le **palais du Prince**★ ⊘ donne sur la **place du Palais**★, ornée de canons et de boulets offerts par Louis XIV. Ses tours crénelées médiévales et son enceinte renforcée par les ingénieurs de Vauban donnent à sa valeur défensive un cachet pittoresque. La cour d'honneur avec ses galeries à arcades, la salle du Trône et les appartements garnis de mobilier et de portraits signés de grands maîtres, retiennent l'attention.

★★ **Jardin exotique (AY)** ⊘ – Sur une haute falaise percée de grottes, il préserve, à la faveur d'un micro-climat exceptionnel, une abondante flore semi-désertique et australe où les cactées, les plantes « succulentes » et arborescentes offrent un intérêt particulier.

★★★ **Monte-Carlo (BY)** – C'est la plus grande ville de jeux d'Europe, lancée par François Blanc, directeur du casino de Bad Homburg en Allemagne. En dépit d'un urbanisme acharné elle plaît par le luxe de son casino, de ses palaces, de ses villas somptueuses, de ses commerces raffinés et de ses terrasses fleuries.

⊘ ►► Grotte de l'Observatoire★ – Musée d'Anthropologie préhistorique★ – Jardins St-Martin★ – Musée napoléonien★ – Musée des Poupées et Automates★.

# Château de MONTAIGNE

Cartes Michelin n<sup>os</sup> 75 pli 13 ou 234 pli 4 – Guide Vert Pyrénées Aquitaine.

Du **château de Montaigne** ⊘ incendié en 1885 et reconstruit, ne subsiste d'ancien que les communs et la tour de la fin du 13ᵉ s. où le grand moraliste avait coutume de se retirer pour de longs séjours durant les 20 dernières années de sa vie.

Michel de Montaigne.

**Les Essais** (1580) – A 47 ans, Michel de Montaigne (1533-1592) publie ses *Essais*. Cet ouvrage, qui donne à la langue française son éclat à l'étranger, est tout d'abord l'expression de l'interrogation dont il fit sa devise : « Que sais-je ? » et de son expérience acquise au cours de ses voyages lointains, éprouvée à l'approche des grands, vécue dans son rôle de magistrat et de maire de Bordeaux. C'est aussi celle d'un humaniste meurtri par les atrocités des guerres de Religion et qui manifeste sa répugnance à l'égard du changement : « Qui se mêle de choisir et de changer usurpe l'autorité de juger. » Plus encore que sa chambre, sa librairie est émouvante par les sentences peintes sur les lambourdes et la disposition de la pièce, où Montaigne écrivait, face à ses 1 000 volumes.

## MONTAUBAN★

51 224 habitants
Cartes Michelin n<sup>os</sup> 79 plis 17, 18 ou 235 pli 22 – Guide Vert Pyrénées Roussillon.
Plan d'agglomération dans le guide Rouge Michelin France.

A la limite des collines du Bas-Quercy et des riches plaines alluviales de la Garonne et du Tarn, Montauban, ancienne bastide construite sur plan régulier, est un important carrefour de routes, le point de départ d'excursions dans les gorges de l'Aveyron et une active ville-marché, assurant la vente de la production maraîchère et fruitière de toute la région.

L'emploi presque exclusif de la brique rose donne aux monuments un caractère très particulier qui se retrouve dans la plupart des villes et bourgades du Bas-Quercy ainsi qu'à Toulouse.

★★ **Musée Ingres** ⊘ – Installé dans l'ancien palais épiscopal, il présente, outre quelques admirables compositions du maître : *Roger délivrant Angélique, Le Songe d'Ossian, Jésus parmi les docteurs,* une importante collection de 4 000 **dessins**, exposés par roulement.

## MONTHERMÉ★

2 866 habitants
Cartes Michelin n<sup>os</sup> 53 pli 18 ou 241 pli 6 – Guide Vert Champagne.

Monthermé occupe, en aval du confluent de la Semoy et de la Meuse, un **site**★ de méandre creusé dans les roches du vieux massif primaire surgi lors du plissement hercynien. Trois belvédères, surtout, permettent d'en saisir l'originalité :
La **Longue Roche**★★ *(1 h à pied AR)*, abrupt de la rive concave d'où la vue plonge sur Monthermé et son méandre ;
La **roche aux 7 Villages**★★ *(1/4 h à pied AR)*, au sommet de ce piton, **vue**★★ sur l'immensité forestière de la pénéplaine ardennaise et la boucle de la Meuse qui baigne le bourg industriel de Château-Regnault dominé par le rocher des Quatre Fils Aymon ;
Le **roc de la Tour**★★ *(1/4 h à pied AR)*, intrusion de quartzite dans les schistes.

### ENVIRONS

★★ **La Meuse ardennaise : de Charleville-Mézières à Givet** – *72 km.* Longue de 950 km, la Meuse prend sa source au pied du plateau de Langres. Elle coule d'abord entre la côte des Bars et la côte de Meuse, sur le revers de cette dernière. A Charleville, elle pénètre dans le haut plateau des Ardennes schisteuses ; elle y conserve le tracé qu'elle avait sur des terrains d'époque tertiaire mais à un niveau supérieur ; elle s'enfonce en méandres. C'est la surimposition, ou antécédence, des géographes. De Charleville-Mézières à Givet la vallée encaissée déroule la succession de ses méandres simples (Monthermé, Fumay, Chooz), doubles (Revin) ou triple (Charleville). Monthermé fut, au début du siècle, un centre de syndicalisme et de luttes ouvrières. En aval de Monthermé les sites les plus intéressants sont : les **Roches de Laifour**★★ et les **Dames de Meuse**★ qui se font face ; Revin où la ville ancienne et l'industrie occupent chacune leur presqu'île ; Fumay célèbre pour son vieux quartier et naguère capitale de l'ardoise violette ; Chooz et ses centrales nucléaires ; Givet installée au débouché d'une cluse fortifiée par Charles Quint puis par Vauban. C'est la patrie de Méhul (1763-1817), le compositeur du *Chant du départ.*

# MONT-LOUIS★

200 habitants
Cartes Michelin n°s 86 pli 16 ou 235 plis 51, 55 – Guide Vert Pyrénées Roussillon.

Mont-Louis occupe un site de seuil d'où divergent trois vallées : au Nord la vallée de l'Aude dont le haut replat supérieur constitue le **Capcir** ; au Sud-Ouest la vallée de la Sègre, affluent de l'Èbre, qui compose la **Cerdagne**, lumineux bassin à quelque 1 200 m d'altitude qui ne laisse pas soupçonner la hauteur réelle des sommets qui le cernent mais dont l'ensoleillement est tel que Mont-Louis fut choisi par le CNRS, dès 1949, pour l'installation du premier **four solaire** ⊙ à miroir parabolique ; à l'Ouest la vallée de la Têt, émissaire du lac des Bouillouses, le **Conflent**, qui est le grand itinéraire desservant la Cerdagne au départ de Perpignan.

Seuil stratégique aussi. Louis XIV qui venait d'apprendre le poids de la raison d'État par la négociation du **traité des Pyrénées** (1659) concluant à son mariage avec l'infante Marie-Thérèse voulut donner à ses nouvelles acquisitions territoriales en Roussillon et en Languedoc une protection plus solide qu'une signature. Vauban, chargé de cette mission, accomplit en 1679 une tournée d'étude en Roussillon et en Cerdagne. Dès 1681, il entreprenait l'édification de Mont-Louis.

Ainsi naquit cette austère cité, close de **remparts★** et protégée par une citadelle.

# MONTPELLIER★★

207 996 habitants
Cartes Michelin n°s 83 pli 7 ou 240 pli 23 – Guide Vert Gorges du Tarn.
Plan dans le guide Rouge Michelin France.

Dès le 11e s., Montpellier était un port intérieur desservi par la lagune de Maguelone et le grau de la Camargue. A l'époque des premières croisades, les échanges avec l'Orient méditerranéen permirent aux marchands d'épices de s'instruire sur les plantes tinctoriales ou médicinales qu'ils importaient ; à certains d'entre eux de lire et de faire lire Hippocrate, si bien que la première école de médecine d'Europe y fut fondée en 1137 qui devint, en un siècle, aussi célèbre que celle de Salerne et fut élevée au rang d'Université en 1289.

La ville, qui était passée par mariage au roi d'Aragon, lui fut rachetée par Philippe VI de Valois en 1349. Au 17e s., Louis XIV en fit la capitale administrative du Bas-Languedoc ; c'est alors qu'elle connut son essor architectural.

**★★ Promenade du Peyrou** – Elle fut dessinée en 1688, au point culminant de Montpellier par Charles d'Aviler (1653-1700). Au 18e s., la construction de l'aqueduc St-Clément, destiné à alimenter les fontaines de la ville en eau, entraîne le réaménagement du site par Jean-Antoine Giral qui tailla la colline, dessina les terrasses et masqua le réservoir par un ravissant petit temple octogonal à colonnes. De ses abords la **vue★** est belle sur la Garrigue et les Cévennes.

**★★ Le Vieux Montpellier** – Aux 17e et 18e s., dans le paysage urbain des vieilles maisons languedociennes à génoises vinrent s'inscrire de beaux hôtels particuliers. L'**hôtel des Trésoriers de la Bourse★** conserve un bel escalier à rampes droites portées par quatre piliers centraux, survivance de l'époque Louis XIII.
L'**hôtel de Varennes★** compose un ensemble harmonieux intégrant des éléments architecturaux romans et gothiques.
L'**hôtel des Trésoriers de France** dissimule sa solennelle façade sur cour à colonnes jumelées, ordres superposés et son escalier à belle grille de fer forgé où les rampes droites s'associent aux trompes d'angles.
Les hôtels de Manse, de Beaulac, Baudon de Maury, Richer de Belleval, Cambacérès-Murles, de Montcalm, de St-Côme, chacun avec sa physionomie propre, relèvent d'un même goût architectural.

⊙ ►► Musée Fabre★★ *(collections de peintures)* – Musée Atger★ *(cabinet de dessins).*

## ENVIRONS

**★ La Grande-Motte** – Située sur le littoral languedocien, entre les étangs de l'Or et du Ponant, la station balnéaire de La Grande-Motte présente une silhouette originale. En 1967, l'architecte Jean Balladur et son équipe le construisent de toutes pièces sur de mauvais terrains agricoles, essentiellement constitués de dunes. D'impressionnantes pyramides s'élèvent, entourées d'ensembles plus modestes de villas, de maisons basses, ainsi que de conques arrondies dans le quartier Ouest de la station ; le dépaysement est total. Tout est aménagé pour le plaisir du vacancier à qui l'on a réservé des zones piétonnes : plages, sports nautiques, pêche, tranquilles promenades en bordure de mer...

# Le MONT-ST-MICHEL★★★

72 habitants

Cartes Michelin nᵒˢ 59 pli 7 ou 231 pli 38 – Guide Vert Normandie Cotentin.

Le Mont-St-Michel : « la merveille de l'Occident », peut-être ; « la plus belle des abbayes françaises », assurément par l'originalité de son site, la richesse de son histoire, la beauté de son architecture et la signification de son rayonnement.

**Le rocher de l'Archange** – Au début du 8ᵉ s., saint Michel apparaît à Aubert évêque d'Avranches et celui-ci fonde sur le mont Tombe un oratoire, bientôt remplacé par une abbaye à laquelle, au 10ᵉ s., la règle bénédictine assure la puissance. Deux siècles plus tard, l'abbaye romane atteint son apogée. Au 13ᵉ s., le gothique triomphe dans la reconstruction de l'abbaye incendiée : c'est la Merveille.

Mais la guerre de Cent Ans survient. Cette période, l'une des plus critiques de notre histoire, voit la France vaciller. Le roi accuse les coups portés par son vassal : la plus grande partie du royaume (l'Ouest, le Nord et l'Est) lui échappe, il se trouve dépourvu de ressources. Le peuple vit des décennies de misère. Les institutions chancellent au point qu'Henri V d'Angleterre parvient à se faire couronner roi de France, à Paris. Charles VII lui-même, le fils d'un fou, n'est plus un souverain mais la pâle incarnation de l'idée de royauté.

A ce siècle sombre correspond le rayonnement le plus intense du Mont-St-Michel. En effet le célèbre rocher, le seul point de la France de l'Ouest et du Nord qui ne tomba jamais aux mains de l'envahisseur malgré des années de blocus et deux sièges (les Anglais avaient pris pied sur le rocher voisin de Tombelaine) ne cessa pas d'être un but de pèlerinages. L'Archange, « qui veille sur le peuple de Dieu » *(livre de Daniel)*, veillait. Et Jeanne d'Arc le savait bien : elle avait choisi pour cri de ralliement « St-Michel-Montjoie ». De même Louis XI, le « roi-bourgeois », fin renard, attaché à relancer la vie économique mais aussi soucieux d'affirmer le prestige de son aristocratie, qui, tout en faisant pièce à l'ordre de la Jarretière (1348) du Plantagenêt Édouard III et à celui de la Toison d'or (1429), du Bourguignon Philippe le Bon, institua en 1469 l'ordre de chevalerie de St-Michel.

Rien d'étonnant donc que de si nombreux sanctuaires aient été placés sous le vocable de l'Archange et que de nos jours encore 76 de nos communes portent son nom.

★★★ **Abbaye** ⊙ – L'originalité architecturale de l'abbaye a été imposée aux bâtisseurs par l'exiguïté même du rocher. Il leur fallut superposer les bâtiments (barbacane, châtelet, crypte des Gros Piliers, chapelle St-Martin, cellier, salle des Chevaliers…) un peu à la façon d'un gratte-ciel au lieu de les disposer selon le plan bénédictin et couronner le tout par les bâtiments abbatiaux, la Merveille (vers 1225) et l'admirable église.

**Plate-forme de l'Ouest** – Vue sur la baie, l'îlot de Tombelaine et le mont Dol qui se découpe à contre-jour dans le soleil couchant, le 8 novembre, ancienne date de la St-Michel d'automne.

★★ **Église** – Le contraste y est saisissant entre la sévère nef romane et le lumineux chœur gothique flamboyant. L'axe du sanctuaire coïncide, à l'aube du 8 mai (St-Michel de printemps dans le cycle oriental), avec celui du soleil levant.

★★★ **La Merveille** – C'est l'ensemble des bâtiments gothiques de la face Nord.

La **salle des Hôtes**★ est un chef-d'œuvre de l'art gothique à son apogée.

Le **cloître**★★★, comme suspendu entre mer et ciel, compose avec ses colonnettes de granit rose disposées en quinconce un féerique jardin d'allégresse intérieur.

Le **réfectoire**★ frappe par la subtile lumière latérale dispensée par ses embrasures ; il représente un tour de force du chef-d'œuvre qui réussit à élever cet ensemble à 45 m de hauteur sans l'appui d'arcs-boutants impossibles à lancer sur la vertigineuse face Nord.

La **salle des Chevaliers**★, très vaste, est divisée en quatre vaisseaux. Peut-être évoque-t-elle l'ordre de chevalerie dont l'abbaye était le siège.

★ **Jardins de l'Abbaye** – Ils offrent une vue saisissante sur la face Nord, « le plus beau mur du monde » aux yeux de Victor Hugo.

➤➤ La ville★★ (Grande-Rue★ – Remparts★★).

# Château de MONTSÉGUR ★

Cartes Michelin nᵒˢ 86 pli 5 ou 235 pli 47 – Guide Vert Pyrénées Roussillon.

Le « pog » (rocher) de Montségur évoque l'holocauste de l'Église cathare, dernier épisode marquant de la croisade des Albigeois, et l'effacement politique du Midi languedocien devant la puissance capétienne.

Au début du 13ᵉ s., les **cathares** élèvent sur le fameux rocher – en remplacement d'un ancien château détruit – une forteresse qui, 40 ans plus tard, abritait quelque 400 parfaits, croyants et soldats, et d'où descendit la troupe qui, le 28 mars 1242, massacra les membres du tribunal de l'Inquisition à Avignonet *(70 km au Nord)*.

En représailles, Blanche de Castille (Saint Louis réprimait alors une révolte féodale en Saintonge) ordonne le siège de Montségur par les croisés. Le 2 mars 1244, les assiégés vaincus doivent se rendre, mais 207 parfaits ou croyants refusent d'abjurer en dépit d'une trêve de deux semaines de réflexion qui leur est accordée. Le 16 mars, ils descendent de la montagne et montent sur le gigantesque bûcher du camp des Crémats. Leur doctrine, fondée sur la séparation absolue entre le principe du Bien et le principe du Mal et connue des seuls initiés, reposait sur le secret dont les parfaits étaient dépositaires. Leur pureté et leur austérité en assurèrent le succès face au relâchement du clergé. Saint Dominique, l'apôtre qui s'était attaché à extirper cette hérésie, était mort 23 ans plus tôt.

Dès l'année suivante, sur le même **site**★★ est entreprise la reconstruction du château ⊘, le troisième de Montségur, celui dont les ruines couronnent de nos jours encore le « pog ». Bientôt, il est incorporé à la ligne de défense française face à l'Aragon. Son superbe donjon et son grand escalier, indiscernable de l'extérieur, témoignent de la maîtrise de ses constructeurs.

⊘ ➤➤ Musée archéologique.

# MOULINS ★

22 799 habitants
Cartes Michelin nᵒˢ 69 pli 14 ou 238 pli 46 – Guide Vert Auvergne.
Plan dans le guide Rouge Michelin France.

Moulins est la capitale du Bourbonnais. Elle fut fondée par les sires de Bourbon qui voulurent à la fin du 11ᵉ s. s'étendre vers l'Autunois et tenir le passage de l'Allier. Avec le temps et par d'habiles alliances avec la monarchie, militaires, politiques et matrimoniales (Béatrice de Bourbon épousa Robert, fils de Saint Louis), les Bourbons devinrent comtes, puis ducs en 1327. Au 15ᵉ s., leur cour s'illustra de musiciens comme Jean Ockeghem, de sculpteurs comme Jacques Morel, Michel Colombe et ses disciples et surtout d'un peintre, le maître de Moulins.

Après le rattachement de la Bourgogne et de la Bretagne à la France, l'indépendance du Bourbonnais, même vassal, devient pesante au roi. Aussi la « trahison » de Charles III, le connétable, permet-elle à François Iᵉʳ de confisquer ses États. Le duc se tourne alors vers Charles Quint et Henri VIII, il se trouve face aux armées de son suzerain à Pavie, à Milan puis à Rome où il meurt en donnant l'assaut en 1527. Le Bourbonnais est rattaché à la Couronne en 1531.

★★★ **Triptyque du Maître de Moulins** ⊘ – C'est l'œuvre majeure de la cathédrale et l'un des derniers chefs-d'œuvre de la peinture gothique en France, probablement achevé en 1498. Son auteur n'est pas encore identifié avec certitude : après avoir pensé à Jean Bourdichon, à Jean Perréal puis à Jean Prévost, les critiques d'art penchent maintenant pour Jean Hey. L'œuvre paraît se rattacher à l'école flamande par les attitudes, à la florentine par le dessin des visages et des fronts. Le réalisme très humain de la représentation des donateurs contraste avec la composition du panneau central, quasi immatérielle, transparente et idéalisée. Le tableau semble aussi tout rempli de symboles, en particulier ceux des nombres 7 et 12 représentatifs de la perfection gothique.

⊘ ➤➤ Cathédrale Notre-Dame★ (vitraux★★) – Jacquemart★ – Mausolée du duc de Montmorency★ – Musée d'Art et d'Archéologie★★.

# MULHOUSE★★

Agglomération 223 856 habitants
Cartes Michelin nos 66 plis 9, 10 ou 242 pli 39 – Guide Vert Alsace et Lorraine.
Plan dans le guide Rouge Michelin France.

Même avant la dernière guerre, Mulhouse ne possédait pas de ces demeures qui font l'attrait d'autres villes d'Alsace. Aux 16e et 17e s., les ressources de cette cité commerçante et industrielle, suspectée par les Habsbourg, ne trouvaient pas à se dégager et la religion réformée incitait plus à la sévérité qu'au faste. La ville faisait, au 16e s., partie de la décapole, confédération des dix villes impériales d'Alsace ; éprise d'indépendance, elle s'associa aux cantons suisses de 1466 à 1586.

En 1746, trois de ses citoyens, J.-J. Schmaltzer, le peintre J.-H. Dollfus et le négociant S. Koechlin, fondèrent dans la ville, déjà orientée vers le textile, la première manufacture d'étoffes imprimées « comme aux Indes ». Par l'investissement de capitaux, l'installation d'outillage, la division du travail et l'organisation des ventes, elle appartenait déjà au monde futur de la grande industrie. Treize ans plus tard, la liberté de gestion lui était accordée : les « indiennes » connurent une progression de 738 % en 17 ans. En 1812, la filature Dolfus et Mieg, la première, équipa ses ateliers de machines à vapeur.

L'hôtel de ville★★ est, depuis 1558, le symbole des libertés civiles et politiques de Mulhouse qui s'est, d'elle-même, donnée à la France en 1798. C'est un bel édifice de la Renaissance rhénane, maintes fois restauré, d'une couleur de grès rose. Les murs et les pignons à volutes, peints en trompe l'œil, représentent des moellons de grès et des figures allégoriques.

★★★ **Musée national de l'Automobile – collection Schlumpf** ⊙ – La quasi-totalité des voitures anciennes exposées ici constitue la collection passionnément rassemblée par les frères Schlumpf, propriétaires d'une filature de laine peignée dans la vallée de la Thur en amont de Thann. Crise du textile, troubles sociaux, acquisitions inconsidérées de nombreuses voitures coûteuses, faillite, jugement : le musée est acquis par une association et ouvert au public en 1982.

« Folie superbe » que cette collection de voitures. Beaucoup peuvent être admirées comme d'authentiques œuvres d'art pour le raffinement de leur carrosserie, l'aérodynamique de leur ligne, la finition de leurs roues, moyeux et articulations de bois, de cuivre ou d'acier, pour le dessin de leurs calandres, bouchons de radiateurs ou griffes aux noms prestigieux, pour la qualité et le matériau de leurs garnitures, selleries et commandes.

Le quartier qui magnifie les Bugatti est un peu une collection dans la collection. Les exigences d'Ettore Bugatti (1881-1947), qui avait fondé son usine à Molsheim dès 1909, en matière de qualité et de fini dont témoignèrent 340 brevets et 3 000 victoires sur les circuits, où la seule « 35 » s'imposa 1 851 fois en 1925, 1926 et 1927, se manifestent dans 123 voitures de course, de sport et de grand luxe.

Les historiens y lisent l'évolution du comportement, des modes de vie et des goûts depuis un siècle : du luxe des voitures de maître à la technicité de la recherche contemporaine. Les passionnés de mécanique y observent les solutions, parfois abandonnées, apportées aux problèmes des sources d'énergie, de carburation, d'entraînement, de suspension, de direction, d'adhérence au sol, de sécurité...

**Panhard et Levassor** (1893) de 2 cylindres en V (moteur licence Daimler), appartenant à la gamme qui, la première, fut commercialisée avec catalogue présentant les types, les options et les prix ;

**Clément Bayard** « légère » (1895) ;

**Renault** (1900), moteur De Dion à 1 cylindre vertical, à prise directe ;

**Peugeot** (1903), tonneau à moteur placé à l'avant ;

**Sizaire et Naudin** (1908) de course à roues avant indépendantes ;

**Delahaye** (1912), coupé chauffeur Landaulet à carrosserie de bois et de métal ;

**Peugeot** (1913), Bébé, issue d'un prototype Bugatti ;

**Citroën** (1922), 5 CV « Trèfle » ;

**Bugatti** « 35 » (1924) de 8 cylindres en ligne ;

**Renault** (1924), type NM Landaulet de 40 CV ; garniture intérieure de prestige ; carrossée par Kellner ;

**Panhard et Levassor** (1926), sans soupape, de 7,9 litres ;

**Amilcar** (1926) de 6 cylindres à compresseur, dépassant le 200 km/h, excellente 1100 ;

**Peugeot** « Coach 174 », modèle haut de gamme (1927) avec ses 18 CV sans soupape ;

**Hispano-Suiza** (1928), coupé de maître célèbre par la souplesse et le silence de son moteur et la robustesse de sa mécanique ;

**Bugatti** « Royale » (1929), coupé Napoléon « du patron » et carrossée par son fils Jean – 8 cylindres – 12,76 litres ;

**Voisin** (1933), berline sans soupape de 3,3 litres ;

**Citroën** (1934), Traction avant à freins hydrauliques et barre de torsion ;

**Panhard** (1948), Dynavia, modèle aérodynamique expérimental ;

**Bugatti** monoplace de course (1955) - type 251.

L'attention est encore attirée par de beaux modèles étrangers comme la **Dufaux** (suisse) de course ; la **Mercedes** W 154, monoplace, de course, 12 cylindres ; la **Porsche** 917 K (record absolu au Mans) ; la **Ferrari** type 275, biplace de 12 cylindres ; la collection de **Rolls-Royce**...

★★★ **Musée français du Chemin de fer**  – Superbement présentée, la collection constituée par la SNCF retrace l'évolution du chemin de fer de ses origines à nos jours. Aux côtés du matériel moteur et roulant, une place importante est faite aux équipements périphériques : signaux, rails, systèmes d'attelage automatique, aiguillages, guérite de garde-barrière, pont tournant, etc. Dans l'immense hall principal, tout invite à une visite dynamique : images vidéo, écorchés et présentations en animation, passerelles permettant de voir l'intérieur de wagons, fosses pour passer sous les locomotives, possibilité de grimper dans certaines cabines de conduite...

Le panorama de plus d'un siècle de traction à vapeur devra prendre pour repères essentiels la locomotive Saint-Pierre au corps en bois de teck, affectée à la ligne Paris-Rouen à partir de 1844, la machine à grande vitesse Crampton (1852) qui roulait déjà à 120 km/h et la 232 Ua (1949), dernière des locomotives à vapeur. La locomotion électrique est notamment illustrée par la première locomotive électrique (1900), dite « boîte à sel », conçue pour le remorquage des trains entre les gares d'Orsay et Austerlitz à Paris, et la fameuse BB 9004, détentrice du record du monde de vitesse sur rails en 1955.

Remarquer également le célèbre autorail Bugatti « Présidentiel » qu'inaugura Albert Lebrun, et la **Micheline** XM 5005 montée sur pneus, solution particulière adaptée aux lignes où l'adhérence, les démarrages et les arrêts étaient d'une grande importance.

## ENVIRONS

★★ **Église de Murbach** – *21 km au Nord-Ouest.* Cette église, édifiée vers 1145, est l'un des monuments romans les plus importants de l'Alsace. Depuis la démolition de sa nef en 1738, en vue d'une reconstruction, il n'en reste que le chevet et les bras du transept qu'encadrent admirablement les versants boisés d'un vallon affluent de la Lauch (vallée de Guebwiller).

Le chevet plat, dominé par les hautes tours du transept, s'équilibre de façon magistrale : charpenté par un ensemble de contreforts peu saillants, allégé par de nombreuses ouvertures et par tout un jeu d'arcatures dont quelques-unes, au 3e étage, reposent sur des colonnettes simplement simulées, en creux ou en damiers. On y ressent la proximité des grandes basiliques de Rhénanie et, dans le parement des claveaux de grès rose ou blanc alternés, un sens décoratif inauguré 80 ans auparavant par les maîtres de Pise et de Lucques en Italie du Nord.

**Ottmarsheim** – *7,5 km à l'Est.* L'**église**★ est un édifice, restauré, mais remontant aux années 1040 et présentant un très rare plan inspiré de celui de la chapelle édifiée par Charlemagne à Aix-la-Chapelle. Ce plan (dit carolingien ou ottonien) présente sur deux étages, autour d'une haute coupole axiale à huit pans, deux octogones concentriques, le second servant en quelque sorte de déambulatoire à l'édifice central. Les chapelles orientales du rez-de-chaussée et de l'étage conservent des fresques du 15e s.

La **centrale hydro-électrique**★ ⊘, avec son bief de dérivation et ses écluses longues de 185 m, constitue l'une des pièces maîtresses du Grand Canal d'Alsace et de l'aménagement du Rhin, intéressant la facilité et la continuité de la navigation sur ce fleuve et la création d'énergie. L'ensemble est connu des touristes férus de génie civil.

⊘ ►► Musée de l'Impression sur étoffes★ – Musée historique★★ – Temple St-Étienne (vitraux★) – Parc zoologique et botanique★★ – Musée du Papier peint★ (à Rixheim – *6 km à l'Est*) – Écomusée d'Alsace★★ (à Ungersheim – *12 km au Nord*).

# NANCY★★★

Agglomération 310 628 habitants
Cartes Michelin nos 62 pli 5 ou 242 plis 17, 18 – Guide Vert Alsace et Lorraine.
Plan dans le guide Rouge Michelin France.

Ville de plaine entre la Meurthe et les côtes de Moselle, capitale du bassin industriel de Lorraine, Nancy ne remonte qu'au 11e s.

Elle est entrée dans l'histoire le 5 janvier 1477. Ce jour-là, le duc de Bourgogne Charles le Téméraire meurt dans les boues glacées de l'étang de St-Jean. Alors qu'il avait gaspillé ses moyens dans des entreprises de prestige, il entreprenait la conquête de la Lorraine pour réunir ses possessions flamandes et bourguignonnes afin de résister au blocus financier organisé contre lui par les banquiers florentins soutenant la politique de Louis XI.

45 ans plus tard, les ducs de Lorraine introduisent une galerie et des ornements Renaissance dans leur palais ducal flamboyant. Au Nord de l'Arc de Triomphe, le Vieux Nancy prend sa physionomie.

**Le 17e siècle** – Sous l'impulsion de Charles III, se développe au Sud des rues Ste-Catherine et Stanislas une ville « neuve », de plan régulier qu'illustre Claude Gellée, dit « le Lorrain » (1600-1682), peintre répugnant aux excès du baroque et dont l'œuvre, lumineuse, est d'une rare loyauté à l'égard de la nature. Le musée des Beaux-Arts conserve l'un de ses tableaux, *Le Paysage pastoral*.

En 1699, le duc Léopold, de retour de sa mission à Vienne, accompagné de sa femme Charlotte, nièce de Louis XIV, se rend à Versailles pour prêter au roi l'hommage du Barrois mouvant. Ils visitent le palais, guidés par Jules Hardouin-Mansart, et ressentent alors toute la vétusté de leur château nancéen. Les services rendus par Léopold à l'État, en Autriche, certainement plus que l'affection que le roi porte à sa nièce, décident le souverain à leur accorder les services de son architecte qui dessine le **palais du Gouvernement**★, au fond de l'hémicycle, achevé seulement en 1753 mais dont la balustrade, la **colonnade ionique**★ et l'entablement horizontal marquent l'époque.

## LA VILLE DU 18e SIÈCLE

Depuis le traité de Münster, en 1648, le duché de Lorraine occupait une situation politique précaire : enclavé dans des terres françaises, il relevait cependant de l'Empire. Sa population de langue et d'habitudes sociales françaises était très attachée à ses princes, eux-mêmes jaloux de leur indépendance.

En 1738, François Ier, duc de Lorraine, fils de Léopold, époux de Marie-Thérèse d'Autriche se voit contraint, à la suite de la guerre de Succession de Pologne, de céder son duché en échange de la Toscane. Louis XV installe alors à sa place, et à titre viager, son beau-père Stanislas Leszczynski. Si bien qu'en 1766 la Lorraine se trouve tout naturellement réunie à la France ; c'est la réussite de la politique extérieure du cardinal de Fleury. Ironie de l'histoire ou habileté de la diplomatie nuptiale de Vienne : quatre ans plus tard, en 1770, Marie-Antoinette, la fille de François Ier et de Marie-Thérèse qui avait perdu la sorte, et 17 ans avant sa naissance, ses droits putatifs sur la Lorraine, épouse Louis XVI et règne à Versailles. L'« Autrichienne » par sa mère était tout autant lorraine et française par son père. Stanislas Leszczynski, homme paisible, aime la bonne chère, sa fille, la reine de France, et les jolies femmes ; il est dévoré par le goût de bâtir. Il entreprend donc de réunir le Vieux Nancy et la ville neuve par un nouvel ensemble d'urbanisme élevé à la gloire de son gendre. L'entreprise est menée à bien en trois ans, de 1752 à 1755.

★★★ **Place Stanislas** – Emmanuel Héré (1705-1763) architecte et Jean **Lamour** ferronnier de génie en sont les maîtres d'œuvre.

Au premier, l'on doit l'hôtel de ville et les pavillons qui dessinent cette vaste place dont la distinction des façades est admirable.

L'hôtel de ville présente au rez-de-chaussée un avant-corps central à arcades et pilastres colossaux compartimentant les fenêtres ; à l'étage, des balcons et des banquettes de fer forgé aux fenêtres.

Les quatre hôtels latéraux sont d'une architecture semblable mais sans avant-corps ; au Nord, les deux ailes offrent une même conception, à un seul étage avec attique et balustrade (séparées par une mansarde postérieure).

L'ensemble de la place compose un élégant espace de clarté, allégé par les vases, les pots à feu, les trophées et les balustrades masquant les toitures.

Au droit des rues et aux pans coupés de la place, les grilles de Jean Lamour, parfaitement intégrées dans cet ensemble architectural, séduisent par l'élégance et la légèreté inimitables de leurs barreaux de fer forgé et doré timbrés de cartouches et de fleurons. Les banquettes des fenêtres, le balcon et la rampe de l'escalier intérieur à double courbure de l'hôtel de ville sont aussi son œuvre.

⊙ ►► Palais ducal★★ (Musée historique lorrain★★★) – Musée des Beaux-Arts★★ – Arc de Triomphe★ – Place de la Carrière★ – Église★ et couvent des Cordeliers (chapelle★) – Porte de la Craffe★ – Musée de l'École de Nancy★★ – Église N.-D.-de-Bon-Secours★.

### NANTES

F Église St-Nicolas
L Manoir de la Touche

# NANTES★★★

Agglomération 492 255 habitants
Cartes Michelin nos 67 pli 3 ou 232 pli 28 – Guide Vert Bretagne.
Plan dans le guide Rouge Michelin France.

Nantes est la plus grande ville de Bretagne, installée au point où de fluviale la Loire devient maritime, atteinte par le flux de marée haute. De tout temps, des îles, peuplées depuis le 17e s., y ont facilité la création de ponts canalisant le trafic entre la Basse-Bretagne et le Poitou.

Elle fut, au 9e s., l'enjeu des luttes entre Nominoé et les Francs, et c'est elle que choisit en 939 Alain Barbe-Torte, descendant des anciens chefs bretons, quand il voulut donner une capitale à son duché. Dès le 14e s., avec un armement de 1 300 barques à voiles, elle s'ouvre au commerce maritime ; mais elle ne prend vraiment son rang qu'avec le duc François II, au 15e s.

En 1720, elle s'enrichit comme dépôt de sucre (canne importée des Antilles, distribuée en France ou réexportée vers l'Angleterre et la Scandinavie). Parallèlement le commerce triangulaire du « bois d'ébène » (bimbeloterie et tissus - esclaves - canne à sucre) lui assure de substantiels profits et en fait le premier port de France. Mais la perte de nos terres lointaines sous Louis XV, l'abolition de la traite des Noirs, la fabrication du sucre de betterave (conséquence du blocus de Napoléon) et l'accroissement du tonnage des navires lui portent les coups les plus durs.

Aux 19e et 20e s., les travaux effectués sur la basse Loire (Chantenay - Donges) conditionnent et assurent son renouveau.

★★ **Château des Ducs de Bretagne** (HY) ⊘ – « Ventre Saint-Gris, les ducs de Bretagne n'étaient pas de petits compagnons », s'écria Henri IV en le voyant. Il fut en effet considérablement remanié et renforcé à partir de 1466 par le duc François II qui y voyait la garantie de son indépendance face à Louis XI. Il fut poursuivi et achevé par sa fille Anne de Bretagne.

Extérieurement, c'est une redoutable forteresse protégée par des douves inondables profondes et larges et défendue par six tours où apparaissent les mâchicoulis bretons, pyramidaux.

Intérieurement c'est un palais gouvernemental où les fêtes et les tournois se donnaient nombreux.

La gracieuse **tour de la Couronne d'or★★**, le Grand-Logis aux monumentales lucarnes construit par le duc François II et rehaussé par Anne de Bretagne, le Grand Gouvernement (reconstruit à la fin du 17e s.) et le **puits★★**, dont l'armature de fer forgé figure la couronne ducale, sont d'un grand intérêt.

Il abrite le musée d'**Art populaire★** où peuvent s'étudier les costumes, les coiffes et le mobilier bretons ; les collections du musée Salorges (actuellement en travaux) peuvent être vu lors d'expositions temporaires dans la tour du Fer-à-Cheval.

| | | |
|---|---|---|
| Royale (Pl.) .............. **GZ** | Contrescarpe (R. de la) ... **GY** 52 | Mathelin-Rodier (R.) ........ **HY** 123 |
| Santeuil (R.) ............... **GZ** 183 | Copernic (R.) ............. **FZ** 54 | Mercœur (R.) ............ **FGY** 124 |
| Scribe (R.) ................ **FZ** 187 | Delorme (Pl.) ............. **FY** 63 | Petite-Hollande (Pl.) ...... **GZ** 142 |
| Verdun (R. de) ........... **GY** 199 | Duchesse-Anne (Pl.) ...... **HY** 72 | Pilori (Pl. du) ........... **GY** 144 |
| | Duguay-Trouin (Allée) ..... **FY** 73 | Porte-Neuve (R.) ......... **FGY** 151 |
| Albert (R. du Roi) ........ **GY** 3 | Estienne-d'Orves (Crs d') ... **HZ** 76 | Ricordeau (Pl. A.) ........ **GZ** 157 |
| Bossuet (R.) .............. **GY** 16 | Favre (Quai F.) ........... **HYZ** 78 | Roosevelt (Crs F.) ........ **GZ** 165 |
| Boucherie (R. de la) ...... **GY** 18 | Hélie (R. F.) ............. **FY** 91 | Rosière-d'Artois (R. de la) ... **FZ** 166 |
| Bourse (Pl. de la) ........ **GZ** 24 | Henri-IV (R.) ............. **HY** 93 | St-André (Cours) ......... **HY** 168 |
| Bretagne (Pl. de) ........ **GY** 27 | Hôtel de Ville (R. de l') ... **GY** 96 | St-Pierre (Cours) ......... **HY** 174 |
| Change (Pl. du) ......... **GY** 37 | Kennedy (Cours J.-F.-) ..... **HY** 106 | St-Pierre (Pl.) ........... **GY** 175 |
| Château (R. du) ......... **GY** 40 | Kervégan (R.) ............ **GZ** 108 | Salengro (Pl. R.) ......... **GY** 180 |
| Clemenceau (R. G.) ....... **HY** 46 | Lattre-de-Tassigny | Turenne (Allée de) ........ **GZ** 198 |
| Clisson (Cours Olivier de) .. **GZ** 48 | (R. Mar.-de) ........ **FGZ** 109 | Voltaire (R.) ............. **FZ** 205 |
| Commerce (Pl. du) ........ **GZ** 49 | Leclerc (R. Mar.-) ........ **GY** 114 | 50-Otages (Crs des) ..... **GYZ** 208 |

M¹ Musée des Beaux-Arts
M² Museum d'Histoire naturelle
M³ Musée archéologique
M⁴ Musée de l'Imprimerie

**Cathédrale St-Pierre-et-St-Paul** (   ) – Sa construction s'est étendue sur plus de 450 ans. Elle présente néanmoins une unité de style et, à l'**intérieur★★** – qui frappe par la blancheur de son parement en tuffeau –, une hardiesse et une pureté de lignes remarquables. Les moulures de ses piliers montent, sans solution de continuité, jusqu'aux clefs de voûte. On la doit à Jean V qui voulut, pour abriter la dépouille de son père, édifier la cathédrale de la Bretagne surpassant, par ses dimensions, tous les autres sanctuaires de son duché.

Le 13 avril 1598, Henri IV signa dans la cathédrale l'édit de Nantes par lequel il accordait l'égalité aux catholiques et aux protestants et reconnaissait, explicitement, aux seconds des privilèges tels que des places de sûreté et une organisation politique. L'édit, en 92 articles dont plusieurs secrets et non numérotés, était dans la lignée de ceux de Catherine de Médicis, les premiers en Europe sur la tolérance, mais cette fois l'efficacité en était garantie par un souverain en mesure de museler les récalcitrants. Sa révocation en 1685 par Louis XIV, trompé par des rapports sur les très nombreuses conversions, en rendit simplement « l'exécution… inutile » et engendra l'exode vers l'Angleterre, la Hollande et l'Allemagne de la richesse humaine et du savoir de quelque 200 000 émigrés.

Dans le bras droit du transept, le **tombeau de François II★★** (1502) fut commandé par la duchesse Anne pour son père et sa mère Marguerite de Foix. Michel Colombe et probablement Jean Perréal accomplirent là une œuvre encore médiévale par ses gisants et leur cortège mais déjà Renaissance par l'emploi de marbre blanc et noir italien, le dessin des arabesques et les figures des Vertus.

◷ ►► Musée des Beaux-Arts★★ **M¹** – Muséum d'Histoire naturelle★★ **M²** – Ville du 19ᵉ s.★ – Palais Dobrée★ *(arts décoratifs)* – Musée Jules-Verne★ – Musée archéologique★ **M³** – Jardin des Plantes★ – Ancienne île Feydeau★.

# NARBONNE★

45 849 habitants
Cartes Michelin nᵒˢ 83 pli 14 ou 240 plis 29, 30 – Guide Vert Pyrénées Roussillon.
Plan dans le guide Rouge Michelin France.

Narbonne est une très ancienne cité méditerranéenne, probablement l'entrepôt maritime d'un oppidum gaulois installé, sept siècles avant J.-C., sur la colline de Montaurès, au Nord.

En 118 avant J.-C., un siècle après sa victoire sur Hannibal (2ᵉ guerre punique) et sa conquête de la Catalogne, de la Manche et de l'Andalousie, et 4 ans après son intervention à Marseille contre les Celto-Ligures, Rome sent le besoin d'assurer la sécurité de sa voie terrestre vers l'Espagne toujours incertaine. Narbonne est donc érigée en colonie sénatoriale (et non gouvernementale) ; elle devient le grand marché de la province Celtique – les ingénieurs y créent un port en dérivant un bras de l'Aude – et bientôt la capitale de la Narbonnaise, active jusqu'à la fin de l'Empire et l'installation de la monarchie wisigothique.

Un certain renouveau économique s'y dessine lorsque Blanche de Castille marie Alphonse de Poitiers (frère de Saint Louis) à Jeanne de Toulouse ; le transit maritime s'effectuait alors par les chenaux et les étangs littoraux. Mais, au 14ᵉ s., une crue reporte l'Aude dans son lit d'origine et la ville s'étiole dans les alluvions qui emplissent sa baie.

Elle ne retrouve son activité qu'avec l'ouverture du canal du Midi à la fin du 17ᵉ s. et l'arrivée du chemin de fer au 19ᵉ s.

**★★ Cathédrale St-Just** – L'édifice actuel fut entrepris en 1272. Pour ne pas démolir le rempart, on interrompit les travaux 82 ans plus tard. Le chœur rayonnant était alors achevé avec sa voûte portée à 41 m de hauteur et le dessin très réussi de son triforium dont les colonnettes se prolongent par les lancettes des fenêtres hautes et son chevet fortifié dont les grands arcs sont surmontés de merlons à meurtrières. Le cloître (1349-1417) occupe l'emplacement d'une ancienne église carolingienne ; ses galeries très élancées ont malheureusement été élevées avec un calcaire trop friable.

Le **trésor** ◷ abrite en particulier l'admirable **tapisserie★★** représentant la **Création** (fin 15ᵉ s.) tissée en Flandres de soie et de fils d'or, une plaque d'évangéliaire en ivoire sculpté de la fin du 10ᵉ s. et un rare coffret de mariage en cristal de roche orné d'intailles antiques.

**Palais des archevêques** ◷ – Il témoigne de l'évolution de l'art de bâtir au 12ᵉ s. (Palais Vieux), au 13ᵉ s. (donjon de la Madeleine et **donjon Gilles-Aycelin★** ◷), au 14ᵉ s. (tour St-Martial et Palais Neuf), au 17ᵉ s. (résidence des archevêques avec son escalier Louis XIII à rampes droites) et au 19ᵉ s. (façade de l'hôtel de ville).

◷ ►► Musée archéologique★ – Musée d'Art et d'Histoire★ – Basilique St-Paul-St-Serge (chœur★) – Musée lapidaire★.

## ENVIRONS

**★★ Abbaye de Fontfroide** ◷ – 15 km au Sud-Ouest. Cette **ancienne abbaye cistercienne** occupe un site calme et reposant, peuplé de cyprès, digne d'un paysage toscan. Les belles tonalités flammées, ocre et rose du grès des Corbières dont l'édifice est construit, contribuent à créer, au soleil couchant, une atmosphère de sérénité. L'essentiel des bâtiments a été édifié aux 12ᵉ et 13ᵉ s.

# Seuil de NAUROUZE

Cartes Michelin nᵒˢ 82 pli 19 ou 235 pli 35 – Guide Vert Pyrénées Roussillon.

Le seuil, ou col, de Naurouze à 194 m d'altitude constitue le point de partage des eaux en Lauragais entre les bassins de la Méditerranée et de l'Atlantique. L'idée d'y faire passer un canal qui évite à la navigation le long détour par Gibraltar avait déjà hanté les Romains et de même François Iᵉʳ, Henri IV et Richelieu mais l'obstacle était apparu insurmontable à tous ceux qui en avaient fait l'étude.

Dès 1662, **Pierre-Paul Riquet** (1604-1680) intéresse Colbert à son projet, gagne son soutien et obtient les autorisations nécessaires quatre ans plus tard. Mais Riquet se ruine dans l'entreprise des travaux d'aménagement du seuil et de creusement du canal du Midi dont l'exécution resta tout entière à ses frais. Il meurt épuisé six mois avant l'inauguration de son ouvrage.

En 1825, ses descendants libérés du passif contracté et rétablis dans leurs droits élèvent entre la N 113 et le canal un obélisque à son créateur. L'État racheta le canal en 1897.

Entre Toulouse et l'étang de Thau le canal mesure 240 km de long et compte 103 écluses.

# Cirque de NAVACELLES★★★

Cartes Michelin nᵒˢ 80 pli 16 ou 240 Nord du pli 18 – Guide Vert Gorges du Tarn.

Le cirque de Navacelles, profond de près de 300 m, est un site de deux canyons emboîtés et creusés entre les causses du Larzac et de Blandas par les méandres que dessine la Vis.

Les falaises, zébrées de talus d'éboulis dans les zones concaves, sont formées, dans leur partie supérieure, de bancs de roche très épais, plus minces aux altitudes moyennes ou basses ; là apparaissent sur des affleurements de marnes ou d'argile des vestiges d'habitations et d'anciennes cultures en terrasses.

Au fond de la vallée, un pont submersible donne accès à l'éminence où s'est enroché le village (ancien prieuré) afin de préserver la totalité du potentiel cultivable représenté par l'ancien cours humide de la Vis lové autour du promontoire avant le recoupement du méandre.

La clémence du climat (figuiers) contraste ici avec la rigueur qui règne en hiver sur le plateau.

# Massif de NÉOUVIELLE★★

Cartes Michelin nᵒˢ 85 pli 19 ou 234 plis 44, 48 – Guide Vert Pyrénées Aquitaine.

**St-Lary-Soulan★**, petite capitale du bassin supérieur de la Neste d'Aure, est devenue en 1976 une étape transpyrénéenne par l'ouverture du tunnel de Bielsa qui met en relation Lérida en Espagne et Lannemezan.

Jusqu'au barrage de **Cap de Long★**, au **lac d'Orédon★** et au **lac d'Aumar★**, la route *(46 km AR au départ de St-Lary)* s'élève de 1 362 m. Elle est admirable par son tracé, les vues qu'elle offre, les sombres sapinières qu'elle traverse, les gradins morainiques et les verrous rocheux qu'elle escalade en lacet.

Le massif granitique qui appartient à la zone axiale des Pyrénées est un véritable « musée » de relief glaciaire avec ses parois rocheuses bien nettoyées par les glaces, ses cirques séparés par des crêtes étroites, ses replats, ses épaulements, ses lacs morainiques, ses vallées suspendues et ses blocs erratiques aux roches striées. Le barrage de Cap de Long est la pièce maîtresse des aménagements hydro-électriques de Pragnères qui par des kilomètres de galeries captent les eaux de bassins différents afin de les « turbiner » intégralement dans des centrales en escalier ou dans une centrale unique.

# NEVERS★

Agglomération 58 915 habitants
Cartes Michelin nᵒˢ 69 plis 3, 4 ou 238 pli 33 – Guide Vert Bourgogne.
Plan dans le guide Rouge Michelin France.

Du pont en grès rouge qui enjambe la Loire, le regard porte sur le noyau urbain occupant un versant calcaire bien exposé, le long vaisseau de la cathédrale, le palais ducal et les hautes maisons où se mêlent les grands toits d'ardoises et de tuiles.

Nevers doit son essor à son site de confluent, à la fois port important sur la Loire dont les eaux sont devenues presque inutiles au siècle dernier et ville industrieuse sur la Nièvre dont le cours abondant, rapide et régulier, attira dès le 16ᵉ s. les faïenceries et la métallurgie... du moins jusqu'à l'ouverture du canal latéral à la Loire en 1856. Comme toujours sur la Loire, la ville ancienne s'est installée sur la rive la plus élevée sans souci déterminant d'orientation.

La région de Nevers produisait déjà des poteries usuelles au Moyen Age. La faïence semble s'y être introduite vers 1565, par des artisans venus de Lyon mais italiens d'origine, tel Julio Gambiu ; car alors le secret de l'émail était jalousement gardé et les techniques découvertes 45 ans plus tôt à Rouen par Abaquesne ne se répandaient pas. A Nevers les faïenceries reçurent l'appui du duc Louis de Gonzague, humaniste attiré par la recherche du progrès artistique et technique. Sous les règnes de Louis XIII et de Louis XIV, la ville était l'un des grands centres français de cette production ; on y compta 12 fabriques et 1 800 ouvriers. Ses bleus surtout étaient célèbres mais aussi ses décors à la persane, à la bougie et ses scènes marines ou historiées (**collection★ au musée municipal**) ⊘.

En 1866, **Bernadette Soubirous**, la petite sainte des apparitions de Lourdes, entra au couvent de St-Gildard ⊘ et y prit le voile l'année suivante. Son corps, exhumé intact à trois reprises, repose dans une châsse vitrée de la chapelle du couvent ; il fait l'objet de pèlerinages et de la vénération des fidèles.

★ **Palais ducal** – Ce beau spécimen d'architecture civile Renaissance est l'ancienne demeure des ducs de Nevers. En façade, l'escalier d'honneur, partiellement hors œuvre, compose le motif décoratif central, élégant avec ses pans coupés, ses fenêtres étagées et son campanile.

★ **Église St-Étienne** – C'est une église romane au chevet bien étagé et au beau fenêtrage clunisien.
Elle présente un faux triforium bourguignon mais surtout une hauteur de berceau audacieuse dans un édifice élevé entre 1063 et 1097, mais nécessitée par l'étage des fenêtres surmontant les tribunes.

⊘ ►► Cathédrale St-Cyr-et-Ste-Julitte★★ – Porte du Croux★★.

# NICE★★★

Agglomération 475 507 habitants
Cartes Michelin n⁰ˢ 84 plis 9, 10, 19 ou 115 pli 26 ou 245 pli 38.
Guide Vert Côte d'Azur – Plan dans le guide Rouge Michelin France.

Il y a 400 000 ans, des chasseurs d'éléphants campaient sur une plage dominant de 26 m le niveau actuel de la mer (gisement de Terra Amata). Au 5ᵉ s. avant J.-C., des Celto-Ligures s'installent sur la colline du château ; un peu plus tard, des navigateurs et des commerçants de Marseille s'établissent dans le quartier du port, puis des Romains dans celui de Cimiez. En 1388, Amédée VII, comte de Savoie, avec la complicité des Grimaldi, se fixe en Provence et fait une entrée triomphale dans Nice.

En remerciement des perspectives d'avenir qu'ouvrait à l'Italie l'entrevue de Plombières (21 juillet 1858) entre Napoléon III et Cavour, par l'apport des territoires alors autrichiens de Vénétie et de Lombardie, la maison de Savoie abandonnait à la France ses domaines d'origine à l'Ouest des Alpes et la région de Nice. Une fois le traité de Turin ratifié par un plébiscite triomphal (25 743 oui – 260 non), la cérémonie de l'annexion se déroula le 14 juin 1860.

## NICE

| | | | |
|---|---|---|---|
| **B** | Ancien Palais du Gouvernement | **M⁵** | Galerie de malacologie |
| **E** | Monument de Catherine Ségurane | **M⁹** | Musée d'Art moderne |
| **F** | Chapelle du Saint Sépulcre | | et d'Art contemporain |
| **K** | Palais Lascaris | **R** | Chapelle de l'Annonciation |

| | |
|---|---|
| **S** | Chapelle de la Miséricorde |
| **X** | Galerie-Musée Alexis et |
| | Gustave-Adolf Mossa |
| **Y** | Galerie-Musée Raoul Dufy |

★ **Le Vieux Nice** – Il constitue une ville très méridionale par sa physionomie et son animation, blottie au pied de la colline du château.

**Château (LR)** – Aménagée en parc-promenade, ombragée de pins parasol, la colline culmine à 92 m d'altitude. Elle fut, à la chute de l'Empire romain, le refuge des habitants de Cimiez. Au 12ᵉ s., les comtes de Provence y édifièrent un château que renforcèrent les princes angevins puis les ducs de Savoie mais dont Louis XIV ordonna la démolition en 1706. Du sommet, la **vue★★** s'étend sur le rebord des Préalpes de Nice, la ville et la baie des Anges.

**Place Garibaldi (LQ)** – Elle honore ce Niçois d'origine, héros de l'unité italienne. Ses arcades et son crépi ocre caractérisent l'urbanisme piémontais du 18ᵉ s.

**Cathédrale Ste-Réparate (KR)** – Elle appartient au style baroque niçois, à l'extérieur par sa façade aux crépis vert et jaune, décorée de niches et de médaillons, cloisonnée par un important entablement et par des piliers-contreforts à chapiteaux composites ; à l'**intérieur★** par l'exubérance décorative de sa corniche et de la frise aux rechampis blanc et or, ornée d'angelots, qui règne autour du chœur.

★ **Église St-Jacques (LR)** – Derrière une façade peinte, de style jésuite, se déploie une nef solennelle, ornée de sculptures ; à l'étage, entre les chapelles latérales s'ouvrent des loggias où prenait place la noblesse niçoise.

**Place Masséna (KR)** – La large trouée de verdure aménagée sur le lit du Paillon est traversée par cette place construite à partir de 1815 dans le style turinois avec ses immeubles à arcades crépis d'ocre rouge.

★★ **Cimiez** – Ce quartier est né d'une ville de colonisation romaine qui éclipsa, par sa richesse, la bourgade du port.

Le **site archéologique gallo-romain** ⊘ comprend des arènes de proportions modestes et le quartier des thermes.

Dans le **monastère★** l'église abrite *(à droite en entrant)* une pietà (1475), œuvre de jeunesse, mais des plus parfaites, de Louis Bréa, encore gothique, où il faut observer le visage émacié de la Vierge ; *(dans le chœur à gauche)*, une crucifixion du même artiste, de 1512 et déjà Renaissance.

Dans la villa des Arènes, le **musée Matisse★** ⊘ retrace l'itinéraire du peintre, de *La Nature morte aux livres* (1890) au *Fauteuil de rocaille* (1947) et au *Nu bleu* (1952).

Le **musée Marc-Chagall★★** ⊘ présente les 17 grandes toiles (1954-1967) du Message biblique.

## ENVIRONS

★★★ **Corniches de la Riviera** – *Circuit de 41 km à l'Est – Compter 3 h.* En contournant la presqu'île abrupte du Mont-Boron, se découvre le contact entre la montagne et la mer et les indentations du littoral nées de dislocations récentes et de l'ennoyage de la base des plis calcaires des Préalpes de Nice. La vue se dégage sur Villefranche-sur-Mer et sa baie.

Le **cap Ferrat★★** et la pointe St-Hospice font découvrir les corniches de la Riviera, Beaulieu, Èze-Bord-de-Mer, Cap-d'Ail et, au loin, le cap Martin.

Le village d'**Èze★★**, perché sur un piton isolé en avant de la falaise marmoréenne grisâtre qui constitue le flanc d'un pli pendant vers la mer, occupe un site de vigie rendu presque inhumain par ses difficultés d'accès. Il fut occupé par les Ligures, les Phéniciens, fortifié pour résister aux incursions barbaresques. Il fut démoli, ainsi que son château, en 1706, sur ordre de Louis XIV ; puis rebâti après 1760.

⊘ ▸▸ Front de mer★★ – Musée Jules-Chéret des Beaux-Arts★★ – Musée d'Art moderne et d'Art contemporain★★ (M') – Musée Masséna★ *(peinture, arts décoratifs, histoire de la ville)* – Musée d'Art naïf Jarousry★ – Palais des Arts, du Tourisme et des Congrès (Acropolis)★ – Chapelle de la Miséricorde★ S – Église St-Martin – St-Augustin (intérieur★).

# NÎMES★★★

Agglomération 138 527 habitants
Cartes Michelin nᵒˢ 80 pli 19 ou 83 pli 9 ou 240 pli 20
ou 245 pli 27 ou 246 plis 25, 26.
Guide Vert Provence – Plan dans le guide Rouge Michelin France.

Au contact de la Garrigue au Nord et de la Costière du Gard au Sud, Nîmes est une cité méridionale animée aux grands boulevards ombragés de micocouliers. Elle doit à l'Antiquité gallo-romaine son exceptionnel intérêt architectural.

L'empereur Auguste combla de largesses la cité et lui accorda le privilège de s'entourer d'une puissante enceinte. Traversée par la Voie Domitienne, Nîmes se couvrit de splendides édifices : Maison Carrée bordant au Sud le forum, amphithéâtre d'une capacité de 24 000 spectateurs, cirque, thermes alimentés par un monumental aqueduc : le pont du Gard. Au 2ᵉ s., la ville bénéficia de la faveur des empereurs Hadrien et Antonin le Pieux (la belle-famille de ce dernier était originaire de Nîmes) et continua à s'embellir, atteignant son apogée.

★★★ **Arènes** ⊘ – Un peu antérieures à l'ère chrétienne, elles datent du règne d'Auguste et semblent précéder celles d'Arles de quelque 80 ans, mais leurs galeries voûtées en berceau sont de tradition romaine.

Ce sont les mieux conservées du monde romain. La division des gradins en quatre zones matérialise leur affectation en fonction du statut social des spectateurs.

Pour mesurer la puissance de conception des architectes romains et l'énormité de leur entreprise il faut parcourir la galerie couverte de l'ellipse supérieure (vues sur l'intérieur du monument et sur la ville), la galerie du premier étage (observer la dimension des linteaux qui portent la voûte) et partiellement la double galerie voûtée en berceau du rez-de-chaussée. On reste confondu devant l'envergure du monument, les moyens mis en œuvre pour dessiner, tailler, transporter et mettre en place des pierres de pareilles dimensions et parfaitement ajustées.

Si les arènes méritent d'être visitées en toutes circonstances, c'est au cours des grandes corridas qui l'emplissent jusqu'à son faîte d'une foule colorée qu'elles ressemblent sans doute le plus à ce qu'elles furent autrefois. Le goût des Nîmois pour les corridas ne s'est pas démenti depuis un siècle et demi et les grands cycles tauromachiques, celui de la Pentecôte et celui des vendanges, réunissant les plus prestigieux matadors, connaissent d'amples succès.

★★★ **Maison Carrée** ⊙ – C'est le plus pur et le mieux conservé de tous les temples romains. Il fut construit sous Auguste (fin du 1er s. av. J.-C.), probablement par un architecte de Narbonnaise qui reprit, en l'adaptant, le plan du temple d'Apollon à Rome. Consacré au culte impérial, il était entouré d'un gracieux portique. Les sculptures des chapiteaux de sa corniche sont célèbres. En jouant avec le nombre des consoles et l'écartement des colonnes, le concepteur a su éviter toute monotonie dans sa composition.

★★ **Jardin de la Fontaine** – Le quai ombragé de la Fontaine manifeste l'amour de l'eau dans le Languedoc. Le jardin occupe l'emplacement d'un quartier d'agrément de la ville gallo-romaine. Il illustre le goût des jardins et des antiquités du 18e s. (nettoyage des canaux et des adductions d'eau, aménagements des balustrades, portiques, bassins).

La Maison Carrée.

⊙ ►► Musée d'archéologie★ – Musée des Beaux-Arts★ – Musée du Vieux-Nîmes★ – Carré d'Art★.

# NOHANT

Cartes Michelin nos 68 pli 19 ou 238 pli 41 – 6 km au Nord de La Châtre.
Guide Vert Berry Limousin.

Le hameau de Nohant, dont la place s'orne de beaux ormes, fut tiré de son effacement par **George Sand** (1804-1876), descendante de Frédéric de Saxe, roi de Pologne, par Aurore, fille illégitime du maréchal de Saxe qui avait acquis en 1793 le bien foncier de Nohant fort amputé de nos jours.

**Château** ⊙ – Cette demeure du 18e s., remaniée et modernisée, attira les regards de toute l'Europe par l'œuvre littéraire – 80 titres et quelque 12 000 lettres – de George Sand qui dans ses romans berrichons décrit la Vallée noire et le Boischaut, pays de bocage morcelé, fermé sur lui-même, dont l'habitat se disperse dans un léger moutonnement de verdure sombre. Et tout autant par les déboires, les insatisfactions et le tumulte de sa vie. Elle reçut à Nohant des célébrités de son époque comme Chopin, Liszt, Delacroix...

« George Sand », par C. Blaize.

Les pièces du château les plus attachantes sont le grand théâtre créé par Chopin, la salle des marionnettes en bois de tilleul, taillées pour son fils Maurice et habillées par elle-même, et la chambre bleue, chambre mortuaire de l'écrivain.

**Église de Vic** – *2 km au Nord-Ouest*. L'église St-Martin abrite un ensemble rare de **fresques**★ datant des premières années du 12e s. et dont le sujet principal est la Rédemption. Elles valent par l'heureuse disposition de leur ensemble et par l'emplacement, devenu traditionnel, des personnages. Certaines similitudes dans la technique picturale ou l'évocation du mouvement les rattachent à l'art aquitain, voire catalan. George Sand s'y intéressa dès 1849.

# Abbaye de NOIRLAC★★

Cartes Michelin nos 69 Sud du pli 1 ou 238 pli 31 – Guide Vert Berry Limousin.

Noirlac, fondation cistercienne de 1136, présente le plan type d'une abbaye voulu par saint Bernard. C'est la plus complète des 12 abbayes bénédictines subsistant en France sur les 345 d'origine. Mais elle connut des malheurs et des avatars : guerre de Cent Ans, guerres de Religion, régime de la commende, réfections architecturales au 18e s., transformation en manufacture de porcelaine en 1822, aménagement en asile pour les réfugiés de la Grande Guerre, de la guerre d'Espagne, pour personnes âgées avant sa remise en état en 1975.

L'**église abbatiale** ⊙ date des années 1150-1160. Avec son chevet plat, son grand transept, ses vastes collatéraux, elle reprend, tout comme celle de Fontenay en Bourgogne, le plan de Clairvaux. Datant de la fin de la période romane (dessin des piliers) et du début du gothique (pas encore de formerets), elle manifeste la précocité architecturale du Berry ; sa construction s'est achevée par les deux dernières travées au début du 13e s. Ses vitraux modernes, en grisaille, de Jean-Pierre Raynaud, assisté de maîtres verriers de Chartres et de Bourges, apportent une certaine subtilité de lumière à la simplicité parfaite de l'architecture.

Les bâtiments conventuels furent élevés au 12e s. pour la salle capitulaire et au 13e s. pour le réfectoire puis le cloître gothique polylobé.

# OBERNAI★★

9 610 habitants
Cartes Michelin nos 62 pli 9 ou 87 plis 4, 5 ou 242 pli 23.
Guide Vert Alsace et Lorraine.

Dans l'attrait d'Obernai se concentre, en quelque sorte, celui de toute l'Alsace : petite ville de plaine au pied du mont Ste-Odile, pentes couvertes de vignes, vestiges de remparts témoignant d'une très ancienne indépendance politique (membre de la décapole au 14e s.), petites rues tortueuses hérissées de pignons aigus, essor considérable au 16e s., annexion par Louis XIV en 1679.

★★ **Place du Marché** – Très pittoresque, toute teintée d'une nuance dorée allant quelquefois jusqu'au carmin, elle forme le centre urbain d'Obernai. Au centre, une fontaine de 1904 porte une statue de sainte Odile. La place est entourée de maisons anciennes à pignons, à pans de bois, aux beaux crépis :
l'**hôtel de ville**★ (15e et 16e s.) avec sa façade à oriel et son beau balcon sculpté ;
l'**ancienne halle aux blés**★ (16e s., très restaurée) dont le toit porte encore un nid de cigognes ;
la **tour de la Chapelle**★ (beffroi du 13e s.) accolée à une chapelle dont il reste le chœur et la flèche.

## ENVIRONS

★★ **Mont Ste-Odile** – *12 km au Sud-Ouest*. Le mont Ste-Odile est probablement le sommet le plus fréquenté de toute l'Alsace. Il le doit à l'originalité de son site et à la sainteté du lieu. Le piton de grès, isolé, s'élève à 764 m d'altitude ; il domine la plaine d'Alsace affaissée durant la seconde moitié de l'ère tertiaire et sur laquelle sa terrasse, aménagée en belvédère, offre un **panorama**★★.

Un tel site a, de tout temps, appelé l'attention des hommes et déjà les Celtes l'avaient fortifié ; le **mur païen**, long de plus de 10 km, est la plus connue et la plus importante de leurs enceintes. Ses blocs cyclopéens furent redisposés et parfois scellés entre eux par les Romains.

Au cœur de la magnifique sapinière, le sommet est occupé par un **couvent** édifié en l'honneur de la patronne de l'Alsace et souvent remanié. La concentration de ses oratoires témoigne de son rôle de pèlerinage.

►► Maisons anciennes★.

*Participez à notre effort permanent de mise à jour.*

*Adressez-nous vos remarques et vos suggestions :*

*Cartes et Guides Michelin*
*46, avenue de Breteuil*
*75324 PARIS CEDEX 07*

# OMAHA BEACH

Cartes Michelin n⁰ˢ 54 plis 4, 14 ou 231 pli 16.
Guide Vert Normandie Cotentin – Cartes historiques Michelin Bataille de Normandie
n⁰ 102 et Voie de la Liberté n⁰ 105.

A l'aube du 6 juin 1944, ce nom – qui n'existait encore que dans le code secret du grand État-Major allié – est entré dans l'histoire. Il s'applique strictement aux plages de St-Laurent, Colleville-sur-Mer et Vierville-sur-Mer où la 1ʳᵉ division américaine toucha le sol de France en une dramatique prise de contact, la plus coûteuse du « Jour J ».

Dans le cimetière militaire américain de St-Laurent, le recueillement et l'émotion l'emportent sur la curiosité ; de même la reconnaissance pour ces milliers de jeunes soldats venus de leur lointain pays tomber sur les plages du Calvados pour notre liberté. Aussi Omaha symbolise-t-il dans un même souvenir l'évocation des autres plages du débarquement.

**Le débarquement des Alliés en Normandie** – De droite à gauche, en regardant la mer, se déployèrent ainsi les Franco-Britanniques à **Sword Beach** (Colleville-Montgomery, Lion-sur-Mer, St-Aubin), les Canadiens à **Juno Beach** (Bernières et Courseulles), les Britanniques à **Gold Beach** (Ver-sur-Mer et Asnelles), les Américains à **Omaha** et à **Utah Beach** (la Madeleine, dunes de Varreville dans le Cotentin).

Dans la nuit, des troupes aéroportées avaient devancé les corps du débarquement pour paralyser la défense ennemie aux ailes du front, à Pegasus Bridge et à Ste-Mère-Église.

La **pointe du Hoc**, entre Omaha et Utah, fut enlevée dès l'aube du 6 juin, d'assaut, par le 2ᵉ bataillon de Rangers en raison de la valeur stratégique de ce site, d'où l'ennemi tenait sous son feu l'ensemble du champ de bataille maritime.

Un port artificiel fut monté le jour même à **Arromanches.**

Des cimetières militaires, des monuments commémoratifs, des belvédères, des musées rappellent l'ampleur de ces événements et leur rôle dans l'histoire européenne et mondiale.

Ⓒ ►► Utach Beach – Musée du Débarquement.

# ORADOUR-SUR-GLANE

1 998 habitants
Cartes Michelin n⁰ˢ 72 plis 6, 7 ou 233 pli 22 – Guide Vert Berry Limousin.

Des pans de murs calcinés, un mémorial, un cimetière où ont été rassemblées les dépouilles de 642 victimes du nazisme composent le « village martyr » Ⓒ, anéanti par 160 « S.S. » d'une division d'élite.

Ils appellent au recueillement devant une tragédie de la Seconde Guerre mondiale, d'autant plus atterrante qu'elle représentait le massacre gratuit et délibéré d'un village choisi pour son innocence et par là plus apte, pensait l'ennemi, à paralyser de terreur l'ensemble du pays.

Cet événement fut perpétré le 10 juin 1944, soit 4 jours après l'annonce du débarquement allié en Normandie, par des troupes montant vers le front.

# ORANGE★★

26 964 habitants
Cartes Michelin n⁰ˢ 81 plis 11, 12 ou 245 pli 16 ou 246 pli 24.
Guide Vert Provence – Plan dans le guide Rouge Michelin France.

Orange connut la prospérité avec la paix romaine et devint, sur la via Agrippa, une ville d'étape entre Arles et Lyon. Au 16ᵉ s. elle se trouve léguée, ainsi que sa principauté, par René de Châlon à son cousin Guillaume. Celui-ci, dit le Taciturne, fut donc à la fois stathouder des Pays-Bas et prince d'Orange ; c'est le fondateur de la branche des Orange-Nassau. François de Grignan, au cours de la guerre de Hollande, agissant au nom du roi, s'empara de la ville qui fut reconnue française par la paix de Nimègue en 1678.

★★★ **Théâtre antique** Ⓒ – C'est le plus beau et le mieux conservé du monde romain. De peu antérieur à l'ère chrétienne, il date du règne d'Auguste.

Son mur de scène (103 x 36 m) « la plus belle muraille du royaume », disait Louis XIV, fait de granit et de brèche d'Afrique, frappe par la simplicité de son parement extérieur, rompu seulement par les corbeaux de support des mâts sur lesquels on tendait les toiles protégeant le public du soleil.

Côté scène, le mur a perdu ses revêtements de marbre, ses mosaïques, ses colonnes et ses statues. La statue impériale, remise en place dans la grande niche centrale, et quelques moellons de granit martelés donnent une idée de sa finition décorative originelle.

★★ **Arc de triomphe** – Il fut élevé de 21 à 26. Sur ses faces Nord et Est les reliefs sculptés célèbrent les exploits de la 2ᵉ légion en Gaule (armes gauloises, armes imaginaires des Amazones), la domination de Rome (captifs gaulois vaincus et enchaînés) et sa maîtrise des mers depuis la victoire navale d'Actium remportée par les fantassins d'Agrippa et d'Octave sur la flotte grecque prise à l'abordage (ancres, avirons, navires).

# ORCIVAL★★

381 habitants
Cartes Michelin nᵒˢ 73 pli 13 ou 239 pli 18 – Guide Vert Auvergne.

De nombreuses maisons de ce bourg montagnard de l'Auvergne volcanique sont encore couvertes de dalles de lave phonolithique provenant de la roche Tuilière proche.

**★★ Basilique Notre-Dame** ⓒ – Cette église romane, construite vers 1130, presque adossée à la montagne, présente le chevet étagé et les flancs renforcés de puissants contreforts et de grands arcs distinctifs de l'école auvergnate. Sur le

côté droit, allégé à l'étage supérieur par une série d'arcatures, s'ouvre la porte St-Jean garnie de ses pentures de fer forgé.

A l'intérieur, le carré du transept, éclairé par 14 fenêtres et soutenu par de puissants arcs diaphragmes, est un chef-d'œuvre, ainsi que le chœur et la crypte vaste et claire dont le déambulatoire est très développé.

Parmi les chapiteaux, celui de l'avare ou de l'usurier, du 12ᵉ s., ne personnifie plus les vices par des personnages redoutables mais par leurs conséquences. Dans le chœur une **vierge**★ de majesté a conservé sa parure d'orfèvrerie ; son visage, à la fois de paysanne auvergnate *(côté gauche)* et de dame de société *(côté droit)*, affirme l'universalité du rôle de « Trône de la sagesse » qu'elle incarne dans cette représentation.

Orcival – L'église.

# Aven d'ORGNAC★★

Cartes Michelin nᵒˢ 80 pli 9 ou 246 pli 23 – Guide Vert Provence.

Cet **aven** ⓒ s'ouvre dans les bois qui couvrent le plateau ardéchois. Il fut exploré le 19 août 1935 par Robert de Joly (1887-1968). Cet ingénieur de l'École d'électricité de Paris, passionné par l'aviation et l'automobile mais surtout par la spéléologie, est l'organisateur de l'exploration et de l'étude du monde souterrain en France et le créateur du matériel technique approprié. En 13 ans de campagnes dans les Causses, les Garrigues languedociennes, le plateau ardéchois et les Barres de Haute-Provence, il accomplit de nombreuses « premières ».

Seules trois salles d'Orgnac I sont ouvertes au public ; les immensités d'Orgnac II-III-IV n'étant pas aménagées. L'aven d'Orgnac doit son origine à un torrent souterrain qui, à l'ère tertiaire, empruntait une ligne de faille et établissait une relation entre la Cèze et l'Ardèche. Après des milliers de siècles d'érosion et de corrosion, la lente édification des concrétions s'est accomplie dans l'obscurité silencieuse. Elle fut affectée, à la fin de l'ère tertiaire, par des séismes – eux-mêmes liés au soulèvement des Alpes – qui ont brisé des stalactites et renversé des stalagmites et, durant l'ère quaternaire, par les variations climatiques (alternance de périodes chaudes et glaciaires). Ainsi on observe que les deux salles supérieures, d'effondrement, sont séparées par un chaos de la salle inférieure, d'érosion. Dans celle-ci, les stalagmites prennent des formes « en baïonnette » marquant une reprise de l'activité après l'obstruction d'un canal d'alimentation ou en « assiettes empilées », la hauteur de la voûte provoquant alors un éclatement de la goutte d'eau chargée de calcite à son arrivée, voire en « pommes de pin » révélant une croissance irrégulière. Un **musée** ⓒ consacré aux ensembles préhistoriques régionaux (Orgnac III était habité par les hommes il y a quelque 3 000 siècles) présente les civilisations qui se sont succédé entre le Rhône et les Cévennes du paléolithique ancien à l'âge des métaux.

*Pour votre voiture :*

*Dans le **guide Rouge Michelin France** de l'année, au texte de la plupart des localités figure une liste de représentants des grandes marques automobiles avec leur adresse et leur numéro d'appel téléphonique. En route, vous pouvez ainsi faire entretenir ou dépanner votre voiture, si nécessaire.*

# ORLÉANS★

Agglomération 243 153 habitants
Cartes Michelin nos 64 pli 9 ou 237 pli 40 ou 238 pli 5.
Guide Vert Châteaux de la Loire – Plan dans le guide Rouge Michelin France.

Orléans, de tout temps centre commercial actif, s'est développé sur les bords de la Loire entre les riches plaines à blé de la Beauce au Nord et les landes et forêts de Sologne au Sud. Capitale de la région Centre, Orléans joue un rôle important dans la vie administrative et universitaire.

Aux 10e et 11e s., Orléans représente, avec Paris et Chartres, le centre de la monarchie capétienne (le fils d'**Hugues Capet, Robert II « le Pieux »**, fut sacré roi en 996 en la cathédrale). Le centre historique de la ville se situe place du Martroi au centre de laquelle se dresse la statue de Jeanne d'Arc.

**Le siège de 1428-1429** – Ce siège mémorable est l'un des grands épisodes de l'histoire de France, il symbolise le point de départ de la renaissance d'un pays et d'un peuple qui allaient sombrer dans le désespoir. Il dura du 12 octobre 1428 au 7 mai 1429. Le dimanche 8 mai 1429, les Anglais se retirent des dernières bastilles et lèvent le siège : **Jeanne**, victorieuse, reçoit un triomphe à Orléans.

Le Siège d'Orléans.

★★ **Musée des Beaux-Arts** ⊙ – Ce musée, dont les collections figurent parmi les plus riches de France, est installé depuis 1984 dans une construction nouvelle de style classique. La peinture en constitue la partie la plus abondante, notamment l'école française du 16e au 20e s. jusqu'à des artistes tout à fait contemporains. Les plus grands noms sont présents : Le Nain, Ph. de Champaigne, Courbet, Boudin, Gauguin, Vigée-Lebrun, Rouault, Gromaire, Soutine, Zao Wou-ki et même Max Jacob (plus connu comme écrivain, mais qui a laissé cependant quelques aquarelles et gouaches).

★ **Cathédrale Ste-Croix** – La cathédrale, dont la construction fut commencée au 13e s. et poursuivie jusqu'au début du 16e s., fut en partie détruite par les protestants en 1568. **Henri IV**, reconnaissant à la ville de s'être ralliée à lui, en entreprit la reconstruction dans un style gothique composite. De splendides **boiseries**★★ de 1706 (sculptures des médaillons et des panneaux qui ornent les hauts dossiers des stalles) décorent le chœur. Dans la **crypte** ⊙, on pourra voir des vestiges de trois édifices qui ont précédé la cathédrale actuelle et deux sarcophages, dont celui de l'évêque Robert de Courtenay (13e s.) qui a fourni les éléments les plus précieux du **trésor** ⊙.

⊙ ►► Musée historique★ – Museum des sciences naturelles★ – Parc floral de la Source à Olivet★★.

# Ile d'OUESSANT★★

1 062 habitants
Cartes Michelin no 58 pli 2 ou 230 pli 1 – Guide Vert Bretagne.

A 25 km au large de la côte du Finistère, l'**île d'Ouessant** ⊙, lambeau extrême du plateau du Léon, présente, entre deux bombements granitiques orientés du Nord-Est au Sud-Ouest, une dépression de micaschistes rongés par la mer dans laquelle se creusent la baie du Stiff et celle de Lampaul.

Plus marins de l'État ou de commerce que pêcheurs (quelques langoustes), les hommes y vivent dans des hameaux très dispersés dont le bourg principal est Lampaul, attachant par l'exiguïté de son port et par le petit monument des croix de Proëlla *(au centre du cimetière)* où sont déposées les petites croix de cire représentant les disparus en mer.

Bibliothèque nationale Paris/ARTEPHOT

A l'abri du vent, poussent des camélias, des aloès et des agaves ; mais l'ensemble de l'île est couvert d'ajoncs nains et de bruyère cendrée. Son herbe rase nourrit un cheptel de moutons errant en vaine pâture. Dans les abris de ses falaises et des îlots voisins, des colonies d'oiseaux de mer font étape lors de leurs migrations et viennent nidifier au printemps.

★★★ **Côte Sauvage** – *4 h à pied AR au départ de Lampaul.* Déserte, déchiquetée par les vagues, elle occupe le rivage Nord-Ouest de l'île. Ses pointes, ses anses, ses rochers composent d'extraordinaires paysages marins. Quand le mauvais temps se met de la partie et que le vent règne en maître, des lames déferlent sur ses récifs dans un fracas de tonnerre et roulent d'énormes galets sur ses falaises. La pointe de Pern, l'île de Keller, le Penn-ar-Ru-Meur et l'îlot de Cadoran en sont les sites les plus spectaculaires.

Cinq grands phares surveillent et guident, tout autour de l'île, les quelque 300 navires qui empruntent chaque jour le rail d'Ouessant. Celui de **Créac'h** ⊘ où est installé le **Centre d'interprétation des Phares et Balises**, le plus puissant du monde, détermine, avec son homologue anglais de Lands End, la limite de la Manche ; celui du **Stiff** ⊘ (tours construites par Vauban en 1695) offre un **panorama**★★ sur cet immense horizon marin. Pareille protection n'est pas superflue : les parages d'Ouessant avec leurs brumes, leurs récifs et leurs courants sont en effet célèbres dans les annales maritimes. Le service hydrographique de la marine y a dénombré 54 naufrages en un siècle.

# Gouffre de PADIRAC★★★

Cartes Michelin nᵒˢ 75 pli 19 ou 235 pli 7 ou 239 pli 39.
Guide Vert Périgord Quercy.

Le **gouffre de Padirac** ⊘, qui s'ouvre dans le causse de Gramat, est l'une des grandes curiosités naturelles du Massif Central.

Le gouffre proprement dit constitue un gigantesque puits (aven ou igue) aux dimensions saisissantes : 99 m de circonférence et 75 m de profondeur jusqu'au cône d'éboulis formé par l'effondrement de la voûte primitive. Ses parois, couvertes de coulées stalagmitiques et de végétation, retiennent une atmosphère vaporeuse.

**Guy de Lavaur** (1903-1986), disciple de Robert de Joly *(voir à Aven d'Orgnac)*, d'abord explorateur de grottes sèches, puis innovateur en techniques de plongée dans les réseaux noyés et les puits des sources vauclusiennes, poursuivit l'exploration en 1938 et réussit à forcer des siphons devant lesquels Édouard-Alfred Martel, le précurseur, avait dû renoncer. Le réseau des galeries de Padirac allait bientôt passer de 2 à 15 km.

La rivière souterraine, qui réapparaît à l'air libre à 11 km de là au cirque de Montvalent près de la Dordogne, coule à 103 m au-dessous de la surface du Causse. Son cours principal et ses affluents ont été explorés sur plus de 5 km de galeries. Le Grand Pilier, la Grande Pendeloque du lac de la Pluie et la salle du Grand Dôme comptent parmi les chefs-d'œuvre naturels du monde souterrain.

*Complément filmé du* **guide Vert Châteaux de la Loire** *(entre Chambord et Chinon)...* **Une vidéo cassette** *pour découvrir les inoubliables demeures élevées par les rois de France à l'époque de la Rénaissance et mieux apprécier le pays du bien vivre où vécut Rabelais.*

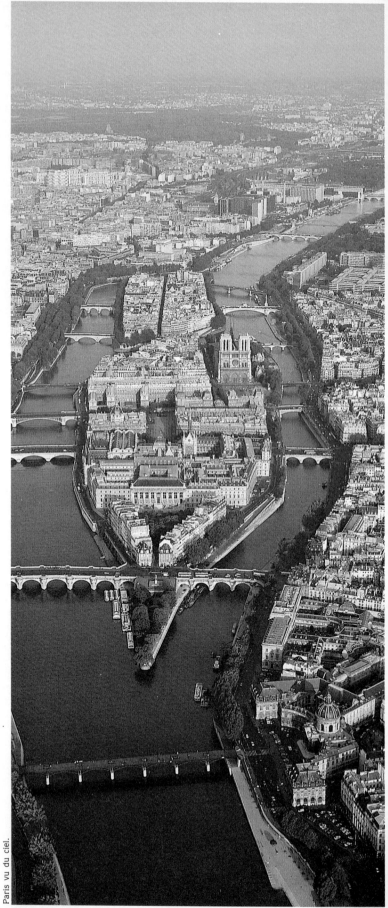

Paris vu du ciel.

# PARIS★★★

2 152 333 habitants
Carte Michelin n° 101 et plan n° 10 (en une feuille) ou n° 11 (en atlas avec répertoire).
Guide Vert Paris.

La prépondérance intellectuelle, artistique, scientifique et politique de Paris *(1)* et la prééminence de son rayonnement se sont dessinées, à partir du 12ᵉ s., lorsque les rois capétiens en eurent fait leur capitale.

## UNE PROMENADE DANS CE PASSÉ

La chute de l'Empire romain, en 476, marque pour les historiens la fin de l'Antiquité et le début du Moyen Age.

*Moyen Age (476-1492)*

Paris n'est alors qu'une bourgade fondée sept siècles plus tôt par des pêcheurs gaulois. Elle a vécu l'occupation par les légions romaines de Labienus, une extension au Sud du fleuve dont témoignent les vestiges des thermes de Cluny et d'un petit amphithéâtre du 2ᵉ s., les « arènes », le martyre de saint Denis son évangélisateur et premier évêque, la destruction au 3ᵉ s. par des envahisseurs barbares, suivie du repli dans l'île de la Cité à l'approche des hordes d'Attila dont l'a protégée l'intervention de sainte Geneviève.

Clovis, roi des Francs, s'installe à Paris en 508. Deux ans plus tard, il fonde, au Sud de la Seine, une abbaye en l'honneur de sainte Geneviève, tout comme 35 ans plus tôt une première basilique avait été édifiée sur le tombeau de saint Denis. En 885, pour la 5ᵉ fois en 40 ans, les Normands remontent la Seine et assiègent Paris ; le comte Eudes, chef de la résistance, est élu roi de « France » en 888. La ville devient, par intermittence, siège de la résidence royale.

### Les Capétiens directs (987-1328)

Autour de l'an mille, l'abbaye de St-Germain-des-Prés, dévastée par les Normands, est reconstruite dans un style roman, bien altéré depuis.

Pierre Abélard dispense son enseignement, puis Suger, en 1136, reconstruit l'abbatiale de St-Denis dans le tout nouveau style gothique, bientôt suivi par Maurice de Sully qui entreprend Notre-Dame. De 1180 à 1210, Philippe Auguste entoure Paris qui se développe d'une enceinte continue appuyée sur le château fort du Louvre. En 1215, l'Université de Paris, la première de France, est fondée sur la montagne Ste-Geneviève.

Sceau de la
« Marchandise de l'Eau » (1210).

Saint Louis, équitable défenseur des droits de chacun et de la couronne, élève, en 1246, la Ste-Chapelle (profanée en 1791) destinée à recevoir les reliques de la Passion ; puis il installe le collège de Sorbon et fonde, pour 300 aveugles pauvres, l'hospice des Quinze-Vingts (15 x 20 = 300).

Dans les premières années du 14ᵉ s., Philippe le Bel construit la Conciergerie ; le 30 octobre 1307, il ordonne l'arrestation de tous les templiers de France, puis, ayant obtenu en 1314 la dissolution de leur ordre par le pape, il fait brûler vifs Jacques de Molay leur grand-maître et 54 de ses compagnons.

### Les Valois (1328-1589)

A proximité d'un manoir de Philippe Auguste et d'une chapelle de Saint Louis, Philippe VI entreprend à Vincennes la construction d'un château dont le donjon répond aux normes alors les plus avancées de l'architecte militaire. Et, avant d'être retenu captif en Angleterre, son fils Jean II en poursuit les travaux.

Le 22 février 1358, le prévôt des marchands, Étienne Marcel, qui a réussi à enflammer les bourgeois révoltés, pénètre à la tête des émeutiers au palais de Justice, gagne la chambre du dauphin et, sous ses yeux, égorge deux de ses conseillers. Devenu roi, Charles V quitte le palais qui lui rappelle de trop mauvais souvenirs et s'installe d'abord dans le vaste hôtel St-Paul (détruit), puis à Vincennes ; il rend le Louvre habitable et le dote d'une bibliothèque. En 1370, pour se ménager un refuge fortifié à l'Est de Paris, il élève la forteresse de la Bastille sur laquelle vient prendre appui une nouvelle enceinte de la ville. A partir de Charles VII, la monarchie séjourne souvent dans les châteaux du Val de Loire et transporte à chaque déplacement vaisselle et mobilier ; cette façon de vivre sur le pays a pu être assimilée à un art de lever l'impôt. L'assassinat de Louis d'Orléans, frère du roi, rue Vieille-du-Temple en 1407 par les hommes de Jean sans Peur déclenche la guerre civile entre Armagnacs et Bourguignons ; Paris est livrée aux Anglais en 1418, et Jeanne d'Arc est blessée devant la porte St-Honoré qui s'ouvrait dans l'enceinte de Charles V en essayant de reprendre la ville en 1429. Paris ne redevient française que huit ans plus tard, reconquise par Charles VII.

Le style gothique flamboyant se manifeste à Paris au déambulatoire de l'église St-Séverin, au transept de St-Étienne-du-Mont, au porche de St-Germain-l'Auxerrois qui devint la paroisse des rois lorsque les Valois s'installèrent au Louvre. Alors, François Villon, voleur et débauché, se fait le poëte des chemineaux avec un talent en avance sur son temps mais desservi par une langue déjà bien archaïque ; Louis XI installe à la Sorbonne des imprimeurs venus de Mayence.

---

*(1) Nous donnons aux monuments et à la voirie leurs noms actuels.*

En 1475, s'élève l'hôtel de Sens qui représente avec celui de Cluny une des rares demeures privées de la fin du Moyen Age à Paris ; encore que s'y ressentent, dans le fenêtrage mouluré, les accolades et les lucarnes, les influences d'artistes italiens appelés à la cour.

En 1492, la découverte de l'Amérique marque le début des temps modernes. C'est **Temps modernes (1492-1789)**
l'époque où des artistes napolitains, ramenés par Charles VIII de ses guerres d'Italie, introduisent un renouveau dans les goûts et les façons de penser.

Cette « Renaissance » se manifeste dans les arcs en plein cintre de St-Eustache, dans la décoration du jubé de St-Étienne-du-Mont et, de même, dans les instances de Guillaume Budé poussant François I<sup>er</sup> à fonder le Collège de France.

Au milieu du 16<sup>e</sup> s. s'élèvent l'hôtel Carnavalet, puis l'aile de Pierre Lescot, qui amorce la Cour Carrée du Louvre et dont l'architecte a confié l'œuvre sculptée à Jean Goujon. En 1549, Joachim Du Bellay publie sa « Défense et illustration de la langue française » qui devient le manifeste de la Pléiade.

En 1559, la cour est endeuillée par la mort de Henri II, blessé rue St-Antoine, lors d'un tournoi donné à l'occasion du mariage de sa fille. Sa veuve, Catherine de Médicis, confie alors à Philibert Delorme la tâche d'édifier le palais des Tuileries. Quelques années plus tard, Germain Pilon, dans le goût idéalisé du siècle précédent, sculpte les Trois Grâces destinées au mausolée de Henri II. Les frères Androuet Du Cerceau donnent les plans du pavillon de Flore cantonnant à l'Ouest le palais du Louvre, puis entreprennent, en 1578, la construction du Pont Neuf, aujourd'hui le plus ancien de Paris. A la même époque, Ambroise Paré, chirurgien à l'Hôtel-Dieu, fait accomplir des progrès considérables à l'orthopédie.

Mais les sonneries de matines à St-Germain-l'Auxerrois, le 24 août 1572, donnent le signal du massacre des protestants : c'est la St-Barthélemy. Henri de Navarre (le futur Henri IV, tout jeune marié avec Marguerite de Valois) échappe de peu à la mort. En 1588, la Ligue, réaction contre la tendance centralisatrice de la monarchie, paralysante face à la naissante hégémonie espagnole, se retourne contre Henri III qui doit fuir Paris, chassé par la journée des Barricades. Aidé par Henri de Navarre, le roi se décide à assiéger sa capitale ; il est assassiné à St-Cloud, en 1589, par le moine Jacques Clément. C'est l'extinction de la branche des Valois.

## Les Bourbons (1589-1789)

En 1594, Paris ouvre ses portes au nouveau roi qui a pacifié le pays et vient d'abjurer le protestantisme. Henri IV fait alors reprendre les travaux dans sa capitale. Philibert Delorme dessine l'Arsenal, Louis Métezeau la place des Vosges. Mais le 14 mai 1610, le roi tombe sous le couteau de Ravaillac, rue de la Ferronnerie.

**Le règne de Louis XIII** – 1610-1643. Sous Louis XIII, Métezeau ordonne la façade de St-Gervais, la première de style classique à Paris ; Salomon de Brosse édifie pour Marie de Médicis le palais du Luxembourg ; Jean Androuet Du Cerceau dessine les cours et les jardins de l'hôtel de Béthune-Sully ; Lemercier élève l'église de la Sorbonne avec ses colonnes corinthiennes en façade sur cour et, pour Richelieu, le Palais Royal. En 1636, Pierre Corneille, avocat sans causes à Rouen, fait représenter le Cid au théâtre de l'hôtel de Bourgogne, dans le Marais. Six ans plus tard, l'année de Polyeucte, Lemercier élève le pavillon de l'Horloge au Louvre. L'année suivante, le cardinal de La Rochefoucauld fonde l'hospice des Incurables dont l'hôpital Laennec conserve deux ailes de la vieille cour intérieure carrée.

A la mort du roi, en 1643, Anne d'Autriche, régente, gouverne avec Mazarin, qui poursuit la politique de Richelieu. Guillaume Coustou sculpte alors les Chevaux de Marly. Pendant que François Mansart élève l'hôtel Guénégaud et Le Vau les pavillons du Roi et de la Reine à Vincennes, la Fronde agite Paris ; ses désordres font comprendre au jeune souverain la nécessité d'en éloigner la cour.

**Le Siècle de Louis XIV** – En 1661, à 23 ans, le roi, que tout le monde s'accorde à trouver beau, inaugure son règne personnel. Le style classique, mûri pendant la Régence, trouve alors son plein développement. Plus que l'éclat des fêtes données à la cour, le rayonnement des arts et des lettres contribue au renom de la France, soutenu par un monarque qui sait accorder aux artistes et aux écrivains de talent – cependant malaisés à conduire – les moyens, la protection confiante, et une estime ménageant leur indépendance d'esprit et garants de la sincérité de leur reconnaissance. En une vingtaine d'années, Le Nôtre, singulier génie de l'art paysagiste, jardinier des Tuileries, comme son père ou son grand-père, en redessine les parterres ; Claude Perrault entreprend au Louvre sa fameuse colonnade et l'Observatoire : Le Vau achève le gros œuvre du Louvre et l'Institut, « Collège des quatre nations », fondation posthume de Mazarin. Libéral Bruant édifie la chapelle de la Salpêtrière puis, après que Louis XIV eut fondé les Invalides pour abriter ses vieux soldats, il donne les plans de cette caserne, construite comme un palais.

Colbert, soucieux d'enrichir la France par l'accomplissement du travail bien fait, fonde la manufacture des Gobelins. Jean-Baptiste Lulli crée la forme classique de l'opéra et collabore avec Molière à ses comédies-ballets ; ses récitatifs accompagnés au clavecin sont d'une mesure et d'une expression parfaites. Il fonde l'Académie royale de musique. Bossuet prononce ses *Oraisons funèbres* ; La Fontaine écrit ses *Contes et nouvelles*, délices des libertins, puis ses recueils de fables, rares chefs-d'œuvre où se confondent l'enchantement littéraire et la pénétration psychologique. Jean Racine, à 28 ans, produit *Andromaque*, la première de ses grandes œuvres tragiques, suivie de *Britannicus*, *Bérénice*, *Phèdre* et *Athalie* où la pureté du langage transfigure un déchaînement des passions tel qu'il plonge leur auteur dans la pénitence du jansénisme.

Molière, revenu à Paris après de fécondes années d'apprentissage, en Languedoc surtout, qui avait donné *L'École des Femmes* en 1662 puis *Don Juan, Le Misanthrope, Amphitryon, L'Avare, Le Tartuffe, Les Femmes savantes*, des comédies d'une

« ... mâle gaieté si triste et si profonde
« Que lorsqu'on vient d'en rire on devrait en pleurer » *(Alfred de Musset)*

meurt, le 17 février 1673, au n° 40 de la rue de Richelieu, après avoir été saisi de malaise sur la scène du Théâtre-Français dans le rôle du malade imaginaire.

Durant cette même décennie, l'affaire des poisons brûle la proximité même du trône, pervertit une cour encore jeune et avide de plaisirs : Mme de Montespan en reçoit sa silencieuse et irrévocable disgrâce.

André Boulle associe alors son nom au mobilier de bois précieux à incrustations ; François Couperin, maître de la musique instrumentale, est célèbre pour ses pièces de clavecin et ses « ordres » (suite) d'une exquise élégance ; La Bruyère, un orfèvre de la prose, obtient un succès de scandale avec ses *Caractères* ; Charles Perrault, frère de Claude, fascine par les merveilleuses his-

Portrait de Jean de La Fontaine.

R.M.N.

toires de *Cendrillon* et de *La Belle au bois dormant* ; Coysevox sculpte les *Chevaux ailés* des Tuileries et, dix ans plus tard, le tombeau de Colbert à St-Eustache ; Hardouin-Mansart aménage la place Vendôme ; Delamair dessine le palais Soubise et l'hôtel de Rohan dans le Marais. Le « Grand Siècle » s'achève en 1715 avec la mort de Louis XIV.

**Le Siècle des Lumières** – A la mort de son arrière-grand-père, pour la deuxième fois en France, le roi n'a que cinq ans. Le gouvernement du royaume est donc remis à un régent, Philippe d'Orléans. Aussitôt la cour quitte Versailles où l'on se mourait d'ennui et revient à Paris. Cette période de corruption correspond cependant à une époque de rare sécurité : durant 77 ans, la France ne devait pas connaître le malheur d'une invasion étrangère. Elle fut marquée, tout à la fois, par le projet de réforme administrative du chancelier d'Aguesseau poursuivant l'œuvre de Colbert et par la banqueroute de Law qui dut s'enfuir devant la faillite de son système basé sur la commodité des assignats, monnaie papier couverte par un insuffisant répondant d'or et sur une conception des valeurs faisant prévaloir l'aspect comptable des choses sur la valeur réelle des entreprises et des exploitations ; la rue Quincampoix et les abords de l'église St-Merri virent alors le triomphe des agioteurs.

A la même époque s'ouvrent les salons, en particulier ceux de la marquise de Lambert, de Mme Du Deffand et de Mme Geoffrin où prennent naissance les idées nouvelles, tandis que s'édifie le palais Bourbon.

Robert de Cotte aménage l'esplanade des Invalides. Nicolas Cressent, ébéniste, séduit par le travail de ses bronzes ; il préfigure ce siècle où l'art du meuble émerveille le monde et nourrit l'activité d'ateliers et de boutiques rue St-Eustache et faubourg St-Antoine. En 1723, Jean-Philippe Rameau, théoricien par son *Traité de l'harmonie,* novateur dans la composition d'opéras et d'opéras-ballets *(Les Indes galantes)*, est un précurseur dans l'invention mélodieuse de ses suites pour clavecin. Marivaux donne, en 1730, *Le Jeu de l'amour et du hasard*. En 1739, Georges Buffon, naturaliste, aménage le Jardin des Plantes et, l'année suivante, Bouchardon sculpte la fontaine des Quatre-Saisons.

**Le règne de Louis XV** – Le règne personnel (1743-1774) de Louis XV, déconsidéré par les favorites, est en revanche illustré par des personnalités telles que Charles de La Condamine, naturaliste et géodésien qui remet, en 1751, un mémoire à l'Académie concernant sa découverte du caoutchouc ; par Jussieu, titulaire de la chaire de botanique du Jardin des Plantes, qui établit, en 1759, une classification rationnelle des végétaux et fait progresser la pharmacologie ; par Diderot qui publie, en collaboration avec d'Alembert, son *Encyclopédie*, véritable somme de la technologie de l'époque ; par Chardin, bénéficiaire d'un logement au Louvre, qui s'adonne au pastel ; par Robert Pothier qui compose son *Traité des obligations* ; par Ange-Jacques Gabriel, le plus célèbre et le dernier d'une dynastie d'architectes liée aux Mansart et à Robert de Cotte, qui a valu à la France un siècle d'unité architecturale : il dessine les superbes façades déployées de la place de la Concorde, celle de l'église St-Roch puis réalise l'École militaire ; par Soufflot, auteur de la coupole du Panthéon.

Dans le même temps se distinguent les ébénistes : Lardin par ses bahuts et ses commodes plaqués de bois de rose, Boudin, marqueteur virtuose et spécialiste des meubles à secret ; ils annoncent les maîtres du règne suivant.

**Le règne de Louis XVI** – Lacroix, après avoir fabriqué des tables et des secrétaires, donne sa mesure dans des commodes et des bonheurs-du-jour d'un galbe parfait ; Georges Jacob, installé près de la porte St-Martin, règne sur l'art du mobilier par l'éclat incomparable de ses sièges et crée les célèbres fauteuils « à la reine ». Jean Riesener surtout, qui tient atelier et boutique rue St-Honoré, est l'un des créateurs du style Louis XVI ; ses commodes et ses bureaux d'acajou décorés de bronzes triomphent par la sobriété de leur distinction.

Chalgrin dessine le buffet d'orgue de l'église St-Sulpice : Gluck écrit *Orphée* et marque Méhul de son influence ; Antoine élève l'hôtel des Monnaies ; Baudelocque crée l'obstétrique ; Pilâtre de Rosier s'élève du faubourg St-Antoine dans une montgolfière en papier et traverse Paris ; Beaumarchais, après *Le Barbier de Séville,* achève à l'hôtel Amelot de Bisseuil *Le Mariage de Figaro* représenté au Théâtre-Français le 27 avril 1784, comédie qui fait de lui le « défenseur des opprimés » ; Claude-Nicolas Ledoux, 9 ans après Arc-et-Senans, édifie les 57 « barrières » de l'octroi qui font murmurer les Parisiens ; Élisabeth Vigée-Lebrun, la portraitiste de Marie-Antoinette et de ses enfants, séduit par sa grâce et sa tendresse.

## Révolution et Empire (1789-1814)

**Époque contemporaine (Depuis 1789)**

En 1788, le roi s'est résolu à convoquer les États Généraux qui s'ouvrent à Versailles le 5 mai 1789.

**La Constituante** – Le 17 juin, les États se transforment en une Assemblée nationale qui se déclare Constituante le 9 juillet : la monarchie est condamnée, à terme, à devenir constitutionnelle.

Le 14 juillet, en moins d'une heure, le peuple de Paris s'empare de la Bastille dans l'espoir d'y trouver des armes ; le plan de la forteresse démolie apparaît encore, matérialisé dans le pavage et sur le trottoir à l'Ouest de la place (ce jour devint fête nationale en 1879). Le 17 juillet, à l'Hôtel de Ville, Louis XVI baise la cocarde tricolore qui vient d'être adoptée. L'abolition de la féodalité, dans la nuit du 4 août, et la Déclaration des droits de l'homme et du citoyen, le 26, précèdent l'installation de la Constituante au manège du palais des Tuileries le 5 octobre et celle de la famille royale, qui vient de quitter Versailles, au palais lui-même.

Le 22 décembre, l'Assemblée divise le territoire français en 83 départements, faisant ainsi droit à un projet élaboré par d'Argenson en 1764.

Le 12 juillet 1790, l'Église est régie par la Constitution civile du clergé ; le surlendemain, jour anniversaire de la prise de la Bastille, la fête de la Fédération rassemble en signe d'unité nationale une foule considérable sur le Champ-de-Mars ; dans l'enthousiasme général, Talleyrand célèbre, comme il le peut, une messe sur l'autel de la patrie et Louis XVI reprend le serment de fidélité à la nation.

Le 25 juin 1791, le roi, qui avait fui pour rejoindre à Metz l'armée de Bouillé, mais avait été reconnu cinq jours plus tôt à Varennes-en-Argonne, est ramené à Paris. Le 30 septembre, il doit bien accepter la Constitution adoptée par l'Assemblée qui se sépare.

**La Législative** – Les nouveaux députés se réunissent le lendemain dans la salle du Manège. Le 20 juin 1792, les émeutiers lancés par les Girondins envahissent les Tuileries et coiffent Louis XVI du bonnet rouge « de la liberté ». Le 11 juillet, l'Assemblée déclare « la patrie en danger » et, dans la nuit du 9 août, les sans-culottes imposent une « commune insurrectionnelle » qui devient un organe de gouvernement ; le lendemain, les fédérés donnent l'assaut au palais des Tuileries, le pillent et massacrent 600 de ses gardes suisses. Cette action détermine l'Assemblée à prononcer la suspension du roi, aussitôt enfermé, avec sa famille, dans la tour du Temple. Le 2 septembre, le carrefour de Buci est le théâtre de massacres qui, perpétrés quatre jours durant, voient 1 200 détenus exécutés « pour se faire

Louis XVI coiffé du bonnet « de la liberté ».

justice de ses ennemis » avec une participation active de la commune insurrectionnelle. C'est le début de la Terreur.

Le 21 septembre, le lendemain de Valmy rue de Rivoli, la Législative fait place à la Convention.

**La Convention** – Dès sa première séance, le 21 septembre 1792, la nouvelle assemblée, aux mains des Girondins, abolit la royauté. La proclamation de la République, le jour même, détermine le premier jour de l'An I (le calendrier révolutionnaire resta en vigueur jusqu'au 31 décembre 1805). Le 11 décembre s'ouvre au manège le procès de Louis Capet. Le souverain est décapité le 21 janvier 1793, place de la Concorde. Fin mai, les Girondins, rendus responsables des difficultés extérieures et intérieures nées des excès du brigandage, coupés du soutien populaire, tombent, remplacés par les Montagnards.

La Convention montagnarde procède, le 10 août 1793, à l'inauguration du musée du Louvre. Le 17 septembre, par la loi des Suspects, elle légalise la Terreur contre ceux qui désapprouvent sa politique. Les tribunaux révolutionnaires exécutent d'abord les Girondins, en octobre 1793. Le 8 juin 1794, sous la présidence de Maximilien Robespierre, dit l'« Incorruptible », la fête de l'Être suprême, mise en scène par le peintre David, auteur du *Serment du jeu de paume*, se déroule dans le parc des Tuileries. Le cortège gagne ensuite le Champ-de-Mars.

Le 10 juin (9 prairial) commencent les exécutions de la Grande Terreur. La guillotine, « le rasoir national », coupe, en deux mois, 2 561 têtes dont celle de Lavoisier, fermier général et, durant ses loisirs, savant qui avait fait de la chimie une science par l'élimination de ses « impondérables » et établi la loi de la conservation des masses ;

puis celle d'André Chénier, poète lyrique qui dans les cent vers des iambes avait réprouvé les excès du régime. Le 27 juillet (9 thermidor), la chute de Robespierre, à l'Hôtel de Ville, marque la fin de cette période.

La Convention thermidorienne, devant la « nausée de l'échafaud », vise alors à la stabilisation et à l'accalmie des esprits. Elle accomplit une œuvre considérable par le souci qui l'habite de donner à la France les outils du savoir. Ainsi fonda-t-elle, en 1794, l'École polytechnique à l'initiative de Monge qui étudiait la géométrie descriptive et l'électromagnétisme ; le Conservatoire des Arts et Métiers à celle de l'abbé Grégoire ; l'École normale à celle de Lakanal ; en 1795, elle adopta le système métrique, institua le bureau des Longitudes et, à la veille de sa séparation, le 25 octobre, l'Instruction publique et l'Institut de France, « l'une des créations les plus glorieuses de la Révolution » selon Renan.

**Le Directoire et le Consulat** – Le Directoire, marqué par la première exposition universelle, en 1798, prend fin par le coup d'État du 9 novembre (18 brumaire) 1799 lorsque le Conseil des Anciens envoie le corps législatif siéger à St-Cloud par mesure de précaution devant les menées jacobines. Le lendemain, Bonaparte, conspué à son arrivée dans la salle, est sauvé par la présence d'esprit de son frère Lucien qui fait appel à la garde pour disperser les députés. Le soir même, le pouvoir est aux mains de trois consuls. C'est la fin de la Révolution.

En moins de cinq ans, le Consulat permet à Napoléon de centraliser les pouvoirs au profit de son ambition et jalonne son ascension vers l'Empire. Cette période, marquée par le redressement de la situation, vaut par une reconnaissance des valeurs que manifeste la création de l'ordre de la Légion d'honneur et par l'apaisement des esprits qu'explicite le concordat signé avec l'Église. Le *Génie du christianisme* de Chateaubriand se taille un succès d'opportunité par sa coïncidence avec la nouvelle politique religieuse de Bonaparte.

Alors que Babeuf imagine son « système socialiste » quelque trois quarts de siècle avant la révolution industrielle, le mathématicien Lagrange étudie les fonctions puis les équations de la dynamique ; Lebon, avec sa thermolampe, inaugure l'éclairage au gaz ; Bichat crée la physiologie et définit la notion capitale de tissu. En 1803, le pont des Arts, premier pont en fer, est lancé et réservé aux piétons.

Bonaparte, comme parade aux complots (affaires Cadoudal et Pichegru) que l'Angleterre et les émigrés ourdissaient contre lui, ordonne l'exécution du duc d'Enghien ; elle a lieu au petit matin du 21 mars 1804 dans les fossés du château de Vincennes et indigne l'Europe.

**L'Empire** – Proclamé par le Sénat empereur des Français le 18 mai 1804, Napoléon I$^{er}$ est sacré le 2 décembre à Notre-Dame par le pape Pie VII et se couronne lui-même ; cérémonie immortalisée par David. Son règne fut marqué, dans le domaine juridique, par la promulgation du **Code civil**, dès 1804, auquel, Premier consul, il avait participé et dont l'expansion s'est ressentie universellement.

Pour faire de Paris sa capitale impériale, Napoléon ordonne, en 1806, l'érection, place Vendôme, d'une colonne à la gloire de la Grande Armée fondue avec le bronze des canons pris à Austerlitz ; il passe commande à Vignon d'un temple qui faillit être une gare avant de devenir l'église de la Madeleine ; il demande à Chalgrin les plans de l'Arc de triomphe. Brongniart construit la Bourse ; Percier et Fontaine, les promoteurs du style Empire, l'aile Nord du Louvre et l'arc du Carrousel ; Gros peint les batailles et Géricault les cavaliers de la Grande Armée et leurs montures.

Le 31 mars 1814, les alliés occupent Paris malgré la résistance de Daumesnil à Vincennes. Le 11 avril, l'empereur Napoléon, « le seul obstacle au rétablissement de la paix en Europe », signe son abdication au palais de Fontainebleau.

## La Restauration (mai 1814-février 1848)

**Le règne de Louis XVIII** – 1814-1824. Le règne du frère de Louis XVI fut interrompu par les Cent-Jours que dura le retour de Napoléon entre son séjour à l'île d'Elbe et son exil à Ste-Hélène. Durant ces dix années Laënnec découvre et décrit l'auscultation médiate, invente le stéthoscope et fonde, avec Bayle et Dupuytren, l'école anatomoclinique ; Pinel étudie à la Salpêtrière les maladies mentales ; Cuvier jette les bases de la biologie, formule les principes de la subordination des organes à leur fonction et établit une classification zoologique ; Berthollet étudie la composition des acides ; Sadi Carnot, la thermodynamique et l'équilibre des températures ; Arago, l'électromagnétisme et la lumière polarisée ; Daguerre assure sa notoriété par les dioramas ; Lamartine bouleverse la société littéraire par ses *Méditations poétiques* dont le rythme élégiaque berce les insomnies de Talleyrand alors que tout Paris se récite les vers du *Lac* et du *Vallon*.

**Le règne de Charles X** – 1824-1830. La peinture brille des œuvres d'Eugène Delacroix dont les *Massacres de Chio* précèdent les grandes compositions et de celles du paysagiste Corot. A la même époque, Laplace trouve les lois essentielles de l'analyse mathématique et jette les bases de la mécanique céleste, Berlioz écrit sa *Symphonie fantastique* qui devient le fer de lance de l'école romantique de musique.

Le 21 février 1830, au Théâtre-Français, se livre la bataille d'*Hernani*, drame de Victor Hugo, dans laquelle s'affrontent les Anciens et les Modernes du monde théâtral. Les ordonnances sur la presse provoquent les Trois Glorieuses ; le frère de Louis XVI doit se retirer. La couronne passe à la branche cadette des Bourbons.

**Le règne de Louis-Philippe** – 1830-1848. Dans les années 30, le mathématicien Évariste Galois fonde la théorie des groupes dont Cauchy poursuit l'investigation ; Victor Hugo écrit *Notre-Dame de Paris* et Alfred de Musset rédige *Les Caprices de*

*Marianne.* Frédéric Chopin, adopté par la société parisienne, compose ses valses, ses scherzos et ses *Polonaises.* En 1838, en congé à Paris, Stendhal écrit en 7 semaines *La Chartreuse de Parme* qui vaut par sa psychologie sans défaut et les divers degrés de lecture qu'elle autorise. Charles Havas fonde à Paris la première agence d'information ; en 1839, la première ligne de chemin de fer ouverte au public relie l'embarcadère de Paris à celui de St-Germain. La caricature des travers de la monarchie de Juillet par les dessins de Daumier, la publication des *Mystères de Paris* par Eugène Sue, la parution du *Comte de Monte-Cristo* et des *Trois Mousquetaires* d'Alexandre Dumas, l'organisation de la prodigieuse œuvre romanesque (mœurs, philosophie, analyse) d'Honoré de Balzac sous le titre général de *La Comédie humaine,* le traité de parasitologie de Raspail marquent les années 40.

A 79 ans, Chateaubriand parachève ses *Mémoires d'outre-tombe,* son œuvre la plus durable, ciselée avec un art consommé de l'écriture. L'année suivante, le 23 février 1848, « un coup de main qui a réussi », boulevard des Capucines, emporte la monarchie et le surlendemain, à l'Hôtel de Ville, dans une apostrophe célèbre, Lamartine fait acclamer le drapeau tricolore « qui a fait le tour du monde avec le nom, la gloire et la liberté de la patrie ».

## Deuxième République et Second Empire (1848-1870)

**La IIe République** – La suppression des ateliers nationaux en juin 1848 engendre des émeutes au faubourg St-Antoine ; Mgr Affre, archevêque de Paris, y trouve la mort. En 1849, Léon Foucault, par son expérience du pendule oscillant, établit la preuve de la rotation et de la sphéricité de la Terre (expérience renouvelée en 1855 au Panthéon). Le 2 décembre 1851, un coup d'État étouffe la IIe République.

**Le Second Empire** – 1852-1870. Durant le règne de **Napoléon III**, neveu de Bonaparte, deux expositions universelles (1855 et 1867) manifestent la vitalité économique du régime. La capitale, sous l'impulsion du baron Haussmann préfet de la Seine, fait l'objet de travaux auxquels elle doit encore les grands traits de sa physionomie comme l'aménagement des bois de Vincennes et de Boulogne, le percement de l'avenue Foch, la création des gares, l'achèvement (aile Nord) du Louvre, le dégagement des grands axes (Grands boulevards, place de l'Opéra...), facilitant à la fois la circulation et la dislocation des émeutes.

Dès 1852, alors qu'Alexandre Dumas fils écrit *La Dame aux camélias*, Rude travaille à la statue de Ney, élevée près de l'Observatoire, sur le lieu même de l'exécution du maréchal en 1815 et que Rodin considérait comme la plus belle statue de Paris. L'année suivante, Claude Bernard, titulaire de la chaire de physiologie au Collège de France, analyse la fonction glycogénique du foie et rédige son *Introduction à l'étude de la médecine expérimentale*. En 1857, Baudelaire publie *Les Fleurs du mal* d'où se dégagent des effluves subtilement envoûtants. En 1858, Camille Saint-Saëns, improvisateur d'exception, organiste de la Madeleine, compose ses Oratorios et ses Cantates et, l'année suivante, Charles Gounod donne la première de *Faust* à l'Opéra lyrique. En 1860, Étienne Lenoir dépose le premier brevet de moteur à explosion que Fernand Forest mit au point 28 ans plus tard.

1863 : Édouard Manet scandalise le salon des Refusés avec son *Déjeuner sur l'herbe,* puis indigne le public avec son *Olympia.* Baltard, l'architecte du fer, dissimule, à St-Augustin – édifice religieux oblige – l'ossature métallique sous un parement de pierre. Labrouste combine, en 1866, l'usage du fer et de la fonte pour alléger les supports de la salle de lecture de la Bibliothèque nationale ; Hittorff donne aux pavillons de l'Étoile leurs formes néo-classiques. En 1869, Pierre de Coubertin crée le Comité olympique international.

## La continuité républicaine (Depuis 1870)

Le 4 septembre 1870, la foule envahit l'Assemblée nationale ; Gambetta l'entraîne à l'Hôtel de Ville où la République est proclamée. Le nouveau gouvernement prépare la défense de Paris alors que le château de St-Cloud est incendié et que l'on se bat au Bourget dans l'espoir de contenir l'armée prussienne.

Un hiver tragiquement froid et la famine éprouvent les Parisiens assiégés et la capitale investie doit capituler le 28 janvier 1871. Après les premiers épisodes de l'insurrection de la Commune jouant le rôle de gouvernement révolutionnaire, les fédérés, au cours de la semaine du 21 au 28 mai 1871, incendient l'Hôtel de Ville, le palais de la Légion d'honneur, le palais des Tuileries, la Cour des Comptes (à l'emplacement du musée d'Orsay) ; ils renversent la colonne Vendôme et fusillent leurs détenus devant le mur des Otages (rue Haxo) avant de succomber eux-mêmes à la répression conduite par les Versaillais, devant le mur des Fédérés (Père-Lachaise). Avec la mise en place des institutions, l'activité reprend. La République devient le régime politique de la France, seulement interrompu par l'occupation nazie durant la Seconde Guerre mondiale et le gouvernement provisoire qui suit.

**La IIIe République** – Carpeaux sculpte les *Quatre Parties du monde* à la fontaine de l'Observatoire et Émile Littré achève la publication de son fameux *Dictionnaire de la langue française*. Bizet écrit *L'Arlésienne* représentée à l'Odéon puis *Carmen*, drame lyrique dont l'argument est tiré d'une nouvelle de Mérimée.

En 1874, Degas peint *La Classe de danse* et Monet *Impression, soleil levant* qui, exposé chez Nadar, inspire le terme alors péjoratif d'impressionnisme. Puis Renoir travaille au Moulin de la Galette, Puvis de Chavannes décore les murs du Panthéon. La société parisienne applaudit *Coppélia* et *Sylvia* où Léo Delibes rajeunit l'art chorégraphique. Rodin sculpte *Le Penseur*, puis Balzac et Victor Hugo.

Seulecq, en 1879, énonce le principe de la transmission séquentielle des images sur lequel se fonde la technique de la télévision. Pasteur accomplit une œuvre scientifique considérable. *Un dimanche d'été à la Grande Jatte* de Georges Seurat marque le mouvement pointilliste. L'année suivante, en 1887, Antoine fonde le Théâtre libre où se manifeste le goût de la spontanéité. L'ingénieur Gustave Eiffel achève, en 1889, sa tour pour l'inauguration de l'Exposition universelle. La dernière décennie du siècle, Toulouse-Lautrec peint des scènes de cabaret, Pissarro les rues de Paris et le Pont-Neuf, Forain acquiert sa célébrité de caricaturiste. Dans l'ancien couvent des Carmes devenu l'Institut catholique, Édouard Branly découvre les radioconducteurs à limaille. René Panhard construit en 1891 la première automobile à essence, lui fait traverser Paris et, deux ans plus tard, parcourir Paris-Nice.

1894 : alors que l'affaire Dreyfus ébranle le monde politique et réveille les passions religieuses, Vincent d'Indy fonde (1896) la Schola cantorum et Debussy compose son *Prélude à l'après-midi d'un faune*. Le physicien Henri Becquerel découvre la radioactivité après ses études de la fluorescence dans la lignée des travaux de son père qui avait analysé le spectre solaire et les phénomènes de luminescence, et de son grand-père qui avait travaillé sur les piles et l'électrochimie.

Louis Renault, âgé de 21 ans, construit, en 1898, sa première voiturette puis fonde son usine à Billancourt et, dès 1902, dépose un brevet de suralimentation (turbo). Il produit des automobiles, des camions, des avions et, en 1917, des chars d'assaut légers qui contribuèrent à la victoire de 1918. La Régie nationale, en 1945, reçut son ensemble industriel et poursuivit son activité (voitures de la marque – *au n° 53, Champs-Élysées* – de la voiturette de 1898 dotée d'une boîte de vitesses à prise directe au prototype Vesta de 1987).

En octobre 1898, dans un appentis (disparu mais matérialisé par un pavage dans la cour de l'école, au n° 10, rue Vauquelin), Pierre et Marie Curie isolent le radium et établissent le caractère atomique de la radioactivité. A la même époque Langevin poursuit ses recherches sur les gaz ionisés (en 1915, il appliqua les ultrasons à la détection des sous-marins) ; Girault associe la pierre, l'acier et les verrières pour édifier le Grand et le Petit Palais, pavillons de l'Exposition universelle de 1900, à l'occasion de laquelle est lancée sur la Seine l'arche métallique surbaissée du pont Alexandre III ; Henri Bergson enseigne la philosophie au Collège de France.

En 1900, Gustave Charpentier donne *Louise,* roman musical qui plaît par son réalisme lyrique et sa poésie populaire. En 1902, Claude Debussy fait représenter *Pelléas et Mélisande* à la salle Favart (Opéra-Comique). En 1906, Santos-Dumont réalise à Bagatelle le premier vol en aéroplane : l'exploit dure 21 secondes et l'appareil couvre une distance de 220 m.

Marie Curie.

Archive Laboratoire Curie, Paris

Les arts se manifestent alors place de la Nation dans le Triomphe de la République de Dalou ; à Montparnasse où la Ruche fournit logis et atelier à Soutine, Zadkine, Chagall, Modigliani, Fernand Léger ; dans les statues de Maillol ; dans les toiles de Maurice Utrillo ; dans les sculptures de Brancusi qui se détache du cubisme pour évoluer vers l'abstraction *(La Muse endormie)* ; dans les huit panneaux en haut-relief de Bourdelle sculptés à la façade du théâtre des Champs-Élysées que les frères Perret viennent d'édifier en béton armé. Le *Sacre du printemps* (1913) de Stravinski, qui y fut donné le jour de son inauguration, scandalisa, par ses audaces musicales et chorégraphiques, un public non préparé à le recevoir.

En 1914, la basilique du Sacré-Cœur, entreprise en 1878 sur les plans d'Abadie, est achevée au sommet de la butte Montmartre. Jean Jaurès est assassiné au café-restaurant du Croissant au soir du 31 juillet, la veille de la mobilisation générale.

1914-1918, c'est la Grande Guerre : Clemenceau, placé à la tête du gouvernement en 1917, sait rendre à la population civile et aux militaires, soldats et état-major, la confiance dissipée par trois années d'épreuves, méritant ainsi le titre de « Père la Victoire ».

1920, l'inhumation d'un soldat inconnu sous la dalle sacrée de l'Étoile exprime la reconnaissance de la patrie au patriotisme de ses « poilus ».

Durant les années 20, Le Corbusier donne la villa la Roche ; Bourdelle sculpte *La France* au palais de Tokyo ; Georges Rouault, connu pour ses dessins bibliques, achève son *Miserere* ; Landowsky sculpte la *Ste-Geneviève* du pont de la Tournelle ; Maurice Ravel écrit, en deux semaines, pour la danseuse Ida Rubinstein, son *Boléro* dont l'instrumentation subtile et la précision rythmique popularisent le nom de ce compositeur aristocratique ; Poulbot crée le type du gamin de Montmartre *(p. 200)* ; Cocteau écrit *Les Enfants terribles* ; le Cartel des Quatre – qui réunit à partir de 1926 Charles Dullin (théâtre Sarah-Bernhardt), Gaston Baty (théâtre Montparnasse), Louis Jouvet (comédie des Champs-Élysées puis théâtre de l'Athénée) et Georges Pitoëff (théâtre des Mathurins) – marque de nombreux comédiens et metteurs en scène et donne à la vie théâtrale de Paris son rayonnement.

Émile Roux, qui à la fin du 19e s. avait étudié les toxines de la diphtérie et décrit sa prophylaxie, animateur et administrateur de l'Institut Pasteur, appelle à Paris ses chercheurs de Lille Calmette puis Guérin qui, dès 1915, avaient expérimenté la vaccination préventive (BCG) contre la tuberculose.

De passage à Paris
si vous êtes à court de temps...

reportez-vous au programme
proposé p. 51.

Pour une visite rapide :
2 jours à Paris
1 jour à Versailles

Le Poulbot au tambour.

CIMETIÈRE DE MONTMARTRE

★★ PL. DU TERTRE

SACRÉ-CŒUR ★★

MONTMARTRE ★★★

NORD

EST

MUSÉE GRÉVIN ★

OPÉRA GARNIER ★★

PORTE ST-DENIS

PORTE ST-MARTIN

Pl. de la République

PL. VENDÔME ★★

BOURSE

PALAIS ROYAL ★★

★★ ARTS ET MÉTIERS

★★ ST-EUSTACHE

LE MARAIS ★★★

ARC DU CARROUSEL ★

★★★ FORUM DES HALLES

★★★ CENTRE G. POMPIDOU

H. GUÉNÉGAUD ★★

★★★ LE LOUVRE

ST-GERMAIN L'AUXERROIS

H. DE ROHAN ★★

Pont Royal

HÔTEL DE SOUBISE ★★

MUSÉE PICASSO ★★

Pont des Arts

MUSÉE CARNAVALET ★★

★★ INSTITUT DE FRANCE

CONCIERGERIE

Pont au Change

★★ H. DE LAMOIGNON

★ Pl. de Furstemberg

H. DES MONNAIES

HÔTEL DE VILLE ★

★★★ PL. DES VOSGES

★★★ PALAIS DE JUSTICE

STE-CHAPELLE

NOTRE DAME ★★★

ST PAUL ST LOUIS ★★

ST-GERMAIN DES PRÉS ★★

St. Germain

Pont Marie ★

ST-SÉVERIN ST-NICOLAS ★★

OPÉRA BASTILLE

★★ HÔTEL ET Mᴱᴱ NATᴸ DU MOYEN ÂGE ET DES THERMES DE CLUNY

Collège de France

QUARTIER LATIN ★★

★★ PALAIS DU LUXEMBOURG

la Sorbonne

PANTHÉON ★★

JARDIN DES PLANTES

LYON

AUSTERLITZ

N.-D. DU VAL DE GRÂCE ★★

OBSERVATOIRE

Place Denfert-Rochereau

201

En 1934, André Citroën sort sa Traction avant qui étonne le monde de l'automobile par ses audaces, cela 15 ans après sa Type A qui avait été la première de grande série en Europe, et 21 ans avant la novatrice DS 19.

1er septembre 1939-2 septembre 1945 : la Seconde Guerre mondiale. Paris est bombardée puis occupée par l'armée allemande. Les 16 et 17 juillet 1942, la grande rafle concentre au Vélodrome d'hiver, avant leur déportation, les victimes de la mystique du racisme du IIIe Reich allemand. 4 500 résistants identifiés sont exécutés par les nazis dans la clairière du mont Valérien où se dresse aujourd'hui le Mémorial national de la France combattante. Enfin, le 19 août 1944, Paris est libérée.

**Les IVe et Ve Républiques** – En 1950, Alfred Kastler, dont le cours d'optique fait référence, vérifie, dans les laboratoires de l'École normale supérieure, son principe de « pompage optique » devenu la base de l'une des méthodes de production d'un faisceau laser. L'art se transforme avec la *Symphonie pour un homme seul* de Maurice Béjart, créée le 3 août 1955 au théâtre de l'Étoile sur une musique concrète de Pierre Henry et de Pierre Schaeffer, point de départ d'un considérable essor du ballet en Europe. En architecture et en urbanisme, à partir de 1959 on voit se créer la coquille triangulaire renversée du CNIT, ouvrage en voile de béton unique et techniquement remarquable qui inaugure le quartier de la Défense et s'édifier la maison de l'Unesco sur pilotis (mobile de Calder). Dans le domaine musical, *Oxygène* (1976) est une toute nouvelle sonorité que Jean-Michel Jarre, fils de Maurice, obtient à partir d'un synthétiseur. Le centre Georges-Pompidou, en plein quartier ancien, rejette à l'extérieur ses éléments porteurs, ses galeries de circulation et ses gaines techniques aux couleurs affirmées de façon délibérée.

Depuis l'été 1989, à 8,4 km de la Cour Carrée du Louvre, la grande arche cubique de la Défense aux arêtes de 110 m, aux façades de marbre et de verre, ponctue à l'Ouest l'horizon de Paris. En 1994, le **Conservatoire National Supérieur de Musique et de Danse de Paris** est installé au sein de la **Cité de la Musique** à la Villette. L'architecte, Christian de Portzamparc, a imaginé une **salle de concerts** modulable (1 200 personnes) et un **musée de la Musique** dont l'inauguration est prévue à la fin du premier semestre 1995.

# LA CAPITALE MONUMENTALE

## Architecture civile

★★★ **Palais du Louvre** – 11 page 31 - H 13. Ni les Mérovingiens ni les Carolingiens, ni même les Capétiens directs ne vécurent au Louvre dont l'emplacement était alors extérieur à Paris ; mais au Palais de Justice, dans leurs hôtels (démolis) de St-Paul et des Tournelles au Marais, à Vincennes et dans leurs châteaux ou ceux de leurs grands vassaux en Val de Loire.

### Les souverains à l'œuvre

**Philippe Auguste** – Vit au Palais de Justice. Pour abriter ses archives, il édifie sur la rive droite la forteresse du Louvre dont subsistent les fossés *(accès par le musée)*. Elle occupait le quart Sud-Ouest de l'actuelle Cour Carrée.

**Saint Louis** – Vit au Palais de Justice. Il aménage une grande salle et une chapelle dans la forteresse de son grand-père.

**Philippe le Bel** – Vit au Palais de Justice. Il enferme son arsenal et son trésor dans la forteresse du Louvre.

**Charles V** – Vit dans ses hôtels du Marais. Le Louvre est pour lui un lieu de détente où il installe sa bibliothèque de 973 livres (à l'emplacement du pavillon de l'Horloge) et qu'il protège par une enceinte. Une miniature des *Très Riches Heures du duc de Berry* représente son « joli Louvre ».

Charles VI occupe l'hôtel St-Paul. Charles VII, Louis XI, Charles VIII et Louis XII résident dans les châteaux de la Loire et, à Paris, à l'hôtel des Tournelles.

Le Louvre de Charles V.

**François Ier** – Vit surtout dans le Val de Loire et dans le Marais. Il fait raser le vieux Louvre et, en 1546, charge Pierre Lescot d'édifier un palais qui va devenir celui des rois de France. L'œuvre de Lescot, partie ① la plus prestigieuse du Louvre, introduit à Paris le style Renaissance italienne, déjà apprécié sur les bords de la Loire, avec sa façade agrémentée d'un avant-corps souligné de frontons courbes, les sculptures sont de Jean Goujon (l'auteur des nymphes de la fontaine des Innocents), lui-même très marqué par les formes hellénistiques.

**Henri II** – Vit au Louvre. Il confirme Lescot dans sa tâche si bien que la façade est timbrée de l'entrelacs CHD (Catherine de Médicis, Henri, Diane de Poitiers).

**Charles IX** – A la mort de son frère François II, le nouveau souverain n'a que 10 ans ; **Catherine de Médicis** est nommée régente. Auvergnate par sa mère, cette Florentine, nièce de deux papes, mariée en France à 14 ans, est douée de qualités de tolérance politique qu'elle sait mettre en œuvre lors des négociations préparant avec les huguenots la paix de St-Germain. Elle vit au Louvre, au rez-de-chaussée appelé depuis logis des Reines ②, mais elle ne se plaît guère au milieu du chantier de Lescot. Elle ordonne donc à Philibert Delorme (à qui succéda Jean Bullant) de lui construire, au-delà de l'enceinte de Charles V, mais à proximité, le palais des Tuileries. Pour raccorder ce futur édifice à peine entrepris au Louvre elle décide, en 1566, de créer une grande galerie sur une courtine, puis, à l'équerre, une petite galerie.

Charles IX achève le corps Sud-Ouest de la Cour Carrée et le timbre de son monogramme K (Carolus).

**Henri III** – Vit au Louvre. Il élève le corps Sud-Est de la Cour Carrée (monogramme H au rez-de-chaussée).

**Henri IV** – Vit au Louvre. Dès 1595, il fait poursuivre les travaux de la Grande Galerie par Louis Métezeau (les chiffres H et G – Henri et Gabrielle d'Estrées – ont été enlevés, sauf un, par Marie de Médicis). Il fait aussi construire le pavillon de Flore par Jacques II Androuet Du Cerceau, achever la Petite Galerie (Marie de Médicis puis Anne d'Autriche en occupèrent le premier étage – chiffre AA), achever l'étage de l'aile Henri III dans la Cour Carrée, timbrée de son monogramme.

**Louis XIII** – Vit au Louvre. Poussé par Richelieu, il poursuit la construction de la Cour Carrée : Lemercier élève (en même temps que la Sorbonne et le Palais-Royal) le pavillon de l'Horloge et l'angle Nord-Ouest de la cour, réplique « classique » de l'œuvre de Lescot (timbré LA : Louis et Anne, au rez-de-chaussée). Anne d'Autriche habite le logis des Reines : sa salle de bains (par Lemercier) est l'actuelle salle de la *Vénus de Milo*.

En 1638, le rempart de Charles V est rasé et son fossé comblé.

**Louis XIV** – A la mort de Louis XIII, la régente Anne d'Autriche s'installe au Palais-Royal avec le jeune Louis ; mais neuf ans plus tard, elle quitte ce palais dont la vulnérabilité lui est apparue pendant la Fronde et se réinstalle au Louvre. Le roi, qui avait épousé l'infante Marie-Thérèse l'année précédente, offre, au milieu d'un vaste chantier, en 1662, un carrousel (fête équestre) à l'occasion de la naissance du Dauphin.

La fête donna son nom à la place. En 1664, pour faciliter les travaux, il s'établit aux Tuileries pour trois ans. Le Vau travaille alors aux Tuileries et au Louvre où son style personnel apparaît à la Petite Galerie qu'il reprend après l'incendie de 1661 et à la galerie d'Apollon ; il poursuit la fermeture de la Cour Carrée dans la ligne de l'œuvre de Lescot en élevant à l'Ouest de l'aile Nord un étage (chiffre LMT : Louis, Marie-Thérèse) et le pavillon Marengo (monogramme LB : Louis XIV de Bourbon). Cela alors qu'il travaille déjà au Grand Appartement et à l'Appartement de la Reine à Versailles.

Mais le palais n'a toujours pas de façade monumentale donnant sur Paris et Colbert vient encore d'en refuser plusieurs projets. On fait donc appel au grand maître du baroque, l'Italien Bernin, en dépit de ses 67 ans ; ses projets ne sont pas agréés non plus : ils auraient supprimé ou insulté la façade de Lescot. Avec Le Brun et Le Vau, Claude Perrault dessine alors une imposante façade à colonnade. Commencée en 1667, achevée en 1811, elle est un placage devant le corps Est de Le Vau ; de même que l'élargissement solennel qu'elle nécessita devant l'aile Sud et qui fit du mur de Le Vau un mur intérieur de refend.

## LE PALAIS DU LOUVRE – Étapes de construction

1682, le roi quitte Paris pour Versailles. Le Louvre connaît alors l'abandon, il abrite l'Académie et toute une population indésirable. En 1715, la cour revient à Paris, pour sept ans : le jeune Louis XV habite aux Tuileries et le régent au Palais-Royal, Coustou travaille à la colonnade. Louis XVI réside à Versailles jusqu'à ce qu'il en soit ramené le 6 octobre 1789 ; il loge alors aux Tuileries avant son incarcération à la prison du Temple.

**Révolution** – La Convention occupe le théâtre et le Comité de salut public les appartements du palais des Tuileries que s'adjuge Bonaparte, Premier consul.

**Napoléon Ier** – Vit aux Tuileries. Percier et Fontaine achèvent la Cour Carrée en donnant un second étage aux corps Nord et Sud. Ils édifient l'aile qui raccorde les pavillons de Rohan et de Marsan en y reproduisant la façade de la Grande Galerie de Du Cerceau ; ils agrandissent la place du Carrousel où Napoléon passait ses légions en revue et y élèvent, en 1806, un pastiche de l'arc romain de Septime Sévère pour célébrer les victoires impériales.

**Louis XVIII** – Vit aux Tuileries. Percier et Fontaine édifient le pavillon de Rohan.

**Charles X** – Vit aux Tuileries. Le château est pillé après la révolution de 1830.

**Louis-Philippe** – Vit aux Tuileries. En 1848, le palais est de nouveau mis à sac.

**Napoléon III** – Vit aux Tuileries. Il décide la fermeture Nord de la grande cour et confie cette tâche à Visconti puis à Lefuel qui élèvent les bâtiments intérieurs de façon à masquer la divergence des deux ailes ; ils rasent l'hôtel de Rambouillet ③ (salon des Précieuses sous Louis XIII) et érigent les pavillons ; ils restaurent le pavillon de Rohan (chiffre LN : Louis Napoléon). Lefuel refait le pavillon de Flore et l'aile qui le prolonge à l'Est en pastichant sans talent l'aile de Métezeau et timbre cette galerie du monogramme NE (Napoléon, Eugénie).

**La République** – Les présidents de la République résident à l'Élysée. Dans la nuit du 23 mai 1871, les fédérés incendient le palais des Tuileries, la moitié de l'aile Nord de Napoléon Ier proche du pavillon de Marsan, les pavillons Richelieu et Turgot et l'aile Est attachée au pavillon de Flore.

En 1875, sous la présidence de Mac-Mahon, Hector Lefuel, en modifiant des plans de Visconti, restaure donc l'aile Nord qu'il élargit et le pavillon de Marsan qu'il timbre du monogramme RF (République française) ; il refait la galerie du Bord de l'Eau, les pavillons de La Trémoille et de Flore.

En 1883, sous la présidence de Jules Grévy, la démolition du palais des Tuileries, où avaient été créés plusieurs chefs-d'œuvre de Rameau, fait disparaître un monument capital de notre histoire architecturale.

En 1984, le président Mitterrand adopte le projet Grand Louvre et **Pyramide★**. Il désigne M. Ieoth Ming Pei comme architecte pour accroître les surfaces d'accueil et de services. Sous la cour Napoléon, un vaste espace d'information et documentation est éclairé par la Pyramide de verre qui marque l'entrée principale du musée.

**★★★ Les Invalides** ◷ – 11 page 29 - J 10. De 1671 à 1676, Libéral Bruant dresse les plans de l'hôtel royal des Invalides dont Louvois dirige la construction. La façade, longue de près de 200 m, majestueuse sans monotonie, est dominée par un attique orné de masques, de pots à feu et de lucarnes en forme de trophées. Dans la cour d'honneur où Napoléon aimait passer ses vétérans en revue, le pavillon du Midi constitue la façade de l'église St-Louis, nécropole de grands soldats, tendue de drapeaux pris à l'ennemi (en cours de restauration). Berlioz y donna son *Requiem*, en 1837.

L'**église du Dôme★★★** ◷, dessinée par Jules Hardouin-Mansart avec sa science prodigieuse des proportions, fut entreprise en 1677. Chef-d'œuvre du style Louis XIV, elle porte à sa perfection le style classique déjà introduit à l'église de

1) Tombeau de Joseph Bonaparte.
2) Monument de Vauban.
3) Tombeau de Foch.
4) Maître-autel à colonnes torses et à baldaquin. Voûte décorée par Coypel.
5) Tombeau du général Duroc.
6) Tombeau du général Bertrand.
7) Au fond, cœur de La Tour d'Auvergne, au centre, tombeau du maréchal Lyautey.
8) Tombeau de Turenne.
9) Chapelle St-Jérôme. Contre la muraille, tombeau de Jérôme Bonaparte.
10) Tombeau de l'Empereur.

ÉGLISE SAINT LOUIS DES INVALIDES

la Sorbonne et à celle du Val-de-Grâce : l'architecture religieuse répond ici à l'architecture civile de Versailles. Sa façade (place Vauban) présente un rez-de-chaussée dorique et un étage corinthien ; elle se termine par un fronton de Coysevox. Le dôme élancé est porté par un ample tambour dont les contreforts à colonnes soutiennent le balcon et les petites volutes ; il s'achève par un léger lanternon qui jaillit à 107 m de hauteur. En 1735, Robert de Cotte acheva l'édifice en remplaçant la colonnade et le portique prévus au Sud par la perspective d'arbres de l'avenue de Breteuil. Sur l'autre face, il aménagea l'esplanade ; la « batterie triomphale » qui défend les jardins et qui tonnait aux grandes heures françaises est composée de canons pris à Vienne, en 1805, par Napoléon.

L'**église** est devenue une nécropole militaire depuis qu'en 1800 le Premier consul y fit inhumer ⑧ le corps de Turenne (monument de Vauban ② ; tombeau de Foch ③). Dans la crypte creusée par Visconti, sur un soubassement de granit vert des Vosges, repose le mausolée de porphyre rouge, « manteau de gloire », dépourvu de toute identification, taillé pour devenir, 20 ans après le « retour des Cendres », le **tombeau de Napoléon**★★★ ⓥ ⑩. Le roi de Rome, duc de Reichstadt, mort au château de Schönbrunn en 1832, fut transféré dans cette crypte en 1940.

★★★ **Arc de triomphe** ⓥ – 11 page 16 - F 8. Le monument, la **place Charles-de-Gaulle**★★★ dont il occupe le centre et les 12 avenues qui en rayonnent composent le prestigieux site urbain de l'**Étoile**. Voulu par Napoléon, dès 1806, comme symbole de sa capitale impériale, il fut dessiné par Chalgrin. Mais la mort de son architecte, en 1811, alors qu'il ne dépassait pas 5 m de hauteur, et les revers militaires refrénèrent l'activité des constructeurs si bien qu'il ne fut achevé qu'en 1836 sous Louis-Philippe.

En 1854, Hittorff dessine, à la demande d'Haussmann, les façades homogènes des hôtels qui délimitent la place.

L'arc vit, le 14 juillet 1919, le grand défilé de la victoire, le 11 novembre 1920, l'inhumation d'un soldat inconnu tombé sur les champs de bataille de la Grande Guerre et, trois ans plus tard, le jaillissement de la flamme du souvenir devant la dalle sacrée. L'œuvre sculptée est considérable : les noms de 128 batailles et de 558 généraux en occupent les surfaces planes ; de hauts-reliefs, des cariatides, la grande frise de la corniche supérieure et les groupes... pâlissent devant le chef-d'œuvre de Rude sculpté en 1836, représentant le Départ des volontaires de 1792, enrôlés par la Législative pour faire face à l'invasion des Prussiens en Lorraine et communément appelé *La Marseillaise* ; il y passe le souffle du génie.

★★★ **Place de la Concorde** – 11 page 30 – C'est l'œuvre d'Ange-Jacques Gabriel, menée à bien en 20 ans à partir de 1755 et une parfaite expression du style Louis XV. Le dimanche 21 janvier 1793 s'y dressait, près de l'actuelle statue de Brest, la guillotine par l'exécution de Louis XVI suivie de celle d'autres victimes de la Terreur. Les deux hôtels qui ferment la place au Nord avec leurs colonnades, son plan octogonal, les socles disposés pour recevoir les statues allégoriques des villes lui donnent son caractère monumental. Deux **perspectives**★★★ s'y croisent : l'une de la Madeleine au Palais-Bourbon, l'autre des *Chevaux ailés* de Coysevox marquant l'entrée des Tuileries à ceux de Marly (copie), magnifiques groupes de marbre dus à Nicolas et Guillaume Coustou ouvrant les Champs-Élysées. A leur intersection se dresse l'obélisque de Louksor, en granit rose, vieux de 33 siècles (Nouvel Empire), couvert de hiéroglyphes, rapporté d'Égypte et érigé ici en 1836. Belles fontaines.

★★★ **Tour Eiffel** ⓥ – 11 page 28 - J 7, J 8. C'est le monument parisien le plus universellement connu. La tour, dont le premier projet remonte à 1884 et dont la construction fut menée à bien en 26 mois, fut inaugurée en mars 1889, lors de l'Exposition universelle. Sa construction révèle chez l'ingénieur Eiffel une rare hardiesse d'imagination : en dépit d'une charpente de 7 000 tonnes, d'une hauteur de 320,75 m, de 2 500 000 rivets... c'est un chef-d'œuvre de légèreté. On reste confondu quand on sait que la tour est plus légère que le cylindre d'air qui la circonscrit et que la pression qu'elle exerce au sol est celle d'un homme assis sur une chaise.

★★ **Palais de Justice** ⓥ – 11 page 31 - J 14. Le « Palais », siège séculaire de l'autorité civile et judiciaire, fut la résidence des gouverneurs romains, des rois mérovingiens, des enfants de Clovis, l'atelier monétaire de Dagobert, la forteresse du comte Eudes côté aval de la Seine sur la route des invasions. Il devint ensuite le palais royal du Moyen Age, résidence des premiers Capétiens (leur chapelle et leur donjon). Saint Louis y avait son appartement dans l'actuelle première chambre civile ; Philippe le Bel chargea Enguerrand de Marigny de construire la Conciergerie, d'agrandir et d'embellir le palais dont les salles gothiques inaugurées en 1313 firent la réputation. Plus tard Charles V éleva la tour de l'Horloge qui porta la première horloge publique de Paris ; il y installa le parlement, cour suprême de Justice du royaume auquel Charles VII abandonna les locaux. De cette période subsistent la salle des gens d'armes et ses beaux chapiteaux, la salle des gardes aux magnifiques piliers et les cuisines aux monumentales cheminées d'angle.

La grande salle du premier étage restaurée par Salomon de Brosse, après l'incendie de 1618, le fut à nouveau en 1840 et après l'incendie de 1871.

La première chambre du tribunal civil est l'ancienne Grand'chambre du parlement : celle des lits de Justice, celle en particulier où Louis XIV, âgé de 16 ans, vint dicter ses ordres au parlement, celle où en 1788 le parlement demanda la convocation des États Généraux, celle où siégea le tribunal révolutionnaire.

Les deux tours jumelles, au centre de la façade Nord, partie la plus ancienne du palais (mais façade néo-gothique), refaites au 19e s., commandaient jadis l'entrée du Palais-Royal.

La **Conciergerie**★★ ⊘ devint, sous la Terreur, l'antichambre de la guillotine, et abrita jusqu'à 1 200 détenus à la fois. Les pièces les plus émouvantes en sont la galerie des Prisonniers, le cachot de Marie-Antoinette et la chapelle des Girondins.

★★ **Palais-Royal** – 11 page 31 - H 13. En 1632, Richelieu demandait à Lemercier de lui élever un hôtel qui devint le palais Cardinal, remarquable par son corps central aux ordres superposés et son fronton courbe, lorsqu'il l'agrandit en 1639, puis le Palais-Royal en 1642 lorsque, mourant, il le légua à Louis XIII. A la mort du roi qui suivit de près celle de son ministre Anne d'Autriche s'y installa avec le jeune Louis XIV de préférence au Louvre un peu démodé et toujours en chantier.

Là se tinrent les premières séances de l'Académie française fondée par Richelieu en 1635. Victor Louis, en 1783, aménagea le charmant ensemble des jardins intérieurs et des galeries bordées de boutiques ; il éleva, en 1787, la salle voisine du Théâtre-Français, modifiant ainsi la physionomie de l'œuvre de Lemercier qui témoignait de la montée vers le classicisme.

Daniel Buren a dessiné les 260 colonnes modernes courtes et inégales disposées (1986) en quinconce dans la première cour intérieure.

★★ **École Militaire** – 11 page 29 - K 9. Cette caserne, dessinée par Jacques-Ange Gabriel, est une des œuvres architecturales les plus nobles du 18e s. bien que les plans durent en être considérablement réduits pour des motifs financiers. Elle fut entreprise en 1752 pour partie sur les fonds de Mme de Pompadour et l'ensemble de l'ouvrage fut achevé en 1773. Sous le Second Empire, elle reçut ses pavillons de la cavalerie et de l'artillerie d'une exécution médiocre et ses bâtiments latéraux. Fidèle à sa destination initiale, elle abrite l'École supérieure de Guerre.

En façade elle présente un pavillon central formant avant-corps à pilastres, couvert d'un dôme de plan carré et décoré de deux étages de colonnes corinthiennes et d'un fronton sculpté d'allégories et de trophées.

Sa **cour d'honneur**★★, superbe, se déploie, côté place de Fontenoy, en arrière d'une avant-cour de service et d'exercice, entre deux colonnades droites à portiques. Une juste proportion s'y établit entre le grand pavillon central et les ailes.

★★ **Panthéon** ⊘ – 11 page 43 - L 14. Au point le plus élevé de la rive gauche, Soufflot entreprend, en 1758, la construction d'une nouvelle église Ste-Geneviève pour honorer un vœu de Louis XV fait à Metz, 14 ans plus tôt. L'édifice présente des dimensions telles que de beaux esprits prédisent son effondrement et vilipendent son architecte. Le monument actuel ne ressemble que de loin à celui de Soufflot : tours rasées, frontons refaits, fenêtres obturées. En avril 1791, la Constituante ferme l'église au culte et en fait le réceptacle des « cendres des grands hommes de l'époque de la liberté française ». Successivement église, nécropole, quartier général de la Commune, temple laïque, elle marque l'époque où les églises perdirent leur caractère de monument prépondérant dans une ville.

Le Panthéon vaut par son plan en croix grecque, son élévation sur colonnes, sa coupole de Soufflot, son péristyle corinthien, son fronton de David d'Angers (1831), et sa crypte où reposent les dépouilles des grands hommes.

★★ **Opéra Garnier** ⊘ – 11 page 18 - F 12. Académie nationale de Musique, première scène lyrique française, l'Opéra est l'œuvre de Garnier, inauguré le 5 janvier 1875, sous la présidence de Mac-Mahon. Ironie du destin pour son architecte qui avait rêvé, en 1869, de créer, là, un style Napoléon III surpassant les pastiches du Second Empire et dont c'était néanmoins la réussite architecturale, ajoutant l'ampleur aux dispositions que Victor Louis avait imaginées à Bordeaux.

Avec leurs marbres de couleur provenant de toutes les carrières de France, le magnifique escalier d'honneur, la salle et le somptueux foyer équilibrent l'aspect composite de la décoration.

★★ **Palais de Chaillot** – 11 page 26 - H 7. C'est une réalisation marquante de la première moitié du 20e s. avec ses deux pavillons prolongés par des ailes courbes enserrant des jardins, son esplanade bordée de huit statues de bronze doré. De la terrasse se découvre une **magnifique vue**★★★ avec les fontaines au premier plan la courbure de la Seine, la tour Eiffel, le Champ-de-Mars, et l'École militaire en arrière-plan. Les inscriptions qui figurent aux frontons des pavillons ont été rédigées, en 1937, par Paul Valéry : « Il dépend de celui qui passe que je sois tombe ou trésor, que je parle ou me taise ; ceci ne tient qu'à toi. Ami, n'entre pas sans désir. »

Le palais abrite le théâtre de Chaillot, les **musées de l'Homme**★★, de la **Marine**★★, des **Monuments français**★★ (moulages) et du **Cinéma Henri-Langlois**★.

## Architecture religieuse

★★★ **Cathédrale Notre-Dame** – 11 page 32 - K 15. L'église métropolitaine de Paris est un des sommets de l'architecture française et, en quelque sorte, la cathédrale de la France car il y a vingt siècles que l'on prie à cet emplacement et l'édifice actuel fut le témoin de grands événements de notre histoire.

Lorsque, en 1163, Maurice de Sully en entreprend les travaux, il connaît bien le gothique primitif de St-Denis et les grandes églises – dites « de transition » en raison des réminiscences romanes que les archéologues y relèvent – de Sens, Noyon, Senlis, Laon déjà très avancées et le nouveau chœur de St-Germain-des-Prés à 1 100 m de son chantier vient tout juste d'être consacré. Notre-Dame est la dernière des grandes églises à tribunes et l'une des premières à arcs-boutants. Ses architectes successifs ont respecté, dans ses grandes lignes, le plan d'origine tout en lui apportant des progrès dont certains ont fait école.

Le chœur, élevé sous Louis VII, fut consacré en 1182 sous Philippe Auguste. Son hémicycle est encore fermé de robustes colonnes rondes aussi proches du roman que du gothique primitif ; mais déjà son double déambulatoire, les nervures de pierre qu'il fallut concevoir pour raidir ses larges fenêtres seront imités. Il s'équilibre encore par des tribunes auxquelles on adjoignit, à titre de sécurité, un étage d'arcs-boutants imaginés quelques années plus tôt à St-Germer-de-Fly ; idée neuve, on les prolonge par un col destiné à rejeter les eaux pluviales loin des fondations : ce sont les premières gargouilles. En 1210, sont en place les premières travées de la nef et les assises de la façade, dix ans plus tard l'ensemble de la nef et la galerie des Rois, en 1225, l'étage de la rose. En 1245, le gros œuvre achevé, Saint Louis peut y déposer la sainte couronne d'épines en attendant la

Notre Dame, façade ouest.

P. Saharoff/HOA-QUI

consécration de la Ste-Chapelle et y armer son fils chevalier. En 1250, les deux tours sont terminées et la nef élargie de chapelles latérales qui consolident l'ensemble. En 1455, se déroule dans la cathédrale la révision du procès de Jeanne d'Arc et sa réhabilitation ; en 1572, le mariage du huguenot Henri de Navarre (futur Henri IV) et de la papiste Marguerite de Valois l'avant-veille de la St-Barthélemy. Le 22 mars 1594 y résonne le Te Deum fêtant l'abjuration solennelle du Béarnais.

Mais l'époque des mutilations survient : démolition du jubé sous prétexte de modernisation, en 1699 ; dépose des vitraux originaux pour donner au vaisseau plus de clarté et destruction du portail central pour faciliter le passage des processions au 18e s. Durant la Révolution les statues sont brisées et la ci-devant église devient temple de la Raison. C'est dans une cathédrale bien délabrée que se déroulent les cérémonies du sacre de Napoléon et du baptême du Roi de Rome. En 1831, le roman de Victor Hugo, *Notre-Dame de Paris*, appelle l'attention de l'opinion sur le monument et, en 1841, Louis-Philippe en confie la restauration à Viollet-le-Duc. En 23 ans, le grand architecte-archéologue la refait presque entièrement, statuaire comprise, selon sa vision d'un gothique idéal : œuvre critiquable certes mais salutaire qui va de pair avec la démolition du quartier médiéval de la cité et la construction de bâtiments administratifs dans l'île.

**Extérieur** – Sur le parvis – le « km 0 » de nos grandes routes nationales – fut représenté, en 1452, le *Vray Mistère de la Passion* d'Arnoul Gréban, œuvre littéraire considérable, en 35 000 vers dont le jeu, devant la façade servant de décor, durait trois jours complets.

La tour de droite porte Emmanuel, le fameux bourdon qui pèse 13 tonnes et dont la pureté du timbre (il donne l'actuel *fa* dièse) serait due aux bijoux que les Parisiennes jetèrent dans le bronze en fusion. Au-dessus de la galerie des Rois, la grande rose est la plus vaste qu'on ait osé percer à l'époque. Elle conserve ses vitraux d'origine et le compartimentage de ses lancettes et de ses chapiteaux fut souvent imité ; elle n'a pris aucun jeu depuis sept siècles.

Le portail de droite, de sainte-Anne, porte, aux étages supérieurs, d'anciennes statues de la cathédrale. A la pointe du tympan, rigide Vierge en majesté de tradition romane ; les vantaux sont garnis d'admirables pentures.

Le portail central, du Jugement Dernier, présente un Christ dominant la cour céleste disposée sur les six cordons des voussures.

Le portail de gauche, de la Vierge, inspiré de celui de Senlis, ordonné en registres horizontaux, a servi de modèle à de nombreux imagiers du Moyen Age.

Au portail du cloître (transept gauche), postérieur de 30 ans à ceux de la façade, la richesse des gâbles et la souriante Vierge – seule survivante de la grande statuaire d'origine – permettent de mesurer l'évolution de la sculpture durant cette période. Plus loin, à la Porte Rouge, la Vierge est couronnée par son fils.

Le chevet reçut, au début du 14e s., la prodigieuse parure de ses grands arcs-boutants de 15 m de volée qui, enjambant le double déambulatoire et les tribunes, viennent épauler le vaisseau au point même de la poussée des voûtes.

Le portail du transept droit, de St-Étienne, commencé en 1258 par Jean de Chelles, représente la lapidation du premier martyr ; jamais encore scène sculptée n'avait été aussi évocatrice.

**Intérieur** – L'ordonnance et l'élévation du vaisseau central expliquent la prééminence de l'école française au début du 13e s. par son élancement et sa hardiesse plus assurés encore que dans le chœur. Il relève du gothique de transition.

Les chapelles des corporations ajoutées, pour la première fois, aux 13e et 14e s., ont conduit à élargir l'édifice donc à allonger les bras du transept. Jean de Chelles tira alors profit de la Ste-Chapelle, achevée en 1248, pour éclairer les croisillons par des roses exceptionnellement larges, calculées avec une telle maîtrise qu'il s'est permis de les placer au-dessus d'un triforium à claire-voie et a poussé à l'extrême la ténuité de leurs lancettes. La rose Nord surtout vaut par la splendeur douce et profonde de ses bleu-mauve. Enfin, à l'entrée du chœur, à droite, N.-D. de Paris est une Vierge à l'Enfant du 14e s., plus idéalisée et plus noble encore que celle du portail du cloître : nouvelle évolution de l'art de la sculpture en un siècle.

★★★ **Ste-Chapelle** ⊘ – 11 page 31 - J 14. Pour qui vient de visiter Notre-Dame, église de transition, l'évolution architecturale est saisissante. 80 ans seulement séparent ces deux monuments et, déjà, le style lancéolé lui-même, de Chartres et d'Amiens,

est ici dépassé : la chapelle, par sa légèreté et sa clarté, est le chef-d'œuvre du gothique rayonnant. L'architecte a poussé là jusque dans ses applications les plus hardies la logique du style gothique et, servi par les dimensions restreintes de l'édifice, il a réussi à en assurer l'équilibre par de simples contre-forts lestés de pinacles.

La chapelle fut élevée par Pierre de Montreuil, en moins de trois ans, à la demande de Saint Louis et dans son palais même, pour abriter les insignes reliques de la Passion qu'il venait d'acquérir ; elle fut consacrée le 25 avril 1248. Comme d'autres chapelles palatines antérieures (Laon, Meaux), elle comprend deux étages ; celui du souverain et, au rez-de-chaussée, celui du personnel du palais.

Ste-Chapelle – Médaillon d'un vitrail.

**Vitraux** – La chapelle haute se présente comme une châsse dont les parois ont fait place à un ensemble éblouissant de vitraux garnissant tout l'intervalle entre les contreforts. Ils couvrent 618 m², comptent 1 134 scènes dont 720 sont encore d'origine et s'élèvent sur 15 m de hauteur. En 1240, les vitraux de Chartres sont achevés ; le roi fait donc appel aux maîtres verriers devenus disponibles pour garnir le fenestrage de sa chapelle. Ainsi s'explique la parenté des deux réalisations : scènes qui garnissent les médaillons, lumineuse coloration qui éclipse la simplicité du dessin et de la composition.

Les sujets ont pour thème l'exaltation de la Passion, son annonce par les grands prophètes et Jean-Baptiste et les scènes bibliques qui la préfigurent. Nous ne connaissons la rose rayonnante d'origine que par une miniature des *Très Riches Heures du duc de Berry*. La rose actuelle, commandée par Charles VII à l'époque flamboyante, illustre l'Apocalypse de saint Jean ; elle marque son époque par le dessin de ses lancettes et par la peinture nuancée du verre qui a remplacé le procédé ancien de juxtaposition de petits carreaux colorés dans leur masse. Les vitraux de la Ste-Chapelle ont souvent été pris pour modèles, même lorsque les contraintes architecturales ne le justifiaient pas.

★★ **St-Germain-des-Prés** – 11 page 31 – J 13. L'importance de ce monument, privilégié dans son rôle et dans ses épreuves, se dissimulerait à qui ne chercherait dans ses vieilles pierres qu'un plaisir esthétique. A l'exception de Clovis, les Mérovingiens en firent leur panthéon. L'église, détruite par les Normands, fut reconstruite aux 10e et 11e s. De cette époque elle conserve sa tour de façade à l'allure bien compréhensible de donjon. Vers 1160, sa nef fut agrandie et son chœur refait dans le tout nouveau style gothique. Puis elle fut « embellie » en 1646 (triforium et fenestrage du chœur)... et fâcheusement restaurée en 1822.

Mais surtout, de 1631 à 1789, les Mauristes firent de l'abbaye un foyer de spiritualité et de culture : on y étudiait les inscriptions antiques (épigraphie), les textes anciens (paléographie), les Pères de l'Église (patristique), les monuments anciens (archéologie), les chartes... Sa bibliothèque fut confisquée à la Révolution.

★★ **St-Séverin-St-Nicolas** – 11 page 43 – K 14. Cette église, chère aux amateurs du Paris médiéval et du Quartier latin, juxtapose des réalisations du gothique rayonnant (partie inférieure du portail, trois premières travées de la nef), du gothique flam-boyant (étages supérieurs de la tour, suite de la nef, second bas-côté, voûte très compartimentée de l'hémicycle du chœur, célèbre pilier central en spirale du déambu-latoire) et de l'époque classique (gaines de marbre et de bois aux piliers du chœur).

★★ **St-Eustache** – 11 page 31 – H 14. Ce fut l'église la plus riche de Paris, la paroisse des quartiers du Palais-Royal et des Halles ; aussi, lorsqu'elle fut mise en chantier, en 1532, lui donna-t-on le plan de Notre-Dame pour modèle. Mais durant les 105 ans de sa construction le goût changea et, sur son ossature gothique, l'édifice porte une décoration et une finition Renaissance.

Le gothique flamboyant se reconnaît à l'élévation intérieure à trois étages, aux voûtes du chœur, du transept et de la nef, à la hauteur des collatéraux et aux arcs-boutants extérieurs. Le goût Renaissance se manifeste dans les pilastres et les chapiteaux de style corinthien, dans le retour aux arcs en plein cintre. Le classicisme marque les vitraux du chœur dessinés par Philippe de Champaigne et le tombeau de Colbert, dû à Le Brun, auquel travaillèrent Coysevox et Tuby.

★★ **N.-D.-du-Val-de-Grâce** - 11 page 43 - M 14. En 1645, Anne d'Autriche en confia la construction à François Mansart. Lemercier puis Le Muet poursuivirent et achevèrent les travaux. Sa façade, amortie par des consoles, est originale par ses pilastres disposés aux angles, par son double fronton triangulaire et par les jeux de lumière qu'engendrent les creux des niches et les saillants des statues. Le dôme, dans le goût italianisant du milieu du 17e s., est très chargé de statues, de médaillons et de chapiteaux composites. A l'intérieur, le baroque règne dans le pavage polychrome, dans le puissant entablement qui sépare les grandes arcades de la voûte à pénétrations et à caissons, dans les massifs piliers du transept et dans le baldaquin à colonnes torses du chœur. La **coupole★★** a été peinte par Mignard d'une fresque où l'on compte 200 figures trois fois plus grandes que nature.

## Urbanisme

Depuis la disparition du Paris médiéval au 19e s., trois quartiers en particulier illustrent l'évolution de l'urbanisme dans la capitale.

★★★ **Le Marais** - 11 pages 32 - H 16, J 16 et 33 - H 17, J 17. Renaissance, époques Louis XIII et Louis XIV. Au 14e s., Charles V, en s'installant à l'hôtel St-Paul, manifeste l'appartenance à Paris de cette zone encore suburbaine. Bien vite, ce quartier devient le centre de la vie élégante et la rue St-Antoine est, sous les Bourbons, la plus belle de Paris.
Les meilleurs artistes élèvent et décorent des demeures qui donnent à l'hôtel particulier à la française sa physionomie propre ; les précieuses, puis les libertins et les philosophes fréquentent leurs salons.
Le style Henri III s'observe à l'**hôtel Lamoignon★★** (1584) où Jean-Baptiste Androuet Du Cerceau donne le premier exemple, à Paris, de l'ordre colossal avec ses pilastres plats, ses chapiteaux corinthiens et son bandeau sculpté.

Place des Vosges.

Le style Henri IV apparaît à la **place des Vosges★★★** dessinée par Louis Métezeau et achevée en 1612. Elle conserve son ordonnance originelle avec ses pavillons à parements de briques (fausses par endroits), élevés de deux étages sur un rez-de-chaussée à arcades et leurs grands toits d'ardoise. Les pavillons du Roi au Sud et de la Reine au Nord (côté ensoleillé) y occupent les places d'honneur.
Avec Louis XIII, la montée vers le classicisme s'affirme. En 1624, Jean Androuet Du Cerceau élève l'**hôtel de Béthune-Sully★** avec son portail encadré de pavillons, sa **cour d'honneur★★** où les frontons triangulaires et arrondis composent un rythme horizontal en accord avec les lucarnes à volutes et sa ravissante **cour** intérieure.
Le premier style Louis XIV se manifeste à l'**hôtel Guénégaud★★** (1648) de François Mansart où apparaissent la majesté des lignes et les proportions étudiées en fonction du site ; à l'**hôtel de Beauvais★** dû à Le Pautre, remarqué pour son balcon cintré sur consoles et sa disposition intérieure ingénieuse ; à l'**hôtel Carnavalet★**, demeure Renaissance transformée par François Mansart en 1655 ; à l'**hôtel Amelot-de-Bisseuil★** de Cottard, d'une architecture un peu théâtrale avec sa corniche et son portail à fronton courbe sculpté d'allégories.

Le second style Louis XIV se remarque aux deux hôtels contigus élevés par Delamair en 1705 ; l'**hôtel de Rohan**★★ (*Chevaux frémissants d'Apollon à l'abreuvoir* par Robert Le Lorrain) et le **palais Soubise**★★ (cour d'honneur en fer à cheval à colonnade double). On le reconnaît à ses rez-de-chaussée élevés, à l'importance des fenêtres, à ses balustrades en rive de toiture, aux sculptures des avant-corps.

★★★ **La Voie Triomphale** – 11 pages 31, 30, 29, 17 – H 13, H 12, G 10, G 11, F 9, F 8. Louis XVI, Second Empire, IIIᵉ République. De la cour du Louvre à l'Étoile, la Voie Triomphale représente presque la première lieue de la grande sortie de Paris que Colbert, déjà, avait envisagée, rectiligne, jusqu'en forêt de St-Germain.

★ **Arc de Triomphe du Carrousel** – Ce pastiche de l'Antique s'orne de statues des soldats de l'Empire en grand uniforme. Un touriste installé place du Carrousel dans l'axe du Louvre réalise une ligne de mire géante dont l'arcade de l'arc forme l'œilleton, l'obélisque de la Concorde le guidon et l'arche de la Défense le but.

★ **Jardin des Tuileries** – A l'origine ce fut un jardin incliné dans le goût italien de la Renaissance, imaginé par Catherine de Médicis. Un siècle plus tard, Le Nôtre en fit le premier cadre de nature donné à la vie élégante et le type du jardin français. La terrasse du Bord de l'Eau servit de terrain de jeux aux dauphins, au Roi de Rome, au prince impérial puis aux enfants de Paris.

★★★ **Place de la Concorde** – *Page 205.*

★★★ **Champs-Élysées** – En 1667, Le Nôtre prolonge la perspective des Tuileries jusqu'au Rond-Point qu'il dessine. L'allée n'est encore que la desserte des communs des hôtels particuliers de la rue du Faubourg-St-Honoré ; bientôt les limonadiers s'y installent et l'animation vient. En 1724, le duc d'Antin y plante des ormes et prolonge l'avenue jusqu'à l'Étoile ; en 1729, des lanternes l'éclairent le soir. 48 ans plus tard, elle atteint la Seine au pont de Neuilly, quelques cabarets la bordent ; Robespierre y traite ses amis ; Louis-Philippe achève l'**Arc de Triomphe**★★★ *(p. 205)*. La grande vogue de l'avenue date du Second Empire. Des restaurants (Ledoyen), des salles de spectacle (Folies Marigny, Bouffes d'été, où furent données les opérettes d'Offenbach), des hôtels particuliers comme celui de la Païva (nᵒ 25 – actuellement Traveller's Club) avec ses portes de bronze sculptées et son escalier en onyx y manifestent la faveur de la haute société.

Les changements intervenus depuis 1914 ne permettraient guère à Marcel Proust de reconnaître les lieux des rencontres et des émois de son adolescence.

Des commerces de luxe, des grands cafés, des vitrines de constructeurs d'auto-mobiles, des galeries considérées comme les allées du « chic » parisien, des manifestations d'émotion nationale font la célébrité des « Champs ».

★★ **La Défense** – 11 pages 65, 66 – Réalisation exemplaire, la Défense n'évoque en rien les traditionnels quartiers d'affaires du centre des villes. Le long d'une « dalle » de 1 200 m, agrémentée de jardins, de fontaines, de sculptures et de frais ombrages, les tours gigantesques (Tour Fiat 178 m) accompagnent, dans un incessant jeux de lumière, la montée depuis la Seine jusqu'à la Grande Arche.

★★ **La Grande Arche** ⓥ – A l'extrémité du parvis, cet immense cube évidé, de 110 m de côté, conçu par l'architecte danois Johan Otto von Spreckelsen, abrite, outre des bureaux, plusieurs ministères. A 100 m au-dessus du Parvis, le toit-terrasse de 1 ha, dont une partie est aménagée en belvédère d'où le visiteur découvre une vue sur Paris et la banlieue, est occupé par des salles d'expositions temporaires. Au pied de l'Arche, le Palais de la Défense **(CNIT)**, doyenne (1958) des constructions du quartier, vient d'être « rajeunie ». C'est mainte-nant un lieu où les hommes d'entreprise peuvent trou-ver rassemblés en trois pôles : la technologie, la communication d'entre-prise et le commerce inter-national.

**La décoration** – Elle compose un musée de sculptures en plein air, du cubisme à l'abs-traction et aux environne-ments : les *Deux person-nages* de Miró, le *Stabile rouge* de Calder, *Dame lune* de Julio Silva, *Fontaine* d'Agam, *Monstre* de Mo-retti, *Sculpteur de nuages* d'Attila, *Corolles du jour* de Leygues, *Oiseau mécanique* de Philoloas, *Terre* de Der-bré... La statue de la Dé-fense de Paris en 1870, d'une tout autre époque, a retrouvé son emplacement d'origine.

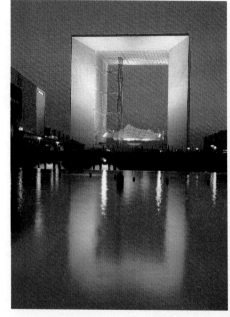

La grande Arche de la Défense.

# LA CAPITALE POLITIQUE

**Palais de l'Élysée** – 11 page 17 – F 10. Depuis 1873, il est la résidence parisienne du Président de la République qui « veille au respect de la Constitution, assure par son arbitrage le fonctionnement régulier des pouvoirs publics ainsi que la continuité de l'État ». D'ordinaire, le mercredi s'y tient le conseil des ministres.

Le palais, construit en 1718 par Henri de La Tour d'Auvergne, appartint à la marquise de Pompadour. Pendant la Révolution, il abrita un bal public, une maison de jeux et une galerie de peinture. Napoléon installa, dans le pavillon donnant sur la rue de l'Élysée, le boudoir de Marie-Louise et l'appartement du Roi de Rome. Le 22 juin 1815, l'empereur dut y signer sa seconde abdication.

L'aménagement architectural du palais témoigne, par le souci du confort, du renouveau de la manière de vivre et des goûts durant la Régence.

**Hôtel Matignon** – 11 page 30 – J 11. Depuis 1958, c'est la résidence du Premier ministre « qui détermine et conduit la politique de la nation... y dirige l'action du gouvernement... et assure l'exécution des lois ».

Comme l'Élysée, l'hôtel Matignon (1721) manifeste la recherche architecturale du raffinement au début du 18e s. Les réceptions hebdomadaires qu'y donna Talleyrand, après 1808, étaient retentissantes par leur luxe.

Les colonnes ioniques qui flanquent sa porte cochère et les trophées des balcons de son avant-corps central sont intéressants.

★ **Palais Bourbon** – 11 page 30 – H 11. Depuis plus de 150 ans, le palais Bourbon est affecté au corps législatif. L'Assemblée nationale – qui constitue l'une des deux chambres du Parlement, celle des députés élus au suffrage direct – a pour rôle l'examen, la discussion, l'amendement de tout projet ou proposition de loi avant son adoption par un vote. Le vote doit être prononcé sur un texte identique établi successivement dans les deux chambres ; l'autre étant le Sénat.

Le palais, édifié en 1722, abrita le conseil des Cinq-Cents sous la Révolution. Il présente au Nord (côté Concorde) une façade de 1807, placage décoratif décidé par Napoléon. La façade Sud (derrière le portique), sur cour, garnie d'avant-corps, offre un fronton à l'Antique sur colonnes, des balcons et des terrasses de toitures.

Palais et jardin du Luxembourg.

★★ **Palais du Luxembourg** – 11 page 43 – K 13. C'est le siège du Sénat ; chambre élue au suffrage indirect. Ses membres, élus pour neuf ans, sont renouvelables par tiers, tous les 3 ans. Son président, le deuxième personnage de l'État, assure, en cas de vacance, l'intérim du Président de la République.

En 1615, le palais des Tuileries, entrepris un demi-siècle plus tôt par Catherine de Médicis, n'était pas encore achevé et Marie de Médicis, régente, qui se déplaisait au Louvre depuis la mort du roi, voulut, comme sa cousine Catherine, un palais neuf qui lui fût propre et lui rappelât le palais Pitti de Florence. Elle en confia la charge à Salomon de Brosse. Celui-ci sut agrémenter son ouvrage de colonnes annelées et de bossages très florentins. Dans la superbe cour d'honneur – où le rez-de-chaussée dorique, avec ses ouvertures en plein cintre, affirme la robustesse de l'ensemble – il disposa le répertoire de l'architecture classique en formation : colonnes et frontons courbes au corps central, portails à colonnes, balcons soulignant l'étage et balustrades en rive de toit aux ailes.

La façade Sud vaut par son pavillon central à dôme de plan carré, son grand fronton et ses terrasses.

En 1625, Marie de Médicis décora sa galerie de grands tableaux (exposés au Louvre) commandés trois ans plus tôt à Rubens pour la glorification de sa personne et de son règne ; avec eux, cet artiste flamand introduisait en France l'expression de la couleur fugitive et du mouvement.

★ **Hôtel de Ville** – 11 page 32 – J 15. Là se gère la ville de Paris. La première municipalité s'y installa au 13e s. lorsque Saint Louis fit des dirigeants de la hanse des marchands de l'eau les responsables de l'autorité municipale subordonnée au prévôt des marchands dont l'un, Étienne Marcel, « champion de l'unité française », entra en lutte ouverte contre le pouvoir.

« Palais de toutes les révolutions, lieu de ralliement des émotions nationales », l'Hôtel de Ville fut le siège de la Commune insurrectionnelle pendant la Révolution, du gouvernement provisoire en 1848, le théâtre de la proclamation de la République en 1870. Il fut incendié par les fédérés le 24 mars 1871 (reconstruit après 1874). La partie centrale de sa façade reproduit celle qu'avait dessinée Boccador pour François Ier ; son escalier d'honneur reprend un projet de Philibert Delorme ; sa décoration illustre l'art officiel de la IIIe République.

## LA CAPITALE INTELLECTUELLE ET ARTISTIQUE

### La vie intellectuelle

La vie intellectuelle s'étend à toute l'agglomération parisienne. Mais elle acquiert une densité toute particulière sur la rive gauche, dans les 5e et 6e arrondissements. La « **montagne** » **Ste-Geneviève** – dont les escarpements sont surtout ceux que gravit l'esprit – et ses alentours concentrent les institutions les plus vénérables et les manifestations de vitalité d'une jeunesse sortie de ses bibliothèques, de ses laboratoires et de ses amphithéâtres. Depuis sept siècles, ce quartier, « latin » par la langue officielle de l'enseignement jusqu'en 1789, est celui de l'Université, de grandes écoles et de prestigieux collèges où furent secouées la tutelle de l'Église, celle du dogmatisme scolastique et malmenée celle du pouvoir.

L'activité du quartier témoigne de cette vie de l'esprit par le nombre des maisons d'édition dont certaines hautement spécialisées (arts, sciences, langues, philosophie...), des librairies, des boutiques d'équipement scientifique, voire de terrasses de cafés qui tout autant que des buts de sortie sont devenus des rendez-vous littéraires et des lieux privilégiés pour l'échange des idées et la réfection du monde (Flore, Deux-Magots, Procope tout comme, à Montparnasse, le Dôme, la Coupole, la Closerie des lilas...).

★★ **Institut de France** – 11 page 31 – J 13 – Il doit son origine au collège des Quatre-Nations fondé par Mazarin. Le palais qui l'abrite, élevé à l'emplacement de l'ancienne tour de Nesle, est l'œuvre de Le Vau (1662), face au Louvre, sur la rive gauche de la Seine. Sa coupole, ses ailes en hémicycle et, dans le vestibule, le tombeau de Mazarin par Coysevox sont célèbres. L'Institut se compose de cinq académies considérées comme les institutions du savoir.

L'**Académie française,** la plus célèbre, fondée en 1635 par Richelieu, aréopage littéraire de 40 membres, tient ses séances sous la coupole ovale de l'ancienne chapelle. La compagnie des « Immortels » se consacre à la rédaction et à la mise à jour du *Dictionnaire de la langue française* et à la qualité du langage.

L'**Académie des Beaux-Arts** date de 1816. Ses 50 membres se répartissent en sections de peinture, sculpture, architecture, gravure et musique.

L'**Académie des Inscriptions et Belles-Lettres,** fondée par Colbert en 1663, se consacre à l'histoire littéraire et aux recueils de documents originaux.

L'**Académie des Sciences,** fondée, elle aussi, par Colbert, en 1666, réunit 66 membres dont les travaux concernent l'astronomie, les mathématiques, la médecine, les sciences naturelles et expérimentales.

L'**Académie des Sciences morales et politiques,** fondée par la Convention en 1795, compte 40 titulaires et s'attache à l'étude des questions de philosophie, de morale, de droit, de géographie et d'histoire.

**Collège de France** – 11 page 43 – K 14. Issu des six lecteurs royaux, il fut fondé en 1529 sous le nom de Collège des trois langues (latin, grec, hébreu) par François Ier sur les instances de Guillaume Budé et, déjà, libéré des arbitraires de la scolastique universitaire. Ses bâtiments, élevés sous Louis XIII qui en fit le Collège Royal de France, en même temps que les disciplines enseignées augmentaient en nombre, furent remaniés par Chalgrin en 1778. L'âge de la recherche scientifique spontanée et individuelle y vit Gassendi, Picard, Roberval ; Claude Bernard travailla 30 ans dans ses laboratoires. En 1948, Frédéric Joliot-Curie y formula les lois qui régissent le mécanisme de la fission nucléaire et en fournit la preuve expérimentale en réalisant celle d'un noyau d'uranium dans un cyclotron.

Le collège est à l'abri des contraintes administratives et des nécessités liées aux programmes ; il ne délivre aucun diplôme. Les cours, publics et gratuits depuis sa fondation, dispensés par des sommités, s'adressent à un auditoire lui-même de très haut niveau.

**Sorbonne** – 11 page 43 – K 14. C'est la plus illustre des Universités de France. Elle est l'héritière de la fondation par Robert de Sorbon, en 1253, d'un collège de théologie pour 16 étudiants pauvres. La première imprimerie de France y fut installée par Louis XI en 1469. Son tribunal représenta longtemps la plus haute autorité religieuse après la papauté. Richelieu, qui en fut proviseur, fit reconstruire de 1624 à 1642 ses bâtiments et son église qui menaçaient ruine. Rebâtie et ragrandie à la fin du 19e s., elle est le siège des Universités Paris-III et Paris-IV.

L'**église**★, élevée par Lemercier à partir de 1635, est un bel exemple de style jésuite ; sa grande façade latérale sur cour est remarquable par ses colonnes corinthiennes et son dôme (à l'intérieur, **tombeau de Richelieu**★ par Girardon – 1694).

**L'enseignement supérieur et la recherche** – L'Université française doit sa réputation à l'effort de rénovation entrepris par la République. Elle a été récompensée par 17 prix Nobel de sciences entre 1901 et 1939. Paris compte 13 universités (dont cinq sont installées en banlieue, de même que les cinq Instituts Universitaires de Technologie) et des Centres Hospitaliers Universitaires rattachés au fonctionnement d'un grand hôpital.

Parallèlement, de grandes écoles dont l'accès, sur concours, suscite une compétition sévère, préparent à un enseignement très spécialisé, ou le dispensent (École normale supérieure, École polytechnique, École des Ponts et Chaussées, École des Mines, Hautes Études Commerciales, École de guerre...). La plupart d'entre elles se sont récemment installées à la périphérie de Paris, ou se « délocalisent » en province. Le Centre national de Recherche scientifique, créé en 1941, est destiné à faciliter le progrès de la science par l'assistance et les moyens accordés aux chercheurs.

**Les bibliothèques** – Paris compte plusieurs centaines de bibliothèques d'études et 62 bibliothèques municipales. Outre la Nationale, la Mazarine, Ste-Geneviève, les plus fréquentées sont celles de l'Arsenal, du Centre Georges-Pompidou (la B.P.I.), du Muséum, des Arts décoratifs, du conservatoire des Arts et Métiers...

## La vie artistique et le tourisme

Les manifestations artistiques et les spectacles font l'attrait de Paris. Leur diversité même, tout autant que celle du public et le renouvellement des programmes, nous déterminent à distinguer quelques genres pour orienter les recherches.

Certains programmes tiennent l'affiche plusieurs saisons ; mais la plupart sont renouvelés chaque semaine, voire de jour en jour. Ils sont publiés chaque mercredi dans quelques hebdomadaires spécialisés comme *L'Officiel des spectacles*, *Pariscope* et dans la presse quotidienne. Le dépliant mensuel « *Paris Selection* » édité par l'Office du tourisme et des congrès de Paris donne par ailleurs un aperçu des principales manifestations.

**Les spectacles** – Paris est l'une des grandes capitales mondiales du spectacle « vivant » par le nombre de salles, puisque l'on compte 100 **théâtres** et salles consacrés à l'art dramatique, proposant chaque soir plus de 56 000 fauteuils. Beaucoup se situent dans les quartiers de l'Opéra et de la Madeleine, mais de Montmartre à Montparnasse, de la Bastille au Quartier latin et des grands boulevards à la porte Maillot, les théâtres nationaux (Opéra Garnier, Opéra-Bastille, Comédie-Française, Odéon, Chaillot, La Colline) côtoient les théâtres municipaux, les théâtres privés, les théâtres de chansonniers et les cafés-théâtres.

Les **cinémas** (plus de 400 salles) se pressent dans les mêmes quartiers, sur les Champs-Élysées et se disséminent en outre dans chaque arrondissement ; ainsi que les salles de **music-hall** et de **variétés** : l'Alcazar de Paris, Bobino-Eldorado, le Crazy Horse, l'Élysée-Montmartre, le Lido-Normandie, le Moulin-Rouge, l'Olympia, le Paradis Latin et le Zénith.

Les **revues** du Lido et du Casino de Paris sont célèbres dans le monde entier.

Les chapiteaux de cirques, les salles de chansonniers, les cafés-théâtres où de jeunes talents affrontent le public, les studios de la télévision, voire les grandes salles où se réalisent, en public, certaines émissions, élargissent encore l'éventail et le renouvellement de l'expression artistique.

**Les concerts** – Outre l'Opéra Garnier, l'Opéra-Bastille et l'Opéra-Comique, les salles où se produisent de grands orchestres sont nombreuses : Orchestre de Paris domicilié salle Pleyel, Ensemble orchestral de Paris salle Gaveau, Orchestres de Radio-France à la Maison de Radio-France. D'autres salles, nombreuses, reçoivent les plus grandes formations : théâtre des Champs-Élysées, Châtelet, Salle Cortot, Espace Wagram, Maison de la Chimie, Palais de la Mutualité, Palais des Sports, Palais Omnisports de Paris-Bercy, Palais de Chaillot, Palais des Congrès, Théâtre de la Ville, Concerts Pasdeloup, Zénith, Université d'Assas... Des concerts spirituels instrumentaux et vocaux et des récitals d'orgue sont donnés en particulier à Notre-Dame, St-Germain-des-Prés, St-Séverin, St-Roch, St-Louis-des-Invalides et St-Eustache.

**Les expositions** – 87 musées, plus d'une centaine de galeries d'art, une trentaine d'expositions temporaires, des salles de peinture dans les quartiers de la rue St-Honoré, de l'avenue Matignon et de la rue de Seine surtout, de nombreuses bibliothèques, des instituts proposent un choix toujours renouvelé de documents concernant un thème particulier, la recherche contemporaine, des rétrospectives, voire l'expression personnelle d'un artiste. Les salles les plus connues sont les Galeries nationales du Grand-Palais, le Palais de Tokyo, le pavillon des Arts, le Petit-Palais, le Centre Georges-Pompidou, la grande halle et le pavillon Tusquets à la Villette.

**Les pôles de forte attraction** – Quelques quartiers et monuments exercent sur le grand tourisme international une fascination telle qu'ils en arrivent à s'identifier avec l'idée même de Paris.

Les visiteurs s'y pressent au point que leur cohorte, qui pose des problèmes de sécurité aux responsables, doit parfois être canalisée par des cordons. C'est la contrepartie de leur réputation.

★★★ **Butte Montmartre** – Fière de sa commune libre, elle offre une physionomie très contrastée. Des boulevards anonymes y avoisinent des coins pittoresques du village campagnard d'antan avec leurs ruelles escarpées et leurs escaliers abrupts.

Depuis 150 ans, de nombreux artistes et hommes de lettres en ont fait leur résidence d'élection (Hector Berlioz, Gérard de Nerval, Aristide Bruant, Jehan Rictus, Alphonse Allais, Caran d'Ache...) ; la **place du Tertre**★★, communale le matin (ancienne mairie au n° 3), perpétue l'après-midi et le soir l'atmosphère détendue de la vie artistique bon enfant et du tourisme associés.

A quelque 500 m des quartiers de « la fête », la **basilique du Sacré-Cœur**★★ est un lieu de pèlerinage perpétuel ; sa terrasse et surtout son dôme offrent un **panorama**★★★ sur Paris et sa région.

★★★ **Avenue des Champs-Élysées** – *Page 210.*

★★★ **Tour Eiffel** – *Page 205.*

★★★ **Musée du Louvre** – L'un des plus riches et des plus visités du monde. *Voir ci-après.*

★★★ **Cathédrale Notre-Dame** – *Page 206.*

★★★ **Le Marais** – *Page 209.*

★★ **Quartier de St-Germain-des-Prés** – Connu pour ses antiquaires, l'animation nocturne de ses ruelles (rues de Furstemberg, Bonaparte, Jacob...) et ses cafés littéraires.

★★★ **Centre Georges-Pompidou** ⊙ – Le Centre constitue un capital culturel doté de possibilités de vulgarisation étonnantes et équipé pour faciliter la pénétration réciproque des activités artistiques ou tributaires de la vie quotidienne ; son activité s'ordonne autour de quatre départements :

La **Bibliothèque Publique d'Information** (BPI) – Le **Centre de Création Industrielle** (CCI) – L'**Institut de Recherche et Coordination Acoustique/Musique** (IRCAM) – Le **Musée National d'Art Moderne** (MNAM).

★★ **Quartier latin** – C'est celui de la montagne Ste-Geneviève *(p. 195)* prolongé au Nord par les quartiers St-Séverin et Maubert et au Sud par celui de la rue Mouffetard, à l'Est, par celui du Jardin des Plantes.

★★ **La Défense** – *Page 210.*

★★ **Palais de Chaillot** – *Page 206.*

★★ **La Villette** – Le **parc**★★ de la Villette est le plus grand parc intra-muros de Paris. Le site de 55 ha accueille un ensemble urbain très complet : La Cité des Sciences et de l'Industrie avec la Géode, la Cité de la Musique, la Grande Halle, le Zénith et le théâtre Paris-Villette.

★★★ **La Cité des Sciences et de l'Industrie** ⊙ – La cité répond à un besoin croissant de compréhension de l'environnement scientifique et industriel ; ainsi le visiteur peut, à travers les mises en scène des sciences et des industries, s'amuser, découvrir, apprendre.

★★★ **La Géode** ⊙ – Cette sphère de 36 m de diamètre, posée sur un miroir d'eau, est une exceptionnelle salle de cinéma dont l'audace et la perfection sont dues au talent de l'ingénieur Chamayou.

## QUELQUES TRÉSORS DES GRANDS MUSÉES

### ★★★ Le Louvre ⊙

Depuis l'ouverture du « Grand Louvre » en 1994, les collections sont réparties en trois grandes sections : **SULLY**, **DENON** et **RICHELIEU** qui correspondent aux deux ailes et à la Cour Carrée.

| | |
|---|---|
| **SULLY :** | Salles d'histoire du Louvre *Entresol.* |
| | Louvre médiéval *Entresol.* |
| | Antiquités égyptiennes *Rez-de-chaussée et 1er étage.* |
| | Antiquités grecques *Rez-de-chaussée (salle des Caryatides, époque hellénistique).* |
| | Antiquités orientales *Rez-de-Chaussée (art du Levant).* |
| | Antiquités grecques *1er étage (salle des bronzes).* |
| | Objets d'art *1er étage (Restauration et 18e s.).* |
| | Peintures françaises *2e étage (17e et 19e s.).* |
| | Collection Beistegui *2e étage.* |
| **DENON :** | Antiquités grecques *Rez-de-chaussée et 1er étage.* |
| | Antiquités étrusques *Rez-de-chaussée.* |
| | Antiquités romaines et paléochrétiennes *Rez-de-chaussée.* |
| | Sculptures italiennes *Entresol et rez-de-chaussée.* |
| | Sculptures nordiques *Entresol et rez-de-chaussée.* |
| | Objets d'art (Galerie d'Apollon, bijoux de la Couronne) *1er étage.* |
| | Peintures italiennes *1er étage.* |
| | Grands formats de la peinture française du 19e s. *1er étage.* |
| | Peintures espagnoles *1er étage.* |
| **RICHELIEU :** | Expositions-dossiers *Entresol.* |
| | Arts de l'Islam *Entresol.* |
| | Sculptures françaises *Rez-de-chaussée, cours Marly et Puget.* |
| | Antiquités orientales *Rez-de-Chaussée.* |
| | Objets d'art *1er étage.* |
| | Peintures françaises (14e-17e s.) *2e étage.* |
| | Les écoles du Nord *2e étage.* |

## Antiquités orientales :

Statues de Gudéa et de Ur-Ningirsu (son fils) – Mésopotamie : fin du 3e millénaire.
Code (législatif) de Hammourabi – Babylone : début du 2e millénaire.
Bas-reliefs colossaux de Khorsabad et de Ninive – Assyrie : 7e s.
Frise de la garde des archers et chapiteau du palais de Darius – Suse : 6e s.
Vasque monolithe d'Amathonte – Chypre : début du 5e s.

## Antiquités égyptiennes :

Poignard de Gebel-el-Arak – fin de la préhistoire.
Grand sphinx de la crypte : début de l'Ancien Empire.
Bijoux de Ramsès II : milieu du 2e millénaire.
Scribe accroupi de Sakkara (calcaire peint) – 5e dynastie.
Mastaba (chapelle funéraire) de Alkhetep – 5e dynastie.
Fragments du monastère copte de Baouit : 6e s.

## Antiquités grecques et étrusques :

Coré du sanctuaire de Héra à Samos – Grèce : époque archaïque.
La Dame d'Auxerre – Grèce : époque archaïque.
Apollon de Piombino – Grèce : époque archaïque.
Vénus de Milo – Grèce : époque hellénistique.
Panathénées (métopes du Parthénon) – Grèce : époque classique.
Sarcophage des époux (terre cuite étrusque) de Cerveteri – Italie : 6e s.
Victoire de Samothrace – Grèce : époque hellénistique.

## Sculptures :

Vierge d'Issenheim (église des Antonites) en tilleul – fin du 15e s.
La Diane chasseresse (fontaine du château d'Anet) – Renaissance française.
Les Trois Grâces (monument funéraire d'Henri II) par Germain Pilon.
Les Quatre Évangélistes (marbre) par Jean Goujon.
La Vierge et l'Enfant (terre cuite) par Donatello – Florence : vers 1450.
Tête de Voltaire (marbre) par Houdon : « Le Hideux Sourire » – 1778.
Les Esclaves (marbre) par Michel-Ange – Florence : début du 16e s.

## Peintures :

Grande Pietà ronde par Malouel – École de Dijon : début du 15e s.
Retable de St-Denis par Henri Bellechose – École de Dijon : 15e s.
Pietà de Villeneuve-lès-Avignon par Enguerrand Quarton – vers 1440.
François Ier par Jean Clouet – École du Val de Loire.
Saint-Thomas par Georges de La Tour – École française du 17e s.
Gilles par Watteau – École française des Flandres au 18e s.
Mme de Récamier et Sacre de Napoléon Ier par Jacques-Louis David.
La Baigneuse de Valpinçon et La Grande Odalisque par Jean Ingres.
Scènes des massacres de Chio par Eugène Delacroix – 1824.
Le Radeau de la Méduse par Théodore Géricault – 1819.
Vierge aux anges par Cimabue – École de Florence : 13e s.
Saint-François d'Assise recevant les stigmates, par Giotto – École de Florence : début du 14e s.
Couronnement de la Vierge Marie par Fra Angelico – Florence : 15e s.
La Joconde (Mona Lisa) par Léonard de Vinci – Florence : début du 16e s.
Les Noces de Cana par Véronèse – École de Venise : 16e s.
La Mort de la Vierge par Caravage – École de Naples : début du 17e s.
Jeune mendiant par Murillo – École de Séville : milieu du 17e s.
Vierge d'Autun (du chancelier Rolin) par Van Eyck – Dijon : 15e s.
Charles Ier roi d'Angleterre à la chasse par Van Dyck – École anglaise.
Vie et règne de Marie de Médicis (grandes allégories) par Rubens.
Les Pèlerins d'Emmaüs par Rembrandt – École hollandaise : 17e s.

## Objets d'art :

Le Régent (diamant) et les joyaux de la couronne de France.
Vierge en ivoire de la Ste-Chapelle – Paris : milieu du 13e s.
Les Chasses de Maximilien (tapisseries) – Bruxelles : milieu du 16e s.
Bureau de l'électeur de Bavière par Boulle – Début du 18e s.
Pendule (marqueterie d'ébène et d'écaille) par Boulle – Début du 18e s.
Commode aux singes (bronzes dorés) par Charles Cressent – 1740.
Les Amours des dieux (tapisseries) – Gobelins : milieu du 18e s.
Bureau, table et commode de la salle Œben – milieu du 18e s.
Grand vase Médicis (porcelaine de Sèvres, biscuits, bronze de Thomire).

## ★★★ Musée d'Orsay ⊘

La Source par Ingres.
Un enterrement à Ornans par Courbet – 1849.
Les Glaneuses et l'Angélus du soir par Jean-François Millet.
Le Déjeuner sur l'herbe et Olympia par Édouard Manet.
Groupe de la danse (sculpture) par Jean-Baptiste Carpeaux – 1869.
L'Estaque, (vue du port et du golfe de Marseille) par Paul Cézanne – 1878.
Les Danseuses bleues par Edgar Degas.
L'Église d'Auvers-sur-Oise et Autoportrait par Vincent Van Gogh.
Le Cirque par Georges Seurat.
Aréaréa joyeusetés (femmes de Tahiti) par Paul Gauguin – 1892.

Jane Avril dansant par Henri de Toulouse-Lautrec.
Balzac (sculpture) par Auguste Rodin – 1897.
La Méditerranée (sculpture) par Aristide Maillol – 1902.
Pendant de cou et chaînes (bijoux) par René Lalique – 1903.
Héraclès archer (bronze) par Antoine Bourdelle – 1909.
Les Baigneuses par Auguste Renoir – 1918.

### ★★★ Musée national d'Art moderne (Centre Georges-Pompidou) ⊘

La Rue pavoisée par Raoul Dufy – fauvisme : début du 20e s.
Le Guéridon par Georges Braque – cubisme : 1911.
Nus de dos par Henri Matisse – évolution vers l'abstraction : 1916.
Arlequin par Pablo Picasso – affirmation du cubisme : 1923.
La Vache spectrale par Salvador Dali – vers l'hyperréalisme : 1928.
Le Phoque (sculpture) par Constantin Brancusi – surréalisme en sculpture : 1935.

### ★★ Hôtel de Cluny
**(Musée du Moyen Âge)** ⊘

Coffret en ivoire – Constantinople : début du 11e s.
Devant d'autel (en or) de l'empereur Henri II – Cathédrale de Bâle : 11e s.
Vitraux (29 médaillons originaux) de la Ste-Chapelle – Paris : 13e s.
Châsses reliquaires limousines (émail champlevé) – 13e s.
Rose d'or (filigranes) de Bâle offerte par la papauté d'Avignon : début du 14e s.
Aigle de Saint-Jean (lutrin de laiton) – cathédrale de Tournai : 1383.
Vie de saint-Étienne (tapisserie) – ateliers d'Arras : milieu du 15e s.
Retable de la Passion du Limbourg (bois peint et doré) – fin du 15e s.
La Dame à la Licorne (tapisserie) – Bruxelles : fin du 15e s.
Sainte Marie-Madeleine (traits probables de Marie de Bourgogne) – Flandres.

La Dame à la Licorne.

### ★★ Musée de l'Orangerie ⊘

Portrait de Mme Paul Cézanne par Cézanne.
Baigneuse aux cheveux longs et Femme à la lettre par Auguste Renoir.
Nu sur fond rouge par Pablo Picasso – 1906.
La Carriole du père Junier par le Douanier Rousseau – 1908.
Maison de Berlioz et Église de Clignancourt par Maurice Utrillo.
Antonia par Amadeo Modigliani.
Nymphéas (inspirées du jardin de Giverny) par Claude Monet.
Les Trois Sœurs par Henri Matisse.
Le Petit Pâtissier et le Garçon d'étage par Chaïm Soutine – 1922.
Arlequin à la guitare et Le Modèle blond par André Derain.

### ★★★ Musée de l'Armée (Hôtel des Invalides) ⊘

Armure de François Ier par Seussenhofer – 1539.
Plan-relief de Perpignan, de la série commandée par Vauban en 1696.
Drapeau des Adieux de Napoléon : Fontainebleau, le 20 avril 1814.
Salon mortuaire (reconstitué) de Napoléon dans l'île de Ste-Hélène.
Le clairon de l'Armistice (qui sonna le cessez-le-feu le 7 novembre 1918, à 21 h).

### ★★★ La Cité des sciences et de l'industrie (La Villette) ⊘

Le Nautile (maquette éclatée d'un sous-marin d'étude).
Superphénix (réacteur surgénérateur reconstitué en vraie grandeur).
Partie supérieure de la fusée Ariane.

### ★★ Palais de la Découverte ⊘

Lunakhod (véhicule soviétique d'étude lunaire) – 12 novembre 1970.
Fragment de pierre lunaire – Mission US Apollo XVII : 1972.
Le nombre Pi et les 703 premières des 16 000 000 de décimales calculées.
Maquette de la fusée Apollo Saturne V.
Caméra d'astronomie spatiale du CNRS (tête de fusée).

★ ## Conservatoire national des Arts et Métiers
**(Musée des Techniques)** ⊙

Microscope du duc de Chaulnes – Milieu du 18e s.
Fardier de Cugnot (engin automoteur) – 1771.
La Joueuse de tympanon (automate) ayant appartenu à Marie-Antoinette – 1784.
Mécanique à tisser de Jacquard.
Machine à coudre de Thimonnier – 1825.
L'Obéissante, automobile d'Amédée Bollée père – Le Mans : 1873.
Cinématographe des frères Lumière – 1895.
Émetteur radio à étincelles soufflées de la tour Eiffel.
L'avion nº IX de Blériot (celui de la traversée de la Manche en 1909).

## LA CAPITALE COMMERCIALE

### Les boutiques et leurs quartiers

Elles se concentrent essentiellement dans certains quartiers dont le nom à lui seul évoque tout l'univers du luxe parisien.

**Champs-Élysées :** la mode, l'esthétique, l'automobile, les galeries marchandes (galerie Élysée Rond-Point, galerie Point-Show, arcades du Lido...) rivalisent d'ingéniosité pour présenter leurs vitrines, tout au long de la voie triomphale, ainsi que dans les rues avoisinantes (avenue Montaigne).

**Rue du Faubourg-St-Honoré :** les boutiques de grands couturiers et de prêt-à-porter (Courrèges, Hermès, Lagerfeld, Lanvin) côtoient les parfumeries, les selleries, les maroquineries et les fourreurs.

**Place Vendôme :** les joailleries et bijouteries les plus connues (Chanel, Van Cleef & Arpels, Boucheron, Chaumet) font face au ministère de la Justice et à l'hôtel Ritz.

**Place de la Madeleine et rue Tronchet :** la maroquinerie, la chaussure et les sacs, le prêt-à-porter et les arts de la table sont dignement représentés.

### Les grands magasins

Pour le touriste ne disposant que de peu de temps, c'est certainement une très bonne solution, car la plupart des grandes marques y sont présentes. Ces établissements sont en général ouverts sans discontinuer de 9 h 30 à 19 h du lundi au samedi : **Bazar de l'Hôtel de Ville** (4e) – **Galeries Lafayette** (9e) – **Magasins du Printemps** (9e) – **Samaritaine** (1er) – **Au Bon Marché** (7e).
*Voir le plan Michelin Paris nº 11.*

LE BOURGET, CH. DE GAULLE — PARC DES EXPOSITIONS DE PARIS-NORD II

| | Vie politique et administrative | | Commerce de luxe | | Activités commerciales et artisanales |
| | Vie intellectuelle et universitaire | | Quartiers des affaires et de la finance | | Zones de détente et de loisirs |

● Grands magasins, centres commerciaux          ▲ Théâtres, spectacles

#### Les antiquaires et les antiquités

Le Louvre des Antiquaires (1er), le Village suisse (15e), les rues Bonaparte et La Boétie, l'hôtel des ventes de Richelieu-Drouot sont spécialisés dans le commerce des meubles et objets anciens. Le « chineur » trouvera, sans doute, son bonheur aux puces de St-Ouen aussi bien qu'à celles de Montreuil (le samedi, dimanche et lundi).

## LES SALONS

Le calendrier des foires, salons et expositions est extrêmement riche, parmi les grandes manifestations internationales organisées à Paris il faut mettre à part :

**Parc des Expositions de Paris** (porte de Versailles) : en mars, le Salon international de l'agriculture ; le Salon mondial du tourisme et voyages (SMTV) fin mars, le Salon du livre ; en avril, la Foire internationale de Paris ; fin septembre, le Salon international photo-vidéo-son ; début octobre (les années paires), le Salon « mondial » de l'automobile et du transport ; mi-décembre, le Salon nautique international.

**Parc international d'Expositions** (Paris-Nord Villepinte) : en mars, le Salon international de la machine agricole (SIMA) ; en octobre, le Salon international d'informatique, organisation du bureau et bureautique (SICOB).

**Parc des Expositions** (aérodrome du Bourget) : (les années impaires) le Salon international de l'aéronautique et de l'espace.

**Grand-Palais** : début janvier tous les deux ans, le Salon international des musées et expositions (SIME) ; mi-avril, le Salon international de la musique classique (MUSICORA).

## LA CAPITALE SPORTIVE

Les Internationaux de France de tennis de Roland-Garros, le Prix du Président de la République à Auteuil, le Prix d'Amérique à Vincennes, le Prix de l'Arc de Triomphe à Longchamp, le Marathon international de Paris ainsi bien sûr que l'arrivée triomphale du Tour de France sur les Champs-Élysées sont les manifestations sportives les plus suivies. Au parc des Princes, les grandes finales de football et de rugby font vibrer un public enthousiaste, tandis qu'au Palais omnisport de Paris-Bercy (POPB) les compétitions sportives « en salle » les plus inattendues sont présentées à un public très au fait : planches à voile in door, rodéos nord-américains, masters de la glace, open de tennis de la Ville de Paris, super-cross tracers, Festival des arts martiaux, Six jours cyclistes de Paris ainsi que des concerts géants de vedettes internationales...

## LA PROXIMITÉ DE PARIS

50 km autour de Notre-Dame – Guide Vert Ile-de-France.

★★ **Barbizon** – 106 pli 45. Lieu de prédilection des peintres paysagistes, dans les années 1830-1860, travaillant « sur le motif ». Leur école s'inspira des paysages forestiers de Fontainebleau et de la plaine de Bière. Avec Théodore Rousseau (1812-1867), leur chef de groupe, ces précurseurs de l'impressionnisme affectionnent les teintes sombres, les lumières tamisées et les ciels orageux. Ancienne **auberge du Père Ganne** ⊙ où les artistes prenaient pension (**musée**) ⊙.

★★ **Château de Champs** ⊙ – 101 Sud du pli 19. Ensemble architectural et paysager du 18e s. Le **parc★★** est un beau jardin français. Le **château** retient l'attention par la nouveauté de ses aménagements : les pièces cessant de se commander l'une l'autre, chaque chambre disposant d'un cabinet et d'une garde-robe ; la salle à manger faisant son apparition. **Boiseries★** rocaille et **salon chinois★★**.

★★★ **Château de Chantilly** – *Voir à ce nom.*

**Coupvray** – 106 pli 22 – 11 km au Sud-Ouest de Meaux. Dans le quartier proche du canal : maison natale ⊙ de **Louis Braille** (1809-1852), inventeur de l'alphabet tactile pour les aveugles. Ce bienfaiteur de l'humanité reçut en 1952 l'honneur du Panthéon.

★★ **Château d'Écouen** ⊙ – 101 pli 6. Le château illustre l'évolution architecturale accomplie de la première à la seconde Renaissance. Il abrite le **musée de la Renaissance★★** (mobilier, boiseries, tapisseries, broderies, céramiques, émaux...).

★ **Enghien** – *Page 44.*

★ **Château de Gros-Bois** ⊙ – 101 pli 28. Le château (début 17e s.) abrite un admirable **mobilier★★** de style classique et Empire : lit d'acajou à bronzes dorés, torchères en porphyre et bronzes de Thomire, crédence Retour d'Égypte de Jacob.

★ **Château de Maisons-Laffitte** ⊙ – 101 pli 13. Édifié de 1642 à 1651 par François Mansart, il illustre le premier style Louis XIV. La recherche de la grandeur y prend le pas sur le goût de l'amabilité de la Renaissance par la majesté des lignes, le souci des proportions étudiées en fonction du site, l'alternance des colonnes et des pilastres, la hauteur des frontons.

★ **Meaux** – *Voir à ce nom.*

★ **Port-Royal-des-Champs** – *Voir à ce nom.*

★ **Rambouillet** ⊘ – 106 pli 28. Le château (**boiseries★** rocaille) et plus encore le **parc★** (parterre à la française, jardin d'eau, **laiterie de la Reine★**, **chaumière des Coquillages★**) et la forêt en font un centre de tourisme.

★★ **Abbaye de Royaumont** ⊘ – 106 pli 7. Elle fut fondée par Saint Louis en 1228. L'ancienne église évoquée dans son plan par des bases de colonnes, le beau réfectoire gothique, la Vierge de Royaumont (14ᵉ s.) y témoignent de l'art médiéval.

★★ **Rueil-Malmaison** ⊘ – 101 pli 13. Malmaison est un lieu de pèlerinage pour les fervents d'histoire napoléonienne. En 1799, Joséphine qui avait épousé, trois ans plus tôt, le général Bonaparte en secondes noces, achète le château et son parc au tragédien Talma. Le Premier consul se plaît à y passer ses fins de décades ; c'est la période la plus heureuse de leur vie conjugale. En 1809, Joséphine s'y retire après son divorce. En juin 1815, à la fin des Cent-Jours (Joséphine est morte depuis plus d'un an), Napoléon s'y réfugie auprès d'Hortense, avant de devoir quitter la France. Le château, auquel avait travaillé Lemercier vers 1625, abrite des **collections★★** : décor de Percier et Fontaine, bustes de la famille impériale, mobilier de Jacob, parures...
Le château de **Bois-Préau★** conserve surtout d'émouvantes reliques de Napoléon à Ste-Hélène et des souvenirs du « retour des Cendres ».

★★★ **Cathédrale St-Denis** – *Voir à ce nom.*

★★ **St-Germain-en-Laye** – *Voir à ce nom.*

★★ **Senlis** – *Voir à ce nom.*

★★ **Sèvres** – 101 pli 24. Sèvres doit sa notoriété à sa manufacture de porcelaine. Celle-ci, primitivement installée à Vincennes, fut transférée à Sèvres, sur la route de Paris à Versailles, en 1756, par Louis XV. Le gouvernement voyait là l'occasion de créer une activité apte à balayer les inquiétudes nées du développement industriel. Naturellement, la porcelaine de Sèvres est présente au **musée national de Céramique★★** ⊘ de même que les productions des plus grandes manufactures mondiales. Au rez-de-chaussée un « vase étrusque » et le « secrétaire des muses » exécutés au 19ᵉ s. et, au premier étage, des assiettes, des tasses, des services, de petits objets décoratifs permettent de différencier les porcelaines tendres et les porcelaines dures fabriquées à partir des années 1770.

★★★ **Château de Vaux-le-Vicomte** – *Voir à ce nom.*

★★★ **Château de Versailles** – *Voir à ce nom.*

★★ **Château de Vincennes** – 101 Sud du pli 17 – Guide Vert Paris. Le « Versailles du Moyen Age » est né d'un manoir, édifié par Philippe Auguste, auquel Saint Louis – qui rendait la justice sous l'ombrage d'un chêne de la forêt – ajouta une chapelle. Un château fort entrepris par Philippe VI de Valois y fut achevé par Charles V qui était né.
Au 17ᵉ s., Mazarin fait édifier par Le Vau les pavillons du Roi et de la Reine et le portique qui les relie. Le château servit ensuite de prison d'État.
Le **donjon★★** ⊘, élevé en 1337, est un chef-d'œuvre de l'art militaire du 14ᵉ s. La **chapelle★** achevée par Henri II conserve, dans le chœur, de beaux **vitraux★** exécutés en 1556 par un atelier parisien.

# PAU★★

*85 766 habitants*
*Cartes Michelin nᵒˢ 85 plis 6, 7 ou 234 pli 35 – Guide Vert Pyrénées Aquitaine.*
*Plan dans le guide Rouge Michelin France.*

Sur une terrasse qui domine son gave, au contact du Béarn de plaine et du Béarn de montagne, Pau surveille depuis l'époque romaine les routes vers l'Espagne par le col du Somport. Elle devint en 1450 la capitale du Béarn.

**Béarn et Béarnais** – Le Béarn est une belle région de labours, de vignes (Jurançon, Madiran, rosé) et d'arbres fruitiers sur les hauteurs qui séparent les gaves ; en montagne on y élève des brebis dont le lait est en partie dirigé sur Roquefort.
Les Béarnais, qui vivent dans de grandes maisons au toit d'ardoise très incliné, pratiquaient depuis le 11ᵉ s. une démocratie pastorale (fors) quasi indépendante. Ils aiment à se reconnaître dans quelques personnalités. **Gaston IV Fébus** (1331-1391), chasseur habile, mais souverain autoritaire entouré de lettrés, fut le premier à fortifier Pau. **Jean II d'Albret** acquit le pays de Foix par son mariage (1484) avec Catherine de Foix, mais dut abandonner la Navarre du Sud au roi d'Espagne ; son fils Henri II épousa en 1527 Marguerite d'Angoulême, sœur de François Iᵉʳ, qui introduisit l'art de la Renaissance au château et, acquise aux idées de la Réforme, fit de sa capitale un des centres intellectuels de l'Europe. Leur fille, **Jeanne d'Albret**, épousa Antoine de Bourbon, descendant de Saint Louis, ce qui permit à son fils Henri de Navarre (Henri IV) de recueillir l'héritage des Valois à leur extinction *(p. 23)*, si bien que « c'est par le Béarn que le royaume de France fut annexé à la Gascogne » *(Henri IV)*.

★★ **Boulevard des Pyrénées** – Tracé en terrasse, il offre, par-delà le gave de Pau, une **vue** rapprochée sur les premiers coteaux béarnais. Par temps bien dégagé, le **panorama★★★** s'y développe du pic du Midi de Bigorre au pic d'Anie.

⊘ ➤➤ **Château★★** (collection de tapisseries★★★) – Musée des Beaux-Arts★.

# Grotte du PECH-MERLE★★

Cartes Michelin nᵒˢ 79 pli 9 ou 235 plis 10, 14 – Guide Vert Périgord Quercy.

La **grotte du Pech-Merle** ⊙, qui domine de près de 150 m le cours du Célé peu avant son confluent avec le Lot, offre au passionné de préhistoire et à l'amateur de spéléologie un intérêt majeur.

Au niveau inférieur de la grotte, le premier observe, souvent disposés dans des sortes d'enfeus et sur des formes rocheuses qui se combinent avec leurs lignes comme une troisième dimension, des chevaux tachetés de ponctuations colorées, un grand poisson et des mains « négatives » datant de la fin du périgordien ; des bisons associés à des chevaux, des mammouths et surtout des empreintes de pieds humains pétrifiés dans l'argile, plus récents, remontant au début du magdalénien (environ 150 siècles). Au niveau supérieur, le curieux des sciences de la terre remarque de rares concrétions en disques, des perles des cavernes et des excentriques dont la formation relève de la cristallographie.

# Pointe de PENHIR★★★

Cartes Michelin nᵒˢ 58 pli 3 ou 230 pli 16 – Guide Vert Bretagne.

La pointe de Penhir est le site marin le plus impressionnant de la presqu'île de Crozon. Entre la rade de Brest et la baie de Douarnenez, cette dernière se distingue par la hauteur de ses falaises et par les profondes découpures de la côte, dessinées par des fractures survenues dans cette zone du plateau armoricain.

L'érosion littorale a dégagé les filons de quartzite de leur gaine de grès. La violence des lames brisant sur les récifs et la coloration des roches composent un grandiose spectacle de la nature.

Les Tas de Pois, formidables récifs, témoignent d'une ligne ancienne du rivage, déchiquetée ; la Chambre Verte, terre-plein gazonné, en offre une vue très originale.

★★★ **Autres sites marins de la presqu'île de Crozon** – Ils comptent parmi les plus typés de Bretagne.

Pointe de Penhir – Les Tas de Pois.

★★ **Pointe des Espagnols** – Panorama sur Brest, son port, son goulet et sa rade.

★★ **Pointe de Dinan** – Panorama sur la côte. Le « Château de Dinan » est une énorme masse rocheuse ruiniforme reliée à la côte par une arche naturelle et dont l'écroulement fera une île. Au Nord, l'anse de Dinan est bordée d'une vaste plage de sable bien exposée.

★ **Grottes de Morgat** – Elles s'ouvrent dans des falaises que des algues tapissent et protègent contre l'action des vagues. La plus belle, la **grotte de l'Autel** (80 m de profondeur et 15 m de haut), offre de multiples colorations.

★ **Cap de la Chèvre** – Vue sur les pointes avancées du Finistère, de celle du Raz à celle de Pen-hir ; à l'horizon, l'île de Sein.

# PÉRIGUEUX★★

Agglomération 51 450 habitants
Cartes Michelin nᵒˢ 75 pli 5 ou 233 pli 42 – Guide Vert Périgord Quercy.
Plan dans le guide Rouge Michelin France.

L'histoire de l'urbanisme à Périgueux fait apparaître cinq périodes, cinq villes qui, peu à peu, se sont fondues en une même agglomération. Tout d'abord la Vésone gauloise puis romaine occupe le quartier des arènes et de St-Étienne, c'est la Cité. Au Moyen Age le « Puy St-Front » s'établit un peu au Nord sur une hauteur, c'est le quartier de la cathédrale (dont le pavage et quelques demeures font l'objet d'une remise en valeur), cœur de la ville qui, en 1251, absorbe la Cité. Au 18ᵉ s., les intendants développent la ville vers le Nord et réunissent ses deux quartiers par des larges voies bien tracées où s'élèvent des édifices publics. A la fin du 19ᵉ s., le quartier de la gare se développe et plus récemment de vastes faubourgs donnent à l'agglomération une nouvelle extension.

★ **Les églises à coupoles** – L'utilisation des coupoles sur pendentifs très fréquente en Périgord connaît ici deux réalisations particulièrement significatives.

★ **Église St-Étienne-de-la-Cité** ⊙ – L'église conserve deux travées, deux coupoles, du sanctuaire primitif. La première, très archaïque, probablement le prototype des coupoles d'Aquitaine, remonterait à 1117 ; elle est édifiée directement sur deux gros doubleaux et sur deux grands arcs latéraux jouant le rôle de formerets ; de petites fenêtres s'ouvrent directement dans sa partie concave.

Dans la seconde, élevée un demi-siècle plus tard, les formerets se détachent des murs, la coursive latérale est plus élevée.

★ **Cathédrale St-Front** ⊘ – De l'église romane primitive ne subsistent, au fond de la nef, que deux petites coupoles très élevées, montées sur de hauts tambours. Dans cette église, les pèlerines de St-Jacques-de-Compostelle s'attardaient pour vénérer les reliques de saint Front, dont le tombeau avait été sculpté en 1077.

Mais, pour l'essentiel, l'édifice actuel, reconstruit par Abadie à partir de 1852, tout à fait dans le goût des pastiches du Second Empire, vaut surtout par l'ampleur de ses dimensions et par la simplicité de son ordonnance.

⊘ ►► Quartier du Puy-St-Front★ – Rue Limogeanne★ – Musée du Périgord★ *(préhistoire, archéologie, ethnographie et peinture).*

# PÉROUGES★★

851 habitants
Cartes Michelin nᵒˢ 74 plis 2, 3 ou 88 plis 8, 9 ou 244 pli 15 ou 246 pli A.
Guide Vert Vallée du Rhône.

Coiffant une colline qui domine la plaine de l'Ain, Pérouges fut fondée, bien avant la conquête de la Gaule par Jules César, par une colonie venue de Pérouse en Ombrie. Elle eut pour baron **Claude Vaugelas (1585-1650)**, originaire de Meximieux *(1,5 km à l'Est)*, grammairien appliqué à fonder ses observations linguistiques sur la réflexion logique, le bon goût, la clarté et l'usage.

★★ **Cité ancienne** – Fermée dans ses remparts, Pérouges, aux rues pavées et tortueuses, offre une évocation des vieilles cités françaises telle que le cinéma en a fait le cadre de plusieurs films historiques.

Elle fut presque complètement relevée de ses ruines après la guerre de 1468 contre la Savoie. Ses maisons les plus anciennes sont encore à colombage et en encorbellement ; celles des artisans et des commerçants sont simples, mais celles de la bourgeoisie et des familles seigneuriales offrent le caractère de transition bressan entre le gothique et la Renaissance avec leurs meneaux, leurs auvents et leurs arcs en anse de panier.

Le **porte d'En-Haut**★ et la **place de la Halle**★★★, avec son hostellerie, son **musée du Vieux-Pérouges** ⊘, son tilleul (arbre de la Liberté planté en 1792), sont particulièrement pittoresques.

►► Promenade des Terreaux★ – Rue des Rondes★.

# PERPIGNAN★★

Agglomération 138 735 habitants
Cartes Michelin nᵒˢ 86 pli 19 ou 235 pli 52 ou 240 pli 41.
Guide Vert Pyrénées Roussillon – Plan dans le guide Rouge Michelin France.

L'atmosphère aimable et séduisante de Perpignan, seconde ville de Catalogne (après Barcelone), capitale du Roussillon, se ressent particulièrement dans quelques sites où s'évoque la mémoire des personnalités de la ville et de la région.

La statue de **Hyacinthe Rigaud** (1659-1743), sur la place qui porte son nom, et plus encore quelques toiles *(au 1ᵉʳ étage du musée)*, dont l'*Autoportrait au turban* et le *Cardinal de Fleury*, évoquent ce Catalan, très attaché à ses origines régionales et familiales, qui devint le portraitiste de Louis XIV et de toute la haute société masculine de son époque ; maître dans l'art des draperies et dans l'analyse réservée, mais fidèle, d'un tempérament.

Sur la place **François-Arago**, ombragée de palmiers et de magnolias, bordée de cafés fréquentés, se dresse la statue de cet homme de science (1786-1853) né à Estagel *(23 km à l'Ouest)* dont les recherches portèrent en particulier sur la polarisation de la lumière, la chromosphère solaire et l'aimantation.

La place de la Loge fut témoin de l'activité commerciale qui s'exerçait à la Loge de Mer, des processions de la Semaine Sainte descendues de l'église St-Jacques, des querelles politiques, de l'éclat donné par Louis XIV à la célébration de sa reconquête du Roussillon, des Sardanes que l'on y danse encore en été. La *Vénus* d'**Aristide Maillol** (1861-1944) et sa *Méditerranée* dans la cour voisine de l'hôtel de ville témoignent de la sensualité vigoureuse que cet artiste donna à ses nus féminins, dans la tradition méditerranéenne. La gare de Perpignan, quant à elle, fut admirée par **Salvador Dali** (1904-1989), Catalan du Sud, zélateur extravagant et provocant d'un hyper-réalisme métaphysique, peintre des phénomènes délirants et créateur imaginaire des *Montres molles*, expression paranoïaque de son concept matière-espace-temps.

## LA VILLE CATALANE

★ **Palais des rois de Majorque** ⊘ – Au 13ᵉ s., Jacques Iᵉʳ d'Aragon veut faire de Perpignan la capitale continentale du « royaume de Majorque » qu'il s'apprête à remettre à son fils cadet, Jacques II. Il édifie donc ce château de type majorquin sur un « Puig » d'où l'on pourra tenir la ville rurale installée sur les bords de la Basse et de la Têt. Les 68 ans que dura cette éphémère dynastie suffirent pour élever cette demeure noble autour d'une cour d'honneur très simple, romane au rez-de-chaussée, gothique aux ogives catalanes surhaussées à l'étage et dans laquelle l'appareillage est admirablement disposé avec ses rognons de silex et ses galets de marbre cloisonnés par endroits de lits de brique.

La salle Majorque aux hautes baies, la chapelle basse « de la reine » avec ses restes de peinture sur les trompes d'angle, la chapelle haute « de Ste-Croix » avec son beau Christ catalan, l'appartement princier à l'étage à gauche sont très représentatifs de cette école d'architecture.

★ **Ensemble monumental civique** – Il s'ordonne le long de la rue de la Loge.

La **Loge de Mer**★, ancien tribunal arbitrant les contestations relatives au négoce maritime, offre des murs appareillés avec le plus grand soin dans lesquels s'ouvrent, au rez-de-chaussée, de grandes baies gothiques et, à l'étage, des fenêtres aménagées en 1540 en même temps que la balustrade ajourée qui règne au niveau du toit.

L'**hôtel de ville**★, souvent remanié, présente, au-dessus du rez-de-chaussée, un étage de cailloux roulés disposés entre des assises de brique. En façade les trois bras de bronze qui passent pour symboliser les « mains » où États représentant la population seraient en fait d'anciennes torchères. Cour Renaissance à arcades et grilles de fer forgé du 18e s.

La **Députation** où siégeaient autrefois les représentants des « corts » catalans est un très beau palais aragonais caractérisé par la dimension des claveaux de son portail et par la finesse des colonnettes de ses baies, en marbre de Montjuich.

★ **Castillet** – C'est un reste du rempart aménagé par Vauban, qui a échappé à la démolition de 1904. L'ouvrage en briques roses date de Pierre IV d'Aragon alors que la porte Notre-Dame voisine a été ouverte durant l'occupation de la ville par Louis XI. La **Casa Pairal** ⊘ présente des objets d'art populaire catalan.

★ **Cathédrale St-Jean** – L'édifice, commencé en 1324 par don Sanche d'Aragon, ne fut achevé qu'en 1509. Le campanile de fer forgé (18e s.) de son clocher abrite un bourdon du 15e s. Intérieurement le magnifique vaisseau languedocien, les retables des chapelles, les reliquaires de la chapelle N.-D.-del-Correchs et le **Dévôt Christ**★ dans une chapelle hors œuvre, à droite, retiennent l'attention. Cette dernière œuvre, datée de 1329, illustre le culte de la Passion et le réalisme dans la représentation de l'agonie du Christ qui se sont répandus en Europe après l'acquisition par Saint Louis des reliques de la Passion et de la sainte Couronne d'épines.

## EXCURSIONS

★★ **La Côte Vermeille** – Au sud de Perpignan, entre Argelès-Plage et la frontière espagnole, de nombreuses stations, installées au fond de baies étroites, restent marquées par leur vocation antique de petites cités maritimes.

★★ **Collioure** – Cette jolie petite ville de la Côte Vermeille, enchâssée entre le Château Royal et l'Église Notre-Dame-des-Anges, attira très tôt les peintres. Dès le début du siècle, les premiers « fauves » : Derain, Braque, Matisse… s'y réunissaient. Plus tard, Picasso et Foujita y séjournèrent. Aujourd'hui encore, la plage Boramar est un sujet très apprécié des artistes.

**Banyuls-sur-Mer** – Cette station balnéaire la plus méridionale de France est également réputée pour son vignoble. Le **Banyuls** a sa place sur les meilleures tables à l'apéritif comme au dessert et aussi en accompagnement de certains mets.

La D86, belle route de corniche, conduit à la tour **Madeloc** (652 m d'altitude). **Panorama**★★ sur les Albères, la Côte Vermeille et le Roussillon.

# Château de PEYREPERTUSE★★★

Cartes Michelin nos 86 pli 8 ou 235 pli 48 ou 240 pli 37.
Guide Vert Pyrénées Roussillon.

Les ruines du **château de Peyrepertuse** ⊘ représentent l'une des places fortes essentielles des Corbières au Moyen Âge. Elles occupent une échine panoramique longue de 300 m et se composent en réalité de deux châteaux voisins mais distincts. Le château féodal inférieur, à l'Est (château Bas), fut d'abord placé en 1162 sous la suzeraineté aragonaise, ce qui le tint, au début du moins, quelque peu à l'écart des troubles de la période cathare. Il se rendit en 1240 presque sans résistance au sénéchal de Carcassonne agissant au nom du roi. Saint Louis y fit alors construire un escalier d'accès. Par le traité de Corbeil en 1258, le château devint une place forte française face au Roussillon.

Sa spectaculaire courtine Nord formant éperon, les ruines de son logis, de son donjon et de sa chapelle montrent des travaux de modernisation, d'extension ou de défense successivement accomplis.

Au-delà d'une esplanade en pente s'élève un escalier monumental taillé en plein roc *(chaîne de fer servant de main courante)*.

Le château St-Georges, la forteresse royale, plus élevé, à l'Ouest fut réalisé en une seule campagne, probablement par Philippe le Hardi pour affirmer sa présence. Les vestiges d'une citerne et d'une chapelle en subsistent. De l'extrémité Ouest de son promontoire, la vue se développe sur les crêtes voisines fortifiées.

Le traité des Pyrénées, en 1659, enleva à Peyrepertuse son importance stratégique à l'époque où les progrès de l'artillerie le privaient de sa signification militaire.

*Nous ne saurions assez recommander la plus grande prudence lors de la visite de cette « citadelle du vertige ».*

# Haras du PIN★

Cartes Michelin nᵒˢ 60 pli 3 ou 231 pli 43 – Guide Vert Normandie Cotentin.

L'ouverture de l'hippodrome de Deauville en 1864 répand en Normandie la mode « anglaise » de posséder une écurie, symbole de réussite financière. Retour des choses : huit siècles plus tôt, les Anglais eux-mêmes étaient venus à cet élevage, gagnés par la prestance des barons qui composaient la cavalerie de Guillaume le Conquérant.
Le pays d'Argentan aux vastes prairies riches d'une flore parfaitement équilibrée a donc vu alors se développer sur ses « paddocks » l'élevage du pur-sang qui s'y pratiquait depuis le début du 18ᵉ s.

Dans un paysage de parc composé avec raffinement, le **haras du Pin** ⊘ est l'un des centres les plus renommés de l'élevage du cheval en France. Le domaine fut acheté par Louis XIV, en 1660, sur lequel, peu après, Colbert créait des haras publics et Jules Hardouin-Mansart édifiait un château. La noblesse des constructions, l'élégance des haies vives et des cloisonnements blancs confèrent sa distinction à l'économie de l'élevage du pur-sang.

# POITIERS★★

Agglomération 105 268 habitants
Cartes Michelin nᵒˢ 68 plis 13, 14 ou 233 pli 8.
Guide Vert Poitou Vendée Charentes.
Plan dans le guide Rouge Michelin France.

Poitiers fut fondée à l'époque gallo-romaine sur une hauteur qui domine un coude du Clain ; non pas au cœur des terroirs les plus fertiles de la région mais dans un site qui commande le seuil du Poitou, col presque imperceptible qui, à quelque 30 km au Sud de la ville, sépare le Bassin parisien du golfe d'Aquitaine.
Durant 13 siècles, la ville a joué un rôle politique et religieux plus décisif ou exposé aux heures critiques de notre histoire que prépondérant dans sa continuité. Ses monuments les plus marquants reflètent les événements survenus dans un rayon de 30 km autour de N.-D.-la-Grande.

## DES SITES D'HISTOIRE : UN CENTRE MONUMENTAL

**Antiquité** – Rare témoin de l'architecture religieuse en France pendant l'Antiquité, le **baptistère St-Jean**★ ⊘ est particulièrement vénérable. Ses deux salles primitives : narthex et salle baptismale, sont représentatives de l'art de bâtir en Gaule au milieu du 4ᵉ s. L'ancien narthex, restauré au 10ᵉ s., a reçu une forme polygonale ; sous ses fenêtres subsistent des traces d'un petit appareil romain cubique et, sous les pignons, de curieux pilastres à chapiteaux sculptés en faible relief.

A l'intérieur (musée lapidaire), la salle baptismale présente un décor de colonnes de marbre et de colonnettes à chapiteaux ouvragés à la mode antique. Les degrés de la cuve où se donna le baptême par immersion puis par affusion (eau versée sur la tête) furent, avant le 17e s., les seuls fonts baptismaux de la ville.

Son origine remonte à l'époque où saint Hilaire, 27 ans après l'édit de Constantin, fut élu évêque de Poitiers. Ce pionnier de l'évangélisation de la Gaule, véhément défenseur, contre l'arianisme au concile de Milan en 355, de l'indivisibilité consubstantielle de la Trinité, reçut en 361 saint Martin à **Ligugé**, en fit son disciple et le créateur de la vie monastique en Gaule.

De la pénétration primitive du christianisme dans la région serait justiciable la célèbre **nécropole mérovingienne**★ de **Civaux** où l'on dénombre encore plus de 500 sarcophages ou couvercles exhumés.

**Haut Moyen Âge** – Un monument dans le vieux village de **Vouillé** rappelle qu'en ces lieux, en 507, le roi des Francs, **Clovis**, remporta une victoire sur Alaric II ; « alors commença la France ». En effet, cette victoire mettait un terme à la mainmise wisigothique en Aquitaine et au rayonnement de cette culture qui avait régné de part et d'autre des Pyrénées de Tolède au Lauragais et au Toulousain.

52 ans plus tard, en 559, sainte Radegonde, reine de France, épouse du mérovingien Clotaire Ier, fonde le monastère Ste-Croix *(à l'emplacement du musée de ce nom)* au voisinage du baptistère St-Jean et s'y retire.

Un samedi d'octobre 732, sur la rive droite du Clain, à **Moussais-la-Bataille**, Charles Martel (688-741), après une semaine d'observation, amène la cavalerie sarrasine à venir se briser sur les lances de ses soldats. Victoire qui arrête la progression arabe en Europe et inverse le mouvement des combattants de l'Islam.

**Époque romane** – Au monde roman, Poitiers doit ses monuments majeurs.

**Église St-Porchaire** – Admirable clocher-porche du 11e s.

★★ **Église St-Hilaire-le-Grand** – Cette grande église romane de pèlerinage édifiée en 1049 et jalonnant la route St-Jacques-de-Compostelle est considérée par les archéologues comme la plus intéressante de Poitiers. En 1100, ses voûtes furent refaites et achevées après l'incendie qui avait ravagé son ancienne couverture de bois. L'architecte fut alors amené à réduire la largeur des nefs, donc à les multiplier pour pouvoir les voûter en pierre. Il en vint à dédoubler les bas-côtés et à rétrécir la nef principale en créant sur les côtés une double rangée de colonnes qui se raccordent de façon très ingénieuse aux murs d'origine et portent la série des coupoles sur pendentifs ; l'ensemble amenant ainsi à sept nefs l'édifice qui en comptait trois. Le chœur, surélevé au-dessus du tombeau de saint Hilaire, portait le sanctuaire au-dessus des nefs où s'abritait la foule des pèlerins. Son hémicycle de huit colonnes est fermé, à la base, par des grilles de ferronnerie du 12e s.

★★ **Église N.-D.-la-Grande** –
Église romane poitevine type des années 1140. Elle doit son équilibre à la hauteur de ses collatéraux voûtés d'arêtes. Sa **façade**★★★, du 12e s., compose une admirable page sculptée axée sur l'Incarnation : on y voit Adam et Ève, les prophètes, l'Annonciation et même la toilette de l'Enfant.

Autour du chœur, six colonnes rondes portent la voûte en cul-de-four peinte, au 12e s., d'une fresque représentant la Vierge en majesté et le Christ en gloire.

Poitiers – Église N.-D.-la-Grande.

**Période gothique** – Longtemps Poitiers releva des possessions anglaises de Guyenne, héritage de la dot d'Aliénor d'Aquitaine. Résidence intermittente des rois, du 13e au 16e s., elle se trouve, durant la guerre de Cent Ans, sur la ligne d'Aquitaine, face aux troupes du Prince Noir *(voir à Bordeaux)*.

Le 19 septembre 1356 à **Nouaillé-Maupertuis** se déroule l'un des affrontements les plus douloureux de cette période sombre. Sur les rives accidentées du Miosson le roi Jean II le Bon, gêné par les œillères de son armure, se démène avec ardeur et se protège selon les indications de son fils Philippe : « Père, gardez-vous à droite... père, gardez-vous à gauche. » Le sort de cette bataille, dite « de Poitiers », s'explique par la conception encore chevaleresque d'un combat, face à l'efficacité adverse : le tir des archers anglais était trois fois plus rapide que celui des arbalétriers génois au service de la France, moins bruyant et moins fumant mais autrement redoutable que celui de nos bombardes. L'affaire s'acheva par un mouvement tournant et la reddition, au Prince Noir, du roi Jean épuisé et blessé mais satisfait de s'être bien battu.

Cette défaite créa en France une situation révolutionnaire par le déchaînement populaire qui s'ensuivit contre la corruption de la noblesse qui n'avait pas, cette fois encore, assumé sa tâche sociale. Les conséquences en furent le traité de Brétigny signé en 1360, après quatre ans de négociations, qui livrait Poitiers aux Anglais.

Douze ans plus tard, du Guesclin rend la ville à la Couronne en la personne du duc Jean de Berry, frère de Charles V. En 1418, Charles VII fugitif y installe sa cour et y transporte son parlement ; il y est proclamé roi quatre ans plus tard. En mars 1429, dans la **grande salle**★ gothique du **palais de justice** ⓥ refait, Jeanne d'Arc venant de Chinon subit, pendant près de trois semaines, devant une commission du parlement, un interrogatoire conduit par de grands docteurs. Elle en sort reconnue investie d'une mission providentielle.

Cette immense nef, réservée aux audiences solennelles, aux grands procès et aux séances des États provinciaux, édifiée sous les Plantagenêt, fut restaurée sous Jean de Berry (grand mur pignon à cheminées, balcon et fenêtrage flamboyant).

**La Renaissance** – Avec le 16ᵉ s., la France s'est agrandie ; les problèmes frontaliers se posent ailleurs. La troisième ville de France reçoit alors Rabelais, puis Calvin et des écrivains de la Pléiade. Elle subit, en 1569, un siège de sept semaines mené par Coligny à la tête de l'armée protestante. Au 18ᵉ s., ses intendants en font une calme capitale provinciale.

ⓥ ►► Cathédrale St-Pierre★ - Musée Ste-Croix★★ *(archéologie, ethnologie, beaux-arts)* – Église Ste-Radegonde★.

# PONTARLIER

18 104 habitants
Cartes Michelin nᵒˢ 70 pli 6 ou 243 pli 32 – Guide Vert Jura.
Plan dans le guide Rouge Michelin France.

« On a beau tourner et retourner
On ne voit rien tel que Pontarlier. »

Ce distique concerne moins la richesse monumentale ou artistique de la ville que la fierté et le plaisir de s'y sentir indépendants sous la protection de libertés communales étendues. En effet Pontarlier fut, du 13ᵉ au 17ᵉ s., la capitale du Baroichage, régime d'esprit républicain qu'elle partageait avec 18 villages des environs. La conquête de la Franche-Comté par Louis XIV, en 1674, mit fin au Baroichage.

Au contact du plateau et de la montagne, la ville est toujours une étape sur l'itinéraire Besançon-Lausanne. Elle est jurassienne par sa physionomie, son activité et les paysages qui l'environnent.

## ENVIRONS

★★ **Cluse de Pontarlier** – *5 km au Sud.* Le site compose une cluse jurassienne type aux couches géologiques plissées et vigoureusement redressées ; elle entaille transversalement la montagne de Larmont, « mont » entre les deux « rivières » de la Morte et du Doubs. Cette cluse très étroite, où se faufilent la route et la voie ferrée, commande le passage vers la Suisse que surveillent sur un « crêt » les forts de Joux et de Larmont.

★ **Lac de St-Point** – *8 km au Sud.* Long de 6,3 km, couvrant 398 ha, c'est le plus vaste des 70 lacs jurassiens. Il occupe une haute combe pastorale agrémentée de sapinières et irriguée par les eaux du Doubs.

# Le PONT DU GARD★★★

Cartes Michelin nᵒˢ 80 pli 19 ou 240 pli 16 ou 245 pli 15 ou 246 pli 25.
Guide Vert Provence.

Le pont du Gard ⓥ, une des merveilles de l'Antiquité, fut édifié entre l'an 40 et l'an 60, sous le règne de l'empereur Claude. Il est la partie la plus spectaculaire d'un aqueduc long de 49 km (source captée près d'Uzès) comportant des tranchées, des remblais, des ponts, des tunnels, construit alors pour satisfaire au surcroît d'eau rendu nécessaire par le développement de Nîmes.

Le 3ᵉ étage du pont permettait à la gouttière, d'un débit journalier de 20 000 m³, de franchir à 49 m de hauteur la vallée du Gardon.

L'ouvrage dut émerveiller les paysans gaulois et les faire rêver de la vie urbaine des villes romaines. Il fait encore notre admiration par son art, sa beauté et sa technicité. Une légère incurvation amont lui permet de bien résister à la violence des crues d'automne ; la division de ses travées en anneaux indépendants lui donne une certaine élasticité ; l'ajustage de ses énormes moellons (certains de plus de six tonnes) a permis de les poser à sec sans mortier ; sa partie supérieure dallée (regards de place en place) assurait la salubrité de l'eau et la chaussée d'une voie romaine. Mais le défaut d'entretien à partir du 4ᵉ s. et l'épaisseur des dépôts calcaires le rendirent inutilisable au 9ᵉ s.

*Vous aimez la nature,*
*Respectez la pureté des sources,*
*la propreté des rivières, des forêts, des montagnes...*
*Laissez les emplacements nets de toute trace de passage.*

# Abbaye de PORT-ROYAL-DES-CHAMPS★

Carte Michelin nº 101 pli 21 – Guide Vert Ile-de-France.

La réinsertion de la religion dans la vie quotidienne d'un monde presque paganisé par les modes de la Renaissance fut le grand problème socio-moral du 17e s. L'ouverture aux humbles d'un humanisme illuminé par la spiritualité de saint François de Sales eut pour pendant, dans la classe intellectuelle, un mouvement de réforme né de l'antagonisme entre les dons de Dieu et les faiblesses des hommes. Les aspirations à la perfection se fixèrent en quelque sorte dans le vallon de Port-Royal-des-Champs. Les religieuses de l'abbaye féminine de Port-Royal, qui relevait de Cîteaux, reçoivent en 1602 une supérieure âgée de onze ans, mère Angélique Arnauld, qui parvient en sept ans, par l'exemple surtout, à ramener ses filles dans le strict respect de la règle. Seize ans plus tard, la supérieure est envoyée à Maubuisson pour y accomplir une réforme semblable. Elle est remplacée, à Port-Royal, par sa sœur cadette Agnès.

**Les Solitaires et le jansénisme** – En 1625, le couvent, à l'étroit dans la vallée de Chevreuse, se transporte dans sa nouvelle maison de Paris, puis reçoit, en 1633, l'abbé de Saint-Cyran comme directeur spirituel. Le jansénisme, proche du calvinisme, pénètre alors dans l'abbaye ; il doit son nom à Jansen, qui, dans son livre, l'Augustinus, avait réfuté les thèses d'un jésuite espagnol sur le libre arbitre de l'homme et repris la doctrine de saint Augustin sur la force de la grâce et la prédestination.

1648 : une partie de la communauté doit quitter la maison parisienne devenue à son tour trop petite. Elle retourne dans la vallée de Chevreuse et retrouve mère Angélique. Le couvent réformé connaît alors un rayonnement et une influence morale considérables. Les Solitaires, « Messieurs » qui comptent au nombre des grands esprits d'alors (Arnauld, Le Maître de Sacy, Jean Hamon...), s'installent dans la dépendance des Granges, où ils fondent les Petites Écoles (**Jean Racine** fut leur élève). Le succès de leur institution, cependant modeste, attire les brimades de Richelieu et les jalousies des jésuites qui dénoncent leurs idées proches de celles de Jansen. Les Solitaires doivent alors faire face aux polémiques et aux persécutions : condamnation de l'Augustinus en Sorbonne en 1641 ; condamnation des « cinq propositions » résumant l'ouvrage prononcée par Rome en 1653 ; fermeture en 1656 des Petites Écoles où le pouvoir subodore des relents de fronde.

La gravité de la question et la sincérité des convictions interdisent toute compromission. Port-Royal étudie donc à son tour les « cinq propositions » et les dénonce comme hérétiques... mais ne les trouve pas dans le livre incriminé.

Cette distinction entre le droit et le fait divise la France. Pascal (voir à Clermont-Ferrand), un « ami du dehors », porte alors l'attaque sur le terrain adverse par 18 lettres, les « Provinciales » (1656-1657), vraie campagne de presse où il fustige, avec un talent consommé, l'art des bons pères pour triturer un texte et fonder une argumentation sur l'insignifiance. Il triomphe par son accent de vérité. En 1668, le pape Clément IX, sensible à la droiture de ces Solitaires, obstinés depuis 40 ans, accepte une formulation que chacun peut admettre.

La paix des esprits retrouvée, Port-Royal connaît son « bel automne ». Mais elle est toujours considérée par la couronne comme hostile à l'absolutisme. Arnauld doit s'exiler dans les Flandres, les religieuses renoncer à recevoir des novices (1679). Encore 30 ans, le couvent est aboli et ses bâtiments rasés.

Le jansénisme a connu l'échec sur le terrain dogmatique, mais par le courage moral de ses adeptes il a justifié son attrait sur presque toute l'élite intellectuelle de son temps (La Fontaine, Boileau, Perrault, Saint-Simon, Mme de Sévigné...). Le 17e s. lui est, pour une grande part, redevable de sa grandeur. Il s'est survécu jusqu'à la Révolution par la politique du gallicanisme et les hystéries collectives des convulsionnaires de St-Médard.

> **Musée des Granges** ⊙ – L'âme du jansénisme apparaît dans un magnifique tableau de Philippe de Champaigne, l'Ecce Homo, qui vaut par sa retenue et par l'intériorité de la souffrance acceptée par avance.
>
> Dans le musée est aussi exposé un exemplaire de L'Augustinus. En contrebas des Granges, les vestiges de la célèbre abbaye subsistent dans le vallon.

# PROVINS★★

11 608 habitants
Cartes Michelin nºs 61 pli 4 ou 237 pli 33 – Guide Vert Champagne.
Plan dans le guide Rouge Michelin France.

Pratiquement à mi-chemin entre Troyes et Paris, en bordure de la N 19, Provins, ancienne ville forte, perchée sur une arête de la Côte de l'Île-de-France dominant la vallée de la Seine et la Champagne crayeuse, retient l'attention par la silhouette de sa tour de César et le dôme de son église St-Quiriace.

La vocation commerciale de la ville se précisa lorsqu'elle devint, à la fin du 12e s., l'une des deux capitales du comté de Champagne. Les foires qui s'y tenaient tous les ans appartenaient au cycle permanent des foires de Champagne qui s'installaient aussi à Lagny, Bar-sur-Aube et Troyes.

**★★ Ville haute** – Encore bordée de **remparts★★** des 12e et 13e s. à l'Ouest et au Nord, elle abrite en particulier la **tour de César★★** ⊙, superbe donjon du 12e s. dont la chemise fut ajoutée par les Anglais, durant la guerre de Cent Ans, comme plate-forme d'artillerie. La **grange aux Dîmes★** ⊙ est un robuste entrepôt élevé au 13e s. qui appartint aux chanoines de St-Quiriace.

## ENVIRONS

★ **Église de St-Loup-de-Naud** – *11 km au Sud-Ouest*. L'église appartenait à un prieuré bénédictin relevant de l'archevêché de Sens. Ce fut l'une des toutes premières de la région qui furent voûtées et non charpentées. Bâtie aux 11e et 12e s., elle jalonne la lente progression du roman vers le gothique primitif (en 1874 son voûtement fut refait lors d'une très importante restauration). Du 11e s. datent le chœur en cul-de-four et la travée en berceau d'un roman primitif qui le précède. Au début du 12e s. furent élevés le transept à peine saillant, la coupole sur trompes de sa croisée et les deux premières travées de la nef portées par de gros doubleaux. Vers 1160 enfin, on édifia les deux dernières travées de la nef, de plan carré, où l'alternance des piles fortes et faibles dérive de la cathédrale de Sens et le portail. Ce **portail★★**, sous le porche, admirablement conservé, présente par sa disposition une grande analogie avec le Portail royal de Chartres : Christ en majesté entouré des symboles des Évangélistes au tympan, apôtres abrités sous des arcatures au linteau, statues-colonnes dans les ébrasements, personnages dans les voussures. Les sculptures de St-Loup marquent le début d'une transition qui aboutira au réalisme gothique.

⊙ ►► Église St-Ayoul (**groupe de statues★★**).

# Le PUY-EN-VELAY★★★

21 743 habitants
Cartes Michelin nos 76 pli 7 ou 239 pli 34 – Guide Vert Vallée du Rhône.
Plan dans le guide Rouge Michelin France.

La ville occupe le centre d'un bassin d'effondrement drainé par la Loire, remblayé par des alluvions, d'une riante fertilité au sein du rude plateau vellave et devenu, à la fin de l'ère tertiaire, le théâtre d'une activité volcanique considérable dont témoignent les pitons les plus résistants et des coulées de basalte.

**LE PUY-EN-VELAY**

| | |
|---|---|
| Aiguières (R. Porte-) | AZ 2 |
| Chaussade (R.) | BZ |
| Fayolle (Bd Mar.) | BZ |
| Foch (Av. Mar.) | BZ |
| Pannessac (R.) | AY |
| Raphaël (R.) | AY 39 |
| St-Gilles (R.) | AZ |
| St-Louis (Bd) | AZ |
| Becdelièvre (R.) | AY 3 |

| | |
|---|---|
| Bouillon (R. du) | BY 5 |
| Card.-de-Polignac (R.) | BY 8 |
| Chamarlenc (R. du) | AY 10 |
| Chênebouterie (R.) | AY 13 |
| Collège (R. du) | BZ 17 |
| Consulat (R. du) | AZ 19 |
| Courrerie (R.) | AZ 20 |
| Crozatier (R.) | BZ 23 |
| Dr-Chantemesse (Av.) | AY 24 |
| For (Pl. du) | BY 27 |
| Gambetta (Bd) | AY 30 |
| Gouteyron (R.) | AY 31 |
| Grangevieille (R.) | AY 32 |
| Martouret (Pl. du) | ABZ 34 |
| Monteil (R. A. de) | AY 35 |

| | |
|---|---|
| Philibert (R.) | AY 36 |
| Pierret (R.) | BZ 37 |
| Plot (Pl. du) | AZ 38 |
| République (Bd. de la) | BY 40 |
| Roche-Taillade (R.) | AY 42 |
| St-François-Régis (R.) | BY 43 |
| St-Georges (R.) | AY 45 |
| St-Jean (R. du Fg) | BY 46 |
| St-Maurice (Pl.) | AY 47 |
| Séguret (R.) | AY 48 |
| Tables (Pl. des) | AY 49 |
| Tables (R. des) | AY 52 |
| Vallès (R. J.) | BY 54 |
| Vaneau (R.) | AY 55 |
| Verdun (R.) | BY 58 |

| | |
|---|---|
| **B** Chapelle des Pénitents | **F** Hôtel des Laval d'Arlempdes |
| **D** Hôtel de Polignac | **K** Tour Pannessac |
| **E** Atelier Chaleyé | **L** Hôtel du Lac de Fugères |

La notoriété du Puy, capitale du Velay, tient à l'attrait qu'elle exerce sur les amateurs de beaux paysages par son **site★★★**, d'architecture par ses monuments, de manifestations religieuses par ses pèlerinages et d'art domestique raffiné par ses dentelles réputées.

Le Puy – Un motif de dentelle.

Le **musée Crozatier (AZ)** ⊘ présente *(au 1er étage)*, dans une abondante collection de **dentelles★**, un magnifique carreau de 500 fuseaux, orné de sulfures, encore équipé de ses épingles, prêt pour la poursuite de l'ouvrage commencé au fil d'or ; un grand châle de dentelle noire de laine d'une finesse presque soyeuse, une ombrelle de dentelle blanche au fuseau, rehaussée de points à l'aiguille, dont le manche est ouvragé dans un sabot de cheval et les premiers carnets (18e s.) d'échantillons précisant la technique de vente et l'identification des points.

## La dentelle

Dès le 17e s., la dentelle se vulgarise et sa fabrication s'organise peu à peu, à façon, dans les bourgs et les villages des environs. Son âge d'or, entre 1785 et 1900, fait du Puy « la plus ancienne cité industrielle du Velay ». Théodore Falcon (1804-1856) assure l'essor de ce métier d'art par le renouvellement des motifs et la qualité de l'exécution. Le fuseau, d'abord utilisé concurremment avec l'aiguille, prédomine à partir de 1919 ; les fils de lin, de soie, de laine, assemblés en points jetés, lancés, noués, piqués, de Venise, y composent des blondes, des guipures, des entre-deux pour la parure ou l'ameublement.

**Rocher Corneille (BY)** ⊘ – C'est un lambeau du volcan dont le rocher St-Michel constitue la cheminée. Il porte une statue de N.-D.-de-France, haute de 16 m, en fonte coulée avec 213 canons prélevés sur les trophées de la prise de Sébastopol. La terrasse, au pied de la statue, offre le meilleur belvédère sur le **site★★★** extraordinaire du Puy.

★★★ **La cité épiscopale** – La ville grandit dès le 11e s., par le transfert de la fonction urbaine de St-Paulien et par son succès comme tête d'un « chemin » de St-Jacques-de-Compostelle. Mais ses évêques durent disputer aux seigneurs voisins (les Polignac, Montlaur, Mercœur) le pouvoir temporel de leur cité et des revenus fiscaux nés de l'abondance des pèlerins ; ils firent fortifier leur cathédrale.

Au cœur de la ville ancienne, sur son piton de basalte, le quartier de la cathédrale frappe par sa sévérité : grands murs en moellons de granit et de lave, portails étroits à arcades, fenêtres à meneaux, ouvertures fortement grillagées, pavage de gros galets.

★★★ **Cathédrale Notre-Dame (BY)** ⊘ – A l'emplacement d'un temple romain fut élevé là, vers 430, un sanctuaire à la Vierge, contemporain de la fondation de Ste-Marie-Majeure à Rome. Il fut refait et agrandi à partir du 10e s. et restauré au 19e s.

La façade, de très grande hauteur, domine la rue des Taules de son escalier monumental. Au 3e étage, ses fenêtres marquent la prolongation de la nef (fin 12e s.) lancée sur de puissantes arcades. Elle est très décorative par ses arcs romans à jour ou aveugles, l'appareillage géométrique de leurs claveaux de granit et de basalte à couleurs alternées, les mosaïques de ses pignons et ses colonnettes à chapiteaux de lave sculptés.

Le trajet sous la cathédrale permet d'admirer les vantaux, autrefois peints, de la porte Dorée (Nativité à gauche, Passion à droite). Il mène à l'intérieur. Aux 10e et 11e s., on refit l'abside et on éleva le transept et les deux premières travées ; au début du 12e s., les deux suivantes, voûtées de magnifiques coupoles, dans lesquelles se font face un Christ en bois maroufié du 14e s. et une chaire du 17e s. A la fin du 12e s. furent ajoutées les deux dernières travées.

**Cloître★★** **(BY)** ⊘ – 11e et 12e s. Il vaut par ses mosaïques polychromes, la frise allégorique romane qui règne à la base du toit, une belle **grille★** de fer forgé du 12e s. et, dans la chapelle des Reliques, la célèbre fresque Renaissance des Arts libéraux.

★★ **Chapelle St-Michel-d'Aiguilhe (AY)** ⓥ – Le rocher St-Michel est une impressionnante aiguille de lave (neck), haute de 82 m. Un escalier (268 marches) conduit à la chapelle. Celle-ci s'ouvre par un portail d'inspiration byzantine à décor d'arabesques et de mosaïques de pierres polychromes. A l'intérieur, la complexité des voûtes révèle les difficultés qu'a dû surmonter l'architecte lorsqu'il transforma, au 11ᵉ s., le sanctuaire primitif carolingien et aménagea une tribune sur le narthex. Observer deux chapiteaux réutilisés dans la petite tribune, la peinture murale (10ᵉ s.) qui, à l'abside et à la retombée de sa voûte, représente la cour céleste et un Christ-reliquaire roman.

ⓥ ➤➤ Trésor★★ de la cathédrale – Trésor d'art religieux★★ *(cloître)*.

## ENVIRONS

★ **Château de Polignac** ⓥ – *5 km au Nord-Ouest.* La N 102 offre une vue saisissante sur cette forteresse médiévale d'une puissance défensive telle que ses seigneurs devinrent les maîtres du pays, « rois de la montagne ». Du 17ᵉ au 19ᵉ s., leurs descendants occupèrent des postes de responsabilité dans la vie politique et diplomatique.

Les ruines du château (donjon et murs d'enceinte) s'élèvent sur une table de basalte qui est le fragment d'une coulée volcanique issue du Mont-Denise. Cette coulée, répandue dans le fond d'une ancienne vallée, s'est solidifiée et a protégé de l'érosion les terrains sous-jacents alors que le sol alentour était déblayé par les eaux de la Loire, de la Borne et de leurs affluents. La table qu'elle forme se trouve maintenant en saillie de près de 100 m sur la plaine environnante. C'est une « inversion de relief ».

★ **Lac du Bouchet** – *21 km au Sud-Ouest.* La limpidité des eaux, les bois de sapins, de pins et d'épicéas qui l'enserrent, le calme du site à 1 205 m d'altitude font l'agrément de ce lac. D'une superficie de 43 ha, il occupe la vasque presque circulaire du cratère d'explosion d'un volcan du Devès. Ce long massif éruptif du Velay a compté 150 bouches dont les laves se sont mêlées et épanchées sur le socle granitique ancien en formant une « planèze ».

# PUY DE DÔME★★★

Cartes Michelin nᵒˢ 73 plis 13, 14 ou 237 pli 19 – Guide Vert Auvergne.

A 1 465 m d'altitude, le Puy de Dôme est le volcan le plus ancien, le plus élevé et le plus célèbre de la **chaîne des Puys**.

Dans l'Antiquité, les Gaulois y élevèrent un sanctuaire à leur dieu Lug puis les Romains un temple le Mercure. En 1648, Blaise Pascal, pour vérifier expérimentalement une idée de Torricelli, charge son beau-frère Florin Périer de mesurer la hauteur d'une colonne de mercure, au même moment, au sommet du Puy de Dôme et à Clermont : l'écart est de 8,4 cm. La pesanteur de l'air est établie.

Le 7 mars 1911, trois ans seulement après que Henri Farman eut bouclé le premier kilomètre aérien en circuit fermé, l'aviateur Eugène Renaux et son passager, partis de Paris 5 h 11 mn plus tôt, se posaient au sommet du Puy de Dôme, remportant ainsi le grand prix Michelin de 100 000 francs.

La chaîne des Dômes.

THERMAUVERGNE/Chamalières

229

★★★ **Panorama** – Du sommet le panorama est exceptionnel sur Clermont-Ferrand, la plaine de la grande Limagne, les monts Dore et les monts Dômes ou chaîne des Puys. Longue de 30 km et large de 5, cette chaîne compte 112 volcans éteints, anciens tout au plus de 50 000 ans, indépendants les uns des autres et alignés le long de l'escarpement de faille qui borde la Limagne à l'Ouest. Ils composent un « véritable musée des formes volcaniques simples » *(Mac Derruau)*.

Les volcans de type péléen (du nom de la montagne Pelée, dans l'île de la Martinique) se situent au Nord : ils se présentent comme de grosses taupinières sans cratère, comme le Puy de Dôme lui-même, énorme extrusion complexe de domite, le Clerziou, le Puy Chopine et le Grand Sarcoui formés de trachyte.

Les volcans de type strombolien (du nom de l'île de Stromboli, au Nord de la Sicile), à cratère, ont projeté des matériaux qui, accumulés autour de leur cheminée, ont constitué un cône de débris. Les uns présentent un cratère simple (Gravenoire, la Nugère, les Goules), d'autres des cratères égueulés, une explosion latérale d'où s'est échappée une coulée de lave les ayant éventrés (la Vache, Lassolas, Louchadière), d'autres enfin des cratères emboîtés (Pariou, Puy de Côme, Nid-de-la-Poule d'où est sorti le Petit Puy de Dôme).

D'autres appareils volcaniques se sont injectés et consolidés dans une masse sédimentaire actuellement déblayée. Il n'en reste que des pitons, « necks » (Puy de Monton, Montrognon), ou des murailles, « dykes » (Montaudoux).

Ailleurs, les coulées de lave (Gergovie, montagne de la Serre, plateau de Chanturgue) ont engendré le phénomène d'« inversion de relief ».

# PUY DE SANCY★★★

Cartes Michelin nos 73 pli 13 ou 239 pli 18 – Guide Vert Auvergne.

A 1 885 m d'altitude dans le massif des monts Dore, le Puy de Sancy est le point culminant de la France centrale.

★★★ **Panorama** – Du sommet *(1 h 1/2 à pied AR par un rude sentier au départ de la station supérieure du téléphérique)* ⊙, le panorama se développe au Nord-Est sur la chaîne des Dômes, au Sud sur le massif de Cantal, aux premiers plans sur les monts Dore.

Le Puy de Sancy, la Banne d'Ordanche et le Puy de l'Aiguiller forment le centre du massif volcanique des monts Dore. Ils composent un ensemble trois fois plus vaste que le Vésuve et plus de 100 bouches éruptives ont craché de leurs flancs ; les coulées de lave s'y sont empilées sur plus de 1 000 m d'épaisseur. Leur période d'activité remonte à la fin de l'ère tertiaire, il y a plus de 2 000 millénaires, mais les glaciations, durant l'ère quaternaire, ont taraudé leurs versants de vallées rayonnantes. Le Sancy lui-même est un culot de trachyte dont la gaine a été dégagée par l'érosion. Des lacs de volcans agrémentent le paysage, garni, entre 1 100 et 1 400 m, de forêts (sapins, épicéas, hêtres) et, plus bas, de vallées bocagères.

★ **Besse-en-Chandesse** – *A l'Est de la chaîne*. Village de montagne et village de lave. Ses **rues** et ses maisons pittoresques, sa porte fortifiée, sa rude **église**★ (grosses colonnes, frustes chapiteaux, clôture du chœur et stalles ornées de grotesques à l'italienne du 16e s.) lui donnent beaucoup de cachet.

Alentour, les lacs de volcans, au creux de versants portant de belles sapinières, offrent leur physionomie particulière : lac **Pavin**★★ qui garnit un cratère né de l'éclatement d'une poche gazeuse sur le flanc du **Puy de Montchal**★★ ; lac Chauvet emplissant un effondrement du sol à la suite d'une implosion ; lac de Montcineyre et lac **Chambon**★★ retenus par un barrage formé par le volcan Tartaret surgi dans l'ancienne vallée de la Couze.

# Le PUY DU FOU★

Cartes Michelin nos 67 pli 15 ou 232 pli 42 – Guide Vert Poitou Vendée Charentes.

Le château du Puy du Fou brille la nuit sous les feux d'un célèbre Son et Lumière. Le jour, un **musée** y évoque le passé de la Vendée tandis que le site s'anime des attractions du « **Grand Parcours** » ⊙.

Le nom du domaine dérive du latin : le « puy » (de « podium ») désigne une éminence où croissait un hêtre ou « fou » (de « fagus »).

**Château** – Édifié aux 15e et 16e s., il ne fut probablement jamais achevé et brûla partiellement durant les guerres de Vendée. Il en subsiste cependant, au fond de la cour, un beau pavillon, du style de la Renaissance finissante, que précède un péristyle à colonnes engagées ioniques, constituant l'entrée de l'écomusée de la Vendée. L'aile gauche est construite sur une longue galerie.

**Cinéscénie** ⊙ – La terrasse de la façade postérieure du château offre une agréable perspective sur une pièce d'eau et compose le décor et l'aire scénique (12 ha) de l'éblouissante cinéscénie du Puy du Fou. « Jacques Maupillier, paysan vendéen » met en scène 700 acteurs venant des 14 communes environnantes et 50 cavaliers qui font revivre l'histoire de la Vendée avec des moyens impressionnants : jets d'eau, effets spéciaux, éclairages et pyrotechnie informatisés, structure sous-marine autotractée, laser, etc.

# PUY MARY★★★

Cartes Michelin nos 76 Sud-Ouest du pli 3 ou 239 Sud du pli 30.
Guide Vert Auvergne.

A 1 787 m d'altitude, le Puy Mary est un des pitons centraux de l'immense volcan cantalien, véritable Etna auvergnat (60 km de tour, 3 000 m d'altitude) surgi à l'ère tertiaire au-dessus du vieux socle granitique et superposant les coulées issues de ses bouches éruptives.

★★ **Panorama** – Du sommet *(rude montée – 1 h 1/2 à pied AR au départ du Pas de Peyrol)*, raboté et décapé par les glaciers, le regard embrasse, beaucoup mieux que du **Pas de Peyrol**★★, un paysage où pointent encore les restes de cheminées volcaniques (Griou, Violent, Élancère, Chavaroche) dont la lave semble tout juste refroidie.

L'humanisation de ce paysage géologique est fascinante. Dans la campagne découpée en étoile par de profonds amphithéâtres, la vie rurale étage ses activités. Ainsi, dans les fonds de vallées, proches des villages, se rencontrent les cultures et les prés ; dans les zones les moins bien exposées, des bois de bouleaux (bois de chauffage) ; à mi-pente, des hêtres (bois d'œuvre) et des résineux de plantation récente ; en altitude, l'alpage piqueté de burons (naguère encore habitations estivales des bergers et fabriques de fromage) entourés de frênes (véritables prairies aériennes de secours en cas de sécheresse).

La nature basaltique de la lave, plus favorable aux herbages de qualité que les trachytes des monts Dore, fait du Cantal une montagne à lait où la race bovine de Salers, à robe feu, est parfaitement adaptée.

# QUIMPER★★

Agglomération 59 437 habitants
Cartes Michelin nos 58 pli 15 ou 230 pli 18 – Guide Vert Bretagne.
Plan dans le guide Rouge Michelin France.

Quimper occupe, à 16 km du littoral, un site de tête de marée au fond de l'estuaire de l'Odet. Les Gaulois s'installèrent d'abord, rive gauche, sur le rebord du plateau du Frugy ; vers la fin du 5e s., ils en furent chassés par des Celtes venus de Grande-Bretagne auxquels la région doit son nom de Cornouaille. C'est alors qu'aurait vécu le légendaire roi Gradlon et que la merveilleuse **ville d'Ys** se serait engloutie dans la baie de Douarnenez. Certains savants voient dans ce mythe l'expression d'une sorte de mémoire sociale héréditaire liée aux toutes dernières transgressions marines (montées post-glaciaires du niveau des océans) qui ont eu les hommes pour témoins.

★★ **Cathédrale St-Corentin** – Elle frappe, dès l'entrée, par la déviation, née d'édifices antérieurs dont les fondations furent conservées, qu'accusent les axes de la nef et du chœur. Ce dernier est intéressant par son triforium très important, par les piliers de son hémicycle profondément creusés de moulures et par le dessin de la voûte qui couvre à la fois une travée du déambulatoire et la chapelle rayonnante correspondante.

★ **Le Vieux Quimper** – Il s'étend en avant de la cathédrale entre l'Odet et le Steyr. C'est la ville médiévale. Les plus belles de ses maisons anciennes élèvent leurs étages à colombage et en encorbellement sur un rez-de-chaussée de granit, **rue Kéréon**★.

⊘ ►► Musée des Beaux-Arts★★ – Musée Départemental breton★ *(histoire régionale)* – Musée de la Faïence Jules-Verlingue★.

## ENVIRONS

★★ **La Cornouaille** – Bien que de nos jours elle se limite au littoral à l'Ouest de Quimper, la Cornouaille historique, royaume puis duché de la Bretagne du Moyen Age, s'étendait loin au Nord et à l'Est de Quimper, sa capitale, atteignant Landerneau, les abords de Morlaix et Quimperlé. Cette côte très étendue est caractérisée par deux presqu'îles rocheuses, le **cap Sizun**★★ (au bout duquel est la **Pointe du Raz**★★★) et la **presqu'île de Penmarch**★, qui en sont le principal attrait touristique.

# Pointe du RAZ★★★

Cartes Michelin nos 58 pli 13 ou 230 pli 16 – Guide Vert Bretagne.

La pointe du Raz, échine de granulite très dure à l'extrémité de la Cornouaille, est l'un des sites marins les plus célèbres de France. Son promontoire qui domine l'océan de 72 m est creusé de grottes et accidenté de saillants sur lesquels s'acharnent les vagues. Le **panorama**★★ s'y déploie sur le redoutable Raz (chaussée) de Sein, semé de récifs et d'îlots rocheux (le dernier porte le phare de la Vieille), que la montée des eaux après la fonte des grands glaciers quaternaires a submergé. A l'horizon se profile l'île de Sein.

Un sentier *(difficile par endroits, 1 h 1/2 à pied AR – à ne pas emprunter par mauvais temps ou grand vent)* contourne le promontoire ; le paysage vertigineux de l'Enfer de Plogoff *(câble de sécurité)*, où gronde l'océan, est particulièrement impressionnant. Au Nord du cap, la **baie des Trépassés**, ouverte dans les schistes, passe pour être le lieu d'où l'on emmenait à l'île de Sein les corps des druides trépassés.

# REIMS★★★

Agglomération 206 362 habitants
Cartes Michelin nᵒˢ 56 plis 6, 16 ou 241 pli 17 – Guide Vert Champagne.
Plan dans le guide Rouge Michelin France.

Comme Troyes, Reims est une capitale de la Champagne, mais tournée vers les Ardennes ; ce fut, à l'époque gallo-romaine, la métropole de la province Belgique. En 498, saint Remi y célèbre le baptême de **Clovis**. Acte politique qui fait de ce guerrier franc, ambitieux, âgé de 35 ans, le seul chef d'État chrétien et, fort de l'appui du clergé, le symbole de l'ordre dans le désarroi de l'Empire romain qui s'effondre.

Alors, en quelques années, Clovis rassemble en un peuple ses populations éparses, arrête les Wisigoths à Poitiers puis les repousse sur Toulouse et Tolède. Avec lui, l'autorité politique en Gaule passe de la Provence à la vallée de la Seine. Sous les Carolingiens, le goût du beau se répand à Reims avec des copistes de textes anciens, des enlumineurs, des ivoiriers, des orfèvres… qui nous ont laissé le talisman de Charlemagne (au palais du Tau) et l'évangéliaire d'Épernay. En 816, Louis Iᵉʳ le Pieux s'y fait sacrer. Dès lors, la dynastie acquiert une sorte de caractère religieux. Mais il fallut encore quatre siècles pour que Reims devienne la ville des sacres, en 1223 avec celui de Louis VIII. Le cérémonial de cette solennité se précisa et se symbolisa peu à peu. 25 rois, jusqu'à Charles X, reçurent le sacre à Reims le plus émouvant fut celui de Charles VII, le 17 juillet 1429, en pleine guerre de Cent Ans, en présence de Jeanne d'Arc. Le 7 mai 1945, dans un collège proche de la gare, fut signé l'acte de capitulation allemande, confirmé le lendemain à Berlin, mettant fin aux hostilités de la Seconde Guerre mondiale en Europe.

★★★ **Cathédrale Notre-Dame** – L'édifice actuel fut commencé en 1211. C'est l'une de nos grandes cathédrales ; elle appartient au style gothique lancéolé dont Chartres avait donné le modèle. Quatre architectes ont œuvré à sa construction. Jean d'Orbay (chœur et transept) jusqu'en 1228, Jean Le Loup (dessin de la façade surpassant celle d'Amiens) jusqu'en 1244, Gaucher de Reims (revers de la façade) jusqu'en 1252, Bernard de Soissons jusqu'en 1287. La façade Ouest est admirable par son extraordinaire élancement vertical et par sa statuaire (13ᵉ s.) à laquelle ont travaillé quatre ateliers. L'ange au Sourire *(ébrasement du portail gauche)*, mondialement connu, en est le chef-d'œuvre.

A l'intérieur, il faut s'attarder en particulier devant le revers de la façade, réalisation unique dans l'art gothique, et devant les verrières qu'illumine le soleil en fin d'après-midi (les deux roses du grand portail et son triforium ajouré).

**La cathédrale martyre** – Reims fut occupée du 3 au 12 septembre 1914 par les Allemands et resta pendant quatre ans sur la ligne de feu. A la fin de la guerre, 60 maisons habitables seulement étaient encore debout sur 14 130. La cathédrale, une des plus précieuses richesses artistiques de la France et un des plus anciens témoins de son histoire, était en ruine ; sa mutilation par des obus de 305, 340 et 380 eut surtout lieu le 19 septembre 1914 et les 15, 19, 24 avril 1917.
La restauration a été financée en grande partie par la donation Rockefeller.

★★ **Palais du Tau** ⊙ – Cet ancien palais épiscopal fut construit par Jules Hardouin-Mansart et Robert de Cotte en 1690. Il abrite une partie de la statuaire originale de la cathédrale : le Couronnement de la Vierge provenant du gâble du portail central, les moquettes d'Abbeville tissées pour le sacre de Charles X en 1825, le Pèlerin d'Emmaüs et les statues monumentales de saint Paul, de Goliath et de la Synagogue surtout retiennent l'attention.
Le trésor compte, au nombre de ses pièces exceptionnelles, le talisman de Charlemagne du 9ᵉ s., le calice du sacre (12ᵉ s.), le reliquaire de la Ste-Épine (11ᵉ s.) taillé dans un cristal, le reliquaire de sainte Ursule (vaisseau de cornaline), le reliquaire de la Ste-Ampoule et un collier de l'ordre du St-Esprit.

★★ **Basilique St-Remi** ⊙ – C'est le plus vulnérable sanctuaire rémois. Dans l'édifice actuel, construit à partir de 1007, souvent remanié, en particulier en 1170, et relevé après 1919, il reste peu de roman et moins encore de carolingien.
A l'extérieur, il faut surtout remarquer la tour romane (droite) de la façade Ouest et le portail Sud du transept refait aux 14ᵉ et 15ᵉ s.
A l'**intérieur**★★★, les parties les plus anciennes sont les bras du transept (11ᵉ s.). Au 12ᵉ s. on réédifia le chœur dans un style gothique primitif (observer le triforium aveugle qui n'est que le comble des tribunes) ; autour du chœur, deux colonnes séparent les voûtes des chapelles de celles du déambulatoire, disposition élégante qui fit école en Champagne. A la même époque on refit les deux travées les plus proches de la façade, les voûtes d'ogives de la nef primitivement romane et on éleva de vastes tribunes sur les bas-côtés primitifs que l'on couvrit alors de voûtes d'arêtes.
Dans le chœur : tombeau de saint Rémi (refait en 1847) avec les douze pairs de France, religieux à droite, laïcs à gauche, dont aucun n'aurait accepté de manquer au sacre.

⊙ ➤ Musée St-Remi★★ *(art rémois, armes, tapisseries)* – Caves de Champagne★★ – Musée des Beaux-Arts★ *(peinture)* – Place Royale★ – Porte Mars★ – Musée-Hôtel le Vergeur★ *(peintures, sculptures, gravures de Dürer)* – Hôtel de La Salle★ – Chapelle Foujita★ – Centre historique de l'automobile française★.

---

### Le champagne

Le vignoble champenois ne représente, en superficie, que 2 % du vignoble français ; mais c'est peut-être le plus prestigieux. Cultivé de préférence sur les talus de craie de la côte de l'Ile-de-France, il marque la limite Nord de la vigne en France. Ce vin, connu depuis l'Antiquité, fut tranquille jusqu'à ce que Dom Pérignon (1638-1715), procureur et cellérier de l'abbaye de Hautvillers, eût l'idée de le faire mousser en dirigeant le phénomène de la double fermentation (obtenue de nos jours par apport de sucre de canne et de levures).
Actuellement le vignoble couvre environ 30 000 ha. Ses terroirs les plus estimés sont la Montagne de Reims (pour ses vins robustes et corsés), la vallée de la Marne (bouquetés et fruités) et la Côte des blancs (frais et élégants). Leur mariage subtil, par des maîtres de chais, assure les cuvées propres aux grandes marques. En année moyenne récente, l'expédition a porté sur 215 millions de bouteilles dont plus de 75 millions à l'exportation.

---

# RENNES★★

Agglomération 245 065 habitants
Cartes Michelin nᵒˢ 59 pli 17 ou 230 pli 26 – Guide Vert Bretagne.
Plan dans le guide Rouge Michelin France.

Rennes, d'abord bourg gaulois, a grandi au croisement des routes de St-Malo-Nantes et Le Mans-Brest, dans un bassin intérieur fertile.
Lorsque au 12ᵉ s. le duché de Bretagne gagna son indépendance, Rennes devint la capitale de sa marche de l'Est, puis, la Bretagne devenue française, le chef-lieu de la province.

★★ **Palais de Justice (BY)** ⊙ – *Cet ancien hôtel du parlement de Bretagne créé dès 1552 a été gravement endommagé par l'incendie de février 1994.* Sa façade Sud, dessinée en 1618 par Salomon de Brosse, est déjà classique par sa sévérité : sur une base de moellons de granit chanfreinés et martelés se dresse un étage rythmé de pilastres plats portant une corniche sculptée et une balustrade en rive du toit d'ardoises très incliné. Aux angles, deux pavillons font saillie. Cette façade comprenait alors une petite terrasse centrale desservie par un double escalier extérieur à volées droites que Jacques-Jules Gabriel fit disparaître en 1726 lorsqu'il donna à la place son plan monumental d'ensemble.

# RENNES

**B** Portes Mordelaises
**D** Palais St-Georges
**E** Palais du Commerce
**H** Hôtel de Ville
**M** Musée de Bretagne et des Beaux-Arts
**T** Théâtre

★★ **Le Vieux Rennes** (**AY**) – L'incendie de 1720, qui dura huit jours et détruisit presque 1 000 maisons, n'a épargné que bien peu du Vieux Rennes. Mais les maisons qui subsistent, encore nombreuses, donnent à ce quartier son intérêt architectural. Les maisons de bois médiévales, d'un équerrage pittoresque et quelque peu de guingois, et Renaissance (antérieures à 1580), se reconnaissent à leur colombage, à l'encorbellement de leurs étages et à la décoration de leurs poutres et de leurs poteaux. La plus représentative est celle de **Du Guesclin** (n° 3, rue St-Guillaume), bien que postérieure à la période du connétable, avec sa porte sculptée en plis de serviette et les statues de saint Sébastien et de l'archer qui le martyrise.

Au 17e s., même après la construction du Palais de Justice, les Rennais restèrent fidèles à l'architecture de bois. Ils abandonnèrent les encorbellements d'étages et les motifs décoratifs mais veillèrent à l'aplomb, à la régularité des croix de St-André et des poutres obliques servant d'allèges sous des fenêtres plus grandes et adoptèrent parfois un rez-de-chaussée de granit. De hauts fonctionnaires se firent alors construire des demeures de pierre où le rez-de-chaussée en granit porte un ou deux étages en tuffeau ou en calcaire des Charentes. L'**hôtel de Brie** (8, rue du Chapitre) en est un si bon exemple, avec sa porte d'entrée et ses étages soulignés par un entablement, qu'il fut attribué à François Mansart.

Entre-temps, les plus belles demeures s'étaient enrichies d'une spécialité rennaise : un escalier intérieur, sans noyau central, à volées tournantes ou droites, suspendu à des consoles ou à des trompes d'angle ou traité comme une œuvre de charpente (les plus intéressants d'entre eux sont signalés dans la sélection ci-dessous par la lettre E accolée au numéro de la maison).

Au 18e s., après le grand incendie, Rennes est reconstruite sur un plan d'ensemble donné par Jacques-Jules Gabriel. Les rues redressées et élargies sont bordées d'immeubles où un rez-de-chaussée de granit, souvent en arcades, porte des étages de pierre. Avec le 19e s., l'urbanisme prend un rôle de démonstration administrative : les quais de la Vilaine canalisée deviennent un axe urbain ; et les monuments publics affichent leur fonction et le centralisme de l'État (lycée, hôtel de ville, églises...).

Les plus belles maisons du Vieux Rennes se rencontrent :

**Rue St-Georges** : nos 2 (E) – 3 – 6 – 7 – 8 – 10 – 12 – 18 – 22 (E) – 23 – 26 (E) – 30 – 32 – 34 (E) ;

**Rue du Chapitre** : nos 3 – 6 (hôtel du Blossac) – 8 (hôtel de Brie) – 11 – 18 – 22 (E) ;

**Rue de la Psalette** : nos 4 – 6 – 12 ;

**Rue du Champ-Jacquet** : nos 5 – 11 – 13 – 15 (E) – 19 ;

**Rue St-Guillaume** : n° 3 (**Maison de Du Guesclin★**) ;

**Rue St-Sauveur** : maisons du 18e s. aux nos 6 – 7 – 9.

★★ **Musée des Beaux-Arts** (**M**) ⊙ – Dans cette importante galerie de peinture du 14e s. à nos jours, il ne faut pas manquer *Le Nouveau-Né* (vers 1630), de Georges de La Tour, dont la chaude coloration, l'éclairage, l'atmosphère silencieuse et feutrée font un chef-d'œuvre.

⊙ ►► Musée de Bretagne★★ *(histoire régionale)* **M** – Cathédrale St-Pierre (intérieur★, retable★★) – Écomusée du pays de Rennes★ *(8 km au sud)* – Jardin du Thabor★★.

# RIOM ★★

18 793 habitants
Cartes Michelin nᵒˢ 73 pli 4 ou 239 Nord du pli 19 – Guide Vert Auvergne.
Plan dans le guide Rouge Michelin France.

Au pied de l'escarpement de faille où s'alignent les volcans des Dômes, Riom est la capitale de la grande Limagne, plaine d'effondrement de l'ère tertiaire qui porte de riches cultures. Elle fut rebâtie à partir du 14ᵉ s. en moellons de basalte issus du Puy de la Nugère ou provenant de **Volvic**, la ville de la lave. Ce matériau, ingrat pour le décorateur, rebelle au sculpteur, est apprécié par l'architecte pour sa dureté, sa résistance et son inaltérabilité.

**Quartier ancien** – A l'intérieur de l'ancienne enceinte (boulevards), les deux principaux axes urbains se coupent à angle droit au carrefour des Taules (étals). La cité, qui fut capitale du duché d'Auvergne au Moyen Age, siège de la juridiction royale au 16ᵉ s., puis chef-lieu de la généralité d'Auvergne, doit ses belles demeures des 16ᵉ, 17ᵉ et 18ᵉ s. à la bourgeoisie de robe et à la magistrature.

★ **Église N.-D.-du-Marthuret** – 1583. A l'intérieur, la **Vierge à l'Oiseau★★★** (fin du 14ᵉ s.) est un chef-d'œuvre de proportions et de modelé du visage sorti des ateliers de sculpture de Jean de Berry qui rivalisait avec ceux de la cour des ducs à Dijon.

**Rue du Commerce** – Les sculptures modernes de lave y contrastent avec les œuvres anciennes (au nᵒ 36, cariatides du 17ᵉ s.) traitées dans le même matériau.

**Rue de l'Hôtel-de-Ville** – La **maison des Consuls★** (nᵒ 5), du début du 16ᵉ s., présente une tourelle d'angle sur corbeau et, de part et d'autre de la porte, des bustes en saillie à la mode transalpine. L'hôtel de ville conserve, du 16ᵉ s., ses arcades Renaissance et ses statuettes d'Hercule et de Cupidon perchées sur de petits pilastres engagés.

**Rue de l'Horloge** – La tour de l'Horloge succède, depuis la Renaissance, à l'ancien beffroi. Elle est couronnée d'un petit temple en dôme du 18ᵉ s. Dans l'**hôtel Guimoneau★** (début du 16ᵉ s.), une tourelle dans un angle de la cour abrite un célèbre escalier. L'Annonciation et les statuettes des Vertus rappellent l'art du Val de Loire et sont attribuées à Michel Colombe ; des médaillons à l'italienne ornent la balustrade et le chant des murs.

## ENVIRONS

★ **Église de Mozac** ⊙ – *2 km à l'Ouest.* Très ancienne abbaye mérovingienne (fin du 7ᵉ s.) fondée par saint Calmin et entrée dans l'obédience de Cluny en 1095. L'église fut, jusqu'à son effondrement en 1460, l'une des plus belles d'Auvergne.

De l'édifice d'origine, élevé en 1095, il ne reste que les piliers, les grandes arcades et le bas-côté gauche. Les 47 **chapiteaux★★** qui subsistent sont les plus anciens et peut-être les plus beaux d'Auvergne ; ils représentent la production d'un atelier qui œuvra de la fin du 11ᵉ au milieu du 12ᵉ s. et dont le rayonnement fut considérable. Celui de Jonas (1ʳᵉ travée de la nef), celui de l'Apocalypse (au sol dans le chœur) et celui du Centaure (3ᵉ pilier à gauche) sont célèbres. Mais surtout celui de la Résurrection (au sol au fond de la nef), illustrant, à la lettre, le texte de saint Marc ; il représente un des sommets de la sculpture : la sobriété des gestes et des attitudes, la gravité et la tension des visages (ange, saintes femmes) outrepassent l'illustration du récit pour atteindre à l'intériorité.
La **châsse de saint Calmin★★**, en émail champlevé, est un trésor de l'orfèvrerie limousine (figures d'appliques ciselées et dorées).

J.D. Sudres/SCOPE

Mozac – Le chapiteau de la Résurrection.

**Église de Marsat** – *3 km au Sud-Ouest.* L'église abrite un joyau de la statuaire religieuse médiévale en Auvergne : une **Vierge noire★★** en majesté *(chœur de la chapelle de gauche).* Cette œuvre, du 12ᵉ s., frappe par l'attitude hiératique de la Vierge, par la dignité maternelle avec laquelle elle présente l'Enfant Jésus, par la vérité de son visage de paysanne et par le symbolisme de ses longues mains protectrices.

★★ **Château de Tournoël** ⊙ – *8 km à l'Ouest.* C'est l'un des plus célèbres châteaux d'Auvergne. Il domine **Volvic**, ville de lave (extraction, scierie, taille) et ville de l'eau. Le château, juché sur un éperon, en avant de la ligne de faille qui domine la grande Limagne, comprend deux donjons, un circulaire et un carré, réunis par d'anciens corps de logis. Sur la cour intérieure donnent des fenêtres à meneaux Renaissance.

★ **Gour de Tazenat** – *22 km au Nord-Est.* Très beau lac de montagne (32 ha, 60 m de profondeur) marquant la limite Nord de la chaîne des Puys. Pour les géographes c'est un lac de cratère volcanique, enchâssé au creux de versants boisés.

⊙ ►► Ste-Chapelle★ – Musée régional d'Auvergne★ *(arts et traditions populaires)* – Musée Mandet★ *(peintures et arts décoratifs).*

# RIQUEWIHR★★★

1 075 habitants
Cartes Michelin n°ˢ 62 plis 18, 19 ou 87 pli 17 ou 242 pli 31.
Guide Vert Alsace et Lorraine.

Les vins d'Alsace offrent cette particularité de ne pas être désignés par des noms de crus ou de châteaux, mais par le cépage dont ils sont issus et auquel ils doivent leur bouquet, d'autant plus subtil que les vendanges tardives assurent aux raisins le doux ensoleillement de septembre et que le vignoble bénéficie de soins jaloux, d'une exposition favorable au soleil levant et de la protection de la chaîne des Vosges contre les vents humides et froids de l'Ouest.

Le village alsacien de Riquewihr passe pour la perle du vignoble, et son riesling fait l'objet des soins séculaires de sa population. Ses maisons, plus conçues pour le vin, son travail et son élaboration que pour les vignerons eux-mêmes, composent un ensemble séduisant où s'accomplit la rare alliance du grès rouge, de la brique, des colombages, des façades peintes, des encorbellements et des balcons fleuris. Plusieurs d'entre elles datent de la fin du 15ᵉ s. (de Hugel, 1494) ; de la Renaissance (à la Cour de Strasbourg, 1597). Pour la plupart, elles remontent au 17ᵉ s. (règnes de Henri IV, Louis XIII, Louis XIV), mais toutes ont conservé les motifs ornementaux de la Renaissance rhénane dont le goût a longtemps survécu en Alsace.

○ ► ► Dolder★ *(musée d'histoire locale)* (1291) – Maisons★ Liebrich (1535), Kiener (1574), Dissler (1610) et Preiss-Zimmer (1686).

# ROCAMADOUR★★★

627 habitants
Cartes Michelin n°ˢ 75 plis 18, 19 ou 235 pli 6 ou 239 pli 38.
Guide Vert Périgord Quercy.

Rocamadour, l'un des grands centres touristiques du Quercy, entasse ses logis, ses sanctuaires, ses tourelles, les vestiges des portes fortifiées de son ancienne enceinte sur d'étroites terrasses, parfois à l'abri de surplombs sur la paroi d'une falaise du canyon de l'Alzou. Celui-ci entaille le **causse de Gramat**★, grandiose et monotone plateau pierreux, constitué par une énorme dalle de calcaire, qui est le domaine du mouton et... des pâtés de foie gras !

★★★ **Le site** – Il faut voir Rocamadour de la terrasse de l'Hospitalet *(2 km au Nord-Est)* et de la route de Couzou. Le château, qui domine de 125 m le lit de l'Alzou, la falaise, la cité religieuse plaquée au rocher, les rues en escalier, les placettes étagées, les maisons blotties sur une étroite terrasse composent un paysage vertical.

Rocamadour.

**La cité religieuse** – Ce site fut d'abord choisi comme lieu de retraite par un ermite, saint Amadour, en qui la piété populaire a voulu voir Zachée qui serait devenu l'époux de sainte Véronique. Dès le 12ᵉ s., mais au 13ᵉ s. surtout, Rocamadour devint l'un des buts de pèlerinage les plus fréquentés de la chrétienté et déjà, comme de nos jours, les magasins de souvenirs bordaient les ruelles. Roland le preux y aurait laissé son épée Durandal en ex-voto et, nombreux, les souverains y déposèrent leurs dons.

Le grand escalier de 216 marches conduit au **parvis des églises** qu'entourent sept sanctuaires, dont la chapelle miraculeuse, le Saint des Saints de la cité.

L'importance des restaurations, exécutées au 19ᵉ s., n'étonne pas si l'on sait qu'en 1476 un écroulement de rochers a pratiquement détruit les églises et qu'en 1562 les huguenots pillèrent et dévastèrent ce qui en subsistait, si bien que plusieurs siècles durant les pèlerins désertèrent Rocamadour.

Les peintures murales exécutées à même la paroi rocheuse sur le parvis, en particulier celles qui marquent l'accès à la chapelle St-Michel, représentent la valeur artistique de l'ensemble.

○ ► ► Hôtel de ville★ *(tapisseries)* – Musée-trésor Francis-Poulenc★ *(art sacré)*.

# ROCHEFORT★

25 561 habitants
Cartes Michelin nᵒˢ 71 pli 13 ou 233 plis 14, 15.
Guide Vert Poitou Vendée Charentes – Plan dans le guide Rouge Michelin France.

En 1664, Colbert, secrétaire à la Marine, prend conscience de la vulnérabilité aux incursions anglaises du littoral atlantique, pratiquement sans défense de Lorient aux Pyrénées : La Rochelle ne dispose que d'une baie mal abritée et Brouage s'envase. En 1665, il retient le site d'un petit château, sur la Charente, à 22 km de la mer par le fleuve, défavorable à un port mais facile à défendre, d'autant plus que ses abords sont protégés par des îles et des promontoires pouvant jouer le rôle de bastions avancés. Il en confie l'aménagement à Vauban.

En sept ans la ville est construite et fortifiée et le port militaire en service. Dès 1690 un arsenal aussi puissant que ceux de Toulon et de Brest est achevé. Mais le tonnage des navires modernes exigeant de grandes profondeurs décide du déclin de Rochefort et de l'abandon de son arsenal le 31 décembre 1926.

La richesse de cette histoire apparaît dans le soin apporté à de nombreuses demeures de Rochefort (entablement, appuis de fenêtres, balustrades, balcons...) ; dans l'église St-Louis tout empreinte de la majesté classique ; dans l'ancienne **corderie**★★ dont les 374 m de longueur permettaient la confection des cordages nécessaires à la marine à voiles ; dans la bourse du commerce (palais des Congrès et marché couvert), jadis halle en bois édifiée par les charpentiers du port ; dans la porte du Soleil qui constituait l'entrée du vieil arsenal de Colbert.

**Pierre Loti** (1850-1923) – Julien Viaud, natif de Rochefort, en connut toute l'activité portuaire liée au commerce international, en particulier à l'exportation du cognac. Devenu officier de marine il parcourut le monde, sensible à l'exotisme des terres lointaines qu'il se plut à décrire sous le pseudonyme de Pierre Loti et à rappeler dans la décoration et l'ameublement de sa **maison**★ ⊘ (musée).

## ENVIRONS

**Moëze** – *11 km au Sud-Ouest.* Dans le cimetière la **croix hosannière**★, dite aussi « Temple du Moëze », est l'une des plus célèbres du Sud-Ouest. Elle surmonte un petit temple corinthien élevé au début du 16ᵉ s. dont le plan carré et les faces traitées en portique témoignent de la faveur naissante prise alors par les modèles antiques. Une inscription règne sur son architecture et la décore ; elle célèbre l'entrée du Christ dans Jérusalem décorée de rameaux d'olivier, accompagnée par les chants des enfants des Hébreux.

⊘ ➤➤ Musée de la Marine★ – Musée d'Art et d'Histoire de la ville★.

# Château de La ROCHEFOUCAULD★

Cartes Michelin nᵒˢ 72 pli 14 ou 233 pli 30 – Guide Vert Poitou Vendée Charentes.

La terre de La Rochefoucauld est le fief d'une noble lignée qui s'est distinguée en donnant à tous ses premiers-nés le prénom de François et, à la France, des soldats, des artistes, des hommes d'État et d'Église. François Iᵉʳ de La Rochefoucauld fut en 1494 le parrain de François Iᵉʳ roi de France ; c'est lui qui, à l'instigation de sa femme Anne de Polignac, fit transformer en moins de 15 ans son **château fort** ⊘ en demeure Renaissance avec ses tours encore médiévales, sa chapelle, sa terrasse et ses façades du 16ᵉ s. aux belles lucarnes à candélabres.

François XII (1747-1827) fonda une école d'arts et métiers, créa la première caisse d'épargne en France et devint l'un des ardents propagandistes de la « vaccine ».

**François VI** (1613-1680), duc de La Rochefoucauld, plus d'un siècle auparavant, brave soldat mais malheureux intrigant politique, frondeur contre Richelieu, déçu par Mazarin, amant dépité, reçut à 39 ans, au faubourg St-Antoine à Paris, un coup d'arquebuse qui le laissa à demi aveugle. Il se replia sur ses terres. Dans la tour Ouest du château, sa clairvoyance d'esprit, son pessimisme naturel et bien explicable, son tempérament quelque peu janséniste se donnèrent libre cours. Là, il rédigea une partie de ses *Maximes.* En courtes phrases incisives, voire sarcastiques, il y analyse le tréfonds de l'âme humaine, prenant surtout à partie l'amour-propre, et se hausse au rang de nos grands moralistes.

« Il est plus facile de paraître digne des emplois qu'on n'a pas que de ceux que l'on exerce. »

« L'hypocrisie est un hommage que le vice rend à la vertu. »

*Chaque année,*
*le **guide Rouge Michelin France***
*révise sa sélection d'hôtels et de restaurants*

> — *agréables, tranquilles, isolés ;*

> — *offrant une vue exceptionnelle, intéressante, étendue ;*

> — *possédant un court de tennis, une piscine, une plage aménagée ;*

> — *un jardin de repos...*

*Tout compte fait, le guide de l'année, c'est une économie.*

# La ROCHELLE★★★

Agglomération 100 264 habitants
Cartes Michelin n⁰ˢ 71 pli 12 ou 233 pli 14 – Guide Vert Poitou Vendée Charentes.
Plan dans le guide Rouge Michelin France.

La capitale de l'Aunis, animée, aimée des peintres, présente à ses visiteurs la physionomie traditionnelle, un peu secrète, des villes françaises de l'époque classique. Elle doit son origine à un château élevé au 11ᵉ s. pour protéger l'entrée de l'anse de l'Aiguillon.

Dès le 12ᵉ s., organisée en communauté marchande sous l'autorité presque ininterrompue des souverains anglais, elle vivait surtout de l'expédition du sel de l'Aunis, des vins de Saintonge et du transit des denrées du pourtour méditerranéen arrivées sur des navires génois.

**Une place de sûreté protestante ; le siège** – La confession de La Rochelle, rédigée en 1558 et adressée par Calvin au synode de ses coreligionnaires français, montre l'adhésion précoce de la ville aux idées de la Réforme. En 1570, au terme de la 3ᵉ guerre de Religion, La Rochelle fut la première des quatre places de sûreté que le traité de St-Germain reconnaissait aux protestants. Après la St-Barthélemy, la résistance s'organise à La Rochelle ; le duc d'Anjou doit investir la cité huguenote qui obtient en 1573 une capitulation honorable après qu'une flotte anglaise commandée par Gabriel de Montgomery n'eut pu la secourir et se fut emparée de Belle-Île.

Les stipulations de l'édit de Nantes y furent mises en œuvre avec loyauté. Mais pour Richelieu, en 1627, l'important était l'application des lois du royaume au port quelque peu indépendant et surtout l'existence d'un parti protestant au sein de l'État, avec ses chefs et ses troupes, soutenu par de puissantes communautés étrangères et leur gouvernement : Buckingham venait même de débarquer sur l'île de Ré et les Anglais reprenaient pied en Aunis.

| | | |
|---|---|---|
| Chaudrier (R.) | Y 19 | |
| Merciers (Gde Rue des) | Y 70 | |
| Minage (R. du) | Y | |
| Palais (R. du) | Z 77 | |
| St-Yon (R.) | Y | |
| Admirault (R. G.) | YZ 2 | |
| Aufrédy (R.) | Y 4 | |
| Augustins (R. des) | Y 6 | |
| Bancs (Pl. des Petits) | Z 8 | |
| Barentin (Pl.) | Z 10 | |
| Chef-de-Ville (R.) | Z 21 | |

| | |
|---|---|
| Commanderie (Cour de la) | Z 27 |
| Dames (Cours des) | Z 31 |
| Dupaty (R.) | YZ 35 |
| Duperré (Quai) | Z 37 |
| Escale (R. de l') | Z 39 |
| Fabrique (R. de la) | Z 41 |
| Fagots (R. des) | Z 43 |
| Ferté (R. de la) | Z 45 |
| Fonderies (R. des) | YZ 49 |
| Fromentin (R. E.) | YZ 51 |
| Gargoulleau (R.) | Y 53 |
| Gentilshommes (R. des) | Z 55 |
| Grille (R. de la) | YZ 57 |

| | |
|---|---|
| Hôtel-de-Ville (R. de l') | Z 60 |
| Maubec (Quai) | Z 66 |
| Monnaie (Av. de la) | Z 73 |
| Noue (R. de la) | Y 74 |
| Pas-du-Minage (R. du) | Y 79 |
| Pernelle (R.) | Y 81 |
| Port (Petite Rue du) | Z 83 |
| Port (R. du) | Z 85 |
| St-Côme (R.) | Y 94 |
| St-François (R.) | Y 96 |
| St-Jean-du-Pérot (R.) | Z 98 |
| St-Sauveur (R.) | Z 100 |
| Sur-les-Murs (R.) | Z 110 |
| Temple (Cour du) | Z 112 |
| Temple (R. du) | Z 115 |

| | |
|---|---|
| **C** Hôtel de la Bourse | **L** Café de la Paix |
| **E** Musée Maritime : Frégate France I | **M²** Musée du Nouveau Monde |
| **F** Porte de la Grosse Horloge | **M³** Musée des Beaux-Arts |
| **H** Hôtel de Ville | **M⁴** Musée d'Orbigny-Bernon |
| **J** Palais de Justice | **M⁶** Musée Grévin |
| **K** Maison Henri II | **M⁷** Musée rochelais de la Dernière Guerre |

| | |
|---|---|
| **M⁹** Musée du Flacon à parfum |
| **N** Maison Venette |
| **P** Préfecture |
| **R** Temple protestant |
| **S** Ancienne chapelle des Carmes |
| **Z** Ancien hôtel de l'Intendance |

Le siège de La Rochelle, dirigé par le cardinal en personne, s'appuyait sur une ligne de fortifications longue de 12 km, prolongée en mer par une digue, due à Clément Métezeau, qui bloquait le port. Il dura 15 mois et la ville ne se rendit que contrainte par la famine. Richelieu y pénétra le 30 octobre 1628 et Louis XIII le surlendemain. Le pardon fut accordé aux Rochelais mais plusieurs chefs dont le maire Jean Guiton, âme de la résistance, furent éloignés pendant quelques mois.

★★ **Le vieux port ; le Nouveau Monde** – Au fond d'une anse étroite creusée par la mer, le vieux port, créé sous Aliénor d'Aquitaine, est fermé par deux tours qui témoignent probablement de l'architecture militaire anglaise du 14e s. et faisaient partie de l'enceinte bastionnée qui protégeait la ville. La **tour St-Nicolas**★ (**Z**) ⊘, à l'Est, repose depuis six siècles sur un soubassement de pieux en cœur de chêne : ses escaliers pratiqués dans l'épaisseur des murs et coupés de chicanes relèvent sa valeur défensive.

Là s'embarquèrent au 15e s. les premiers colons français pour le Canada et Jean de Béthencourt qui découvrit les Canaries ; au 16e s. les pêcheurs qui fréquentaient les « bancs » de Terre-Neuve ; au 17e s. Cavelier de La Salle, organisateur de la traite des fourrures dans la région des Grands Lacs d'Amérique ; au 19e s. René Caillié qui fut le premier Européen à revenir vivant de Tombouctou.

A cette époque, les armateurs s'enrichirent avec le Canada, la Louisiane et surtout les Antilles où ils possédaient de vastes domaines produisant des épices, du sucre, du cacao, du café, de la vanille : ils prospéraient aussi par le commerce du « bois d'ébène » ou commerce triangulaire : vente de tissus et achat d'esclaves sur les côtes d'Afrique, vente de ces esclaves et achat de produits coloniaux aux Amériques, ventes de ces produits coloniaux en Europe.

En 1890 fut créé le port de La Pallice, avancé en mer de 6 km sur une côte rocheuse mais surtout en eau profonde, permettant de recevoir les navires à toute marée.

★★ **La ville des 17e et 18e s.** – La **porte de la Grosse-Horloge**★, du 18e s. (**Z F**), donne accès à la ville ancienne. Des maisons moyenâgeuses aux colombages bardés d'ardoises les protégeant contre l'humidité, des demeures Renaissance, et surtout de nombreux hôtels du 18e s., en pierre, aux étonnantes gargouilles sculptées, des rues bordées d'arcades aux formes et aux dimensions très diverses composent un ensemble qui atteint le sommet de son raffinement à l'**hôtel de ville**★ (**H**). Sa **façade**★ principale, sur cour avec galerie à arcades de 1606, fut construite sous Henri IV à la mode toscane ; elle montre le goût pour les formes venues d'Italie et le renouveau de prospérité qui suivit les guerres de Religion. Probablement est-elle une œuvre de l'architecte huguenot Du Cerceau.

⊘ ►► Rues★ du quartier ancien – Muséum d'**Histoire naturelle**★★ – Musée du Nouveau-Monde★ **M²** – Musée des Beaux-Arts★ **M³** – Musée d'Orbigny★ (histoire rochelaise, collection de céramiques) **M⁴** – Tour de la Lanterne★ – Parc Charruyer★.

# ROCROI

2 555 habitants
Cartes Michelin nᵒˢ 53 pli 18 ou 241 pli 6 – Guide Vert Champagne.

Dans une clairière du plateau ardennais, Rocroi était, déjà au 16e s., une place forte dessinée par les ingénieurs militaires.

Après le rattachement de la principauté de Sedan à la France, en 1642, la mort de Richelieu et la maladie de Louis XIII, qui laissait prévoir l'imminence d'une période longue et vulnérable de régence, aiguisent les ambitions de Philippe IV d'Espagne qui projette d'enlever Rocroi pour ouvrir à son armée la route de Paris par les vallées de l'Aisne et de la Marne.

Le 19 mai 1643, cinq jours après la mort de Louis XIII, le duc d'Enghien – le futur **Grand Condé** –, âgé de 21 ans, réussit par une manœuvre hardie à mettre en déroute la redoutable infanterie espagnole qui jamais ne parvint à se reconstituer. Cette première victoire française sur l'ennemi, depuis un siècle, connut un immense retentissement (stèle sur le site décisif – 3 km au Sud – dans un paysage de prairies bocagères). La situation de la monarchie se trouvait redressée et Mazarin en mesure de poursuivre la politique européenne de Richelieu qui avait su former une nouvelle génération d'officiers et attendre son heure.

Plus tard, Condé qui avait pris part à la fronde des Princes passait dans l'armée espagnole à la tête de laquelle il s'empara de Rocroi en 1658. L'année suivante, le traité des Pyrénées rendait Rocroi à la France et Condé à son souverain.

Les **remparts**, remaniés par **Vauban**, avec leurs glacis, leurs fossés, leurs bastions et leurs demi-lunes, sont un bel exemple de son système défensif complexe.

*Cet ouvrage, périodiquement révisé, tient compte*
*des conditions du tourisme connues au moment de sa rédaction.*

*Certains renseignements perdent de leur actualité en raison de l'évolution*
*incessante des aménagements et des variations du coût de la vie.*

*Nos lecteurs sauront le comprendre.*

# RODEZ★

24 701 habitants
Cartes Michelin n⁰ˢ 80 pli 2 ou 235 pli 16 – Guide Vert Gorges du Tarn.
Plan dans le guide Rouge Michelin France.

Sur un éperon cristallin qui domine de 120 m un méandre de l'Aveyron, Rodez fut d'abord un oppidum gaulois.

Par son ordonnance, la vieille ville reflète la rivalité séculaire de ses deux quartiers, chacun longtemps pourvu de sa propre enceinte : la cité, épiscopale, autour de la cathédrale qui fut longtemps la plus puissante, et le bourg, féodal, autour de la place du Bourg.

★★ **Cathédrale Notre-Dame** – L'édifice actuel fut élevé, en grès rouge, à partir de 1277, sur des plans probablement dus à Jean Deschamps qui s'était attaché à faire essaimer le gothique de l'Ile-de-France dans le Centre et le Languedoc à mesure qu'y progressait la pénétration de la monarchie capétienne.

L'impressionnante façade, à l'allure de forteresse, était à l'origine un bastion élevé en avant du mur d'enceinte de la cité. En 1510, les portails flamboyants étant achevés depuis 35 ans, on entreprit d'édifier le magnifique **clocher**★★★ sur une tour massive du 14ᵉ s. : le 3ᵉ étage aux arcatures fortement moulurées ; le 4ᵉ garni de niches ; le 5ᵉ aux tourelles et aux pinacles flamboyants. Un campanile Renaissance, d'un dessin un peu grêle pour cet ensemble, couronne la terrasse à balustrade.

Quatre œuvres y sont marquantes : au mur de gauche de la chapelle axiale, une rare table d'autel romane, festonnée ; dans le bras droit du transept, l'ancien **jubé**★ du 15ᵉ s. ; dans une chapelle de la nef à droite, un célèbre **Saint Sépulcre**★ du 16ᵉ s. et le **buffet d'orgue**★, superbe boiserie sculptée du 17ᵉ s. L'intérieur ne fut achevé qu'au 16ᵉ s., mais dans le style du 13ᵉ s. L'élégance du gothique apparaît dans la verticalité du chœur aux fines lancettes, dans la légèreté des piliers de la nef à peine moulurés à l'emplacement des chapiteaux, dans l'élévation des grandes arcades surmontées d'un triforium dont l'ordonnance reprend celles des fenêtres hautes. Le chœur est meublé de **stalles**★ d'André Sulpice (15ᵉ s.).

⊘ ►► Musée Fenaille★ *(collections préhistoriques, archéologiques et médiévales)*.

# Chapelle de RONCHAMP★★

Cartes Michelin n⁰ˢ 66 pli 7 ou 242 pli 38 ou 243 pli 9– Guide Vert Jura.

La **chapelle N.-D.-du-Haut** ⊘, construite en 1955 par **Le Corbusier** (Charles-Édouard Jeanneret, 1887-1965), est une des réalisations majeures de l'architecture religieuse contemporaine.

Le célèbre architecte, qui avait, 32 ans plus tôt, à la villa La Roche à Paris, « la clef de son œuvre » – actuellement fondation Le Corbusier – fait pénétrer de toutes parts l'espace dans la construction, a poursuivi ici dans la même voie.

L'apparente simplicité de l'édifice aux lignes infléchies et aux surfaces gauchies déroute l'observateur ; de même, la subtile lumière tombant des « périscopes » dans les chapelles, filtrant à la base de la voûte convexe ou fusant à travers les hublots, qui exerce un rôle décoratif prépondérant. Aussi bien, la chapelle, extérieur et intérieur, ne révèle-t-elle que lentement l'alliance de la sensibilité et de la technique qui en fait l'étoffe.

Chapelle Notre-Dame-du-Haut.

# ROUEN★★★

Agglomération 380 161 habitants
Cartes Michelin nᵒˢ 55 pli 6 ou 231 plis 22, 23.
Guide Vert Normandie Vallée de la Seine.
Plan dans le guide Rouge Michelin France.

Hérissé de flèches et de clochers, le Vieux Rouen, capitale de la Haute-Normandie, s'est développé depuis l'époque romaine comme ville de premier pont sur l'estuaire de la Seine ; la rue du Gros-Horloge et la rue des Carmes impriment encore dans son urbanisme le tracé des deux grands axes qui la desservaient alors.

La parure architecturale de la Normandie est aussi caractéristique que ses pommiers ou ses herbages, et Rouen, ville du gothique normand, ville musée, offre à l'amateur d'art des plaisirs raffinés.

**Les lettres et les arts** – La ville a donné naissance à quelques hommes de science comme Lecat, Nicolle, mais elle occupe une place de choix dans notre histoire littéraire et artistique.

**Pierre Corneille** y naquit en 1606. Avocat de formation, il est le premier en date de nos grands poètes tragiques. Ses quatre œuvres majeures chantent l'amour, le courage, la clémence, la foi (Le Cid, Horace, Cinna, Polyeucte) ; écrites entre 1636 et 1641, elles mettent en scène des héros qui subordonnent leurs sentiments, leur conduite, leur détermination morale à leur volonté. C'est l'un des traits de la noblesse classique.

**Gustave Flaubert** (1821-1880), retiré pour des raisons de santé à Crosset (à l'Ouest de Rouen), écrivit comme écartelé entre la recherche d'une peinture scrupuleuse de l'âme humaine et le goût de l'expression éclatante. Madame Bovary (1857), où il décrit sous le nom de Yonville le village de Ry (20 km à l'Est), Salammbô, L'Éducation sentimentale comptent parmi ses œuvres essentielles.

**Théodore Géricault** (1791-1824), par son sens du mouvement et du théâtral, apparaît dans Le Radeau de la Méduse (au musée du Louvre à Paris) comme le maître de l'école picturale romantique.

★★ **Cathédrale Notre-Dame** (BZ) ⊘ – La cathédrale de Rouen compte parmi les plus belles réalisations du gothique français. L'édifice que les visiteurs ont devant les yeux appartient au gothique lancéolé tout comme les grandes églises qui l'ont précédé à la fin du 12ᵉ s. ; et cependant il a dû être reconstruit après un terrible incendie en 1200. Reconstruction rapide grâce aux dons versés par Jean sans Terre, duc de Normandie et roi d'Angleterre, et audacieuse par l'extension considérable de l'édifice : élargissement du transept, agrandissement du chœur en tirant parti des connaissances nouvelles.

Ainsi les tribunes prévues au-dessus des grandes arcades pour raidir l'édifice n'ont-elles pas été édifiées, rendues inutiles par le développement des arcs-boutants au 13ᵉ s. expérimentés à Chartres.

L'ampleur de l'édifice est saisissante avec sa nef de onze travées couverte d'une superbe voûte sexpartite, sa tour-lanterne dont la hardiesse atteint une sorte de perfection, son chœur dont la juste mesure tient à l'équilibre des proportions, à l'élancement des 14 piliers ronds, à la légèreté du triforium.

Cathédrale en perpétuel chantier de reconstruction : suite à l'incendie de 1200, à la guerre de Cent Ans, au nouvel incendie de 1514, aux méfaits des calvinistes, à l'ouragan de 1683, aux désordres de la Révolution, à l'incendie de la flèche en 1822, à la nuit du 19 avril 1944 lorsque le monument atteint par sept torpilles fut menacé dans son gros œuvre même (restauration encore en cours au pignon Sud et en façade).

★★ **Le Vieux Rouen** – Plus de 800 maisons à pans de bois bordent ses rues étroites et pittoresques dont beaucoup sont traitées en promenade.

Les vieilles demeures rouennaises illustrent l'architecture à colombage du Moyen Age à la Révolution. Hautes ou trapues, élégantes ou modestes, parfois inclinées, elles se composent d'une ossature de poteaux verticaux et de poutres horizontales de façade (sablières).

Des lambourdes plus petites (le colombage) soutiennent les sablières et assurent leur rigidité ; des « écharpes » obliques ou en croix de St-André raidissent l'ensemble ; les intervalles sont garnis de plâtre ou de hourdis. Jusqu'en 1520 à Rouen, les étages supérieurs avançaient en encorbellement par souci d'économie et de gain de place.

★★ **Rue St-Romain** (BZ) – C'est une des plus intéressantes du Vieux Rouen. Elle doit sa célébrité à ses maisons à colombage du 15ᵉ au 18ᵉ s. (au nᵒ 74, maison gothique à fenêtrage continu du 15ᵉ s.) et à la flèche de l'église St-Maclou qui se profile dans l'axe de la chaussée.

★★ **Église St-Maclou** (CZ) – Pour le touriste qui vient de visiter la cathédrale, l'évolution du style gothique entre les deux monuments est frappante. St-Maclou, bâtie à partir de 1437, relève du gothique flamboyant le plus pur. Mais sa décoration est déjà Renaissance : vantaux de son porche, escalier, tribune et buffet d'orgue. A l'angle gauche de la façade, une fontaine Renaissance montre deux bambins accomplissant le même geste – avec un peu moins de grâce – que leur confrère bruxellois.

★★ **Aître St-Maclou** (CZ) – La cour (en latin atrium) est entourée de bâtiments à pans de bois sculptés d'attributs funéraires (danse macabre, crânes, tibias, outils de fossoyeurs...). C'est l'un des derniers témoins des charniers de pestiférés au Moyen Age.

★★ **Église St-Ouen** (CY) ⊘ – Cette ancienne église abbatiale, édifiée au 14ᵉ s., marque l'aboutissement du gothique rayonnant lorsque l'architecte, parfaitement maître des poussées de son église, les dirige à son gré par des arcs ogifs, les reçoit sur des arcs-boutants, en dévie l'axe par des pinacles influant sur le rapport des masses et pourrait s'en tenir à élever la carcasse de l'édifice. Les murs ne jouent plus alors dans la construction qu'un rôle de fermeture et peuvent laisser place à des vitraux moins coûteux et qui font de l'église une immense cage de verre où la lumière pénètre, permettant aux fidèles qui commencent à savoir lire de suivre l'office dans les premiers missels.

Quelques années encore et le gothique, ne pouvant plus connaître d'évolution architecturale, s'orientera vers la virtuosité décorative poussée à l'excès du flamboyant.

★★ **Rue du Gros-Horloge** – C'est la plus évocatrice du Vieux Rouen. Elle est enjambée par l'arcade du Gros-Horloge (**BZ N**) à aiguille unique, bordée par le beffroi. Elle demeure le centre de l'animation de la ville.

## ROUEN

★ **Place du Vieux-Marché (AY)** – Traitée en ensemble moderne, cette place fut le 30 mai 1431 le théâtre du supplice de **Jeanne d'Arc** brûlée vive, à 19 ans, à la suite d'un procès qui la condamnait comme relapse. Sa réhabilitation fut prononcée 25 ans plus tard. Au centre de la place se dressent la croix de la Réhabilitation à l'emplacement du bûcher où Jeanne fut brûlée, un marché et une église moderne dans laquelle a été incorporée une belle **verrière**★★ du 16e s.
De belles façades des 17e et 18e s. entourent la place.

★★ **Musée des Beaux-Arts (BY)** ⊙ – Rénové en 1992, le musée ne présente que les collections des 16e et 17e s. en attendant la fin des travaux. Outre l'huile sur bois *La Vierge entre les vierges*, l'un des sommets de la peinture primitive flamande, due à Gérard David, il faut voir au moins quelques œuvres essentielles de la peinture française : *Le Bain de Diane* de François Clouet, *Le Concert des Anges* de Philippe de Champaigne, *Vénus montrant ses armes à Énée* de Nicolas Poussin. Parmi les chefs-d'œuvre venus d'autres pays : *Saint Barnabé guérissant les malades* de Véronèse, *L'Adoration des bergers* de Rubens, *La Flagellation du Christ* du Caravage, et surtout *Démocrite* de Vélasquez.

★★ **Musée de la Céramique (BY M¹)** ⊙ – En 1530, le Rouennais **Masséot Abaquesne** est le premier faïencier français à avoir percé le secret de la terre émaillée en honneur à Faenza en Italie (d'où le nom donné à la faïence) dès le 14e s. Mais la gloire de Rouen, dans cet art aristocratique, coûteux et fragile, brilla surtout après les troubles économiques et politiques du début du 17e s. par le renom de la dynastie des Poterat.
Le goût des chinoiseries et du lambrequin, l'obligation royale de remplacer la vaisselle de métal fin par de la céramique *(p. 154)* firent alors le succès de Rouen (aiguières, fontaines, boîtes à épices, plats à barbe, vaisselle...). Le somptueux décor de l'or niellé, l'ambition de rivaliser avec la Compagnie des Indes trouvent là leur expression la plus raffinée. L'admirable buste d'Apollon (vers 1740) sorti de chez Fouquay permet d'en observer à la fois la technique et le goût.

⊙ ▶▶ Palais de Justice★★ – Musée Le Secq des Tournelles★★ *(ferronnerie)* **M¹** – Musée des Antiquités de la Seine-Maritime★★ **M⁷** – Église St-Godard★ – Panorama★★★ de la Côte-Ste-Catherine – Jardin des plantes.

# ROUTE DES CRÊTES★★★

Cartes Michelin nos 62 pli 18 et 66 pli 9 ou 87 plis 17, 18, 19 ou 242 plis 31, 35.
Guide Vert Alsace et Lorraine.

Cette route stratégique, du col du Bonhomme à Thann *(63 km)* dont la création fut décidée pendant la guerre 1914-1918, tracée constamment au voisinage de la ligne de crêtes, constitue un long belvédère sur les Vosges, les ballons, les lacs, les Hautes-Chaumes et les grandes vallées de la Fisch et de la Thur.

**Col du Bonhomme** – Alt. 949 m. Il fait communiquer l'Alsace et la Lorraine.

**Col de la Schlucht** – Alt. 1 139 m. C'est le passage le plus accidenté et l'un des plus fréquentés des Vosges. La vigueur de l'érosion sur le versant alsacien s'y explique par la force torrentielle des rivières : à 9 km du col, à vol d'oiseaux, **Munster**★ est déjà 877 m plus bas et, à 26 km, Colmar, 1 065 m.

★★ **Hohneck** – Alt. 1 362 m. Le sommet qui occupe dans la chaîne une position centrale appartient aux Vosges cristallines. Là, passait la frontière franco-allemande entre 1871 et 1914. Le **panorama**★★★ se développe sur la plaine d'Alsace où plonge à l'Est la **vallée de Munster**★★ et sur le plateau lorrain où se creuse la Vologne à l'Ouest.

★★ **Grand Ballon** – Alt. 1 424 m. Le Grand Ballon, ou ballon de Guebwiller, est le point culminant des Vosges. Du sommet *(1/2 h à pied AR)* le **panorama**★★★ embrasse surtout les Vosges méridionales ou Vosges cristallines les plus élevées. La géographie de la chaîne y apparaît avec facilité. Ses versants Est ou Ouest sont dissymétriques : l'un tombe brusquement sur la plaine d'Alsace, l'autre s'incline doucement vers le plateau lorrain. La physionomie du massif aux hautes croupes arrondies, aux vallées évasées et coupées d'étranglements rocheux ou encombrées de moraines qui retiennent les eaux des lacs a été remodelée par les glaciers à l'époque quaternaire. Au-dessus de l'étage forestier se développe l'herbe rase des Hautes-Chaumes.

★★ **Vieil-Armand** – Un des champs de bataille les plus meurtriers du front d'Alsace en 1915 : monument national ⊙.

*Actualisée en permanence,*
*la carte Michelin au 1/200 000 indique :*

       *– golfs, stades, hippodromes, plages, piscines, altiports,*

       *– sentiers de grande randonnée, panoramas, routes pittoresques,*

       *– forêts domaniales, monuments intéressants...*

*Pour vos loisirs, elle est le complément naturel des guides Verts Michelin.*

*Équipez votre voiture de cartes Michelin à jour.*

# ROUTE DES GRANDES ALPES★★★

Cartes Michelin n°s 70, 74, 77, 81, 89, 115 ou 244, 245 – Schéma p. 226.
Guides Verts Alpes du Nord, Alpes du Sud, Côte d'Azur.

La route des Grandes Alpes est le plus prestigieux des grands itinéraires des Alpes françaises. Elle relie le lac Léman à la Côte d'Azur selon un tracé proche de la ligne des crêtes et souvent voisin de la frontière. Elle n'est praticable de bout en bout qu'au cœur de la belle saison.

Les Alpes sont apparues à l'ère tertiaire, lorsque les deux grandes « plaques » géologiques italo-africaine et eurasiatique, en se heurtant de front, ont contracté la zone qui les séparait ; ce qui a déterminé le grand arc de cercle que décrit la chaîne entre Nice et Vienne. Les Grandes Alpes comprennent les Massifs centraux et la zone axiale (encore appelée zone intra-alpine ou axe alpin). Les premiers appartiennent à une très ancienne chaîne hercynienne usée par l'érosion, recouverte de sédiments à l'ère secondaire, portée à de hautes altitudes voire redressée à l'ère tertiaire ; c'est le domaine des grands sommets arrondis ou profilés en aiguilles, d'un ciel très pur, des paysages bien ensoleillés, des forêts de mélèzes ; ils sont peu peuplés. La zone axiale est l'axe du soulèvement de la chaîne ; ses roches sédimentaires, souvent cristallisées sous leur propre pression et leur échauffement, ont donné naissance à de grandes vallées ensoleillées, au climat clément. Durant l'ère quaternaire les Grandes Alpes ont vu leurs reliefs puissamment façonnés par l'érosion des grands fleuves et de quatre glaciations successives.

Au pied des Grandes Alpes une large dépression reçoit les eaux de leurs vallées drainées par l'Isère et le Drac et facilite les communications : c'est le Sillon alpin. La dépression de la Durance joue un rôle comparable dans les Alpes du Sud. Les Préalpes, vaste contrefort de la chaîne, s'épanouissent surtout au Sud ; elles frappent par la rudesse de leurs surfaces calcaires, tabulaires ou plissées.

**Programme de 2 jours.**

Il est possible de relier Thonon à Menton en 2 jours, avec étape de nuit à Briançon ; mais au prix de quelle fatigue et de quels sacrifices ! Pour ce faire, il faut en effet renoncer à la plupart des excursions qui, par elles-mêmes, « valent le voyage » comme Chamonix avec l'Aiguille du Midi et la Vallée Blanche, la Grave avec le belvédère du Chazelet, St-Véran... et ne s'accorder que des arrêts parcimonieusement mesurés.

**Programme en 6 jours.**

– Thonon-Beaufort : *144 km – prévoir 5 h 1/2 (visites comprises).*
– Beaufort-Val-d'Isère : *71 km – prévoir 3 h (visites comprises).*
– Val-d'Isère-Briançon : *180 km – prévoir 7 h 1/2 (visites comprises).*
– Briançon-Barcelonnette : *133 km – prévoir 6 h 1/2 (visites comprises).*
– Barcelonnette-Menton : *206 km – prévoir 6 h (visites comprises).*

## DE THONON A MENTON 734 km

★★ **Thonon** – *Page 43*. De la terrasse de la place du Château, la vue découvre le vaste croissant dessiné par le **lac Léman**★★★ « où picorent les focs » et, au-delà, en territoire suisse, la côte et les Alpes vaudoises, Lausanne et le Jura suisse. L'église St-Hippolyte, illustrée par les prédications de saint François de Salles, conserve à la **voûte**★ ses stucs et ses 18 médaillons peints et les garnitures de stucs de ses faux piliers (visibles de la basilique attenante) ; c'est là l'œuvre d'artistes italiens qui, au 18ᵉ s., ont repris sa décoration intérieure dans le style rocaille.

Les gorges humides et boisées de hêtres de la Dranse de Morzine, s'élevant de terrasse en terrasse, font passer des collines de l'avant-pays savoyard au **Chablais**★★, pays pastoral où règne la race bovine d'Abondance. Ses reliefs relèvent des Préalpes du Nord mais n'en présentent ni l'ordonnance ni la vigueur habituelles. Les **gorges du Pont du Diable**★★, taillées par la Dranse dans le marbre argovien et les éboulements de leurs parois aux allures fantastiques, marquent ce parcours.

★★ **Morzine** – *Page 42*. Observer les hameaux disséminés dans les combes pastorales, les forêts d'épicéas et les chalets remarquables par les dentelures de leurs balcons.

A Tanninges, après le seuil pastoral des Gets, apparaît le **Faucigny**★★. Ce pays, drainé par la vallée du Giffre, présente un paysage façonné par les moraines glaciaires, dans des plis calcaires venus se coucher ici, loin de leur racine. Les épicéas et les herbages en sont les ressources dominantes.

**Cluses** – La ville commande la cluse la plus importante des Alpes et lui doit son nom : celle par laquelle l'Arve, en s'enfonçant sur place, a tranché les plissements en dôme des Aravis. Horlogerie, mécanique de précision, décolletage des métaux.

En amont de Cluses, la large vallée glaciaire de l'Arve sépare le Chablais et le **Giffre** (à gauche) et la chaîne des **Aravis** (à droite) désignée aussi sous le nom de **Genevois**. La plaine montagnarde du bassin de Sallanches est dominée, au Nord, par les étonnantes architectures rocheuses et les abrupts de calcaire fissuré du « désert de Platé » ; elle offre des vues sur le « Géant des Alpes » et son cortège.

★★ **La Clusaz** – La plus importante station du massif des Aravis doit son nom à la gorge profonde, ou cluse, qui, en aval de la localité, livre passage au torrent du Nom. Le village se présente étroitement massé autour de sa grande église au clocher à bulbe, dans un cadre séduisant de forêts de sapins et d'alpages doucement vallonnés. A l'horizon, la rude barrière des Aravis dresse vigoureusement ses écailles imbriquées. La Clusaz est, en été, un excellent centre de promenades à pied. Pour tous les sports de neige, elle constitue une station bien équipée.

En traversant le val d'Arly, la route de N.-D.-de-Bellecombe offre de larges échappées sur le massif des Aravis puis sur la trouée des gorges de l'Arly.

| Grandes Alpes | Massifs centraux |
| | Zone axiale |
| Préalpes | |
| Sillon alpin | |
| Principaux massifs | |

- · · · · · · Limite entre les Alpes du Nord et les Alpes du Sud
- Limite des pays
- Route des Grandes Alpes, variante
- Route Napoléon

**Col des Saisies** – L'itinéraire quitte, ici, le Sillon alpin pour pénétrer dans les Massifs centraux ; il n'abandonnera les Grandes Alpes qu'à St-Martin-d'Entraunes, au Sud du col de la Cayolle. A 1 633 m d'altitude, le col des Saisies est une vaste dépression, qui compose l'un des sites pastoraux les plus typiques des Alpes, animé par de petites vaches rouge-brun à large encolure, les Tarines d'un brun foncé exclusif et les Abondances tachetées de blanc. Observer la dispersion incroyable des chalets.

**Beaufort** – La localité, très savoyarde (église ornée de boiseries et de sculptures intéressantes), a donné son nom au **Beaufortin★★**. Ce pays, dont le socle cristallin porte de grands plis calcaires, exploite un massif forestier d'une exceptionnelle continuité et présente d'amples paysages pastoraux où se pratique au-dessus de 1 450 m une vie sociale rythmée par les « remues » saisonnières des troupeaux (pittoresque village de **Boudin★** – 7 km au Sud).

★ **Cormet de Roselend** – Cette longue dépression fait communiquer, à plus de 1 900 m d'altitude, les vallées de Roselend et des Chapieux. Elle frappe par son immensité pastorale, solitaire, sans arbres, semée de rocs et de quelques abris de bergers.

Le torrent des Glaciers **(vallée des Chapieux★)** descend en paliers vers **Bourg-St-Maurice**. Ce « bourg » occupe une position stratégique au débouché des routes descendant du Beaufortin, du col du Petit-St-Bernard et du col de l'Iseran. Alentour, la moyenne **Tarentaise★★** (vallée de l'Isère) connaît, au-dessus des villages, une « transhumance familiale de vallée » *(Ph. Arbos)* dont les « remues » d'été font monter à l'Alpe les

245

troupeaux de Tarines. A Ste-Foy, le paysage devient plus montagnard : on pénètre en haute Tarentaise. Le val de Tignes frappe par sa succession de gorges et de verrous glaciaires, le nombre et l'importance des ouvrages de génie civil protégeant la route des avalanches et franchissant des seuils. Le **barrage de Tignes**★★ constitue l'une des réalisations maîtresses de la technologie française des années 50.

★★★ **Val-d'Isère** – Au creux d'un vallon supérieur de l'Isère, à 1 000 m au-dessus de Bourg-St-Maurice, c'est le bourg le plus important de la haute Tarentaise. Il commande un splendide paysage de haute montagne réputé pour son ensoleillement et dominé par le massif schisteux de la Vanoise qui compte 88 km$^2$ de glaciers (Parc National apprécié pour ses sentiers), peu pénétré par les grandes vallées et peu dominé par de très hauts sommets (Grande Casse : 3 852 m).

La route qui s'élève dans les schistes offre, à gauche, des vues sur les sommets du Grand-Paradis (en Italie) et, à droite, sur la Vanoise (sommet de la Grande Motte).

★ **Col de l'Iseran** – Alt. 2 770 m. Ce col du massif de la Vanoise, d'une impressionnante sévérité, a été ouvert à la circulation automobile en 1936. Il sépare la Tarentaise au Nord de la Maurienne au Sud ; il est la seule liaison entre ces deux pays.

La **Maurienne**, pays drainé par l'Arc et ses affluents, se présente comme un vaste bassin intérieur de la zone axiale, ouvert à l'Est de la grande barrière hercynienne de la chaîne de Belledonne que l'Arc contourne au Nord par la Cluse de St-Jean. A l'opposé de la Tarentaise, l'activité industrielle et commerciale prévaut ici sur l'agricole. Les souffleries, l'électro-métallurgie et l'électo-chimie marquent Bonneval, Lanslevillard, Modane, St-Michel-de-Maurienne et St-Jean-de-Maurienne ; les ruptures de pente (verrous glaciaires) ont déterminé la position des agglomérations.

**Modane** – Ville frontalière transalpine. Le tunnel ferroviaire du Fréjus, décidé en 1857, à l'initiative de la monarchie Sarde soucieuse d'ouvrir une voie de communication directe praticable même en hiver entre ses États séparés par une haute ligne de crêtes, fut ouvert en 1872 (la Savoie était française depuis 12 ans). Sa galerie est longue de 13 657 m. Le tunnel routier (12 870 m) fut mis en service en 1980.

A Valloire, l'itinéraire pénètre à nouveau dans les Massifs centraux. Là commence l'ascension proprement dite du col du Galibier.

★★★ **Col du Galibier** – Alt. 2 642 m. De la table d'orientation, le regard embrasse un magnifique panorama au Nord sur la Maurienne, au Sud sur la région du Pelvoux (à droite) que l'arête du massif des Écrins sépare du Briançonnais (à gauche). Le col marque aussi un point de contact entre les Alpes du Nord (vers le Nord et le Sud-Ouest) et celles du Sud (bassin de la Durance) au Sud-Est.

Au **col du Lautaret**★★ (panorama sur le massif de la Meije), l'itinéraire pénètre dans les Alpes du Sud, prendre à droite vers la Grave, la vallée de la Romanche, puis, à gauche, à l'entrée du 2e tunnel.

★★★ **Oratoire du Chazelet** – De la table d'orientation, la vue porte sur les sommets des Écrins du col des Ruillans à droite aux brèches et aux arêtes de la Meije (au centre, le Doigt de Dieu, 3 974 m). La partie haute du glacier, non ternie par les alluvions et dont le névé est alimenté par des chutes de neige fréquentes, est d'une blancheur splendide. Cette haute montagne reste le domaine des sportifs de haut niveau.

La Meije, vue de l'oratoire du Chazelet.

★ **La Grave** – Au pied de la Meije, le village occupe un **site★★** célèbre de la vallée de la Romanche. La double télécabine des Ruillans permet de gagner le col (alt. 3 200 m) sur le flanc Ouest du Râteau, sommet glaciaire de granit gris. De là, vue de chant sur l'arête de la Meije.

De retour au col du Lautaret, l'itinéraire pénètre dans les Alpes du Sud. Au Monêtier, dans la vallée de la Guisanne, apparaissent les chênes, les frênes et les hêtres, le paysage se fait plus lumineux, les versants plus épanouis. La zone axiale succède aux Massifs centraux.

★★ **Briançon** – *Voir à ce nom.*

★★ **Col d'Izoard** – Alt. 2 361 m. Dans un paysage dénudé aux arêtes vives, le panorama se développe sur le Briançonnais au Nord et le Queyras au Sud.

Dans la descente du col, la route traverse en corniche la **Casse Déserte★★**. Ce site désolé, étrange par ses pentes ravinées et couvertes d'éboulis, montre comment s'opère, à cette altitude, la désagrégation des roches sous l'effet de la succession de leur réchauffement (dilatation) le jour et de leur refroidissement (contraction) la nuit. A terme, c'est la ruine du relief.

Le **Queyras★★**, bassin du Guil et de ses affluents, est un pays d'altitude élevée, aux belles maisons rurales, à l'écart des grands axes de communication, cloisonné à l'aval par des gorges étroites. En amont de Château-Queyras, le haut pays schisteux, épanoui, offre un contraste saisissant entre ses versants exposés au midi (adret) garnis de prairies aux pentes douces, bien irriguées, presque méridionales et ses versants exposés au Nord (ubac), domaine des mélèzes et des pins arolles.

★★ **St-Véran** – C'est la plus haute commune d'Europe (1 990-2 040 m). Ses chalets de bois, élevés sur un soubassement de schistes, offrent un modèle unique en Europe par leur adaptation aux rigueurs de la vie en haute montagne, à la fois agricole, pastorale (moutons), forestière et artisanale (longueur des hivers) ; ils sont bien groupés, exposés au midi, dotés de greniers à fourrage et de balcons de maturation des céréales. Curieuse croix des Outrages de la Passion.

**Guillestre**, dont l'église s'orne d'un beau porche (un **réal★**), marque le débouché de la **combe du Queyras★★**, canyon parcouru par le Guil abondant et limpide.

★ **Embrun** – *24 km au Sud-Ouest de Guillestre.* La ville occupe un intéressant site de terrasse au-dessus de la Durance, débouchant de la montagne. Le « Roc » domine la rivière à 80 m et offre un excellent belvédère sur les terrasses caillouteuses, bien cultivées, où se disséminent des habitations, sur les cônes de déjection des torrents affluents qui contraignent les routes à des parcours accidentés, sur les terres noires ravinées et les lourdes crêtes gréseuses décharnées. L'église **Notre-Dame-du-Réal** ⊘, la plus belle des Alpes du Dauphiné, date de la fin du 12e s. ; elle vaut surtout par l'alternance de ses claveaux polychromes et par son **porche★** « le réal » Nord de style lombard à colonnettes de marbre rose.

**Col de Vars** – Alt. 2 111 m. Dans un paysage désolé de schistes très feuilletés et métamorphisés s'étendent de vastes pâturages à moutons parsemés de blocs de grès et de mares : c'est l'entrée dans la vallée de l'Ubaye.

Au Sud du col, les hameaux disséminés sur les versants bien exposés consacrent leur activité exclusive à l'élevage. La haute vallée de l'Ubaye, creusée dans les schistes noirs, est encombrée de cônes de déjection où s'accumulent les alluvions des torrents. A hauteur de la Condamine, le fort de Tournoux, incrusté en plein rocher, garde l'accès à la vallée.

A Jausiers s'ouvre le bassin de Barcelonnette (basse Ubaye), plus riant avec ses pâturages et plus boisé.

★ **Barcelonnette** – *Voir à ce nom.*

*En ce point du parcours, les touristes qui connaissent déjà le col de la Cayolle peuvent gagner la moyenne vallée du Var par le col de Restefond et la cime de la Bonette (535 m d'altitude supplémentaire) et la vallée de la Tinée, ou par le col d'Allos et le haut Verdon (allongement de parcours de 36 km).*

Au cours de la montée, la route contourne le massif du mont Pelat (3 053 m), principal sommet des Alpes de Provence.

★★ **Col de la Cayolle** – Alt. 2 327 m. Ce col sépare les pays de l'Ubaye au Nord-Ouest, du haut Verdon au Sud-Ouest et du haut Var à l'Est et au Sud. Panorama étendu sur la trouée du haut Var et, au-delà, sur les barres et les plans de haute Provence.

★★ **La haute vallée du Var** – Au début de la descente la route laisse, à gauche, la source du Var dont elle va suivre le cours supérieur fermé par de lourdes montagnes de schistes. A St-Martin-d'Entraunes, elle se dégage des Grandes Alpes et pénètre dans les Préalpes du Sud. En aval de Villeneuve, la couleur claire des rigoles de ruissellement où se concentrent les eaux pluviales appelle l'attention sur la modification du paysage dans la région de Guillaumes.

★★ **Gorges de Daluis** – Creusées par le Var, qui recoupe là des bancs épais de porphyre rouge et de calcaire urgonien, elles sont saisissantes par leur profondeur, leur âpreté et leur coloration.

La route de Guillaume à Beuil permet de joindre le cours supérieur du Var aux **gorges du Cians**.

La montée régulière au **col de Valberg** offre des vues très variées sur les versants contrastés de la vallée : le versant Nord boisé et le versant méridionnal couvert de vignes et d'arbres fruitiers. La descente sur **Roubion** à partir du **col de la Couillole** (1 678 m) permet de découvrir les vallées de la Vionène et de la Tinée.

Après le **site**★ impressionnant de Roubion (village perché à 1 300 m sur une arête rocheuse), la route parcourt un paysage de schistes rouges égayé de cascades.

★ **Roure** – Ce village frappe par sa belle unité architecturale : maisons aux soubassements en schiste rouge et toits de lauzes.

La route épouse les sinuosités de la Vionène jusqu'au confluent avec la Tinée à **St-Sauveur-sur-Tinée**. A la sortie du village, sur la gauche, une petite route en montée conduit au village de **Rimplas** au **site**★ étonnant sur une arête rocheuse.

**La Bolline** – Agréable station estivale au cœur d'une vaste châtaigneraie.

**La Colmiane** – Cette station de sports d'hiver disperse ses chalets et hôtels au milieu d'une belle forêt de mélèzes.

Du col St-Martin, possibilité d'accéder par télésiège au **pic de Colmiane**★★ ; remarquable **panorama**★★ du sommet.

★ **St-Martin-Vésubie** – De ce grand centre d'alpinisme, possibilité de randonnées au **vallon du Boréon**★★ et à celui de la **Madone de Fenestre**★.

**Roquebillière** – Bourg important, reconstruit six fois depuis le 6e s.

**La Bollène-Vésubie** – Au cœur d'une belle forêt de châtaigniers, les rues concentriques de cet agréable village montent vers l'église qui couronne la colline. A cheval sur les vallées de la Vésubie et de la Bévéra, la **forêt de Turini**★★ marque la limite méridionale du **Parc national du Mercantour**.

★★ **Le massif de l'Authion**, au Nord du **col de Turini**, constitue une formidable forteresse naturelle qui commande les accès entre la Vésubie et la Roya. Cet intérêt stratégique lui a valu d'être, au cours des siècles, le cadre de nombreux combats. En avril 1945, ce fut, en France, l'un des derniers secteurs libérés. Une stèle rappelle l'âpreté des combats.

A la sortie de la forêt de Turini, la Bévéra se fraye un passage jusque dans les **gorges du Piaon**★★ où la route en corniche domine le lit du torrent ; l'itinéraire traverse **Moulinet**, charmant village installé dans un bassin verdoyant, puis longe la **chapelle de N.-D.-la-Menour** dont on aperçoit sur la gauche la façade Renaissance.

★ **Sospel** – Cette fraîche station alpestre fut autrefois évêché, au temps du Grand Schisme ; sur la route de Nice à 1 km du centre du village, le **Fort St-Roch** ⊙ est un vestige de ce qui fut la « ligne Maginot des Alpes » dans les années 30.

La route suit le tracé de l'ancienne ligne de tramway qui reliait Sospel à Menton en remontant le Merlanson, affluent de la Bévéra. Sur le versant opposé, au milieu des oliveraies, serpente la route conduisant à Nice par le **col de Braus**.

★★ **Menton** – *Voir à ce nom.*

# ROUTE NAPOLÉON★

Cartes Michelin nos 84, 81, 77 ou 245, 244 – Schéma p. 226.
Guides Verts Alpes du Sud, Alpes du Nord, Côte d'Azur.

La Route Napoléon (N 85), reconstitution du trajet suivi par l'Empereur à son retour de l'île d'Elbe, depuis son débarquement à Golfe-Juan jusqu'à son arrivée à Grenoble, a été inaugurée en 1932. Les aigles aux ailes déployées qui la jalonnent évoquent la phrase de Napoléon : « L'aigle volera de clocher en clocher jusqu'aux tours de Notre-Dame » ; elles reproduisent la figure d'un bas-relief de la Prairie de la Rencontre.

**Le retour de l'île d'Elbe** – Napoléon, évadé de l'île le 26 février, débarque sur la plage de Golfe-Juan le 1er mars 1815.

**2 mars** : bivouac à Cannes. Halte à l'écart de Grasse. Napoléon abandonne la route carrossable et s'engage dans les chemins muletiers. Nuit à Séranon.

Laffrey – Une aigle impériale du monument.

**3 mars** : déjeuner à Castellane. Nuit à Barrême.

**4 mars** : déjeuner à Digne où la colonne retrouve la route carrossable. Nuit au château de Malijai.

**5 mars** : déjeuner à Sisteron, qui n'était pas gardée, dans une atmosphère de sympathie naissante. Nuit à Gap.

**6 mars** : aux Barraques, Napoléon décline l'offre des paysans du Champsaur de se joindre à l'armée. Nuit à Corps.

**7 mars** : à 3 h de l'après-midi a lieu la rencontre dans la prairie de Laffrey. A 7 h du soir, l'escorte grossie du 7e régiment de ligne atteint Grenoble où la ville lui fait une entrée triomphale. « Jusqu'à Grenoble j'étais aventurier, à Grenoble j'étais prince. »

# DE GOLFE-JUAN A GRENOBLE *336 km – compter une journée*

Cet itinéraire, praticable en toute saison, peut être considéré comme la route des Préalpes du Sud et du Sillon alpin.

**Golfe-Juan** – *Quitter Golfe-Juan par la N 7.*

★★ **Antibes** – Un comptoir fut fondé, là, par les Grecs de Marseille au 4e s. avant J.-C. Le château, reconstruit au 16e s., avait été édifié au 12e s. comme protection contre les razzias des pirates barbaresques ; il occupe l'emplacement d'un camp romain. A l'intérieur, le **musée Picasso**★ ⊙ conserve des dessins, estampes, tapisseries et peintures du maître *(Le Homard, Les Deux Nus au miroir, La Nature morte à la pastèque...)*. Henri IV acheta la ville aux Grimaldi en raison de sa situation face aux domaines de la maison de Savoie. François Ier puis Vauban la fortifièrent.

A l'Ouest du **cap d'Antibes**★★ s'étend la plage de Golfe-Juan.

★★ **Grasse** – La **vieille ville**★, accrochée à un versant des Préalpes de Grasse, est très pittoresque avec ses rues étroites bordées de hautes maisons provençales. Son enfant le plus célèbre est **Jean-Honoré Fragonard** (1732-1806). Avant d'exercer son talent dans de spirituelles scènes libertines – l'amateurisme n'était pas de mise –, il dut connaître, dans les ateliers de Chardin puis de Boucher, le long apprentissage de 14 ans voulu par Colbert. Dans la **salle Fragonard**★ ⊙ de la villa-musée Fragonard, on peut voir deux de ses autoportraits, son *Paysage aux Lavandières*, ses *Trois Grâces*. Depuis trois siècles, Grasse doit sa renommée aux parfums : fascinantes compositions obtenues dans le secret des laboratoires grâce à la subtilité de quelques « nez ». Il faut 1 t de fleurs de jasmin pour produire 3 g de « concrète », soit 1,2 g d'« absolue de concrète ». **Musée international de la Parfumerie**★ ⊙.
Au Nord du **Pas de la Faye** (vue★★ sur la côte méditerranéenne, les Préalpes de Grasse, les Plans de Canjuers et de Caussols), la route pénètre bientôt en haute Provence dans la région des Barres et des Plans ; elle en franchit une serre décharnée à la cluse de Séranon.

★ **Castellane** – Dans un site de cluse, impressionnant par l'épaisseur de ses « barres » de calcaire plissé, elle vit surtout de l'élevage du mouton.

Les Préalpes de Castellane présentent sur une grande épaisseur leurs serres calcaires dans lesquelles l'Asse a scié des cluses. Au Nord de Senez, très ancienne cité épiscopale, apparaissent les Préalpes de Digne, les plus élevées et les plus déshéritées des Alpes du Sud. Elles composent un âpre paysage de garrigue parcouru par des torrents. Leur extraordinaire complexité géologique apparaît dans les plis serrés traversés par des cluses (comme celle de Barles), dans leurs longues arêtes blanchâtres à l'Est et leurs cuvettes bien dessinées et cultivées au Nord.

★ **Digne-les-Bains** – Digne se développe sur la rive gauche de la Bléone, au pied de la butte qui porte son quartier ancien, dans un **site**★ de cluse sur laquelle le village perché de **Courbons**★ *(6 km au Nord)* offre une **vue**★ plongeante. La ville honore (place Général-de-Gaulle) **Pierre Gassendi** (1592-1655), originaire de Champtercier *(9 km à l'Ouest)*, prévôt du chapitre, mais surtout mathématicien, professeur au Collège de France, astronome et physicien qui étudia en particulier les vibrations et la propagation des sons.

A **Malijai**, la route gagne la **dépression de la Durance**, plaine alluviale, large par endroits de 6 km, ouverte entre les plateaux de Valensole à l'Est et du Vaucluse à l'Ouest. La grande rivière des Alpes du Sud y love ses méandres sur des terrasses de cailloux ; l'activité agricole s'y déploie, favorisée par la douceur du climat et par l'irrigation sur les sols les mieux drainés ; les bois occupant les zones plus humides.

★★ **Sisteron** – *Voir à ce nom.*

★ **Gap** – Gap doit son importance à la largeur et à la fertilité de sa dépression, l'une des mieux partagées des Alpes du Sud, modelée par le glacier de la Durance. Ce fut d'abord une ville gauloise dont les Romains firent une ville d'étape sur la voie reliant Turin à Valence, puis un évêché et une cité fortifiée.
Le **col Bayard** (alt. 1 246 m) sépare les Alpes du Sud et celles du Nord. De la table d'orientation de Chauvet *(versant Sud)*, la vue se dégage sur le bassin de Gap. Au Nord s'ouvre le Sillon alpin ; la route y emprunte la vallée du Drac (Champsaur) évidée dans les schistes par les glaciers quaternaires. Ce très ancien itinéraire commercial (foires de St-Bonnet), jalonné de villages en terrasses aux toits de tuiles brunes plates, laisse à gauche les escarpements du « terrible » Dévoluy et, à droite, le Valgaudemar qui s'enfonce dans le massif des Écrins.

**Corps** – C'est la ville du Sillon alpin. Le Drac draine ici une dépression bien cultivée sur ses terrasses mais jalonnée de verrous glaciaires. Le **barrage du Sautet**★★ *(5 km à l'Ouest)* occupe sur l'un d'eux un site saisissant par son encaissement et sa profondeur. Le lac qu'il retient noie le confluent du Drac et de la Souloise.
A hauteur de la Mure, le Trièves, l'« Olympe dauphinois », ancien fond lacustre déprimé, encombré de moraines, est drainé par le Drac inférieur.

★ **Prairie de la Rencontre** – *Au Sud de Laffrey.* Le 7 mai 1815, à 3 h de l'après-midi, l'escorte de Napoléon rencontre, là, un bataillon qui lui barre la route. « Feu », commande un lieutenant devant Napoléon impassible, la redingote ouverte. L'ordre réitéré n'est pas exécuté. Quelques secondes de silence... l'émotion grandit, puis les soldats courent à lui aux cris de « vive l'Empereur ».
**Laffrey**★ précède la descente sur **Vizille**★ et Grenoble.

# Abbaye de ST-BENOÎT-SUR-LOIRE★★

Cartes Michelin nᵒˢ 64 pli 10 ou 238 pli 6 – Guide Vert Châteaux de la Loire.

L'abbaye de Fleury, fondée sur une berge insubmersible, au Nord de la Loire, reçoit en 675 les dépouilles de saint Benoît et de sa sœur sainte Scholastique apportées du mont Cassin en Italie. Elle se place alors sous le vocable du fondateur du monachisme bénédictin, devenu tout récemment le patron spirituel de l'Europe.

Au début du 9e s., son rayonnement s'accroît encore lorsque Théodulfe, distingué par Charlemagne, en devient abbé et introduit dans ses écoles le renouveau voulu par l'empereur : étude du droit romain, des Écritures, conservation des textes anciens.

★★ **Basilique** ⊙ – Édifice roman, élevé de 1067 à 1108, remarquable par sa **crypte**★ à double déambulatoire et à gros pilier axial enfermant les reliques de saint Benoît, par son **chœur**★★ revêtu d'un pavement antique et orné, à l'étage, d'une élégante arcature rompant le nu du mur et par son transept dont le carré est couvert d'une coupole montée sur doubles trompes.

Basilique St-Benoît-sur-Loire – Le porche.

A l'extérieur, le **clocher-porche**★★ est l'un des plus beaux que nous ait légués l'art roman. Avant d'être soudé à la basilique par le prolongement de la nef au milieu du 12e s., il matérialisait dans la pierre la description de la porte du paradis selon l'Apocalypse de saint Jean : trois portes toujours ouvertes (absence de nuit) sur chacun des quatre côtés (Orient, Nord, Occident, Midi) accueillant les élus venus de tous les horizons. Seize gros piliers (quatre sont partiellement noyés dans le mur Ouest de l'église), flanqués de colonnes engagées, sont décorés de 53 chapiteaux (vers 1120) illustrant la même vision.

## ENVIRONS

★ **Germigny-des-Prés** – *5,5 km au Nord-Ouest*. L'église (restaurée) est l'**oratoire** ⊙ privé que se fit édifier Théodulfe. Elle relève de l'art carolingien du début du 9e s., par son plan original, par ses vitraux d'albâtre tamisant la lumière et surtout par sa **mosaïque**★★. Celle-ci, conforme à la symbolique iconographique d'alors, qui rejetait toute représentation personnalisée de la divinité, ordonne sa composition autour de l'Arche d'alliance, figurant le Christ, présentée par des chérubins et vénérée par des anges.

# ST-BERTRAND-DE-COMMINGES★★

217 habitants
Cartes Michelin nᵒˢ 85 pli 20 ou 235 pli 41 – Guide Vert Pyrénées Aquitaine.

La ville antique fondée ici en 72 avant J.-C. par Pompée et qui s'étendit largement dans la plaine, donnée comme le lieu d'exil d'Hérode, fut rasée par les Burgondes en 585 puis désertée. En 1073, saint Bertrand y ramenait la vie en élevant une cathédrale, un cloître et une cité épiscopale et en y appliquant les règles de la réforme religieuse de Grégoire VII. Il faisait ainsi de la cité le centre spirituel du Comminges dont le rayonnement devait éclipser le rôle historique du comté encombré d'enclaves et pris entre les domaines de la maison de Foix-Béarn.

La sculpture qui, dans la région, s'est surtout développée dans les sanctuaires riches d'éminentes reliques se manifeste avec éclat à St-Bertrand. Le portail roman de la cathédrale illustre au tympan (composé de panneaux juxtaposés sculptés un à un) l'Adoration des mages et une effigie de saint Bertrand dépourvue de nimbe, donc antérieure à sa canonisation (1218), qui se ressent de l'art toulousain de St-Sernin. Le **cloître**★★ bâti sur le rempart du 12e au 15e s.

vaut par son célèbre pilier des Évangélistes traité à l'antique dans une colonne elle-même antique et par le paysage sur la Garonne supérieure qui se découvre de sa galerie Sud.

Dans la **cathédrale Ste-Marie-de-Comminges★** ⊙, les **boiseries★★** du chœur, achevées en 1535, présentent un ensemble de stalles d'inspiration Renaissance italienne où le trône épiscopal, l'arbre de Jessé et une Vierge à l'Enfant méritent une observation toute particulière.

★ **Basilique St-Just de Valcabrère** ⊙ – *2 km au Nord-Ouest*. Cet édifice fut élevé aux 11ᵉ et 12ᵉ s. avec des matériaux d'origine antique. Il occupe un site isolé dans l'enclos d'un cimetière planté de cyprès et doit son originalité aux quatre statues – colonnes de son portail Nord – et à son chevet à « relief en creux » : niches triangulaires formées de deux trompes d'angle en quart de sphère encadrant un réduit central dont la fenêtre s'ouvre dans un enfeu.

# ST-CLAUDE★★

12 704 habitants
Cartes Michelin nᵒˢ 70 pli 15 ou 243 pli 43 – Guide Vert Jura.
Plan dans le guide Rouge Michelin France.

Le noyau urbain de St-Claude occupe un **site★★** sur un promontoire en terrasse qui domine le confluent du Tacon et de la Bienne.

Au cœur du Jura forestier, la ville est traditionnellement orientée vers le travail du bois : tournage et tabletterie surtout ; depuis deux siècles elle s'est fait une spécialité de la fabrication de pipes en racine de bruyère (exposition).

**Chapeau de Gendarme** – *8 km au Sud-Est*. Cette curiosité géologique doit son nom à la forme que dessinent ses couches de terrains. Leurs strates épaisses, de calcaire secondaire, ont été comprimées et soulevées à l'ère tertiaire, lors du soulèvement des Alpes. Elles se sont alors tordues sans se rompre et disposées verticalement en plis en dôme, aux flancs symétriques, de même pente, convexes qui en font un « anticlinal » souvent donné par les géographes à titre exemplaire.

►► Cathédrale★ (stalles★★ – retable★) – Place Louis-XI (vue★).

# Cathédrale ST-DENIS★★★

Carte Michelin nᵒ 101 pli 16 – Guide Vert Ile-de-France.

St-Denis est l'une des métropoles manufacturières de la proche banlieue Nord de Paris. Elle porte le nom de l'évangélisateur et premier évêque de Lutèce qui fut décapité (vers 250) à Montmartre et, selon la légende, vint tomber ici en portant lui-même sa tête dans les mains.

La cathédrale occupe une place déterminante dans l'évolution du gothique primitif, postérieure de huit ans au début des travaux de la cathédrale de Sens, mais antérieure à celle de Noyon, de Senlis, de Laon et d'un quart de siècle à Notre-Dame de Paris. Elle est l'œuvre de deux grands maîtres : Suger au 12ᵉ s. et Pierre de Montreuil au 13ᵉ s.

Le premier entreprit en 1136 et acheva en 1140 l'avant-nef de deux travées où les dispositions romanes (arcs en plein cintre, tribunes) s'accompagnent de voûtes d'ogives et en 1143 le chœur et son déambulatoire (seule en subsiste la partie inférieure) qui passa alors pour l'affirmation du nouveau style gothique. Un siècle plus tard, à la demande de Saint Louis, Pierre de Montreuil reconstruisit d'abord les parties hautes du chœur et le transept traité en avant-chœur avec l'ampleur nécessaire pour recevoir les tombeaux des rois, puis la nef dont la simplicité architecturale fait un chef-d'œuvre du gothique rayonnant.

Les **tombeaux★★★** ⊙ disposés dans le chœur et l'avant-chœur font de la cathédrale un véritable musée de la sculpture funéraire française au Moyen Age et à la Renaissance (79 gisants). **Crypte★★**.

Depuis la Révolution, les monuments sont vides ; ils permettent néanmoins de suivre l'évolution de cet art.

A l'origine, le gisant (Clovis) repose simplement sur une dalle funéraire. En 1260, St-Louis commande des effigies symboliques mais imaginaires pour les rois qui depuis le 7ᵉ s. se sont succédé avant lui sur le trône.

Les premières recherches de ressemblance apparaissent en 1285 avec la statue de Philippe le Hardi. Au milieu du 14ᵉ s., les portraits, authentiques (Charles V – 1350), sont souvent exécutés du vivant des grands personnages.

A la Renaissance les gisants font place à des mausolées parfois somptueux ou à des statues tenant des attitudes de pose bien étudiées. Le tombeau de Henri II et de Catherine de Médicis, dessiné par le Primatice en forme de petit temple, doit ses sculptures à Germain Pilon (Vertus et personnages de bronze en prière).

*Vous aimez les nuits tranquilles...*

*Chaque année, le guide Rouge Michelin France*
*vous propose un choix d'hôtels agréables, tranquilles, bien situés.*

# ST-ÉMILION★★

2 799 habitants
Cartes Michelin nᵒˢ 75 pli 12 ou 234 pli 3 – Guide Vert Pyrénées Aquitaine.

Comme bon nombre de cités de vignoble, St-Émilion, chère aux ducs d'Aquitaine et aux rois d'Angleterre, dispense à l'amateur d'art et au gourmet des plaisirs recherchés et non exclusifs. Elle occupe sur le versant d'un plateau calcaire un **site★★** d'amphithéâtre. Ses maisons aux toits de tuiles creuses, brûlées de soleil, sont bâties dans une pierre parfois bien friable.

Pour les visiteurs, St-Émilion vaut surtout par l'originalité de son **église monolithe★** ⓒ (d'une seule pierre), souterraine, excavée dans les strates calcaires du 8ᵉ au 12ᵉ s. et dont l'ensemble des trois nefs mesure 38 m sur 20 m sous une hauteur à la voûte de 11 m.

# ST-FLOUR★★

7 417 habitants
Cartes Michelin nᵒˢ 76 plis 4, 14 ou 239 Sud du pli 31 – Guide Vert Auvergne.
Plan dans le guide Rouge Michelin France.

A 881 m d'altitude, St-Flour, la capitale historique de la Haute-Auvergne, occupe, à l'extrémité d'une coulée descendue du volcan cantalien, un **site★★** perché au-dessus de la vallée du Lander.
Jadis fortifiée, pratiquement inexpugnable, elle garda durant la guerre de Cent Ans l'Auvergne française face à la Guyenne anglaise.

A l'extrémité de la ville haute aux vieilles maisons de lave et à la **cathédrale★** élevée au 15ᵉ s. dans un style méridional, la terrasse des Roches offre une vue étendue sur la planèze, vaste et riche plateau d'herbages où les coulées de basalte très fluides et minéralogiquement très diverses se sont empilées les unes sur les autres et réciproquement colmatées.

## ENVIRONS

★★ **Viaduc de Garabit** – *12 km au Sud*. Il permet à la voie ferrée Clermont-Ferrand-Millau de franchir la vallée de la **Truyère** dont les gorges, creusées dans des plateaux granitiques, sont coupées de barrages alimentant des usines hydroélectriques. Il fut élevé de 1882 à 1884 par Gustave Eiffel sur les plans de l'ingénieur Boyer. Son arc central mesure 116 m d'ouverture.
La Truyère fait à cet endroit un coude remarquable. Jadis elle poursuivait vers le Nord, et, par l'Alagnon, était tributaire de l'Allier ; mais, à l'ère tertiaire, un contrecoup du plissement pyrénéen et l'obstruction de sa vallée par une coulée de lave ont détourné son cours vers le Sud-Ouest et le Lot. Des promenades en bateau ⓒ sont organisées sur le lac de retenue de Grandval.

★★ **Le château d'Alleuze** *(26 km à l'Ouest au départ de Garabit, par le belvédère de Mallet et le barrage de Grandval)*, en ruine, occupe un **site★★** saisissant. Son plan carré à tourelles d'angles est très cantalien. Froissart raconte, en se trompant d'identité, la prise du château en pleine période de paix. Bernard de Garlan s'en empara en y entrant tout simplement alors que le châtelain s'était rendu à Clermont et que le gardien sommeillait en prenant le frais devant la porte. Huit ans plus tard, en 1405, des troupes venues de St-Flour en chassèrent le « méchant baron d'Alleuze » et démantelèrent le château.

# ST-GERMAIN-EN-LAYE★★

39 926 habitants
Carte Michelin nᵒ 101 pli 12 – Guide Vert Ile-de-France.
Plan dans le guide Rouge Michelin France.

St-Germain est une agréable ville résidentielle de l'Ouest parisien. Les souvenirs qu'elle conserve et ceux qu'elle rassemble y attirent, nombreux, les visiteurs intéressés par les siècles et même les millénaires de notre histoire.
La proximité de Paris et un site escarpé qui domine de 60 m une boucle de la Seine y motivent, dès le 12ᵉ s., la construction par Louis VI le Gros d'un château fort qui fut restauré en pleine guerre de Cent Ans par Charles V.
Plusieurs souverains (Charles IX, Henri II, Louis XIV), des princes, des écrivains, des historiens, des compositeurs naquirent à St-Germain. Louis XIII y mourut. La ville fut le théâtre de la négociation fameuse entre Gaspard de Coligny et les représentants de Catherine de Médicis qui aboutit, le 8 août 1570, à la paix de St-Germain, mettant fin à la 3ᵉ guerre de Religion.
En 1641, Richelieu y promulgua l'édit limitant les droits du parlement.
Le 28 août 1837 on y célébrait la grande première des chemins de fer en France : l'inauguration de la toute première ligne de voyageurs ; elle reliait l'embarcadère de Paris au débarcadère de St-Germain (Le Pecq).
Le 10 septembre 1919, le traité de St-Germain y restreignait les frontières de l'Autriche et limitait sa puissance militaire.

★ **Château** ⓒ – Il se présente à peu près comme il était lorsque François Iᵉʳ l'eut fait rebâtir dans le goût du 16ᵉ s. par Pierre de Chambiges, sur les soubassements du château féodal. Ses chaînages de brique aux étages supérieurs et son toit en terrasse avec sa balustrade ornée de vases firent alors sensation. La cour y logea souvent de Henri IV à Louis XIV qui confia à Jules Hardouin-Mansart le soin de remplacer les anciennes tourelles par cinq pavillons et à Le Nôtre celui de dessiner le parc, de lancer la célèbre **terrasse**★★ longue de 2 400 m et de replanter la forêt.

Le château abrite le **musée des Antiquités nationales**★★ ⊘ qui jalonne par des cartes et des tableaux explicatifs, dans l'espace (grand nombre de gisements et d'abris) et dans le temps, le lointain et saisissant passé de la France.

Des pièces, le plus souvent originales, illustrent les progrès lentement accomplis par l'humanité de la Pebble culture (40 000 siècles peut-être) au paléolithique, période à la fin de laquelle se développent les industries aurignacienne, périgordienne, solutréenne et magdalénienne avec les premières manifestations de l'art que sont les statuettes féminines (Dame de Brassempouy, haute de 36 mm). Bien plus tard apparurent les civilisations du mésolithique puis du néolithique (âge des métaux : bronze puis fer avec les trois périodes de Halstatt et celles de la Tène). La Gaule, romaine puis mérovingienne, développa un art industriel (armes, outils, ustensiles...) décisif dans l'histoire du progrès.

⊘ ►► Terrasse★★ – Ste-Chapelle★ (au château) – Musée du Prieuré★ *(peintures, école de Pont-Aven, Nabis).*

## ST-GUILHEM-LE-DÉSERT★

*190 habitants*
Cartes Michelin n⁰s 83 pli 6 ou 240 pli 18 – Guide Vert Gorges du Tarn.

Dans un **site**★ de bout du monde (val de l'Infernet) débouchant sur la vallée de l'Hérault, St-Guilhem est un **village**★ né au 9ᵉ s., près d'une abbaye fondée par Guillaume d'Aquitaine, collaborateur très estimé de Charlemagne, qui s'y retira.

★ **Église abbatiale** – Construite vers 1060, elle frappe par sa simplicité romane. Depuis onze siècles, elle doit sa notoriété au fragment de la Vraie Croix qu'elle abrite *(au mur du transept droit).* Son portail s'orne d'une frise en dents d'engrenage, à la voussure extérieure, et son chevet, soutenu par de puissants contreforts, porte une élégante galerie de petites arcatures. A l'intérieur, l'ampleur de l'abside et du transept témoigne d'un agrandissement de l'édifice entrepris au 11ᵉ s.

Du cloître (11ᵉ-12ᵉ s.) ne subsistent que le rez-de-chaussée des galeries Nord et, partiellement, Ouest. Les chapiteaux du 13ᵉ s., célèbres pour la vigueur de leur facture, sont l'un des trésors du musée des Cloîtres, sur les rives de l'Hudson à New York.

★★ **Grotte de Clamouse** ⊘
– *3 km au Sud.* La grotte s'ouvre en bordure du causse du Larzac.

Elle est née des fissures créées par le contre-coup du plissement alpin et empruntées par un réseau hydrologique souterrain.

Elle frappe par la puissance de ses concrétions mais surtout par la splendeur de ses cristallisations (fleurs de calcite, buissons d'aragonite givrés en grappes, fistuleuses, excentriques...).

Grotte de Clamouse – Un buisson d'aragonite.

R. Delon/Castelet, Boulogne-Billancourt

## ST-JEAN-DE-LUZ★★

*13 031 habitants*
Cartes Michelin n⁰s 85 pli 2 ou 234 pli 29 – Guide Vert Pyrénées Aquitaine.
Plan dans le guide Rouge Michelin France.

St-Jean-de-Luz (des Marais) est à la fois un port à l'embouchure de la Nivelle et la grande ville basque française.

**Le port et le quartier de la Barre** – Dès le 11ᵉ s., les pêcheurs luziens traquaient la baleine au large du Labrador et, dès le 15ᵉ s., la morue sur les bancs de Terre-Neuve. Lorsqu'en 1713 le traité d'Utrecht leur eut interdit ces campagnes, ils devinrent corsaires et leur port passa pour un nid de vipères. Ils pêchèrent ensuite la sardine sur les côtes du Portugal et du Maroc et le thon sur celles du Sénégal et de la Mauritanie.

Le quartier de la Barre, celui des armateurs, se développa au rythme de ces activités, aux 16ᵉ et 17ᵉ s. surtout ; mais il fut incendié par les Espagnols en 1558 puis ravagé par des raz de marée en 1749 et 1785. Parmi ses belles maisons, la plus ancienne, en pierre, celle de Carquiou Kaïlu, est la seule qui ait survécu à l'incendie en 1558.

**Le mariage de Louis XIV** – Le mariage de Louis XIV avec l'infante Marie-Thérèse, arrêté par une des clauses du traité des Pyrénées, retardé par la passion du roi pour Marie Mancini, fut célébré à St-Jean-de-Luz le 9 juin 1660.

Depuis le 8 mai, le souverain logeait dans la maison Lohobiague appelée depuis **maison Louis XIV★** ⊙, remarquable plus encore par son escalier de châtaignier aux poutres à crémaillère, par les meubles de son grand salon et par les boiseries (18e s.) de sa salle à manger que par son architecture.

L'infante logeait dans une **maison** proche, à chaînage de brique.

St-Jean-de-Luz était alors la capitale de la France et le siège de son gouvernement en même temps que la résidence de la cour transportée du Louvre. Fêtes fastueuses, bals, spectacles et divertissements s'y succédaient.

**★★ Église St-Jean-Baptiste** – Agrandie 11 ans plus tôt, mais encore en travaux, elle fut le théâtre de la cérémonie. Son intérieur somptueux avec son **retable★** (18e s.) resplendissant d'or, fait à Bidache, sa voûte en carène lambrissée, ses galeries de chêne, son maître-autel surélevé au-dessus de la sacristie selon une disposition courante en Labourd et en Guipuzcoa en font la plus célèbre des églises basques.

**★ Falaise de Socoa** – *14 km au Sud jusqu'à Hendaye.* La falaise de Socoa, particulièrement intéressante à observer à marée basse, représente un phénomène très rare de relief littoral : une plate-forme récente d'abrasion marine. Après que l'ancien rivage, plus au large, eut été recouvert par les eaux lors de la fonte des glaciers quaternaires, l'attaque des vagues s'exerça à la base des schistes feuilletés, inclinés et altérés par les embruns qui se détachent par plaques au-dessus de la « plage » (la fameuse plate-forme) où leurs arêtes arasées subissent le brassage des marées.

## ENVIRONS

**★★ La Rhune** – *14 km au Sud-Est jusqu'à Sare.* Les Basques, probablement refoulés au Nord par les Wisigoths, fondèrent le royaume de Vasconie. Les Vascons de plaine fusionnant avec les peuples d'Aquitaine devinrent les Gascons : les montagnards, jaloux de leur indépendance, conservèrent leur langue énigmatique derrière laquelle s'abrite leur identité.

La Rhune, le « bon pâturage », compose un massif primaire dont le sommet *(chemin de fer à crémaillère)* ⊙ offre un immense **panorama★★★** sur le golfe de Gascogne, les Landes et les provinces basques du Labourd, de Navarre et de Guipuzcoa.

Les villages d'**Ascain★** et de **Sare★** au pied de la Rhune sont caractéristiques de l'architecture et de l'urbanisme en Pays Basque. Ils séduisent par leurs belles maisons, « etche », dont les pans de bois, le plus souvent traités en rouge-brun, sont très décoratifs sur le crépi blanc, par leurs églises dont le cimetière attenant conserve de célèbres croix discoïdales sculptées dans un cercle, par leurs frontons et, à l'occasion, par le spectacle de leur fandango, danse chaste et passionnée, ou par celui de leurs chasses à la palombe.

# ST-JEAN-PIED-DE-PORT★

1 432 habitants
Cartes Michelin n⁰ˢ 85 pli 3 ou 234 pli 38 – Guide Vert Pyrénées Aquitaine.
Plan dans le guide Rouge Michelin France.

Au pied du port de Roncevaux (alto Ibaneta) et au débouché du défilé de Valcarlos, St-Jean-Pied-de-Port constituait, au temps du pèlerinage de St-Jacques-de-Compostelle, la dernière étape avant la rude ascension vers le col frontière qui se pratiquait généralement par la route des Ports de Cize (GR 65 – col de Bentarte). La rue d'Espagne, commerçante et animée, évoque encore cette période.

La ville fut fortifiée, sur son front Nord, dès le 15e s. sous la domination navarraise. Elle devint en 1512 la capitale de la Basse-Navarre que conservèrent les Albret dépossédés de leurs territoires espagnols par Ferdinand le Catholique. De cette époque datent les premières maisons de grès rouge, dont la construction se poursuivit aux 16e et 17e s. et dont les portails arrondis et les linteaux sculptés bordent la rue de la Citadelle.

La citadelle et, sur la rive gauche, les fortifications défendant la route d'Espagne, postérieures au traité des Pyrénées, appartiennent au système de Vauban.

*La **carte Michelin** au 1/200 000 (1 cm pour 2 km) permet de bien suivre la route choisie.*

*Elle est disponible sous plusieurs présentations :*

*— série de base en 37 feuilles n⁰ˢ 51 à 90 ;*

*— série de 17 cartes régionales n⁰ˢ 230 à 246 ;*

*— atlas routier (couverture bleue) avec index des communes et plans des centres-villes ;*

*— atlas routier (couverture jaune) avec plans d'agglomérations.*

# ST-MALO★★★

48 057 habitants
Cartes Michelin nos 59 pli 6 ou 230 pli 11 – Guide Vert Bretagne.
Plan dans le guide Rouge Michelin France.

A l'abri de ses remparts, le quartier ancien de St-Malo compose un exceptionnel **site**★★★ marin, insulaire, sur la rive droite de la Rance.

Son essor économique se dessine au 16e s., alors que le commerce des fourrures (puis des toiles) est alimenté par les coureurs des bois au Canada et que se développe la pêche à la morue sur les bancs de Terre-Neuve (qui, d'autre part, fait régresser l'exportation du poisson séché par les ports bretons). L'argent afflue.

Dès la fin du 16e s., ses armateurs se font bâtir aux alentours des malouinières (manoirs) et, en ville, des maisons de bois en hauteur. Vers 1665, leurs cap-horniers fréquentent les côtes de l'océan Pacifique et leur commerce florissant les pousse à bâtir en granit. La mode architecturale de Paris et les tendances centralisatrices de la monarchie prévalent alors sur les traditions malouines. Mais la vulnérabilité de la côte Ouest face aux incursions anglaises devient le grand souci de Colbert qui pressent la prochaine rivalité maritime ; en 1689, Vauban reçoit mandat de renforcer les défenses de St-Malo, en particulier à l'Est et au Sud en protégeant ses accès terrestres.

Sur toutes les mers Dugay-Trouin, La Bourdonnais, Surcouf affrontent les navires anglais.

Au 19e s., l'invention des bassins à flot par le génie maritime prive la ville de l'avantage que ses chantiers navals tiraient de l'amplitude des grandes marées.

★★★ **Remparts** – Le tour de la ville ancienne par le chemin de ronde *(1 h à pied AR)* permet de découvrir la vallée de la Rance, Dinard et le rocher du Grand Bé, isolé à marée haute, où Chateaubriand repose, face au large ; mais surtout d'admirer le vieux St-Malo (restauré en 1945) fermé dans ses remparts. La sécheresse rigoureuse du décor urbain, la qualité du granit (même sur les demeures anciennes), la taille des moellons et leur appareillage, la netteté du bandeau qui souligne les étages, les grands toits mansardés où de hautes cheminées assurent un bon tirage même par grand vent d'Ouest font son cachet. L'alignement des maisons de la rue de Dinan et, alentour, les maisons parallèles au rempart sont célèbres.

★★ **Château** – Il présente les anciennes façades des casernes des 17e et 18e s.

**Cathédrale St-Vincent** – La nef est couverte d'une des plus anciennes voûtes de pierre de Bretagne (vers 1160, mais refaite après la dernière guerre). Elle est montée à la façon des voûtes angevines, la Bretagne étant alors dans la mouvance des Plantagenêts. Mais le poids du granit y contrecarre l'impression de légèreté obtenue en Anjou par l'adoption d'un matériau moins lourd (voûte d'origine dans le bas-côté gauche). Noter les **vitraux**★ de Jean Le Moal.

⊘ ►► Musée d'Histoire de la ville et d'Ethnographie du pays malouin★ **M²** – Quic-en-Groigne★ *(musée de cire)* **E** – Fort national★.

## ENVIRONS

★★★ **La Côte d'Émeraude** – On donne ce nom à la partie de la côte qui s'étend depuis Cancale (pointe du **Grouin**★★) jusqu'au **Val-André**★★. La route qui permet de visiter cette côte est l'une des plus touristiques de la partie septentrionale de la Bretagne. Elle passe par des plages célèbres : Dinard, St-Lunaire, Paramé, St-Malo. Rocheuse et très découpée, la Côte d'Émeraude offre un choix remarquable d'excursions permettant la visite de sites côtiers grandioses : **Fort la Latte**★★, **Cap Fréhel**★★★, **Cap d'Erquy**★.

## ST-MALO

Broussais (R.) .............. **DZ**
Dinan (R. de) .............. **DZ**
Porcon-de-la-
  Barbinais (R.) ......... **DZ** 43
St-Vincent (R.) .......... **DZ** 57

Cartier (R. J.) .............. **DZ** 5
Chartres (R. de) .......... **DZ** 6
Chateaubriand (Pl.) ..... **DZ** 8
Cordiers (R. des) ......... **DZ** 13
Forgeurs (R. du) .......... **DZ** 18
Fosse (R. de la) .......... **DZ** 19
Herbes (Pl. aux) .......... **DZ** 25
Lamennais (Pl. Fr.) ...... **DZ** 28
Mettrie (R. de la) ........ **DZ** 35
Pilori (Pl. du) ............. **DZ** 38
Poids-du-Roi
  (Pl. du) ................. **DZ** 39
Poissonnerie
  (Pl. de la) .............. **DZ** 42
St-Benoist (R.) .......... **DZ** 56
Vauban (Pl.) ............. **DZ** 70

**E**   Quic-en-Groigne
**M¹**  Musée de
        la Poupée
        et du Jouet ancien
**M²**  Musée
        d'Histoire de la ville
        et d'Ethnographie
        du pays malouin

# ST-NECTAIRE

664 habitants
Cartes Michelin n⁰ˢ 73 pli 14 ou 239 pli 19 – Guide Vert Auvergne.

Sur le mont Cornadore, dans un site habité depuis l'époque celtique, s'élève le vieux village de St-Nectaire-le-Haut.

**★★ Église** ⊙ – Cette église, de petites dimensions, construite vers 1160 pour desservir un prieuré de La Chaise-Dieu, occupe dans la vallée de la couze de Chambon une situation spectaculaire sur le versant Est des monts Dore. Les dégâts qu'elle subit pendant la Convention nécessitèrent une réfection très importante (clocher, tours, façade Ouest) en 1875.

A l'intérieur, outre sa coupole sur trompes, il faut remarquer sa nef centrale voûtée reposant, fait original, sur des colonnes (et non sur des piliers), le massif architectural Ouest que constitue la tribune de son narthex et les arcs en mitre, très auvergnats, dans ses croisillons.

Ses 103 **chapiteaux★★**, pour la plupart du 12ᵉ s., sculptés dans le trachyte et l'andésite (roches éruptives), sont célèbres par la qualité de leur décoration de feuillages, d'animaux ou de sujets historiés.

Les plus admirés, autour du chœur, probablement inspirés par ceux de l'atelier de Mozac *(voir à Riom)*, rassemblent 87 personnages et illustrent, de gauche à droite, des scènes de la Passion (baiser de Judas, Flagellation), de la vie publique de Jésus, de la Résurrection (Saintes Femmes au tombeau, Incrédulité de saint Thomas). Dans le bas gauche du transept, le **trésor★★** abrite une statue de N.-D.-du-Mont-Cornadore (Vierge de majesté du 12ᵉ s.), le **buste reliquaire de St-Baudime★★**, chef-d'œuvre de l'orfèvrerie limousine du 12ᵉ s., admirable par la beauté des mains et la pénétration du regard (pupille de corne), le bras reliquaire de saint Nectaire en argent repoussé et de beaux plats de reliure limousins (vers 1170).

## ENVIRONS

**★★ Château de Murol** ⊙ – *6 km à l'Ouest*. Ce château s'élève sur une table de basalte formée par une coulée de lave issue du volcan du Tartaret. Le site fut fortifié (donjon polygonal) dès le 12ᵉ s. en raison de sa valeur sur l'itinéraire entre le comté d'Auvergne et le Cantal. A la fin du 14ᵉ s., il devint l'une des principales demeures seigneuriales d'Auvergne lorsque Guillaume de Murol, qui avait passé sa jeunesse à la cour pontificale d'Avignon, lui donna les grands traits de sa physionomie actuelle (haute cour intérieure, grande tour, façades Nord et Est), très évocatrice de l'insécurité médiévale et de l'indépendance farouche de la noblesse auvergnate.

Un siècle plus tard, le château reçut quelques aménagements et ornementations liés au goût de la Renaissance (lice de tournois avec tribune d'honneur, tympan armorié, manteaux de cheminées sculptés). Mais à la fin du 16ᵉ s., les troubles de la Ligue et les guerres de Religion justifièrent la modernisation (bastions, échauguettes, enceinte extérieure dressée à l'abrupt du rocher, protection contre l'escalade) de son système défensif naturellement protégé par son site contre l'artillerie et par son socle naturel contre la mine ou la sape. La forteresse rendue inexpugnable fut épargnée par Richelieu mais tomba en ruine au 18ᵉ s.

# ST-NICOLAS-DE-PORT★★

7 702 habitants
Cartes Michelin n⁰ˢ 62 pli 5 ou 242 pli 22 – Guide Vert Alsace et Lorraine.

Dans le paysage industriel de la vallée de la Meurthe et du canal de la Marne au Rhin, où depuis 1872 la soudière de la Société Solvay, la plus ancienne de France, exploite par dissolution un gisement de sel de roche de 1 500 m² et épais de 70 m par endroits, se dresse, inattendue, la basilique St-Nicolas.

**★★ Basilique** ⊙ – Cette église, superbe exemple en Lorraine du style gothique flamboyant, a été construite de 1481 à 1560, à une époque où ce style parvenait à son achèvement et se dissipait en fioritures. On le reconnaît à la façade surchargée, à l'absence de triforium, aux fines arcatures élancées qui garnissent le nu de certains murs, aux deux colonnes isolées, les plus hautes de France avec leurs 28 m disposées à l'alignement des grandes arcades et portant la voûte à liernes et tiercerons d'un faux transept éclairé par une verrière au fenêtrage complexe.

L'influence proche de la Champagne se manifeste dans la coursive qui règne à la base des grandes fenêtres des collatéraux et celle de la Renaissance dans les chapelles latérales exécutées postérieurement au gros œuvre.

*Avant de prendre la route,*
*consultez 3615 MICHELIN sur votre Minitel :*
*votre meilleur itinéraire,*
*le choix de votre hôtel, restaurant, camping,*
*des propositions de visites touristiques.*

# ST-OMER★★

14 434 habitants
Cartes Michelin n⁰ˢ 51 pli 3 ou 236 pli 4 – Guide Vert Flandres Artois Picardie.
Plan dans le guide Rouge Michelin France.

St-Omer, grande cité commerçante et bourgeoise, conserve de belles demeures de l'époque classique. Elle est située au contact de la Flandre intérieure (la « Fosse » flamande) humide où se plaisent les peupliers, les ormes et les saules et de la Flandre maritime gagnée sur les eaux à partir du Moyen Age, plus céréalière et plus industrielle. Au soir du 25 octobre 1415, la bataille d'**Azincourt** *(38 km au Sud)* se soldait par la plus grave défaite française de la guerre de Cent Ans. La noblesse, sans commandement centralisé, avait déployé son courage en ordre dispersé face à une armée anglaise moins nombreuse mais plus mobile. Les chevaux, accablés par le poids des cuirasses, embourbés dans un sol détrempé, étaient une cible facile pour les archers anglais ; les chevaliers, une fois à terre, immobilisés par leur propre armure, étaient sans défense devant les épées et les massues de la piétaille ennemie. Ce désastre laissait exsangue la noblesse française, qui avait perdu 10 000 des siens, la Normandie ouverte à l'invasion, l'accès de Paris libre à Jean sans Peur et la couronne de France à la prétention d'Henri V d'Angleterre. Charles d'Orléans vaincu devint le prisonnier poète de la tour de Londres. Calvaire et plaque commémorative déposée sur un menhir.

St-Omer, ville frontière, fut impériale, flamande, bourguignonne et espagnole avant de devenir française en 1677.

La métallurgie, la chimie et surtout la cristallerie, installées dans son faubourg d'Arques, comptent parmi ses activités essentielles.

★★ **Cathédrale Notre-Dame** – Achevée à la fin de la guerre de Cent Ans, elle manifeste la présence anglaise et l'influence du gothique « perpendiculaire » à l'extérieur par sa haute tour carrée à plate-forme dont les tourelles et les murs s'allègent de tout un réseau de lancettes et, à l'intérieur, par les longues et fines colonnettes de son triforium, au transept et autour du chœur.

La cathédrale est connue pour ses **œuvres d'art**★★ : boiseries du 18ᵉ s. (cuve de la chaire dont les panneaux sont sculptés de scènes de la vie de saint Dominique ancien patron de l'église, élégants lambris des stalles, buffet d'orgue) et très rare pavement de dalles gravées et incrustées, taillées en losange, qui recouvrait le chœur et le déambulatoire dès les années 1250. Les deux chapelles rayonnantes et la première travée du collatéral droit conservent plusieurs de ses motifs (ensevelissement de la Vierge, chevaliers, Arts libéraux, signes du zodiaque...).

⊘ ►► Hôtel Sandelin★★ musée *(Arts décoratifs)* – Ancienne chapelle des Jésuites★ – Jardin public★.

# ST-POL-DE-LÉON★

7 261 habitants
Cartes Michelin n⁰ˢ 58 pli 6 ou 230 pli 5 – Guide Vert Bretagne.

St-Pol est l'une des capitales maraîchères de la ceinture dorée. Cette région, en bordure du plateau, à proximité de la côte, de St-Malo à St-Nazaire, mais bien abritée des vents, jouissant d'un climat très doux et d'un sol limoneux, fait la richesse de l'agriculture bretonne (primeurs, choux-fleurs, artichauts, oignons, pommes de terre...). La pression de la moto-culture y détermine un remembrement du parcellaire naguère cloisonné en lopins exigus.

Avec l'occupation de la région par les Anglais en 1375, dix ans après le règlement de la guerre de Succession, l'influence architecturale anglo-normande pénètre en Léon.

★ **Chapelle du Kreisker** ⊘ – La chapelle, reconstruite après 1375, servit de lieu de réunion au conseil municipal lors de la croissance des villes littorales grâce au commerce maritime, au 15ᵉ s. Vers 1430, le duc Jean V, qui avait grandi à la cour de Bourgogne puis épousé Jeanne de France, favorise l'introduction du style gothique en Bretagne pour rehausser le prestige de sa cour. Mais les architectes bretons donnèrent au style flamboyant une physionomie propre en renonçant aux grandes façades bien composées, décorées avec une profusion que le granit ne permettait guère et en adoptant un chevet plat (influence

J. Guillard/SCOPE

St-Pol-de-Léon – Le clocher du Kreisker.

anglaise combinée à celle des ordres mendiants). Ils éliminaient ainsi les problèmes posés par les voûtes de plan circulaire ou polygonal et facilitaient l'éclairage de l'édifice par une maîtresse-vitre.

En couvrant l'église d'une charpente lambrissée sous un léger toit d'ardoise, ils se libéraient de la contrainte des arcs-boutants.

La chapelle fut reprise, agrandie et dotée, de 1436 à 1439, de son **clocher★★**. Ce dernier, le plus beau de Bretagne, a connu un surcroît de célébrité lors de la disparition de celui de N.-D.-du-Mur, à Morlaix, qui lui aurait servi de modèle. Il relève du style normand par sa verticalité, par sa flèche très aiguë dont les clochetons d'angle sont si légers qu'il fallut les relier au corps principal par des entretoises pour leur permettre de résister au vent, et par ses fines baies verticales. De même, il relève du « perpendiculaire » anglais par le quadrillage de ses meneaux, par la balustrade de son balcon en surplomb et par les entablements matérialisant ses étages.

★ **Ancienne cathédrale** – Ce beau monument breton où prédomine le granit fut restauré, après 1431, grâce à la générosité des ducs. La nef, dont sept travées sont encore voûtées d'origine, doit au rayonnement de l'architecture normande la pierre de Caen. Sur le côté gauche du chœur, au-dessus des enfeus, quelques reliquaires de bois abritent des crânes exhumés d'un cimetière voisin ; dans le sanctuaire, rare « suspense » (1770) soutenue par un palmier.

## ENVIRONS

★ **Roscoff** – *5 km au Nord.* Roscoff est un port actif entre la Bretagne, l'Angleterre et l'Irlande (passagers, pêche à la langouste et au homard, exportation de légumes). C'est par ailleurs une station balnéaire et un centre de cure (selon les méthodes de la thalassothérapie) très fréquentés. L'église N.D.-de-Kroaz-Batz possède un remarquable **clocher★** Renaissance à lanternons, l'un des plus beaux du Finistère, et à l'intérieur quatre **albâtres★**, représentant des scènes de la Passion, placés dans le retable d'un autel du bas-côté droit.

# ST-QUENTIN

Agglomération 69 188 habitants
Cartes Michelin nos 53 pli 14 ou 236 pli 27 – Guide Vert Flandres Artois Picardie.
Plan dans le guide Rouge Michelin France.

St-Quentin, sur sa colline dominant la Somme, est une ville picarde qui, dès 1080, jouissait d'une charte de libertés communales.

**Le désastre de St-Quentin et ses suites** – En analysant les causes de la défaite subie par le connétable de Montmorency en août 1557, sous les murs de St-Quentin devant l'armée espagnole, Henri II mesura le danger que faisait encourir au royaume l'infiltration de prédicants protestants. Il ne trouva pas dans les succès de Guise à Calais et à Thionville l'année suivante les assurances escomptées et se sentait vulnérable lors des ultimes entretiens du **traité du Cateau-Cambrésis** signé le 2 avril 1559 avec l'Angleterre et le lendemain avec l'Espagne.

Sur ce dernier, l'appréciation des historiens est fort partagée. Tous, certes, s'accordent à y voir la réunion de Calais à la France, la reconnaissance, implicite, de nos droits sur Metz, Toul et Verdun et la fin des guerres d'Italie. Mais pour les uns, la France ne sut pas faire valoir ses conditions et Henri II, à bout de ressources, dupé par Philippe II d'Espagne, dut céder aux exigences espagnoles et restituer 189 places fortes, le comté de Nice, la Bresse, la Savoie, livrer à la maison d'Autriche nos territoires italiens qui relevaient de Florence et de Sienne, la Corse à Gênes... bref, perdre « en un jour ce que n'ôteraient pas 30 ans de revers » *(Montluc)*. Selon d'autres, l'enjeu était plus profond. Il convenait pour le roi, quel qu'en soit le prix, de se réconcilier avec les monarchies catholiques face aux pays de l'hérésie en remettant le recouvrement de nos frontières naturelles à un avenir moins critique. Peut-être cette politique eût-elle pu réussir et nous épargner les guerres de Religion, mais trois mois plus tard Henri II succombait à un coup de lance reçu dans un tournoi. François II, enfant de 15 ans, lui succédait ; la crise politique s'aggravait d'une carence d'autorité.

**Musée Antoine-Lécuyer** ⊙ – Né et mort dans la ville, **Maurice Quentin de La Tour** (1704-1788) fut l'un de nos plus fameux pastellistes. Ce musée expose **78 portraits★★** de sa main dont chacun possède sa propre personnalité : primesautier, malicieux, ironique, railleur, bienveillant, désabusé, « incomparables planches d'anatomie morale ». Son autoportrait est d'une admirable pénétration introspective.

★ **Basilique** – Elle appartient au gothique lancéolé dont elle présente l'élévation caractéristique. On y observe en outre un double collatéral, un double transept original, le déambulatoire champenois au droit duquel deux colonnes supportent les chapelles selon une disposition élégante empruntée à St-Remi de Reims, et, au fond de la nef, un des rares labyrinthes qui nous soient conservés.

## ENVIRONS

★ **Château fort des ducs de Guise** ⊙ – *28 km au Nord-Est par la N 29-E 44.* Construit dès le 11e s. en grès des Ardennes, en briques et en pierres calcaires, le château fort de Guise (nom d'une illustre famille, branche cadette de la maison de Lorraine) fut l'une des premières forteresses bastionnées de France. L'ensemble couvre une superficie de 17 ha. Depuis 1952, une association de bénévoles s'attache à sauver ce château qui fut, pendant la Grande Guerre, la cible de l'artillerie.

# ST-RÉMY-DE-PROVENCE★

9 340 habitants
Cartes Michelin n°s 84 pli 1 ou 245 pli 29 ou 246 pli 26 – Guide Vert Provence.
Plan dans le guide Rouge Michelin France.

Au Nord des Alpilles, St-Rémy donne en quelque sorte l'image type de la Provence intérieure avec son ciel lumineux, ses paysages d'un relief mesuré, sa place de la République animée et composant un bel ensemble Renaissance.

**★★ Les Antiques** – *1 km au Sud.* Intéressant ensemble archéologique.

Le **mausolée★★** (1er s.), le plus beau conservé du monde romain, est une lanterne des morts érigée à la mémoire des petits-fils d'Auguste qu'une mort prématurée a privés de l'héritage impérial.

L'**arc municipal★**, très dégradé, datant du début du règne d'Auguste, est l'un des plus anciens de la Narbonnaise. Ses sculptures (guirlandes de fleurs, victoires, captifs) manifestent la survivance de l'art grec en Provence.

Dans les ruines de **Glanum★** ⊙ les archéologues lisent l'histoire de cette cité antique. Fondation par les Celtes près d'une source ; extension par des commerçants phocéens au 6e avant J.-C. ; construction, quelque 300 ans plus tard, de maisons de style grec ; destruction par les Teutons probablement peu avant que Marius ne les écrase dans les plaines d'Aix ; restauration par César, colonisateur de la Gaule, puis, de nouveau, ravage par les Germains au 3e s.

Alors Glanum, pratiquement à l'abandon, s'éteignit sous les alluvions descendues des Alpilles qui peu à peu obstruèrent ses canaux et les recouvrirent.

# ST-RIQUIER★

1 166 habitants
Cartes Michelin n°s 52 pli 7 ou 236 plis 22, 23 – Guide Vert Flandres Artois Picardie.

St-Riquier fut le siège d'une abbaye bénédictine qui était déjà réputée lorsque Angilbert, le gendre de Charlemagne, en devint abbé laïc et fit reconstruire l'église vers l'an 800. Mais sa richesse même lui attira les convoitises des Normands. En 1131, l'ensemble architectural carolingien et roman disparaissait dans un incendie ; il fallut le restaurer au 13e s.

Comme toute la Picardie, St-Riquier pâtit des affrontements de la guerre de Cent Ans (la bataille de Crécy se déroula à 15 km au Nord-Ouest, en 1356) et des démêlés entre Louis XI et Charles le Téméraire puis entre Louis XII et Philippe II d'Espagne.

**★ Église** – Néanmoins en 1511, à l'époque où le gothique flamboyant se pénétrait des goûts de la Renaissance, on reprenait les travaux en conservant les parties basses du chœur et du transept ; la rivalité d'Abbeville poussait à reconstruire la façade dominée par une tour à plate-forme d'influence anglaise et abondamment sculptée.

L'**intérieur★★** est admirable par la simplicité de son ordonnance et par la douce luminosité blonde que diffuse le calcaire de la Somme. Une corniche du 16e s. et une balustrade du 17e s. matérialisent l'élévation de la nef à deux étages. Les deux dernières travées du bas-côté droit couvertes de voûtes complexes à liernes et tiercerons annoncent les voûtes Renaissance à caissons. Le chœur, véritable salon du 17e s., est fermé par une **grille★** de 1685 au superbe barreaudage.

⊙ ►► Trésorerie – Musée départemental.

# ST-SAVIN★★

1 089 habitants
Cartes Michelin n°s 68 pli 15 ou 233 pli 10 – Guide Vert Poitou Vendée Charentes.

Dans le pays des Brandes poitevines, l'**ancienne église abbatiale★★** ⊙ de St-Savin attire et retient les visiteurs en dépit des mutilations qu'elle subit au cours des siècles. L'imagination est cependant impuissante à restituer ce monument, à l'époque de sa splendeur, avant la guerre de Cent Ans, dans la somptuosité d'une architecture intégralement peinte par un maître roman, riche d'un mobilier non dispersé et encore intact d'aménagements ou de retouches abusives.

La qualité de son architecture romane dont la construction s'est ramassée sur 50 ans, de 1040 à 1090, apparaît, en particulier, à l'extérieur dans son clocher carré où, sur un socle du 11e s., furent élevés deux étages à baies au 12e s. et une flèche aiguë au 14e s. (reconstruite au milieu du

St-Savin – Fresque (voûte de la nef) :
La Vocation d'Abraham.

siècle dernier) ; à l'intérieur, dans les hautes colonnes qui séparent le vaisseau central des collatéraux et dans les tables d'autel romanes portant encore leurs inscriptions dédicatoires gravées sur la tranche, qui occupent six chapelles autour du chœur et du transept.

Mais la grande notoriété de St-Savin tient à l'éblouissant ensemble de **peintures murales**★★★ de la période romane, le plus important de France. Elles paraissent avoir été réalisées vers 1100, en 3 ou 4 ans seulement, par les artistes d'un seul atelier.

Les couleurs, peu nombreuses (ocre-jaune et rouge, vert, blanc, noir) y sont appliquées largement en aplats, sans dégradés. Parmi celles qui ont le mieux échappé aux ravages du temps et des hommes, il faut admirer dans le narthex les scènes de l'Apocalypse traitées dans un style monumental ; à la voûte du grand berceau de la nef, la Création, le Livre d'Abraham (aux trois premières travées) puis les cycles de Moïse, d'Abel, de Noé et de Joseph dans les six travées suivantes ; dans les cryptes, le Christ en majesté, les Évangélistes et des saints d'une facture plus narrative.

# Enclos paroissial de ST-THÉGONNEC★★

Cartes Michelin nᵒˢ 58 pli 6 ou 230 pli 5 – Guide Vert Bretagne.

St-Thégonnec possède l'un des enclos paroissiaux les plus célèbres et les plus typiques qui se rencontrent dans les bourgs de Bretagne, surtout dans le bassin de l'Elorn, sur les pentes des monts d'Arrée et en pays de Léon.

Les ensembles architecturaux sont apparus dans la seconde moitié du 16ᵉ s., à l'époque où se développait en France le mouvement de la Contre-Réforme et où se dessinait le renouveau religieux qui suivit la Renaissance. Ils ont puissamment contribué à l'évangélisation des campagnes en permettant à l'Église d'affirmer ses dogmes et de répandre le culte des apôtres et des saints de préférence à celui de personnages spontanément intégrés dans l'expression populaire de la foi. Le pouvoir qu'ils exerçaient sur les imaginations se trouvait renforcé, un peu à la manière d'une bande dessinée, par l'exagération de certaines proportions (visages), par l'attitude quelque peu théâtrale des personnages et par des gestes excessifs dans les scènes relatant les récits des évangiles. L'enclos avait pour centre le cimetière, assez petit, aux dalles uniformes. Autour du champ de repos, qui s'ouvre très souvent par une porte triomphale, se groupent l'église avec son placître, le calvaire et l'ossuaire. Ainsi la vie spirituelle de la paroisse était très étroitement rattachée à la communauté des morts. La pensée de la mort, l'« ankou », est d'ailleurs familière aux Bretons, qui l'ont souvent représentée. L'enclos abritait l'ensemble de la vie religieuse collective ; le cérémonial liturgique s'y déployait avec une solennité où se manifestait l'union spirituelle des morts (ossuaire et cimetière) et des vivants (processions, prédications, catéchisme...).

L'enclos s'ouvre par une solennelle **porte triomphale**★ de 1587 encore très Renaissance mais surchargée de boules, de coquilles, de pilastres et de lanternons.

Le **calvaire**★★ (1610), œuvre de Rolland Doré, est le dernier des grands calvaires en kerzanton. Sur la traverse inférieure de la croix, des anges recueillent le saint sang ; sur la plate-forme sont disposées les scènes de la Passion et la Résurrection (observer la dérision des bourreaux

St-Thégonnec – Calvaire : la scène des Outrages.

Ph. Beuzen/SCOPE

dans la scène des Outrages et le symbolisme vestimentaire : le Christ et les siens vêtus selon la tradition chrétienne, des représentants de l'État habillés à la mode Henri IV).

La **chapelle funéraire**★ ⊙ (1676) illustre la survivance des motifs décoratifs en Bretagne (retable à colonnes torses et Saint-Sépulcre en chêne polychrome). La décoration, sculptée de motifs funéraires, reprend les thèmes de la prédication.

L'**église**★ du 15ᵉ s. a été remaniée et meublée à plusieurs reprises au 17ᵉ s. et au début du 18ᵉ s., avec une harmonieuse unité de style. Sa **chaire**★★ est remarquable par sa cuve polygonale (1683) où l'art des sculpteurs de la marine du port de Brest participe au programme d'enseignement religieux, par son dorsal et par son abat-voix Louis XV.

A la fin du 17ᵉ s., la rivalité maritime franco-anglaise contrecarrant le commerce et l'activité portuaire qui, depuis deux siècles, faisaient la richesse du Léon, amenuise les ressources des mécènes alors que se sclérose l'imagination des décorateurs.

St-Thégonnec est le dernier grand enclos paroissial breton.

## ENVIRONS

★★ **Enclos paroissial de Guimiliau** – *8 km au Sud-Ouest.* L'enclos paroissial est antérieur d'une trentaine d'années à celui de St-Thégonnec.

Le **calvaire**★★ (1581) vaut par la naïveté, le sens du mouvement qui anime ses 200 personnages et la rudesse de sa facture qui n'eurent pas détonné à l'époque romane (épisodes de la vie de Jésus et scènes de la Passion représentés sur la frise). Observer l'effrayante sculpture de l'Enfer à l'entrée duquel se débat Catell-Gollet, la servante qui avait caché des péchés en confession.

A la façade de l'ossuaire (1642), qui constitue une chapelle mortuaire quelque peu théâtrale, la chaire extérieure est une survivance du 15e s.

L'**église**★ ⊘ s'ouvre par un **porche**★★ de 1606 où la Renaissance étale la richesse et la variété de ses motifs décoratifs ; les voussures proposent une intéressante imagerie de l'Ancien et du Nouveau Testament. A l'intérieur (voûtes lambrissées), le **baptistère**★★ à baldaquin et colonnes torses ornées de pampres et de feuillages et la **chaire**★ aux grands panneaux sculptés vers 1675 sont de style baroque.

# ST-TROPEZ★★

*5 754 habitants*
Cartes Michelin n°s 84 pli 17 ou 114 pli 37 ou 245 pli 49.
Guide Vert Côte d'Azur.
Plan dans le guide Rouge Michelin France.

Situé sur le golfe du même nom, St-Tropez adosse ses ruelles étroites aux collines prolongeant les Maures.

Le village s'ouvre sur la mer par un petit port très animé où l'on admire de magnifiques yachts. Découvert par **Paul Signac** puis fréquenté par tous les post-impressionnistes (comme en témoignent les collections du **musée de l'Annonciade**★★ ⊘), l'ancien village de pêcheurs a depuis accueilli de nombreuses personnalités des arts, des lettres, du cinéma et du monde du spectacle. Deux « Bravades » ont lieu chaque année, l'une ayant pour but d'honorer saint Tropez, l'autre commémorant une page d'histoire locale remontant à l'année 1637.

## ENVIRONS

★★★ **Massif des Maures** – Les larges ondulations débonnaires du massif s'étendent de Fréjus à Hyères. Des incendies importants ont gravement endommagé l'épaisse forêt de feuillus qui le recouvrait à l'origine, mais de petits villages, des chapelles et des couvents continuent d'en agrémenter les hauteurs, tandis qu'une succession de golfes et de baies échancrent harmonieusement son littoral.

# SAINTES★★

*25 874 habitants*
Cartes Michelin n°s 71 pli 4 ou 233 pli 27.
Guide Vert Poitou, Vendée, Charentes.
Plan dans le guide Rouge Michelin France.

Saintes était déjà à l'époque gallo-romaine une capitale régionale. Elle s'élève sur la rive gauche de la Charente qu'enjambait un pont dans l'axe de l'actuelle rue Victor-Hugo. Au Moyen Age la ville voit défiler les pèlerins de St-Jacques-de-Compostelle. Dans ses faubourgs se développent deux établissements ecclésiastiques : rive gauche celui de St-Eutrope, rive droite celui des Dames.

A la Renaissance **Bernard Palissy** (1510-1590), originaire du Périgord Noir, auteur d'ouvrages techniques et philosophiques mais surtout connu comme verrier et potier, œuvre dans un atelier près d'une tour des remparts. Au prix d'un labeur acharné et de sacrifices considérables – il en vint, dit-on, à brûler ses meubles pour entretenir le feu de ses fours –, il parvient à découvrir à son tour le secret de l'émail que Masséot Abaquesne gardait jalousement, à Rouen, depuis plus de 20 ans.

Le quartier ancien, rénové, s'étend à l'emplacement de la cité gallo-romaine.

**Saintes romaine** – L'**arc de Germanicus**★, dressé en 19 de notre ère, sur la rive droite de la Charente, à l'extrémité du pont, marquait le terme des voies romaines venant de Poitiers et de Limoges.

Le musée archéologique voisin présente les découvertes faites lors de la démolition des ruines de la ville antique.

A l'Ouest, sur les pentes de la rive gauche, un amphithéâtre (**arènes**★), du 1er s., compte parmi les plus anciens du monde romain.

**Saintes romane** – Rive gauche, la **crypte**★★ de l'église St-Eutrope représente, en fait, l'**église inférieure**★, paroissiale, d'un sanctuaire de pèlerinage. L'église haute, monacale à l'origine, conserve deux très beaux chapiteaux aux piliers de l'ancien transept *(à voir de l'actuelle tribune)*. Sur la rive droite, l'**église**★ de l'abbaye aux Dames ⊘ est une œuvre essentielle de l'école romane de la Saintonge où les sculpteurs ont bénéficié d'une pierre se prêtant admirablement à leur virtuosité inspirée à l'origine par l'art poitevin d'Aulnay. L'ordonnance de sa **façade** dont les voussures sont admirablement travaillées (anges, symboles des évangélistes, martyrs, vieillards de l'Apocalypse) et l'équilibre de son clocher au toit conique en écailles, au tambour à baies géminées, aux arcatures traitées en mosaïque décorative, sont particulièrement intéressants.

## ENVIRONS

**Église de Rioux** – *15 km au Sud.* Parmi les églises rurales de Saintonge, celle de Rioux est connue pour sa façade et surtout pour son **chevet**★ dont les contreforts-colonnes séparent les pans et dont la variété des motifs géométriques souligne l'encadrement des fenêtres, les arcatures et l'appareillage même des murs. Une telle perfection décorative marque en quelque sorte l'aboutissement du roman saintongeais n'évoluant plus que par la virtuosité de ses sculpteurs.

⊘ ►► Musée des Beaux-Arts★.

# SALERS★★

439 habitants
Cartes Michelin nᵒˢ 76 pli 2 ou 239 pli 29 – Guide Vert Auvergne.

Salers est une très ancienne cité, ville d'étape et ville marché, à 951 m d'altitude sur une planèze dans le vaste pâturage cantalien. La ville semble ordonnée selon un plan défensif, la disposition en chicane de ses ruelles et de ses maisons à angles chanfreinés permettant une surveillance de la Grande-Place.

La **Grande-Place**★★ compose, avec sa fontaine et ses vieux logis, un véritable décor d'urbanisme. La taille et l'appareillage des pierres y manifestent la richesse des propriétaires ; les tourelles rondes sur cul-de-lampe, les tourelles à pans, les toits en poivrière, leur rang social. De nombreuses maisons des 15ᵉ et 16ᵉ s. séduisent par des escaliers extérieurs, des portes en arcs ogifs ou brisés. Des toitures en lauzes de schistes (celles de Riom-ès-Montagne sont en dalles de phonolithe moins brillantes) sont percées de lucarnes à pignons.

Salers – La Grande-Place.

Les encadrements de fenêtres à moulures droites, très auvergnates, et les deux tourelles d'angle de l'ancien bailliage ; les fenêtres fortement grillagées à l'étage et les pans coupés de la maison de Flojeac ; la tourelle gothique à cinq étages de l'hôtel de la Ronade offrent un intérêt particulier.

L'**église**★ vaut par son porche du 12ᵉ s. au portail très simple, par son clocher (refait au 19ᵉ s.) où est conservée la tradition auvergnate des arcs en mitre et par sa **Mise au tombeau**★ de 1495.

# Fort de SALSES★★

Cartes Michelin nᵒˢ 86 pli 9 ou 235 pli 48 ou 240 pli 37.
Guide Vert Pyrénées Roussillon.

Dès l'Antiquité, Salses gardait la principale route d'accès vers l'Espagne, coincée entre la mer et les Corbières et qui, plus au Sud, empruntait le col du Perthus. Pour Ferdinand d'Aragon, l'unificateur de l'Espagne, c'était, à la fin du 15ᵉ s., une position stratégique au Nord de ses États comme le souligne, de nos jours encore, le fait qu'elle marque la limite extrême de la langue catalane.

Le **fort** ⊘ occupe dans l'architecture militaire la position très particulière d'une construction espagnole du 15ᵉ s., remaniée par Vauban au 17ᵉ s.

Pour consolider la place, en tenant compte des besoins nouveaux créés par l'artillerie naissante, Ferdinand d'Aragon confie en 1497 à l'un de ses ingénieurs artilleurs la mission d'accomplir les transformations nécessaires.

Place forte disputée, Salses oscille alors, pendant deux siècles, selon les aléas de la guerre ; mais fin septembre 1642 – Perpignan vient de tomber devant Louis XIII – sa garnison reprend la route de l'Espagne.

Dix-sept ans plus tard le traité des Pyrénées règle le problème de la frontière par le rattachement du Roussillon à la France. Mais Vauban qui, en 1679, juge l'ouvrage bien dépassé dans l'art de la fortification réduit en 1691 la hauteur de son donjon et protège ses courtines et ses bastions par des murailles bombées, destinées à faire ricocher les obus rasants.

# Église SAN MICHELE DE MURATO★★

Carte Michelin n° 90 pli 3 – Guide Vert Corse.

A 1 km au Nord de Murato, l'**église San Michele** ⊙, séduisante image du tourisme et de l'archéologie en Corse, se dresse, isolée, sur un petit plateau à 475 m d'altitude dominant le bassin du Bevinco.

Construite aux alentours de 1280, elle appartient à la fin de la seconde période du roman pisan en Corse, caractérisée souvent par la polychromie de son appareil et par un certain développement de l'œuvre sculptée. Bâtie en serpentine vert sombre et en calcaire blanchâtre, elle plaît par l'agencement de ses moellons bien équarris mais de dimensions fort diverses qui bannit toute monotonie de son parement. Sa sculpture parfois gauche, souvent naïve, présente à la façade des animaux et des personnages grossièrement ébauchés, aux encadrements des étroites fenêtres latérales des rinceaux et des bandeaux d'entrelacs, et au chevet des consoles et des modillons ouvragés.

# SAORGE★★

362 habitants
Cartes Michelin nos 84 pli 20 ou 115 pli 18 ou 245 pli 26– Guide Vert Côte d'Azur.

Saorge occupe un **site**★★, particulièrement bien exposé au Midi, de village perché en balcon dominant de près de 150 m les **gorges de Saorge**★★ qui bordent la **Roya**, vallée alpestre qui se creuse entre les schistes du Mercantour et les calcaires des Préalpes du Sud.

Le village compose un tableau pittoresque avec l'étagement de ses balcons et de ses terrasses, ses étroites maisons du 15e s. à soleiro ou soleilloir et toits de lauzes que dominent les clochers de ses églises et de ses monastères.

## ENVIRONS

★★ **Chapelle N.-D.-des-Fontaines** ⊙ – *17 km au Nord-Est par St-Dalmas-de-Tende et la Brigue où prendre la clef.*
La chapelle, isolée dans le vallon du mont Noir creusé au flanc du mont Saccarel, succède à cet emplacement à un temple païen dédié aux divinités aquatiques. Le chœur édifié dès le 12e s. fut doté d'une nef au 15e s., elle-même surélevée et plafonnée au 18e s.
Les **fresques**★★★, pour la plupart réalisées par le Piémontais Jean Canavesio de 1472 à 1492 dans le goût gothique tardif, disposent près de 500 personnages avec un art très habile du geste et des attitudes. Les scènes de la Passion du Christ composent une véritable histoire sainte en images ; elles couvrent les murs de la nef (admirer, sur le mur gauche, l'extraordinaire Pendaison de Judas) ; celles du Jugement dernier couvrent le revers de la façade. A son compatriote et contemporain Jean Baleisoni, on doit l'arc triomphal à l'entrée du chœur ; la vie de la Vierge et l'enfance du Christ y sont traitées d'une manière plus délicate.

P. Avena, B. Tendre, La Brigue

Chapelle N.-D.-des-Fontaines –
La Pendaison de Judas.

# SARLAT-LA-CANÉDA★★★

9 909 habitants
Cartes Michelin nos 75 pli 17 ou 235 pli 6 – Guide Vert Périgord Quercy.
Plan dans le guide Rouge Michelin France.

Sarlat est la capitale du Périgord Noir, pays de chênes, de noyers et de châtaigniers, limité par la Dordogne et la Vézère à l'Ouest de Salignac. Elle a grandi autour d'une abbaye bénédictine fondée au milieu du 9e s., et dont ses consuls ont réussi à s'affranchir en 1299.
Des siècles d'aisance foncière et aristocratique en ont fait une cité de commerçants, de bourgeois et de magistrats, illustrée surtout par Étienne de La Boétie (1530-1563), précoce traducteur des auteurs grecs et écrivain philosophique qu'une rare amitié unit à Montaigne.
Les 13e et 14e s. marquèrent l'apogée de Sarlat, mais un grand nombre de ses maisons, négligées durant la guerre de Cent Ans, durent être restaurées une fois la paix revenue et firent l'objet d'exhaussements au cours des siècles si bien que nombre d'entre elles présentent au rez-de-chaussée médiéval, un étage Renaissance, des faîtages ou des lanternons classiques.
Sarlat fut de tout temps une ville de foires et de marchés. De nos jours encore, elle revêt, le samedi, sa physionomie la plus traditionnelle : selon les saisons on y négocie les volailles, les grains, les chevaux, les noix fraîches, les oies, les foies gras ou les truffes.

★★★ **Le Vieux Sarlat** – Une opération de restauration engagée en 1964 a sauvegardé la physionomie du Vieux Sarlat. Les vieilles demeures composent de part et d'autre de la Traverse ouverte au 19e s. (rue de la République) un ensemble séduisant, plus populaire à l'Ouest, plus raffiné à l'Est. Elles frappent par leur architecture, leurs cours intérieures, l'appareillage et la qualité de leurs pierres de taille choisies dans un beau calcaire ocre blond et leurs couvertures traditionnelles de lauzes. Les lauzes périgourdines ne sont pas des ardoises ou des schistes feuilletés, mais des petites dalles de calcaire assez épaisses maçonnées et très lourdes ; elles exigent de puissantes charpentes qui à leur tour contraignent le couvreur à gauchir parfois le profil de son toit mais qui, en revanche, facilitent la création de petites ouvertures améliorant l'aération des combles. Les demeures les plus représentatives sont :
la **maison de La Boétie★** (1525), Renaissance ;
l'**hôtel de Maleville★** agencé au milieu du 16e s. par rassemblement de trois maisons gothiques ; l'**hôtel Plamon★** dont chaque étage marque une étape de la construction ; le Présidial, palais de justice sous l'Ancien Régime.
La lanterne des Morts (12e s.) fut probablement une chapelle funéraire.

► ► Place des Oies★ – Rue des Consuls★.

Maison de La Boétie.

# SARTÈNE★★

*3 525 habitants*
Carte Michelin n° 90 pli 18 – Guide Vert Corse.

« La plus corse des villes corses », selon Prosper Mérimée, domine à 305 m d'altitude la plaine du Rizzanèse et le golfe de Valinco.
La région de Sartène occupée par l'homme depuis plus de 50 siècles conserve un grand nombre de vestiges et de monuments de l'époque mégalithique (menhirs et dolmens) comme ceux de Cauria et de Palaggiu. De même, des témoignages de la civilisation guerrière torréenne, comme ceux d'Alo Bisucce, de Cucuruzzu et surtout de Filitosa *(voir à ce nom)*.
L'histoire médiévale de la Corse se fonde pour une large part sur les récits de Giovanni della Grossa (1388-1464). Né et mort à Grossa *(12 km à l'Ouest de Sartène),* d'abord adversaire des Génois puis soutenant leur cause, il participa dans le Cap au Nord de l'île, dans la plaine de Biguglia, dans la Cinarca, aux grands événements de son temps ; puis, devenu notaire, il s'attacha à les consigner dans des chroniques précieuses.
Du 16e au 18e s., Sartène connut des raids des pirates barbaresques d'Alger, fréquents et meurtriers au point qu'elle fut en partie abandonnée par sa population.

**Place de la Libération** – Ombragée de palmiers et d'ormes qui ont échappé à la graphiose, elle est le cœur de la vie locale.
Dans l'**église Ste-Marie** qui la domine au Nord, construite en gros appareil de granit, il faut voir à gauche de l'entrée principale la croix de chêne (31,5 kg) et la chaîne (14 kg) que porte le Catenacciu, Grand Pénitent anonyme vêtu d'une longue robe rouge au cours de la longue procession nocturne du Vendredi saint ; cérémonie religieuse considérée comme l'expression sauvage et austère de la piété corse qui s'identifie au Christ montant au calvaire et l'adore dans son tombeau. La procession du Catenacciu est sans doute la cérémonie la plus ancienne de l'île.

★★ **Vieille ville** – Passer sous la voûte de l'hôtel de ville et prendre, en face, la rue des Frères-Bartoli. Les venelles dallées, coupées d'escaliers, ombragées de voûtes, bordées de maisons de granit hautes et sévères comme des forteresses du **quartier de Santa Anna★**, offrent de pittoresques échappées.
En contrebas de l'hôtel de ville, observer la charmante impasse Carababa.

⊙ ► ► Musée de préhistoire corse.

# SAUMUR★★

30 131 habitants
Cartes Michelin n°s 64 pli 12 ou 232 pli 33 – Guide Vert Châteaux de la Loire.
Plan dans le guide Rouge Michelin France.

Saumur, connue pour son vignoble, compose un site urbain pittoresque dominé par le château qui coiffe un éperon de craie au confluent du Thouet et de la Loire.

La ville doit sa prospérité à un vieux pont de bois construit à la faveur des îles d'Offrand et Millocheau, actuellement soudées entre elles, le seul qui franchissait la Loire entre Tours et les Ponts-de-Cé à l'époque des grands pèlerinages vers St-Jacques-de-Compostelle. Au 13e s., les moines de St-Florent ajoutèrent à cette ressource en s'engageant à le remplacer par un pont de pierre édifié à raison d'une arche par an. Il fut à plusieurs reprises emporté par le fleuve et rebâti.

Comme toutes les villes de la Loire (Decize, Nevers, La Charité, Cosne, Gien, Orléans, Blois...), Saumur s'est installée, sans souci d'orientation, sur la rive la plus élevée. Ses maisons de tuffeau blanc, à toits d'ardoise hauts et pentus, présentent un bel ensemble de façades sur le quai dominant la Loire.

L'image équestre de la ville est née de la décision prise en 1763 d'y baser le régiment de cavalerie des carabiniers de Monsieur, frère du roi, et au goût de l'équitation académique – développée à la suite des idées de M. de Pluvinel, maître d'équitation de Louis XIII, tendant à faire évoluer les exercices équestres vers un sport aristocratique – qui y était en faveur. L'École nationale d'équitation dont fait partie le célèbre **Cadre Noir**, qui ne comptait à l'origine que des instructeurs militaires, fut créée en 1972 à St-Florent. Cette identité saumuroise peut être évoquée en particulier au musée du château, au **musée de la Cavalerie★** ⊘ (histoire militaire et équestre depuis le 18e s.) et au **musée des Blindés★** ⊘ (cavalerie mécanique, chars d'assaut et de combat français et étrangers depuis 1918).

★★ **Château** ⊘ - Au 14e s., le château fut réédifié sur les bases, donc sur le plan, d'une ancienne forteresse de Philippe Auguste puis de Saint Louis. Au 15e s., lorsque s'apaisent les troubles de la guerre de Cent Ans, le roi René orne son « castel d'amour » d'une décoration recherchée dans le goût du style gothique finissant. Il est représenté, avec son architecture soignée dans un paysage quelque peu idéalisé, par une miniature des *Très Riches Heures du duc de Berry*. Mais lors des guerres de Religion, à la fin du 16e s., il fut à nouveau fortifié pour servir de point d'appui au protestantisme dont Saumur était un foyer.

Le **musée du Cheval★** (de selle et d'équitation) vaut par sa richesse et sa variété. Le **musée des Arts décoratifs★★** aménagé dans l'appartement du duc d'Anjou abrite en particulier une remarquable collection de porcelaines tendres françaises des 17e et 18e s.

# SAVERNE★

10 278 habitants
Cartes Michelin n°s 57 pli 18 ou 87 pli 14 ou 242 pli 19.
Guide Vert Alsace et Lorraine – Plan dans le guide Rouge Michelin France.

Saverne a donné son nom à un seuil, « col » des Vosges, remarquable par la dissymétrie de ses versants : à l'Ouest s'y achève le plateau lorrain, à l'Est l'abrupt gréseux et boisé plonge sur la plaine d'Alsace.

★ **Château** - Ce bel édifice de grès rouge a remplacé le vieux château des princes-évêques de Strasbourg incendié en 1779. Reconstruit aussitôt après par le célèbre et fastueux cardinal Louis de Rohan, il présente, côté parc, une monumentale **façade★★** caractéristique du style Louis XVI. De part et d'autre d'un péristyle central de huit colonnes corinthiennes se développent les ailes dont les pilastres cannelés supportent une attique et une balustrade faîtière et que cantonnent deux avant-corps formant pavillons d'angle.

## ENVIRONS

★★ **Église de Marmoutier** - *6 km au Sud.* L'église de Marmoutier est une ancienne abbatiale construite vers 1150-1160. De cette époque, elle conserve une **façade Ouest★★** romane, de tradition carolingienne et rhénane, qui doit sa chaude tonalité aux grès rouges des Vosges et constitue la partie la plus intéressante de l'édifice. Les bandeaux portés par de petites arcatures et qui divisent cette façade en registres horizontaux, le grand clocher carré légèrement en retrait encadré de deux tours octogonales, les contreforts peu saillants qui soulignent son compartimentage vertical lui donnent une robustesse qui semble inaltérable.

Les rinceaux sculptés dans les chapiteaux cubiques du porche et quelques motifs qui rompent, çà ou là, le nu des murs sont ses seuls éléments décoratifs.

➤➤ Maisons anciennes★.

---

*Pour circuler en ville, utilisez les plans du **guide Rouge Michelin France** :*

*– axes de pénétration ou de contournement, rues nouvelles,*

*– parcs de stationnement, sens interdits...*

*Une abondante documentation, mise à jour chaque année.*

# SEDAN

21 667 habitants
Cartes Michelin nᵒˢ 53 pli 19 ou 241 pli 10 – Guide Vert Champagne.
Plan dans le guide Rouge Michelin France.

Le comte de La Marck, comte de Sedan, construit en 1424 une forteresse sur un rocher. Ses successeurs servent tour à tour à l'évêque de Liège, l'empereur d'Allemagne et le roi de France ; mais toujours l'intérêt de leur ville.

Au 16ᵉ s., Sedan passe à la Réforme ; une académie militaire y est fondée où **Turenne** (Henri de La Tour d'Auvergne) s'est formé. Ce grand soldat, né au château en 1611, réfléchi, scrupuleux, acquiert de l'audace avec l'expérience ; à l'époque des guerres de siège, il préconise les batailles et la stratégie de mouvement. Il bat l'impétueux Condé à Bléneau dans l'Yonne et ouvre à Louis XIV les portes de Paris en 1652. Ses victoires d'Arras et des Dunes amènent l'Espagne à la signature du traité des Pyrénées. En 1675, il fut « emporté d'un coup soudain » par un boulet de canon. Bossuet fit son éloge dans un parallèle célèbre de l'oraison funèbre du Grand Condé.

**Les prémices du Quatre Septembre** – Le 1ᵉʳ septembre 1870, les troupes françaises exécutent une charge éblouissante destinée à dégager Bazaine replié dans Metz ; il leur faut néanmoins refluer vers le glacis de Sedan. Le 2 au matin, Napoléon III rencontre le chancelier Bismarck qui le fait conduire, malade, au château de Bellevue. Là, son plénipotentiaire ne peut que signer l'humiliante capitulation avec le futur Guillaume II. Napoléon III, prisonnier, est conduit à Cassel. C'est la chute du Second Empire.

★ **Château fort** ⊙ – Avec une superficie de 35 000 m², c'est le plus étendu des châteaux du 15ᵉ s. en Europe. Il est édifié sur un éperon rocheux et ses remparts, hauts de 30 m, ont été renforcés de bastions au 16ᵉ s. Il fut réaménagé, surélevé et agrandi au début du 17ᵉ s. par le père de Turenne. Dans la grosse tour, remarquable charpente rayonnante. Ses pièces se distribuent sur sept étages ; l'une d'elles passe pour être la chambre natale de Turenne.

# SENLIS★★

14 439 habitants
Cartes Michelin nᵒˢ 56 pli 11 ou 106 plis 8, 9 – Guide Vert Ile-de-France.
Plan dans le guide Rouge Michelin France.

Au cœur d'un territoire agricole particulièrement fertile, Senlis était déjà florissante dans l'Antiquité. De bonne heure les Mérovingiens puis les Carolingiens en firent leur résidence ; si bien que, ville puis domaine royal, elle devint le noyau de l'Ile-de-France. Son quartier ancien, au Sud de la cathédrale, conserve de vieilles demeures du Valois en calcaire tendre et briques et des rues encore garnies de gros pavés ; il couvre à peu près l'emplacement de la cité gallo-romaine.

★★ **Cathédrale Notre-Dame** – Entreprise en 1153 avec l'aide de Louis VII, c'est l'une des premières églises gothiques de l'Ile-de-France dites « de transition ». Le chœur en fut achevé en 1180 et la façade Ouest en 1190. Mais de cette cathédrale primitive ne subsistent guère que le chevet, la façade Ouest altérée par d'abusives restaurations et, de part et d'autre du transept, trois travées de plan carré, couvertes de voûtes sexpartites, où règne l'alternance des piles fortes et des colonnes et dont l'élévation comporte un étage de tribunes dérivant de celles de l'école normande. Dès le 13ᵉ s. en effet, en 1240, pour élever un faux transept on supprima quatre colonnes et on déplaça deux piliers au centre de la nef en rompant la continuité de l'alternance. A l'extérieur, on édifia la flèche de la tour Sud.

La cathédrale doit sa physionomie flamboyante à la restauration (1513-1560) qui suivit l'incendie de 1504. On reconstruisit alors le transept, ses croisillons et toutes les parties hautes en élevant la voûte et en lançant des arcs-boutants pour les étayer. A cette occasion, pour élargir l'assise de l'église, on édifia les seconds bas-côtés à voûtes complexes et clefs pendantes. Pierre Chambiges, le fils de Martin qui avait travaillé à Sens, à Beauvais et à Troyes, fut le maître d'œuvre du portail Sud. Respect de la tradition ou hommage à son père, il donna à son ouvrage une physionomie flamboyante (surcharge décorative sculptée, moulures, galeries et balustrades dessinées « en flammes ») nuancée cependant par des arcs en anse de panier, des torsades et des gâbles auriculaires déjà Renaissance.

La **flèche**★★ de la tour Sud est admirable par l'élancement de ses baies et le rythme que ses pignons donnent à ses lignes verticales. Ils permettent le passage du plan carré à l'octogonal et assurent l'équilibre de l'ensemble par la répartition de leur masse. La rigoureuse géométrie de la pyramide s'atténue par les crochets disposés le long des arêtes et par les lucarnes et les gâbles qui ont fait école dans tout le Valois jusqu'au 16ᵉ s.

⊙ ►► Vieilles rues★ – Chapelle royale St-Frambourg★ *(Fondation Cziffra)*.

Senlis – Flèche de l'ancienne cathédrale.

# SENS★★

27 082 habitants
Cartes Michelin n°s 61 pli 14 ou 237 pli 45 – Guide Vert Bourgogne.
Plan dans le guide Rouge Michelin France.

Alors que Paris n'était encore qu'une bourgade, Sens, capitale de la IVe Lyonnaise dans l'Antiquité, connaissait une extension que dessinent de nos jours ses boulevards circulaires. Son importance administrative aux confins de la Bourgogne, de la Champagne et de l'Ile-de-France, et religieuse se maintint durant des siècles : longtemps ce fut l'évêque de Sens qui sacra les souverains et, jusqu'en 1627, l'évêché de Paris, entre autres, relevait de l'archevêché de Sens.

★★ **Cathédrale St-Étienne** – Par le dessin de son plan général et la construction de ses assises (1128-1130), elle est la toute première de nos cathédrales gothiques. Mais son chantier s'étendit effectivement de 1140 à 1168.

Le style roman s'y discerne encore à la légère brisure « bourguignonne » de ses grandes arcades, à l'étage des baies jumelées qui n'ont déjà plus qu'une fausse tribune mais pas encore un triforium et à l'association d'arcs en plein cintre (chapelles latérales) et d'arcs brisés.

Le gothique s'y présente par l'application généralisée de la croisée d'ogives, par ses voûtes sexpartites de plan carré reposant sur une alternance de forts piliers et de colonnes dédoublées se poursuivant autour du chœur, par les arcs ogifs dissymétriques et encore maladroits du déambulatoire.

Après l'effondrement de la tour Sud de la façade, en 1268, l'édifice dut être restauré et remanié. Probablement fut-il alors consolidé par des arcs-boutants ; les fenêtres hautes du chœur proches de la nef furent rehaussées aux 13e et 14e s. ; les bras du transept édifiés aux 15e et 16e s. dans le style flamboyant.

A l'extérieur, l'œuvre décorative se signale surtout, au trumeau du portail central (façade Ouest), par la célèbre statue de saint Étienne qui s'intercale entre la statuaire gothique de Chartres et celle d'Amiens ; au portail Nord par les découpures flamboyantes du pignon et des rampants qui sont l'œuvre de Martin Chambiges.

A l'intérieur, l'attention se porte sur les **vitraux**★★ du 12e s. (déambulatoire, côté gauche du chœur) ; sur ceux, Renaissance, issus d'ateliers troyens (arbre de Jessé et légende de saint Nicolas au croisillon droit – le Paradis, à la rose du croisillon gauche) ; et sur les très belles grilles de ferronnerie dorée (18e s.) qui ferment le déambulatoire, ses chapelles et le chœur.

⊘ ►► Musée, trésor et palais synodal.

# Prieuré de SERRABONE★★

Cartes Michelin n°s 86 pli 18 ou 235 pli 52 ou 240 pli 41.
Guide Vert Pyrénées Roussillon.

Dans le paysage caillouteux et accidenté des Aspres, l'ancien prieuré ⊘ de Serrabone abrite des œuvres sculptées qui se classent parmi les meilleures de l'époque romane en Roussillon, la première des trois grandes périodes artistiques de cette province.

A la séduction du monument, isolé dans la sévérité du paysage, correspond celle du marbre rose dans une architecture en schiste.

La **tribune**★★ de la chapelle (vers 1080), destinée à la chorale des chanoines, a été avancée vers le milieu de la nef au début du 19e s. Elle retient les amateurs d'art à la fois par sa survivance, par la rareté et l'originalité de son décor sculpté en méplat sur les archivoltes et par la richesse ornementale de ses chapiteaux. Sur ces derniers, on a pu reconnaître des influences orientales et lombardes dans le traitement symbolique et monotone des lions par exemple et dans l'intégration de la sculpture animalière à la composition décorative de l'ensemble.

A droite de l'église, la **Galerie Sud**★ (promenoir des chanoines), bien exposée au Midi, s'ouvre sur le ravin et compose un lieu de repos et de méditation privilégié.

*LES GUIDES VERTS MICHELIN*

*Paysages*
*Monuments*
*Routes touristiques*
*Géographie*
*Histoire, Art*
*Itinéraires de visite régionaux*
*Lieux de séjour*
*Plans de villes et de monuments*

*Une collection de guides régionaux sur la France.*

# SISTERON★★

6 594 habitants
Cartes Michelin nᵒˢ 81 – plis 5, 6 ou 245 pli 20 – Guide Vert Alpes du Sud.
Plan dans le guide Rouge Michelin France.

Entre le bassin de Laragne au Nord et la dépression de la moyenne Durance au Sud, Sisteron, où la grande route passe le rocher en tunnel, marque la frontière historique entre la Provence et le Dauphiné et, pour les agronomes, la limite Nord de la culture de l'olivier.

★ **Citadelle** ⊘ – Importante restauration consécutive au bombardement du 15 août 1944. De la citadelle du 12ᵉ s. ne subsistent que le donjon et le chemin de ronde car les fortifications furent reprises au 16ᵉ s. par Jean Évrard, ingénieur de Henri IV et précurseur de Vauban. La guérite du Diable constitue un impressionnant belvédère sur le **site★★** stratégique de Sisteron, ville de cluse dont les plis calcaires couchés, empilés, redressés à la verticale, forment le rocher de la Baume façonné en verrou par les glaciers de l'ère quaternaire.

## ENVIRONS

★★ **Signal de Lure** – *27 km au Sud-Ouest.* La chaîne calcaire de la montagne de Lure présente une physionomie rude, quasi désertique, analogue à celle du mont Ventoux : mêmes strates inclinées de calcaire friable qui se désagrègent en cailloutis blanchâtres, même végétation de chênes verts, de garrigue et de lavande sur le versant Sud, de pacages, de hêtres, de sapins et de mélèzes sur le versant Nord.

⊘ ►► Église Notre-Dame★.

# SOLIGNAC★

1 345 habitants
Cartes Michelin nᵒˢ 72 pli 17 ou 239 pli 13 – Guide Vert Berry Limousin.

Dans la vallée de la Briance, le long de l'ancienne voie romaine reliant Limoges à Périgueux, saint Éloi, orfèvre de Clotaire II puis conseiller de Dagobert, fonda ici une abbaye en 632.

★★ **Église abbatiale** ⊘ – Refaite vers 1175, elle est limousine par son granit et par quelques moulures caractéristiques, mais, par ses coupoles, elle manifeste le rayonnement de l'église quercynoise de Souillac, édifiée 35 ans plus tôt.
A l'extérieur, elle frappe par la robustesse et l'étagement parfaitement structuré de son flanc Nord et de son chevet.
L'**intérieur★★** séduit, subjugue, par sa nef unique, admirable du haut des douze marches du porche. La pureté de ce volume, obtenue par la qualité du matériau et la simplicité rigoureuse du plan, révèle la maîtrise de son architecte. Ses coupoles soutenues par des arcs brisés énormes et des pendentifs sont parmi les plus tardives et les mieux dessinées de l'Aquitaine.
On observe en outre les chapiteaux archaïques de la première travée portant les coursives latérales, l'étonnante coupole déformée du chœur, celle ovoïde du croisillon Nord et le grand St-Christophe peint sur un pilier du carré du transept.

# SOUILLAC★

3 459 habitants
Cartes Michelin nᵒˢ 75 pli 18 ou 235 pli 6 ou 239 pli 38.
Guide Vert Périgord Quercy.

Le développement de Souillac est lié à l'activité qu'elle connut comme port amont de la Dordogne navigable et dont témoigne encore son rôle de ville-marché. La ville a grandi dans la plaine alluviale d'un ancien méandre autour d'une abbaye bénédictine qui connut son apogée au début du 12ᵉ s., avant que la guerre de Cent Ans puis les guerres de Religion n'amorcent son déclin.

**Ancienne église abbatiale** – Elle fut édifiée sur le modèle de la cathédrale de Cahors auquel son architecte apporta des améliorations dans la légèreté des piles et dans l'élévation des grandes arcades. Ces dernières, tenant lieu de formerets, sont adroitement agencées avec les arcs doubleaux pour former le plan carré sur lequel quatre pendentifs portent, par l'intermédiaire d'une corniche de corbeaux, les minces claveaux des coupoles.
L'hémicycle du chœur répond, par l'heureuse disposition de ses baies, à l'élégance discrète que laisse attendre le chevet, vu de l'extérieur.
Au revers de la façade, saccagée par les huguenots en 1573, ont été disposés des fragments de l'**ancien portail★**. Le trumeau dépeint, sur le côté droit, la concupiscence aux âges successifs de la vie ; sur la face frontale, ses effets (monstres qui s'entre-dévorent) et, sur le côté gauche, l'annonce de la rémission par le sacrifice d'Isaac où la main d'Abraham est retenue par l'envoyé de Dieu.
A gauche de ce trumeau : **Isaïe★★** est une œuvre dont les affinités avec le Jérémie de Moissac sont manifestes : saisissante d'expression et de virtuosité mais aussi bien évoluée par rapport au hiératisme de son modèle.

⊘ ►► Musée national de l'Automate et de la robotique★.

# STRASBOURG★★★

Agglomération 388 483 habitants
Cartes Michelin n⁰s 62 pli 10 ou 87 plis 4, 5 ou 242 plis 20, 24.
Guide Vert Alsace et Lorraine – Plan dans le guide Rouge Michelin France.

Strasbourg, la métropole de l'Alsace, est, en conformité avec la signification de son nom (« ville des routes »), une grande étape routière, fluviale et ferroviaire et une ville de traversée du Rhin sur les grands itinéraires qui relient la Méditerranée, la Rhénanie, l'Europe centrale, la mer du Nord et la Baltique par la trouée de Belfort et le bassin souabe. Depuis 1949, elle est le siège du Conseil de l'Europe.

Le 14 février 842, par le **serment de Strasbourg**, deux des fils de Louis le Débonnaire (lui-même fils de Charlemagne), Charles et Louis, se juraient fidélité et s'entendaient pour contrecarrer les ambitions de leur frère aîné Lothaire, un an avant le traité de Verdun. Exigence du protocole et de la communication, chacun jura dans une langue que pouvait comprendre l'entourage de l'autre ; si bien que le texte de Louis le Germanique est considéré par les philologues comme le plus ancien de langue romane connu, donc comme le premier balbutiement de notre langue française... et réciproquement pour la langue germanique.

**Quelques personnalités strasbourgeoises** – Strasbourg, ville libre, qui avait été exclue des terres reconnues à la France par le traité de Westphalie en 1648, est devenue française le 30 septembre 1681 par soumission au roi.

Parmi les nombreuses personnalités qui y ont vu le jour, on peut citer :

**François Kellermann** (1735-1820), le héros de Valmy, sous les ordres de Dumouriez, puis le chef qui commanda la répression du soulèvement de Lyon en 1793 et, sous la Restauration, rallié aux Bourbons et parlementaire ;

**Frédéric de Dietrich** (1748-1793) ; *Voir ci-dessous : La Marseillaise* ;

**Sébastien Érard** (1752-1831), facteur de pianos à queue et de harpes à fourchettes ;

**Jean-Baptiste Kléber** : *(voir place Kléber)* ;

**Jean-Pierre Clause** (1757-1800), cuisinier, le « grand chef » du maréchal de Contades et le prodigieux vulgarisateur du foie gras ;

**Gustave Doré** (1832-1883), caricaturiste et illustrateur de journaux et de livres ;

**Charles de Foucauld** (1858-1916), officier, puis missionnaire dans le Sud-Oranais, auteur de la *Reconnaissance au Maroc*, pays alors inconnu (1883), puis bénédictin, ermite dans le Hoggar où il recueille des poésies touareg et écrit le premier dictionnaire français-tamahag, assassiné à Tamanrasset dans le Hoggar ;

**Jean Arp** (1887-1966), un des artistes de la grande génération de l'après-guerre ; du surréalisme à l'abstraction et à l'éclatement de l'art contemporain.

**La Marseillaise** – Le 24 avril 1792, Frédéric de Dietrich, le premier maire constitutionnel de Strasbourg, offre un dîner d'adieu à des volontaires de l'armée du Rhin. Au cours des conversations, qui portent sur la nécessité pour les troupes d'être entraînées par un chant digne de leur enthousiasme, il invite **Rouget de L'Isle** *(voir à Lons-le-Saunier)* qui était présent à composer « quelque chose qui mérite d'être chanté ». Toute la nuit, le poète et compositeur écrit des strophes et joue du violon. Le lendemain, chez de Dietrich, dont la nièce se met au piano pour accompagner l'œuvre, il chante son « Chant de guerre pour l'armée du Rhin ». Peu après, les fédérés de Marseille adoptent et lancent l'hymne qui devient *La Marseillaise*.

Strasbourg – La Petite France.

J. Dupont/EXPLORER

# STRASBOURG

C Hôtel du Commerce  F Pharmacie du Cerf  **M¹** Musée de l'Œuvre Notre-Dame  **M²** Musée historique

★★★ **Cathédrale Notre-Dame** (**KZ**) ⊙ – Elle fut rebâtie, en grès rose des Vosges, à partir de 1176, sur un emplacement hors crues mais néanmoins sur des fascines de piliers en cœur de chêne (tout récemment injectés de ciment).

Extérieurement, elle relève encore de l'art roman rhénan par son chœur, son transept et sa tour-lanterne.

Sa célèbre **flèche**★★★ gothique, haute de 142 m, magnifique point de mire dans la plaine d'Alsace, est un tour de force architectural saisissant par son élancement dont l'effet – vue du parvis – est rehaussé par sa position en façade. L'octogone à jour qui la porte, composé de fines colonnes, fut élevé de 1399 à 1419 par un architecte souabe et rehaussé de sept mètres en cours de construction pour motif de prestige.

La pyramide terminale proprement dite fut dessinée et élevée de 1420 à 1439, mais selon les techniques du 14e s., par un architecte de Cologne ; les ressauts hors œuvre de ses escaliers extérieurs font son originalité.

La **façade**★★★ rayonnante d'Erwin de Steinbach est particulièrement décorée (statues et bas-reliefs d'époques très diverses) au **portail central** surmonté d'un double gâble ; ses fines lancettes verticales masquent les ouvertures de la rose. L'œuvre sculptée du 13e s. est surtout remarquable aux trois registres inférieurs du tympan : entrée de Jésus à Jérusalem, scènes de la Passion, la Résurrection, la pendaison de Judas ; aux voussures on reconnaît la Création du monde, l'histoire d'Abraham, les apôtres, les évangélistes, des martyrs.

Au **portail de droite**, la scène du séducteur faisant succomber la plus hardie des Vierges Folles (elle dégrafe sa robe) est particulièrement célèbre. De même que les statues (copies) de l'Église et de la Synagogue au croisillon du transept Sud.

Intérieurement la nef présente une élévation très simple de style rayonnant français (14e s.) avec ses larges bas-côtés éclairés par un élégant fenêtrage et son triforium ajouré.

Dans le croisillon droit, le **pilier des Anges**★★ ou du **Jugement dernier** (13e s.) porte, sur trois étages, un ensemble de statues où la sculpture gothique s'élève à sa plus délicate perfection. Les **vitraux**★★★ des 12e, 13e et 14e s. sont remarquables.

L'**horloge astronomique**★ ⊙ voisine, édifiée en 1838, est la grande curiosité populaire de la cathédrale. Les sept jours de la semaine, les automates qui martèlent les quarts d'heure (la Mort se réservant de sonner les heures), la sonnerie de midi (à 12 h 30) qui met en branle un grand nombre de personnages sont un véritable spectacle.

★★ **Musée de l'Œuvre Notre-Dame** (**KZ M'**) ⊙ – Il est installé au Sud de la cathédrale dans un ensemble de maisons anciennes. Il abrite la célèbre **Tête de Christ**★ de Wissembourg, le plus ancien vitrail figuratif (vers 1070) connu et surtout la plupart des statues originales de la cathédrale : l'Église, la Synagogue, les Vierges Folles, les Vierges Sages ainsi que les dessins d'architecture primitifs de la flèche et de la façade. C'est le complément indispensable de la visite de la cathédrale.

**M³** Musée Alsacien     **M⁴** Musée d'Art Moderne     **Q** Maison Kammerzell     **Y** Maison de Pasteur

★ **Palais Rohan (KZ)** ⊘ – C'est le palais des princes-évêques de Strasbourg : Armand de Rohan-Soubise qui le fit construire, Constantin et Louis, le cardinal de l'affaire du collier de la Reine.

Le palais construit de 1732 à 1742 sur des plans de Robert de Cotte, postérieur d'un quart de siècle à l'hôtel parisien de Rohan, manifeste dans son architecture l'assouplissement apporté par le style Louis XV.

C'est une belle œuvre de style classique français avec son entrée courbe ornée de colonnes, de trophées et de statues ; sa cour d'honneur limitée par des galeries à balustrades ; sa façade intérieure aux parements de grès blanc, au bel entablement horizontal et aux mansardes éclairées d'œils-de-bœuf. Sa majestueuse façade sur l'Ill, de pur style classique, est la plus élégante avec ses hautes colonnes corinthiennes, son dôme et sa terrasse bordée de balustres.

Les **grands appartements** des princes-évêques comptent parmi les plus beaux intérieurs français du 18e s. particulièrement la salle du Synode et la chambre du roi.

★★ **Musées** ⊘ – A l'intérieur du palais, plusieurs musées abritent de riches collections. Le **musée des Arts décoratifs** comprend les **grands appartements** et un secteur consacré à l'artisanat strasbourgeois. Il abrite une des plus importantes **collections de céramiques**★★ de France (en particulier faïences et porcelaines de Strasbourg et de Niderwiller).

Le **musée des Beaux-Arts** est connu pour sa peinture italienne (primitifs et peintres de la Renaissance), pour ses œuvres de l'école espagnole (Zurbaran, Murillo, Goya), pour les peintures hollandaises du 15e au 17e s. On retiendra plus particulièrement *La Belle Strasbourgeoise* (1703), de Nicolas de Largillière, qui vaut à la fois par la richesse du costume noir et par l'élégance aimable et solennelle du portrait.

Le **musée archéologique** couvre l'immense période du début de l'ère quaternaire (environ 600 000 avant J.-C.) jusqu'à la fin du 8e siècle après J.-C. (préhistoire, faune disparue, céramique...). Il compte surtout par sa section romaine et sa collection mérovingienne.

★★★ **La cité ancienne (JKZ)** – Deux quartiers offrent le ravissant spectacle de l'Alsace traditionnelle avec leurs maisons à colombage, à pignons, à galeries de bois, à loggias sur consoles, à fenêtres garnies de petits vitraux teintés, à encorbellements tolérés en Alsace après 1681 bien qu'ils fussent interdits en France. Elles plaisent par le détail de chacune d'elles et par l'ensemble qu'elles composent.

★★★ **Quartier de la cathédrale (KZ)** – Sur la **place de la Cathédrale**★, deux demeures sont particulièrement séduisantes : à l'angle de la rue Mercière, la pharmacie du Cerf (**F**), de 1268, qui serait la plus ancienne pharmacie de France, et, à l'angle Nord, la **maison Kammerzell**★ de 1589 (fresques et sculptures sur bois). En outre, la place du Marché-aux-Cochons-de-Lait, la rue Mercière et la rue des Cordiers forment un quartier où il fait bon flâner.

**★★ Petite France (HZ)** – C'est le noyau historique de la ville ⊘. Il doit son nom à un hôpital français disparu.

Ce quartier, l'un des plus curieux et des mieux conservés du vieux Strasbourg, était autrefois celui des pêcheurs, des tanneurs et des meuniers.

Les bras de l'Ill, cloisonnés par des écluses, permettaient à la batellerie rhénane de remonter jusqu'aux portes des arrière-boutiques. Les demeures Renaissance alsacienne (16e et 17e s.) à encorbellements, pignons et pans de bois, qui se reflètent dans les eaux vertes de l'Ill ou qui bordent, en particulier, la rue du **Bain-aux-Plantes★★**, font son charme.

**Place Kléber (JY)** – C'est la plus célèbre de Strasbourg. Au centre de la place s'élève la statue de Jean-Baptiste Kléber (1753-1800) sous laquelle reposent les cendres du héros qui s'illustra à la défense de Mayence (1793), à Fleurus et à Maëstricht, participa à la campagne d'Égypte conduite par Bonaparte et mourut assassiné par un musulman au Caire.

⊘ ►► Cour du Corbeau★ – Ponts couverts★. – Barrage Vauban (panorama★★) – Musée alsacien★★ **M³** – Musée historique★ **M²** – Église St-Thomas (mausolée du maréchal de Saxe★★) – Orangerie★ – Palais de l'Europe★ – Promenades en vedette.

# SUC-AU-MAY★★★

Cartes Michelin nᵒˢ 72 – pli 19 ou 239 pli 27 – Guide Vert Berry Limousin.

A 908 m d'altitude, le Suc-au-May est l'un des quatre sommets qui émergent des monts des Monédières, dans un paysage dominant de quelque 300 m le plateau limousin aux hameaux rudes, aux lourdes maisons de granit couvertes d'ardoise, aux versants tapissés de fougères autant que de bruyères.

Par temps bien dégagé, un **panorama★★★** immense s'y déploie sur le socle cristallin du Massif central dont la topographie lourde, apparemment insensible aux mouvements du sol de l'ère tertiaire, donne le spectacle d'une régularité et d'une horizontalité presque parfaites. L'œil attentif y discerne cependant une inclinaison du Sud-Est vers le Nord-Ouest, qui témoigne du soulèvement subi par l'ensemble du Massif central sous la formidable poussée du soulèvement des Alpes et que permettent de mesurer les altitudes significatives du plateau central cristallin : 1 432 m au mont Pilat, 1 360 m dans le Forez, 1 000 m dans le Livradois, 873 m au pied des volcans récents des Dômes, 515 m aux monts de Blond et 285 m à St-Michel-Mont-Mercure en Vendée.

Dans cette immensité, formant premier plan au Nord-Est, le plateau de **Millevaches**, toit du Limousin, donne l'image la plus typée de la « montagne » limousine.

# SURGÈRES

6 049 habitants
Cartes Michelin nᵒˢ 71 pli 3 ou 233 pli 15 – Guide Vert Poitou Vendée Charentes.

Surgères s'est développée autour d'une petite cité fortifiée (jardin public) où subsiste l'**église Notre-Dame★**, de style roman poitevin, intéressante par sa façade (refaite au 19e s.) caractéristique et son clocher à colonnettes.

En 1578 Ronsard publie les Amours d'Hélène, après celles de Cassandre et de Marie. Le poète, alors âgé de 54 ans, soupirant assidu et éconduit, s'est retiré à Montoire dans son prieuré de St-Gilles pour écrire ce recueil de sonnets. Devenu sensible à la fragilité des choses, il y célèbre l'empire qu'exerçait alors sur lui Hélène de Surgères, fille d'honneur de Catherine de Médicis qui avait su conserver sa réputation dans l'ambiance dissolue de la cour.

« Quand vous serez bien vieille, au soir, à la chandelle... »

**Le beurre des Charentes : de la vigne à l'élevage** – En 1872 la Charente est encore un département vinicole et Surgères un centre réputé de distillation des vins et d'élaboration des eaux-de-vie.

Plusieurs demeures anciennes conservent des sculptures témoignant de cette activité. Survient le phylloxéra, la vigne est anéantie. En 1876, en Saintonge et en Aunis, les viticulteurs sont ruinés.

A Surgères on savait alors, par des prisonniers revenus de la guerre de 1870, que les paysans du Jura suisse mettaient en commun leur production dans les « fruitières » fromagères. On savait aussi que le beurre pouvait être fabriqué industriellement. Et depuis 1867 une boulangerie coopérative fonctionnait dans la région et commercialisait ses pains.

Eugène Biraud, propriétaire terrien de Chaillé *(4 km au Nord-Est)*, comprend alors que le salut se trouve dans le renouvellement de l'activité et des méthodes. En associant ces trois facteurs (mise en commun de la matière première, fabrication industrielle, organisation coopérative du commerce), il fonde, le 13 janvier 1888, avec 12 voisins, la première laiterie coopérative et expédie quelques jours plus tard trois mottes de beurre à Paris. Le succès répond à l'attente ; les coopératives laitières se répandent dans les plaines calcaires du Poitou et de l'Aunis. Surgères est devenue le principal centre de fabrication de beurre des Charentes et des associations ou organismes qui en dérivent, si bien que ses industries anciennes se sont reconverties (cuves en métal). Le beurre « Charentes-Poitou », distingué par une appellation d'origine qui garantit et délimite sa zone de production, est très apprécié des gourmets.

# Gorges du TARN★★★

Cartes Michelin n°s 80 plis 4, 5, 6, 14 ou 240 plis 6, 10.
Guide Vert Gorges du Tarn.

Les gorges du Tarn constituent la grande curiosité naturelle du rebord Sud du Massif central et un ensemble de sites d'un intérêt très soutenu et très varié.
Le Tarn prend sa source au mont Lozère, à 1 575 m d'altitude. Il descend les pentes des Cévennes d'un cours rapide et torrentueux. A Florac, il pénètre dans la région des Causses, partie la plus spectaculaire de son cours, où, jusqu'à Millau, il s'abaisse de 190 m.

## DE FLORAC A MILLAU  *83 km - environ 4 h*

A parcourir ce trajet caussenard ou les vallées affluentes (Jonte, Dourbie) ; à gravir les versants par les routes qui en divergent, étroites, en lacet, tirant parti de toutes les possibilités d'escalade (Ste-Énimie, la Malène, les Vignes) ; à travers la surface mal dégauchie du causse Méjean percée de grottes, l'esprit reste confondu devant le spectacle de la nature et l'opiniâtreté des hommes. Le paysage, généralement apprécié sous le soleil estival, doit aussi être vu dans l'humidité des saisons intermédiaires où les vapeurs et les brumes permettent à la végétation de reprendre ses droits et à la vie rurale d'assurer sa survivance ; voire dans les frimas de l'hiver. Alors qu'au fond des gorges la rivière coule sur un lit de cailloux, les falaises de calcaire, dont certains bancs compacts atteignent 50 m d'épaisseur, révèlent le gigantisme de la sédimentation au cours des durées, inconcevables par l'imagination, de l'ère secondaire. Les débris de roches arrachés par les pluies aux montagnes environnantes, les algues, les polypiers, les éponges, les coraux, les crustacés, les squelettes de poissons s'accumulaient et s'agrégeaient, au fond des mers chaudes et peu profondes, sous leur propre poids, au Sud du Massif central mais surtout dans cette zone. En subissant la chaleur de leur propre pression, ils ont constitué cette carapace épaisse de 600 m. Cette dernière révèle la puissance du soulèvement alpin qui a porté cette dalle rocheuse à près de 1 000 m d'altitude, l'a fracturée par endroits (discordances des couches de part et d'autre de la vallée), ouvrant ainsi, au Sud de Ste-Énimie et du cirque des Baumes au Rozier, la voie aux gorges actuelles. Le monde souterrain (**aven Armand★★★**) offre à ceux qui le découvrent le spectacle, insoupçonné à la surface, de la dissolution des roches, de leur effondrement, de leur érosion interne, de son hydrologie et de son concrétionnement.
Alors que les gorges du Verdon sont désertes et celles de l'Ardèche bien abandonnées, ici les hommes se sont acharnés à vivre et au cours des siècles ont valorisé cette nature hostile. En témoignent les villages installés près des terres arables au fond des gorges et sur les replats (Ste-Énimie, la Malène, les Vignes...), les châteaux (brigandage et sécurité) postés sur des sites défensifs ; les fermes isolées sur le plateau cultivant le fond meuble des dolines, épierrant les champs (délimitation des propriétés et clôtures pour l'élevage), œuvrant au reboisement du causse en sapins noirs d'Autriche après les coupes inconsidérées du 19e s.

★★ **Les Détroits** - Les surplombs de ces rochers colorés marquent la partie la plus resserrée du canyon.

★★ **Cirque des Baumes** - Entre les Détroits et le Pas de Souci, sur la rive droite, la concavité du canyon dessine ce cirque d'une magnifique ampleur.

**Rocher de Cinglegros** - *Sur la rive gauche, à hauteur du mas de Lafont.* Formidable rocher détaché en avant de la paroi.

★★★ **Le Point Sublime** - *Rive droite - allongement de 26 km entre la Malène et les Vignes.* Magnifique belvédère sur le causse et le canyon dominant l'ensemble du cirque des Baumes.

★★ **Roc des Hourtous** - *Rive gauche - allongement de 25 km entre la Malène et les Vignes.* Spectacle du plateau du causse Méjean et vue plongeante sur les Détroits et le cirque des Baumes.

Les gorges du Tarn vues depuis le roc des Hourtous.

# Abbaye du THORONET★★

Cartes Michelin nᵒˢ 84 pli 6 ou 114 pli 21 ou 245 pli 34 – Guide Vert Côte d'Azur.

L'**abbaye du Thoronet** ⊙, fondée en 1136, du vivant de saint Bernard (11 ans avant celle de Silvacane et 12 avant celle de Sénanque, ses deux sœurs provençales), constitue l'un des ensembles cisterciens les plus représentatifs des premiers temps de l'ordre et des plus austères.

Son architecture, exempte de toute décoration distrayante et coûteuse, est d'un dépouillement tel que les deux chapiteaux gothiques bien frustes de la **salle capitulaire**★ y détonnent.

L'**église**★, d'une beauté sans artifice, a été construite à partir de 1160 en moellons remarquablement taillés et disposés (observer le cul-de-four de l'abside).

Le **cloître**★ (vers 1175) conserve ses quatre galeries voûtées en berceau. La déclivité du terrain y est plus apparente que dans l'église ; mais, non encore stabilisée, elle exige des travaux importants de réfection.

# TOUL★

17 281 habitants
Cartes Michelin nᵒˢ 62 pli 4 ou 242 pli 17 – Guide Vert Alsace et Lorraine.
Plan dans le guide Rouge Michelin France.

A dater du 11ᵉ s., Toul fut gouvernée par ses évêques, bien souvent en lutte contre les citains (bourgeois). Avec Metz et Verdun, elle composa l'ensemble des Trois Évêchés qu'annexa Henri II en 1552 et qui furent reconnus à la couronne en 1648 par le traité de Münster.

Ses anciennes fortifications furent remaniées, à la fin du 17ᵉ s., par Vauban qui redessina en particulier la porte de Metz. En 1871, Toul fit partie du système défensif de Séré de Rivières (fort de Villey-le-Sec – *7 km à l'Est*), organisé et appuyé sur de grands ouvrages polygonaux semi-enterrés par lequel la IIIᵉ République voulut garantir la « trouée de Lorraine ».

★★ **Cathédrale St-Étienne** – 1221-1496. La proximité de la Champagne et de son gothique primitif (église N.-D.-en-Vaux et cathédrale de Châlons-sur-Marne) s'y manifeste par une élévation très simple, à deux étages (grandes arcades et fenêtres hautes), par un chevet réduit à une abside que garnissent des verrières hautes et étroites du 13ᵉ s. et par la galerie de circulation qui règne dans les bas-côtés, à la base des fenêtres. Les arcs gothiques très aigus des cinq premières travées de la nef dénotent le style rayonnant du 14ᵉ s.

La **façade**★★ flamboyante, surchargée de motifs d'architecture, fut amputée, à la Révolution, des statues qui garnissaient ses niches et ses piédroits. Elle est représentative de la fin du 15ᵉ s. par ses tympans ajourés garnis de vitraux et par son grand gâble triangulaire un peu antérieur. Les gâbles en accolade, aux rampants concaves du registre inférieur, plus tardifs, trahissent déjà la Renaissance tout comme les parties hautes et le petit lanternon central.

⊙ ►► Église St-Gengoult (cloître★★) – Musée municipal★.

# TOULON★★

Agglomération 437 553 habitants
Cartes Michelin nᵒˢ 84 pli 15 ou 114 pli 45 ou 245 pli 46 – Guide Vert Côte d'Azur.
Plan dans le guide Rouge Michelin France.

Au pied d'un amphithéâtre de collines couronnées de forts, Toulon est le deuxième port de guerre français.

**Le siège de 1793** – En 1793, en Corse, une insurrection antirévolutionnaire gagne toute l'île. Elle oppose Bonaparte, acquis aux idées républicaines, et Paoli *(voir à Corte),* tenant de la monarchie. Ce dernier jouit du soutien de l'Angleterre dont les navires cinglent entre le golfe d'Ajaccio, celui de St-Florent et la grande rade de Toulon, ville restée fidèle au roi et livrée par ses dirigeants à une flotte anglo-espagnole.

Dans la lutte qu'elle mène contre les ennemis de l'étranger et les opposants de l'intérieur, la Convention se doit d'intervenir. Le 15 décembre, les Anglais sont installés dans des redoutes sur la presqu'île de St-Mandrier et entre la Seyne et le fort Balaguier, « le Petit Gibraltar ». L'armée de la Convention bloque la ville à l'Est par son infanterie et la menace au Nord-Ouest par son artillerie. Un jeune capitaine d'artillerie, du nom obscur de Bonaparte (il avait quitté la Corse début juin), comprend la situation : il fait redéployer et réorienter ses canons pour qu'ils tiennent sous leur feu les redoutes anglaises elles-mêmes. Devant ce danger et après la perte du Petit Gibraltar, les Anglais rembarquent dans la nuit du 18, abandonnant les Toulonnais à leur sort.

La répression, adoucie par le capitaine, fait de nombreuses victimes dans la population mais épargne la ville. Le talent manifesté par Bonaparte lui vaut le grade de général et lui fait un nom dans l'armée et la classe politique.

★★ **La rade** – L'aménagement portuaire de Toulon, entrepris sous Henri IV par la création des digues de la vieille darse, se poursuivit sous Louis XIII lorsque Richelieu, discernant la valeur de la rade, créa les premiers ateliers de l'arsenal militaire. Sous Louis XIV, Colbert confie à Vauban l'agrandissement de l'arsenal et le creusement, de 1680 à 1700, d'une darse neuve à l'Ouest. Au 19ᵉ s., l'annexe du Mourillon et la darse de Castigneau complètent cet ensemble devenu le port d'attache de l'escadre de la Méditerranée.

La grande rade, de la presqu'île de St-Mandrier au cap Carqueiranne, sert de plan d'eau avancé à l'ensemble portuaire. La petite rade, fermée au Nord par la tour Royale et la grande jetée, au Sud par la pointe de la Vieille, abrite les installations du port et des chantiers navals. C'est là que, le 27 novembre 1942, l'escadre française se saborda (60 navires sombrèrent) pour ne pas tomber aux mains des nazis qui venaient d'étendre leur occupation à la France entière. Tous ces navires se trouvaient rassemblés là, rappelés par l'amirauté, après que le 3 juillet 1940, désarmés et au mouillage à Mers el-Kébir *(8 km à l'Ouest d'Oran)*, ils eurent subi le feu de la flotte britannique.

Toulon – Un atlante
de Pierre Puget.

★ **Le port** ⊙ – Longé par le quai de Stalingrad (Embarcadère pour les promenades en vedettes ⊙). A l'Ouest, la porte du musée de la Marine est l'ancienne porte de l'arsenal. La qualité de ses sculptures, Mars à gauche et Bellone à droite, colonnes de marbre à chapiteaux doriques encadrant des tableaux ornés de symboles et d'animaux marins, en fait un chef-d'œuvre (1738) du style Louis XV.

Le balcon d'honneur de l'ancien hôtel de ville est soutenu par deux **atlantes**★ de Pierre Puget d'une musculature puissante.

★★★ **Mont Faron** – C'est le plus oriental des chaînons provençaux de calcaire blanc tributaires du soulèvement des Pyrénées à l'ère tertiaire.

★ **Musée-Mémorial du Débarquement en Provence** ⊙ – De la terrasse de la tour Beaumont, à 507 m d'altitude, **panorama**★★★ sur l'arrière-pays (pins maritimes), les îles d'Hyères, l'ensemble de la rade et la côte de Sanary à Bandol. Diorama des opérations de débarquement, dans la nuit du 14 au 15 août 1944, et de la libération du territoire d'Anthéor à Marseille. Le deuxième front ainsi ouvert cède par la libération de Marseille ; l'ennemi en retraite est pris en tenaille et contraint à reculer très vite de crainte d'être coupé de ses arrières.

⊙ ►► Corniche du mont Faron★★ – Musée de la Marine★ – Vieille ville★.

# TOULOUSE★★★

Agglomération 608 430 habitants
Cartes Michelin nᵒˢ 82 pli 8 ou 235 pli 30 – Guide Vert Pyrénées Roussillon.
Plan dans le guide Rouge Michelin France.

Toulouse, la sixième agglomération urbaine de France à l'heure actuelle, se trouve située au point de convergence des influences méditerranéenne par le seuil du Lauragais, atlantique par la vallée de la Garonne, espagnole par les grandes vallées descendant des Pyrénées centrales et ariégeoises ; aussi est-elle, depuis l'époque gallo-romaine, une étape sur les routes fréquentées par les peuples.

Elle fut la capitale du royaume wisigothique et connut la prospérité commerciale du 9e au 13e s. alors que les « capitouls » administraient la cité sous le patronage des comtes Raymond dont la dynastie constituait alors « la cour la plus aimable d'Europe ». Malheureusement la crise albigeoise, au 13e s., ruine leur puissance politique et fournit aux rois capétiens l'opportunité d'étendre leur autorité sur le Languedoc. L'académie des Jeux floraux, au 14e s. la doyenne des académies, le boom du pastel (teinture de qualité extraite d'une sorte de très grosse salade aux feuilles bleu-vert) au 16e s. maintiennent malgré tout son rayonnement.

**L'aventure aérienne** – Dès 1917, le Sud-Ouest accueillait des industries stratégiques, comme l'aéronautique, que l'on désirait éloigner des frontières menacées. Entre les deux guerres, Toulouse est ainsi devenue la base de la première ligne aérienne régulière exploitée au départ de la France.

**Clément Ader** (1841-1925) – Né à Muret. Ce précurseur expérimente vers 1870, au polygone de Toulouse, un « ballon », puis imagine un dirigeable. Le 9 octobre 1890, il réalise le premier vol humain sur une distance de 50 m.

**Pierre Latécoère** (1883-1943) – Construit des avions pour l'armée pendant la Première Guerre mondiale. Le 25 décembre 1918, avec Cornemont, il réalise le vol expérimental d'études vers Barcelone par Perpignan. C'est le concepteur et l'animateur de la « Ligne » vers Dakar et le Brésil.

**Didier Daurat** (1891-1969) – Un meneur d'hommes, directeur des services d'exploitation de Latécoère, de l'Aéropostale puis d'Air France. Il crée le 10 mars 1919 la première liaison postale entre Toulouse et Casablanca réalisée par Henri Lemaître (inauguration officielle le 1er septembre).

**Émile Dewoitine** (1892-1979) – Fondateur de l'industrie qui devint l'Aérospatiale. Créateur du chasseur Dewoitine 520.

**Antoine de Saint-Exupéry** (1900-1944) – Pilote sur la ligne Toulouse-Casablanca, il prospecte, le 3 mai 1923, son prolongement sur Dakar (inauguré le 1er juin 1925) ; puis ouvre les lignes de Patagonie. Il est aussi l'auteur de *Courrier Sud, Vol de nuit, Terre des hommes, Le Petit Prince.*

**Jean Mermoz** (1901-1935) – Pionnier de la ligne Rio de Janeiro-Santiago du Chili par le survol des Andes. Il établit, le 12 mai 1930, la première liaison postale avec l'Amérique du Sud. Il disparaît en mer à bord de son hydravion La Croix-du-Sud.

**Henri Guillaumet** (1902-1940) – Organise chez Latécoère la ligne des Andes et accomplit 393 traversées de la Cordillère.

**21 avril 1949** – Jean Gonord accomplit le premier vol d'essai du Leduc 010. Cet avion à tuyère thermo-propulsive de René Leduc, inventeur du statoréacteur, est considéré comme le prototype des appareils à très haute vitesse des prochaines décennies.

**27 mai 1955** – Premier vol de Caravelle piloté par P. Nadot. Le premier avion de transport français à réaction.

**2 mars 1969** – Le Concorde, à l'admirable fuselage effilé dessiné par Servanty, rendu possible par les progrès techniques réalisés depuis 12 ans, est essayé par André Turcat. C'est le premier supersonique de transport commercial.

**1992** – 1er vol Airbus A330 conçu et réalisé pour transporter 335 passagers.

## LA VILLE DE BRIQUES

Depuis le haut Moyen Age, Toulouse compte au nombre des grands centres artistiques de France. De cette période reculée, seules témoignent encore la basilique St-Sernin et les sculptures romanes du musée des Augustins.

L'essor économique et l'extension urbaine que connut alors Toulouse posa aux maîtres d'œuvre le problème du matériau, les carrières les plus proches étant distantes de 80 km. C'est donc le limon de la Garonne qui fournit les briques

# TOULOUSE

| | |
|---|---|
| **C** Hôtel de Fumel | **E** Hôtel Béringuier- |
| **D** Basilique N.-D.- | Maynier |
| de-la-Daurade | **L** Tour Pierre Séguy |
| | **M¹** Musée du Vieux-Toulouse |
| | **R** Tour de Sarta |

nécessaires. Ce matériau robuste, bon marché, facile d'emploi mais ingrat pour le décorateur, apportait un surcroît naturel d'austérité à la pauvreté voulue par les ordres mendiants dont l'influence s'exerçait sur la ville.

★★★ **Basilique St-Sernin** (DX) – L'édifice, qui honore la mémoire de saint Sernin (ou Saturnin), l'un des martyrs de la Gaule, fut commencé vers 1080. D'une première campagne de construction qui prit fin en 1118, et où la brique et la pierre se mêlent, se distingue la seconde où la brique est exclusive.

St-Sernin est un magnifique exemple de ces grandes abbatiales romanes de pèlerinage. Par leurs vastes vaisseaux à trois ou à cinq nefs, elles composaient un ensemble (Cluny, St-Martin de Tours, St-Martial de Limoges, St-Hilaire-le-Grand de Poitiers, St-Remi de Reims... St-Jacques-de-Compostelle) sur lequel la papauté pouvait s'appuyer pour asseoir la réorganisation territoriale de l'Église, la reconquête sur les musulmans, la réduction de l'hérésie cathare... et la monarchie, sa mainmise sur le Languedoc.

St-Sernin est toulousaine surtout par son clocher dont les étages supérieurs s'éclairent d'arcs de brique en mitres doubles dont l'intervalle est percé d'un losange.

★★ **Les Jacobins** (DY) ⊙ – Les Jacobins furent la première « maison » des Frères Prêcheurs. Cet ordre avait été fondé à **Fanjeaux** *(20 km au Sud de Castelnaudary)*, en 1215, par **saint Dominique** (1170-1221) pour seconder les légats d'Innocent III dans leur lutte contre l'héré-sie cathare en Lauragais. A la pauvreté mendiante que saint François d'Assise venait d'assigner à ses fils spiri-tuels, il ajouta pour ses disci-ples l'exigence d'une solide for-mation théologique qui leur per-mette de l'emporter dans les « disputes » avec les propa-gandistes cathares, par la connaissance de la vérité et par la maîtrise de la parole néces-saire à l'enseignement de la doctrine.

Les Jacobins représentent le monument déterminant dans la naissance et le développement, à partir de 1230, du gothique méridional sous l'influence des ordres mendiants.

L'église primitive, rectangu-laire, édifiée de 1230 à 1235, fut agrandie au milieu du siècle, puis, de nouveau, de 1275 à 1292, pour faire face aux be-soins nés de l'extension de la communauté. Elle subit alors une transformation radicale par la réfection de son abside et l'élévation de sa nef. La largeur de l'édifice et l'impossi-bilité de l'étayer de l'extérieur pour des raisons de voirie et de cadastre interdisant le lance-

Toulouse – La voûte de l'église des Jacobins.

H. Champollion/OUEST-FRANCE

ment d'une nef unique, on dut conserver sa division intérieure originale en deux vaisseaux. Son voûtement fut décidé en raison de l'incendie qui venait de ravager l'église charpentée de l'ordre, à Bayonne. L'admirable voûte à nervures et le somptueux pilier du chœur, le « palmier », d'où rayonnent 22 ogives, sont l'expédient imaginé par l'architecte, en 1292, pour couvrir le **vaisseau**★★★ qui précède de quelque 170 ans les voûtes en réseau du gothique tardif. Le clocher, de 1298, postérieur à la surélévation de celui de St-Sernin, devint le modèle de ceux des grandes et riches églises du Midi (tout comme le mur-pignon de l'église voisine de N.-D.-du-Taur le fut pour les églises rurales) par son plan octogonal, sa grande hauteur, ses arcs en mitre, ses ouvertures en losange.

La nef fut rebâtie au 14e s. après l'achèvement du cloître.

Sous un maître-autel en marbre gris provenant de Prouille reposent les reliques de saint Thomas d'Aquin, dominicain auteur de la *Somme,* ouvrage capital par lequel il tenta d'intégrer la philosophie d'Aristote à la théologie chrétienne.

★ **Capitole** (DY H) – C'est l'hôtel de ville de Toulouse. Il doit son nom à l'assemblée des « Capitouls ». Sa façade, ornée de pilastres ioniques, est un bel exemple de l'architecture urbaine du 18e s. où alternent les moellons de pierre et les chaînages de brique.

★ **Cathédrale St-Étienne** (EY) – Elle est intéressante par le contraste qu'elle offre entre sa nef ancienne, de Raymond VI, voûtée dès 1212, grande salle d'assemblée dans la tradition méditerranéenne, et le chœur entrepris 60 ans plus tard sur le modèle des églises gothiques du Nord par l'architecte Jean Deschamps qui s'en était fait le propagandiste une fois le Languedoc réuni à la Couronne.

La nef et le chœur ne sont pas dans le même axe et donnent l'impression de n'être pas faits l'un pour l'autre. Contrairement au plan de réfection prévoyant une reconstruction totale, on dut en effet conserver la nef primitive et se contenter entre eux d'un raccordement de fortune exigeant des prouesses architecturales dans ce qui aurait dû devenir le bras gauche du transept.

★★ **Musée des Augustins (DEY)** ⓥ – Installé dans l'ancien couvent. Dans la salle capitulaire, célèbre pietà des Récollets.

Les admirables **sculptures romanes**★★★, colonnes et chapiteaux surtout, souvent taillées dans le marbre gris des Pyrénées, proviennent, pour la plupart, des cloîtres démolis au 19e s. de St-Sernin, de la Daurade et de St-Étienne. Cette œuvre sculptée, principalement du 12e s., manifeste l'influence de Moissac dont la Daurade était un prieuré, voire de Chartres ou de St-Denis où probablement Gilbertus, le sculpteur du cloître de St-Étienne, travailla quelque temps.

ⓥ ►► Hôtel d'Assézat★ **(DY)** – Musée St-Raymond★★ *(archéologie)* – Muséum d'Histoire naturelle★★ – Musée Paul Dupuy★ *(arts appliqués, du Moyen Age à nos jours)* **(EZ)**.

# Le TOUQUET★★★

5 596 habitants
Cartes Michelin nᵒˢ 51 pli 11 ou 236 pli 11 – Guide Vert Flandres Artois Picardie.
Plan dans le guide Michelin France.

Situé à l'embouchure de la Canche, Le Touquet n'était qu'un lieu-dit formé de dunes sauvages quand il fut acheté en 1837 par un particulier qui le boisa en pins maritimes et le lotit en partie en 1876. Au début du 20e s. une société britannique, le « Touquet Syndicate », s'y intéresse et y édifie de nombreuses demeures. Le développement est tel qu'en 1912 Paris-Plage devient une commune sous le nom du **Touquet Paris-Plage** fréquentée alors par la « gentry » et la haute bourgeoisie parisienne.

Aujourd'hui, la plage élégante des grandes familles du Nord, surnommée la « perle de la Côte d'Opale », a pris la dimension d'une station européenne grâce à son importante structure d'accueil, à son centre de thalassothérapie, à ses casinos et à sa richesse en équipements sportifs comprenant golfs, tennis, centre hippique, char à voile, etc. La ville se partage entre une zone résidentielle aux luxueuses villas de style anglo-normand ou modernes, disséminées dans la forêt de 800 ha, et la station balnéaire qui s'allonge au bord de la magnifique plage de sable fin.

Le centre-ville présente un plan en damier dont les grands axes sont les rues commerçantes de St-Jean et de Paris.

# TOURNUS★

6 568 habitants
Cartes Michelin nᵒˢ 69 pli 20 ou 243 plis 39, 40 – Guide Vert Bourgogne.
Plan dans le guide Rouge Michelin France.

Tournus fut d'abord une vieille cité des Éduens, puis un castrum gallo-romain installé sur une terrasse de la rive droite de la Saône, puis une étape fréquentée par la batellerie fluviale. Dès l'époque mérovingienne, des sanctuaires élevés sur le tombeau de saint Valérien en font l'un des plus anciens centres monastiques de France qui se développa jusqu'à recevoir, au 9e s., des moines venant de l'île de Noirmoutier et fuyant devant les invasions normandes en transportant avec eux les reliques de saint Philibert. Sa richesse lui valut la convoitise des hordes hongroises qui le saccagèrent en 937.

★★ **Église St-Philibert** – 25 ans plus tard la réfection de l'église était entreprise. De la fin du 10e s. datent la **crypte**★ où d'archaïques traditions carolingiennes subsistent dans le plan des chapelles et dans la voûte annulaire du déambulatoire en berceau continu, ainsi que le narthex dont les formidables piliers à tailloir circulaire sont une des réussites de l'art roman à son début. Aux 10e et 11e s., on élève la façade, percée d'archères et traitée comme un vrai donjon (mâchicoulis postiches du 19e s.).

Au début du 11e s., après l'incendie de 1006, on lance le programme de la nef. L'élévation de ses admirables piliers ronds est exceptionnelle dans toute l'architecture médiévale, de même qu'est originale sa couverture (début 12e s.) par cinq berceaux transversaux. Les avantages de cette solution apportée au problème de la grande voûte sont incontestables : suppression des poussées latérales donc des risques de déversement à la naissance de la voûte ; annulation mutuelle des poussées longitudinales ; appuis extrêmes pris sur le narthex et le transept. Aussi est-il étonnant qu'elle n'ait pas fait école.

Le transept et le chœur, du 12e s., avec son berceau annulaire sur doubleaux divergents, montrent la rapidité de l'évolution du style roman.

# TOURS★★

Agglomération 271 927 habitants
Cartes Michelin nᵒˢ 64 pli 15 ou 232 plis 35, 36 ou 238 pli 13.
Guide Vert Châteaux de la Loire.
Plan dans le guide Rouge Michelin France.

Tours, bâtie en tuffeau et couverte d'ardoise, occupe, entre la Loire et le Cher, un isthme à l'abri des crues. Ce fut d'abord un village gaulois qui, à l'époque gallo-romaine, devint un centre commercial et administratif actif. L'atmosphère lumineuse du Val y a exercé son attrait sur de nombreuses personnalités.

**Saint Gatien :** 3ᵉ s. Évangélisateur de la Gaule et premier évêque de Tours.

**Saint Martin :** 316-397. Sa renommée auprès des petites gens fait de la « ville de St-Martin » un but de pèlerinage et un carrefour de routes.

**Grégoire de Tours :** 6ᵉ s. Le chroniqueur des temps mérovingiens.

**Alcuin :** fin du 8ᵉ s. Met en œuvre le renouveau intellectuel voulu par Charlemagne et fonde une école de copistes connue pour l'élégance de sa calligraphie et de ses enluminures.

**Jean Fouquet :** 1420-1481. Le portraitiste de Charles VII.

**Louis XI :** 1423-1483. Introduit dans la ville le tissage de la soie et du velours.

**Jean Bourdichon :** 1457-1521. Miniaturiste, peintre de Charles VIII. Décorateur, pour François Iᵉʳ, du camp du Drap d'or.

**Jean Clouet :** 1485-1541. Peintre de François Iᵉʳ.

**Pierre de Ronsard :** 1524-1585. Poète individualiste, retiré au prieuré de St-Cosme.

**Anatole France :** 1844-1924. Humaniste quelque peu sceptique et cependant confiant (Crainquebille : 1901). Se plaît à la Béchellerie et St-Cyr-sur-Loire.

**Henri Bergson :** 1859-1941. Philosophe de l'avant-guerre qui étudia les domaines de la conscience, de l'intuition, de la matière. Séjour à la Gaudinière.

★★ **Le Vieux Tours** (ABY) – Le compagnonnage (de « cum panis » : avec qui on partage le pain) fut au long des siècles en honneur à Tours où trois sociétés étaient encore présentes à la fin du 19ᵉ s., conservant leurs traditions du Devoir et de vie familiale autour d'une Mère. Un **musée du Compagnonnage★★** ⊙ permet d'admirer des chefs-d'œuvre de charpentiers, couvreurs, ardoisiers, forgerons, serruriers, selliers...

**Château** (CY) – Dans cet ensemble archéologique se distinguent à l'Ouest les bases du rempart gallo-romain du 4ᵉ s. et de la résidence des comtes d'Anjou au 11ᵉ s. ; la tour de Guise (13ᵉ-15ᵉ s.) à toit en poivrière et mâchicoulis ; la poterne ; le logis du Gouverneur (15ᵉ s.) surmonté de lucarnes à gâbles et le logis des 18ᵉ et 19ᵉ s.

★★ **Cathédrale St-Gatien** (CDY) – Sa reconstruction, à la suite d'un incendie, entreprise vers 1235, dura près de deux siècles et demi : chœur au temps de Saint Louis ; nef au temps de Charles VII et du duc Jean V de Bretagne qui, proba-blement, fit exécuter un grand vitrail par un maître verrier rennais ; façade au temps de Louis XI et de Charles VIII, flamboyante avec son tympan ajouré et son gâble triangulaire et déjà Renaissance par les lanternons qui couronnent ses tours.

Ses verrières vont du 13ᵉ s. (fenêtres hautes du chœur) au 14ᵉ s. (roses des croisillons) et au 15ᵉ s. (grande rose de la façade). Le tombeau des enfants de Charles VIII *(chapelle du croisillon droit)* est une œuvre de l'école de Michel Colombe (16ᵉ s.) disposée sur un socle ouvragé par Jérôme de Fiesole. Le lustre du chœur (« Râteau » de lumière) est une œuvre fort rare du 18ᵉ s.

★ **La Psalette** (CY) ⊙ – La Psalette est l'ensemble architectural du cloître St-Gatien, attenant à la cathédrale au Nord, et destiné aux chanoines et à la maîtrise. La transition du gothique à la Renaissance s'y observe entre l'architecture et la décoration de l'escalier à vis qui dessert l'étage où subsistent la « librairie », belle salle voûtée d'ogives, et la petite salle des Archives construite en 1520.

★ **Place Plumereau** (ABY) – C'est l'ancien « carroi » (carrefour) bordé de belles demeures du 15ᵉ s. en pierre et à pans de bois. A l'angle de la rue du Change et de la rue de la Monnaie, un poteau cornier sculpté représente, quelque peu mutilée, la circoncision de Jésus.

★★ **Musée des Beaux-Arts** (CDY) ⊙ – Aménagé dans l'ancien évêché des 17ᵉ et 18ᵉ s., dont les salons sont garnis de boiseries Louis XVI ou tendus de soieries de Tours. Il présente des œuvres d'art provenant des châteaux disparus de Richelieu, de Chanteloup et des grandes abbayes tourangelles. La peinture concerne surtout les 19ᵉ et 20ᵉ s. français outre la Résurrection et le Christ au jardin des Oliviers, chefs-d'œuvre de Mantegna (école de Padoue, fin du 15ᵉ s.).

★ **Prieuré de St-Cosme** ⊙ – *3 km à l'Ouest du pont Wilson, au Sud de la Loire.* Ce prieuré, en ruine, fut celui où se retira Ronsard. Il vécut et mourut dans le logis du prieur, charmante petite maison du 15ᵉ s., puis fut inhumé dans l'église (vestiges).

**Château de Plessis-lès-Tours** ⊙ – *3 km au Sud-Ouest du pont Wilson.* Le modeste bâtiment actuel ne représente qu'une petite partie du château construit par Louis XI et pour lequel ce roi nourrissait une prédilection. La chambre mortuaire du souverain est encore revêtue de sa décoration de lambris à « plis de serviettes » très prisée au 15ᵉ s. Ce roi, de tempérament inquiet, d'esprit plus politique que militaire, sut imposer son autorité au pays, achever la guerre de Cent Ans et régénérer la vie économique. Il rattacha au domaine royal le duché de Bourgogne, les villes de la Somme, l'Artois et la Franche-Comté en 1477 ; le Maine et l'Anjou en 1481 ; la Provence en 1486. Durant les dernières semaines de son règne, entouré de quelques familiers, il dissimula, au château du Plessis, les atteintes de la maladie pour ne pas altérer le prestige de la monarchie.

⊘ ►► Rue Briçonnet★ – Place Grégoire-de-Tours★ – Hôtel Gouin★ *(musée de la Société archéologique de Touraine)* – Historial de Touraine★ *(au château)* **M³** – Aquarium tropical – Jardin de Beaune-Semblançay★ **B** – Musée        des Équipages militaires et du train★.

# TRÉGUIER★★

2 799 habitants
Cartes Michelin nᵒˢ 59 pli 2 ou 230 pli 7 – Guide Vert Bretagne.

Tréguier est une ville bretonne du Moyen Age, commandant un aber long de 9 km, dessiné par une dislocation de l'ancien socle granitique bombé et usé du plateau du Trégor.

La cité, évangélisée au 6ᵉ s. par saint Tugdual, moine d'origine galloise, devint de bonne heure une ville épiscopale. Monsieur **Saint-Yves** (1253-1303), le saint breton le plus populaire, y fut juge ecclésiastique ; il est souvent représenté rendant entre le pauvre et le riche une justice non vénale et, à ce titre, il est devenu le patron des avocats attentifs à lire le droit.

A plusieurs reprises, la ville et le Trégor connurent la dévastation. Ils furent saccagés de 1345 à 1347 par les Anglais venus, à la demande de Jean de Montfort, les châtier en représailles du soutien qu'ils avaient apporté à Jeanne de Penthièvre dans la guerre de Succession de Bretagne *(voir à Josselin)* ; pillés en 1592 par les Ligueurs pour avoir soutenu Henri IV par attachement à une décision du parlement de Rennes ; ravagés en 1789 pour leur opposition à la Révolution, engendrée par le poids des impôts et la Constitution civile du clergé.

Place du Martray, la ville honore **Renan** (1823-1892) dont elle conserve la **maison natale** (musée) ⊘.

★★ **Cathédrale St-Tugdual** – C'est une des plus belles cathédrales de Bretagne. Commencée en 1339, elle relève, en dépit du granit, du style anglo-normand. A l'extérieur, observer la tour d'Hastings, romane, à laquelle s'appuie le croisillon gauche ; les rampants et les toits d'ardoise allégés par des balustrades ; deux porches au flanc droit, celui du Peuple très breton par son importance et ses statues des apôtres, et celui des Cloches dont les sculptures sont rongées par le temps.

A l'intérieur, le style gothique lancéolé survit dans son élévation à trois étages. Il faut surtout remarquer la frise de tuffeau sculpté qui règne sous le triforium aveugle ; la **Grande Verrière**★ de la *vigne mystique (croisillon droit)* qui garnit une **fenêtre**★ aux fines lancettes flamboyantes ; le Christ de Trémel, du 13ᵉ s., en bois *(déambulatoire)* ; et *(dans la nef)* la copie du mausolée de St-Yves qu'avait élevé Jean V. Le **cloître**★ ⊘ (1458) est l'un des rares qui subsistent en Bretagne. Ses galeries lambrissées à char-

Tréguier – Le cloître.

pente apparente et sablières sculptées s'ouvrent par 48 belles arcades ; observer ses contreforts épaulés par de petits arcs-boutants et les gisants (du 15ᵉ au 17ᵉ s.) La cour du cloître est fleurie d'hortensias.

## Forêt de TRONÇAIS★★★

Cartes Michelin nᵒˢ 69 pli 12 ou 238 plis 32, 43, 44 – Guide Vert Auvergne.

Au Nord du bocage bourbonnais, autrefois très forestier dans son ensemble, la forêt de Tronçais couvre 10 954 ha.

Cette forêt fut confisquée au bénéfice de la monarchie lorsque François Iᵉʳ mit fin à l'indépendance du duché du Bourbonnais en 1527. Elle connut une dégradation lente mais grave qui appela, en 1670, l'attention de Colbert ; très préoccupé d'assurer l'avenir de la marine royale en bois de carénage et de mâture, le grand ministre la fit protéger et réensemencer. Mais, en 1788, l'ouverture de forges à Tronçais entraîna une nouvelle destruction du capital forestier et le retour à l'état de taillis sous futaie des deux tiers de sa surface pour satisfaire aux besoins en charbon de bois.

Forêt de TRONÇAIS

Heureusement des mesures conservatrices furent prises en 1832. Depuis 1928, six séries de vieux bois, couvrant 650 ha, ont vu leur révolution (cycle d'exploitation) portée à 225 ans.

Les chênaies les plus belles, les **Hauts-Massifs★★★**, où se rencontrent des sujets exceptionnels, tricentenaires pour certains, se situent à l'Est du rond Gardien (chênes Carré, Émile-Guillaumin et Charles-Louis-Philippe) et à l'Ouest du rond de Buffévent dans la série de Richebout (chênes Jacques-Chevalier, de la Sentinelle et des Jumeaux). Pour les géographes, la région de Tronçais marque aussi le contact entre les pays de la France du Nord et du Sud : langue d'oïl – langue d'oc ; anciens chars ruraux à quatre roues – à deux roues ; toits d'ardoises ou de tuiles plates (Cérilly) – toits de tuiles creusées disposées en faible pente (bassin de Vichy).

⊘ ► ► Séries de l'Ouest★ – Futaie Colbert★ – Étangs de St-Bonnet★, de Pirot★, de Saloup★.

# TROYES★★

Agglomération 122 763 habitants
Cartes Michelin n⁰ˢ 61 plis 16, 17 ou 241 pli 37 Guide Vert Champagne.
Plan dans le guide Rouge Michelin France.

Comme Reims, Troyes est une capitale de la Champagne, mais tournée vers le plateau de Langres et la Bourgogne. La ville s'est installée dans la plaine de la Seine, le long des itinéraires commerciaux entre la Flandre et l'Italie. Elle se développe, à partir du 12e s., lorsque deux foires annuelles de trois mois y attirent artisans et négociants de toute l'Europe. A la fin du 14e s., le déplacement des courants commerciaux marque le déclin de ces échanges.
Plusieurs personnalités travaillèrent ou virent le jour à Troyes.

**Saint-Loup :** 383-478. Né à Toul ; compagnon de saint Germain d'Auxerre ; fondateur d'une abbaye, évêque de Troyes, préserve sa ville des fureurs d'Attila.
**Chrestien de Troyes :** 1135-1183. Auteur de romans courtois de chevalerie et de chansons de geste.
**Jean Juvénal des Ursins :** 1350-1431. Magistrat qui conduisit pour Charles VI la négociation du traité d'Arras (1414), face à Jean sans Peur, qui aurait dû mettre un terme à la guerre entre Armagnacs et Bourguignons.
**Pierre Mignard :** 1612-1695. Peintre, séduisant coloriste, portraitiste de Mazarin, Mme de Sévigné, Turenne, Colbert et auteur de la gigantesque fresque sous la coupole de l'église N.-D.-du-Val-de-Grâce à Paris.
**François Girardon :** 1628-1715. Sculpteur ; œuvre à la statuaire des jardins de Versailles et au tombeau de Richelieu dans l'église de la Sorbonne à Paris.

Le traité de Troyes, signé le 21 mai 1420 entre Charles VI le roi dément et Henri V d'Angleterre, remettait le royaume au souverain anglais : l'inconduite notoire d'Isabeau de Bavière excluant de la succession le « soi-disant dauphin » Charles VII.

**M¹** Maison de l'Outil
et de la Pensée ouvrière
**M³** Hôtel de Vauluisant
**M⁵** Pharmacie de l'Hôtel-Dieu

Au tout début du 16e s., la bonneterie s'installe à Troyes ; avec elle, la draperie, la teinturerie, la papeterie... et l'aisance. Si bien qu'après l'incendie de la ville en 1524, on put relever rapidement les demeures particulières et les églises dans un style où se perçoit l'italianisme d'artistes venus de Fontainebleau vers 1540 mais où persistent les traditions médiévales champenoises.

La sculpture – dans ce pays d'où la pierre est absente – s'illustre par Jean Gailde et Jacques Julyot ; elle reflète tout d'abord les malheurs du temps (la Ste-Marthe du maître de Chaource dans l'église Ste-Madeleine), puis l'amabilité d'un art plus suave (la Vierge au raisin de l'église St-Urbain) et enfin la grâce italianisante apportée par Le Florentin.

En même temps l'art du vitrail s'épanouit. Le verrier est désormais un peintre sur verre ; dans ses ateliers il réutilise ses cartons pour plusieurs sanctuaires éloignés les uns des autres (rentabilité). Le graphisme évolue, des belles compositions (arbre de Jessé) divisées en registres, aux scènes accolées les unes aux autres et commentées dans des phylactères (une sorte de bande dessinée avec ses « bulles ») et aux grisailles de St-Pantaléon. Les verts champenois sont célèbres.

**La bonneterie** – Dès 1505, les bonnetiers troyens fabriquent des bonnets et des bas tricotés à la main ; ils reçoivent leurs premiers statuts en 1554. En 1746, les administrateurs des hôpitaux de la ville installent, à l'hôpital de la Trinité, des métiers à fabriquer les bas afin de procurer du travail aux enfants pauvres qu'ils hébergent. La bonneterie troyenne groupe quelque 300 entreprises à l'heure actuelle.

L'**hôtel de Vauluisant**★ ⊙, du 16e s. (**M'**), abrite un musée de la Bonneterie où l'on peut suivre l'évolution des procédés et des techniques de fabrication et expose des collections d'articles dont certains remontent au 18e s., des machines et des métiers anciens.

★★ **Le Vieux Troyes** – Le plan du quartier ancien évoque curieusement la forme d'un bouchon de champagne : la cité occupant la tête, le bourg constituant le corps. Les maisons sont pour la plupart à colombage soutenu par des piliers verticaux soudés par des traverses plus que par des « écharpes » (obliques) ou des croix de St-André.

La garniture la plus élégante en est le damier champenois, assemblage de briques, d'ardoises ou de moellons de craie bien disposés, plutôt que le torchis. La rue Champeaux, la ruelle des Chats, la rue de Vauluisant, la cour du Mortier-d'Or en proposent de très belles.

La **maison de l'Outil et de la Pensée ouvrière**★ ⊙ (hôtel de Mauroy) (**M'**) vaut par son architecture et par ses collections. La noblesse du travail s'y concrétise par la diversité parfois subtile mais jamais gratuite des formes, la personnalisation et la fonction hautement spécialisée d'un outil. Plus que la beauté de quelques-uns (varlopes) artistement décorés, le lent façonnage de la plupart (marteaux) par le contact avec la main et avec le matériau est attachant.

L'**église Ste-Madeleine**★ ⊙, la plus ancienne de Troyes, très remaniée au 16e s., est célèbre pour son **jubé**★★ de Jean Gailde aux arcs ogifs festonnés, sans support intermédiaire, ses verrières (Passion, Création du monde, arbre de Jessé) et la **statue de Sainte Marthe**★, frappante par sa gravité.

★★ **Cathédrale St-Pierre-et-St-Paul** – Entreprise en 1208, c'est par sa magnifique ampleur un chef-d'œuvre du gothique champenois du 13e au 16e s. Le chœur en fut achevé en 1228, remarquable par son élévation à trois étages totalement ajourés (la première réalisation de cette nature et d'une telle ampleur), les bras du transept en 1300, les voûtes de la nef en 1497.

La maison du Boulanger
et la tourelle de l'Orfèvre.

En 1506 arrive Martin Chambiges qui avait déjà travaillé à Sens. Il dessine dans le style flamboyant, avec festons et gâbles ouvragés, la belle façade Ouest que son fils Pierre, son gendre et son petit-fils Jean Bailly poursuivirent jusqu'en 1556.

Les **vitraux**★★ qui couvrent 1500 m² font de la cathédrale une immense cage de verre et l'un des plus grands monuments où cet art s'est déployé. Du 13e s. : les grandes figures du chœur, la *Passion* du vitrail axial ; du 14e s. : les fenêtres hautes du transept ; de la fin du 15e s. : l'arbre de Jessé (fenêtrage supérieur de la 6e travée à droite) dont les personnages et les rinceaux sont admirables ; du 16e s. : la grande rose occidentale où Jean Soudain a peint la cour céleste en 1546 ; du 17e s. : le *Pressoir mystique* de Linard Gontier (1626) où l'Église affirme ses dogmes lors de la Contre-Réforme.

★★ **Musée d'Art moderne** ⊘ – La collection, rassemblée depuis 1939 par Pierre et Denise Levy, industriels de la bonneterie troyenne, compte des milliers de pièces datées de 1850 à 1950, en grande partie données à l'État et exposées dans l'ancien évêché.

Le collectionneur a connu les artistes, fréquenté leurs ateliers et s'est lié d'amitié avec les plus grands. Dans l'ensemble exposé, les œuvres des Fauves qui, avec Braque, Dufy, Matisse, Van Dongen, font « rugir la couleur » sont particulièrement bien représentées ; de même que Derain, l'un des premiers à avoir apprécié l'art africain, et Maurice Marinot, verrier troyen et peintre. Le mouvement des Fauves s'est dissipé vers 1910, lorsque les peintres se façonnèrent les uns les autres et allèrent vers le cubisme et l'abstraction.

⊘ ►► Basilique St-Urbain★ – Église St-Pantaléon★ – Musée St-Loup *(beaux-arts et archéologie★)* – Pharmacie★ de l'Hôtel-Dieu **M⁵**.

# VAISON-LA-ROMAINE★★

5 663 habitants
Cartes Michelin nᵒˢ 81 plis 2 ou 245 pli 17 ou 246 pli 9 – Guide Vert Provence.
Plan dans le guide Rouge Michelin France.

Vaison permet d'imaginer l'urbanisme et la vie privée dans une cité gallo-romaine, il y a 18 ou 20 siècles.

La ville était une capitale celte lorsque les Romains s'en emparèrent 60 ans avant la conquête de la Gaule par Jules César. Ils en firent une cité de grands propriétaires terriens, probablement aussi peuplée qu'Arles ou Fréjus, et l'un des centres de la Gaule Transalpine puis de la Narbonnaise. Elle fut ruinée par les invasions barbares.

★★ **Ruines romaines** ⊘ – Elles occupent surtout deux quartiers dont la ville moderne a permis le dégagement de part et d'autre de l'avenue du Général-de-Gaulle.

Le **quartier de la Villasse**, à l'Ouest, présente les vestiges d'un ensemble urbain organisé de chaque côté d'une grande rue centrale dallée, bordée de boutiques, de maisons particulières et d'une basilique. La maison du Dauphin (30 avant J.-C.) et celle au Buste-d'argent sont intéressantes à observer.

Le **quartier de Puymin**, à l'Est, conserve surtout les vestiges de la maison des Messii avec son atrium, son péristyle et ses thermes. Le théâtre *(accès par un tunnel)*, adossé à une colline, date de la période d'Auguste ; seules les fondations de la scène, creusées dans le roc, ont été conservées. Les gradins furent reconstitués par Jules Formigé en 1932 et un mur de scène cachant le paysage doit être imaginé, un peu comme celui d'Orange.

⊘ ►► Musée archéologique Théo-Desplans★ – Ancienne cathédrale Notre-Dame (maître-autel★) – Cloître★ – Chapelle de St-Quenin★.

# Château de VALENÇAY★★

Cartes Michelin nᵒˢ 64 pli 18 ou 238 pli 16 – Guide Vert Châteaux de la Loire.

A partir de 1540, Jacques d'Étampes reconstruit le **château** ⊘ médiéval de Valençay. Plus encore qu'à Azay-le-Rideau, cependant entrepris 22 ans plus tôt, les souvenirs de l'architecture féodale jouent ici un rôle affirmé d'ornement pittoresque : tourelles, faux donjon dans le rôle du pavillon d'entrée, faux mâchicoulis, faux chemin de ronde monté sur consoles (et non plus sur corbeaux). La première Renaissance, italianisante, prévaut dans les très hautes toitures percées de lucarnes et dont les cheminées sont traitées à la façon de petits temples antiques à pilastres, dans les balustrades des entablements, dans les fenêtres séparées par des pilastres et des tableaux de pierre, et surtout dans la superposition des ordres répondant aux canons de Vitruve selon leur interprétation publiée en 1521.

L'aile Ouest fut ajoutée au 17e s. et remaniée au 18e s.

En 1803, le domaine est acquis par **Charles-Maurice de Talleyrand-Périgord** (1754-1838) aux frais presque exclusifs de Bonaparte encore Premier Consul.

Pendant près d'un quart de siècle ses appartements, ses salons et les terrains de chasse proches du Boischaut du Nord servirent la diplomatie française où excella le prince qui tint les plus hauts emplois de l'État, de Louis XVI à la Restauration.

Les appartements abritent un mobilier de qualité des époques Régence, Empire, Retour d'Égypte. Des tapis de la Savonnerie (18e s.), la table ronde « du Congrès de Vienne » (en fait celle du salon du palais Kaunitz, ambassade de France à l'époque du Congrès), un portrait de la princesse de Bénévent (épouse de Talleyrand), dû au talent de Mme Vigée-Lebrun, méritent une attention particulière.

# VANNES★★

45 644 habitants
Cartes Michelin nᵒˢ 63 pli 3 ou 230 plis 36, 37 – Guide Vert Bretagne.
Plan dans le guide Rouge Michelin France.

Vannes occupe un site de tête de marée au fond du golfe du Morbihan.

Dans l'Antiquité, ce fut la capitale de l'un des peuples les plus puissants de la Gaule, **les Vénètes**, issu d'Europe centrale et dont un autre rameau s'était fixé en Vénétie (Italie du Nord). Ces hardis navigateurs entretenaient des relations commerciales avec les îles anglaises.

En 56 avant J.-C., durant la guerre des Gaules, en une journée, ils perdirent 200 navires de haute mer, dépourvus d'armes à longue portée, immobilisés par un calme plat, harponnés, désarticulés par les béliers, découpés par les haches dont les Romains avaient équipé leurs bateaux à rames, et envahis, à l'abordage, par les fantassins de César. La journée fut décisive pour établir la popularité du proconsul au Capitole et sur le forum romains et pour lui valoir l'adhésion de ses légionnaires. Mais aussi pour plonger la Bretagne dans une longue somnolence.

C'est à Vannes qu'est née l'unité bretonne au 9ᵉ s. **Nominoé**, distingué par Charlemagne qui l'avait fait comte, est élevé en 826 à la dignité de duc par Louis le Pieux qui, pour la paix intérieure de l'Austrasie, avait choisi de confier l'Armorique à un Breton plutôt qu'à un Franc.

Dix ans plus tard, Nominoé fait de Vannes sa capitale ; il secoue en 850 la tutelle de Charles le Chauve en enlevant aux Francs les marches bretonnes de l'Est et du Sud puis repousse les Normands et réduit, à son profit, le rôle du haut clergé.

Christiane Olivier

Vannes – Les remparts et les lavoirs.

★★ **Vieille ville** – Enfermé dans ses **remparts**★, le quartier de la cathédrale conserve sa physionomie de vieille ville-marché remarquable par ses maisons de bois à colombage sur un rez-de-chaussée de granit avec piliers, arcades et linteaux.

La **Cohue**★ est une halle du 14ᵉ s. encastrée dans les autres demeures, au cœur des rues les plus fréquentées de l'enclos religieux primitif. Le premier étage a conservé jusqu'en 1796 sa fonction de palais où se rendait la justice ducale et le rez-de-chaussée son rôle de marché jusqu'en 1840.

Autour de la **place Henri-IV**★ et à sa proximité, les vieilles demeures à colombage sont belles avec leurs longues « écharpes » (pièces de bois obliques raidissant l'ossature), leurs encorbellements, leurs pilastres de granit et leurs pignons du 16ᵉ s. bardés d'ardoises.

★ **Cathédrale St-Pierre** – C'est un robuste monument de granit. Extérieurement, observer son bas-côté gauche couvert d'une terrasse à balustrade et les pignons aigus de style flamboyant breton qui séparent les chapelles. A l'intérieur, une lourde voûte d'arêtes du 18ᵉ s. couvre la nef du 15ᵉ s. et masque une charpente lambrissée.

## ENVIRONS

★★ **Golfe du Morbihan** ⊘ – Cette petite mer de 20 km sur 15 a été formée par un affaissement récent du sol et une montée du niveau de l'océan dans les rivières de Vannes et d'Auray à la suite de la fonte des grands glaciers quaternaires. Les découpures du littoral, la multitude des îles et le jeu des marées qui modifient sa physionomie font l'originalité de ce paysage.

★ **Château de Suscinio** ⊘ – Ce fut la résidence d'été des ducs de Bretagne. Un rare pavement du 13ᵉ s. témoigne de la recherche décorative dont il fit l'objet (accès au logis par un escalier à vis de 94 marches). Les grands bâtiments qui bordaient la cour sont en partie ruinés. Une plate-forme de tir, à la base de la tour Nord-Ouest, témoigne d'aménagements militaires, probablement à l'époque de la guerre de Succession.

**Port-Navalo** – Il ferme le golfe du Morbihan. Vue.

★★ **L'Ensemble mégalithique de Locmariaquer** ⊙ – Dans le cadre d'un programme de sauvegarde et de mise en valeur des sites mégalithiques, cet ensemble regroupe le **Grand Menhir brisé** (sans doute volontairement abattu et cassé en quatre morceaux, après avoir longtemps servi d'amer) ; la **table des Marchand,** dolmen récemment restauré et dont le cairn a été intégralement refait ; le **tumulus d'Er-Grah** en cours de fouilles.

★ **Presqu'île de Quiberon** – Autrefois une île, Quiberon a progressivement été rattachée au continent par une langue de sable au Nord du Fort de Penthièvre. A la côte Ouest, rocheuse, découpée et ventée appelée Côte Sauvage, s'oppose la côte Est, bordée de plages de sable fin et abritée.
C'est de Quiberon que partent les bateaux pour **Belle-Île**★★.

⊙ ► ► Remparts★ – Musée de la Préhistoire★ – Aquarium★ océanographique et tropical – Cairn de Gavrinis.

# Massif de la VANOISE★★★

Cartes Michelin n⁰ˢ 74 plis 17, 18, 19 et n⁰ˢ 77 plis 7, 8, 9
ou 244 plis 20, 21, 31, 32 et 33 – Guide Vert Alpes du Nord.

Le célèbre massif de la Vanoise s'étend entre les vallées de l'Arc et de l'Isère. Classé parc national depuis 1963, il est composé de deux zones concentriques. La zone périphérique (1 450 km²) regroupe les plus grands domaines skiables du monde, notamment les 3 Vallées (Courchevel, Méribel, Les Ménuires-Val Thorens). La zone centrale (530 km²), accessible aux randonneurs, constitue un milieu naturel exceptionnel protégé par une réglementation stricte. Renfermant des villages pittoresques et de belles forêts, la Vanoise est surtout un secteur de haute montagne : 107 sommets dépassent 3 000 m et les glaciers occupent 88 km². La faune (chamois, bouquetins, marmottes) et la flore (environ 2 000 espèces) sont d'une rare richesse. Nous indiquons ci-dessous quelques sites particulièrement remarquables. Se munir de bonnes chaussures de marche.

Le lac Blanc et le col de Soufre

★★★ **Val-d'Isère** – Prestigieuse et sportive, cette station commande un paysage grandiose dominé par de hauts sommets (Grande Sassière, Grande Motte).

★★★ **Rocher de Bellevarde** – *Par téléphérique.* Panorama sur la Tarentaise, le Mont-Blanc.

★★ **Refuge de Prariond** – *2 h à pied AR.* Belle promenade variée (gorges, escalades...).

★★ **Réserve naturelle de la Grande Sassière** – Ce cadre splendide de lacs et de glaciers s'étend au-dessus du barrage de Tignes. La faune et la flore sont riches et faciles d'approche. Du parking du Saut, on accède au **lac de la Sassière**★★ *(1 h à pied)* et au **glacier de Rhême-Golette**★★ *(2 h 30)* à près de 3 000 m d'altitude.

★★★ **Tignes** – Alt. 2 100 m. La station s'ordonne autour du lac de Tignes dans un **site**★★ dominé par la silhouette resplendissante du glacier de la Grande Motte (3 656 m). Nous conseillons vivement aux personnes que ne rebutent pas 5 à 6 h de marche la randonnée suivante : **col du Palet**★★, **pointe du Chardonnet**★★★ (montée vertigineuse) ou **col de la Croix des Frêtes**★★, **lac du Grattaleu**★, **col de Tourne**★.

★ **Peisey-Nancroix** – Ce village, situé dans la chatoyante **vallée du Ponturin**★, est une porte d'accès classique au parc et est relié au domaine skiable des Arcs.

★★ **Lac de la Plagne** – *4 h à pied AR.* Magnifique parcours dans un cadre riant et fleuri, au pied du sommet de Bellecôte (3 417 m) et du Mont Pourri (3 779 m).

★ **Pralognan** – Alt. 1 400 m. C'est la principale base de randonnées dans la Vanoise.

★★ **Col de la Vanoise** – Alt. 2 517 m. *4 h AR.* Vues sur la Grande Casse (3 855 m).

★★ **Col d'Aussois** – Alt. 3 015 m. *5 h de montée.* Tour d'horizon magnifique.
*On peut aussi accéder à ces deux cols à partir de Termignon et Aussois en Maurienne.*

★★ **La Saulire** – Alt. 2 738 m. *Par télécabine.* Panorama sur la Vanoise et l'Oisans.

★ **Réserve naturelle de Tuéda** – Belle forêt de pins Cembro au bord du lac de Tuéda.

★★★ **Cime de Caron** – Alt. 3 198 m. *2 h 30 AR par télécabine et téléphérique.* Panorama inoubliable sur les Écrins, la Tarentaise et le Mont-Blanc.

# Château de VAUX-LE-VICOMTE★★★

Carte Michelin n° 106 plis 33, 34 – Guide Vert Ile-de-France.

Au cœur de la Brie française, le château de Vaux-le-Vicomte est l'œuvre de **Nicolas Fouquet,** surintendant des Finances depuis Mazarin, qui a édifié sa fortune en avançant de l'argent au roi et en se remboursant – intérêts compris – sur les entrées du trésor public. Si bien que « l'épargne se fit chez lui ».

En 1656, il décide de bâtir Vaux, concrétisation de sa réussite. Il choisit pour architecte Louis Le Vau qui connaît Maisons-Laffitte *(p. 218)* ; pour décorateur Charles Lebrun, aidé de Girardon et de Legendre pour les stucs ; pour jardinier André Le Nôtre ; pour majordome Vatel, et il s'attache La Fontaine comme poète appointé. En 1661, Vaux présente sa physionomie actuelle. Fouquet – qui avait escompté la succession de Mazarin jusqu'à la décision du roi de gouverner lui-même – s'est aliéné Colbert. Plus grave encore, il a osé chercher les grâces bienveillantes de Mlle de La Vallière. A 46 ans, Fouquet a sous-estimé la force de dissimulation du jeune roi de 23 ans aux prises en outre avec des difficultés financières considérables. Il se croit invulnérable et la fête donnée à Vaux, le 17 août, à la demande du souverain, trop somptueuse, acheva de blesser ce dernier dans son amour-propre. Durant la soirée, Louis XIV ronge son frein ; il est néanmoins subjugué par l'apparition du baroque. Le 10 septembre, Fouquet est arrêté à Nantes et mis sous les verrous, ses biens séquestrés, son chantier stoppé et ses artistes retenus pour Versailles. En 1875, un industriel, M. Sommier, acquiert le domaine et entreprend sa restauration.

En édifiant le **château** ⊙, Le Vau réalise le chef-d'œuvre du premier style Louis XIV annonciateur du souci primordial de la grandeur. Le monument devient le motif central d'une ample composition paysagère ; la brique qui commence à passer de mode est réservée pour les communs. La majesté des lignes, les pavillons latéraux intégrés (et non plus seulement juxtaposés) à la composition, les toits élevés à nombreuses cheminées et leur balustrade de pierre, les frontons sculptés, le rez-de-chaussée surélevé en entresol devenant le bel étage et faisant perdre son importance à la cage d'escalier, le grand salon central en légère saillie sur les jardins assurent le succès de ce plan imité pendant près de 150 ans.

Lebrun manifeste, ici, la diversité et la richesse de son talent. Il travaille à partir de 1659, mais le temps lui manque et la rotonde centrale à seize cariatides du Grand Salon reste inachevée ; dans la chambre du Roi, son œuvre annonce les Grands Appartements de Versailles.

Le Nôtre, dans les **jardins**★★★, sait ordonner les perspectives. Les terrasses, les vases, les buis taillés, les miroirs d'eau et les orangers (transportés à Versailles) participent à la composition.

Vaux-le-Vicomte – Façade du château.

287

Le souci essentiellement décoratif du classicisme naissant (Villandry) est ici dépassé et les facéties du baroque tempérées par le sens de la majesté. Les trois principales lignes d'eau – douves du château, bassins allongés des « Canaux », Grand Canal – apparaissent, au dernier moment, de façon assez théâtrale. Mystification accordée au goût de l'époque, l'architecture des grottes semble reposer sur la bordure du dernier bassin carré, au centre de la perspective, le vallon du Grand Canal échappant au regard. Les niches extrêmes des grottes abritent deux dieux-fleuves, l'un des vestiges les plus importants de la statuaire du 17e s. à Vaux. Du dernier bassin rond (la Gerbe), vue d'ensemble du château et du parc.

⊘ ►► Musée des Équipages★.

# Mont VENTOUX★★★

Cartes Michelin nᵒˢ 81 pli 3 ou 245 pli 17 ou 246 pli 10.
Guides Verts Alpes du Sud et Provence.

Le mont Ventoux ne rivalise pas, par son altitude et l'horizon montagneux qu'il embrasse, avec les sommets majeurs des Grandes Alpes ; mais, en avant de la chaîne, il se dresse à l'écart de toute cime concurrente dans une dénivelée exceptionnelle. C'est la plus spectaculaire des grandes arêtes formées par un « crêt » échancrant le flanc d'un « mont » plissé en dôme (anticlinal) des Alpes du Sud. Il domine les plis en berceau (synclinaux), d'Apt au Sud et de Nyons au Nord, selon un schéma géographique d'une simplicité comparable à celle des crêts et des vals de la morphologie jurassienne. C'est le point de mire de toute la Provence rhodanienne, souligné en hiver par un étincelant capuchon de neige.

La route qui le dessert compose une sorte d'itinéraire de promenade *(67 km)* entre Vaison et Carpentras. Sur les pentes mêmes du Ventoux, elle est coupée par la neige entre le 15 novembre et le 15 mars ⊘.

Une course automobile de côte s'y est disputée jusqu'en 1973. Certains étés, la montée du Ventoux représente une épreuve majeure du Tour de France cycliste.

★★ **Vaison-la-Romaine** – *Voir à ce nom.*

Après Malaucène, la route passe à proximité de la source vauclusienne du Groseau qui jaillit par plusieurs fissures au pied d'un escarpement. Elle traverse ensuite des bois de sapins et des pâturages ; la vue se dégage sur la vallée du Toulourenc où de grands talus d'éboulis masquent les couches plissées et inclinées de calcaire friable qui se délitent et se désagrègent. Après le mont Serein (alt. : 1 428 m) apparaissent les Dentelles de Montmirail et les Baronnies.

★★★ **Le sommet** – Alt. 1 909 m. Cet immense champ de cailloux blancs, éclatés par le gel, est occupé par une station radar, une tour hertzienne, un émetteur de télévision et une station météorologique. Le sommet, comme son nom l'indique, est particulièrement venté ; le mistral y souffle avec une furie sans pareille. La température y est, en moyenne, de 11° plus basse qu'au pied. Le botaniste y trouve des échantillons de la flore polaire comme la saxifrage du Spitzberg et le petit pavot velu du Groenland. Aux heures extrêmes de la journée et en arrière-saison, le **panorama**★★★ s'y déploie du massif des Écrins aux Cévennes et au littoral méditerranéen.

Au cours de la descente, en aval de Chalet-Reynard (alt. : 1 419 m), la route traverse des peuplements de pins d'Alep et de pins à crochets, de chênes verts et blancs, de cèdres et de hêtres avant de retrouver les vignes et les arbres fruitiers après St-Estève et Bédoin.

# Massif du VERCORS★★★

Cartes Michelin nᵒˢ 77 plis 3, 4, 12, 13, 14 ou 244 plis 27, 28, 37, 38, 39.
Guide Vert Alpes du Nord.

Ce grand massif des Préalpes du Nord, au relief plus calme que celui de la Chartreuse, est formé de plis couchés issus de la zone axiale et venus s'empiler ici. Au Nord, la montagne de Lans, orientée vers Grenoble, constitue une région pastorale longtemps restée à l'écart du reste du massif en raison de l'absence de route dans les gorges de la Bourne.

A l'Ouest, le Vercors proprement dit présente une structure géologique simple : son épaisse carapace de calcaire urgonien a résisté en plaques à l'attaque de l'érosion qui s'y exerce surtout dans les festons, au débouché du plateau sur la plaine de Royans, dans les cluses qui échancrent ses bombements plissés et dans les grottes.

En 1944, le Vercors fut le théâtre d'un épisode tragique de la résistance en France durant la Seconde Guerre mondiale. Dès 1943 des formations militaires clandestines s'étaient constituées en pleine forêt pour organiser la forteresse naturelle qu'est ce massif montagneux ; elles furent rejointes, au printemps 1944, par plusieurs milliers de combattants patriotes et de « réfractaires ». Les raids allemands contre leurs positions s'intensifièrent en juin. L'ennemi, qui avait besoin de toutes ses forces pour contrecarrer la progression des Alliés en Italie et la pression des troupes débarquées en Normandie qui préparaient leur percée sur Mortain et Falaise, ne pouvait pas laisser un front intérieur s'ouvrir sur ses arrières et menacer ses voies de communications. Le maquis du Vercors repousse plusieurs attaques dotées de puissants renforts le 19 juillet, aéroportées le 21. Les résistants, réduits, reçoivent le 23 juillet l'ordre de dispersion. 700 habitants ou défenseurs du Vercors étaient tombés, plusieurs villages étaient en ruine.

Cimetière national au Nord de Vassieux-en-Vercors.

★★★ **Gorges de la Bourne** – D'une homogénéité extraordinaire, elles s'évasent d'amont en aval et débouchent sur l'ancienne ville drapière de **Pont-en-Royans** dont les maisons, suspendues à la falaise, composent un site original.

★★★ **Combe Laval** – La route, taillée dans une formidable paroi calcaire, s'accroche, vertigineusement, 600 m au-dessus du vallon supérieur du Cholet.

★★★ **Grands Goulets** – Ce passage héroïque (plusieurs tunnels – route ouverte en 1851) est saisissant par son encaissement et son étroitesse. Il permet d'observer, à sa partie supérieure, le début du travail d'érosion opéré par le Vernaison dans une structure géologique encore peu démantelée. Le village des Barraques-en-Vercors fut détruit par les Allemands en janvier 1944.

★★ **Col de Rousset** – *Gagner la sortie Sud de l'ancien tunnel désaffecté.* Le col est tout autant une limite climatique que morphologique entre les Alpes du Nord et celles du Sud. Il offre, ainsi que la route en lacet qui s'en échappe, une vue saisissante sur les grandes parois du Vercors, sur la dépression de Die, 960 m plus bas, et sur le fouillis des croupes arides infiniment répétées du Diois.

# Grand Canyon du VERDON★★★

Cartes Michelin n°s 81 pli 17 ou 84 plis 6 et 7
ou 114 plis 7 à 10 ou 245 plis 34, 35 – Guide Vert Alpes du Sud.

Le Verdon, descendu du col d'Allos, affluent de la Durance, entaille les Préalpes de Castellane de gorges sans rivales en Europe où l'hostilité de la nature a découragé toute installation humaine.

Le Grand Canyon du Verdon.

**Le Grand Canyon** – Entre le confluent du Jabron à l'Est (pont de Carajuan) et son débouché dans le lac de Ste-Croix à l'Ouest (pont du Galetas), sur 26 km, le Verdon a creusé dans le calcaire jurassique son gigantesque et vertigineux canyon, tantôt dans l'axe même d'un pli en dôme (anticlinal) où il a pénétré à la faveur des dislocations du sol, tantôt en s'enfonçant sur place selon son tracé antérieur (phénomène d'antécédence) à l'ère tertiaire, sous l'influence du soulèvement alpin, lorsque l'ensemble de la région s'est soulevé.
Des buis et des chênes verts soulignent les arêtes et les assises des strates de calcaire.
A la crête, l'écartement des corniches varie de 200 à 1 500 m ; la largeur au fond, de 8 à 90 m ; la profondeur, de 250 à 600 m. Une telle hauteur de parois rend sensibles ce que furent l'ampleur et la durée de la sédimentation jurassique.

★★★ **La Corniche Sublime** – *Rive Sud.*
Des balcons de la Mescla au col d'Illoire, la route *(20 km)*, accidentée et sinueuse, a été tracée de façon à révéler les sites les plus impressionnants : **Balcons de la Mescla**★★★ d'où la vue plonge sur le confluent (mêlée) des eaux de l'Artuby et du Verdon ; **Pont de l'Artuby**★ qui enjambe une gorge aux parois rigoureusement verticales ; tunnels du Fayet dominant l'Étroit des Cavaliers ; **Falaise des Cavaliers**★ haute de 300 m.

★★★ **La route des Crêtes** – *Rive Nord.*
Ce circuit *(23 km au départ de la Palud)* offre une succession de belvédères sur la partie la plus spectaculaire des gorges. Plus à l'Est, le **Point Sublime**★★★ domine l'amont du canyon et le **Couloir de Samson**★★.

★ **Castellane** – *Page 249.*

★★ **Moustiers-Ste-Marie** – C'est « la ville » du plateau de Valensole, dépression comblée par les alluvions du Verdon. Elle vaut par son **site**★★ de gorge sur laquelle un baron, de retour des Croisades, a tendu une chaîne de fer forgé, et par son église au **clocher**★ orné d'arcatures lombardes. La faïencerie y fut introduite en 1679 ; les pièces de Moustiers les plus recherchées, décorées au grand feu *(p. 146)*, sont traitées en camaïeu bleu et représentent de séduisantes scènes de chasse.

*Pour trouver la description d'une ville ou d'une curiosité isolée, consultez l'index.*

# VERDUN★★

20 753 habitants
Cartes Michelin nᵒˢ 57 pli 11 ou 241 pli 23 – Guide Vert Alsace et Lorraine.
Plan dans le guide Rouge Michelin France.

Située sur la rive gauche de la Meuse, Verdun fut une forteresse gauloise puis gallo-romaine.

Elle fit son entrée dans l'Histoire par le **traité de Verdun**, en 843. Un an après le serment de Strasbourg, les petits-fils de Charlemagne (les trois fils de Louis le Pieux) s'y répartissaient l'Empire en le démantelant, à l'encontre de la politique d'unité voulue par leur père. Lothaire, empereur, y recevait la zone centrale (Italie du Nord, Provence, Rhénanie, Pays-Bas) ; Louis, les pays germaniques et Charles le Chauve, la Gaule. C'était surtout un partage successoral où intervenaient la superficie des domaines et la richesse des bénéfices ; mais ses répercussions dominent encore la politique européenne au point que Joseph Calmette le considère comme « le traité le plus important de toute l'Histoire ».

15 ans plus tard, en 858, après la mort de Lothaire, Louis le Germanique, qui rêve d'expansion et de cieux cléments, déclenche « la première guerre franco-allemande » et, déjà, en pratiquant une attaque brusquée et en violant la neutralité de la Lorraine. Charles ne peut résister que grâce à l'appui du clergé conduit par l'évêque de Reims.

★ **La ville haute** – Place forte et siège d'un évêché, elle s'étage au-dessus de la Meuse. Elle fut assiégée le 31 août 1792 par le duc de Brunswick, occupée quelques semaines et libérée par la victoire de Valmy. Elle éprouva de nouveau un siège puis une occupation de 1870 à 1873. Puis, durant 18 mois, elle fut le point culminant de la Grande Guerre (p. 28).

Ses monuments marquants sont la **cathédrale Notre-Dame**★ construite sur le modèle des basiliques rhénanes (elle est bâtie sur le point le plus haut de la ville) et le **palais épiscopal**★ bâti par Robert de Cotte au 18e s.

⊘ ►► La Citadelle souterraine.

## VERDUN Haut lieu du souvenir★★★

La notoriété de Verdun est liée à la bataille dont l'enjeu était déterminant pour l'issue de la Première Guerre mondiale et sur laquelle se portait tout le regard du monde. Durant 18 mois s'y sont déployées des deux côtés de la ligne de front, et jusqu'à leur paroxysme, les plus hautes vertus dont les hommes soient capables : courage, héroïsme et patriotisme, dans l'horreur et la violence de l'Enfer de Verdun.

Lorsque l'Allemagne déclare la guerre à la France, le 3 août 1914, le centre de Verdun n'est qu'à 40 km de la frontière imposée en 1871. Mais le plan Schlieffen (Voir à Metz) ne prévoit pas, pour l'immédiat, d'activité importante dans ce secteur. Ce n'est donc qu'après son échec sur la Marne et après que la guerre de positions eut enterré et immobilisé les deux armées dans les tranchées que l'ennemi décide d'enlever la place fortifiée de Verdun pour prendre à revers l'aile droite de l'armée française et créer un choc psychologique.

A 7 h 15, dans le petit matin glacial du 21 février 1916, précédée d'une formidable préparation d'artillerie, est déclenchée, sous les ordres du général von Falkenhayn, l'attaque brusquée et frontale pratiquement contenue par le sacrifice du colonel Driant et de ses chasseurs à pied. Mais le fort de Douaumont tombe quatre jours plus tard. La nuit suivante, le général Pétain prend le commandement effectif et le conserve jusqu'au 30 avril ; appelé alors à de plus hautes responsabilités (au groupe d'Armées du Centre), il est remplacé sur le terrain par le général Nivelle (il fut élevé à la dignité de maréchal le 19 novembre 1918). La charnière a tenu ; la résistance française s'est révélée finalement infranchissable.

L'ennemi va donc essayer de faire céder les mâchoires de la tenaille : c'est la bataille aux Ailes en mars et avril (l'Argonne, les Éparges et, plus proches, la Cote 304, le Mort-Homme) ; puis la bataille d'usure destinée à « saigner à blanc l'armée française ». Mais le 11 juillet, l'ultime offensive allemande échoue devant le fort de Souville, à 5 km de Verdun ; les troupes du Kronprinz, fils de l'empereur Guillaume II, reçoivent l'ordre de rester désormais sur une stricte défensive.

La contre-offensive française se développe à partir d'octobre 1916. Le 20 août 1917, l'Enfer de Verdun s'apaise. Pour ce qui la concerne seule, la France y a jeté tous ses hommes valides et perdu 400 000 de ses enfants, gage de son avenir, mais prix de sa liberté.

### Les sites du recueillement 10 km au Nord-Est de Verdun

**La Cote 304** – Durant 14 mois, ce fut l'un des grands enjeux de la bataille aux Ailes. Attaquée le 20 mars 1916, elle fut enlevée trois mois plus tard et reprise le 24 août.

**Douaumont** – La **nécropole** des 15 000 tombes du cimetière national, le phare, le cloître, l'ossuaire dans les cryptes du monument rempli d'ossements anonymes en constituent le site le plus poignant.

Le **fort de Douaumont** ⊘, avec ses galeries et ses casemates, ses œuvres vives marquées à jamais par les impacts des obus, est le théâtre le plus symbolique et peut-être le plus héroïque des combats. Depuis le 5 août 1915 il n'abritait que quelques territoriaux de maintenance ; il fut enlevé par surprise le 25 février 1916 et repris le 24 octobre.

**La reprise de Douaumont** – « Préparée par un bombardement efficace (un obus de 400 creva l'étage supérieur et alluma un incendie dans le fort), l'attaque du 24 octobre, dirigée par le général Mangin, fut menée, à partir de 11 h 40, dans un épais brouillard, par le régiment colonial du Maroc. Quand le brouillard se leva, vers 14 h 30, les observateurs purent voir le bataillon Nicolaï escalader les ruines du fort. Les coloniaux, en arrivant sur le fort, y trouvèrent des fantassins du 321e de ligne qui, opérant en liaison à leur droite, les avaient devancés et avaient déjà planté le drapeau français sur les ruines de la superstructure. Quelques éléments ennemis, retranchés dans une casemate, se rendirent avec le commandant allemand du fort, dans la nuit du 24 au 25. Le 25, au matin, le fort entier, avec un grand butin d'armes, de munitions de toutes sortes et de vivres, était conquis. Le 26, quatre contre-attaques ennemies ne purent le reprendre. » *(Extrait du guide Michelin « Verdun ». Champs de Bataille 1914-1918 – édition 1919.)*

**Les Éparges** – Cet éperon des côtes de Meuse, qui domine la plaine de la Woëvre, tomba dès le 21 septembre 1914. Ce fut l'un des théâtres les plus disputés et les plus meurtriers de la guerre des Mines, repris le 10 avril 1915. Les entonnoirs ouverts par les fourneaux de mines, le Point C, le Point X, le monument du Coq et le cimetière du Trottoir en constituent les sites essentiels.

**Fleury-devant-Douaumont** – Le village fut pris le 23 juin et repris le 18 août 1916. Sous l'ombrage des pins, seuls quelques exhaussements de terrain localisent des maisons de cette bourgade anéantie. Chapelle moderne N.-D.-de-l'Europe.

**Butte de Montfaucon** – Occupée dès 1914, elle ne fut libérée que le 28 septembre 1918 par les assauts des régiments américains lancés sur les versants de ses hauteurs redoutablement défendues.

**Le Mort-Homme** – C'est l'un des sites de la bataille aux Ailes. Les assauts allemands y furent lancés à partir de la butte de Montfaucon. En mars et avril 1916, tous s'y brisent mais le 23 mai le sommet est enlevé ; vainement, car l'ennemi ne parvient pas à en déboucher. Le 30 août 1917 le Mort-Homme était reconquis ; « ils » avaient tenu le sommet mais « ils n'ont pas passé ».

**Tranchée des Baïonnettes** – Impressionnant lambeau de terrain (sous une dalle de protection monumentale) d'où pointent des canons de fusils équipés de leur baïonnette. Un bataillon de Vendéens et de Bretons fut enseveli ici le 10 juin 1916, dans sa tranchée dont les bombardements resserraient les lèvres, les fusils appuyés au parapet, prêts à l'attaque une fois les grenades lancées.

**Fort de Vaux** ⊘ – Pris le 7 juin 1916, évacué le 2 novembre, c'est le « fort du sacrifice ».

« Verdun est le cœur de la France » *(le Kronprinz impérial)*

« La bataille n'était plus qu'un homme en train de mourir » *(Fritz von Unruh)*.

Casemate.

# Château de VERSAILLES★★★

Carte Michelin n° 101 plis 22, 23 – Guide Vert Ile-de-France.
Plan de l'agglomération dans le guide Rouge Michelin France.

Création de la royauté française à son apogée, Versailles, qui fut (la période de la Régence mise à part) siège du gouvernement et capitale politique de la France de 1682 à 1789, doit sa réputation à l'exceptionnel ensemble composé par le **château** , **ses jardins** et **Trianon** . Le classicisme français atteint, là, son sommet.

Versailles « a apporté à l'Europe l'art de vivre, le bon ton, l'esprit de conduite et de repartie, l'amour du vrai, la tolérance, les valeurs humaines, le goût du beau, l'amour du travail bien achevé, le secret d'être sans paraître, le souci de faire briller les autres » *(Pierre Gaxotte).*

## LES SOUVERAINS – LA COUR – LE GOUVERNEMENT

**Louis XIII** – Né en 1601 – Épouse Anne d'Autriche en 1615

**Louis XIV** – Né en 1638 – Épouse Marie-Thérèse en 1660

| | |
|---|---|
| Le traité de Westphalie met fin à la guerre de Trente Ans ; il donne à la France une grande partie de l'Alsace, et consacre l'usage du français comme langue diplomatique. | **1648** |
| Le traité des Pyrénées met fin aux hostilités avec l'Espagne et donne à la France le Roussillon, la Cerdagne et l'Artois. | **1659** |
| A la mort de Mazarin, Louis XIV décide de gouverner lui-même – Arrestation de Fouquet – Colbert nommé surintendant des Finances – Campagne contre le protestantisme. | **1661** |
| Mesures contre les religieuses de Port-Royal. | **1664** |
| Guerre de Dévolution ; elle prend fin en 1668 par le traité d'Aix-la-Chapelle : la Flandre wallonne devient française. | **1667** |

| | |
|---|---|
| Guerre de Hollande ; terminée par la paix de Nimègue en 1678. | **1672** |
| Conquête de la Franche-Comté. | **1674** |

R.M.N.

Louis XIV par Lebrun.

La cour se tient à Paris, au Louvre (p. 194 et 203)

| | |
|---|---|
| Le 6 mai, la Cour et le gouvernement s'installent à Versailles. | **1682** |
| Marie-Thérèse meurt le 30 juillet. « C'est le premier chagrin qu'elle me cause », déplore le roi. Elle n'a occupé sa belle chambre qu'un peu moins de 15 mois. | **1683** |
| Le roi quitte alors son grand appartement de l'aile Nord du palais et se transporte sur la cour de Marbre. | |
| Révocation de l'édit de Nantes – Audience du Doge de Gênes. | **1685** |
| Réception des ambassadeurs du Siam – Guerre de la Ligue d'Augsbourg terminée en 1697 par le traité de Ryswick. | **1686** |
| Guerre de Succession d'Espagne ; la victoire de Denain permet la paix d'Utrecht en 1713 (acquisition de la frontière Nord). | **1701** |
| Répression de la révolte des Camisards : les « dragonades ». | **1702** |
| Mort du Grand Dauphin (né en 1661). | **1711** |
| Mort du duc de Bourgogne (né en 1682). | **1712** |
| Audience des ambassadeurs de Perse – Le 1er septembre, mort de Louis XIV. | **1715** |

La connaissance de la mythologie antique et de ses symboles est nécessaire pour apprécier Versailles comme il le conviendrait. Le château et ses jardins peuplés de statues peuvent en effet être considérés, dans leur ensemble, comme le « dernier temple solaire de l'humanité ».

Ci-dessous, nous mettons en regard quelques événements et réalisations artistiques majeurs permettant de jalonner l'évolution d'un monument en chantier durant plus de 150 ans.

Les événements extérieurs à Versailles sont rappelés en rouge.

Les visiteurs ne disposant que d'un temps strictement limité devront se borner aux ensembles mis en valeur par des caractères gras et accompagnés d'étoiles.

Voir les descriptions dans notre guide Vert Ile-de-France.

# LES ARTISTES ET LEURS CHEFS-D'ŒUVRE

## 1610 – 1643

**1624** Le roi se fait construire un pied-à-terre dans cette région giboyeuse.

**1631** Philibert Le Roy construit un petit château de brique, de pierre et d'ardoise.

## 1643 – 1715

**1661** Le Brun, responsable de la décoration du château : il dirige toute l'équipe des artistes (dessinateurs, peintres, sculpteurs, tapissiers, ciseleurs…).

**1664** En mai, grande fête des « Plaisirs de l'Ile enchantée » organisée comme une célébration ; on y donne trois actes du Tartuffe de Molière.

**1666** Premier spectacle des Grandes Eaux.

**1667** Creusement du Grand Canal.

**1668** Le Vau agrandit le château par une « enveloppe » de pierre : il construit les six salons du Grand Appartement et dessine une large terrasse à l'italienne donnant sur les jardins. Dans cette enveloppe, il distribue les **Grands Appartements**★★★ du roi (au Nord) et de la reine (au Sud, côté soleil). Il restaure la **cour de Marbre**★★, ensemble de brique à parements de pierre qui devint la cour réservée au souverain, ennoblie par son pavage surélevé de marbre blanc et noir, par les 40 bustes (pour partie de Coysevox) de ses façades, par ses mansardes ornées de vases et par le portique à colonnes soutenant le balcon à ferronneries dorées de la chambre du roi. Le Nôtre dessine les **Jardins**★★★ : chef-d'œuvre du jardin français où le paysage dépasse l'idée de majesté (qui avait prévalu à Vaux-le-Vicomte) et se hausse de surcroît, par la mythologie et ses symboles à manifester la souveraineté royale. 200 statues en font un musée de plein air de la sculpture classique (bronzes de Keller ornant les parterres d'eau – bassin de Latone des frères Marsy, par où Louis XIV recommandait de commencer la visite de son domaine – vase de la Paix et Char d'Apollon de Tuby – bas-reliefs de Girardon…). Le 18 juillet y est donné le « Grand divertissement royal ».

**1671** Le Brun entreprend la décoration des Grands Appartements ; les matériaux nobles caractérisent le premier style Louis XIV. Portraits de Rigaud et de Van Loo.

**1672** Boulle livre ses premiers cabinets à incrustations de cuivre.

**1674** Fêtes durant l'été. Le Brun dessine 24 statues pour les jardins. Le 18 août, Racine donne la première d'Iphigénie dans un théâtre de verdure proche de l'orangerie.

**1678** Lulli donne Alceste dans la cour de Marbre. Desjardins, Le Hongre et les frères Marsy travaillent à la fontaine de Diane. Jules Hardouin-Mansart, neveu par alliance de François Mansart, agrandit le château dans le style Louis XIV seconde période : ampleur du 1er étage sur un rez-de-chaussée élevé, colonnes rompant la monotonie des lignes horizontales, importance des fenêtres, sculptures sur les arêtes supérieures allégeant l'édifice. Sur la terrasse de Le Vau, il élève la **galerie des Glaces**★★★. Cette galerie (une idée partagée avec Le Brun) constitue un admirable salon de réception entre le salon de la Guerre et celui de la Paix ; elle prolonge, et par ses miroirs retourne, les jeux du soleil couchant. Sa décoration fut achevée en 1687.

**1680** La Quintinie crée le potager du roi.

**1683** La Lande, le musicien préféré du roi, compose des divertissements et des ballets. Puget sculpte son Milon de Crotone puis son Persée et Andromède.

**1684** Jules Hardouin-Mansart dessine l'orangerie.

**1688** Jules Hardouin-Mansart construit le Trianon de Marbre ou Grand Trianon (péristyle de Robert de Cotte – mobilier Empire et Restauration).

**1699** Chapelle royale de Hardouin-Mansart (achevée en 1710 par Robert de Cotte et décorée par Van Cleve, Le Lorrain, Coustou et Coypel pour les fresques).

**1701** Appartement du roi aménagé par Hardouin-Mansart : la chambre est disposée dans l'axe de la course du soleil (présentée dans son meuble d'été de 1723).

**1712** Salon d'Hercule (ancienne chapelle) achevé en 1736 (plafond de Lemoyne).

Louis XV – Né en 1710 – Épouse Marie Leszczynska en 1725

Philippe d'Orléans régent de 1715 à 1723. La Cour et le gouvernement quittent Versailles pour Paris du 9 septembre 1715 au 15 juin 1722.

| | |
|---|---|
| Naissance du Dauphin, père de Louis XVI. | 1729 |
| La Guerre de Succession de Pologne (qui se déroule en Italie) aboutit au traité de Vienne en 1738. | 1733 |
| Guerre de Succession d'Autriche (paix d'Aix-la-Chapelle en 1748). | 1740 |
| Mariage du Dauphin avec Marie-Josèphe de Saxe, infante d'Espagne. | 1745 |
| Guerre de Sept Ans (paix de Paris en 1763) | 1756 |
| Le 5 janvier : attentat de Damiens contre Louis XV | 1757 |
| Louis XV meurt de la variole | 1774 |
| Necker nommé au Trésor | 1776 |

Louis XVI – Né en 1754 – Épouse Marie-Antoinette en 1770.

| | |
|---|---|
| Le 3 septembre le traité de Versailles consacre l'Indépendance des États-Unis. | 1783 |
| Affaire du collier de la reine : arrestation du cardinal de Rohan. | 1785 |
| Le 22 février : assemblée des notables dans la salle des Menus Plaisirs. | 1787 |
| Le 5 mai : ouverture des États Généraux dans la salle des Menus Plaisirs. | 1789 |
| 20 juin : serment du Jeu de Paume. | |
| 14 juillet, à Paris, prise de la Bastille. | |
| 4 août : nuit de l'abolition des privilèges. | |
| 6 octobre : la famille royale gagne Paris sous la pression de l'émeute. | |

Révolution – Empire – Restauration – République

| | |
|---|---|
| Le 10 août : chute de la monarchie. | 1792 |
| Le 21 janvier : Louis XVI guillotiné place de la Concorde à Paris. | 1793 |
| Le 18 janvier : l'empire d'Allemagne est proclamé dans la galerie des Glaces – Séances de l'Assemblée nationale dans l'Opéra. | 1871 |
| L'amendement Wallon jette les bases de la IIIe République. | 1875 |
| 28 juin : traité de Versailles mettant fin à la Première Guerre mondiale. | 1919 |

**1715 – 1774**

| | |
|---|---|
| **1729** | Réfection de la décoration de la chambre de la reine, achevée par Boucher. |
| **1738** | Aménagement des cabinets intérieurs. |
| **1739** | Gaudreaux : son superbe médaillier. |
| **1742** | Nattier devient le portraitiste de Mesdames. |
| **1754** | Passemant : célèbre horloge astronomique (bronzes de Caffieri). |
| **1755** | Ange-Jacques Gabriel aménage le cabinet du Conseil des ministres. |
| **1762** | Ange-Jacques Gabriel élève le Petit Trianon (boiseries de Guibert). |
| **1768** | Ange-Jacques Gabriel construit l'Opéra royal, grande salle de spectacle, décoré par Pajou et annonciateur du style Louis XVI. |
| **1769** | Le secrétaire à cylindre, marqueteries et bronzes dorés du cabinet de travail du roi, chef-d'œuvre de l'ébénisterie française du 18ᵉ s., fabriqué par Œben, est achevé et signé par Riesener. |

**1774 – 1793**

| | |
|---|---|
| **1774** | Ange-Jacques Gabriel aménage le Petit Trianon et, avec le sculpteur Rousseau, crée la bibliothèque du roi. |
| **1775** | Coustou : statues et bustes du bosquet de la Reine. |
| **1783** | Construction du Hameau dans les jardins du Petit Trianon – Mique décore le cabinet intérieur de la reine. |
| **1787** | Portrait de Marie-Antoinette et ses enfants par Mme Vigée-Lebrun. |

**De 1790 à nos Jours**

| | |
|---|---|
| **1791** | Hubert Robert : La Fête de la Fédération. |
| **1810** | David : esquisse de son « Serment du Jeu de Paume ». |
| **1833** | Démolition des appartements (à l'exception du corps central du 1ᵉʳ étage) pour l'aménagement d'un musée. |
| **1837** | Le château devient musée de l'Histoire de France. |

*Jardins de Versailles grandes fêtes de nuit au bassin de Neptune, feux d'artifices, grandes eaux musicales. Renseignements :*
*Office de Tourisme, 7, rue des Réservoirs – 78000 Versailles. ☎ 39 50 36 22.*

# VÉZELAY★★

571 habitants
Cartes Michelin nᵒˢ 65 pli 15 ou 238 pli 23 – Guide Vert Bourgogne.

Vézelay est un village pittoresque bâti sur l'arête d'un éperon qui domine la vallée de la Cure dans les contreforts Nord du Morvan.

Autrefois la colline avait porté un oppidum celtique. En 878 y fut fondée une abbaye, placée en 1050 sous le patronage de sainte Madeleine. Dès lors, Vézelay devint l'un des grands pèlerinages français. Il fallut bientôt entreprendre la construction d'un vaste sanctuaire dans lequel saint Bernard prêcha la 2ᵉ croisade. En 1279 les moines de St-Maximin, en Provence, finissent par l'emporter et font authentifier des ossements découverts dans une grotte du massif de la Ste-Baume comme les reliques de sainte Madeleine : curieuse religiosité médiévale où les églises se disputent, avec des ossements falsifiés, le patronage d'une « sainte » ni canonisée ni probablement martyre. Très vite Vézelay périclite ; les huguenots pillent l'abbaye, la Révolution la rase, la foudre l'achève. En 1840, Prosper Mérimée, inspecteur des Monuments Historiques reconnaît la valeur de Vézelay et charge un architecte de 26 ans, Viollet-le-Duc, d'en assurer la restauration.

★★★ **Basilique Ste-Madeleine** ⓥ – Elle fut édifiée de 1096 à 1104 et restaurée après l'incendie de 1120. Extérieurement, elle présente un vaisseau roman (épaulé au 13ᵉ s. par une rangée d'arcs-boutants), la tour St-Antoine et un beau chevet à chapelles rayonnantes (de la terrasse, **vue**★ sur la vallée de la Cure).

Dans la pénombre de son narthex (1140-1160), le **tympan**★★★ du portail central (vers 1125), antérieur à celui d'Autun, représente le Christ transmettant sa grâce aux apôtres et les envoyant en mission. Les disproportions elles-mêmes concourent à l'ordonnance symbolique de la composition : le Christ, d'une taille surhumaine, dans sa gloire, étend ses grandes mains dispensatrices de son pouvoir alors que ses longues jambes l'éloignent des contingences terrestres ; dans une sorte de contre-perspective, les apôtres et plus encore les païens des premiers plans apparaissent tout petits. Le talent du sculpteur se manifeste dans les attitudes des apôtres et des personnages qui occupent le linteau et les médaillons, et dans les vêtements plissés au fer qu'agite le souffle de l'esprit au soir de l'envoi des disciples en mission.

La nef, romane, de dix travées, reconstruite de 1120 à 1135, est d'une ampleur et d'une clarté exceptionnelles. Elle est originale en Bourgogne par ses grandes arcades en plein cintre, par l'absence de tribunes ou de faux triforium, par ses matériaux polychromes, par ses piliers garnis de colonnes engagées (et non de pilastres) et surtout par les voûtes d'arêtes qui couvrent même le vaisseau principal. Son ornement majeur est l'ensemble de **chapiteaux**★★★, sculptés à partir de 1106, qui coiffent ses piliers ; les deux testaments, la vie des saints, des sujets moraux, un bestiaire fabuleux mais décoratif sont autant de sujets empreints de mouvement et de verve dont le style annonce celui d'Autun. Le magnifique chœur, gothique (1185-1215), semble témoigner du rayonnement de l'Ile-de-France et de Sens.

# VICHY★★★

27 714 habitants
Cartes Michelin nᵒˢ 73 pli 5 ou 239 pli 8 – Guide Vert Auvergne.
Plan dans le guide Rouge Michelin France.

Vichy, reine des villes d'eaux, étale le luxe de ses thermes et de ses parcs *(p. 43)* dans la vallée de l'Allier. Ses eaux y attirèrent des baigneurs dans l'Antiquité, au 17ᵉ s. et surtout lorsque Napoléon III en fit une ville de cure à la mode.

Son histoire est marquée par une construction féodale qui surveillait le passage de l'Allier, par une extension urbaine sous Henri IV et par le siège du gouvernement de l'État français (12 juillet 1940-20 août 1944) replié là dans une liberté très surveillée lorsque la soudaineté de la défaite eut plongé la France dans la stupeur.

L'architecture thermale de la seconde moitié du 19ᵉ s. y retient l'attention par quelques réalisations caractéristiques : Grand Casino par Badger (1865) achevé en 1900 ; galerie Napoléon (1857) conservée de l'ancien établissement de 2ᵉ classe ; galeries couvertes du parc des Sources du ferronnier Robert installées là en 1900 après avoir été montées à l'Exposition universelle de 1889 ; grand établissement thermal (1900) par Lecœur et Woog.

# VIENNE★★

29 449 habitants
Cartes Michelin nᵒˢ 74 plis 11, 12 ou 88 plis 19, 20 ou 246 pli 16.
Guide Vert Vallée du Rhône – Plan dans le guide Rouge Michelin France.

Vienne occupe un **site**★ bien exposé de la rive gauche du Rhône dominant le coude creusé par le fleuve dans une avancée des terrains du Massif central.

La ville, capitale des Allobroges, fut romaine 60 ans avant la conquête de la Gaule par Jules César. Elle devint métropole de la Viennoise aux 3ᵉ et 4ᵉ s. Ses monuments publics, au pied du mont Pipet, faisaient alors face à la **cité gallo-romaine**★ de St-Romain-en-Gal où s'élevaient les résidences particulières et des boutiques. Au 5ᵉ s., elle fut la capitale des rois burgondes qui gouvernaient la rive gauche du Rhône avant d'être évincés par les Francs en 532. Devenue terre d'Église entre l'Empire et le royaume, elle fut l'enjeu de leurs ambitions jusqu'à sa réunion à la Couronne, en même temps que le Dauphiné en 1349.

★★ **Temple d'Auguste et de Livie** – Ce temple antique, élevé sous le règne d'Auguste, peu avant l'ère chrétienne, fut probablement reconstruit, avec moins de soin, sous Claude, un demi-siècle plus tard. Il dominait alors le forum à l'Est. Il doit d'avoir conservé sa physionomie antique à ses réutilisations successives comme monument public (église, club des Jacobins, tribunal, musée, bibliothèque) jusqu'à sa restauration en 1850 par Mérimée.

Il offre une architecture romaine par l'édification de ses seize colonnes corinthiennes sur un podium (et non sur le sol à la grecque). Son fronton conserve la trace d'une inscription de bronze à la gloire du couple impérial Auguste et Livie.

★★ **Cathédrale St-Maurice** – L'église actuelle, placée sous le vocable d'un des martyrs de la légion thébaine en 302, fut entreprise vers 1230 par l'architecte Guillaume de l'Œuvre qui modernisa et suréleva le chevet archaïque du 11ᵉ s. et la voûta d'ogives. Vinrent ensuite la surélévation des sept travées romanes de la nef (reconnaissables à leurs pilastres cannelés) par des colonnes, un triforium et des fenêtres hautes permettant de poursuivre, à même hauteur, la voûte du chœur. Enfin, au 14ᵉ s., furent lancées les quatre dernières travées, la façade et ses portails. La cathédrale fut mutilée 35 ans après son achèvement lors des guerres de Religion. Elle dut subir une importante restauration au 19ᵉ s. (voûtes, voussures des portails, fenestrage de la rose). A l'intérieur, il faut cependant observer la belle verrière Renaissance du collatéral *(à droite du chœur)*, le bas-relief du 13ᵉ s. (Hérode et les mages), à hauteur du 6ᵉ pilier dans le collatéral gauche, et la cathèdre *(dans l'abside derrière le maître-autel)*, rare siège épiscopal du 11ᵉ s.

Aux voussures du portail principal, la disposition des sculptures est intéressante. En les lisant dans le sens des rayons on reconnaît un épisode de la vie du Christ *(dans la niche intérieure)*, la scène de l'Ancien Testament qui le préfigure *(au centre)*, et le prophète qui l'avait annoncé *(à l'extérieur)* : exemple, au 3ᵉ étage à droite, Jésus aux Enfers, Loth quitte Sodome en flammes, le prophète Osée.

   ⊙ ►► Théâtre romain★ – Église St-André-le-Bas★ – Cloître St-André-le-Bas★ – Ancienne église St-Pierre★ (musée lapidaire★).

## Jardins et Château de VILLANDRY★★★

Cartes Michelin nᵒˢ 64 pli 14 ou 232 pli 35 – Guide Vert Châteaux de la Loire.

Le **château**★★ ⊙, rebâti à partir de 1536 sur des fondations anciennes, pour Jean Le Breton qui avait été ambassadeur en Italie, se distingue, en Touraine, par ses pavillons rectangulaires qui remplacèrent alors les anciennes tours rondes, ses fossés et ses canaux, son esplanade et sa terrasse. Surtout par ses jardins.

A l'intérieur on remarque les boiseries Louis XV du grand salon et de la salle à manger, le grand escalier à rampe de fer forgé et un plafond mudéjar (Espagne du 13ᵉ s.) inattendu, importé ici par Joachim de Carvallo.

★★★ **Jardins** ⊙ – En 1906 le Dr Carvallo, fondateur de la « Demeure Historique », acquiert le domaine et entreprend d'en restaurer les jardins.

Ces salons de plein air répondent au goût de l'agriculture lancé par Olivier de Serres et à la synthèse imaginée par Jacques II Androuet Du Cerceau entre les jardins en croix des abbayes et les jardins floraux à l'italienne. Ils lancèrent la mode du potager décoratif. Sur 7 ha, séparés par des allées ombragées de tilleuls et de pampres, ils étagent un jardin d'eau formant miroir ; un jardin d'ornement dont les buis taillés évoquent l'amour tragique (lames et glaives), volage (éventails, billets), tendre (masques et cœurs), passionné (cœurs brisés) ; un jardin potager où 85 000 plants de fleurs et de légumes sont compartimentés en parcelles par des buis taillés. Les essences les plus simples (choux, céleris...), choisies pour leur valeur culinaire, leur symbolique, leurs vertus thérapeutiques ou leurs couleurs, se haussent par leur disposition au monde d'un art délicat et saisonnier.

Château de Villandry – Les jardins.

M. Guillard/SCOPE

# VILLEFRANCHE-DE-ROUERGUE★

12 291 habitants
Cartes Michelin n⁰ˢ 79 pli 20 ou 235 pli 15 – Guide Vert Gorges du Tarn.
Plan dans le guide Rouge Michelin France.

Villefranche était une étape sur la voie romaine entre Rodez et Cahors. En 1252 Alphonse de Poitiers y fonda une bastide qui devint une ville d'échanges entre le pays du froment (Fromental) à l'Ouest, et le pays du seigle (Ségala) à l'Est.

★ **Bastide** – La ville ancienne, sur la rive droite de l'Aveyron, est caractéristique de l'urbanisme du 13ᵉ s. avec ses rues pavées de gros galets et tracées à l'équerre, ses étroits passages coupe-feu (andrones) et sa **place Notre-Dame**★ dominée par un grand Christ et bordée de couverts. Plusieurs de ses hautes et sévères maisons rouergates, en grès, ont conservé, sous le toit, un balcon ouvert (soleiro) permettant le séchage de la récolte : observer en particulier la maison du Président Raynal avec sa façade du 15ᵉ s. et la maison Dardennes avec sa cour à galeries.
L'**Église Notre-Dame**★, fortifiée, est intéressante. La grille des fonts baptismaux est un beau travail de ferronnerie.

★ **Ancienne Chartreuse St-Sauveur** ⊘ – 1461. Elle présente un style gothique très pur. Le petit cloître est un chef-d'œuvre de l'architecture flamboyante.

## VILLEQUIER★

822 habitants
Cartes n⁰ˢ 52 pli 13 ou 54 pli 9 ou 231 pli 21 – Guide Vert Normandie Vallée de la Seine.

En bordure de la basse Seine, Villequier, occupe une place à part dans l'histoire littéraire française. Dans la « maison de brique couverte de pampres verts » des Vacquerie, le **musée Victor-Hugo**★ ⊘ consacre ses salles à Juliette Drouet, au poète lui-même, à la jeunesse, au mariage et à la mort de sa fille Léopoldine.

**« A Villequier »** – Septembre 1843. Victor Hugo (1802-1885) est au sommet de sa gloire littéraire. Il a déjà produit les *Odes et Ballades, Les Orientales, Hernani, Notre-Dame de Paris, Ruy Blas, Les Burgraves...* Il habite une demeure plaisante et commode, place des Vosges à Paris (**musée**), et dans des circonstances dramatiques il apprend la mort accidentelle de sa fille Léopoldine âgée de 19 ans et mariée, sept mois plus tôt, avec Charles Vacquerie. Une année durant, il cesse pratiquement d'écrire sous le coup de la douleur la plus déchirante, et le 4 septembre 1844, presque d'un souffle, il rédige A Villequier qu'il acheva plus tard, puis introduisit dans le 4ᵉ livre des *Contemplations* consacré à la mémoire de sa fille. Louis Veuillot y voyait « les plus beaux vers de la langue française et de la littérature chrétienne ». Cette élégie est saisissante en effet par la profondeur et la complexité des sentiments, par le naturel pathétique du style, par l'ampleur du rythme et la discrétion des sonorités sourdes.

« Les morceaux de ce cœur, tout plein de votre gloire,
Que vous avez brisé... »

## Col de VIZZAVONA

Carte Michelin n⁰ 90 Nord-Ouest du pli 6 – Guide Vert Corse.

A 1 163 m d'altitude, le col de Vizzavona permet à la grande route Ajaccio-Bastia de passer du bassin de la Gravona, tributaire du golfe d'Ajaccio, dans celui du Tavignano qui irrigue la plaine orientale d'Aléria. Dans la forêt aux allures de parc se mêlent les pins Laricio aux fûts élancés et les hêtres au feuillage clair.
Ce site, ombragé de tilleuls, est dominé au Nord par les ruines d'un fort génois qui atteste de l'ancienneté de cette voie de passage et de son importance stratégique ; en face, des abords d'un relais hertzien, belle **vue**★ sur la vallée de la Gravona. A 4 km au Nord du col, la petite gare de Vizzavona fut, le 25 juin 1892, le théâtre de la reddition solennelle d'Antoine Bellacoscia, bandit qui s'était attiré la réputation de roi du maquis, à la suite d'un crime commis 44 ans auparavant et grâce à la complicité de la population qui faisait échouer les opérations de recherche.

## YVETOT

10 807 habitants
Carte Michelin n⁰ 52 pli 13 ou 231 pli 22.
Guide Vert Normandie Vallée de la Seine – Plan dans le guide Rouge Michelin France.

Yvetot est une importante ville-marché du Pays de Caux, plateau crayeux, fertile grâce au limon qui le recouvre, riant par l'humidité qu'y retiennent ses argiles à silex.

Les amateurs de maisons rurales traditionnelles iront voir *(4 km au Sud, à droite de la route, peu avant Touffreville-la-Corbeline)* une **ferme cauchoise**★ type. La disposition de ses bâtiments au milieu d'un herbage-verger ombragé de pommiers, la haute levée de terre plantée de hêtres qui délimite l'exploitation, la vaste cour-masure que surveille le logis familial aux beaux colombages dont les résilles retiennent un pisé renforcé de galets et de briques révèlent un attachement à un art de vivre éprouvé.

**Église St-Pierre** – Cet édifice moderne en rotonde édifié en 1956 est intéressant par ses **verrières**★★ dues à Max Ingrand. Le concept de la lumière dans la liturgie s'y exprime par le jeu des couleurs et la composition des scènes.

# Renseignements pratiques

# Pour préparer son voyage

## RENSEIGNEMENTS TOURISTIQUES

**Maison de la France**
8, avenue de l'Opéra, 75001 Paris. ☎ 42 96 10 23.

**Fédération nationale des Comités régionaux de tourisme**
280, bd St-Germain, 75007 Paris. ☎ 45 55 94 21.

**Fédération nationale des Comités départementaux de tourisme**
280, bd Saint-Germain, 75007 Paris. ☎ 44 37 37 95.

**Fédération nationale des Offices de tourisme et Syndicats d'initiative**
280, bd Saint-Germain, 75007 Paris. ☎ 40 59 43 82.
Il existe en France près de 3 400 Offices de tourisme, Syndicats d'initiative et Offices municipaux de tourisme. Chaque fois que cela est possible, nous donnons l'adresse et le nº de ☎ dans le chapitre des Conditions de visite, en face de la localité concernée.

**Office de tourisme et des Congrès de Paris – Accueil de France**
127, Champs-Élysées, 75008 Paris. ☎ 47 23 61 72. (Dans chaque gare parisienne existe un bureau d'accueil, d'information et de réservation hôtelière.)

**Association des Maisons régionales à Paris**
15, rue Saint-Augustin, 75002 Paris. ☎ 42 86 51 86.

**Les Maisons régionales à Paris**

| | | |
|---|---|---|
| Féd. Nat. du Folklore Français | 8, r. Voltaire, 11ᵉ | 43 72 54 32 |
| Alpes-Dauphiné | 2, pl. André-Malraux, 1ᵉʳ | 42 96 08 43 |
| Alsace | 39, av. Champs-Élysées, 8ᵉ | 42 56 15 94 |
| Auvergne | 194 bis, r. de Rivoli, 1ᵉʳ | 44 55 33 33 |
| Aveyron | 46, r. Berger, 1ᵉʳ | 42 36 84 63 |
| Bretagne | Centre commercial Maine-Montparnasse, 15ᵉ | 45 38 73 15 |
| Franche-Comté | 2, bd de la Madeleine, 9ᵉ | 42 66 26 28 |
| Gard | 53, av. F.-Roosevelt, 8ᵉ | 40 76 07 14 |
| Hautes-Alpes | 4, av. de l'Opéra, 1ᵉʳ | 42 96 05 08 |
| Hérault (Espace) | 8-10, r. de la Harpe, 5ᵉ | 46 33 00 56 |
| Limousin | 30, r. Caumartin, 9ᵉ | 40 07 04 67 |
| Lot-en-Quercy | 24, r. de Maubeuge, 9ᵉ | 45 26 45 46 |
| Lot-et-Garonne | 15-17, pass. Choiseul, 2ᵉ | 42 97 51 43 |
| Lozère | 4, r. Hautefeuille, 6ᵉ | 43 54 26 64 |
| Morvan « la Morvandelle » | 25, r. St-Maur, 11ᵉ | 47 00 53 15 |
| Nord-Pas-de-Calais | 25, r. Bleue, 9ᵉ | 48 00 59 62 |
| Périgord | 6, r. Gomboust, 2ᵉ | 42 60 38 77 |
| Poitou-Charentes | 68-70, r. Cherche-Midi, 6ᵉ | 42 22 83 74 |
| Pyrénées | 15, r. St-Augustin, 2ᵉ | 42 86 51 86 |
| Savoie | 31, av. de l'Opéra, 1ᵉʳ | 42 61 74 73 |

**Caisse nationale des monuments historiques et des sites (CNMHS)**
Hôtel de Sully, 62, rue Saint-Antoine, 75004 Paris. ☎ 44 61 21 50 ou 44 61 21 51. Un laissez-passer au prix de 250 F permet de visiter, pendant un an à compter de la date d'achat, et autant de fois qu'il est désiré, plus de cent monuments appartenant à l'État et gérés par la CNMHS.)

**Fédération des Parcs naturels de France**
4, rue de Stockolm, 75008 Paris. ☎ 44 90 86 20.

**Office national des forêts**
Le programme complet de toutes les visites guidées et activités de loisirs en forêt peut être obtenu : par courrier : 2, av. de St-Mandé, 75570 Paris cedex 12
par ☎ : Allô Forêt 45 51 61 71
par minitel : 36 05 04 38.

**Fédération des Écomusées et Musées de société**
4, square Castang, 25031 Besançon cedex. ☎ 81 61 63 37.

## Tourisme et handicapés

Un certain nombre de curiosités décrites dans ce guide sont accessibles aux personnes handicapées. Pour les connaitre, voir le chapitre des Conditions de visites pages 312 et suivantes qui les signale par le signe ᶑ.
Des informations générales peuvent être obtenues sur le minitel 3615 HANDITEL. On peut consulter le **Comité national français de liaison pour la réadaptation des handicapés** 38, boulevard Raspail, 75007 Paris. ☎ 45 80 90 13.
L'**Association des paralysés de France** édite : « Où ferons-nous étape ? » 17, boulevard Auguste-Blanqui, 75013 Paris. ☎ 40 78 69 00.
La **Maison des Gîtes de France** recense des adresses de vacances susceptibles d'accueillir les personnes handicapées : 35, rue Godot-de-Mauroy, 75009 Paris. ☎ 47 42 20 92.
La **Direction des Musées de France** donne des informations en ce qui concerne l'accessibilité des musées aux personnes atteintes de handicap moteur ou sensoriel : service des accueils spécifiques, 6, rue des Pyramides, 75041 Paris cedex 01. ☎ 40 15 35 88.
Le **guide Rouge MICHELIN-France** et le **guide MICHELIN Camping Caravaning** indiquent, respectivement, les chambres accessibles aux handicapés physiques et les installations sanitaires aménagées.

## Organismes de tourisme à Paris

| | | |
|---|---|---|
| Automobile Club National | 5, r. Auber, 9e | 44 51 53 99 |
| Auto, Caravaning-Camping-Car Club de France | 37, r. d'Hauteville, 10e | 47 70 29 81 |
| Automobile-Club de France | 8, pl. de la Concorde, 8e | 43 12 43 12 |
| Camping-Club de France | 218, bd St-Germain, 7e | 45 48 30 03 |
| Compagnie Française du Thermalisme | 32, av. de l'Opéra, 2e | 44 71 37 37 |
| Féd. Franç. de Camping-Caravaning | 78, r. de Rivoli, 4e | 42 72 84 08 |
| Féd. Nat. des Logis de France | 83, av. d'Italie, 13e | 45 84 70 00 |
| Féd. Unie des Auberges de Jeunesse (FUAJ) | 27, r. Pajol, 18e | 44 89 87 27 |
| Ligue Franç. des Auberges de Jeunesse | 38, bd Raspail, 7e | 45 48 69 84 |
| Stations Françaises de Sports d'Hiver (Assoc. des Maires) | 61, bd Haussmann, 8e | 47 42 23 32 |
| Union Nat. des Associations de Tourisme et de Plein Air | 8, r. César-Franck, 15e | 47 83 21 73 |
| Villages-Vacances-Familles (VVF) | 38, bd Edgar-Quinet, 14e | 44 10 74 50 |
| | 11, r. de Vienne, 8e | 60 81 60 60 |

## Les cartes routières

*Qu'il soit d'affaires ou d'agrément, un voyage ne s'improvise pas, il faut avant le départ choisir les itinéraires, déterminer les étapes et évaluer les temps de trajet.*
*Il n'y a pas de carte à tout faire : un document unique ne peut satisfaire tous les besoins, qui vont de la représentation des plus petits détails aux informations générales. Outre le site de la localité et les caractéristiques des routes, il est nécessaire de savoir où trouver les plages, les baignades en rivière, les piscines, les golfs, les hippodromes, les terrains de vol à voile, etc.*

Les **cartes MICHELIN** sont regroupées par séries qui se distinguent par la couleur de la couverture. A chaque couleur correspond une échelle, à chaque échelle correspond un usage.

Ainsi les **cartes rouges** sont les cartes grandes routes au 1/1 000 000, les **cartes jaunes** sont les cartes régionales ou les cartes détaillées au 1/200 000, les **cartes vertes** sont des cartes locales au 1/50 000 ou au 1/100 000, et les **cartes bleues** sont des plans de villes au 1/15 000 ou au 1/20 000 (Paris, Lyon, Barcelone).

Le **3615** et le **3616 MICHELIN** (1,27 F la minute) rendent des services de plus en plus nombreux aux automobilistes, qu'ils soient professionnels ou simplement touristes : distance, temps de parcours, météo (grâce à Météo France), villes étapes, curiosités à étoiles décrites dans les guides Verts, péages en francs français ou en devises.

Actuellement 17 pays européens sont couverts en totalité au travers de 800 000 km de routes et de plus de 70 000 localités ; l'extension à de nouveaux pays sera prochainement proposée.

Le **3617 MICHELIN** (5,48 F la minute) permet, aux usagers de la route, d'obtenir, sur télécopie et immédiatement, tous les renseignements utiles au bon déroulement de leur voyage.

Noter aussi l'Atlas routier relié no 99, le broché no 98 et l'Atlas routier à spirale no 94.

## Le chemin de fer

SNCF ☎ 45 65 60 00 – Horaires, réservations **3615 SNCF**.

## Les voyages aériens

### Les aéroports

Par le Minitel 3615 ou 3616, il est possible d'obtenir les informations pratiques, les horaires et les réservations grâce aux codes suivants :
HORAV ou HORAVION Aéroports de Paris.
AERBO Aéroport de Bordeaux-Mérignac.
ENVOL Aéroport de Marseille-Provence.
HORAV06 Aéroport de Nice-Côte d'Azur.
SATOLAS Aéroport de Lyon-Satolas.

### Les grandes compagnies aériennes

AIR FRANCE : 119, avenue des Champs-Élysées, 75008 Paris. ☎ 45 35 61 61. Minitel 3615 ou 3616 AIR FRANCE.
AIR INTER : 49, avenue des Champs-Élysées, 75008 Paris. ☎ 42 89 38 88. Minitel 3615 ou 3616 AIR INTER.

*Certaines compagnies régionales assurent des liaisons intérieures :* AIR LIMOUSIN, AIR LITTORAL, AIR VENDÉE, BRIT AIR, EUROPE AÉRO SERVICE, TAT.

## Les grandes compagnies maritimes

Compagnie Paquet, 5, boulevard Malesherbes, 75008 Paris. ☎ 49 24 42 00.
S.N.C.M. Ferryterranée, 12, rue Godot-de-Mauroy, 75009 Paris. ☎ 49 24 24 24.

## L'hébergement

Le **guide Rouge « Hôtels et Restaurants » MICHELIN France**, mis à jour chaque année, présente une sélection – établie après enquêtes et visites – d'établissements, cités dans chaque catégorie par ordre préférentiel.

Le **guide Camping-Caravaning MICHELIN France** recense les meilleurs terrains sélectionnés par nos services.

**Fédération Nationale des Services de Réservation Loisirs Accueil (SLA)** – 280, bd St-Germain, 75007 Paris. ☎ 40 59 44 12 ou Minitel 3615 FRANCE 2 Rubrique Tourisme.

**Maison des Gîtes de France** – 35, rue Godot-de-Mauroy, 75009 Paris. ☎ 47 42 25 43. Minitel 3615 GITEFRAN.

**Chambres d'hôtes** – 8, rue de l'Isly, 75008 Paris. Minitel 3615 CAFECOUETT.

**Relais et Châteaux** – 9, avenue Marceau, 75016 Paris. ☎ 47 23 41 42.

# Des vacances originales

Suivant les régions traversées, il est possible de trouver de multiples idées de vacances plus ou moins originales, les **guides Verts MICHELIN,** dans le chapitre des Renseignements pratiques, suggèrent de nombreuses solutions.

## Le tourisme fluvial

La France possède le premier réseau navigable d'Europe (environ 8 500 km). Ce riche patrimoine se découvre fort agréablement, à toute petite vitesse (pas plus de 6 km/h), à bord de bateaux de plaisance fluviaux.

Pour la location, compte tenu de l'abondance des loueurs, il est préférable de s'adresser au : Syndicat national des loueurs de bateaux de plaisance, port de Javel Haut, 75015 Paris. ☎ 44 37 04 00.

En général, les tarifs comprennent la location du bateau, l'assurance, l'assistance technique. Il existe une formule « aller simple », qui permet de retrouver son véhicule à un point quelconque du parcours.

De nombreux loueurs proposent également des vélos, bien utiles pour aller faire des courses, des promenades, des excursions le long du chemin de halage ou dans les villages avoisinants.

Sur certains petits canaux, c'est le plaisancier qui manœuvre les écluses ; sur les autres, il est d'usage d'aider l'éclusier.

Les bateaux de moins de 10 chevaux ne nécessitent aucun permis.

Les éditions GRAFOCARTE (125, rue Jean-Jacques-Rousseau, 92132 Issy-les-Moulineaux. ☎ 45 36 04 06) proposent des guides de navigation fluviale trilingues.

## Le canoë-kayak

Ce sport d'eaux vives se pratique aussi bien sur les lacs, les rivières (Ardèche, Dordogne, Vézère, Loire, la Loue en Franche-Comté) qu'en mer. Les **guides Verts** MICHELIN

Alpes du Nord, Alpes du Sud, Gorges du Tarn, Normandie Vallée de la Seine et Normandie Cotentin donnent, plus particulièrement, des renseignements pratiques concernant les régions décrites.

On peut aussi prendre contact avec la : Fédération française de canoë-kayak, 87, quai de la Marne, 94340 Joinville-le-Pont. ☎ 45 11 08 50.

## La randonnée pédestre

Il y a près de 130 000 km de sentiers de randonnée en France. Des topoguides sont édités par la Fédération française de la randonnée pédestre (FFRP) – Comité national des sentiers de grande randonnée. Pour se les procurer, s'adresser au centre d'information, 64, rue de Gergovie, 75014 Paris. ☎ 45 45 31 02.

La FFRP élabore, en collaboration avec la Caisse nationale des monuments historiques et des sites, des « Sentiers historiques ».

## Le Cyclotourisme

Les listes de loueurs de cycles sont généralement fournies par les Syndicats d'initiative et les Offices de tourisme. Des bicyclettes peuvent être également louées dans certaines gares S.N.C.F. qui proposent souvent trois types de cycles : des vélos de type randonneur, des vélos « trial » ou tout terrain, des bicyclettes de type traditionnel.
Renseignements : Fédération française de cyclotourisme, 8, rue Jean-Marie-Jégo, 75013 Paris. ☎ 45 80 30 21.
Fédération française de cyclisme, 5, rue de Rome, 93561 Rosny-sous-Bois cedex. ☎ 49 35 69 00.

## Le Tourisme et le Loisir équestre

**Délégation nationale au tourisme équestre (ANTE)** : Parc de l'île Saint-Germain, 170, quai Stalingrad, 92130 Issy-les-Moulineaux. ☎ 46 48 83 93.
Dans chaque région, les **Associations régionales de tourisme équestre (ARTE)** représentent la Délégation nationale ; les régions sont elles-mêmes divisées en **Comités départementaux de tourisme équestre (CDTE)**.

## Voile et Planche à voile

Renseignements à la **Fédération française de voile**, 55, avenue Kléber, 75784 Paris Cedex 16. ☎ 44 05 81 00.

## La Chasse

Renseignements au « **Saint-Hubert – Club de France** » 10, rue de Lisbonne, 75008 Paris. ☎ 45 22 38 90.

# LES ILES DE LA FRANCE

**Guides Verts :** *Normandie Cotentin, Bretagne, Poitou Vendée Charentes, Provence et Côte d'Azur.*
Près de la moitié des frontières de la France sont maritimes : 2 700 km sur 5 670 km. Tout au long des côtes sont semées des dizaines d'îles de rêve multicolores. Les unes sont minuscules, à peine de la taille d'un champ, d'autres sont très grandes.
Ainsi la **Corse** représente plus de trois fois la superficie d'un pays comme le Grand-Duché du Luxembourg.
Pour le touriste terrien, elles sont bien souvent synonymes de dépaysement ; petites terres isolées au milieu des eaux, elles regorgent de mystères et de charmes, toutes imprégnées de culture séculaire du monde marin.
Répertoriées du Nord au Sud, dans le sens Ouest-Est, voici les principales :

**Les îles du PONANT** *(Manche-Océan)*
**Iles Chausey★** : 65 ha à marée haute, rattachées à la commune de **Granville**.

**Ile de Bréhat★★** : 318 ha, à 10 mn de traversée de l'**Arcouest** près de **Paimpol**.

**Ile de Batz** : 357 ha, à 15 mn de traversé de **Roscoff**.

**Ile d'Ouessant★★** : la plus occidentale des îles du littoral atlantique, 1 558 ha, point culminant 60 m ; 2 h 30 de traversée de **Brest** ou 1 h 30 du Conquet.

**Ile de Molène** : 1 km², 30 mn de traversée de la **pointe St-Matthieu**.

**Ile de Sein** : 58 ha, point culminant 6 m, 1 h de traversée d'**Audierne**.

**Iles de Glénan** : groupe d'une dizaine d'îlots, quasi inhabités, rattachés à la commune de **Fouesnant**.

**Ile de Groix★** : 1 770 ha, point culminant 49 m ; 45 mn de traversée de **Lorient**.

Ile d'Ouessant – Les rochers.

**Les îles du golfe★★ du Morbihan :** Parmi la multitude d'îles et d'îlots que compte le golfe, il faut retenir plus particulièrement l'**Ile-aux-Moines★**, 310 ha, et l'**île d'Arz**, 324 ha.

**Belle-Ile-en-Mer★★ :** 84 km², 1 h de traversée à partir de **Quiberon**.

**Ile d'Houat :** 288 ha, 1 h de traversée à partir de **Quiberon**.

**Ile d'Hœdic :** 209 ha, 1 h 30 à partir de **Quiberon**, via **Houat**.

**Ile d'Yeu★★ :** 2 300 ha, de toutes les îles du Ponant, c'est la plus éloignée du continent. 1 h 15 de traversée depuis **Fromentine**.

**Ile d'Aix★ :** 129 ha, 20 mm depuis **Fouras**.

**Les îles de Noirmoutier, de Ré★ et d'Oléron★ :** Elles sont reliées au continent par un pont routier.

**Les îles du LEVANT** *(Méditerranée)*

**Archipel du Frioul :** île de **Pomègues** et île **Ratonneau** reliées par le port du Frioul, îlot d'**If★★** : promenade de 1 h 30, à partir de **Marseille**.

**Iles des Calanques :** île **Maire**, île de **Jarre**, île **Calseraigne**, île de **Riou**, autant de paradis pour la pêche sous-marine.

**Ile de Bendor★** à 7 mn de **Bandol**.

**Iles d'Hyères★★★ :** île de **Porquerolles★★★**, 1 254 ha, à 20 mn de Giens, île de **Port-Cros★★**, 640 ha, à 45 mn de **Port-de-Miramar**, île du **Levant**, 996 ha, à 35 mm du **Lavandou**.

**Iles de Lérins★★ :** île **St-Honorat★★**, 60 ha, île **Ste-Marguerite★★**, 210 ha, à 30 mn de **Cannes** ou de **Juan-les-Pins**.

## Les monuments et sites français inscrits au PATRIMOINE MONDIAL

1. – Le **Mont-Saint-Michel** et sa baie. *Guide Vert Normandie-Cotentin.*
2. – La cathédrale de **Chartres**. *Guide Vert Ile-de-France.*
3. – Le palais et le parc de **Versailles**. *Guide Vert Ile-de-France.*
4. – La basilique et la colline de **Vézelay**. *Guide Vert Bourgogne.*
5. – Les grottes ornées de la Vallée de la **Vézère**. *Guide Vert Périgord-Quercy.*
6. – Le palais et le parc de **Fontainebleau**. *Guide Vert Ile-de-France.*
7. – La cathédrale d'**Amiens**. *Guide Vert Flandres-Artois-Picardie.*
8. – Le théâtre antique et ses abords et l'« Arc de Triomphe » d'**Orange**. *Guide Vert Provence.*
9. – Les monuments romains et romans d'**Arles**. *Guide Vert Provence.*
10. – L'abbaye cistercienne de **Fontenay**. *Guide Vert Bourgogne.*
11. – La Saline royale d'**Arc-et-Senans**. *Guide Vert Jura.*
12. – Les places Stanislas, de la Carrière et d'Alliance à **Nancy**. *Guide Vert Alsace et Lorraine.*
13. – L'église de **Saint-Savin-sur-Gartempe**. *Guide Vert Poitou-Vendée-Charentes.*
14. – Les golfes de **Girolata** et de **Porto** et la réserve naturelle de **Scandola** en Corse. *Guide Vert Corse.*
15. – Le pont du **Gard**. *Guide Vert Provence.*
16. – La cathédrale de **Strasbourg** et la Grande Ile. *Guide Vert Alsace et Lorraine.*
17. – La cathédrale, le palais du Tau et la basilique Saint-Remi à **Reims**. *Guide Vert Champagne.*
18. – **Paris :** les quais de la Seine de l'Arsenal au pont d'Iéna (île de la Cité, île St-Louis), les grandes perspectives et leurs monuments (la Concorde, la Madeleine, la chambre des Députés, le pont Alexandre-III, le Grand et le Petit-Palais, les Invalides, l'École militaire, le Champ-de-Mars et le palais de Chaillot). *Guide Vert Paris.*
19. – Le château de **Chambord** et son domaine. *Guide Vert Châteaux de la Loire.*
20. – La cathédrale St-Étienne de **Bourges**. *Guide Vert Berry-Limousin.*

Chambord – Le château illuminé.

E. Streichan/PIX

# La gastronomie

Pays du bien manger et du bien vivre, la France foisonne de merveilleuses spécialités régionales. Outre la carte des spécialités régionales et des grands vignobles pages 44 et 45, et le **guide MICHELIN France « Hôtels Restaurants »**, on pourra se faire une idée avec ces quelques traditions culinaires.

**Soupes, consommés** ou **potages** : les plus renommés sont le *velouté d'asperges*, la *soupe de poireaux-pommes de terre*, la *soupe à l'oignon* appelée aussi *gratinée*, les *bisques de homard*, la *garbure* (soupe aux choux épaisse du Sud-Ouest), la *cotriade* (soupe aux poissons de Bretagne) sont servis en début du repas.

**Hors-d'œuvre** : ils sont multiples et l'imagination des cuisiniers est sans limite dans ce domaine, cependant il faut citer : la *salade niçoise* (tomates, anchois, oignons, olives), la *salade lyonnaise* (à base de différentes viandes assaisonnées et additionnées d'huile, de vinaigre, d'échalotes), la *salade cauchoise* (céleri, pommes de terre et jambon). On peut aussi commencer le repas par une *flamiche* (spécialité picarde de tarte aux poireaux) ou une *ficelle* (crêpe au jambon avec sauce béchamel aux champignons). La *tapénade* est une spécialité provençale (purée d'olives noires, bien mélangée avec des câpres, des anchois, du thon). La *quiche lorraine* (tarte au jambon ou au lard avec de la crème). La *pissaladière* (tarte provençale avec des oignons, des tomates et des anchois).

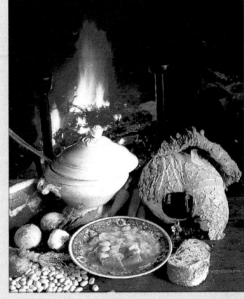

Garbure.

Comment ne pas parler des fruits de mer et crustacés, huîtres de Belon, de Cancale ou de Marennes, crevettes, langoustines, palourdes.

**Plats de résistance** : les deux grandes familles sont les plats de poissons et les plats de viandes accompagnés de toutes sortes de légumes suivant les saisons, ou même de *gratin dauphinois* (mélange de pommes de terre, d'œufs et de lait) à ne pas confondre avec le *gratin savoyard* (pommes de terre, œufs et bouillon).

La *bouillabaisse* (célébrissime plat marseillais aux trois poissons : la rascasse, le grondin et le congre assaisonnée de safran, de thym, d'ail, de laurier, de sauge, de fenouil). La *brandade* (crème onctueuse faite de morue pilée et préparée avec de l'huile d'olive, du lait, quelques gousses d'ail) s'apprécie particulièrement à Nîmes. En Bretagne, les *homards à l'armoricaine*, les *moules à la crème*, l'*alose* ou le *brochet au « beurre blanc »* nantais font concurrence à la *sole dieppoise*, aux *crevettes* et *coques* de Honfleur en Normandie, tout aussi bien qu'au *loup* (nom local du bar) *grillé au fenouil* ou *au sarment de vigne* en Provence-Côte d'Azur.

Bouillabaisse.

L'abondance des plats régionaux est telle qu'une rapide énumération ne permet d'en donner qu'un faible aperçu.

La *choucroute* de Strasbourg (choux, pommes de terre, porc, saucisses, jambon), le *cassoulet* de Toulouse ou de Castelnaudary (ragoût de haricots blancs auxquels on ajoute des morceaux d'oie ou de canard ainsi que de la charcuterie), les *tripes* à la mode de Caen, le *canard au sang* de Rouen, les *meurettes* de Bourgogne (sauce au vin) accompagnent aussi bien les œufs pochés que les cervelles ou le bœuf... bourguignon ;

la *potée* auvergnate (chou, morceau de porc, lard, navets) ou franc-comtoise (chou, saucisse de Morteau ou de Montbéliard), l'*aligot* de Chaudes-Aigues (onctueux mélange de tomme fraîche et de pommes de terre écrasées assaisonné d'ail), les *tripoux* d'Aurillac, le *poulet basquaise* (tomates et piments), le *lapin chasseur* ou *forestier* (champignons et lardons).

## Les fromages

Il y a en France une telle diversité de fromages que l'on s'y perd facilement. Il est donc intéressant d'essayer de fixer quelques points de repère parmi les grandes familles.

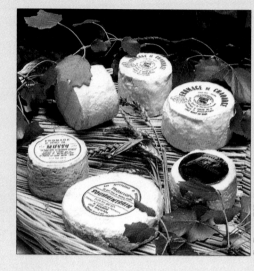

I – Les **fromages à pâte molle**
a) les fromages à croûte fleurie (Brie de Meaux, Camembert, Chaource...).
b) les fromages à croûte lavée (Livarot, Reblochon, Munster, Vacherin...).
c) les fromages à croûte naturelle (Tomme de Romans, Cendrés de Bourgogne, Brie de Melun...).

II – Les **fromages à pâte pressée, non cuite** (Cantal, Fourme de Laguiole, Gapron d'Auvergne...).

III – Les **fromages à pâte dure, pressée, cuite** (Emmental de Savoie, Comté de Franche-Comté, Beaufort de Savoie et de Dauphiné...).

IV – Les **fromages à pâte persillée**
a) les Bleus à croûte naturelle (Bleu de Bresse, Bleu de Corse, Fourme de Montbrison...).
b) les Bleus amincis par brossage (Roquefort, Bleu d'Auvergne, Bleu des Causses...).

V – Il existe enfin des fromages à **pâte fondue** comme la crème de Gruyère, le fondu aux noix ou aux raisins, et toute la gamme des pâtes à tartiner.

## Entremets, fruits et desserts

Sous l'appellation générale de **desserts**, les « douceurs » de fin de repas sont innombrables : outre les corbeilles de fruits, les fraises à la crème ou au vin rouge, les salades ou macédoines riches de tous les fruits du verger, les compotes de pommes, de poires, de pêches, la France gourmande est friande de pâtisseries de toutes sortes : tarte des dames Tatin (tarte cuite à l'envers et caramélisée), gâteau aux noix de Grenoble, far de Bretagne, pain d'épice du Gâtinais, clafoutis (gâteau de lait et d'œufs mélangés avec des fruits et cuit au four, Kougelhopf (prononcer Kouglof) gâteau alsacien en forme de couronne servi aussi bien au dessert qu'au goûter). Il faut encore parler des crèmes au caramel, des crèmes renversées, des îles flottantes que l'on retrouve dans à peu près toutes les régions.

Kougelhopf.

# Bibliographie pratique

Il existe une infinité d'ouvrages traitant des villes, des monuments et des sites de France ; les bibliographies sont nombreuses, les histoires de France de tous les âges foisonnent ; il est bien sûr très difficile de donner une liste exhaustive. Voici cependant quelques titres et collections :

La collection des **24 guides Verts régionaux MICHELIN** propose une somme non négligeable de précieux renseignements, sans cesse remis à jour, dans tous les domaines liés au tourisme. Le tableau d'assemblage se trouve en dernière page de couverture.

## Monographies :

Parmi les plus connues citons :
*La collection : Les Images du Patrimoine éditée par la* **direction du Patrimoine,** sous l'égide du ministère de la Culture.
Les *Petites Monographies des grands édifices de France.*
Quelques éditeurs se sont spécialisés dans la réimpression de livres anciens, rares ou introuvables, dans le domaine de l'histoire ou du régionalisme : *les éditions du Choletais, Res Universis.*

## Histoire :

**Histoire de la France** par Georges Duby en 4 volumes, *collection Référence – éditions Larousse.*

**Les Rois qui ont fait la France** par Georges Bordonove – *éditions Gérard Watelet Pygmalion.*

**L'Identité de la France** par Fernand Braudel – *Espace et Histoire. Les Hommes et les choses.*

**La France médiévale,** sous la direction de Jean Favier – *éditions Fayard.*

**Les Origines de la France de Clovis à Hugues Capet** par Edward James, *collection des Hespérides – éditions Errance.*

**Atlas historique des routes de France.** Georges Reverdy, *Presses de l'École nationale des Ponts et Chaussées/diffusion Bordas.*

*Les éditions Fayard publient de très nombreuses biographies :* **Louis XI, François I**er**, Marie de Médicis, Richelieu, Mazarin, Louis XV, Jules Ferry, Clemenceau, Poincaré...**

*La collection La Vie quotidienne...* va de la **La Vie quotidienne en Gaule pendant la paix romaine** à la **La Vie quotidienne à l'Élysée au temps de Valéry Giscard d'Estaing** – *Hachette.*

## Histoire de l'art :

*La collection Zodiaque, aux éditions de La Pierre qui vire,* traite plus particulièrement de l'art roman.

*La collection Les Hauts Lieux, éditions Bordas,* propose plusieurs thèmes : Les hauts lieux de la préhistoire, de la littérature, de la musique, du Moyen Âge, du romantisme, de la peinture, de l'art moderne...

**Histoire du cinéma français** de Maurice Bessy et Raymont Chirat – *éditions Pygmalion, Gérard Watelet.*

## Littérature :

Outre tous les « classiques », Larousse, Hatier, Garnier, Flammarion, Le Seuil, la *collection La pléiade* propose les œuvres complètes de la plupart des écrivains français, sous une présentation agréable...

## Divers :

**Les parcs naturels de France,** *éditions Minerva.*

**Les plus beaux jardins de France,** *éditions Minerva.*

**Nouveau Guide des plus beaux jardins de France,** *éditions Rivages.*

**La France vue du ciel,** *éditions Solar.*

**La France vue d'en haut,** *éditions Nathan.*

**Terroirs et vins de France,** *éditions du BRGM.*

**Série « France »,** *éditions Autrement.*

**La France du vin** par Jacques Puisais, collection Mémoires photographiques, *éditions direction du Patrimoine.*

*Chaque année,*
*le* **guide Rouge Michelin France**
*révise sa sélection d'établissements*

  *– servant des repas soignés à prix modérés,*
  *– pratiquant le service compris ou prix nets,*
  *– offrant un menu simple à prix modeste,*
  *– accordant la gratuité du garage...*

*Tout compte fait, le guide de l'année, c'est une économie.*

# Petite filmographie

Parmi les milliers de films tournés à travers la France, nous avons sélectionné quelques œuvres célèbres ou remarquables soit pour la qualité de leurs acteurs ou de leurs metteurs en scène, soit pour la beauté de leurs décors et paysages.

**A bout de souffle** (1959) de Jean-Luc Godard, avec Jean-Paul Belmondo et Jean Seberg (Paris) – *Guide Vert Paris.*

**Au revoir les enfants** (1987) de Louis Malle, avec Gaspard Manesse (Provins) – *Guide Vert Champagne.*

**La Belle et la Bête** (1945) de Jean Cocteau, avec Jean Marais (Raray) – *Guide Vert Ile-de-France.*

**Camille Claudel** (1988) de Bruno Nuytten, avec Isabelle Adjani (Villeneuve-sur-Fere) – *Guide Vert Champagne.*

**Cyrano de Bergerac** (1990) de Jean-Paul Rappeneau, avec Gérard Depardieu (Le Mans, Uzès, abbaye de Fontenay) – *Guides Verts Châteaux de la Loire, Provence* et *Bourgogne.*

**Les Demoiselles de Rochefort** (1966) de Jacques Demy (Rochefort), avec Catherine Deneuve et Françoise Dorléac – *Guide Vert Poitou Vendée Charentes.*

**Les Fantômes du chapelier** (1982) de Claude Chabrol, avec Charles Aznavour (Concarneau, Quimper et La Rochelle) – *Guides Verts Bretagne* et *Poitou Vendée Charentes.*

**Germinal** (1993) de Claude Berri, avec Renaud et Gérard Depardieu (Oignies, Astres) – *Guide Vert Flandres Artois Picardie.*

**La Grande Illusion** (1937) de Jean Renoir, avec Pierre Fresnay et Jean Gabin (Château du Haut-Kœnigsbourg, Colmar et les environs de Neuf-Brisach) – *Guide Vert Alsace-Lorraine.*

**L'Horloger de St-Paul** (1974) de Bertrand Tavernier, avec Philippe Noiret (Quartier St-Paul à Lyon) – *Guide Vert Vallée du Rhône.*

**Jean de Florette** et **Manon des Sources** (1986) de Claude Berri, avec Yves Montand (Cuges-les-Pins, Mirabeau et Plan-d'Aups) – *Guides Verts Provence* et *Côte d'Azur.*

**Jeux interdits** (1951) de René Clément, avec Brigitte Fossey (Puget-Théniers) – *Guide Vert Côte d'Azur.*

**Les Misérables** (1982) de Robert Hossein, avec Lino Ventura (Sarlat, Montpazier et Sireuil) – *Guide Vert Périgord-Quercy.*

**Napoléon** (1927) d'Abel Gance, avec Albert Dieudonné (Ajaccio, grotte de Casone et la pointe des Sanguinaires) – *Guide Vert Corse.*

**Pierrot le Fou** (1965) de Jean-Luc Godard, avec Jean-Paul Belmondo (Ile de Porquerolles) – *Guide Vert Côte d'Azur.*

**La Reine Margot** (1994) de Patrice Chéreau, avec Isabelle Adjani et Daniel Auteuil (Forêt de Compiègne, St-Quentin, Reims et la rue St-Eloi à Bordeaux) – *Guides Verts Flandres Artois, Champagne* et *Pyrénées Aquitaine.*

**Le Retour de Martin Guerre** (1982) de Daniel Vigne, avec Gérard Depardieu et Nathalie Baye (Artigat, Balaguères) – *Guides Verts Pyrénées Aquitaine* et *Pyrénées Roussillon.*

**La Règle du Jeu** (1939) de Jean Renoir, avec Marcel Dalio (Château de La Ferté-St-Aubin, Lamotte-Beuvron et les environs de Brinon-sur-Sauldre) – *Guide Châteaux de la Loire.*

**Le Salaire de la peur** (1953) de Henri-Georges Clouzot, avec Charles Vanel et Yves Montand (La bambouseraie de Prafrance, Anduze et Uzès) – *Guides Verts Gorges du Tarn* et *Provence.*

**37°2 le matin** (1986) de Jean-Jacques Beineix, avec Béatrice Dalle et Jean-Hugues Anglade (La plage de Gruissan et Marvejols) – *Guides Verts Gorges du Tarn* et *Pyrénées Roussillon.*

**Les Valseuses** (1974) de Bertrand Blier, avec Gérard Depardieu et Patrick Dewaevre (Valence) – *Guide Vert Vallée du Rhône.*

**Le Vieux Fusil** (1976) de Robert Enrico, avec Philippe Noiret (Châteu de Bruniquel) – *Guide Vert Périgord Quercy.*

Raimu et Fernandel dans « La Fille du puisatier ».

# La France en fête

Dans ce chapitre, après le nom de la ville (et le renvoi à la carte Michelin pour les villes non décrites), nous donnons le n° de téléphone préférentiel à l'usage du public pour obtenir tout renseignement (informations, dates, programmes, réservations...).

## Fêtes civiles ou religieuses

Ce calendrier propose un choix de manifestations particulièrement intéressantes pouvant jalonner votre itinéraire, voire justifier une variante, si les circonstances d'un voyage vous conduisent à proximité.

*Fin février*

| | | |
|---|---|---|
| **Nice** | 93 87 16 28 | Carnaval |
| **Chalon-sur-Saône** | 85 48 37 97 | Carnaval |
| | | Foire « froide » des Sauvagines |
| **Le Touquet** | 21 99 05 43 | Enduro des sables |

*Jeudi Saint*

| | | |
|---|---|---|
| **Le Puy-en-Velay** | 71 09 38 41 | Procession des Pénitents blancs |
| **Saugues** (76 16) | 71 77 84 46 | Procession des Pénitents blancs (à la tombée de la nuit) |

*Vendredi Saint*

| | | |
|---|---|---|
| **Arles-sur-Tech** (86 18) | 68 39 11 99 | Procession des Pénitents noirs |
| **Burzet** (76 18) | 75 94 41 03 | Figuration de la Passion |
| **Collioure** (86 20) | 68 82 15 47 | Procession des Pénitents |
| **Perpignan** | 68 66 30 30 | Procession de la Sanch |
| **Roquebrune-Cap-Martin** | 93 35 62 87 | Procession du Christ Mort |
| **Sartène** | 95 77 05 11 | Procession U Catenacciu |

*Dimanche de Pâques*

| | | |
|---|---|---|
| **St-Benoît-sur-Loire** | 38 35 72 43 | Cérémonie pascale à la basilique |

*Lundi de Pâques*

| | | |
|---|---|---|
| **Cassel** (51 4) | 28 40 52 55 | Sortie carnavalesque des géants Reuze-Papa et Reuze-Maman |

*Mi-avril*

| | | |
|---|---|---|
| **Gérardmer** | 29 63 00 80 | Fête des Jonquilles |

*Avril*

| | | |
|---|---|---|
| **Chartres** | 37 21 54 03 | Grand pèlerinage des étudiants |

*Début mai*

| | | |
|---|---|---|
| **Orléans** | 38 79 23 86 | Fêtes johanniques, la plus ancienne et régulière commémoration historique française |

*Mi-mai*

| | | |
|---|---|---|
| **St-Tropez** | 94 97 45 21 | Bravade |
| **Tréguier** | 96 92 30 19 | Pardon de Saint-Yves (patron des avocats) |
| **Le Mont-St-Michel** | 33 60 14 30 | Fête de la Saint-Michel de printemps |

*Fin mai*

| | | |
|---|---|---|
| **Rouen** | 35 71 41 77 | Fêtes Jeanne d'Arc |
| **Les Stes-Maries-de-la-Mer** | 90 47 82 55 | Pèlerinage des Gitans |

*Pentecôte*

| | | |
|---|---|---|
| **Honfleur** | 31 89 23 30 | Fête des Marins |

*Début juin*

| | | |
|---|---|---|
| **Pomarez** (78 7) | 58 89 33 32 | Courses de vaches landaises |
| **La Rochelle** | 46 44 62 44 | Semaine internationale de la voile |
| **Utah-Beach-Omaha-Beach** | 33 41 31 18 | Commémoration du débarquement du 6 juin 1944. Secteur américain |
| **Gold, Juno, Sword** | 31 86 53 30 | Commémoration du débarquement du 6 juin 1944. Secteur anglo-canadien. Ces manifestations sont jumelées tous les 5 ans |

*Mi-juin*

| | | |
|---|---|---|
| **Chambord** | 47 55 09 16 | Game Fair (journées nationales de la pêche et de la chasse) |
| **Le Mans** | 43 40 24 24 | Course automobile des « 24 Heures » |

*Début juillet*

| | | |
|---|---|---|
| **Douai** | 27 88 26 79 | Fêtes de Gayant avec sortie des géants et de leur famille |

*Mi-juillet*

| | | |
|---|---|---|
| **Carcassonne** | 68 25 07 04 | « Embrasement » de la Cité |

*Fin juillet*

| | | |
|---|---|---|
| **Sainte-Anne-d'Auray** (63 2) | 97 57 68 80 | Grand Pardon de Sainte-Anne |

## Spectacles « Son et Lumière » en Val de Loire

Ces données ne peuvent être fournies qu'à titre indicatif en raison des modifications fréquentes tant dans les numéros de ☎ que dans le titre des spectacles.

Ces spectacles de grande qualité changent de thème périodiquement. La liste ci-dessous n'est qu'une sélection, sur le Val de Loire.

## Festivals

Nous donnons ci-dessous un choix parmi les plus célèbres festivals organisés annuellement en France. Et pour chacun d'eux la période durant laquelle il se déroule et le genre artistique auquel s'attache son renom. Les manifestations qui relèvent surtout des activités d'expositions, salons, foires, stages, programmes saisonniers des stations n'y figurent pas.

| | | | |
|---|---|---|---|
| **Béziers** (83 15) .... | 67 36 73 73 | *Première quinzaine de juillet* | Musique classique |
| **Bordeaux** ......... | 56 48 58 54 | *Première quinzaine de mai* | Le Mai musical |
| **Bourges** ......... | 48 70 61 11 | *fin avril/début mai* | Printemps de Bourges |
| **Cannes** .......... | 42 66 92 20 | *Mai* | Film |
| **Carcassonne** ...... | 68 25 33 13 | *Juillet* | Théâtre, danse et musique |
| **Carpentras** ....... | 90 63 46 35 | *Mi-juillet/ début août* | Art lyrique, danse |
| **La Chaise-Dieu** ..... | 71 00 01 16 | *Fin août/ début septembre* | Musique française – Musique religieuse |
| **Chartres** ......... | 37 21 54 03 | *Juillet et août* | Musique religieuse |
| **Chaumont-sur-Loire** . | 54 20 99 22 | *Mi-juin/mi-octobre* | Festival international des jardins |
| **Deauville** ......... | 31 88 21 43 | *1<sup>re</sup> quinzaine de septembre* | Film américain |
| **Divonne** ......... | 50 40 34 16 | *2<sup>e</sup> quinzaine de juin* | Musique de chambre |
| **Entrecasteaux** (84 6) | 94 04 42 86 | *Seconde quinzaine d'août* | Musique de chambre |
| **Évian** ........... | 50 75 04 26 | *Mi-mai* | Rencontres musicales |
| **Gannat** .......... | 70 90 12 67 | *Seconde quinzaine de juillet* | « Les folklores du monde » |
| **Juan-les-Pins** ...... | 93 33 95 64 | *Seconde quinzaine de juillet* | Festival mondial du jazz |
| **Lannion** (58 7) ..... | 96 37 07 35 | *Mi-juillet/fin août* | Orgue et chœurs |
| **Lille** ............. | 20 52 74 23 | *Octobre et novembre* | Musique, concert, danse et théâtre sur un thème différent chaque année |
| **Lorient** .......... | 97 21 24 29 | *Début août* | Festival Interceltique |
| **Lyon** ............. | 72 40 26 26 | *Seconde quinzaine de septembre* | Biennale en alternance : les années paires la danse, les années impaires musique et art contemporain |
| **Montauban** ....... | 63 63 60 60 | *Début août* | Chorégraphie |
| **Nantes** .......... | 40 47 04 51 | *Début juillet* | Musique et danse traditionnelles |
| **Orange** .......... | 90 34 24 24 | *Seconde quinzaine de juillet* | Chorégies d'Orange |
| **Pau** ............. | 59 27 85 80 | *15 juin/ 15 juillet* | Théâtre – Musique – Danse |
| **Prades** (86 17) ..... | 68 96 33 07 | *Fin juillet/ 15 août* | Musique de chambre Festival Pablo Casals |
| **Le Puy-en-Velay** .... | 71 09 38 41 | *Mi-septembre* | Fêtes du roi de l'Oiseau (fêtes de l'époque Renaissance) |
| **Quimper** ......... | 98 55 53 53 | *4<sup>e</sup> dimanche de juillet* | Grandes fêtes de Cornouaille |
| **Rennes** .......... | 99 30 38 01 | *Début juillet* | Les tombées de la Nuit (théâtre, musique, danse, poésie) |
| **St-Céré** (75 19) ..... | 65 38 29 08 | *Mi-juillet/fin août* | Art lyrique |
| **St-Donat-sur-l'Herbasse** (77 2) | 75 45 10 29 | *Fin juillet/ début août* | Musique de Jean-Sébastien Bach |
| **St-Guilhem-le-Désert** . | 67 63 14 99 | *Juillet/août* | Musique baroque |
| **St-Malo** .......... | 99 40 42 50 | *Fin octobre* | Quai des bulles (festival de bande dessinée) |
| **St-Rémy-de-Provence** | 90 92 16 31 | *Mi juillet/ mi-septembre* | Musique d'orgue |
| **Salon-de-Provence** (84 2) .... | 90 42 12 12 | *Juillet* | Musique de jazz – Rock |
| **Sarlat** ........... | 53 31 10 83 | *Fin juillet/ début août* | Théâtre |
| **Sceaux** (101 25) .... | 46 60 07 79 | *Mi-juillet/ fin septembre* | Musique classique – Musique de chambre |
| **Toulouse** ......... | 61 11 02 22 | *Fin juin/ fin août* | Musique classique – Jazz – Folklore |
| **Vaison-la-Romaine** .. | 90 36 12 92 | *Juillet et août* | Théâtre et danse – Folklore |
| **Vannes** .......... | 97 47 24 34 | *15 août* | Fêtes d'Arvor (folklore) |

# Conditions de visite

Les renseignements énoncés ci-dessous s'appliquent à des touristes voyageant isolément et ne bénéficiant pas de réduction. Pour les groupes constitués, il est généralement possible d'obtenir des conditions particulières concernant les horaires ou les tarifs. Ces données ne peuvent être fournies qu'à titre indicatif en raison de l'évolution du coût de la vie et de modifications fréquentes dans les horaires d'ouverture de nombreuses curiosités. Lorsqu'il nous a été impossible d'obtenir des informations à jour, les éléments figurant dans l'édition précédente ont été reconduits. Dans ce cas ils apparaissent en italique.

Les **édifices religieux** ne se visitent pas pendant les offices. Certaines églises et la plupart des chapelles sont souvent fermées. Les conditions de visite en sont précisées si l'intérieur présente un intérêt particulier ; dans le cas où la visite ne peut se faire qu'accompagnée par la personne qui détient la clé, une rétribution ou une offrande est à prévoir.

Dans certaines villes, des **visites guidées** de la localité dans son ensemble ou limitées aux quartiers historiques sont régulièrement organisées en saison touristique. Cette possibilité est mentionnée en tête des conditions de visite, pour chaque ville concernée. Dans les Villes d'Art et d'Histoire et les Villes d'Art , les visites sont conduites par des guides-conférenciers agréés par la Caisse Nationale des Monuments Historiques et des Sites. Lorsque les curiosités décrites bénéficient de facilités concernant l'accès pour les handicapés, le symbole & figure à la suite de leur nom.

# A

### ABBEVILLE
🛈 1, place Amiral Courbet - 80100 - ☎ 22 24 27 92

**Château de Bagatelle** – Visite accompagnée (1/2 h) tous les jours (sauf le mardi) du 1er week-end de juillet au 1er week-end de septembre de 14 h à 18 h ; le reste de l'année sur rendez-vous. 30 F. ☎ 22 24 02 69.

**Musée Boucher-de-Perthes** – Visite tous les jours (sauf le mardi). Femé les 1er janvier, 1er mai, 14 juillet, 1er novembre, 25 décembre. Entrée gratuite. ☎ 22 24 08 49.

### AIGUES-MORTES
🛈 porte de la Gardette - 30220 - ☎ 66 53 73 00

**Tour de Constance et remparts** – Bureau d'accueil : en bas de la tour. Visite du 1er juin au 31 août, de 9 h 30 à 19 h 30 ; en mai et septembre, de 9 h 30 à 12 h 30 et de 14 h à 18 h ; le reste de l'année, de 9 h 30 à 12 h 30 et de 14 h à 17 h. Fermés les 1er janvier, 1er mai, 1er et 11 novembre et 25 décembre. 26 F. Délivrance des billets suspendue une demi-heure avant l'heure de fermeture. Pour les visites accompagnées par les conférenciers des Monuments Historiques (1 h), s'adresser au ☎ 66 53 61 55.

### AIX-EN-PROVENCE
🛈 2, place du Général-de-Gaulle - 13100 - ☎ 42 16 11 61

**Visite guidée de la ville**  – S'adresser à l'Office de tourisme.

**Cathédrale et cloître St-Sauveur** – Pour voir le triptyque du Buisson Ardent et les vantaux sculptés du portail, s'adresser au gardien dans la 1re chapelle à droite du portail Ouest. Pas de visite le dimanche. ☎ 42 21 10 51.

**Musée Granet** – Visite de 10 h à 12 h et de 14 h à 18 h. Fermé le mardi et la plupart des jours fériés. 18 F. ☎ 42 38 14 70.

**Église Ste-Marie-Madeleine** – Visite en semaine seulement de 9 h 30 à 11 h 30.

**Muséum d'Histoire naturelle** – Visite de 10 h à 12 h et de 14 h à 18 h. Fermé les 1er janvier, 1er mai, 25 et 26 décembre. 14 F. ☎ 42 26 23 67.

**Église St-Jean-de-Malte** – Visite de 9 h à 12 h et de 15 h 30 à 19 h. Fermé le mercredi matin. ☎ 42 38 25 70

**Fondation Vasarely** – Se renseigner sur les horaires d'ouverture. 35 F. ☎ 42 20 01 09.

**Musée des Tapisseries** – Visite tous les jours (sauf le mardi) de 10 h à 12 h et de 14 h à 17 h. 14 F. ☎ 42 21 05 78.

### AJACCIO
🛈 place Foch - 20176 - ☎ 95 21 40 87

**Musée napoléonien** – Visite toute l'année de 9 h à 12 h et de 14 h à 17 h 30. Fermé le samedi, dimanche et les jours fériés. Le Grand Salon peut être fermé lors de certaines manifestations officielles à la mairie. 5 F. ☎ 95 21 48 17.

**Musée Fesch** – & Visite de mi-juin à mi septembre de 10 h à 12 h 30 et de 15 h à 19 h ; en juillet et août, ouverture supplémentaire le vendredi de 21 h à 24 h. Le reste de l'année de 9 h 30 à 12 h et de 14 h 15 à 18 h. Fermé les dimanche et lundi ainsi que les 1er mai, Pâques, Ascension, Pentecôte, 1er novembre et Noël. 25 F. ☎ 95 21 48 17.

**Maison Bonaparte** – Visite du 1er mai au 30 septembre tous les jours de 9 h à 12 h et de 14 h à 18 h. Le reste de l'année de 10 h à 12 h et de 14 h à 17 h. Fermé le dimanche après-midi et le lundi matin ainsi que le 1er mai. 20 F.

## ALBI

🛈 Palais de la Berbie, place Ste-Cécile - 81000 - ☎ 63 54 22 30

**Chœur de la cathédrale Ste-Cécile** – Pour les visites accompagnées, s'adresser à l'Office de tourisme. Accès au chœur : 3 F.

**Palais de la Berbie (musée Toulouse-Lautrec)** – Visite de 9 h à 12 h et de 14 h à 18 h du 1er juin au 30 septembre, de 10 h à 12 h et de 14 h à 18 h en avril et mai, tous les jours (sauf le mardi) de 10 h à 12 h et de 14 h à 17 h le reste de l'année. Fermé les 1er janvier, 1er mai, 1er novembre et 25 décembre. 20 F. ☎ 63 54 14 09.

## ALÉRIA

**Musée Jérôme-Carcopino** – Visite du 16 mai au 30 septembre de 8 h à 12 h et de 14 h à 19 h. Le reste de l'année fermeture à 17 h (les visiteurs ne sont plus admis 1/2 h avant la fermeture). Fermé le dimanche de novembre à début avril et les 1er janvier, 1er mai, 1er et 11 novembre et 25 décembre. 10 F. ☎ 95 57 00 92.

**Fouilles** – Mêmes horaires et tarif que pour le musée ; billet jumelé avec la visite du musée.

## AMBOISE

🛈 quai Général-de-Gaulle - 37400 - ☎ 47 57 01 37

**Château** – Visite libre ou accompagnée (3/4 h) de 9 h à 20 h du 1er juillet au 31 août ; de 9 h à 18 h 30 du 1er avril au 30 juin et du 1er septembre au 31 octobre ; le reste de l'année de 9 h à 12 h et de 14 h à 17 h. Fermé le 1er janvier et le 25 décembre. 33 F. ☎ 47 57 00 98.

**Clos-Lucé, demeure de Léonard de Vinci** – ♿ Visite du 23 mars au 12 novembre ainsi que tous les jours fériés, de 9 h à 19 h (20 h en juillet et août) ; le reste de l'année, de 9 h à 18 h ; fermé en janvier et le 25 décembre. 35 F. ☎ 47 57 62 88.

## AMIENS

🛈 rue du Chapeau-de-Violettes - 80000 - ☎ 22 91 79 28

**Visite guidée de la ville** 🅰 – S'adresser à l'Office de tourisme.

**Musée de Picardie** – Visite de 10 h à 12 h 30 et de 14 h à 18 h. Fermé le lundi et certains jours fériés. 20 F. ☎ 22 91 36 44.

**Hortillonnages** – Visite en barque (1 h) du 1er avril au 31 octobre tous les jours à partir de 14 h. Se présenter au 54, bd Beauvillé. 28 F. ☎ 22 92 12 18.

## Château d'ANCY-LE-FRANC

Visite accompagnée (3/4 h) tous les jours, à 10 h, 11 h, 14 h, 15 h, 16 h, 17 h et 18 h du 1er mai au 15 septembre. Dernière visite à 17 h le reste de l'année. Fermé du 15 novembre au 25 mars. 42 F. ☎ 86 75 14 63.

## Les ANDELYS

🛈 24, rue Philippe-Auguste - 27700 - ☎ 32 54 41 93

**Château-Gaillard** – Visite libre ou accompagnée (3/4 h) de mi-mars à mi-novembre de 9 h à 12 h et de 14 h à 19 h ; le reste de l'année ouvert le week-end, les jours fériés et les jours de congés scolaires aux mêmes heures. Fermé le mardi et le mercredi matin. 17 F. ☎ 32 54 04 16 ou 32 54 41 93.

## Château et chapelle d'ANET

Visite accompagnée (3/4 h) tous les jours du 1er avril au 31 octobre, de 14 h 30 à 18 h 30, le dimanche et les jours fériés de 10 h à 11 h 30 et de 14 h 30 à 18 h ; le reste de l'année, visite le samedi de 14 h à 17 h, le dimanche et les jours fériés de 10 h à 11 h 30 et de 14 h 30 à 18 h 30. 36 F. ☎ 37 41 90 07.

## ANGERS

🛈 place Kennedy - BP 5157, ou place de la Gare - 49051
☎ 41 23 51 11 ou 41 87 72 50

Le billet jumelé à tarif unique (valable jusqu'au 31 décembre de l'année en cours) permet de visiter : le château, la galerie David-d'Angers, le logis Barrault, l'hôtel Pincé et le musée Jean-Lurçat.

**Visite guidée de la ville** 🅰 – Visite du 15 juin au 15 septembre, tous les jours sauf le dimanche (heures différentes : 14 h, 17 h ou 21 h selon les jours) ; le reste de l'année visite à thème un dimanche ou un samedi par mois. S'adresser à l'Office de tourisme qui édite par ailleurs un programme de visites-conférences à thèmes.

**Château** – Visite libre ou accompagnée (1 h) du 1er juin au 15 septembre de 9 h à 19 h ; des Rameaux au 31 mai de 9 h à 12 h 30 et de 14 h à 18 h 30 ; le reste de l'année, de 9 h 30 à 12 h 30 et de 14 h à 18 h. Fermé le 1er janvier, 1er mai, 1er et 11 novembre et le 25 décembre. 32 F. ☎ 41 87 43 47.

**Musée Jean-Lurçat et de la Tapisserie contemporaine** – ♿ Visite du 15 juin au 15 septembre de 9 h 30 à 19 h ; le reste de l'année, de 10 h à 12 h et de 14 h à 18 h. Fermé le lundi ainsi que le 1er janvier, 1er et 8 mai, 14 juillet, 1er et 11 novembre et le 25 décembre. 20 F. ☎ 41 88 64 65.

**Galerie David-d'Angers** – Visite du 15 juin au 15 septembre de 9 h 30 à 19 h ; le reste de l'année, de 10 h à 12 h et de 14 h à 18 h. Fermé le lundi du 16 septembre au 14 juin, le 1er janvier, 1er mai, 8 mai, 14 juillet, 1er et 11 novembre et le 25 décembre. 10 F. ☎ 41 88 64 65.

**Musée Pincé** – Mêmes conditions de visite que pour la galerie David-d'Angers. 10 F. ☎ 41 88 64 65.

**Église St-Serge** – Fermé le dimanche matin. Visite accompagnée (1/2h) le dimanche de 14 h 30 à 18 h en juillet et août (sauf 15 août). ☎ 41 43 66 76.

## ANGOULÊME

🛈 2, place St-Pierre - 16000 - ☎ 45 95 16 84

**Visite guidée de la ville** 🔺 – S'adresser à l'Office de tourisme.

**C.N.B.D.I. : musée et médiathèque** – Visite accompagnée (2 h) ou libre tous les jours (sauf le lundi) de 10 h à 19 h ; de 14 h à 19 h le week-end et les jours fériés. Fermé les 1er janvier, 1er mai et 25 décembre. 30 F. ☎ 45 38 65 65.

## ANNECY

🛈 Centre Bonlieu, 1 rue J.-Jaurès - 74000 - ☎ 50 45 00 33

**Visite guidée de la ville** 🔺 – S'adresser à l'Office de tourisme.

**Palais de l'Isle** – Mêmes conditions de visite que le château-musée.

**Tour du lac** – Plusieurs types de croisières ont lieu de début avril à fin septembre. Durée : 1 h 1/2. Omnibus de port à port : 63 F. Croisière avec arrêt à Doussard : 67 F (moins de 12 ans : 56 F). Pour les horaires et les réservations ☎ 50 51 08 40.

**Château** – Visite tous les jours de 10 à 12 h et de 14 h à 18 h. De juin à fin septembre, sans interruption à midi. Fermé le mardi (sauf de mi-juin à mi-septembre) et les jours fériés. 30 F. ☎ 50 33 87 31.

## ANTIBES

🛈 11, place du Général-de-Gaulle - 06200 - ☎ 93 33 95 64

**Château Grimaldi : musée Picasso** – Visite de mi-juin à mi-septembre de 10 h à 18 h ; le reste de l'année, fermé de 12 h à 14 h. Fermé les lundi et jours fériés et du 1er novembre au 10 décembre. 20 F. ☎ 92 90 54 20.

## ARBOIS

🛈 hôtel de ville - 39600 - ☎ 84 37 47 37

**Maison de Pasteur** – Visite accompagnée (3/4 h) à 9 h 30, 10 h 30, 11 h 30 13 h 45, 14 h 45, 15 h 45 et 16 h 45 du 1er juin au 30 septembre ; visite à 10 h, 11 h, 14 h, 15 h et 16 h (sauf le jeudi) le reste de l'année. Fermé les 1er janvier, 14 février, 14 juillet, 15 août, 1er novembre et 14 décembre. 30 F. ☎ 84 66 11 72.

## ARCACHON

🛈 esplanade Georges-Pompidou - B.P. 42 - 33311 Cede - ☎ 56 83 01 69

**Le bassin** – Les vedettes U.B.A. (Union des Bateliers Arcachonnais) proposent : – en saison : la traversée Arcachon-Cap Ferret aller et retour (45 F), la visite commentée des parcs à huîtres (50 F), la visite de la réserve du Banc d'Arguin (65 F), des parties de pêche à la ligne (65 F), le circuit du littoral (70 F) – toute l'année : le tour de l'Île aux Oiseaux (65 F). Embarquements : jetée Thiers et jetée d'Eyrac (Arcachon), jetée Bélisaire (au Cap Ferret). Renseignements : ☎ 56 54 60 32/83 01.

## ARC-ET-SENANS

**Saline royale** – Visite toute l'année de 9 h à 19 h du 1er juillet au 31 août ; de 9 h à 12 h et de 14 h à 18 h du 1er avril au 30 juin et du 1er septembre au 1er novembre ; de 10 h à 12 h et de 14 h à 17 h du 2 novembre au 31 décembre et du 1er janvier au 31 mars. 29 F. ☎ 81 54 45 45.

Arc-et-Senans – Saline royale, la maison du directeur.

## ARLES

🛈 esplanade Charles-de-Gaulle - 13200 - ☎ 90 18 41 20

Il existe un billet forfaitaire donnant accès à l'ensemble des sites arlésiens : 55 F. Il est délivré sur chaque site.

**Visite guidée de la ville** – S'adresser à l'Office de tourisme.

**Théâtre antique** – Visite de 9 h à 19 h du 1er avril au 30 septembre, de 10 h à 16 h 30 le reste de l'année. 15 F.

**Arènes, théâtre antique, Alyscamps** – Visite de 9 h à 19 h du 1er avril au 30 septembre, de 10 h à 16 h 30 le reste de l'année. Fermé les 1er janvier, 1er novembre et 25 décembre. 15 F.

**Cryptoportiques** – Visite de 9 h à 19 h du 1er avril au 30 septembre, de 10 h à 16 h 30 le reste de l'année. 12 F.

**Cloître St-Trophime** – Visite de 9 h à 19 h du 1er avril au 30 septembre, de 10 h à 16 h 30 le reste de l'année. 15 F ou 20 F (en cas d'exposition).

**Museon Arlaten** – Visite de 9 h à 12 h et de 14 h à 19 h 30 (18 h en avril, mai, septembre et octobre, 17 h le reste de l'année). Fermé le lundi d'octobre à juin ainsi que les 1er janvier, 1er novembre et 25 décembre. 15 F. ☎ 90 96 08 23.

**Musée Réattu** – Visite de 9 h à 12 h et de 14 h à 19 h du 1er avril au 30 septembre, de 10 h à 12 h et de 14 h à 16 h 30 le reste de l'année. 15 F, billet combiné incluant la visite de la commanderie Ste-Luce. ☎ 90 49 37 58.

**Palais Constantin** – Visite de 9 h à 12 h et de 14 h à 19 h du 1er avril au 30 septembre, de 10 h à 12 h et de 14 h à 16 h 30 le reste de l'année. 12 F.

**Les Alyscamps** – Visite de 9 h à 19 h du 1er avril au 30 septembre, de 10 h à 16 h 30 le reste de l'année. 12 F.

## ARRAS
🛈 7, place du Maréchal-Foch - 62000 - ☎ 21 51 26 95

**Visite guidée de la ville** 🄰 – S'adresser à l'Office de tourisme.

**Hôtel de ville** – ♿ Visite (ascenseur) en semaine de 10 h à 12 h et de 14 h à 18 h ; les dimanches et jours fériés de 10 h à 12 h et de 15 h à 18 h (de 10 h à 18 h en juillet et août). Fermé les 1er janvier et 25 décembre. ☎ 21 51 26 95.

**Beffroi** – Visite en semaine de 10 h à 12 h et de 14 h à 18 h ; les dimanches et jours fériés de 10 h à 12 h et de 15 h (14 h 30 en juillet et août) à 18 h 30. Fermé les 1er janvier et 25 décembre. 13 F. ☎ 21 51 26 95.

**Musée des Beaux-Arts** – Visite en semaine (sauf le mardi) de 10 h à 12 h et de 14 h à 18 h (17 h du 15 octobre au 31 mars) ; le samedi de 10 h à 12 h et de 14 h à 18 h ; le dimanche de 10 h à 12 h et de 15 h à 18 h. Fermé le 1er mai. 14 F, gratuit le 1er mercredi et le 1er dimanche de chaque mois. ☎ 21 71 26 43.

## AUBUSSON
🛈 M. Juillet, place Villeneuve - 23200 - ☎ 55 66 14 28

**Musée départemental de la Tapisserie** – ♿ Visite tous les jours (sauf le mardi) de 9 h à 12 h 30 et de 14 h à 18 h 30 de mi-juin à mi-septembre ; de 9 h 30 à 12 h et de 14 h à 18 h de mi-septembre à mi-juin. Fermé les 1er janvier et 25 décembre. 18 F (l'été), 12 F (le reste de l'année). ☎ 55 66 33 06.

**Exposition de tapisseries et de tapis** – Visite tous les jours de 14 h à 18 h de juillet à septembre ; tous les jours (sauf dimanche et lundi) de 10 h à 12 h et de 14 h à 18 h de novembre à juin. Fermé en octobre. Entrée gratuite. ☎ 55 66 18 08.

## AUCH
🛈 1 rue Dessoles - 32000 - ☎ 62 05 22 89

**Stalles** – Visite de 8 h 30 à 12 h et de 14 h à 18 h du 1er avril au 30 septembre, de 9 h 30 à 12 h et de 14 h à 17 h, de 9 h à 12 h et de 14 h à 17 h le reste de l'année. 6 F.

**Cathédrale Ste-Marie** – Fermé pendant la pause de midi. A l'entrée, des commentaires enregistrés présentent les caractéristiques de l'édifice. Pour la visite du déambulatoire et des verrières, des baladeurs sont disponibles : 10 F, dépôt d'une pièce d'identité en caution.

## AUTUN
🛈 3, avenue Charles-de-Gaulle - 71400 - ☎ 85 52 20 34

**Visite guidée de la ville** 🄰 – S'adresser à l'Office de tourisme.

**Cathédrale** – Visite libre, tous les jours, de 8 h à 19 h.

**Musée Rolin** – Visite libre tous les jours (sauf mardi) de 9 h 30 à 12 h et de 13 h 30 à 18 h du 1er avril au 30 septembre ; de 10 h à 12 h et de 14 h à 16 h (17 h en octobre) en novembre et décembre et du 1er janvier au 31 mars. Le dimanche hors saison, ouvert de 14 h 30 à 17 h seulement. Fermé les jours fériés. 16 F. ☎ 85 52 09 76.

## AUXERRE
🛈 1, quai de la République - 89000 - ☎ 86 52 06 19

**Ancienne abbaye St-Germain - Église** – Visite de 10 h à 18 h 30 du 1er juin au 31 octobre, de 10 h à 12 h et de 14 h à 17 h 30 le reste de l'année. Fermé le mardi, le 1er janvier, lundi de Pâques et de Pentecôte, 1er et 8 mai, 1er et 11 novembre, 25 décembre. 20 F (billet jumelé avec le musée Leblanc-Duvernoy), gratuit le mercredi. ☎ 86 51 09 74.

**Cathédrale St-Étienne - Trésor et crypte** – Visite tous les jours (sauf dimanche matin) de 9 h à 12 h et de 14 h à 18 h. En juillet et août, fermeture à 19 h et concert d'orgues de 14 h à 15 h. Spectacle son et lumière de 22 h à 23 h 15, tous les jours, du 1er juillet au 30 septembre (25 F). ☎ 86 52 23 29.

## AVEN ARMAND

*Visite accompagnée (1 h), du 1er juin au 31 août, de 9 h à 19 h ; du 15 mars au 31 mai ainsi qu'en septembre, de 9 h à 12 h et de 13 h 30 à 18 h ; du 1er octobre au 3 novembre, de 9 h à 12 h et de 13 h 30 à 17 h. 40 F ; enfants : 20 F. Billet combiné avec la visite de Montpellier-le-Vieux : 50 F ; enfants : 25 F. ☎ 66 45 61 31.*

## AVIGNON
🛈 41, cours Jean-Jaurès - 84000 - ☎ 90 82 65 11

**Visite guidée de la ville** 🄰 – S'adresser à l'Office de tourisme.

**Palais des Papes** – Visite libre de 9 h à 19 h (20 h du 21 août au 30 septembre) du 1er avril au 2 novembre, de 9 h à 12 h 45 et de 14 h à 18 h le reste de l'année. Visite guidée (1 h 1/2) : se renseigner sur les horaires et les conditions. Heure limite d'admission dans le monument : 3/4 h avant la fermeture. Fermé les 1er janvier et 25 décembre ; pas de visites guidées le 1er mai. 42 F (visite libre) ou 53 F (visite accompagnée). ☎ 90 27 50 74.

AVIGNON

**Pont St-Bénézet** – Visite de 9 h à 18 h 30 du 1er avril au 30 septembre, de 9 h à 13 h et de 14 h à 17 h (sauf le lundi) le reste de l'année. Fermé les 1er janvier, 1er mai, 14 juillet et 25 décembre. 10 F ou 28 F avec le spectacle multivision projeté à l'espace St-Bénézet à côté. ☎ 90 85 60 16 (pont d'Avignon) ou ☎ 90 82 56 96 (spectacle multivision).

**Musée du Petit Palais** – Visite tous les jours (sauf le mardi) de 10 h 30 à 18 h en juillet et août, de 9 h 30 à 12 h et de 14 h à 18 h le reste de l'année. Fermé les 1er janvier, 1er mai, 14 juillet, 1er novembre et 25 décembre. 18 F, gratuit le dimanche du 1er octobre au 1er mars. ☎ 90 86 44 58.

**Cathédrale N.-D.-des-Doms** – Visite du trésor de 9 h à 12 h et de 14 h à 19 h de Pâques à la Toussaint.

**Musée Calvet** – Fermé pour travaux de restauration et de réaménagement des collections.

**Musée Louis-Vouland** – Visite tous les jours (sauf le lundi) de 10 h à 12 h et de 14 h à 18 h du 1er juin au 30 septembre, de 14 h à 18 h le reste de l'année. Fermé le dimanche et les jours fériés. 20 F. ☎ 90 86 03 79.

**Musée lapidaire** – Visite de 10 h à 12 h et de 14 h à 18 h. Fermé le mardi. ☎ 90 86 33 84.

## AZAY-LE-RIDEAU

**Château** – Visite libre ou accompagnée (1 h) du 1er juillet au 31 août de 9 h à 19 h ; du 1er avril au 30 juin et en septembre, de 9 h 30 à 18 h ; le reste de l'année de 9 h 30 à 12 h 30 et de 14 h à 17 h 30. Fermé les 1er janvier, 1er mai, 1er et 11 novembre et 25 décembre. 32 F. ☎ 47 45 26 61.

# B

## BARBIZON

**Auberge du père Ganne** – Visite tous les jours (sauf mardi) de 10 h à 12 h 30 et de 14 h à 18 h du lundi au vendredi, de 10 h à 18 h le week-end et jours fériés du 1er avril au 30 septembre ; fermeture à 17 h le reste de l'année. 25 F. ☎ 60 66 22 27.

**Musée de l'école de Barbizon** – Visite de 10 h à 12 h 30 et de 14 h à 17 h 30 du lundi au vendredi, de 10 h à 17 h 30 le week-end et jours fériés. Fermé le mardi. 20 F. ☎ 60 66 22 38.

## BARCELONNETTE            🄸 place des 7-Portes - 04400 - ☎ 92 81 04 71

**Villa la Sapinière, musée de la vallée** – *Visite de début juillet à début septembre tous les jours de 15 h à 19 h. le reste de l'année les mercredis, jeudis et samedis de 15 h à 18 h. 16 F.* ☎ 92 81 27 15.

## Les BAUX-DE-PROVENCE          🄸 30, Grande-Rue - 13520 - ☎ 90 54 34 39

**Musée d'Histoire des Baux** – Visite de 8 h à 19 h 30 (21 h en été) du 1er mars au 1er novembre, de 9 h à 18 h le reste de l'année. 32 F, billet donnant accès à la citadelle. ☎ 90 54 55 56.

**Cathédrale d'Images** – Visite de 10 h à 19 h de février à septembre, de 10 h à 18 h en octobre et novembre, de 13 h 30 à 17 h 30 en janvier et décembre. Fermé de mi-novembre à début décembre et pendant la 2e quinzaine de janvier. 40 F ; enfants : 25 F. ☎ 90 54 38 65.

**Musée Yves-Brayer** – Visite tous les jours (sauf le mardi du 1er octobre au 31 mars) de 10 h à 12 h 30 et de 14 h à 17 h 30. Fermé de début janvier à mi-février. 20 F. ☎ 90 54 36 99.

## BAYEUX            🄸 pont St-Jean - 14403 - ☎ 31 92 16 26

Il est possible d'acheter une carte, au tarif forfaitaire de 50 F, permettant la visite des quatre musées (tapisserie de Bayeux, Musée mémorial 1944, musée Baron-Gérard, musée d'Art religieux).

**Tapisserie de la Reine Mathilde** – Visite du 1er mai au 16 septembre, et pendant le week-end de Pâques et celui de l'Ascension, de 9 h à 19 h ; le reste de l'année de 9 h à 12 h 30 et de 14 h à 18 h 30 (18 h du 16 octobre du 15 mars). Fermé les 25 et 26 (matin) décembre, 1er et 2 janvier (matin). 33 F. ☎ 31 92 05 48.

**Musée mémorial - Bataille de Normandie - 1944** – ♿ Visite en juin, juillet, août de 9 h à 19 h ; du 16 mars au 31 mai et du 1er septembre au 15 octobre de 9 h 30 à 12 h 30 et de 14 h à 18 h 30 ; le reste de l'année de 10 h à 12 h 30 et de 14 h à 18 h. 28 F, enfant 12 F. ☎ 31 92 93 41.

**Musée Baron-Gérard** – Visite du 1er juin au 15 septembre de 9 h à 19 h ; du 16 septembre au 31 mai de 10 h à 12 h 30 et de 14 h à 18 h. Fermé le 25 décembre et le 1er janvier. 19 F. ☎ 31 92 14 21.

## BAYONNE
🛈 place des Basques - 64100 - ☎ 59 46 01 46

**Visite guidée de la ville** 🔺 – S'adresser à l'Office de tourisme.

**Musée Bonnat** – Visite tous les jours (sauf le mardi) de 10 h à 12 h et de 14 h 30 à 18 h 30 (20 h 30 le vendredi). Fermé les jours fériés. 15 F. ☎ 59 59 08 52.

**Musée Basque** – Fermé pour travaux de restauration. ☎ 59 59 08 98.

## BEAULIEU-SUR-DORDOGNE
🛈 6, place Marbot - 19120 - ☎ 55 91 09 94

**Trésor** – Visite accompagnée le mardi pendant l'été, s'adresser à l'Office de tourisme.

## BEAUNE
🛈 rue de l'Hôtel-de-Ville - 21200 - ☎ 80 26 21 30

**Visite guidée de la ville** 🔺 – S'adresser à l'Office de tourisme.

**Hôtel-Dieu** – Visite tous les jours de 9 h à 18 h 30 du 8 avril au 19 novembre, de 9 h à 11 h 30 et de 14 h à 17 h 30 le reste de l'année. 29 F. ☎ 80 24 45 00.

**Musée du vin de Bourgogne** – Visite tous les jours, de 9 h 30 à 17 h 30. Fermé le · mardi du 1er décembre au 30 mars ainsi que le 1er janvier et le 25 décembre. 20 F. ☎ 80 22 08 19.

## BEAUVAIS
🛈 6, rue Malherbe - 60000 - ☎ 44 45 08 18

**Visite guidée de la ville** 🔺 – S'adresser à l'Office de tourisme.

**Cathédrale St-Pierre : horloge astronomique** – Visite accompagnée (25 mn) à 10 h 40 (sauf le dimanche du 11 mai au 1er novembre), 14 h 40, 15 h 40 et 16 h 40. 22 F. ☎ 44 48 11 60.

**Musée départemental de l'Oise** – Visite tous les jours (sauf le mardi) de 10 h à 12 h et de 14 h à 18 h. Fermé les 1er janvier, lundis de Pâques et de Pentecôte, 1er mai et 25 décembre. 16 F, gratuit le mercredi. ☎ 44 48 48 88.

## Abbaye du BEC-HELLOUIN

Visite libre tous les jours sauf le mardi. Pour les visites guidées (3/4 h), du 1er juin au 30 septembre, départ à 10 h, 11 h, 15 h, 16 h et 17 h (le samedi la visite de 17 h est supprimée) ; les dimanches et jours fériés les visites commencent à partir de midi ; du 1er octobre à fin mai visites à 11 h, 15 h 15 et 16 h 30 en semaine et à 12 h, 15 h et 16 h le dimanche. 21 F. ☎ 32 44 86 09. Des concerts sont donnés plusieurs fois par an. Se renseigner à l'abbaye.

## BELFORT
🛈 passage de France - 90000 - ☎ 84 28 12 23

**Le Lion** – Accessible tous les jours de 8 h à 19 h de juillet à fin septembre ; de 8 h à 12 h et de 14 h à 19 h en mai et juin (18 h en avril et octobre) ; de 10 h à 12 h (8 h le week end et les jours fériés) et de 14 h à 17 h du 1er novembre au 31 mars. 3 F. ☎ 84 28 52 96.

**Château** – Visite accompagnée (1 h) de juin à septembre. Hors saison, sur rendez-vous, les samedis et dimanches, si le temps le permet. Fermé les 1er janvier, 1er novembre et 25 décembre. 10 F. ☎ 84 28 52 96.

## BELLE-ÎLE
🛈 quai Bonnelle, le Palais - 56360 - ☎ 97 31 81 93

Au Palais, location de voitures sans chauffeur, bicyclettes, tandems et mobylettes.

**Citadelle Vauban** – ♿ Visite du 1er juillet au 31 août de 9 h à 19 h ; du 1er avril au 30 juin et du 1er septembre au 31 octobre de 9 h à 18 h ; le reste de l'année de 9 h 30 à 12 h et de 14 h à 17 h. 28 F. ☎ 97 31 84 17.

## BESANÇON
🛈 place de l'Armée-Française - 25000 - ☎ 81 80 92 55

**Visite guidée de la ville** 🔺 – S'adresser à l'Office de tourisme.

**Horloge astronomique** – Visite accompagnée (1/2 h) à 9 h 50, 10 h 50, 11 h 50, 14 h 50, 15 h 50, 16 h 50 et 17 h 50. Fermé le mardi et le mercredi du 1er octobre au 31 mars, le mardi seulement du 1er avril au 30 septembre et les 1er janvier, 1er mai, 1er et 11 novembre, 25 décembre et en janvier. 14 F. ☎ 81 81 12 76.

**Musée des Beaux-Arts et d'Archéologie** – Visite de 9 h 30 à 12 h et de 14 h à 18 h. Fermé les mardi, 1er janvier, 1er mai, 1er novembre et 25 décembre. 21 F, gratuit les dimanche et jours fériés. ☎ 81 81 44 47.

**La Citadelle et ses musées** – Visite de 9 h 15 à 18 h 15 du 1er avril au 30 septembre, de 9 h 45 à 16 h 45 le reste de l'année. Fermé les 1er janvier et 25 décembre. 40 F (billet valable pour les 4 musées de la citadelle). ☎ 81 65 07 50.

**Musée comtois, musée agraire** – Mêmes conditions de visite que la Citadelle. Fermé le mardi.

**Musée d'Histoire naturelle** – Mêmes conditions de visite que la citadelle. Fermé le mardi (sauf le zoo et l'aquarium).

**Musée de la Résistance et de la Déportation, musée d'Histoire naturelle** – Mêmes conditions de visite que la citadelle. Fermé le mardi.

**Bibliothèque municipale** – Visite accompagnée (1 h) tous les jours (sauf le dimanche) de 9 h à 12 h et de 13 h 30 à 18 h (14 h pendant les vacances scolaires). Fermé du 1er au 8 juillet. Entrée gratuite. ☎ 81 81 20 89.

## Grottes de BÉTHARRAM

Visite accompagnée (1 h 30) de 8 h 30 à 12 h et de 13 h 30 à 17 h 30 des Rameaux à la mi-octobre. En juillet et août, en raison de la grande affluence, il est préférable d'entreprendre la visite le matin. 48 F, enfants de moins de 10 ans : 24 F. ☎ 62 41 80 04.

## BEYNAC-ET-CAZENAC      🖪 La Balme - 24220 - ☎ 53 29 43 08

**Château** – Visite libre (de 12 h à 14 h) ou accompagnée (50 mn) tous les jours de 10 h à 18 h de mars à novembre ; de 13 h à 18 h de décembre à février. 30 F. ☎ 53 29 50 40.

## BITCHE      🖪 Hôtel de Ville - porte de Strasbourg - 57230 - ☎ 87 06 16 16

**Citadelle** – Visite (avec casque infrarouge 2 h) tous les jours du 1ᵉʳ mars au 15 novembre de 9 h à 17 h (18 h en juillet et août). Adultes 35 F, enfants 20 F. Office de tourisme ☎ 87 06 16 16.

**Fort du Simserhof** – Visite accompagnée (1 h 40) sur demande préalable à l'Office de tourisme du pays de Bitche, B.P. 47, 57232 Bitche Cedex, ☎ 87 06 16 16. Fermé le lundi. Adultes 35 F, enfants 20 F. Se munir de vêtements chauds.

## BLOIS      🖪 pavillon Anne-de-Bretagne, 3, avenue J.-Laigret - 41000 - ☎ 54 74 06 49

**Visite guidée de la ville 🔺** – S'adresser à la Conservation du château. ☎ 54 78 16 06.

**Château** – Visite libre ou accompagnée (1 h) du 15 mars au 15 octobre, tous les jours, de 9 h à 18 h 30 (20 h du 15 juin au 31 août) ; le reste de l'année de 9 h à 12 h 30 et de 14 h à 17 h 30. Fermé le 1ᵉʳ janvier et le 25 décembre. 32 F (billet donnant droit à la visite du cloître St-Saturnin et au Musée archéologique). ☎ 54 74 16 06.

**Cour de l'Hôtel d'Alluye** – Visite sur rendez-vous, s'adresser au ☎ 54 56 38 00.

## Château de BONAGUIL

Visite accompagnée (1 h 30) tous les jours de 10 h à 17 h 30 de juin à août ; de 10 h 30 à 12 h et de 14 h 30 à 16 h 30 des vacances scolaires de février à mai et de septembre à novembre. Fermé en décembre et janvier. 25 F. ☎ 53 71 39 75.

## BONIFACIO      🖪 place de l'Europe - 20169 - ☎ 95 73 11 88

**Église Saint-Dominique** – Visite accompagnée (30 mn) du 1ᵉʳ juillet au 31 août. 10 F. En dehors de la période d'ouverture, s'adresser à l'Office de tourisme.

## BORDEAUX      🖪 12, cours du XXX-Juillet - 33080 - ☎ 56 44 28 41
🖪 gare St-Jean (esplanade arrivée) - 33000 - ☎ 56 91 64 70
🖪 aéroport de Bordeaux-Mérignac (hall d'arrivée) - 33700 - ☎ 56 34 39 39

**Visites guidées de la ville 🔺** – Des visites guidées par thèmes et par quartiers sont organisées par l'Office de tourisme, qui propose aussi des circuits dans le vignoble. S'adresser à l'une des antennes mentionnées ci-dessus.

**Basilique St-Michel** – Visite de 8 h 30 à 18 h, le dimanche jusqu'à 11 h.

**Grand Théâtre** – Visite accompagnée (1 h) selon le planning des répétitions. 25 F. ☎ 56 44 28 41.

**Musée des Beaux-Arts** – Visite tous les jours (sauf le mardi) de 10 h à 18 h. Fermé les jours fériés. 18 F ; gratuit le mercredi. ☎ 56 10 16 93.

**Musée d'Aquitaine** – ♿ Visite tous les jours (sauf le lundi) de 10 h à 18 h. Fermé les jours fériés. 18 F, gratuit le mercredi. Librairie. ☎ 56 01 51 00.

**Musée d'Art contemporain (Entrepôt Lainé)** – Visite tous les jours (sauf le lundi) de 12 h à 19 h (22 h le mercredi). Fermé le lundi, les 1ᵉʳ janvier, 1ᵉʳ mai et 25 décembre. 30 F billet donnant accès également au centre d'architecture « Arc en Rêve » ; gratuit entre 12 h à 14 h. La librairie et la bibliothèque sont ouvertes tous les jours (sauf le lundi) de 12 h à 19 h. Le café sur la terrasse est ouvert aux mêmes heures que le musée. ☎ 56 44 16 35.

**Croiseur « Colbert »** – Visite de 10 h à 18 h (19 h les samedis, dimanches et jours fériés) du 1ᵉʳ avril au 30 septembre, tous les jours (sauf le lundi) en semaine de 14 h à 18 h, les samedis, dimanches et jours fériés, de 10 h à 19 h le reste de l'année. Fermé les 1ᵉʳ janvier et 25 décembre. 42 F. ☎ 56 44 96 11.

## Village des BORIES

Visite de 9 h au coucher du soleil. 25 F. ☎ 90 72 03 48.

## Musée des Tumulus de BOUGON

♿ Visite libre ou accompagnée (2 h) tous les jours (sauf le mercredi matin) de 10 h à 19 h (20 h le week-end et les jours fériés) en juillet et août ; le reste de l'année de 10 h à 18 h. Fermé le 25 décembre et en janvier. 25 F. ☎ 49 05 12 13.

## BOULOGNE-SUR-MER      🖪 quai de la Poste - 62200 - ☎ 21 31 68 38

**Visite guidée de la ville 🔺** – S'adresser à Mme Soubité au château-musée.

**Basilique Notre-Dame : la crypte et le trésor** – Visite tous les jours (sauf le lundi) de 14 h à 17 h. 10 F. ☎ 21 92 43 54.

**Colonne de la Grande-Armée** – Visite d'avril à septembre de 9 h à 12 h et de 14 h à 19 h (18 h le lundi) ; le reste de l'année de 9 h à 12 h et de 14 h à 17 h. Fermé le mardi et le mercredi. 20 F. ☎ 21 80 43 69.

**Château-musée** – Visite du 15 mai au 15 septembre de 9 h 30 à 12 h 30 et de 13 h 30 à 18 h 15 (le dimanche de 9 h 30 à 12 h 30 et de 14 h 30 à 18 h 15) ; le reste de l'année de 10 h à 12 h 30 et de 14 h à 17 h (le dimanche de 10 h à 12 h 30 et de 14 h 30 à 17 h 30). Fermé le mardi et les 1er janvier, 1er mai et 25 décembre. 20 F. ☎ 21 10 02 20.

**Nausicaa** – ♿ Visite du 1er juin au 14 septembre de 10 h à 20 h ; le reste de l'année de 10 h à 18 h en semaine, 19 h les samedis, dimanches et jours fériés et pendant les vacances scolaires de la zone B. 50 F adultes, 35 F enfants. ☎ 21 30 98 98.

## BOURG-EN-BRESSE
🛈 6, av. Alsace-Lorraine – 01005 – ☎ 74 22 49 40

**Église de Brou** – Visite de 9 h à 12 h 30 et de 14 h à 18 h 30 du 1er avril au 30 septembre ; de 9 h à 12 h et de 14 h à 17 h le reste de l'année. Fermé les 1er janvier, 1er mai, 1er et 11 novembre, 25 décembre. ☎ 74 22 26 55.

**Musée** – Visite de 9 h à 12 h 30 et de 14 h à 19 h du 1er avril au 30 septembre, de 9 h à 12 h et de 14 h à 17 h le reste de l'année. Fermé le 1er janvier, 1er mai, 1er et 11 novembre et 25 décembre. 12 F. ☎ 74 45 39 00.

## BOURGES
🛈 21, rue Victor-Hugo (près de la cathédrale) – B.P. 145 – 18003 – ☎ 48 24 75 33

**Visite guidée de la ville** 🅰 – S'adresser à l'Office de tourisme.

### Cathédrale St-Étienne

**Montée à la tour Nord** – Visite tous les jours de 8 h à 18 h. Éclairage de la nef 10 F (sous le buffet d'orgue, à gauche). ☎ 48 65 49 44.

**Crypte de la cathédrale St-Étienne** – Visite accompagnée (35 mn) tous les jours (sauf le dimanche matin) de 9 h à 12 h et de 14 h à 18 h d'avril à octobre ; même horaires, mais fermeture à 17 h de novembre à mars. Fermé les 1er janvier, 1er mai, 1er et 11 novembre, 25 décembre. 27 F (billet incluant la montée à la tour Nord).

**Palais Jacques-Cœur** – Visite accompagnée (45 mn) tous les jours de 9 h à 12 h et de 14 h à 18 h d'avril à octobre ; de 9 h à 12 h et de 14 h à 17 h de novembre à mars. Fermé les 1er janvier, 1er mai, 1er et 11 novembre, 25 décembre. 27 F. ☎ 48 24 06 87.

**Musée du Berry (Hôtel Cujas)** – Visite libre ou accompagnée (1 h 30) tous les jours (sauf le mardi et le dimanche matin) de 10 h à 12 h et de 14 h à 18 h. Fermé les 1er janvier, 1er mai, 1er et 11 novembre, 25 décembre. 18 F (entrée gratuite le mercredi). ☎ 48 57 81 15.

Joueur de vielle.

**Musée des Arts décoratifs (Hôtel Lallemant)** – Visite libre ou accompagnée (1 h) tous les jours (sauf le lundi et le dimanche matin) de 10 h à 12 h et de 14 h à 18 h. Fermé les 1er janvier, 1er mai, 1er et 11 novembre, 25 décembre. 18 F (entrée gratuite le dimanche). ☎ 48 57 81 17.

**Musée Estève (Hôtel des Échevins)** – Visite libre ou accompagnée (1 h) libre tous les jours (sauf le mardi et le dimanche matin) de 10 h à 12 h et de 14 h à 18 h. 18 F (gratuit le dimanche). Fermé les 1er janvier, 1er mai, 1er et 11 novembre, 25 décembre. ☎ 48 24 75 38.

## BRANTÔME
🛈 Pavillon Renaissance – 24310 – ☎ 53 05 80 52

**Le clocher** – Visite accompagnée (1 h) tous les jours (sauf le dimanche matin) de 10 h à 19 h en juillet et août ; tous les jours (sauf le mardi et le dimanche matin) de 10 h à 12 h et de 14 h à 18 h d'avril à juin. 20 F. ☎ 53 05 80 63.

## Château de La BRÈDE

Visite accompagnée (1/2 h) tous les jours (sauf le mardi) de 14 h à 18 h du 1er juillet au 1er octobre, les samedis, dimanches et jours fériés seulement de 14 h à 18 h de début avril à fin juin, les samedis, dimanches et jours fériés seulement de 14 h à 17 h 30 de début octobre au 11 novembre. Fermé du 12 novembre au 31 mars. 30 F.

319

🔲 place de la Liberté - 29200 - ☎ 98 44 24 96

**Musée des Beaux-Arts** – Visite de 10 h à 11 h 45 et de 14 h à 18 h. Fermé le dimanche matin, le mardi et les jours fériés. Entrée gratuite. ☎ 98 44 66 27.

**Océanopolis** – ♿ Visite toute l'année, tous les jours de 9 h 30 à 19 h (18 h du 1er octobre au 14 avril en semaine). Fermé le lundi matin en basse saison (sauf petites vacances scolaires). 50 F du 15 juin au 30 septembre ; 47 F le reste de l'année. ☎ 98 34 40 40.

## BRIANÇON
🔲 la Citadelle - 05100 - ☎ 92 21 08 50

L'Office de tourisme de Briançon propose un forfait comprenant l'exposition à la porte Pignerol, les expositions de la chapelle des Récollets et de l'église des Cordeliers, le fort du château et le fort des Salettes. ☎ 92 21 08 50.

**Visite guidée de la ville** ▲ – S'adresser à l'Animation du patrimoine, porte Pignerol. ☎ 92 21 08 50.

**Citadelle** – *Visite du 10 juillet au 31 août de 9 h 30 à 12 h et de 14 h 30 à 18 h. Fermé le reste de l'année. 13 F.* ☎ 92 20 29 49.

# C

## CAEN
🔲 Hôtel d'Escoville, place St-Pierre - 14300 - ☎ 31 86 27 65

**Visite guidée de la ville** ▲ – En juillet et en août des visites à pied et en petit train ont lieu tous les jours à 14 h 45 ; du 1er juillet au 31 août le mardi (Mathilde) et le vendredi (Guillaume) visites nocturnes à 21 h 30 ; le lundi et le jeudi visites-conférences. S'adresser à l'Office de tourisme.

**Musée des Beaux-Arts** – ♿ Visite libre ou accompagnée (1 h) toute l'année de 10 h à 18 h. Fermé le mardi, le 1er janvier, le dimanche de Pâques, le 1er mai, à l'Ascension, le 11 novembre et le 25 décembre. 25 F, gratuit le mercredi. ☎ 31 85 28 63.

**Musée de Normandie** – Visite du 1er avril au 30 septembre, tous les jours de 10 h à 12 h 30 et de 13 h 30 à 18 h, le samedi, dimanche et lundi de 9 h 30 à 12 h 30 et 14 h à 18 h. Le reste de l'année de 9 h 30 à 12 h 30 et de 14 h à 18 h. Fermé le mardi ainsi que le 1er janvier, le 1er novembre et le 25 décembre. 10 F, gratuit le mercredi. ☎ 31 86 06 24.

**Mémorial - Un musée pour la Paix** – ♿ Visite du début juillet au 31 août de 9 h à 21 h, le reste de l'année de 9 h à 19 h (18 h en hiver). Fermé du 1er au 15 janvier ainsi que le 19 mars et le 25 décembre. Délivrance des billets suspendue 1 h 15 avant l'heure de fermeture. 61 F. Centre de recherche et de documentation, jardin d'enfants, bureau de change. ☎ 31 06 06 44.

**Église de la Trinité** – Visite tous les jours de 9 h à 18 h, sauf pendant les offices. ☎ 31 95 21 49.

## CAHORS
🔲 place Aristide-Briand - 46000 - ☎ 65 35 09 56

**Visite guidée de la ville** ▲ – Se renseigner à l'Office de tourisme.

**Pont Valentré** – Visite tous les jours de 10 h à 12 h et de 14 h 30 à 18 h en juillet et août. 12 F. ☎ 65 35 09 56.

## CALAIS
🔲 12, boulevard Clemenceau - 65100 - ☎ 21 96 62 40

**Musée des Beaux-Arts et de la Dentelle** – ♿ Visite tous les jours (sauf le mardi) de 10 h à 12 h et de 14 h à 17 h 30. Fermé les 1er janvier, 1er mai, 14 juillet, 15 août, 1er novembre et 25 décembre. 15 F, gratuit le mercredi. ☎ 21 46 62 00, poste 6317.

## La CAMARGUE

**Musée camarguais** – Visite en juillet et août, de 9 h 15 à 18 h 45 ; du 1er avril au 30 juin et en septembre, de 9 h 15 à 17 h 45 ; le reste de l'année, de 10 h 15 à 16 h 45. Fermé le mardi du 1er octobre au 31 mars et les 1er janvier, 1er mai et 25 décembre. 25 F. ☎ 90 97 10 82.

**Centre d'information de Ginès/François Hüe** – Accès gratuit à la salle d'exposition permanente, à la salle panoramique et à la banque d'informations, tous les jours de 9 h à 18 h au 1er avril au 30 septembre, le reste de l'année tous les jours (sauf le vendredi) de 9 h 30 à 17 h. Fermé les 1er janvier, 1er mai et 25 décembre. Pour les films à l'étage, il est demandé une participation de 5 F par personne et par film. Documentation disponible sur place. ☎ 90 97 86 32.

## CAMBRAI
🔲 48, rue de Noyon - 59400 - ☎ 27 78 26 90

**Visite guidée de la ville** ▲ – S'adresser à l'Office de tourisme.

## CARCASSONNE
🔲 15 boulevard Camille-Pelletan - 11000 - ☎ 68 25 07 04

**Château Comtal** – Visite de 9 h à 19 h 30 en juillet et août, de 9 h à 19 h en juin et septembre, de 9 h 30 à 12 h 30 et de 14 h à 18 h en avril et mai, de 10 h à 12 h et de 14 h à 18 h en octobre, de 10 h à 12 h et de 14 h à 17 h le reste de l'année. Fermé les 1er janvier, 1er mai, 1er et 11 novembre, 25 décembre. Délivrance des billets suspendue 30 mn avant l'heure de fermeture. 27 F. ☎ 68 72 63 81.

## CARNAC

avenue des Druides - 56340 - ☎ 97 52 13 52

**Musée de Préhistoire J.-Miln-Z.-Le-Rouzic** – ♿ Visite du 1er juillet au 31 août de 10 h à 18 h 30 ; du 2 janvier au 30 juin et du 1er septembre 31 décembre de 10 h à 12 h et de 14 h à 17 h (18 h en juin et septembre). Fermé le mercredi ainsi que le 1er janvier, le 1er mai et le 25 décembre. 32 F. ☎ 97 52 22 04.

**Tumulus St-Michel** – Visite accompagnée (1/4 h) du 1er juillet au 31 août de 9 h 30 à 19 h 30 ; du 16 au 30 juin et du 1er au 15 septembre de 10 h à 18 h ; du 20 avril au 15 juin et du 16 au 30 septembre de 10 h à 12 h et de 15 h à 18 h. Fermé le 1er mai. 6,50 F. ☎ 97 52 06 86.

## CARPENTRAS

170, allée Jean-Jaurès - 84200 - ☎ 90 63 00 78

**Visite guidée de la ville** ▲ – S'adresser à l'Office de tourisme.

## CASTRES

3, rue Milhau-Ducommun - 81100 - ☎ 63 35 26 26
33, place Soult (15 mai-15 septembre) - 81100 - ☎ 63 51 20 37

**Musée Goya** – Visite tous les jours de 9 h (10 h le dimanche et les jours fériés) à 12 h et de 14 h à 18 h en juillet et août, tous les jours sauf le lundi aux mêmes horaires du 1er avril au 30 juin et du 1er au 21 septembre, tous les jours sauf le lundi de 9 h (10 h le dimanche et les jours fériés) à 12 h et de 14 h à 17 h le reste de l'année. Fermé les 1er janvier, 1er mai, 1er novembre et 25 décembre. 20 F en juillet et août, sinon 15 F. ☎ 63 71 59 30.

## La CHAISE-DIEU

**Abbaye** – Visite tous les jours, du 1er juin au 30 septembre, de 9 h à 12 h et de 14 h à 19 h ; du 1er octobre au 31 mai, visite de 10 h à 12 h et de 14 h à 17 h ; ☎ 71 00 06 06 (accueil abbaye).

## CHÂLONS-SUR-MARNE

3, quai des Arts - 51000 - ☎ 26 65 17 89

**Visite guidée de la ville** ▲ – S'adresser à l'Office de tourisme.

**Église Notre-Dame-en-Vaux** – Fermé le dimanche en dehors des offices.

**Musée du cloître de Notre-Dame-en-Vaux** – Visite tous les jours (sauf le mardi) de 10 h à 12 h et de 14 h à 18 h (17 h du 1er octobre au 31 mars du lundi au vendredi). Fermé les 1er janvier, 1er mai, 1er et 11 novembre et 25 décembre. 21 F. ☎ 26 64 03 87.

## CHALON-SUR-SAÔNE

boulevard de la République - 71100 - ☎ 85 48 37 97

**Visite guidée de la ville** ▲ – S'adresser à l'Office de tourisme.

**Musée Nicéphore-Niepce** – Visite libre tous les jours (sauf mardi) de 10 h à 18 h en juillet et août, de 9 h 30 à 11 h 30 et de 14 h 30 à 17 h 30 le reste de l'année. Fermé les jours fériés. 10 F (gratuit le mercredi). ☎ 85 48 41 98.

**Musée Denon** – Visite tous les jours de 9 h 30 à 12 h et de 14 h à 17 h 30. 10 F (gratuit le mercredi). Fermé le mardi et les jours fériés. ☎ 85 48 01 70 (poste 4237).

## CHAMBÉRY

24, boulevard de la Colonne - 73000 - ☎ 79 33 42 47

**Visite guidée de la ville** ▲ – S'adresser à l'Office de tourisme. Départ du bureau des guides, place du château.

**Château** – Visite accompagnée (1 h 30) en juillet et août, tous les jours (sauf dimanche matin) à 10 h 30, 14 h 30, 15 h 30, 16 h 30 et 17 h 30 ; en mai, juin, septembre, tous les jours à 14 h 30 et 16 h ; en avril et octobre, le samedi, dimanche et jours fériés à 14 h 30 et 16 h. Le reste de l'année, le samedi, dimanche et jours fériés à 14 h 30 (sauf le 25 décembre et 1er janvier). Rendez-vous à la tour de la Trésorerie. 25 F. ☎ 79 33 42 47.

**Les Charmettes** – Visite de 10 h à 12 h et de 14 h à 18 h (16 h 30 du 1er octobre au 31 mars). Fermé le mardi et les jours fériés. 10 F. Billet groupé avec les musées savoisien et des Beaux-Arts : 20 F. ☎ 79 33 39 44.

**Musée savoisien** – Visite de 10 h à 12 h et de 14 h à 18 h (sauf le mardi et les jours fériés). 20 F. Possibilité de billet groupé (voir dessus aux Charmettes). ☎ 79 33 44 48.

## Château de CHAMBORD

Visite en juillet et août de 9 h 30 à 19 h 15 ; du 16 au 30 juin et du 1er au 10 septembre, de 9 h 30 à 18 h 15 ; le reste de l'année de 9 h 30 à 12 h 15 et de 14 h à 18 h 15 (17 h 15 du 2 janvier au 31 mars et du 1er octobre au 31 décembre). Délivrance des billets suspendue 1/2 h avant l'heure de fermeture. Fermé les 1er janvier, 1er mai, 1er et 11 novembre, 25 décembre. 35 F. ☎ 54 20 31 32 ou 54 50 40 18. Visites-conférences sur réservation.

## CHAMONIX-MONT-BLANC

place de l'Église - 74400 - ☎ 50 53 00 24

**Téléphérique de l'aiguille du Midi** – Trajet en deux tronçons : Chamonix - Plan de l'aiguille et Plan de l'aiguille - aiguille du Midi. Fréquence habituelle toutes les 1/2 h. Fonctionne de 8 h à 15 h 45 ; en juillet et août de 6 h à 17 h. Fermé de mi-novembre au 10 décembre. Durée AR avec arrêt panoramique : 1 h 30. Prix des deux tronçons AR : 170 F, 180 F en juillet et août. ☎ 50 53 30 80.

**Télécabine de la Vallée Blanche** – Cette télécabine reliant l'Aiguille du Midi à la Pointe Helbronner permet une jonction avec l'Italie. Elle fonctionne, dans la mesure où les conditions météorologiques le permettent, de 9 h à 15 h en avril, mai, juin et septembre, de 8 h à 16 h 30 en juillet et août. Durée AR avec arrêt panoramique : 3 h. Prix AR à partir de Chamonix : 244 F, 264 F en juillet et août (demi-tarif pour les moins de 12 ans). ☎ 50 53 30 80.

**Télécabine et téléphérique du Brévent** – Fonctionnent toute l'année sauf de mi-mai à mi-juin et de début octobre à mi-janvier. Durée du trajet : Chamonix-Planpraz en télécabine : 10 mn, Planpraz-Brévent en téléphérique : 10 mn. 74 F AR. ☎ 50 53 13 18.

**Téléphérique des Praz à la Flégère** – Fonctionne en saison estivale de mi-juin à mi-août de 8 h à 12 h 30 et de 13 h 30 à 16 h 30 (sans interruption à midi en juillet et août). Durée du trajet : 12 mn. Tarif forfait été : 95 F AR. La Fléchère : 50 F. AR. ☎ 50 53 18 58.

## CHAMPIGNY-SUR-VEUDE

**Sainte-Chapelle** – Visite du 1er avril au 1er octobre de 10 h à 12 h et de 14 h à 18 h. Fermé le mardi. 16 F. ☎ 47 95 71 46.

## Château de CHAMPS

Visite de 10 h à 12 h et de 13 h 30 à 17 h 30 (18 h le samedi, le dimanche et les jours fériés) du 1er avril au 30 septembre ; de 10 h à 12 h et de 13 h 30 à 16 h 30 le reste de l'année. Fermé le mardi, les 1er janvier, 1er mai, 1er et 11 novembre et 25 décembre. 27 F. ☎ 60 05 24 43.

## Château de CHANTILLY

**Musée** – Visite tous les jours (sauf le mardi) de 10 h à 18 h du 1er mars au 31 octobre ; de 10 h 30 à 12 h 45 et de 14 h à 17 h le reste de l'année. 37 F. ☎ 44 57 08 00.

**Musée vivant du Cheval et du Poney** – Visite de 10 h 30 à 17 h 30 (18 h le samedi, dimanche et les jours fériés) du 1er avril au 31 octobre ; de 14 h à 16 h 30 (10 h 30 à 17 h 30 le samedi, dimanche et jours fériés) du 1er novembre au 31 mars. Fermé les 1er janvier, 25 décembre, le mardi (sauf mai et juin) et le mardi matin en juillet et août. 45 F. (50 F le week-end). ☎ 44 57 13 13.

**Parc** – &. Ouvert tous les jours de 10 h à 18 h du 1er mars au 31 octobre ; de 10 h 30 à 12 h 45 et de 14 h à 17 h le reste de l'année. 17 F. ☎ 44 57 08 00.

**Jardin anglais** – Mêmes conditions de visite que le parc.

## CHARTRES     🛈 place de la Cathédrale - 28000 - ☎ 37 21 50 00

**Musée des Beaux-Arts** – Visite tous les jours de 10 h à 18 h du 1er avril au 31 octobre, de 10 h à 12 h et de 14 h à 18 h du 1er novembre au 31 mars (14 h à 17 h seulement le dimanche). Fermé les 1er janvier, 1er et 8 mai, 1er et 11 novembre, 25 décembre. 10 F. ☎ 37 36 41 39.

**Cathédrale Notre-Dame**

**Montée aux parties hautes** – Visite du 1er avril au 30 septembre de 9 h 30 à 11 h 30 et de 14 h à 17 h 30 (17 h 15 le samedi) ; du 1er au 31 mars et du 1er au 31 octobre de 10 h à 11 h 30 et de 14 h à 16 h 30 ; du 1er novembre au 28 février de 10 h à 11 h 30 et de 14 h à 16 h. Fermé le 1er janvier, 1er mai, 1er et 11 novembre et 25 décembre. 14 F. ☎ 37 36 08 80.

## CHÂTILLON-SUR-SEINE

**Musée** – Visite de 9 h à 12 h et de 13 h 30 à 18 h du 16 juin au 15 septembre, de 9 h à 12 h et de 14 h à 18 h du 1er avril au 15 juin et du 16 septembre au 15 novembre, de 10 h à 12 h et de 14 h à 17 h du 16 novembre au 31 mars. Fermé le mardi du 16 septembre au 15 juin, le 1er janvier, le 1er mai et le 25 décembre. 25 F. ☎ 80 91 24 67.

## Château de CHAVANIAC-LAFAYETTE

Visite accompagnée (1 h) tous les jours de 9 h à 11 h 30 et de 14 h à 18 h d'avril à mi-novembre ; le reste de l'année sur demande prélable. 25 F (château et parc), 10 F (parc en visite libre). ☎ 71 77 50 32.

## Château de CHENONCEAU

Visite tous les jours, sans interruption, du 16 mars au 15 septembre de 9 h 30 à 19 h ; en demi-saison le château ferme à 18 h 30, puis 18 h ; en période d'hiver 17 h 30, 17 h ou 16 h 30 suivant les périodes. 40 F. Possibilité de restauration sur place. En juillet et août : promenades en barque sur le Cher, petit train électrique, jardin équipé de jeux de plein air pour les enfants (d'avril à octobre). ☎ 47 23 90 07.

## CHERBOURG     🛈 2, quai Alexandre-III - 50100 - ☎ 33 93 52 02

**Musée de la Libération** – Visite de 10 h à 18 h, tous les jours du 1er avril au 30 septembre ; le reste de l'année de 9 h 30 à 12 h et de 14 h à 17 h 30, sauf le lundi. 20 F. ☎ 33 20 14 12.

## Château de CHEVERNY

Visite libre toute l'année, du 1er juin au 15 septembre, de 9 h 15 à 18 h 45 ; le reste de l'année, de 9 h 30 (9 h 15 en avril et mai) à 12 h et de 14 h 15 à 18 h 30 (18 h du 16 au 30 septembre, 17 h 30 en mars et octobre). Visite accompagnée sur demande écrite au préalable adressée au Château de Cheverny, 41700 Cheverny. On peut assister à la « soupe des chiens » du 1er avril au 15 septembre, à 17 h, sauf le samedi, le dimanche et les jours fériés ; le reste de l'année à 15 h, sauf le mardi, samedi, dimanche et les jours fériés. 31 F. ☎ 54 79 96 29.

## CHINON
**🛈** 12, rue Voltaire - 37500 - ☎ 47 93 17 85

Un petit train routier touristique permet la visite de la ville (40 mn) avec commentaires historiques. Tous les jours du 1er juillet au 31 août ; le samedi et le dimanche de Pâques au 30 juin et du 1er septembre au 30 septembre. Départ toutes les 45 mn entre 14 h 30 et 19 h à l'Hôtel de ville. 22 F ; enfant 18 F. ☎ 49 22 51 91.

**Château** – Visite du 15 mars au 30 septembre tous les jours, de 9 h à 18 h (19 h en juillet et août) ; du 1er au 31 octobre de 9 h à 17 h ; le reste de l'année de 9 h à 12 h et de 14 h à 17 h. Fermé le mercredi en janvier et décembre, ainsi que le 1er janvier et le 25 décembre. 23 F. ☎ 47 93 13 45.

## Grotte de CLAMOUSE

Visite accompagnée (3/4 h) de 10 h à 20 h (dernier départ à 19 h) en juillet et août, de 12 h à 18 h (dernier départ à 17 h) le reste de l'année. 40 F ; enfants : 19 F. Bar ouvert toute l'année, snack ouvert en juillet et août seulement. ☎ 67 57 71 05.

## CLERMONT-FERRAND
**🛈** 69, boulevard Gergovia - 63038 - ☎ 73 93 30 20

**Visite guidée de la ville △**
– S'adresser à l'Office de tourisme.

**Cathédrale N.-D.-de-l'Assomption** – Visite libre tous les jours de 8 h à 12 h et de 14 h à 18 h en semaine, de 15 h à 18 h 30 le dimanche.

**Musée des Beaux-Arts**
– ☒ Visite tous les jours (sauf le lundi) de 10 h à 18 h. Fermé les 1er janvier, 1er mai, 1er novembre et 25 décembre. 21 F. ☎ 73 23 08 49.

PARIS-BORDEAUX 1895 · 1re VOITURE sur PNEUS MICHELIN · MICHELIN

## CLUNY
**🛈** 6, rue Mercière - 71250 - ☎ 85 59 05 34

**Ancienne abbaye** – Visite libre ou accompagnée (1h 1/4) de 9 h 30 à 12 h et de 14 h à 18 h du 1er avril au 30 juin, de 9 h à 19 h en juillet, août et septembre, de 9 h 30 à 12 h et de 14 h à 17 h en octobre, de 10 h 30 à 11 h 30 et de 14 h à 16 h du 1er novembre au 31 mars . Fermé le 1er janvier, 1er mai, 1er et 11 novembre et 25 décembre. 26 F. ☎ 85 59 12 79.

**Musée Ochier** – Visite tous les jours de 9 h à 19 h du 1er juillet au 23 septembre, de 9 h 30 à 12 h et de 14 h à 18 h (17 h en octobre) du 1er avril au 30 juin et du 24 au 30 septembre, de 10 h à 12 h et de 14 h à 16 h en novembre, de 10 h à 11 h 30 et de 14 h à 16 h du 1er décembre au 15 février, de 10 h à 12 h et de 14 h à 16 h 30 du 16 février au 25 mars. Fermé les 1er janvier, 1er mai, 1er et 11 novembre, 25 décembre. 14 F. ☎ 85 59 23 97.

## COGNAC
**🛈** 16, rue du 14-Juillet - 16100 - ☎ 45 82 10 71

**Musée municipal** – Visite tous les jours (sauf le mardi) de 10 h à 12 h et de 14 h à 18 h de juin à septembre ; le reste de l'année de 14 h à 17 h 30. Fermé les 1er janvier, 1er et 8 mai, 14 juillet, 15 août, 1er et 11 novembre, 25 décembre. 12 F. ☎ 45 32 07 25.

## COLMAR
**🛈** 4, rue Unterlinden - 68000 - ☎ 89 41 02 29

**Musée d'Unterlinden** – Visite du 1er avril au 31 octobre de 9 h à 18 h ; du 1er novembre au 31 mars sauf le mardi de 9 h à 12 h et de 14 h à 17 h. Fermé les 1er janvier, 1er mai, 1er novembre, 25 décembre. 28 F. ☎ 89 20 15 50.

**Église des Dominicains** – Visite de fin mars à fin décembre de 10 h à 18 h. 8 F. ☎ 89 41 27 20.

**Église St-Matthieu** – Ouverte pendant les vacances scolaires de printemps, les jours fériés en mai, tous les jours du 15 juin au 15 octobre de 10 h à 12 h et de 15 h à 17 h. ☎ 89 41 44 96.

## COLOMBEY-LES-DEUX-ÉGLISES

**La Boisserie** – Visite tous les jours (sauf le mardi) de 10 h à 12 h et de 14 h à 17 h. Fermé le 25 décembre et en janvier. 18 F. ☎ 25 01 52 52.

## COMPIÈGNE

**fl** place de l'Hôtel-de-Ville - 60200 - ☎ 44 40 01 00

**Visite guidée de la ville** ◪ – S'adresser à l'Office de tourisme.

**Palais**

**Appartements historiques** – Visite accompagnée avec un agent de surveillance (45 mn) ou avec un conférencier (1 h 30) tous les jours (sauf le mardi) du 1er avril au 30 septembre de 9 h 15 à 18 h 15 (fermeture des caisses à 17 h 30) ; le reste de l'année de 9 h 15 à 16 h 30 (fermeture des caisses à 15 h 15). Fermé les 1er janvier, 1er mai et 25 décembre. 31 F. ☎ 44 38 47 02.

**Musée de la Voiture** – Mêmes heures d'ouverture que les appartements historiques. Visite accompagnée avec un agent de surveillance (45 mn) ou avec un conférencier (1 h 30). 22 F. ☎ 44 38 47 02.

**Musée de la Figurine historique** – Visite de 9 à 12 h et de 14 à 18 h (17 h de novembre à février). Fermé le dimanche matin, le lundi et les 1er janvier, 1er mai, 14 juillet, 1er novembre et 25 décembre. 12 F. ☎ 44 40 72 55.

**Musée Vivenel** – Visite tous les jours (sauf le lundi toute la journée et le dimanche matin) de 9 h à 12 h et de 14 h à 18 h (17 h de novembre à février). Fermé les 1er janvier, 1er mai, 14 juillet, 1er novembre et 25 décembre. 12 F. ☎ 44 20 26 04.

### Forêt de COMPIÈGNE

**Wagon du maréchal Foch** – Visite tous les jours (sauf le mardi) du 1er avril au 14 octobre de 9 h à 12 h 15 et de 14 h à 18 h 15 ; du 15 octobre au 31 mars de 9 h à 11 h 45 et de 14 h à 17 h 15. Fermé le 1er janvier et le 25 décembre. 10 F. ☎ 44 85 14 18.

## CONCARNEAU

**fl** quai d'Aiguillon - 29900 - ☎ 98 97 01 44

**Tour des remparts** – Visite du 15 juin au 15 septembre de 10 h à 21 h 30 ; de Pâques au 14 juin de 10 h à 18 h 30 ; du 16 septembre à Pâques de 10 h à 17 h. 5 F de juin à septembre, accès gratuit le reste de l'année. L'accès aux remparts peut être interdit par suite de conditions météorologiques défavorables et lors de la fête des Fiets bleus. ☎ 98 50 56 55.

**Musée de la Pêche** – ♿ Visite du 15 juin au 15 septembre de 9 h 30 à 19 h ; le reste de l'année de 9 h 30 à 12 h 30 et de 14 h 30 à 18 h. 30 F. ☎ 98 97 10 20.

## CONQUES

**fl** ☎ 65 72 85 00

**Trésor** – Visite de 9 h à 19 h en juillet et août, de 9 h à 12 h (11 h le dimanche et les jours fériés) et de 14 h à 18 h le reste de l'année. Fermé le 1er janvier. 26 F, billet combiné incluant la visite du Trésor II. ☎ 65 72 85 00.

### Château de CORMATIN

♿ Visite accompagnée (3/4 h) tous les jours de 10 h à 12 h et de 14 h à 18 h 30 de Pâques à la Toussaint ; fermeture à 17 h en octobre et novembre. Fermé du 11 novembre à Pâques et le lundi en mai (sauf le 1er). 30 F. ☎ 85 50 16 55.

## CORTE

**fl** avenue du Général-de-Gaulle - 20250 - ☎ 95 46 01 76
**fl** Citadelle - ☎ 95 46 24 20

**La citadelle** – Visite de début mai à fin octobre, de 9 h à 19 h. 20 F. Des visites guidées (3/4 h) sont organisées de juin à fin septembre, toutes les heures. Pour visiter en hiver, s'adresser à Mme Depoorter, Citadelle, Bureau municipal du Tourisme. ☎ 95 46 24 20 ou 95 61 01 62.

## COUPVRAY

**Maison natale de Louis-Braille** – Visite accompagnée (3/4 h) du 1er avril au 30 septembre de 10 h à 12 h et de 14 h à 18 h (14 h à 17 h le reste de l'année). Fermé le mardi toute l'année et le vendredi en hiver. ☎ 60 04 82 80.

## La COUVERTOIRADE

**Les remparts** – Visite de 9 h 30 à 18 h 30 du 1er juin au 31 août, de 10 h à 12 h et de 14 h à 17 h 30 du 1er mars au 31 mai et du 1er septembre au 11 novembre. Fermé du 12 novembre au 28 février. 15 F. ☎ 65 62 25 81 ou 65 62 11 62.

**Église-forteresse** – Visite de 9 h à 18 h de mars à novembre et pendant deux semaines autour des fêtes de fin d'année. En cas de fermeture, s'adresser à la mairie ou à Mlle Christiane Pinet, tisserande ou à Mlle Josy Prucel ou à M. Izombard, garde-champêtre.

## CREVECŒUR-EN-AUGE

**Château-musée Schlumberger** – Visite ou accompagnée (1/2 h) en juillet et août tous les jours de 11 h à 19 h. En avril, mai, juin et septembre, visite de 11 h à 18 h. Fermé le mardi ainsi que du 1er octobre au 31 mars. 26 F. ☎ 31 63 02 45.

# D

## Grotte des DEMOISELLES

Visite accompagnée de 9 h à 19 h en juillet et août, de 9 h à 12 h et de 14 h à 19 h du 1er avril au 30 juin et en septembre, de 9 h 30 à 12 h et de 14 h à 17 h le reste de l'année. Fermé les 1er janvier et 25 décembre. 36 F enfants : 18 F. ☎ 67 73 70 02.

## DIEPPE
**🛈 boulevard Général-de-Gaulle - 76200 - ☎ 35 84 11 77**

**Visite guidée de la ville** 🅰 – Visites du 15 juillet au 10 septembre le mardi, le jeudi et le samedi à 14 h 30. S'adresser à « Dieppe, ville d'art et d'histoire ». Hôtel de ville B.P. 226 - 76203 Dieppe-Cedex. ☎ 35 40 18 57.

**Musée du château** – Visite du 1er juin au 30 septembre tous les jours de 10 h à 12 h et de 14 h à 18 h ; du 1er octobre au 31 mai de 10 h à 12 h et de 14 h à 17 h en semaine, 18 h le dimanche. Fermé le mardi ainsi que le 1er janvier, le 1er mai, le 1er novembre et le 25 décembre. 13 F. ☎ 35 84 19 76.

**Cité de la Mer** – ♿ Visite tous les jours du 1er avril au 30 septembre de 10 h à 12 h 30 et de 14 h à 19 h ; le reste de l'année de 10 h à 12 h et de 14 h à 18 h. Fermé le lundi matin ainsi que du 24 décembre au 3 janvier. 25 F. ☎ 35 06 93 20.

## DIJON
**🛈 34, rue des Forges - 21022 - ☎ 80 44 11 44**

**Visite guidée de la ville** 🅰 – S'adresser à l'Office de tourisme.

**Musée des Beaux-Arts** – Visite tous les jours (sauf mardi) de 10 h à 18 h. La section d'Art moderne est fermé entre 12 h et 13 h 30. Fermé le 1er janvier, 1er et 8 mai, 14 juillet, 1er et 11 novembre, 25 décembre. 15 F (gratuit le dimanche). ☎ 80 74 52 70.

**Chartreuse de Champmol** – ♿ Puits de Moïse et portail de la chapelle accessibles librement, tous les jours, toute l'année, de 8 h 30 à 19 h. Gratuit. ☎ 80 42 48 48.

**Crypte de la cathédrale St-Bénigne** – Visite de 9 h à 19 h (18 h du 15 novembre au 28 février). 4 F. ☎ 80 30 14 90.

**Musée archéologique** – Visite tous les jours (sauf mardi et jours fériés) de 9 h 30 à 18 h du 1er juin au 30 septembre, de 9 h à 12 h et de 14 h à 18 h le reste de l'année. 11 F (gratuit le dimanche). ☎ 80 30 88 54.

## DINAN
**🛈 6, rue de l'Horloge - 22100 - ☎ 96 39 75 40**

**Visite guidée de la ville** 🅰 – En juillet et en août, visites à thèmes à 10 h, visites générales à 15 h. S'adresser à l'Office de tourisme.

**Château** – Visite du 1er juin au 15 octobre de 10 h à 18 h 30, du 16 mars au 31 mai et du 16 octobre au 15 novembre de 10 h à 12 h et de 14 h à 18 h sauf le mardi, du 16 novembre au 31 décembre et du 7 février au 15 mars de 13 h 30 à 17 h 30 sauf le mardi. Fermé en janvier et la première semaine de février. 20 F. ☎ 96 39 45 20.

## Parc DISNEYLAND PARIS

Ouvert toute l'année, de 10 h à 18 h en semaine et de 10 h à 20 h le samedi et certains jours fériés du 1er avril au 23 juin ; de 9 h à 23 h tous les jours du 24 juin au 3 septembre ; de 10 h à 18 h en semaine et de 10 h à 20 h le samedi seulement du 10 septembre au 31 octobre. En dehors de ces périodes, se renseigner au ☎ 64 74 30 00. Pour les visites guidées : s'adresser au City Hall sur Town Square dans Main Street, U.S.A. : 50 F (adultes) et 35 F (enfants). Parking : Voitures 40 F, motos 20 F. Passeport Euro Disneyland en haute saison : 1 jour : 195 F (adultes) et 150 F (enfants de 3 à 11 ans inclus) ; 2 jours : 370 F (adultes) et 285 F (enfants) ; 3 jours : 505 F (adultes) et 390 F (enfants). En basse saison : 1 jour : 150 F (adultes) et 120 F (enfants) ; 2 jours : 285 F (adultes) et 230 F (enfants) ; 3 jours : 390 F (adultes) et 310 F (enfants). Les passeports 2 et 3 jours peuvent être utilisés de façon non consécutive. Pour toute information, consulter le minitel 3615 Disneyland ou téléphoner au ☎ (1) 60 30 60 30.

## DOMRÉMY-LA-PUCELLE

**Maison natale de Jeanne-d'Arc** – Visite du 1er avril au 30 septembre de 9 h à 12 h 30 et de 14 h à 19 h ; le reste de l'année de 9 h 30 à 12 h et de 14 h à 17 h. Fermé le mardi du 1er octobre au 31 mars et les 1er janvier et 25 décembre. 6 F. ☎ 29 06 95 86.

## Le DORAT
**🛈 place de la Collégiale - 87210 - ☎ 55 60 74 20**

**Collégiale St-Pierre :**

**La Crypte de la collégiale St-Pierre** – Visite accompagnée de 9 h à 18 h d'avril à septembre ; de 9 h à 17 h d'octobre à mars.

## DOUAI
**🛈 70, place d'Armes - 59500 - ☎ 27 88 26 79**

**Visite guidée de la ville** 🅰 – S'adresser à l'Office de tourisme.

**Musée de l'Ancienne Chartreuse** – Visite tous les jours (sauf le mardi) de 10 h à 12 h et de 14 h à 17 h (15 h à 18 h le dimanche et les jours fériés). Fermé les 1er janvier, 1er mai, Ascension, 14 juillet, 15 août, 1er et 11 novembre, 25 décembre. 12 F. ☎ 27 87 17 82.

**Beffroi et Hôtel de ville** – Visite accompagnée (1 h) en juillet et août tous les jours à 10 h, 11 h, 14 h (sauf le dimanche), 15 h, 16 h et 17 h ; le reste de l'année les dimanches et jours fériés à 10 h, 11 h, 15 h, 16 h et 17 h. Fermé les 1er janvier et 25 décembre. 10 F. ☎ 27 88 26 79.

## DOUARNENEZ
🛈 rue Docteur-Mevel - 29100 - ☎ 98 92 13 35

**Port-Musée** – Visite du 1er mai au 30 septembre (haute saison) de 10 h à 19 h (18 h le reste de l'année). Fermé le 1er janvier, le 1er mai et le 25 décembre, ainsi que du 10 janvier au 10 février. 50 F (haute saison) 40 F (basse saison). ☎ 98 92 65 20.

## Fort de DOUAUMONT

Visite du 1er mai au 10 septembre de 9 h à 18 h 30, en mai de 9 h 30 à 18 h, du 13 février au 31 mars de 10 h à 12 h et de 14 h à 16 h 30, du 11 septembre au 29 décembre de 9 h 30 à 12 h et de 13 h à 17 h 30, du 2 janvier au 12 février de 11 h à 15 h. Fermé les 1er janvier et 25 décembre. 15 F. ☎ 29 88 32 88.

## DUNKERQUE
🛈 rue de l'Amiral-Ronarc'h - 59240 - ☎ 28 66 79 21

**Musée d'Art contemporain** – Visite tous les jours (sauf le mardi) de 10 h à 12 h et de 14 h à 18 h. Fermé les jours fériés. 20 F (billet valable pour le musée des Beaux-Arts), gratuit le dimanche. ☎ 28 59 21 65.

**Musée des Beaux-Arts** – Visite tous les jours (sauf le mardi) de 10 h à 12 h et de 14 h à 18 h. Fermé les jours fériés. 20 F (billet valable pour le musée d'Art contemporain), gratuit le dimanche. ☎ 28 59 21 65.

# E

## ÉCOMUSÉE D'ALSACE

Visite en juillet et août de 9 h à 19 h ; en avril, mai, juin et septembre de 9 h 30 à 18 h, en mars et octobre de 10 h à 17 h ; le reste de l'année de 11 h 30 à 16 h 30. Adultes : 65 F (haute saison), 44 F (mi-saison), 30 F (basse saison) ; enfants : 30 F (haute saison), 25 F (mi-saison), 15 F basse saison). ☎ 89 74 44 74.

## ÉCOUEN

**Musée de la Renaissance** – Visite tous les jours (sauf le mardi) de 9 h 45 à 12 h 30 et de 14 h à 17 h 15. Visite accompagnée (1 h 30) le samedi et le dimanche à 15 h 30 et sur demande les autres jours. Fermé les 1er janvier, 1er mai et 25 décembre. 22 F. ☎ 39 90 04 04.

## EMBRUN
🛈 place Général-Dosse - 05200 - ☎ 92 43 01 80

**Cathédrale N.-D.-du-Réal** – *Ouverte de 10 h à 12 h et de 14 h à 18 h. Fermée le mercredi et durant les célébrations.*

## Abbaye de l'ÉPAU

Visite libre ou accompagnée (1/2h) sur demande auprès de l'Office de tourisme du Mans de 9 h 30 à 12 h et de 14 h à 18 h. Fermeture possible lors des manifestations culturelles. 15 F lors des expositions. ☎ 43 84 22 29.

## ÉVREUX
🛈 1, place du Général-de-Gaulle - 27000 - ☎ 32 24 04 43

**Musée** – ♿ Visite du 1er avril au 30 septembre de 10 h à 12 h et de 14 h à 18 h (le dimanche de 14 h à 18) ; le reste de l'année fermeture à 17 h. Entrée gratuite. ☎ 32 31 52 29.

## Les EYZIES-DE-TAYAC
🛈 place de la Mairie - 24620 - ☎ 53 06 97 05

**Grotte de Font-de-Gaume** – En saison, la fréquentation journalière étant limitée à un certain nombre d'entrées, les visites ont lieu uniquement sur réservation moyennant une somme de 10 F à 80 F pour des groupes de 1 à 10 personnes et plus. Visite accompagnée (40 mn) tous les jours (sauf mardi) de 9 h à 12 h et de 14 h à 18 h du 1er avril au 30 septembre, de 9 h 30 à 12 h et de 14 h à 17 h 30 en octobre et mars, de 10 h à 12 h et de 14 h à 17 h du 2 novembre au 28 février. Dernière visite 1 h avant la fermeture. Fermé les 1er janvier, 1er mai, 1er et 11 novembre, 25 décembre. 31 F. ☎ 53 06 90 80.

**Grotte des Combarelles** – Mêmes conditions d'entrée que pour la Grotte de Font-de-Gaume (sur réservation en saison). Visite accompagnée (3/4h) tous les jours (sauf mercredi), de 9 h à 12 h et de 14 h à 18 h du 1er avril au 30 septembre, de 10 h à 12 h et de 14 h à 17 h du 2 novembre au 28 février, de 9 h 30 à 12 h et de 14 h à 17 h 30 en octobre et mars. Dernière visite 1 h avant l'heure de fermeture. Fermé les 1er janvier, 1er mai, 1er et 11 novembre, 25 décembre. 31 F. ☎ 53 06 90 80.

**Gisement de Laugerie Haute** – ♿ Visite accompagnée (40 mn). Mêmes conditions de visite que la grotte de Font-de-Gaume (sur réservation). 20 F. ☎ 53 06 90 80.

**Abri du Poisson** – Mêmes conditions d'entrée et mêmes horaires que pour la Grotte de Font-de-Gaume (sur réservation). Visite accompagnée (3/4 h) tous les jours (sauf mardi en hiver). Fermé les 1er mai, 1er et 11 novembre, 25 décembre et 1er janvier. 20 F. ☎ 53 06 90 80.

**Grotte du Grand Roc** - Visite accompagnée (30 mn) tous les jours de 9 h à 19 h (dernière entrée à 18 h 30) de juin à mi-septembre ; de 9 h 30 à 18 h 30 (dernière entrée à 18 h) d'avril à mai et de mi-septembre à mi-novembre ; de 10 h à 17 h de février à mars et de mi-novembre à décembre. Fermé en janvier. 35 F. ☎ 53 06 92 70.

# F

## FÉCAMP   🛈 place Bellet - 76400 - ☎ 35 28 20 51

**Visite guidée de la ville** 🄰 – Visites organisées en juillet et en août certains jours de la semaine. S'adresser au Service Animation du Patrimoine 113, rue Alexandre-le-Grand 76400 Fécamp.

**Palais Bénédictine** – Visite tous les jours du 28 mai au 3 septembre de 9 h 30 à 18 h ; du 18 mars au 24 mai et du 4 septembre au 12 novembre de 10 h à 12 h et de 14 h à 17 h 30 ; le reste de l'année une visite à 10 h 30 et une visite à 15 h 30. Fermé le 1er janvier et le 25 décembre. 25 F. ☎ 35 10 26 10.

**Musée Centre-des-Arts** – Visite de 10 h à 12 h et de 14 h à 17 h 30. Fermé le mardi ainsi que le 1er janvier, le 1er mai et le 25 décembre. 20 F (billet jumelé avec le Musée des Terres-Neuvas). ☎ 35 28 31 99.

**Musée des Terre-Neuvas et de la Pêche** – ♿ Visite de 8 h à 12 h et de 14 h à 17 h 30 (18 h 30 en juillet et août). Fermé le mardi (sauf juillet et août) et le 1er janvier, le 1er mai et le 25 décembre. 20 F (billet jumelé avec le musée Centre-des-arts). ☎ 35 28 31 99.

## FIGEAC   🛈 Hôtel de la Monnaie, place Vival - 46102 - ☎ 65 34 06 25

**Visite guidée de la vieille ville** 🄰 – Tous les mercredis et samedis à 17 h du 1er mai au 3 juillet, tous les jours à 10 h 30 et 17 h en juillet et août, tous les jours à 17 h en septembre. S'adresser à l'Office de tourisme.

**Musée de l'Hôtel de la Monnaie** – Visite tous les jours de 10 h à 12 h 30 et de 14 h 30 à 19 h en juillet-août, de 10 h à 12 h et de 14 h 30 à 18 h du 1er avril au 30 juin et du 1er septembre au 30 octobre, de 11 h à 12 h et de 14 h 30 à 17 h 30 le reste de l'année. Fermé le 25 décembre, 1er janvier, 1er mai et 11 novembre. 10 F. ☎ 65 34 06 25.

**Musée Champollion** – Visite tous les jours, de 10 h à 12 h et de 14 h 30 à 18 h 30 du 1er mars au 31 octobre, de 14 h à 18 h le reste de l'année. Fermé le lundi (sauf juillet-août, Pâques et Pentecôte) ainsi que le 1er janvier, le 1er mai et le 25 décembre. 20 F. ☎ 65 34 66 18.

## FILITOSA

**Station préhistorique** – Visite de début mars à fin octobre, de 8 h 30 à 1 h avant le coucher de soleil sans interruption. 22 F. Visite de préférence au milieu de la journée, l'éclairage étant plus favorable à l'examen des détails des sculptures et des gravures. Le reste de l'année se renseigner au 95 74 00 91.

## FOIX   🛈 45, cours G.-Fauré - 09000 - ☎ 61 65 12 12

**Château et Musée départemental de l'Ariège** – *Visite toute l'année, tous les jours sauf 1er janvier, 1er lundi de septembre et 25 décembre. juillet-août : 9 h 45 à 18 h ; juin et septembre : 9 h 45 à 12 h et 14 h à, 18 h ; le reste de l'année : 10 h 30 - 12 h et 14 h à 17 h 30. 10 F.* ☎ 61 65 56 05.

## FONTAINEBLEAU   🛈 31, place Napoléon-Bonaparte - 77300 - ☎ 64 22.25 68

**Appartements des Reines Mères et du Pape** – Fermé pour restauration.

**Petits Appartements et Galerie des Cerfs** – Visite accompagnée (3/4 h) de 9 h 30 à 12 h 30 et de 14 h à 17 h le lundi et les jours fériés (sauf les 1er janvier, 1er mai et 25 décembre). 15 F. ☎ 60 71 50 70.

**Appartement intérieur de l'Empereur** – Ouverture à partir du 18 octobre 1995. Mêmes conditions de visite que les Grands Appartements.

**Galerie de Diane** – Mêmes conditions de visite que les Grands Appartements.

**Palais** :

**Palais : Grands Appartements** – ♿ Visite tous les jours (sauf le mardi) de 9 h 30 à 17 h en juin ; de 9 h 30 à 18 h en juillet et août ; de 9 h 30 à 17 h en septembre et octobre ; de 9 h 30 à 12 h 30 et de 14 h à 17 h de novembre à mai. Fermé les 1er janvier, 1er mai et 25 décembre. 31 F (tarif réduit le dimanche). ☎ 60 71 50 70.

**Musée Napoléon Ier** – Mêmes conditions de visite que les Grands Appartements.

## FONTEVRAUD-L'ABBAYE

**Abbaye** – Les divers bâtiments font l'objet de très importants travaux de restauration, qui doivent s'étendre sur de nombreuses années. Visite libre ou accompagnée (1 h), du 1er juin au 3e dimanche de septembre de 9 h à 19 h ; le reste de l'année, de 9 h 30 à 12 h 30 et de 14 h à 18 h. Fermé le 1er janvier, 1er et 11 novembre, 25 décembre. 27 F. ☎ 41 51 71 41.

### Abbaye de FONTFROIDE

&#9855; Visite de 9 h 30 à 18 h 30 toutes les demi-heures, de 10 h à 12 h et de 14 h à 17 h tous les 3/4 h du 1er mars au 9 juillet et du 1er septembre au 31 octobre, de 10 h à 12 h et de 14 h à 16 h toutes les heures le reste de l'année. 32 F. ☎ 68 45 11 08.

## FOUGÈRES      🛈 1, place A.-Briand - 35300 - ☎ 99 94 12 20

**Visite guidée de la ville** 🅰 – S'adresser au service du Patrimoine, à l'hôtel de ville, B.P. 111, 35301 Fougères cedex. ☎ 99 94 88 67.

**Château** – Visite libre ou accompagnée (1h) du 15 juin au 15 septembre de 9 h à 19 h ; du 1er avril au 14 juin et du 16 au 30 septembre de 9 h à 12 h et de 14 h à 18 h ; le reste de l'année de 10 h à 12 h et de 14 h à 17 h. Fermé le 25 décembre et en janvier. 21 F visite guidée, 26 F visite-conférence. ☎ 99 99 79 59.

### Cap FRÉHEL

**Accès au parking** – Payant du 1er juin au 30 septembre : 5 F par véhicule.

## Le FUTUROSCOPE

&#9855; Visite tous les jours de 9 h à 23 h de juillet à début septembre ; le week-end et les jours fériés de 9 h à 23 h d'avril à juin et de début septembre au 11 novembre ; de 9 h à 19 h d'avril à juin et de fin octobre à début novembre ; de 9 h à 18 h de début septembre à fin octobre et de début novembre à mars. 145 F (2 jours 260 F), enfant 110 F (2 jours 195 F). ☎ 49 49 30 20. Sur minitel, 3615 code FUTUROSCOPE.

# G

## GARABIT

**Viaduc de Garabit** – Bateau-restaurant (3 h 15) de mai à septembre ; à partir de 165 F ; s'adresser au Garabit Hôtel, ☎ 71 23 42 75. Promenade sur le lac de retenue de Grandval : de début mai à fin septembre, tous les jours ; 45 mn ; 38 F. Vers le château d'Alleuze : en juillet et août à 15 h 30 ; 2 h ; 52 F. Vers les gorges de la Truyère : en juillet et août à 16 h ; 45 mn ; 40 F.

### Cairn de GAVRINIS

Accès en bateau depuis le port de Larmor-Baden (embarcadère de Penn-Lannic), départ (pas plus de 20 personnes) toutes les 1/2 h. 55 F AR. Visite accompagnée (1/2 h) de début juin à fin septembre, tous les jours, de 10 h à 12 h et de 14 h à 18 h ; en avril et en mai, le samedi, le dimanche et les jours fériés de 10 h à 12 h et de 14 h à 18 h, en semaine de 14 h à 18 h seulement ; en mars et en octobre, tous les jours de 15 h à 18 h. 30 F. Il est recommandé, particulièrement en haute saison, de réserver sa place. ☎ 97 57 19 38.

### GERMIGNY-DES-PRÉS

**Église** – Visite accompagnée sur demande : ☎ 38 58 27 30 ou 38 58 27 03.

### GORDES    🛈 place du Château - 84220 - ☎ 90 72 02 75

**Château (musée Vasarely)** – Visite tous les jours (sauf le mardi) de 10 h à 12 h et de 14 h à 18 h. 35 F. ☎ 90 72 02 89.

### GRASSE    🛈 3, place de la Foux - 06130 - ☎ 93 36 03 56.

**Visite guidée de la ville** 🅰 – S'adresser à l'Office de tourisme.

« Heet » par Vasarely.

**Villa-musée Fragonard** – Visite du 1er juin au 30 septembre tous les jours de 10 h à 19 h. Le reste de l'année de 10 h à 12 h et de 14 h à 17 h. Fermé en basse saison le lundi et mardi. Fermé les jours fériés. 15 F. ☎ 93 36 01 61.

**Musée international de la Parfumerie** – Visite de 10 h à 19 h du 1er juin à fin septembre. Le reste de l'année de 10 h à 12 h et de 14 h à 17 h. 15 F. ☎ 93 36 80 20.

## GRENOBLE

🛈 14, rue de la République - 38000 - ☎ 76 42 41 41

**Visite guidée de la ville** 🏛 – S'adresser à l'Office de tourisme.

**Téléphérique du Fort de la Bastille** – Fonctionne tous les jours de 10 h à 18 h (début du service à 11 h le lundi). Fermé les 3 premières semaines de janvier. Nocturnes jusqu'à 24 h d'avril à octobre sauf les dimanches de septembre et d'octobre (19 h 30). Durée du trajet : 7 mn. AR : 32 F. ☎ 76 44 33 65.

**Église St-Laurent** – Visite de 10 h à 12 h et de 14 h à 18 h. Fermé le mardi et les 1er janvier, 1er mai et 25 décembre. 15 F. ☎ 76 44 78 68.

**Musée de Grenoble** – ♿ Visite tous les jours de 11 h à 19 h (22 h le mercredi). Fermé le mardi, et les 1er janvier, 1er mai et 25 décembre. 25 F. ☎ 76 63 44 44.

**Musée dauphinois** – Visite de 9 h à 12 h et de 14 h à 18 h. Fermé le mardi, et les 1er janvier, 1er mai et 25 décembre. 15 F. ☎ 76 85 19 00.

## GRIGNAN

🛈 Grande-Rue - 26230 - ☎ 75 46 56 75

**Château** – Visite accompagnée (1 h) de 9 h 30 à 11 h 30 et de 14 h à 18 h en juillet et août, tous les jours (sauf le mardi du 1er novembre au 31 mars) le reste de l'année. Fermé les 1er janvier et 25 décembre. 25 F, 8 F (extérieurs seulement). ☎ 75 46 51 56.

## Château de GROSBOIS

Visite accompagnée (3/4 h) de 14 h à 17 h les dimanches et jours fériés du 15 mars au 15 décembre. Fermé le reste de l'année, le 1er janvier et le 25 décembre. 15 F. ☎ 45 69 03 47.

## GUISE

**Château** – Visite accompagnée (1 h) de 9 h à 12 h et de 14 h à 18 h (17 h en hiver). Fermé du 20 décembre au 6 janvier. 25 F. ☎ 23 61 11 76.

# H

## Abbaye d'HAMBYE

♿ Visite du 1er février au 15 décembre de 10 h à 12 h et de 14 h à 18 h. Fermé le mardi et du 16 décembre au 31 janvier. 20 F. ☎ 33 61 76 92.

## Abbaye royale de HAUTECOMBE

Visite audioguidée (1/2 h) de 10 h à 11 h 30 et de 14 h à 17 h 25. Le dimanche de 10 h 30 à 12 h et de 14 h à 17 h. Fermé le mardi. Offrande souhaitée. ☎ 79 54 26 12.

## Château de HAUTEFORT

Visite accompagnée (45 mn) tous les jours de 9 h 30 à 12 h 45 et de 14 h à 19 h en juillet et août ; de 10 h à 12 h et de 14 h à 18 h d'avril à juin et de septembre à mi-octobre ; de 14 h à 18 h de février à mars et de mi-octobre à mi-novembre ; le dimanche de 14 h à 18 h la deuxième quinzaine de janvier et de mi-novembre à mi-décembre. 28 F. ☎ 53 50 51 23 ou 53 50 59 46.

## Château du HAUT-KŒNIGSBOURG

Visite du 1er juin au 30 septembre de 9 h à 18 h ; le reste de l'année de 9 h à 12 h et de 13 h à 17 h (18 h en avril et mai, 16 h du 1er novembre au 28 février). Fermé les 1er janvier, 1er mai, 1er et 11 novembre, 25 décembre et de début janvier à début février (sauf pendant les vacances scolaires). 35 F (10 F de 12 à 17 ans). ☎ 88 92 11 46.

## Le HAVRE

🛈 forum de l'Hôtel-de-Ville - 76059 - ☎ 35 21 22 88

**Musée des Beaux-Arts André-Malraux** – Visite de 10 h à 12 h et de 14 h à 18 h. Fermé le lundi, le mardi, et tous les jours fériés. 10 F. ☎ 35 42 33 97.

## HONFLEUR

🛈 place A.-Boudin - 14600 - ☎ 31 89 23 30

**Visite guidée de la ville** 🏛 – Visite en juillet, août et septembre le mardi et le jeudi à 10 h, le lundi, le mercredi, le vendredi et le samedi à 15 h ; en mars, avril, mai, juin et septembre, chaque samedi à 15 h. S'adresser à l'Office de tourisme.

**Musée Eugène-Boudin** – Visite du 15 mars au 30 septembre de 10 h à 12 h et de 14 h à 18 h ; du 1er octobre au 14 mars, en semaine de 14 h 30 à 17 h et le week-end de 10 h à 12 h et de 14 h 30 à 17 h. Fermé le mardi et du 1er janvier au 15 février. 18 F (en hiver), 20 F (en été). ☎ 31 89 54 00.

**Clocher Sainte-Catherine** – Le billet d'entrée du musée Eugène-Boudin est valable pour le clocher de Ste-Catherine, dont les conditions d'accès sont les mêmes.

## Les HOUCHES

🛈 74310 - ☎ 50 55 50 62

**Téléphérique de Bellevue** – Fonctionne de décembre à fin avril et de début juin à mi-septembre. Durée du trajet : 4 mn. 43 F AR. ☎ 50 54 40 32.

# I

## ISSOIRE

🖬 Hôtel-de-Ville - 63500 - ☎ 73 89 03 54

**Abbatiale St-Austremoine** – Visite tous les jours de 8 h à 19 h. Une visite accompagnée est assurée bénévolement par Mr Raoul Ollier le mardi et le vendredi à 17 h en juillet et août (rendez-vous au chevet de l'église).

# J

## JOIGNY

🖬 quai H.-Ragobert - 89300 - ☎ 86 62 11 05

**Église St-Jean** 🔺 – Visite tous les jours de 14 h à 18 h de Pâques à la Toussaint.

## JOSSELIN

🖬 place de la Congrégation - 56120 - ☎ 97 22 36 43

**Château** – Visite accompagnée (45 mn), tous les jours, en juillet et août de 10 h à 18 h ; en juin et septembre de 14 h à 18 h ; en avril, mai et octobre, le mercredi, le samedi, le dimanche, les jours fériés et vacances scolaires de 14 h à 18 h. 29 F. Billet jumelé château et musée des poupées : 51 F, enfant 41 F. ☎ 97 22 36 45.

## JUMIÈGES

**Abbaye** – Visite libre ou accompagnée (3/4 h) de 9 h à 18 h 30 de mi-juin à mi-septembre. Le reste de l'année de 10 h ( 9 h en avril, mai, mi-septembre et octobre) à 12 h et de 14 h à 16 h (17 h en avril, mai, mi-septembre et octobre). Fermé le 1er janvier, 1er mai, 1er et 11 novembre, 25 décembre. 27 F. ☎ 35 37 24 02.

# K

## KAYSERSBERG

**Musée Albert-Schweitzer** – Visite durant les vacances scolaires de printemps et du 2 mai au 31 octobre tous les jours de 9 h à 12 h et de 14 h à 18 h. 10 F. ☎ 89 47 36 55.

# L

## LANGEAIS

**Château** – Visite libre ou accompagnée (1 h), du 15 juillet au 31 août de 9 h à 21 h ; du 15 mars au 14 juillet et du 1er septembre au 30 septembre de 9 h à 18 h 30 ; du 1er octobre au 2 novembre de 9 h à 12 h 30 et de 14 h à 18 h 30 le reste de l'année de 9 h à 12 h et de 14 h à 17 h. 35 F. ☎ 47 96 72 60.

## LANGRES

🖬 place Bel-Air - 52200 - ☎ 25 87 67 67

**Visite guidée de la ville** 🔺 – S'adresser à l'Office de tourisme.

## LAON

🖬 place du Parvis-de-la-Cathédrale - 02000 - ☎ 23 20 28 62

**Visite guidée de la ville** 🔺 – S'adresser à l'Office de tourisme.

**Musée** – Visite tous les jours (sauf le mardi) de 10 h à 12 h et de 14 h à 18 h (17 h d'octobre à mars). Fermé les 1er janvier, 1er mai, 14 juillet et 25 décembre. 11 F, gratuit le dimanche en hiver. ☎ 23 20 19 87.

**Chapelle des Templiers** – Visite tous les jours (sauf le mardi) de 8 h à 18 h (17 h du 1er octobre au 31 mars). Fermé les 1er janvier, 1er mai, 14 juillet et 25 décembre. Entrée gratuite.

**Église St-Martin** – Visite accompagnée du 1er mai au 30 septembre les week-ends, en juillet et août tous les jours. S'adresser à l'Office de tourisme.

## Château de LAPALISSE

Visite accompagnée (45 mn) tous les jours (sauf le mardi) de 9 h à 12 h et de 14 h à 18 h d'avril à début novembre. 25 F. ☎ 70 99 08 51 ou 70 55 01 12.

## Grotte de LASCAUX

Visite accompagnée (40 mn) tous les jours, de 9 h 30 à 19 h 30 en juillet et août, de 10 h à 12 h et de 14 h à 17 h 30 du 7 février à fin juin et du 1er septembre à fin décembre. Fermé le lundi (sauf férié et juillet-août), en janvier, le 25 décembre et le 1er mai. Attention ! Durant l'été la billetterie se trouve à Montignac sous les arcades du Point-Information. La vente des billets commence à 9 h le matin et se termine aussitôt atteinte la barre des 2 000 entrées, ce qui se produit rapidement. Le billet d'accès à Lascaux II permet également de visiter le parc et le musée du Thot (prix 45 F). ☎ 53 51 95 03.

## LAVAUDIEU

**Cloître** – Visite accompagnée (30 mn) tous les jours, du 16 juin au 15 septembre, de 10 h à 12 h et de 14 h à 18 h ; de Pâques au 15 juin et du 16 septembre au 31 octobre, visite tous les jours sauf le mardi de 10 h à 12 h et de 14 h à 16 h 30 ; 20 F ; ☎ 71 76 45 89.

## Iles de LÉRINS

**Accès** – Liaisons régulières tous les jours au départ de Cannes : Compagnie Esterel Chanteclair. Ile Ste-marguerite : 40 F ; île St-Honorat : 45 F ; les deux îles : 60 F. ☎ 93 39 11 82. En saison, croisières (1 h 30) à bord du Nautilus, avec vision des fonds marins 70 F. ☎ 93 99 62 01.

## Centre historique minier de LEWARDE

Visite en partie accompagnée (circuit minier : 2 h) de 10 h à 17 h (16 h du 1er novembre au 31 mars). Fermé les 1er janvier, 1er mai, 1er novembre et 25 décembre et du 15 au 31 janvier. En haute saison : adultes 60 F, enfants de 7 à 17 ans 30 F ; en basse saison : adultes 52 F, enfants 26 F. ☎ 27 98 03 89.

## LILLE  🛈 Palais Rihour - 59000 - ☎ 20 30 81 00

**Visite guidée de la ville 🅰** – S'adresser à l'Office de tourisme.

**Hospice Comtesse** – Visite tous les jours (sauf le mardi) de 10 h à 11 h 45 et de 14 h à 17 h 15. Fermé les 1er janvier, 1er mai, 14 juillet, 1er novembre, 25 décembre et les lundis des fêtes de Lille et dimanche et lundi de la Grande Braderie. 15 F. ☎ 20 49 50 90.

**Citadelle** – Visite accompagnée (1 h) d'avril à octobre le dimanche à 15 h et 16 h 30. Rendez-vous à la citadelle, en saison il est préférable de réserver à l'Office de tourisme. 35 F. ☎ 20 30 81 00.

**Musée des Beaux-Arts** – Réouverture prévue en 1996. Pour tout renseignement, ☎ 20 57 01 84.

## LIMOGES  🛈 boulevard de Fleurus - 87000 - ☎ 55 34 46 87

**Musée municipal de l'Évêché** – Visite tous les jours de 10 h à 11 h 45 et de 14 h à 18 h de juillet à septembre ; tous les jours (sauf le mardi) de 10 h à 11 h 45 et de 14 h à 18 h en juin (17 h d'octobre à mai). Fermé les 1er janvier, 1er mai, 1er et 11 novembre, 25 décembre. ☎ 55 34 44 09.

**Musée National Adrien-Dubouché** – Visite libre ou accompagnée (1 h 15) tous les jours (sauf le mardi) de 10 h à 17 h 15 en juillet et août ; le reste de l'année de 10 h à 12 h et de 13 h 30 à 17 h 15. Fermé les 1er janvier, 1er mai et 25 décembre. 20 F. ☎ 55 77 45 58.

## LISIEUX  🛈 11, rue d'Alençon - 14100 - ☎ 31 62 08 41

**Les Buissonnets** – Visite des Rameaux au 1er octobre de 9 h à 12 h et de 14 h à 18 h (17 h 30 en mai et juin) ; du 2 octobre aux Rameaux de 10 h à 12 h et de 14 h à 16 h (17 h en octobre et novembre). Fermé en janvier. Entrée gratuite. ☎ 31 31 49 71.

**Chapelle du Carmel - Salle des souvenirs** – Visite de Pâques à octobre tous les jours de 8 h 30 à 12 h et de 13 h 30 à 19 h, le reste de l'année de 9 h à 12 h et de 14 h à 17 h. Entrée gratuite. ☎ 31 31 49 71.

**Manoir de Coupesarte** – Visite, de l'extérieur seulement, toute l'année de 8 h à 21 h. Rétribution souhaitée.

## LOCHES  🛈 place Wermelskirchen - 37600 - ☎ 47 59 07 98

**Visite guidée de la ville** – Visites sur réservation seulement. S'adresser au Pavillon du tourisme.

**Château** – Visite, tous les jours, du 1er juillet au 31 août de 9 h à 18 h ; du 15 mars au 30 juin et du 1er septembre au 30 septembre de 9 h à 12 h et de 14 h à 18 h ; du 1er février au 14 mars et du 1er octobre au 30 novembre 9 h à 12 h et de 14 h à 17 h. Fermé le mercredi (sauf en juillet et août) ainsi que les mois de janvier et de décembre. 18 F. ☎ 47 59 01 32.

**Donjon** – Visite accompagnée (3/4 h), en juillet et août, de 9 h 30 à 18 h 30 ; du 15 mars au 30 juin et en septembre, de 9 h 30 à 12 h et de 14 h 30 à 18 h 30 ; du 1er février au 14 mars et du 1er octobre au 30 novembre, de 9 h 30 à 12 h 30 et de 14 h 30 à 17 h 30. 16 F le donjon seul, 26 F pour le billet donnant accès à la visite des Logis Royaux dans le château. ☎ 47 59 07 86.

## LOCMARIAQUER  🛈 place de la Mairie - 56740 - ☎ 97 57 33 05

**Ensemble mégalithique** – Visite accompagnée (3/4 h) du 1er juin au 30 septembre de 10 h à 19 h ; de fin mars au 31 mai et du 1er octobre au 31 octobre de 10 h à 13 h et de 14 h à 17 h ou 18 h. 25 F. ☎ Sagemor 97 57 37 59.

## LOCRONAN  🛈 place de la Mairie - 29180 - ☎ 98 91 70 14

**Musée de l'affiche en Bretagne** – Visite du 1er juillet au 1er octobre de 10 h à 13 h et de 14 h à 18 h (18 h 30 samedi et dimanche) ; du 25 février au 28 mai de 10 h à 12 h et de 14 h à 18 h. 20 F. ☎ 98 51 80 59.

## LOURDES

place du Champ-Commun - 65100 - ☎ 62 94 15 64

**Château fort** – Visite de 9 h à 12 h et de 14 h à 19 h du 1er avril au 30 septembre, de 9 h à 12 h et de 14 h à 18 h (17 h le vendredi) le reste de l'année. Délivrance des billets suspendue 1 h avant la fermeture. Fermé les mardis et jours fériés du 15 octobre au 31 mars. 26 F. ☎ 62 94 02 04.

## LUNÉVILLE

**Château : musée** – Visite tous les jours (sauf le mardi) de 10 h à 12 h et de 14 h à 18 h (17 h du 1er octobre au 31 mars). Fermé les 1er janvier, lundi Gras et 25 décembre. 10 F. ☎ 83 76 23 57.

## LUSSAULT-SUR-LOIRE

**Aquarium de Touraine** – ♿ Visite du 1er avril au 30 septembre de 9 h à 19 h ; du 1er octobre au 31 mars de 10 h à 18 h. 38 F. Enfant 25 F. ☎ 36 68 08 86.

## LYON

place Bellecour et place St-Jean - 69000 - ☎ 78 42 26 75

Une carte valable une journée donne accès à l'ensemble des musées municipaux de Lyon : Musée des Beaux-Arts, Musées de l'hôtel de Gadagne, Musée d'art contemporain, Musée de l'Imprimerie et de la Banque, Centre d'Histoire de la Résistance et de la Déportation et le musée Henri-Malartre à La Rochetaillée.

**Visites guidées de la ville** – Organisées par l'Office de tourisme de Lyon Communauté, elles font découvrir plus complètement les traboules de la Croix-Rousse (2 h) ou le Vieux Lyon (2 h). S'adresser à l'Office de tourisme, place Bellecour, ouvert toute la journée, du lundi au samedi et avenue A.-Max ouvert tous les jours. ☎ 78 42 25 75.

**Musée de la Civilisation gallo-romaine** – ♿ Visite de 9 h 30 à 12 h et de 14 h à 18 h. Fermé les lundis, mardis et jours fériés. 20 F. ☎ 78 25 94 68.

**Primatiale St-Jean** – Fermeture à 17 h les samedis et dimanches. Fermé l'après-midi des jours de fêtes civiles.

**Le Guignol de Lyon** – Les spectacles ont lieu du 1er septembre au 11 juillet. Des représentations pour les enfants sont données les mercredis et dimanches à 15 h. Adultes : 35 F à 95 F ; enfants : à partir de 25 F. Réservations : ☎ 78 28 92 57.

Trésor de la primatiale St-Jean.
Coffret en ivoire (9e-10e s.)..

**Musée de l'Imprimerie et de la Banque** – Visite de 9 h 30 à 12 h et de 14 h à 18 h. Sans interruption à midi le vendredi. Fermé les lundis, mardis et tous les jours fériés. 20 F. ☎ 78 37 65 98.

**Musée des Beaux-Arts** – Visite de 10 h 30 à 18 h. Fermé les lundis, mardis, 1er janvier, 1er et 8 mai, jeudi de l'Ascension, 14 juillet, 15 août, 1er et 11 novembre et 25 décembre. 20 F. ☎ 78 28 07 66.

**Musée historique des Tissus** – Visite tous les jours de 10 h à 17 h 30. Fermé le lundi et les jours fériés. Visite libre : 26 F (billet donnant accès au musée des Arts Décoratifs). Gratuit le mercredi pour les individuels. ☎ 78 37 15 05.

**Musée des Arts décoratifs** – Visite de 10 h à 12 h et de 14 h à 17 h 30. Fermé le lundi et tous les jours fériés. 26 F. Billet jumelé avec le musée historique des Tissus. Pour les visites accompagnées, s'adresser au 78 37 15 05.

**Musée Guimet d'Histoire naturelle** – Visite du mercredi au dimanche, de 13 h à 18 h. Fermé tous les jours fériés. 20 F (tarif doublé en cas d'exposition). ☎ 78 93 22 33.

**Musée des Hospices civils** – Visite du lundi au vendredi, de 13 h 30 à 17 h 30. Fermé les jours fériés. 10 F. ☎ 78 41 30 42.

**Église St-Nizier** – Fermé le lundi matin. Ouverte à 15 h.

# M

## Le MAINE-GIRAUD

Visite tous les jours de 9 h à 12 h et de 14 h à 18 h. Entrée gratuite. ☎ 45 64 04 49.

## Château de MAISONS-LAFFITTE

Visite du 1er avril au 15 octobre tous les jours de 10 h à 12 h et de 13 h 30 à 18 h (17 h le reste de l'année). Visite-conférence le 1er dimanche du mois à 15 h. Fermé les 1er janvier, 1er mai, 1er et 11 novembre et 25 décembre. 27 F. ☎ 39 62 01 49.

## Le MANS

**Visite guidée de la ville** 🔺 – Tous les jours en juillet et août à 15 h rendez-vous à la cathédrale. S'adresser à l'Office de tourisme.

**Cathédrale Saint-Julien** – Visite de 8 h à 19 h en été ; de 8 h à 12 h et de 14 h à 17 h 30 en hiver. ☎ 43 28 28 98.

**Musée automobile de la Sarthe** – ♿ Visite, tous les jours, du 1er juin au 30 septembre de 10 h à 19 h ; du 15 février au 31 mai et du 1er octobre au 31 octobre de 10 h à 18 h sauf le mardi ; du 2 janvier au 16 février le week-end de 10 h à 18 h. Le 25 décembre et le 1er janvier ouvert de 15 h à 18 h. 35 F. ☎ 43 72 72 24.

**Musée de Tessé** – ♿ Mêmes conditions de visite que pour le musée de la Reine Berengère. Entrée gratuite le dimanche. ☎ 43 47 38 51.

## MARNAY

**Musée Maurice-Dufresne** – ♿ Visite du 1er mai au 31 octobre de 9 h 15 à 19 h (18 h le reste de l'année). Fermé en janvier et février. 48 F. ☎ 47 45 36 18.

## MARQUÈZE

**Marquèze** – Accès uniquement possible par le « petit train des résiniers ». Départs de la gare de Sabres, tous les jours de 10 h 10 à 12 h 10 et de 14 h à 17 h 20, en avril, mai et octobre, en semaine à 15 h, le samedi, de 14 h à 17 h 20, les dimanches et jours fériés. De 10 h 10 à 12 h 10 et de 14 h à 17 h 20. Fermé du 2 novembre au 31 mars. Visite libre ou accompagnée (1 h). 45 F, enfants : 25 F. Le restaurant fonctionne tous les jours en saison, les week-ends seulement hors saison ; aires de pique-nique, buvette. ☎ 58 07 52 70.

## MARSEILLE

**Visite guidée de la ville** 🔺 – S'adresser à l'Office de tourisme.

**Basilique St-Victor** – Pour une visite accompagnée (10 F), s'adresser au ☎ 91 33 25 86.

**Musée des Docks romains** – Visite tous les jours (sauf le lundi) de 11 h à 18 h du 1er juin au 30 septembre, de 10 h à 17 h le reste de l'année. Fermé les jours fériés. 10 F. ☎ 91 56 28 38 (poste 399).

**Centre de la Vieille Charité** – Visite de 11 h à 18 h du 1er juin au 30 septembre, de 10 h à 17 h le reste de l'année. Fermé le lundi et les jours fériés. Ouverture du département « Roquepertuse et les Celto-Ligures » sous réserve. Ouverture de la section « Art populaire du Mexique » prévue dans le courant de l'année 1996. Musée d'Archéologie méditerranéenne : 10 F ; musée des Arts africains, océaniens et amérindiens : 10 F ; expositions temporaires : 20 F. Billet combiné musée et exposition : 25 F. ☎ 91 56 28 38.

**Musée du Vieux Marseille** – Visite du 1er juillet au 30 septembre, de 11 h à 18 h ; le reste de l'année, de 10 h à 17 h. Fermé le lundi et les jours fériés. 10 F. ☎ 91 55 10 19.

**Ancienne cathédrale de la Major** – Momentanément fermé au public.

**Musée Cantini** – Visite du 1er juin au 30 septembre, de 11 h à 18 h ; le reste de l'année, de 10 h à 17 h. Fermé le lundi. 10 F ; gratuit le dimanche matin. ☎ 91 54 77 75.

**Château Borély** – Fermé pour travaux.

**Musée Grobet-Labadié** – Visite du 1er juin au 30 septembre, de 11 h à 18 h ; le reste de l'année, de 10 h à 17 h. Fermé le lundi et les jours fériés. 10 F ; gratuit le dimanche matin. ☎ 91 62 21 82.

**Musée des Beaux-Arts** – Visite du 1er juin au 30 septembre, de 11 h à 18 h ; le reste de l'année, de 10 h à 17 h. Fermé le lundi. 10 F ; gratuit le dimanche matin. ☎ 91 62 21 17.

**Visite du port moderne** – L'après-midi des dimanches et jours fériés seulement, l'accès de la Digue du Large est accordé aux promeneurs par la porte n° 2 (Arenc). Les jours ouvrables, des visites accompagnées du port sont organisées. S'adresser un mois avant la date souhaitée au Port Autonome de Marseille, Service Communication et Relations publiques, section Visites, 23, place de la Joliette, BP 1965, 13226 Marseille Cedex 02. ☎ 91 39 47 24.

**Château d'If** – Promenade en bateau (1 h 1/2, y compris la visite du château) : embarcadère, quai des Belges, dans le Vieux-Port de Marseille. Départs toutes les heures, en été ; toutes les heures et demie en hiver. 40 F. Les horaires de visite du château sont en concordance avec les horaires des bateaux : de 9 h à 19 h du 1er avril au 30 septembre, de 9 h 15 à 17 h 15 le reste de l'année. 21 F. Groupement des Armateurs Côtiers Marseillais, 1, quai des Belges - 13001 Marseille, ☎ 91 55 50 09. Cette société organise également des services réguliers desservant les Iles du Frioul. Forfait : îles d'If et du Frioul : 60 F.

## Aven de MARZAL

Visite accompagnée (1 h) du 1er avril au 31 octobre, de 11 h à 17 h 30 ; en mars et novembre, les dimanches et jours fériés à 11 h, 14 h et 15 h 30. Fermé le reste de l'année. 35 F. ☎ 75 04 12 45.

**Zoo préhistorique** – Visite du 1er avril au 31 octobre de 10 h à 12 h et de 14 h à 18 h ; en mars et novembre, les dimanches et jours fériés seulement. 32 F.

## MAS-D'AZIL

**Grotte** – Visite accompagnée (40 minutes) de 10 h à 12 h et 14 h à 18 h du 1er juin au 30 septembre, en semaine de 14 h à 18 h (en sus de 10 h à 12 h le dimanche et les jours fériés) du 1er avril au 30 juin, le dimanche et les jours fériés seulement de 14 h à 18 h en mars et du 1er octobre au 30 novembre. Fermé de début décembre à fin février. 20 F billet combiné incluant la visite du musée. ☎ 61 69 97 71.

## Le MAS SOUBEYRAN

**Musée du Désert** – Visite de 9 h 30 à 18 h 30 du 1er juillet au 1er dimanche de septembre, de 9 h 30 à 12 h et de 14 h 30 à 18 h du 1er mars au 30 juin et de début septembre au 30 novembre. Fermé du 1er décembre au 28 février. 20 F. ☎ 66 85 02 72.

## MEAUX

🛈 2, rue Notre-Dame - 77100 - ☎ 64 33 02 26

**Visite guidée de la ville** 🅰 – S'adresser à l'Office de tourisme.

**Ancien Évêché (Musée Bossuet)** – Visite tous les jours (sauf le mardi) de 10 h à 12 h et de 14 h à 18 h. Fermé les 1er janvier, 1er mai et 25 décembre. 15 F (gratuit le mercredi). ☎ 64 34 84 45.

## Château de MEILLANT

Visite accompagnée (40 mn) tous les jours de 9 h à 11 h 45 et de 14 h à 18 h 45 du printemps à l'été : de 9 h à 11 h 45 et de 14 h à la tombée de la nuit de l'automne à l'hiver. Fermé du 15 décembre au 31 janvier. 40 F. ☎ 48 63 30 58 ou 48 63 32 05.

## MENTON

🛈 Palais de l'Europe - 06500 - ☎ 93 57 57 00
🛈 Maison du patrimoine, 5, rue Ciapetta - 06500 - ☎ 93 10 33 66

**Visite guidée de la ville** 🅰 – S'adresser à la Maison du patrimoine.

**Hôtel de ville** – Visite de la salle des mariages Jean Cocteau de 8 h 30 à 12 h et de 13 h 30 à 16 h 45 toute l'année du lundi au vendredi. 5 F. ☎ 93 10 50 29.

**Église St-Michel** – Ouverte de 10 h à 12 h et de 15 h à 17 h 20. ☎ 93 35 81.63.

**Musée du Palais Carnolès** – Visite de mi-juin à mi-septembre, tous les jours de 10 h à 13 h et de 14 h à 18 h. Le reste de l'année, de 10 h à 12 h et de 14 h à 17 h 30. Fermé le mardi et les jours fériés. Entrée gratuite. ☎ 93 35 49 71.

## METZ

🛈 place d'Armes - 57000 - ☎ 87 75 65 21

**Crypte et Trésor de la cathédrale** – Visite de mai à septembre en semaine de 9 h à 18 h 30, le dimanche de 12 h à 18 h 30 ; le reste de l'année en semaine de 9 h à 12 h et de 14 h à 18 h, le dimanche de 14 h à 18 h. Fermé les 1er mai et 15 août. 12 F. ☎ 87 75 54 61.

**La Cour d'Or, Musées** – Visite de 10 h à 12 h et de 14 h à 18 h. Fermé les 1er janvier, Vendredi saint, 1er mai, 1er et 11 novembre et 25 décembre. 20 F, gratuit le mercredi et le dimanche matin. ☎ 87 75 10 18.

**Église St-Pierre-aux-Nonnains** – Visite d'avril à septembre tous les jours sauf le lundi de 14 h à 18 h (spectacle « Metz, Lumières d'Histoire » à 18 h), d'octobre à mars les samedis et dimanches de 14 h à 17 h (spectacle « Metz, Lumières d'Histoire » à 17 h). 10 F. Renseignements Arsenal ☎ 87 39 92 00.

## Pic du MIDI DE BIGORRE

**Route à péage** – Du col du Tourmalet à l'hôtel-refuge des Laquets (parking) : piétons (6 F) ; véhicules (passagers adultes : 23 F, enfants de 6 à 12 ans : 10 F). Renseignements : Héliotour : ☎ 62 91 90 33 (en saison) ou ☎ 62 95 41 14 (hors saison).

**Observatoire** – Visite accompagnée (3/4 h), du 1er juillet au 15 septembre, de 8 h à 18 h. 12 F ; enfants : 7 F.

## MILLAU

🛈 avenue Alfred-Merle, B.P. 45 - 12103 - ☎ 65 60 02 42

**Fouilles de la Graufesenque** – Visite de 9 h à 12 h et de 14 h à 18 h 30. Fermé les 1er janvier, 1er mai, 1er et 11 novembre, 25 décembre. 21 F. ☎ 65 60 11 37.

**Musée de Millau** – Visite de 10 h à 12 h et de 14 h à 18 h. Fermé le dimanche du 1er octobre au 31 mars et les 1er janvier, 1er mai, 1er et 11 novembre, 25 décembre. 22 F. ☎ 65 59 01 08.

## Principauté de MONACO

🛈 2, boulevard des Moulins - ☎ 92 16 61 16

**Musée océanographique** – Visite de 9 h à 21 h en juillet et août, de 9 h 30 à 19 h en septembre, octobre, et de mars à juin, de 10 h à 18 h de novembre à fin février. Fermé l'après-midi du dimanche qui suit l'Ascension. 60 F. ☎ 93 15 36 00.

**Palais du Prince** – Visite tous les jours de 9 h 30 à 18 h 30. Fermé du 1er novembre au 31 mai. 30 F. ☎ 93 25 18 31.

**Jardin exotique** – Visite de mi-mai à mi-septembre de 9 h à 19 h, le reste de l'année de 9 h à 18 h. Fermé les 19 novembre et 25 décembre. Billet groupé 36 F avec la grotte de l'Observatoire et le musée d'Anthropologie préhistorique. ☎ 93 30 33 65.

**Grotte de l'Observatoire** – Mêmes conditions de visite que le musée d'Anthropologie préhistorique.

**Musée d'Anthropologie préhistorique** – Visite de 9 h à 19 h de mai à fin août ; le reste de l'année, de 9 h à 18 h. 36 F. (comprenant la visite du jardin exotique et de la grotte de l'Observatoire). ☎ 93 15 80 06.

**Musée napoléonien** – Visite de juin à septembre de 9 h 30 à 18 h 30, en octobre de 10 h à 17 h, de décembre à mai de 10 h 30 à 12 h 30 et de 14 h à 17 h. Fermé le lundi de décembre à fin mai, les 25 décembre et 1er janvier et tout le mois le novembre. 20 F (40 F pour un billet jumelé avec la visite du Palais du Prince). ☎ 93 25 18 31.

**Musée des Poupées et Automates** – Visite de Pâques à début septembre de 10 h à 18 h 30, le reste de l'année de 10 h à 12 h 15 et de 14 h 30 à 18 h 30. Fermé les 1er janvier, 1er mai, Ascension, 19 novembre, 25 décembre et les quatre jours du prix automobile de Monaco. 26 F. ☎ 93 30 91 26.

## Château de MONTAIGNE

Visite accompagnée (1/2 h) tous les jours (sauf les lundis et mardis) de 9 h à 12 h et de 14 h à 19 h du 18 février au 6 janvier. 16 F. ☎ 53 58 63 93.

## MONTAUBAN
🛈 ancien collège pl. Prax - 82000 - ☎ 63 63 60 60

**Musée Ingres** – Visite de 9 h 30 à 12 h et de 13 h 30 à 18 h en juillet et août, tous les jours (sauf le lundi) de 10 h à 12 h et de 14 h à 18 h du dimanche des Rameaux à fin juin et du 1er septembre au 2e dimanche d'octobre, tous les jours (sauf le dimanche matin et le lundi) de 10 h à 12 h et de 14 h à 18 h. Fermé les jours fériés. 15 F, 20 F (en cas d'exposition). ☎ 63 22 12 91.

## MONTBÉLIARD
🛈 rue Henri-Mouhot - 25200 - ☎ 81 94 45 60

**Musée Peugeot à Sochaux** – ♿ Visite tous les jours de 10 h à 18 h. 30 F. ☎ 81 94 48 21.

## MONT-LOUIS

**Four solaire** – *Visite accompagnée (15 minutes) tous les jours en juillet et août de 9 h 30 à 11 h 30 et de 14 h à 17 h. Le reste de l'année (sauf samedis et dimanches) de 9 h à 11 h et 14 h à 17 h. 5 F.* ☎ 68 04 21 18.

## MONTPELLIER
🛈 « Le Triangle » - Passage du Tourisme - 34000 - ☎ 67 58 67 58

**Musée Atger** – Visite libre ou accompagnée (1 h), de 13 h 30 à 16 h 30. Fermé le samedi, le dimanche, les jours fériés, le mois d'août, ainsi que pendant les vacances scolaires de Noël. ☎ 67 66 27 77.

**Musée Fabre** – *Visite de 9 h à 17 h 30. Fermé le lundi et certains jours fériés. 16 F.* ☎ 67 66 06 34.

## Chaos de MONTPELLIER-LE-VIEUX

*Visite du 15 mars au 3 novembre, tous les jours, de 9 h à 19 h ; le reste de l'année, uniquement sur rendez-vous. 25 F ; enfants : 10 F. Supplément « petit train » : 15 F (aller/retour), 10 F (aller simple) ; enfants : 10 F (aller/retour), 5 F (aller simple).*

## Le MONT-ST-MICHEL
🛈 Corps-de-Garde-des-Bourgeois - 50116 - ☎ 33 60 14 30

**Abbaye** – Visite accompagnée (1 h) du 2 mai au 30 septembre de 9 h 30 à 18 h ; le reste de l'année, de 9 h 30 à 16 h (16 h 30 lors des vacances scolaires). Fermé le 1er janvier, 1er mai, 1er et 11 novembre et 25 décembre. 36 F. Visites conférences (2 h) en saison : se renseigner sur place, hors saison le mercredi, samedi et dimanche à 10 h 30 et à 14 h 30. 56 F. ☎ 33 60 14 14.

## MONTSÉGUR

**Château** – Visite de 9 h à 19 h en juillet et août ; uniquement pour les groupes à partir de 15 personnes et sur réservation de 9 h à 19 h du 1er avril au 30 juin et en septembre et de 10 h à 18 h en février, mars, octobre et novembre. Fermé du 1er décembre au 11 février. 16 F billet combiné incluant la visite du musée archéologique. ☎ 61 01 06 94.

**Musée archéologique** – *Ouvert tous les jours du 1er mai au 30 septembre de 10 h à 13 h et 14 h à 18 h. Billet commun pour le château et le musée.*

## MORGAT

**Les Grandes Grottes** – De 1er mai au 30 septembre, promenade en mer (3/4 h). Départs toute la journée selon les marées. Vedettes au port. ☎ 98 27 09 54.

## MOULINS
🛈 place de l'Hôtel-de-Ville - 03000 - ☎ 70 44 14 14

**Musée d'art et d'archéologie** – Visite libre ou accompagnée (1 h) tous les jours (sauf le mardi) de 10 h à 12 h et de 14 h à 18 h. fermé les 1er janvier et 25 décembre. 10 F. ☎ 70 20 48 47.

**Mausolée du duc de Montmorency** – Visite accompagnée (30 mn), en juillet et août, de 9 h à 11 h 30 et de 15 h à 18 h ; le reste de l'année, de 9 h à 11 h 30 et de 14 h à 17 h (pendant cette période, s'adresser à l'Office de Tourisme) ; fermé le dimanche, le 14 juillet et le 15 août ; 10 F en juillet et août. ☎ 70 44 14 14.

## MOZAC

**Église** – Visite tous les jours (sauf le samedi après-midi et le dimanche matin) de 9 h à 19 h en été (17 h en hiver).

## MULHOUSE

🛈 9, avenue Foch - 68100 - ☎ 89 45 68 31

**Musée national de l'Automobile** – ♿ Visite tous les jours (sauf le mardi du 1er octobre au 30 avril) de 10 h à 17 h 30. Fermé les 1er janvier et 25 décembre. 56 F. ☎ 89 42 29 17.

**Musée français du Chemin de fer** – ♿ Visite de 9 h à 18 h (17 h du 1er octobre au 30 mars). Fermé les 1er janvier, 25 et 26 décembre. 43 F, enfants 20 F. ☎ 89 42 25 67.

**Musée de l'Impression sur étoffes** – Fermé pour travaux. Réouverture prévue en octobre 1996.

**Musée historique** – Visite tous les jours (sauf le mardi) de 10 h à 12 h et de 14 h à 18 h (17 h du 1er octobre au 14 juin). Fermé les 1er janvier, Vendredi saint, lundis de Pâques et de Pentecôte, 1er mai, 14 juillet, 1er et 11 novembre, 25 et 26 décembre. 20 F (gratuit le 1er dimanche de chaque mois). ☎ 89 45 43 20.

Musée français du Chemin de fer.

Musée français du Chemin de fer de Mulhouse

**Temple St-Étienne** – ♿ Ouvert du 2 mai au 30 septembre de 10 h à 12 h et de 14 h à 18 h (17 h le samedi). Fermé le mardi, le dimanche matin, les jours fériés sauf le 15 août. Entrée gratuite. ☎ 89 46 58 25.

**Parc zoologique et botanique** – ♿ Visite de mai à août de 8 h à 19 h, en avril et septembre de 9 h à 18 h, en mars, octobre et novembre de 9 h à 17 h, en décembre, janvier et février de 10 h à 16 h. Adultes : 40 F, enfants : 20 F. ☎ 89 44 17 44.

## Château de MUROL

🛈 rue Jassaguer - 63790 - ☎ 73 88 62 62

Visite libre tous les jours, du 11 avril au 30 septembre, de 10 h à 18 h et seulement le samedi du 9 juillet au 12 septembre ; visite animée en costume tous les jours, sauf le samedi du 9 juillet au 12 septembre, et sur réservation en dehors de cette période. Visite libre : 20 F ; visite animée : 40 F. ☎ 73 88 67 11 (Compagnons de Gabriel).

# N

## NANCY

🛈 14, place Stanislas - 54000 - ☎ 83 35 22 41

**Visite guidée de la ville** 🄰 – S'adresser à l'Office de tourisme.

**Musée historique lorrain** – Visite tous les jours (sauf le mardi) de début mai à fin septembre de 10 h à 18 h ; le reste de l'année de 10 h à 12 h et de 14 h à 17 h (18 h les dimanches et jours fériés). Fermé les 1er janvier, Pâques, 1er mai, 14 juillet, 1er novembre et 25 décembre. 20 F. ☎ 83 32 18 74.

**Église et couvent des Cordeliers : musée d'Arts et Traditions populaires** – Visite tous les jours (sauf le mardi) de mai à fin septembre de 10 h à 18 h ; le reste de l'année de 10 h à 12 h et de 14 h à 17 h (18 h les dimanches et jours fériés). Fermé les 1er janvier, Pâques, 1er mai, 14 juillet, 1er novembre et 25 décembre. 20 F. ☎ 83 32 18 74.

**Musée des Beaux-Arts** – Visite tous les jours (sauf le mardi) de 10 h 30 à 18 h, le lundi de 14 h à 18 h. Fermé les 1er janvier, 1er mai, 1er novembre et 25 décembre 20 F. ☎ 83 85 30 72 poste 2804.

**Musée de l'École de Nancy** – Visite tous les jours (sauf le mardi) de 10 h à 12 h et de 14 h à 18 h (17 h du 1er octobre au 31 mars). Fermé les 1er janvier, Pâques, 1er mai, 1er novembre et 25 décembre. 20 F. Visite commentée (1 h) le dimanche à 15 h 30, tarif supplémentaire 12 F. ☎ 83 40 14 86.

## NANTES

🛈 place du Commerce - 44000 - ☎ 40 47 04 51

**Visite guidée de la ville** 🄰 – En juillet, août et septembre, nombreuses promenades et visites à thèmes, tous les jours. S'adresser à l'Office de tourisme.

**Château des ducs de Bretagne** – Visite libre ou accompagnée (1 h) tous les jours du 1er juillet au 31 août de 10 h à 19 h pour le château, de 10 h à 12 h et de 14 h à 19 h pour les musées ; le reste de l'année de 10 h à 12 h et de 14 h à 18 h pour le château et les musées, les musées sont fermé le mardi ainsi que le 1er janvier, 1er mai, 1er et 11 novembre et 25 décembre. 10 F. ☎ 40 41 56 56.

**Cathédrale St-Pierre-et-St-Paul** – Visite des cryptes de 10 h à 12 h 30 et de 14 h à 17 h, sauf le mardi et pendant les offices religieux. ☎ 40 14 23 00. Pour les visites guidées de la cathédrale, s'adresser à l'Office de tourisme.

**Musée des Beaux-Arts** – ♿ Visite tous les jours, sauf le mardi, de 10 h (11 h le dimanche) à 18 h (21 h le vendredi). Fermé tous les jours fériés. 30 F (gratuit le dimanche). ☎ 40 41 65 65 et 40 41 65 50.

**Muséum d'Histoire naturelle** – Visite de 10 h à 12 h et de 14 h à 18 h. Fermé le dimanche matin, le lundi et les jours fériés. 20 F (gratuit le dimanche ), 30 F pendant les expositions temporaires. ☎ 40 41 67 67.

**Palais Dobrée** – Visite de 10 h à 12 h et de 13 h 30 à 17 h 30. Fermé le lundi et tous les jours fériés. 20 F (billet valable pour le musée archéologique). ☎ 40 71 03 50.

**Musée Jules-Verne** – Visite de 10 h à 12 h et de 14 h à 17 h. Fermé le dimanche matin, le mardi et tous les jours fériés. 8 F. ☎ 40 69 72 52.

**Musée archéologique** – Visite de 10 h à 12 h et de 13 h 30 à 17 h 30. Fermé le lundi et les jours fériés. 20 F (billet valable pour le palais Dobré). ☎ 40 71 03 50.

## NARBONNE
🚩 pl. R.-Salengro - 11100 - ☎ 68 65 15 60

**Visite guidée de la ville** 🅰 – Renseignements, réservations, Ville de Narbonne, Service Culture Communication, B.P. 823 - 11108 Narbonne Cedex. ☎ 68 90 30 66.

**Cathédrale St-Just** – Visite accompagnée (1 h) tous les jours sauf le dimanche et les jours fériés de 9 h 30 à 12 h à 17 h 30 en été, de 14 h 30 à 16 h 30 en automne, sur rendez-vous en hiver. ☎ 68 32 09 52.

**Trésor de la cathédrale** – Visite tous les jours (sauf le dimanche) de 14 h 30 à 16 h 30 du 1er mai au 31 octobre sur rendez-vous uniquement le reste de l'année. Fermé le 15 août. 10 F. ☎ 68 33 70 18.

**Palais des Archevêques** – Visite accompagnée tous les jours à 10 h, à 14 h et à 16 h du 15 juin au 30 septembre ; le reste de l'année sur demande pour des groupes de 5 personnes minimum. Départ de l'accueil de l'hôtel de ville (salle du rez-de-chaussée du donjon Gilles-Aycelin). 25 F.
Renseignements auprès du Service Culture Communication, B.P. 823 - 11108 Narbonne Cedex. ☎ 68 90 30 66.

**Donjon Gilles Aycelin** – Visite acccompagnée sur demande auprès du Service Culture Communication. ☎ 68 90 30 66.

**Musée archéologique, musée d'Art, Horreum** – Visite libre ou accompagnée (☎ 68 90 30 54) de 9 h 30 à 12 h 15 et de 14 h à 18 h du 2 mai au 30 septembre, tous les jours (sauf le lundi) de 10 h à 12 h et de 14 h à 17 h le reste de l'année. Fermé les 1er janvier, 1er mai, 14 juillet, 1er novembre et 25 décembre. 10 F. ☎ 68 90 30 54.

**Musée lapidaire** – Visite libre ou accompagnée (☎ 68 90 30 66) de 9 h 30 à 12 h 15 et de 14 h à 18 h du 1er juillet au 31 août. Fermé le 14 juillet. 10 F.

**Basilique St-Paul-Serge** – Visite en semaine de 9 h à 12 h et de 14 h à 18 h.

## NEVERS
🚩 31, rue Pierre-Bérégovoy - 58000 - ☎ 86 59 07 03

**Visite guidée de la ville** 🅰 – S'adresser à l'Office de tourisme.

**Musée municipal** – Visite tous les jours (sauf mardi) de 10 h à 18 h 30 du 1er mai au 30 septembre ; de 10 h à 12 h et de 14 h à 17 h 30 le reste de l'année. 10 F. ☎ 86 68 45 62.

**Couvent St-Gildard et musée** – ♿ Visite tous les jours de 7 h à 12 h 30 et de 13 h 30 à 19 h 30 du 1er avril au 31 octobre, de 7 h 30 à 12 h et de14 h à 19 h le reste de l'année. Entrée gratuite. ☎ 86 57 79 99.

**Cathédrale St-Cyr-et-Ste-Julitte** – Visite de 9 h 30 à 12 h et de 14 h à 18 h du mardi au vendredi en juillet, août et septembre. Visite accompagnée sur demande à Mlle S. Morlé. ☎ 86 59 06 74.

## Grotte de NIAUX

Réservation obligatoire. Visite accompagnée (1 h 15) tous les 3/4 h de 8 h 30 à 11 h 30 et de 13 h 30 à 17 h 15 du 1er juillet au 30 septembre ; à 11 h, 15 h et 16 h 30 le reste de l'année. Fermé les 1er janvier et 25 décembre. 50 F. ☎ 61 05 88 37.

## NICE
🚩 avenue Thiers - 06000 - ☎ 93 87 07 07
🚩 2, rue Massenet - 06000 - ☎ 93 87 60 60

**Visite guidée de la ville** – S'adresser à l'Office de tourisme.

**Ascenseur du château** – Services tous les jours : janvier février, mars, octobre et novembre de 10 h à 18 h ; avril, mai et septembre de 9 h à 19 h ; juin, juillet et août jusqu'à 20 h. 3 F aller simple ; 4,40. F aller et retour. ☎ 93 85 62 33.

**Promenade en train touristique** – Circule toute l'année de 10 h à 19 h. Durée du trajet : 40 mn. Fermé du 15 novembre au 15 janvier. 25 F. ☎ 93 18 81 58.

**Site archéologique gallo-romain de Cimiez** – Mêmes conditions de visite que pour le musée archéologique. Entrée gratuite. ☎ 93 81 59 57.

**Musée Matisse** – Visite de 11 h à 19 h du 1er avril au 30 septembre. Le reste de l'année, de 10 h à 17 h. Fermé le mardi. 25 F. ☎ 93 81 08 08.

**Musée Marc-Chagall** – ♿ Visite de 10 h à 19 h de juillet à septembre ; le reste de l'année, de 10 h à 12 h 30 et de 14 h à 17 h 30. Fermé le mardi et les 1er janvier, 1er mai et 25 décembre. 27 F (en période d'exposition, 35 F). ☎ 93.81.75.75.

**Musée des Beaux-Arts** – Visite de 10 h à 12 h et de 15 h à 18 h de début mai à fin septembre. Les reste de l'année, de 10 h à 12 h et de 14 h à 17 h. Fermé le lundi et les 1er janvier, à Pâques, le 1er mai, et 25 décembre. Entrée gratuite. ☎ 93 44 50 72.

**Musée d'Art moderne et d'art contemporain** – Visite de 11 h à 18 h ; 22 h le vendredi. Fermé le mardi et les jours fériés. 25 F. ☎ 93 62 61 62.

**Musée Masséna** – Mêmes conditions de visite que le musée des Beaux-Arts. Fermé tout le mois de novembre. Entrée gratuite. ☎ 93 88 11 34.

**Musée d'Art naïf Jakovsky** – Visite de 10 h à 12 h et de 14 h à 18 h de mai à septembre ; le reste de l'année, de 10 h à 12 h et de 14 h à 17 h. Fermé le mardi, les 1er janvier, Pâques, 1er mai et 25 décembre. Entrée gratuite. ☎ 93 71 78 33.

**Chapelle de la Miséricorde** – Visite possible uniquement dans le cadre des visites-conférences, les mardi et dimanche à 15 h. Départ des visites-commentées du palais Lascaris. ☎ 93 62 18 12.

**Église St-Martin-St-Augustin** – Ouverte de 9 h à 11 h 30 et de 14 h à 17 h. Fermé le lundi et le dimanche après-midi.

## NÎMES

🛈 6, rue Auguste - 30000 Nîme - ☎ 66 67 29 11

**Visite guidée de la ville** 🅰 – S'adresser à l'Office de tourisme.

**Arènes** – Visite de 9 h à 18 h 30 en été, de 9 h à 12 h et de 14 h à 17 h en hiver. Pour plus de précisions sur les périodes d'ouverture, s'adresser à l'Office de tourisme. D'octobre à fin avril, la visite des arènes est toujours accompagnée ; par ailleurs au moment des spectacles, des corridas et de la Feria de Nîmes, la visite des arènes est suspendue. Fermé les 1er janvier, 1er mai et 25 décembre. 22 F. ☎ 66 67 29 11.

**Maison Carrée** – Visite de 9 h à 19 h en été, de 9 h à 12 h et de 14 h à 18 h en hiver. Fermé les 1er janvier, 1er mai et 25 décembre. ☎ 66 67 29 11.

**Musée d'Archéologie** – Visite tous les jours (sauf le lundi) de 11 h à 18 h. Fermé les 1er janvier, 1er mai et 11 novembre, 25 décembre. 22 F. ☎ 66 67 25 57.

**Musée des Beaux-Arts** – ♿ Visite tous les jours (sauf le lundi) de 11 h à 18 h. Fermé les 1er janvier, 1er mai, 1er et 11 novembre, 25 décembre. 22 F. ☎ 66 67 38 21.

**Musée du Vieux Nîmes** – Visite tous les jours (sauf le lundi) de 11 h à 18 h. 22 F. ☎ 66 36 00 64.

**Carré d'Art** – ♿ Visite de 10 h à 19 h en été ; de 10 h à 18 h, le reste de l'année. Fermé le lundi ainsi que les 1er janvier, 1er mai et 25 décembre. Centre de documentation. ☎ 66 76 35 89. Librairie. 22 F. ☎ 66 76 35 70.

## NOHANT

**Château** – Visite accompagnée (1 h) tous les jours de 9 h à 19 h en juillet et août ; de 9 h à 12 h 15 et de 14 h à 18 h 30 d'avril à juin et de septembre à mi-octobre ; idem le reste de l'année mais fermeture à 16 h 30. Fermeture les 1er janvier, 1er mai, 1er et 11 novembre, 25 décembre. 27 F. ☎ 54 31 06 04.

## NOIRLAC

Visite libre ou accompagnée (40 mn) tous les jours de 9 h 45 à 18 h 30 en juillet et août ; de 9 h 45 à 12 h et de 13 h 45 à 18 h 30 (17 h les soirs de concert) d'avril à juin ; de 9 h 45 à 12 h et de 13 h 45 à 17 h du 1er octobre au 31 mars. Dernières entrées possibles 30 mn le matin et 1 h l'après-midi (avant l'horaire de fermeture). Fermé le mardi en octobre, novembre, décembre, janvier et les 1er janvier et 25 décembre. 25 F. ☎ 48 96 23 64.

## Chapelle N.-D.-des-FONTAINES

*Visite de 8 h à la tombée de la nuit : tous les jours d'avril à octobre, le reste du temps s'adresser à la mairie de la Brigue qui remet la clé contre une pièce d'identité.*

## ORADOUR-SUR-GLANE

🛈 place du Champ-de-Foire - 87520 - ☎ 55 03 13 73

**Ruines** – ♿ Visite libre ou accompagnée (15 mn) tous les jours de 9 h à 12 h et de 14 h à 17 h. Entrée gratuite. ☎ 55 03 13 73 (Office de tourisme).

## ORANGE

🛈 cours Aristide-Briand - 84104 - ☎ 90 34 70 88

**Visite guidée de la ville** 🅰 – S'adresser à l'Office de tourisme.

**Théâtre antique** – ♿ (vue d'ensemble de l'intérieur mais pas d'accès aux gradins). Visite de 9 h à 18 h 30 du 1er avril au 30 septembre, de 9 h à 12 h et de 13 h 30 à 17 h le reste de l'année. Fermé les 1er janvier et 25 décembre. 25 F donnant droit à la visite du musée municipal. ☎ 90 34 70 88.

## Aven d'ORGNAC

Visite accompagnée (1 h) de 9 h 30 à 18 h en juillet et août, de 9 h 30 à 12 h et de 14 h à 18 h du 1er avril au 30 juin et en septembre, de 9 h 30 à 12 h et de 14 h à 17 h en mars et du 1er octobre au 15 novembre. Fermé de mi-novembre à fin février. 36 F ou 47 F billet combiné incluant la visite du musée. ☎ 75 38 62 51.

## ORLÉANS
🛈 place Albert-Ier - 45000 - ☎ 38 53 05 95

Un circuit de 45 mn, en petit train routier, parcourt le cœur de la ville : départ de la place Sainte-Croix, devant la cathédrale, tous les jours du 1er juillet au 31 août à 14 h 30, 15 h 45, 16 h 45 et 18 h ; du 28 mai au 30 juin et du 1er au 4 septembre la visite de 18 h est supprimée. 25 F. Renseignements à l'Office de tourisme.

**Visite guidée de la ville** – Visite de mai à septembre le mercredi et le samedi à 14 h 30 au départ de l'Office de tourisme. Plusieurs visites à thèmes sont proposées en alternance. S'adresser à l'Office de tourisme.

**Musée des Beaux-Arts** – Visite de 10 h à 12 h et de 14 h à 18 h. Fermé le mardi, le 1er janvier, 1er et 8 mai, 1er novembre et le 25 décembre. 17 F. ☎ 38 53 39 22.

**Musée historique et archéologique** – Mêmes conditions de visite que pour le musée des Beaux-Arts. Fermé le mardi. 12 F. ☎ 38 53 39 22.

**Parc floral de la Source** – ♿ Visite libre ou accompagnée (1 h) du 16 juin au 31 août de 9 h à 20 h ; du 1er avril au 15 juin et du 1er septembre au 15 novembre de 9 h à 18 h ; le reste de l'année de 14 h à 17 h. 20 F. Fermé le vendredi. 20 F. 35 F (avec la serre aux papillons). ☎ 38 49 30 00.

**Museum des Sciences naturelles** – ♿ Visite de 14 h à 18 h. Fermé le samedi ainsi que le 1er janvier, le 1er mai, le 14 juillet, le 1er novembre et le 25 décembre. 20 F. ☎ 38 54 61 05.

**Crypte et trésor de la cathédrale Ste-Croix** – Visite accompagnée (3/4h) du 15 juin au 15 septembre de 15 h à 18 h 30. Fermé le vendredi. 12 F. ☎ 38 66 64 17. (M. Grandet).

## OTTMARSHEIM

**Centrale hydro-électrique** – Visite accompagnée (2 h) du lundi au jeudi de 8 h à 12 h et de 14 h à 16 h 30, le vendredi de 8 h à 12 h ; pour groupe à partir de 10 personnes (âge minimal : 12 ans), sur demande écrite trois semaines à l'avance, à EDF Département technique, 83, rue Koechlin, 68060 Mulhouse Cédex. ☎ 89 32 48 23. Pour les individuels, possibilité de faire partie d'une visite déjà programmée.

## Ile d'OUESSANT

Accès en bateau au départ de Brest (voir guide Rouge Michelin France). Le bateau accoste au Stiff. Un service d'autocar (de juin à septembre) ou des taxis (hors saison) assurent la liaison avec Lampaul. Location de bicyclettes au Stiff pendant les vacances scolaires ; à Lampaul, toute l'année. Renseignements : Service maritime départemental. ☎ 98 80 27 68. Accès en avion au départ de Brest-Guipavas. Renseignements : ☎ 98 84 64 87.

**Centre d'interprétation des Phares et Balises** – Visite du 1er juin au 30 septembre ainsi que pendant les vacances scolaires, tous les jours, de 10 h 30 à 18 h 30 ; le reste de l'année de 14 h (13 h en avril et mai) à 18 h 30 (16 h du 1er octobre au 31 mars). Fermé le lundi hors vacances scolaires, ainsi que le 1er janvier et le 25 décembre. 25 F. ☎ 98 48 80 70.

**Phare du Stiff** – Le phare est automatisé depuis septembre 1993, les visites sont assurées par les agents du phare de Créac'h. Visite accompagnée (1/2 h) du 1er mai au 30 septembre de 11 h à 12 h 30 et de 14 h à 17 h sauf le dimanche ; le reste de l'année, sur rendez-vous. ☎ 98 48 80 21.

# P

## Gouffre de PADIRAC

Visite accompagnée (1 h 30) tous les jours de 8 h à 19 h en août ; de 8 h 30 à 18 h 30 la deuxième quinzaine de juillet ; de 9 h à 12 h et de 14 h à 18 h d'avril à mi-juillet et de septembre au second dimanche d'octobre. 41 F. ☎ 65 33 64 56.

## PARIS

**Musée de l'Armée** – Visite de 10 h à 17 h 30 (16 h 30 du 1er octobre au 31 mars). 35 F. ☎ 44 42 37 67. Fermé les 1er janvier, 1er mai, 1er novembre et 25 décembre. Le billet est valable deux jours consécutifs pour permettre une visite complète du musée de l'Armée, de l'église du Dôme, de Galerie des plans-reliefs et d'assister aux séances de projection. Au rez-de-chaussée, côté Est, projection de documentaires, d'actualités et de films sur les deux guerres mondiales.

**Église du Dôme** – Mêmes conditions de visite que pour le musée de l'Armée (sauf en cas de cérémonies). L'église reste ouverte jusqu'à 19 h du 1er juin au 31 août. ☎ 44 42 38 42.

**L'Arc de Triomphe** – Ouvert tous les jours de 9 h 30 à 18 h 30 du 1er avril au 30 septembre, de 10 h à 17 h du 1er octobre au 31 mars ; 31 F. ☎ 43 80 31 31, fax : 44 61 20 36.

**Tour Eiffel** – Accès aux trois étages tous les jours de 9 h à 24 h du 1er juillet au 3 septembre ; le reste de l'année de 9 h 30 à 23 h. Par ascenseur 1er étage : 20 F, 2e étage : 38 F, 3e étage : 55 F ; 1er et 2e étage : 12 F. ☎ 44 11 23 23.

**Palais de justice** – Le Palais est ouvert de 8 h à 18 h, sauf le dimanche et les jours fériés. On peut assister librement, en principe, à une audience civile ou correctionnelle. La galerie des Bustes et le Tribunal pour Enfants sont interdits au public. ☎ 44 32 67 19.

**La Conciergerie** – Ouvert tous les jours, sauf les jours fériés, de 9 h 30 à 18 h du 1er avril au 30 sep-

Les Invalides et la place de la Concorde : vue depuis la rue Royale.

tembre, de 10 h à 17 h du 1er octobre au 31 mars ; 26 F. ☎ 43 54 30 06, fax : 44 61 20 36.

**Panthéon** – Visite (crypte ; vue sur la nef, mais nef fermée au public) tous les jours, sauf les jours fériés, de 9 h 30 à 17 h 45 du 1er avril au 30 septembre, de 10 h à 16 h 45 du 1er octobre au 31 mars ; 26 F. ☎ 43 54 34 51, fax : 44 61 20 36.

**Opéra Garnier (Bibliothèque-Musée)** – Ouvert tous les jours de 10 h à 16 h 30. Fermé le 1er janvier et le 1er mai. 30 F. ☎ 40 01 22 63.

**La Ste-Chapelle** – Visite tous les jours, sauf les jours fériés, de 9 h 30 à 13 h et de 14 h à 18 h du 1er avril au 30 septembre, de 10 h à 13 h et de 14 h à 17 h du 1er au 31 octobre et du 1er février au 31 mars, de 10 h à 13 h et de 14 h à 16 h du 1er novembre au 31 janvier. ☎ 42 65 35 80.

**Musée national du Moyen Âge et des Thermes de Cluny** – Ouvert tous les jours (sauf le mardi) de 9 h 15 à 17 h 45. Fermé les 1er janvier, 1er mai, 1er novembre et 25 décembre. 27 F. ☎ 46 34 45 17.

**Palais de la Découverte** – Visite tous les jours (sauf le lundi) de 9 h 30 à 18 h, les dimanches et jours fériés de 10 h à 19 h. 22 F. ☎ 40 74 80 00. Minitel 3615 DÉCOUVERTE.

**Centre Georges-Pompidou** – Ouvert de 12 h (10 h les samedis, dimanches et jours fériés) à 22 h ; fermé le mardi et le 1er mai ; 35 F (Musée national d'art moderne), 45 F (Grande Galerie) ; 60 F (forfait 1 journée permettant de visiter le musée national d'Art moderne, toutes les expositions et de participer aux visites-animations, en particulier à la visite-découverte). Tous les billets s'achètent dans les caisses du rez-de-chaussée. ☎ 44 78 12 33.

**Orangerie** – Visite tous les jours (sauf le mardi) de 9 h 45 à 17 h 15. Fermé les 1er janvier, 1er mai et 25 décembre. 27 F. ☎ 42 97 48 16.

**Le Louvre** – ♿ Ouvert tous les jours sauf le mardi de 9 h à 18 h. Le lundi (aile Richelieu) et le mercredi (tout le musée), nocturne jusqu'à 22 h. La fermeture des salles débute une demi-heure avant l'heure de sortie. Le Louvre médiéval et les salles d'histoire du Louvre sont ouverts de 9 h à 22 h ; les librairies, les restaurants et cafés, de 9 h 30 à 22 h ; les expositions temporaires sous la pyramide, de 10 h à 22 h ; 40 F, 20 F après 15 h et le dimanche, gratuit pour les moins de 18 ans. Les billets sont valables toute la journée, même si l'on sort du musée. Leur vente se termine à 17 h 15 et 21 h 15. La *carte Musée et Monuments*, laissez-passer valable 1, 3 ou 5 jours pour 65 musées et monuments, est en vente aux caisses ; la *carte Fidélité* assure la gratuité aux expositions temporaires sous la Pyramide, un tarif réduit à l'auditorium, aux visites-conférences et aux ateliers ; la *carte des Amis du Louvre* (valide 1 an ; achat au guichet des Amis du Louvre, à côté de la chalcographie, entre la Pyramide et la Pyramide inversée) permet un accès gratuit au musée et aux expositions temporaires et des réductions dans de nombreuses autres expositions de la capitale. Informations générales sur répondeur ☎ 40 20 51 51 ; Accueil ☎ 40 20 53 17 ; Minitel 36 15 LOUVRE.

**Musée d'Orsay** – ♿ Visite de 10 h (9 h le dimanche et entre le 20 juin et le 20 septembre) à 18 h (21 h 45 le jeudi ; fermeture des caisses à 17 h 15 et 21 h 15). Fermé le lundi et les 1er janvier, 1er mai, 25 décembre. 35 F. ☎ 45 49 11 11 (informations générales sur répondeur).

**La Cité des Sciences et de l'Industrie** – ♿ Ouvert tous les jours sauf le lundi, le 1er mai et le 25 décembre, de 10 h à 18 h (Médiathèque de 10 h à 20 h ; entrée libre) ; 45 F (l'entrée Cité-Pass comprend également la visite du sous-marin l'« Argonaute ») ; ☎ 36 68 29 30 (répondeur) ou 40 05 70 00, fax : 40 05 82 35. Cité des enfants 20 F. Billet couplé (Cité-Géode) 85 F ; possibilité également de billet couplé Cité-Cinaxe ou triplé Cité-Géode-Cinaxe. Consulter le Minitel 3615 Villette.

**La Géode** – Séances toutes les heures du mardi au dimanche de 10 h à 21 h. Fermé le lundi sauf jours fériés. Se renseigner au préalable. 55 F. Réservation ☎ 36 68 29 30. Informations générales ☎ 40 03 75 03.

**La Grande Arche** – Visite de 9 h à 19 h (18 h du 1er octobre au 31 mars). 40 F. ☎ 49 07 27 57.

**Musée national des Techniques** – Fermé pour travaux jusqu'en 1997. Le laboratoire de Lavoisier est ouvert tous les jours sauf le lundi et les jours fériés de 10 h à 17 h 30. Informations : ☎ 40 27 23 31.

## PAU
🛈 place Royale - 64000 - ☎ 59 27 27 08

**Musée national du Château de Pau** – Visite accompagnée (1 h) des appartements, de 9 h 30 à 11 h 45 et de 14 h à 17 h 15. Fermé les 1er janvier, 1er mai et 25 décembre. 27 F. ☎ 59 82 38 19.

**Musée des Beaux-Arts** – Visite tous les jours (sauf le mardi) de 10 h à 12 h et de 14 h à 18 h. Femé les 1er janvier, le lundi de Pentecôte, 14 juillet, 1er novembre et 25 décembre. 10 F. ☎ 59 27 33 02.

## Centre de Préhistoire du PECH-MERLE

Visite accompagnée (1 h 30) tous les jours de 9 h 30 à 12 h et de 13 h 30 à 17 h 30 d'avril à septembre ; de 9 h 30 à 12 h et de 13 h 30 à 16 h 45 en octobre et novembre. Très important : la grotte est limitée à 700 visiteurs par jour. 42 F. ☎ 65 31 27 05 (grotte) ou 65 31 27 61 (mairie).

## PÉRIGUEUX
🛈 Rd-Point Tour Mataguerre 26, place Francheville - 24000 - ☎ 53 53 10 63

**Visite guidée de la ville** 🅰 – S'adresser à l'Office de tourisme.

**Église St-Étienne-de-la-Cité** – Visite, tous les jours (sauf dimanche après-midi) de 7 h à 18 h 45.

**Cathédrale St-Front** – Visite libre tous les jours de 8 h 30 à 19 h 30. Visite guidée sur demande. ☎ 53 53 23 62.

**Musée du Périgord** – Visite tous les jours (sauf mardi) de 10 h à 12 h et de 14 h à 18 h d'avril à septembre ; de 10 h à 12 h et de 14 h à 17 h d'octobre à mars. Fermé les jours fériés. 12 F. ☎ 53 53 16 42.

## PÉROUGES
🛈 01800 - ☎ 74 61 00 88

**Musée du Vieux-Pérouges** – Visite tous les jours de Pâques à fin octobre de 10 h à 12 h et de 14 h à 18 h. Le reste de l'année ouvert seulement les samedis et dimanches et fermé en janvier. 15 F, billet donnant accès à la maison des Princes de Savoie (expositions d'art) et à l'hortulus. ☎ 74 61 00 88.

## PERPIGNAN
🛈 Palais des Congrès, pl. A.-Lanoux - 66000 - ☎ 68 66 30 30

**Palais des rois de Majorque** – Visite de 10 h à 18 h du 1er juin au 30 septembre, de 9 h à 17 h le reste de l'année. Délivrance des billets suspendue 3/4 h avant la fermeture. Fermé les 1er janvier, 1er mai, 1er novembre et 25 décembre. 20 F. ☎ 68 34 48 29.

**Castillet (Casa Pairal)** – Visite tous les jours (sauf le mardi) de 9 h 30 à 19 h (18 h le dimanche) du 15 juin au 15 septembre, de 9 h à 18 h (17 h le dimanche) le reste de l'année. Fermé les jours fériés. Entrée gratuite. ☎ 68 35 42 05.

## Château de PEYREPERTUSE

*Visite tous les jours, toute l'année. Se munir de bonnes chaussures. 10 F.* ☎ 68 45 40 55.

## PÉZENAS
🛈 place Gambetta - 34120 - ☎ 67 98 35 45

**Visite guidée de la ville** – S'adresser à la Maison du tourisme.

## PIERREFONDS

**Château** – Visite (accompagnée le dimanche : 1 h) du 1er mai au 31 août de 10 h à 18 h (19 h le dimanche) ; en mars, avril, septembre et octobre en semaine de 10 h à 12 h 30 et de 14 h à 18 h, le dimanche de 10 h à 18 h ; du 1er novembre au 28 février en semaine de 10 h à 12 h et de 14 h à 17 h, le dimanche de 10 h à 17 h 30. Fermeture de la caisse 3/4 h avant celle du château. Fermé les 1er janvier, 1er mai, 1er et 11 novembre et 25 décembre. 27 F. ☎ 44 42 80 77.

## Haras du PIN

Visite accompagnée tous les jours de 9 h 30 à 18 h du 1er avril au 9 septembre ; du 15 juillet au 15 septembre les « Jeudis du Pin » donnent une présentation commentée d'attelages et d'étalons de différentes races (1 h) dans la cour d'honneur à 15 h (être sur place à 14 h 30) ; le reste de l'année visite en semaine de 14 h à 16 h, le dimanche et les jours fériés de 9 h 30 à 17 h 30. 25 F. ☎ 33 36 68 68.

## POITIERS

🛈 8, rue des Grandes-Ecoles - 86000 - ☎ 49 41 21 24

**Visite guidée de la ville**  – S'adresser à l'Office de tourisme.

**Baptistère St-Jean** – Visite tous les jours de 10 h 30 à 12 h 30 et de 15 h à 18 h en juillet et août ; tous les jours (sauf le mardi) aux mêmes horaires d'avril à juin et de septembre à début novembre ; de 14 h 30 à 16 h 30 de début novembre à mars. Fermé les 1er janvier, 1er mai et 25 décembre. 4 F.

**Palais de Justice** – Visite tous les jours (sauf le week-end et les jours fériés) de 8 h à 18 h.

**Musée Ste-Croix** – Visite libre ou accompagnée le samedi (1 h 15) tous les jours (sauf le lundi) de 10 h à 12 h et de 13 h à 17 h (14 h à 18 h le week-end et les jours fériés). 15 F. ☎ 49 41 09 53.

## POLIGNAC

**Château** – *Visite accompagnée (1 h) en juillet et août, de 10 h à 12 h et de 14 h à 19 h ; visite libre de Pâques à fin juin et tout le mois de septembre (fermeture à 17 h 30).* 6 F.

## Abbaye de PORT-ROYAL-DES-CHAMPS

**Musée national des Granges** – Visite tous les jours (sauf le mardi) de 10 h à 12 h et de 14 h à 18 h (17 h 30 du 15 octobre au 1er mars). Fermé les 1er janvier et 25 décembre. 15 F (10 F le dimanche). ☎ 30 43 73 05.

## PRAFRANCE

**Bambouseraie** – ♿ Visite de 9 h 30 à 19 h du 1er avril au 26 septembre, de 9 h 30 à 18 h en mars ; pour la période du 27 septembre au 31 décembre, s'informer sur les horaires. Fermé les lundis et mardis en novembre et décembre, ainsi que pendant les mois de janvier et de février. 28 F ; enfants : 16 F. ☎ 66 61 70 47.

## PROVINS

🛈 Tour de César - 77160 - ☎ 64 60 26 26

**Visite guidée de la ville**  – S'adresser à l'Office de tourisme.

**Tour César** – Visite tous les jours de 10 h 30 à 18 h de Pâques à la Toussaint et de 10 h 30 à 17 h le reste de l'année. 15 F. ☎ 64 60 26 26.

## Le PUY DU FOU

Spectacle de nuit.

**Écomusée de la Vendée** – Visite du 1er mai au 30 septembre de 10 h à 18 h 30 ; du 1er octobre au 30 avril de 10 h à 11 h 30 et de 14 h à 17 h 30. Fermé le lundi, le 1er janvier et le 25 décembre. 12 F. ☎ 51 57 60 60. Minitel : 3615 code PUY DU FOU.

**Le Grand Parcours** – Visite du 1er juin à mi-septembre tous les jours sauf le lundi de 10 h à 19 h ; en mai les dimanche et jours fériés seulement. Fermé le 15 août. 75 F, enfant : 35 F. ☎ 51 57 66 66. Minitel : 3615 code PUY DU FOU.

## Le PUY-EN-VELAY

🛈 place Breuil - 43000 - ☎ 71 09 38 41

**Visite guidée de la ville**  – S'adresser à l'Office de tourisme.

**Musée Crozatier** – Visite de 10 h à 12 h et de 14 h à 18 h ; d'octobre à fin avril, fermeture à 16 h et le dimanche matin. Fermé le mardi toute l'année, ainsi que les 1er janvier, 1er novembre et 25 décembre. 12 F. ☎ 71 09 38 90.

**Atelier conservatoire de la dentelle du Puy** – Visite tous les jours de 10 h à 11 h et de 14 h à 15 h. Fermé le mercredi et tous les jours fériés. Entrée gratuite. ☎ 71 09 74 41.

**Rocher Corneille** – Visite de mi-mars à fin avril de 9 h à 18 h ; de mai à fin septembre, de 9 h à 19 h ; le reste de l'année, de 10 h à 17 h. Fermé en décembre et janvier, ainsi que le mardi de novembre à mi-mars. 10 F. ☎ 71 04 11 33.

**Cathédrale Notre Dame :**

**Trésor de la cathédrale** – Visite de 9 h à 18 h en saison (hors saison, interruption de 12 h à 14 h).

**Visite commentée** – S'adresser à la sacristie ou à M. le Recteur. ☎ 71 05 44 93.

**Cloître - chapelle des Reliques - trésor d'Art religieux** – Visite libre ou accompagnée (3/4 h), de début avril à fin septembre de 9 h 30 à 12 h 30 et de 14 h à 18 h ; le reste de l'année, de 9 h 30 à 12 h et de 14 h à 16 h 30 (sans interruption à midi les dimanches et jours fériés). Fermé les 1er janvier, 1er mai, 1er et 11 novembre, 25 décembre. 16 F. ☎ 71 05 45 52.

**Chapelle St-Michel d'Aiguilhe** – Visite de mi-juin à mi-septembre de 9 h à 19 h ; de mi-mars à mi-juin et de mi-septembre au 12 novembre, de 10 h à 12 h et de 14 h à 18 h (17 h en mars ainsi qu'à partir du 15 septembre) ; pendant les vacances scolaires de Noël et de février, de 14 h à 16 h. Fermé le reste de l'année ainsi que les 1er janvier et 25 décembre. 5 F. ☎ 71 02 71 32.

# Q

## QUIMPER  place de la Résistance - 29000 - ☎ 98 53 31 33

**Visite guidée de la ville**  – Visite, tous les jours de juin à septembre. S'adresser à l'Office de tourisme.

**Musée des Beaux-Arts** –   Visite libre ou accompagnée (1 h 30) tous les jours du 1er juillet au 31 août de 10 h à 19 h ; le reste de l'année de 10 h à 12 h et de 14 h à 18 h, fermé le mardi, le dimanche matin (du 1er octobre au 31 mars) et le 1er janvier, le 1er mai, le 1er et le 11 novembre ainsi que le 25 décembre. 25 F. ☎ 98 95 45 20.

**Musée départemental breton** –   Visite tous les jours du 1er juin au 30 septembre de 9 h à 18 h ; le reste de l'année, de 9 h à 12 h et de 14 h à 17 h ; fermé le dimanche matin et le lundi d'octobre à mai. 20 F (hors saison) 25 F (de juin à septembre). ☎ 98 95 21 60.

**Musée de la faïence** – Visite du 18 avril au 28 octobre de 10 h à 18 h. Fermé le dimanche et tous les jours fériés. 26 F. Visite commentée sur rendez-vous. ☎ 98 90 12 72.

# R

## RAMBOUILLET Hôtel de Ville - 78120 - ☎ 34 83 21 21

**Château** – Visite accompagnée (1/2 h) toute l'année de 10 h à 11 h 30 et de 14 h à 17 h 30 (16 h 30 du 1er octobre au 31 mars). Fermé le mardi, les 1er janvier, 1er mai, 1er et 11 novembre, 25 décembre et pendant les séjours présidentiels. 27 F. ☎ 34 83 02 49.

**Parc** – Ouvert tous les jours, de 6 h 30 à 19 h 30 du 1er mai au 31 août, de 7 h à 18 h du 1er février au 30 avril et du 1er septembre au 31 octobre, de 8 h à 17 h le reste de l'année. Fermé pendant les séjours présidentiels. Gratuit. ☎ 34 83 02 49.

**Laiterie de la Reine et Chaumière des Coquillages** – Visite accompagnée (3/4 h) de 10 h à 11 h 30 et de 14 h à 17 h 30 (15 h 30 du 1er octobre au 31 mars). Fermé le lundi et le mardi, les 1er janvier, 1er mai, 1er et 11 novembre et 25 décembre. 14 F. Gratuit les 16 et 17 septembre. ☎ 34 83 02 49.

## REIMS 1, rue Jadart - 51100 - ☎ 26 88 37 89

**Visite guidée de la ville**  – S'adresser à l'Office de tourisme.

**Palais du Tau** – Visite du 16 mars au 30 juin et du 1er septembre au 14 novembre de 9 h 30 à 12 h 30 et de 14 h à 18 h ; en juillet et août de 9 h 30 à 18 h 30 ; du 15 novembre au 15 mars de 10 h à 12 h et de 14 h à 17 h (18 h les samedis et dimanches). Fermé les 1er janvier, 1er mai, 1er et 11 novembre et 25 décembre. 27 F. ☎ 26 47 81 79.

**Musée St-Remi** – Visite de 14 h à 18 h 15 (18 h 45 les samedis et dimanches). Fermé les 1er janvier, 1er mai, 14 juillet, 1er et 11 novembre et 25 décembre. 10 F. ☎ 26 85 23 36.

**Musée-hôtel Le Vergeur** – Visite accompagnée (1 h 15) tous les jours (sauf le lundi) de 14 h à 18 h. Fermé les 1er janvier, 1er mai, 14 juillet, 1er novembre, 25 décembre et du 24 décembre au 2 janvier. 20 F. ☎ 26 47 20 75.

**Veuve Clicquot-Ponsardin** – Visite accompagnée (1 h 30) du 1er mars au 31 octobre sauf le dimanche sur rendez-vous quelques jours à l'avance. Contacter Mme Danielle Brissaud. ☎ 26 89 54 41.

**Mumm** – Visite accompagnée (1 h) en saison de 9 h à 11 h et de 14 h à 17 h ; hors saison les samedis, dimanches et jours fériés de 14 h à 17 h. Fermé les 1er janvier et 25 décembre. 20 F. ☎ 26 49 59 70.

**Piper Heidsieck** – Visite des caves en nacelle filoguidée (20 mn) de 9 h à 11 h 45 et de 14 h à 17 h 15. Fermé les mardis et mercredis du 1er décembre au 28 février, 1er janvier et 25 décembre. 20 F. ☎ 26 84 43 44.

**Pommery** – Visite accompagnée (1 h) du 1er avril au 31 octobre de 11 h à 17 h ; le reste de l'année du lundi au vendredi sur rendez-vous. Fermé de fin décembre à début janvier. ☎ 26 61 62 56.

**Ruinart** – Visite sur rendez-vous uniquement du lundi au vendredi. Service Relations Publiques, 4 rue des Crayères, 51053 Reims. ☎ 26 85 40 29.

**Taittinger** – Visite accompagnée (3/4 h environ) en semaine de 9 h 30 à 12 h et de 14 h à 16 h 30 ; les samedis, dimanches et jours fériés de 9 h à 11 h et de 14 h à 17 h. Fermé les samedis, dimanches et jours fériés du 1er décembre au 28 février. 18 F. ☎ 26 85 45 35.

**Musée des Beaux-Arts** – Visite tous les jours (sauf le mardi) de 10 h à 12 h et de 14 h à 18 h. Fermé les 1er janvier, 1er mai, 14 juillet, 1er et 11 novembre et 25 décembre. 10 F. ☎ 26 47 28 44.

**Chapelle Foujita** – Ouverte du 15 avril au 31 octobre tous les jours (sauf le mercredi) de 14 h à 18 h. 10 F, gratuit le samedi. ☎ 26 47 28 44.

**Centre historique de l'automobile française** – Visite de mars à novembre tous les jours (sauf le mardi) de 10 h à 12 h et de 14 h à 19 h ; le reste de l'année le samedi, le dimanche et les jours fériés de 10 h à 12 h et de 14 h à 17 h, en semaine sur rendez-vous. 30 F. ☎ 26 82 83 84.

## RENNES
🛈 8, place du Maréchal-Juin - 35000 - ☎ 99 79 01 98

**Visite guidée de la ville** 🔺 – Visite tous les jours en juillet et août. S'adresser à l'Office de tourisme, service « Rennes Ville d'Art et d'Histoire ».

**Palais de Justice** – L'incendie qui a ravagé le Palais de justice (Parlement de Bretagne), dans la nuit du 4 au 5 février 1994, interdit toute visite jusqu'à nouvel avis.

**Cathédrale St-Pierre** – Visite tous les jours de 9 h à 12 h et de 14 h à 18 h. ☎ 99 30 12 03.

**Musée des Beaux-Arts** – ♿ Visite de 10 h à 12 h et de 14 h à 18 h ; fermé le mardi et tous les jours fériés. 15 F. ☎ 99 28 55 85.

**Écomusée du pays de Rennes** – Visite du lundi au vendredi de 9 h à 12 h et de 14 h à 18 h ; le samedi et le dimanche de 14 h à 18 h (19 h le dimanche). Fermé le mardi, du 16 au 31 janvier et tous les jours fériés. 25 F, enfant 13 F. ☎ 99 51 38 15.

## La RHUNE

Accès par chemin de fer à crémaillère à partir du col de St-Ignace : du 1er juillet au 30 septembre, départs tous les jours à 10 h et 15 h et en sus toutes les 35 mn à partir de 9 h en cas d'affluence ; pendant les vacances de Printemps, départs tous les jours à 10 h et 15 h ; en mai et juin et du 1er octobre au 15 novembre, les samedis, dimanches et jours fériés seulement pour des groupes de 40 voyageurs minimum, départs à 10 h et 15 h. Aller : 30 F (enfants : 20 F) ; aller/retour : 45 F (enfants : 30 F). ☎ 59 54 20 26.

## RICHELIEU
🛈 6, Grande-Rue - 37120 - ☎ 47 58 13 62

**Musée de l'hôtel de ville** – Visite accompagnée (1/2 h) de 10 h à 12 h et de 14 h à 18 h (16 h du 1er septembre au 30 juin). Fermé le mardi toute l'année ainsi que le samedi, le dimanche et les jours fériés de septembre à juin. 7 F. ☎ 47 58 10 13.

**Promenades en train à vapeur** – Il fonctionne le samedi, le dimanche et les jours fériés de fin mai à début septembre. Départ de 9 h 45 à 15 h 45. 78 F (1re classe), 58 F (2e classe). Ce prix comprend le trajet en train (diesel, autorail ou vapeur) aller et retour (Richelieu-Chinon). ☎ 47 58 12 97.

## RIOM
🛈 16, rue du Commerce - 63200 - ☎ 73 38 59 45

**Visite guidée de la ville** 🔺 – S'adresser à l'Office de tourisme.

**Sainte-Chapelle** – Visite accompagnée tous les jours (sauf le week-end) de 10 h à 12 h (dernière entrée à 11 h 30) de mi-juillet à mi-août ; mêmes conditions mais de 14 h 30 à 17 h 30 (dernière entrée à 17 h) la première quinzaine de juillet et la dernière quinzaine d'août ; du mercredi au vendredi de 15 h à 17 h (dernière entrée à 16 h 30) en juin (ouverture exceptionnelle lors des fêtes de la St-Amable) ; du mercredi au vendredi de 14 h 30 à 17 h 30 (dernière entrée à 17 h) en septembre ; le mercredi de 15 h à 17 h (dernière entrée à 16 h 30) en mai. Le reste de l'année sur demande préalable. Fermé le 14 juillet et le 15 août. 15 F. ☎ Office de tourisme.

**Musée régional d'Auvergne** – Visite tous les jours (sauf le mardi) de 10 h à 12 h et de 14 h 30 à 18 h de juin à septembre et pendant les vacances scolaires ; visite tous les jours (sauf le lundi et le mardi) de 10 h à 12 h et de 14 h à 17 h 30 d'octobre à mai. Fermé les jours fériés et pendant les foires des Cendres et de la St-Amable. 18 F (entrée gratuite le mercredi). ☎ 73 38 17 31.

**Musée Mandet** – Visite tous les jours (sauf le mardi) de 10 h à 12 h et de 14 h 30 à 18 h de juin à septembre et pendant les vacances scolaires ; tous les jours (sauf le lundi et le mardi) de 10 h à 12 h et de 14 h à 17 h 30 d'octobre à mai. Fermé les jours fériés et pendant les foires des Cendres et de St-Amable. 18 F (entrée gratuite le mercredi). ☎ 73 38 18 53.

## RIQUEWIHR
🛈 2, rue de la 1re-Armée - 68340 - ☎ 89 47 80 80

**Musée du Dolder** – Visite de 9 h 15 à 12 h et de 13 h 30 à 18 h 15 du Vendredi saint à fin octobre les samedis, dimanches et jours fériés, tous les jours pendant les vacances scolaires. 10 F.

## RIXHEIM

**Musée du Papier peint** – Visite de 10 h (9 h du 1er juin au 30 septembre) à 12 h et de 14 h à 18 h. Fermé les mardis du 1er octobre au 31 mai et 1er janvier, vendredi Saint, 1er mai, 25 décembre. 30 F. ☎ 89 64 24 56.

## ROCAMADOUR
🛈 Hôtel de ville - 46500 - ☎ 65 33 62 59

**Hôtel de ville** – Visite libre tous les jours de 10 h à 20 h en juillet et août ; de 10 h à 12 h et de 14 h à 19 h d'avril à juin et en septembre ; de 10 h à 12 h et de 14 h à 18 h d'octobre à mi-novembre ; de 14 h 30 à 17 h 30 de mi-novembre à mars. Fermé les 1er janvier et 25 décembre. 7 F. ☎ 65 33 74 13.

**Musée d'Art sacré Francis-Poulenc** – ♿ Visite libre ou accompagnée (1 h) tous les jours de 9 h à 19 h de juin à septembre. 15 F. ☎ 65 33 23 23.

## ROCHEFORT
🛈 avenue Sadi-Carnot - 17300 - ☎ 46 99 08 60

**Visite guidée de la ville** ⬛ – S'adresser à l'Office de tourisme.

**Maison de Pierre Loti** – Visite accompagnée (50 mn) tous les jours (sauf le dimanche matin) à 10 h, 10 h 30, 11 h, 14 h, 14 h 30, 15 h, 15 h 30, 16 h, 16 h 30 et 17 h de juillet à septembre ; tous les jours (sauf le mardi et le dimanche matin) à 10 h, 11 h, 14 h, 15 h et 16 h d'octobre à juin. Fermé les jours fériés et de mi-décembre à mi-janvier. 40 F. ☎ 46 99 16 88.

**Musée de la Marine** – Visite libre ou accompagnée sur demande préalable (1 h 15) tous les jours (sauf le mardi) de 10 h à 12 h et de 14 h à 18 h. Fermé les jours fériés (sauf Pâques et Pentecôte) et de mi-octobre à mi-novembre. 26 F. ☎ 46 99 86 57.

**Musée d'Art de d'Histoire** – Visite libre ou accompagnée (d'avril à octobre) tous les jours de 13 h 30 à 19 h en juillet et août ; tous les jours (sauf le dimanche et le lundi) de 13 h 30 à 17 h 30 de septembre à juin. Fermé les jours fériés. 10 F. ☎ 46 99 83 99.

## La ROCHEFOUCAULD
🛈 Halle aux grains, place de Gourville - 16110 - ☎ 45 63 07 45

Visite libre ou accompagnée (2 h) de 10 h à 19 h de mai à septembre ; de 14 h à 19 h le dimanche et les jours fériés d'octobre à avril. 35 F. ☎ 45 62 07 42.

## La ROCHELLE
🛈 quartier du Gabut, place de la Petite-Sirène - 17000 - ☎ 46 41 14 68

« Siège de La Rochelle », par Henri Motte (Hôtel de ville).

Hôtel de ville, La Rochelle/GIRAU

**Tour St-Nicolas** – Visite tous les jours de 9 h 30 à 19 h de mi-juin à mi-septembre ; de 9 h 30 à 12 h 30 et de 14 h à 18 h 30 d'avril à mi-juin et la deuxième quinzaine de septembre ; tous les jours (sauf le lundi) de 9 h 30 à 12 h 30 et de 14 h à 17 h d'octobre à mars. Fermé les 1er janvier, 1er mai, 1er et 11 novembre, 25 décembre. 21 F. ☎ 46 41 74 13.

**Tour de la Lanterne** – Visite tous les jours de 9 h 30 à 19 h de mi-juin à mi-septembre ; de 9 h 30 à 12 h 30 et de 14 h à 18 h 30 d'avril à mi-juin et la deuxième quinzaine de septembre ; tous les jours (sauf le lundi) de 9 h 30 à 12 h 30 et de 14 h à 17 h d'octobre à mars. Fermé les 1er janvier, 1er mai, 1er et 11 novembre, 25 décembre. 21 F. ☎ 46 41 56 04.

**Muséum d'Histoire naturelle** – Visite tous les jours (sauf le lundi) de 10 h à 12 h 30 et de 13 h 30 à 17 h 30 (14 h à 18 h le week-end). Fermé les jours fériés. 16 F. ☎ 46 41 18 25.

**Musée du Nouveau Monde** – Visite tous les jours (sauf le mardi) de 10 h 30 à 12 h 30 et de 13 h 30 à 18 h ; le dimanche et les jours fériés de 15 h à 18 h. Fermé les 1er janvier, 1er mai, 1er novembre et 25 décembre. 16 F. ☎ 46 41 46 50.

**Musée des Beaux-Arts** – Visite tous les jours (sauf le mardi) de 15 h à 18 h. Fermé les 1er janvier, 1er mai, 1er novembre et 25 décembre. 16 F. ☎ 46 41 64 65.

**Musée d'Orbigny-Bernon** – Visite tous les jours (sauf le mardi et le dimanche matin) de 10 h à 12 h et de 14 h à 18 h. Fermé les 1er janvier, 1er mai, 1er novembre et 25 décembre. 16 F. ☎ 46 41 18 83.

## ROCHETAILLÉE-SUR-SAÔNE

**Musée Henri-Malartre** – Visite de 9 h à 18 h (19 h en juin, juillet et août). Les guichets ne délivrent plus de billets 1 h avant la fermeture du musée. Fermé les 1er janvier et 25 décembre. 20 F. ☎ 78 22 18 80.

## RODEZ
🛈 place Foch – 12000 – ☎ 65 68 02 27

**Musée Fenaille** – Fermé pour travaux de restauration.

## RONCHAMP

**Chapelle de Ronchamp** – Visite tous les jours de 9 h à 19 h de mars à novembre ; fermeture à 16 h le reste de l'année. ☎ 84 20 65 13.

## ROQUEBRUNE-CAP-MARTIN
🛈 20, avenue Paul-Doumer – 06190 – ☎ 93 35 62 87

**Donjon** – Visite de 10 h à 12 h et de 14 h à 17 h 30, fermeture à 19 h en été. Fermé le vendredi en hiver, le 1er mai et du 13 novembre au 14 décembre. 10 F. ☎ 93 35 07 22.

## ROUEN
🛈 25, place de la Cathédrale – 76000 – ☎ 35 71 41 77

**Visite guidée de la ville** 🅰 – Visites tous les jours du 8 juillet au 3 septembre à 10 h et à 15 h ; du 15 avril au 2 juillet le samedi, le dimanche et les jours fériés à 10 h et à 15 h. S'adresser à l'Office de tourisme.

**Crypte, déambulatoire et tombeaux de la cathédrale Notre-Dame** – Visite accompagnée (3/4 h) de Pâques au 10 septembre du lundi au samedi à 10 h, 11 h, 14 h, 15 h, 16 h et 17 h ; le dimanche les visites n'ont lieu que l'après-midi. Le reste de l'année visite le samedi et le dimanche après-midi jusqu'à 16 h. 15 F. ☎ 35 89 73 78.

**Église St Ouen** – Visite du 15 mars au 31 octobre tous les jours, sauf le mardi, de 10 h à 12 h 30 et de 14 h à 18 h ; du 1er novembre au 15 décembre et du 16 janvier au 15 mars, le samedi, le dimanche et le mercredi de 10 h à 12 h et de 14 h à 16 h 30. Fermé du 16 décembre au 15 janvier. ☎ 32 08 13 90.

**Musée des Beaux-Arts** – Visite de 10 h à 18 h. Fermé le mardi. Fermé également les 1er janvier, 1er et 8 mai, le jour de l'Ascension, 14 juillet, 15 août, 1er et 11 novembre, 25 décembre. 20 F. ☎ 35 71 28 40.

**Musée de la Céramique** – Visite libre ou accompagnée (1 h 30). Mêmes horaires que pour le musée des Beaux-Arts. 13 F. ☎ 35 07 31 74.

**Palais de Justice** – S'adresser à l'Office de tourisme, place de la Cathédrale.

**Le Secq des Tournelles** – Mêmes horaires que pour le musée des Beaux-Arts. Visite accompagnée (1 h) sur réservation au ☎ 35 52 00 62. Fermé le mardi ainsi que tous les jours fériés. 13 F. ☎ 35 88 42 92.

**Musée des Antiquités de la Seine-Maritime** – Visite libre ou accompagnée (1 h 30) toute l'année de 10 h à 12 h 30 et de 13 h 30 à 17 h 30 ; fermé le mardi, le dimanche matin ainsi que les jours fériés. 20 F. ☎ 35 98 55 10.

**Église St-Godard** – Visite en semaine seulement de 9 h à 12 h et de 14 h à 18 h. ☎ 35 71 47 12.

**Serres dans le Jardin des Plantes** – Visite du 1er avril au 30 septembre de 8 h à 19 h ; le reste de l'année fermeture à 17 h 30 ou 18 h. Les serres sont ouvertes de 8 h à 11 h 30 et de 13 h 30 à 16 h 30. Entrée gratuite. ☎ 35 72 36 36.

## Abbaye de ROYAUMONT

Visite tous les jours de 10 h à 18 h (17 h 30 du 1er novembre au 28 février). Possibilité de visites guidées, l'après-midi, les samedi, dimanche et jours fériés. 22 F. ☎ 30 35 88 90.

## RUEIL-MALMAISON

**Musée** – Visite tous les jours (sauf le mardi) de 10 h à 12 h et de 13 h 30 à 17 h (16 h 30 du 1er octobre au 31 mars) ; le samedi et le dimanche, visite accompagée (1 h). Fermé le 25 décembre et le 1er janvier. 27 F (gratuit pour les enfants). ☎ 41 29 05 57.

**Château de Bois-Préau** – Visite du 1er avril au 30 septembre de 10 h 30 à 12 h 30 et de 14 h à 17 h 30 (17 h du 1er octobre au 31 mars). Fermé les mêmes jours que le musée. 12 F, gratuit jusqu'à 18 ans. ☎ 47 49 20 07.

*En ville, sauf indication contraire,*
*nos itinéraires de visite sont à suivre à pied.*

# S

## ST-BARTHÉLEMY-D'ANJOU

**Château de Pignerolle (musée européen de la Communication)** – ♿ Visite libre ou accompagnée (2 h) du 1er juillet au 1er novembre de 10 h à 12 h 30 et de 14 h 30 à 18 h 30 ; du 1er avril au 30 juin mêmes horaires, mais fermé le mardii ; le reste de l'année le samedi après-midi et le dimanche. Fermé à Noël. 50 F. ☎ 41 93 38 38.

## ST-BENOÎT-SUR-LOIRE

**La basilique** – Visite libre ou accompagnée (1 h), de Pâques à fin octobre, à des horaires variables, affichés à l'entrée. Pas de visite le dimanche matin ni pendant la Semaine Sainte. 15 F. ☎ 38 35 72 43.

## ST-BERTRAND-DE-COMMINGES

**Cathédrale Ste-Marie-de-Comminges** – Visite de la cathédrale et du cloître. Ouverts de 9 h à 12 h et de 14 h à 18 h du 1er avril au 31 octobre, tous les jours (sauf le dimanche matin) de 10 h à 12 h et de 14 h à 17 h le reste de l'année. Réservations visites accompagnées : ☎ 61 89 04 91.

## ST-CLAUDE
🛈 1, avenue de Belfort - 39200 - ☎ 84 41 42 62

**Cathédrale St-Pierre** – Visite libre tous les jours de 9 h à 12 h et de 14 h à 18 h ; visite accompagnée en juillet et août. ☎ 84 45 48 53.

## ST-DENIS

**Cathédrale : tombeaux et crypte** – Visite tous les jours de 10 h à 19 h du 1er avril au 30 septembre et de 10 h à 17 h le reste de l'année. Fermé les 1er janvier, 1er mai, 1er et 11 novembre, 25 décembre. 27 F. ☎ 48 09 83 54.

## ST-ÉMILION
🛈 place des Créneaux - 33330 - ☎ 57 24 72 03

**Église monolithe, chapelle de la Trinité, grottes de l'ermitage, catacombes** – Visite accompagnée (3/4 h - départ de l'Office de tourisme, salle du Doyenné) tous les jours à 10 h, 10 h 45, 11 h 30, 14 h, 14 h 45, 15 h 30, 16 h 15, 17 h (et 17 h 45 du 1er avril au 31 octobre). Fermé la 1re semaine de janvier et les 24, 25 et 31 décembre. 33 F. ☎ 57 24 72 03.

## ST-GERMAIN-EN-LAYE
🛈 38, rue du Pain - 78100 - ☎ 34 51 05 12

**Visite guidée de la ville** 🅰 – S'adresser à l'Office de tourisme.

**Musée des Antiquités nationales** – Visite toute l'année de 9 h à 17 h 15. Visite accompagnée le samedi, le dimanche, le mercredi et pendant les vacances scolaires. Fermé le mardi. 22 F. ☎ 34 51 53 65.

**Musée du Prieuré** – Visite toute l'année de 10 h à 18 h 30 (17 h 30 du mercredi au vendredi). Fermé les lundi, mardi, 1er janvier, 1er mai et 25 décembre. 25 F. ☎ 39 73 77 87.

## ST-GERVAIS-LES-BAINS
🛈 avenue du Mont-Paccard - 74170 - ☎ 50 78 22 43

**Tramway du Mont-Blanc** – De St-Gervais au col de Voza (1800 m) : fonctionne toute l'année sauf en mai. Durée du trajet AR : 2 h. 80 F. – De St-Gervais au Nid d'Aigle (2400 m) : fonctionne de mi-juin à septembre. Durée du trajet AR : 2 h. 30. 129 F. Pour les horaires exacts, téléphoner au 50 47 51 83.

## ST-JEAN-DE-LUZ
🛈 place Maréchal-Foch - 64500 - ☎ 59 26 21 47

**Maison Louis-XIV** – Visite accompagnée (1/2 h) tous les jours (sauf le dimanche matin) de 10 h 30 à 12 h et de 14 h 30 à 18 h 30 en juillet et août, de 10 h 30 à 12 h et de 14 h 30 à 17 h 30 en juin et septembre. Tarifs non communiqués. ☎ 59 26 01 56.

## ST-MALO
🚇 esplanade St-Vincent - 35400 - ☎ 99 56 64 48

**Visite guidée de la ville** 🔼 – S'adresser au musée d'Histoire de la ville au grand donjon du château. ☎ 99 40 71 57.

**Musée d'Histoire de la ville et d'Ethnographie du pays malouin** – Visite de 10 h à 12 h et de 14 à 18 h. Fermé le lundi du 2 novembre au 31 mars et les 1er janvier, 1er mai, 1er novembre et 25 décembre. 20 F. ☎ 99 40 71 57.

**Tour Quic-en-Groigne** – Visite accompagnée (45 mn) du dimanche des Rameaux à fin septembre, tous les jours, de 9 h 30 à 12 h et de 14 à 17 h 45. 19 F. ☎ 99 40 80 26.

**Fort National** – Visite accompagnée (1/2 h), tous les jours, du 15 juin au 15 septembre ainsi que le samedi, le dimanche et les jours fériés de Pâques, Pentecôte, Noël et jour de l'an ; horaires variables en fonction des marées basses. Fermé à marée haute. 12 F. ☎ 99 46 91 25.

## ST-NECTAIRE
🚇 Mairie - 63710 - ☎ 73 88 50 86

**Église et trésor** – Visite tous les jours (sauf le mardi et le dimanche matin) de 10 h à 11 h 30 et de 14 h à 17 h 30 de juin à septembre. Le reste de l'année se renseigner. Fermé de décembre à mars. ☎ 73 88 50 67.

## ST-NICOLAS-DE-PORT

**Basilique** – Possibilité de visite accompagnée (1 h) de début juillet au 1er dimanche de septembre les dimanches et jours fériés de 14 h à 18 h, la chapelle des Fonts, le trésor, la crypte et la sacristie : 20 F ; les tours : 10 F. ☎ 83 46 81 50.

## ST-OMER
🚇 boulevard Pierre-Guillain - 62500 - ☎ 21 98 70 00

**Musée de l'hôtel Sandelin** – Visite de 10 h à 12 h et de 14 à 18 h (17 h les jeudis et vendredis). Fermé les lundis, mardis et certains jours fériés. 15 F (billet jumelé avec le musée Henri-Dupuis 20 F). ☎ 21 38 00 94.

## ST-POL-DE-LÉON

**Chapelle du Kreisker** – Ouverte tous les jours de juin à septembre de 9 h à 12 h et de 14 h à 18 h. ☎ 98 69 11 79.

## ST-QUENTIN
🚇 14, rue de la Sellerie - 02100 - ☎ 23 67 05 00

**Visite guidée de la ville** 🔼 – S'adresser à l'Office de tourisme.

**Musée Antoine-Lécuyer** – Visite tous les jours (sauf le mardi toute la journée et le dimanche matin) de 10 h à 12 h et de 14 h à 17 h (18 h le samedi et le dimanche). Fermé les 1er janvier, 1er mai, 14 juillet, 1er novembre, 25 décembre. 8,60 F. ☎ 23 64 06 66.

## ST-RÉMY-DE-PROVENCE
🚇 place Jean-Jaurès - 13210 - ☎ 90 92 05 22

**Glanum** – ♿ Visite de 9 h à 19 h du 1er avril au 30 septembre, de 9 h à 12 h et de 14 h à 17 h le reste de l'année. Fermé les 1er janvier, 1er mai, 1er et 11 novembre, 25 décembre. 32 F. ☎ 90 92 23 79.

## ST-RIQUIER

**Église et trésorerie** – Visite de mi-février à fin novembre du mercredi au dimanche de 14 h à 18 h ; le reste de l'année sur rendez-vous. 5 F.

**Musée départemental** – Visite du 1er mai au 30 septembre tous les jours de 9 h 30 à 12 h et de 14 h à 18 h ; du 11 février au 30 avril et du 1er octobre au 30 novembre tous les jours de 14 h à 18 h et également le samedi et le dimanche de 9 h 30 à 12 h. Entrée gratuite. ☎ 22 28 20 20.

## ST-SAVIN

**Abbaye** – Visite libre ou accompagnée (1 h 15) tous les jours de 9 h 30 à 19 h en juillet et août ; de 9 h 30 à 12 h 30 et de 13 h 30 à 18 h 30 de mai à juin et en septembre ; de 14 h à 18 h la deuxième quinzaine d'avril ; de 14 h à 17 h la deuxième quinzaine de décembre ; le week-end et les jours fériés de 14 h à 18 h de mi-février à mi-avril et d'octobre à mi-décembre. Fermé de janvier à mi-février et les 14 mai et 25 décembre. 15 F (visite libre), 20 F (visite accompagnée). ☎ 49 48 66 22.

## ST-THÉGONNEC

**Chapelle funéraire** – Ouvert tous les jours en été. Entrée gratuite.

## ST-TROPEZ
🚇 quai Jean-Jaurès - 83990 - ☎ 94 97 45 21

**Musée de l'Annonciade** – Visite de 10 h à 12 h et de 14 h à 18 h du 1er octobre à fin mai, de 10 h à 12 h et de 16 h à 20 h de juin à septembre. Fermé le mardi, tout novembre, le 1er janvier, à l'Ascension, le 1er mai et à Noël. 25 F. ☎ 94 97 04 01.

## SAINTES
🚇 Villa Musso, 62, cours National - 17100 - ☎ 46 74 23 82

**Visite guidée de la ville** 🔼 – S'adresser à l'Office de tourisme.

**Musée des Beaux-Arts** – Visite tous les jours (sauf le mardi et le dimanche matin) de 10 h à 12 h et de 14 h à 18 h de mai à septembre ; de 10 h à 12 h et de 14 h à 17 h d'octobre à avril. Fermé les 1er janvier, 1er mai, 1er novembre et 25 décembre. 10 F (en période estivale), entrée gratuite (le reste de l'année). ☎ 46 93 03 94.

**Abbaye aux Dames** – Visite libre ou accompagnée (1 h 30) tous les jours de 10 h à 12 h 30 et de 14 h à 19 h de juin à septembre ; le mercredi et le samedi aux mêmes horaires, le reste de la semaine de 14 h à 19 h d'octobre à mai. Fermé du 24 décembre à début janvier. 20 F (visite libre), 25 F (visite accompagnée). ☎ 46 97 48 48 ou Minitel 3615 code ABBAYEDAMES.

## SALSES

*Visite toute l'année, tous les jours sauf jours fériés (1er janvier, 1er mai, 1er et 11 novembre, 25 décembre) de 9 h à 19 h 30 en juillet et août (18 h 30 le reste de l'année). 24 F. ☎ 68 38 60 13.*

## SAN MICHELE DE MURATO

Visite du lundi au vendredi de juillet à fin septembre, de 8 h à 12 h et de 14 h à 18 h. Le reste de l'année, s'adresser à la mairie de Murato.

## SARLAT-LA-CANÉDA  🛈 Hôtel de Vienne, place de la Liberté - 24203 - ☎ 53 59 27 67

**Visite guidée de la ville** 🄰 – S'adresser à l'Office de tourisme.

## SARTÈNE  🛈 6, rue Borgo - 20100 - ☎ 95 77 15 40

**Musée de Préhistoire corse** – Visite de mi-juin à mi-septembre de 10 h à 12 h et de 14 h à 18 h. Le reste de l'année, fermeture à 17 h. Fermé le dimanche toute l'année et également le samedi hors saison. En haute saison, ouvert les jours fériés légaux. 10 F. ☎ 95 77 01 09.

## SAUMUR  🛈 place Bilange - BP 241 - 49400 - ☎ 41 51 03 06

**Musée de l'École de cavalerie** – Visite le mardi, mercredi, jeudi et dimanche de 9 h à 12 h et de 14 h à 17 h, le samedi de 14 h à 17 h. Fermé le 1er janvier et 25 décembre. Entrée gratuite. ☎ 41 83 93 06.

**Musée des Blindés** – 🔁 Visite de 9 h à 12 h et de 14 h à 18 h. Fermé le 1er janvier et le 25 décembre. 20 F. ☎ 41 53 06 99.

**Le château et ses musées** – Visite libre pour le musée du Cheval, accompagnée (1 h) pour le musée des Arts décoratifs, du 1er juin au 30 septembre, de 9 h à 18 h ; du 1er octobre au 31 mai (mardi exclu), de 9 h 30 à 12 h et de 14 h à 17 h 30. Promenades animées ( tous les soirs) et visites nocturnes le mercredi et le samedi de 20 h 30 à 22 h 30. Fermé le 1er janvier et le 25 décembre. 33 F. ☎ 41 51 30 46.

## SEDAN  🛈 41, place Crussy - 08200 - ☎ 24 27 24 24

**Château fort** – Possibilité de visite audio-guidée ou de visite accompagnée (1 h) du 15 mars au 15 septembre de 10 h à 18 h ; le reste de l'année de 13 h 30 à 17 h 30 (visite accompagnée à 14 h, 15 h 15 et 16 h 30). Fermé les 1er janvier et 25 décembre. 30 F. ☎ 24 27 73 73. Visites nocturnes aux flambeaux de mi-juin à fin septembre les vendredis, samedis et dimanches à la tombée de la nuit. 40 F.

## Abbaye de SÉNANQUE

Visite du 1er mars au 31 octobre, de 10 h à 12 h et de 14 h à 18 h ; le reste de l'année, de 14 h à 17 h. Fermé le matin des dimanches et jours de fêtes religieuses, ainsi que le Vendredi Saint et le 25 décembre. 18 F. ☎ 90 72 05 72.

## SENLIS  🛈 place du Parvis-Notre-Dame - 60300 - ☎ 44 53 06 40

**Visite guidée de la ville** 🄰 – s'adresser à l'Office de tourisme.

**Chapelle royale St-Frambourg** – Visite de 15 h à 18 h 30 le samedi, le dimanche et les jours fériés d'avril à octobre ; de 15 h à 17 h le dimanche seulement le reste de l'année. 20 F. ☎ 44 53 44 52.

## SENS  🛈 place Jean-Jaurès - 89100 - ☎ 86 65 19 49

**Musée, trésor et palais synodal** – 🔁 Visite tous les jours, de 10 h à 12 h et de 14 h à 18 h du 1er juin au 30 septembre ; le reste de l'année, visite le lundi, jeudi et vendredi de 14 h à 18 h, le mercredi, samedi, dimanche et jours fériés, de 10 h à 12 h et de 14 h à 18 h. 18 F (gratuit le mercredi). ☎ 86 64 15 27.

## SERRABONE

**Prieuré** – *Visite tous les jours sauf le mardi et jours fériés, de 9 h 30 à 12 h et 14 h à 18 h. 5 F. ☎ 68 84 09 30.*

## SÈVRES

**Musée national de Céramique** – 🔁 Visite toute l'année de 10 h à 17 h. Fermé les mardi, 1er janvier, lundi de Pâques et de Pentecôte, 1er mai, 1er novembre et 25 décembre. 20 F. ☎ 41 14 04 20.

## SÉVRIER

**Musée de la Cloche** – Visite de 10 h à 12 h et de 14 h 30 à 17 h 30 (18 h 30 de juin à fin août). Fermé le dimanche matin, le lundi et les 1er janvier, Pâques et 25 décembre. 20 F. ☎ 50 52 47 11. Visite accompagnée de la fonderie de juin à septembre. tarif (comprenant la visite du musée) : 30 F.

## SISTERON

🛈 04200 - ☎ 92 61 12 03

**Citadelle** – Visite du 15 mars au 1er novembre de 9 h à 17 h 30 ; du 1er juin au 1er septembre de 8 h 30 à 19 h 30. Fermé le reste de l'année. 15 F. ☎ 92 61 27 57.

**Église Notre-Dame** – *Fermé le dimanche après-midi de la Toussaint à Pâques.*

## SOISSONS

🛈 1, av. du Général-Leclerc - 02200 - ☎ 23 53 08 27

**Visite guidée de la ville** 🔺 – S'adresser à l'Office de tourisme.

## SOLIGNAC

🛈 mairie - 87110 - ☎ 55 00 50 09

**Église abbatiale** – Visite tous les jours (sauf pendant les offices) de 8 h à 19 h l'été ; de 9 h à 17 h l'hiver. Possibilité de commentaire à l'aide d'un baladeur et de sa cassette (location au Syndicat d'initiative 10 F). ☎ 55 00 42 31 (SI) ou 55 00 50 28 (presbytère).

## SOSPEL

🛈 Pont-Vieux - 06380 - ☎ 93 04 15 80

**Fort St-Roch** – Visite accompagnée (1 h) de 14 h à 18 h tous les jours en juillet et août. Fermeture le lundi. De début avril à fin juin et en septembre, ouvert les samedi et dimanche de 14 h à 18 h. 20 F. ☎ 93 04 00 09 et 93 04 00 70.

## SOUILLAC

🛈 boulevard Louis-Jean-Malvy - 46200 - ☎ 65 37 81 56

**Musée national de l'Automate et de la Robotique** – ♿ Visite tous les jours de 10 h à 19 h en juillet et août ; de 10 h à 12 h et de 15 h à 18 h en juin et septembre ; tous les jours (sauf le lundi) de 10 h à 12 h et de 15 h à 18 h d'avril à mai et en octobre ; tous les jours (sauf le lundi et le mardi) de 14 h à 17 h de novembre à mars. 25 F. ☎ 65 37 07 07.

## STRASBOURG

🛈 14, place de la Cathédrale - 67200 - ☎ 88 32 57 07

**Visite guidée de la ville** 🔺 – S'adresser à l'Office de tourisme.

**Tour de la cathédrale** – Montée à la tour en juillet et août de 8 h 30 à 19 h, du 1er avril au 30 juin et en septembre de 9 h à 18 h 30, en mars et octobre de 9 h à 17 h 30, du 1er novembre au 28 février de 9 h à 16 h 30. S'adresser au bas de la tour, place du Château. 12 F. ☎ 88 32 59 00, poste 241

**Cathédrale : horloge astronomique** – Visite (20 mn) à 12 h 30. 5 F. Possibilité de fermeture en cas de cultes exceptionnellement longs ou de répétition de concerts. ☎ 88 52 28 28.

**Musée de l'Œuvre-Notre-Dame** – Visite tous les jours (sauf le lundi) de 10 h à 12 h et de 13 h 30 à 18 h, le dimanche de 10 h à 17 h. Fermé les 1er janvier, Vendredi Saint, 1er mai, 1er et 11 novembre et 25 décembre. 15 F. ☎ 88 52 50 00.

**Musées du Palais Rohan** – Visite tous les jours (sauf le mardi) de 10 h à 12 h et de 13 h 30 à 18 h, le dimanche de 10 h à 17 h. Fermé les 1er janvier, Vendredi Saint, 1er mai, 1er et 11 novembre et 25 décembre (certains jours fériés donnent lieu à des fermetures prolongées, se renseigner). 15 F par musée. ☎ 88 52 50 00.

**Promenades en vedette sur l'Ill** – Embarcadère au palais Rohan. Départ de fin mars à fin octobre toutes les 1/2 h de 9 h 30 à 21 h ; de début janvier à fin mars ainsi qu'en novembre et décembre (sauf le 25 décembre) départ à 10 h 30, 13 h, 14 h 30 et 16 h. Adultes : 37 F, enfants : 19,50 F. Du 1er mai au 1er octobre « flânerie nocturne » sur l'Ill illuminée à 21 h 30 et 22 h. Adultes : 39 F, enfants : 20,50 F. Pour tous renseignements, ☎ 88 32 75 25.

**Barrage Vauban** – Visite et montée sur la terrasse panoramique de 9 h à 20 h.

**Musée alsacien** – Visite tous les jours (sauf le mardi) de 10 h à 12 h et de 13 h 30 à 18 h, le dimanche de 10 h à 17 h. Fermé les 1er janvier, Vendredi Saint, 1er mai, 1er et 11 novembre et 25 décembre. 15 F. ☎ 88 52 50 00.

**Musée d'Art moderne** – Visite tous les jours (sauf le mardi) de 10 h à 12 h et de 13 h 30 à 18 h, le dmanche de 10 h à 17 h. Fermé les 1er janvier, Vendredi Saint, 1er mai, 1er et 11 novembre et 25 décembre. 15 F. ☎ 88 52 50 00.

**Musée historique** – Fermé pour travaux de rénovation. Réouverture prévue fin 1997.

## Château de SUSCINIO

Visite du 1er juin au 30 septembre de 10 h à 19 h ; du 1er avril au 31 mai, tous les jours de 10 h à 12 h et de 14 h à 19 h ; le reste de l'année le jeudi, le samedi, le dimanche et les jours fériés de 10 h à 12 h et de 14 h à 17 h, le lundi, le mercredi et le vendredi de 14 h à 17 h. Fermé le mardi et du 20 décembre au 10 janvier. 20 F. ☎ Sagemor 97 41 91 91.

*Chaque année,*
*le guide Rouge Michelin France*
*actualise ses plans de villes :*

> *— axes de pénétration ou de contournement, rues nouvelles,*
>
> *— parcs de stationnement, sens interdits...*
>
> *— emplacement des hôtels, des restaurants, des édifices publics...*

*Une documentation à jour pour circuler dans les villes grandes et moyennes.*

T

## Abbaye du THORONET

Visite d'octobre à mars de 9 h 30 à 12 h 30 et de 14 h à 17 h, d'avril à septembre de 9 h à 19 h en semaine (fermé de 12 h à 14 h les dimanches et fêtes). Fermé les 1er janvier, 1er mai, 1er et 11 novembre et 25 décembre. Visite accompagnée : 1 h. 27 F. ☎ 94 73 87 13.

## TOUL
🅩 parvis de la Cathédrale - 54203 - ☎ 83 64 11 69

**Église St-Gengoult** - S'adresser à l'Office de tourisme.

**Musée municipal** - Visite tous les jours (sauf le mardi) du 1er avril au 31 octobre de 10 h à 12 h et de 14 h à 18 h ; le reste de l'année de 14 h à 18 h seulement. Fermé les 1er janvier, dimanche de Pâques, 1er mai, 1er novembre et 25 décembre. 16 F. ☎ 83 64 13 38.

## TOULON
🅩 8, avenue Colbert - 83000 - ☎ 94 22 08 22

**Le port** - De mi-juin à fin septembre, un navire de guerre, mouillant en rade, est habituellement accessible aux visites les samedis, dimanches et certains jours fériés. S'adresser aux bateliers, quai de Cronstadt.

**Promenades en vedettes** - Embarcadères : quai Cronstad, face à la statue Cuverville. Circuit commenté (durée 50 mn) pour visiter la Rade de Toulon, de mi-avril à fin octobre, le matin et l'après-midi ; le reste de l'année, l'après-midi seulement. 40 F. Départ tous les jours de mi-juin à mi-septembre pour l'île de Porquerolles, de mai à septembre circuit des îles d'Hyères, ou des calanques de Cassis.
Renseignements et réservations auprès de la S.N.R.T.M., 1247, route du Faron, 83200 Toulon, ☎ 94 62 41 14.

**Mémorial national du Débarquement** - Visite du 1er avril au 31 octobre de 9 h 30 à 11 h 30 et de 14 h 30 à 17 h 30, de novembre à avril de 9 h 30 à 11 h 30 et de 14 h 30 à 16 h 30. Fermé le lundi. 20 F. ☎ 94 88 08 09.

**Musée de la Marine** - Visite tous les jours de 10 h à 12 h et de 13 h 30 à 18 h (19 h en juillet et août). Fermé le mardi et les jours fériés sauf à Pâques, à la Pentecôte et en juillet et août. 24 F. ☎ 94 02 02 01.

## TOULOUSE
🅩 donjon du Capitole - 31000 - ☎ 61 23 32 00

**Visite guidée de la ville** - S'adresser à l'Office de tourisme.

**Les Jacobins** - Visite en semaine de 10 h à 18 h 30 le dimanche et les jours fériés de 14 h 30 à 18 h 30 du 1er juillet au 15 septembre, en semaine de 10 h à 12 h et de 14 h 30 à 18 h le dimanche et les jours fériés de 14 h 30 à 18 h le reste de l'année. 10 F. ☎ 61 22 21 92.

Place du Capitole - Les arcades.

**Musée des Augustins** - *Visite de 10 h à 18 h du 1er juin au 30 septembre (17 h le reste de l'année). Fermé le mardi ainsi que tous les jours fériés. Nocturne tous les mercredis jusqu'à 21 h. 7 F.*

**Hôtel d'Assézat** - Visite tous les jours (sauf le mardi), de 10 h à 18 h du 1er juin au 30 septembre, de 10 h (11 h le dimanche) à 17 h (18 h le dimanche) le reste de l'année. 25 F. ☎ 61 12 06 89.

**Musée St-Raymond** - ♿ *Visite toute l'année sauf jours fériés, de 10 h à 18 h (17 h l'hiver). 7 F.* ☎ 61 22 21 85.

**Muséum d'Histoire naturelle** - Visite tous les jours (sauf le mardi) de 10 h à 18 h du 1er juin au 30 septembre ; de 10 h à 17 h le reste de l'année. Fermé les jours fériés. 10 F. ☎ 61 52 00 14.

**Musée Paul-Dupuy** - ♿ Visite tous les jours de 10 h à 18 h du 1er juin au 30 septembre ; du 1er octobre au 31 mai tous les jours, de 10 h à 17 h. Fermé le mardi matin ainsi que tous les jours fériés. 10 F ou 20 F, lors des expositions temporaires. ☎ 61 22 21 75.

## Château de TOURNOËL

Visite tous les jours sauf le mardi, de Pâques au 30 septembre, de 9 h à 12 h et de 14 h à 19 h ; du 1er au 31 octobre, visite de 9 h à 12 h et de 14 h à 18 h 30 ; du 1er novembre à Pâques, la visite n'est pas garantie ; 18 F. ☎ 73 33 53 06.

Novali/IMAGES PHOTOTHÈQUE

## TOURS

78, rue Bernard-Palissy - 37000 - ☎ 47 70 37 37

Une carte Multi-Visites est en vente à l'Office de tourisme ainsi qu'à l'entrée de tous les musées municipaux au prix de 50 F. Elle permet de visiter une fois chaque musée municipal ; elle est valable 1 an à compter de la date d'achat et donne en outre la possibilité d'effectuer une visite-conférence (à pied 2 h 1/2).

**Visite guidée de la ville** 🅰 – Deux formules différentes sont proposées : les visites guidées *générales* (quartier Cathédrale et quartier Plumereau, sans visite intérieure des monuments) le lundi, mercredi, jeudi, vendredi et dimanche, et les visites-*conférences* le mardi et le samedi suivant un calendrier particulier distribué par l'Office de tourisme. Ces visites à pied sont assurées par les guides-interprètes de Touraine, s'adresser au Comité départemental du tourisme ☎ 47 31 47 97.

**Musée du Compagnonnage** – ♿ Visite du 16 juin au 15 septembre de 9 h à 18 h 30 ; le reste de l'année, de 9 h à 12 h et de 14 h à 18 h (17 h du 16 septembre au 31 mars). Fermé le mardi hors saison ainsi que le 1ᵉʳ janvier, 1ᵉʳ mai, 14 juillet, 1ᵉʳ et 11 novembre et 25 décembre. 20 F. ☎ 47 61 07 93.

**La Psalette** – Visite accompagnée (1/2 h), de 9 h à 12 h et de 14 h à 18 h (17 h du 1ᵉʳ octobre au 31 mai). Fermé les 1ᵉʳ janvier, 1ᵉʳ mai, 1ᵉʳ et 11 novembre, 25 décembre. Pas de visite pendant les offices. 14 F.

**Musée des Beaux-Arts** – ♿ Visite de 9 h à 12 h 45 et de 14 h à 18 h. Fermé le mardi, le 1ᵉʳ janvier, 1ᵉʳ mai, 14 juillet, 1ᵉʳ et 11ᵉʳ novembre et le 25 décembre. 30 F. ☎ 47 05 68 73.

**Prieuré de St-Cosme** – Visite du 1ᵉʳ juin au 30 septembre de 9 h à 19 h ; le reste de l'année, de 9 h à 12 h et de 14 h à 18 h (17 h de début février à mi-mars et du 1ᵉʳ octobre au 30 novembre). Fermé le lundi en basse saison, ainsi qu'en décembre et janvier. 21 F. ☎ 47 37 32 70.

**Château de Plessis-lès-Tours** – Visite accompagnée (3/4 h) de 10 h à 12 h et de 14 h à 18 h (17 h du 1ᵉʳ octobre au 31 mars). Fermé le mardi, tout le mois de janvier ainsi que le 1ᵉʳ mai, 14 juillet, 1ᵉʳ et 11 novembre et le 25 décembre. 10 F. ☎ 47 37 22 80.

**Hôtel Gouin** – Visite libre ou accompagnée (1 h) du 1ᵉʳ juillet au 31 août de 10 h à 19 h ; du 15 mars au 30 juin et tout le mois de septembre de 10 h à 12 h 30 et de 14 h à 18 h 30 ; du 1ᵉʳ février au 14 mars et en octobre et novembre de 10 h à 12 h 30 et de 14 h à 17, 30, sauf le vendredi ; fermé en décembre et janvier. 18 F. ☎ 47 66 22 32.

**Château et Historial de Touraine** – Visite du 1ᵉʳ juillet au 31 août de 9 h à 18 h 30 ; du 16 mars au 30 juin et du 1ᵉʳ septembre au 31 octobre, de 9 h à 12 h et de 14 h à 18 h ; le reste de l'année, de 14 h à 17 h 30. 33 F. ☎ 47 61 02 95.

**Aquarium tropical** – ♿ Visite du 1ᵉʳ juillet au 31 août, tous les jours, de 9 h 30 à 19 h 30 ; du 1ᵉʳ avril au 30 juin et du 1ᵉʳ septembre au 15 novembre de 9 h 30 à 12 h et de 14 h à 18 h 30, fermé le dimanche matin ; le reste de l'année, de 14 h à 18 h 30. 28 F. ☎ 47 64 29 52.

**Musée des Équipages militaires et du train** – Visite libre ou accompagnée (1 h) de 10 h à 12 h et de 13 h 30 à 17 h 30 (le vendredi de 13 h à 17 h), fermé le samedi, le dimanche et tous les jours fériés. Entrée gratuite. ☎ 47 77 20 35.

## TRÉGUIER

Hôtel de Ville - 22220 - ☎ 96 92 30 19

**Maison de Renan** – Visite du 1ᵉʳ avril au 30 septembre, tous les jours sauf mardi et mercredi, de 10 h à 12 h et de 14 h à 18 h. Fermé le 1ᵉʳ mai. 14 F. ☎ 96 92 45 63.

**Cloître de la cathédrale St-Tugdual** – Visite du 1ᵉʳ juillet au 31 août, tous les jours de 9 h à 18 h 30 (le dimanche de 12 h 30 à 18 h 30) ; du 15 avril au 30 juin et tout le mois de septembre de 10 h à 12 h et de 14 h à 18 h (le dimanche de 14 h à 18 h). Fermé lors de toutes les cérémonies religieuses. 14 F.

## Forêt de TRONÇAIS

Des visites guidées de la forêt sont organisées durant un ou deux mois chaque été, au départ du rond du Vieux Morat. S'adresser à l'Office national des forêts, à Moulins. Pour obtenir des renseignements sur les activités touristiques, s'adresser à l'Association du Pays de Tronçais à Cérilly ; ☎ 70 67 55 89.

## TROYES

16, boulevard Carnot - 10014 - ☎ 25 73 00 36

**Visite guidée de la ville** 🅰 – S'adresser à l'Office de tourisme.

**Hôtel de Vauluisant** – Visite tous les jours (sauf le mardi) de 10 h à 12 h et de 14 h à 18 h. Fermé les jours fériés. 20 F (billet groupé pour la visite des 4 musées : 40 F), gratuit le mercredi. ☎ 25 76 21 60.

**Maison de l'Outil et de la Pensée ouvrière** – Visite de 9 h (10 h les samedis, dimanches et jours fériés) à 13 h et de 14 h à 18 h 30. 30 F. ☎ 25 73 28 26.

**Église Ste-Madeleine** – Ouverte en août de 10 h 30 à 19 h, du 1ᵉʳ au 15 septembre de 10 h 30 à 17 h ; le reste de l'année, de 10 h à 12 h et de 14 h à 16 h.

**Musée d' Art moderne** – ♿ Visite tous les jours (sauf le mardi) de 11 h à 18 h. Fermé les jours fériés. 20 F, gratuit le mercredi. ☎ 25 76 26 80.

**Église St-Pantaléon** – Ouverte du 1er mai au 31 décembre tous les jours sauf le dimanche matin de 10 h à 12 h et de 14 h à 16 h. En été les horaires sont élargis, se renseigner à l'Office de tourisme, ☎ 25 73 00 36.

**Abbaye St-Loup : musée des Beaux-Arts, d'Archéologie, d'Histoire naturelle** – Visite tous les jours (sauf le mardi) de 10 h à 12 h et de 14 h à 18 h. Fermé les jours fériés. 20 F (billet groupé pour la visite des 4 musées : 40 F), gratuit le mercredi. ☎ 25 76 21 60.

**Pharmacie de l'Hôtel-Dieu** – Visite tous les jours (sauf le mardi) de 10 h à 12 h et de 14 h à 18 h. Fermé les jours fériés. 10 F (billet groupé pour la visite des 4 musées : 40 F), gratuit le mercredi. ☎ 25 76 21 60.

# U – V

## UTAH BEACH

**Musée du Débarquement** – &. Visite libre ou accompagnée (3/4 h) du 1er juin au 30 septembre de 9 h 30 à 19 h ; du 1er avril au 31 mai et du 1er octobre au 15 novembre de 9 h 30 à 12 h 30 et de 14 h à 18 h. 25 F. ☎ 33 71 53 35.

## VAISON-LA-ROMAINE   🚩 place du Chanoine-Sautel - 84110 - ☎ 90 36 02 11

**Visite guidée de la ville** 🅰 – S'adresser à l'Office de tourisme.

**Ruines romaines (Puymin, Villasse)** – Visite libre ou accompagnée (1 h), de 9 h à 12 h 30 et de 14 h à 18 h 45 du 1er juin au 31 août ; de 9 h 30 à 12 h et de 14 h à 17 h 45 du 1er mars au 31 mai et du 1er septembre au 31 octobre, de 10 h à 12 h et de 14 h à 16 h 30 le reste de l'année. Fermé les 1er janvier et 25 décembre. 35 F, billet combiné incluant la visite de l'ensemble des monuments de la ville. ☎ 90 36 02 11.

**Musée archéologique Théo-Desplans** – Visite de 10 h à 13 h et de 14 h 30 à 19 h du 1er juin au 31 août, de 10 h à 13 h et de 14 h 30 à 18 h du 1er mars au 31 mai et du 1er septembre au 31 octobre, tous les jours (sauf le mardi matin) de 10 h à 12 h et de 14 h à 16 h 30 le reste de l'année. Fermé les 1er janvier et 25 décembre. 35 F, billet combiné incluant la visite de l'ensemble des monuments. ☎ 90 36 02 11.

## VALCABRÈRE

**Basilique St-Just** – Visite de Pâques à la Toussaint et pendant les vacances scolaires de la région, tous les jours, de 10 h à 12 h et de 14 h à 19 h ; le reste de l'année, les week-ends seulement, aux mêmes horaires. ☎ 61 95 44 44 ou ☎ 61 88 35 82.

## Château de VALENÇAY

Visite accompagnée (45 mn) tous les jours de 9 h à 18 h (dernière entrée à 17 h 15) de juin à septembre ; de mars à mai et d'octobre à fin novembre de 9 h à 12 h et de 14 h à 18 h (dernières entrées à 11 h 15 et 17 h 15). Fermé de décembre à février. 40 F (billet incluant la visite du Parc et du musée de l'Automobile du Centre). ☎ 54 00 10 66.

## VANNES   🚩 rue Thiers - 56000 - ☎ 97 47 24 34

**Visite guidée de la ville** 🅰 – S'adresser à l'Animation du Patrimoine, place St-Pierre. ☎ 97 47 35 86.

**Musée archéologique** – Visite du 1er avril au 30 octobre de 9 h 30 à 12 h et de 14 h à 18 h ; le reste de l'année, de 14 h à 18 h. Fermé le dimanche. 20 F. ☎ 97 42 59 80.

**Aquarium océanographique et tropical** – &. Visite du 1er juin au 31 août de 9 h à 19 h ; le reste de l'année, de 9 h à 12 h et de 13 h 30 à 18 h 30. 46 F, enfant 26 F. ☎ 97 63 74 84.

## Château de VAUX-LE-VICOMTE

Visite tous les jours de 10 h à 18 h (fermeture de 13 h à 14 h le samedi) du 1er mai au 15 octobre ; de 10 h à 13 h et de 14 h à 18 h (de 10 h à 18 h les dimanches et jours fériés ) en avril et du 16 au 31 octobre ; de 11 h à 17 h du 1er au 11 novembre. Soirées aux chandelles de 20 h 30 à 23 h le samedi du 1er mai au 15 octobre. 56 F (château, jardin et musée des équipages), 75 F (soirée aux chandelles). ☎ 64 14 41 90.

**Jardins** – Visite de 10 h à 18 h du 1er avril au 31 octobre et de 11 h à 17 h du 1er au 11 novembre ; de 10 h à 23 h le samedi du 1er mai au 15 octobre (visite aux chandelles). 30 F et 45 F (visite aux chandelles). ☎ 64 14 41 90.

**Musée des Équipages** – &. Visite tous les jours de 10 h à 18 h du 1er avril au 31 octobre et de 11 h à 17 h du 1er au 11 novembre ; ouvert de 10 h à 23 h le samedi du 1er mai au 14 octobre. 30 F (musée et jardin), 45 F (soirée aux chandelles). ☎ 64 14 41 90.

## Mont VENTOUX

**État de la route** – Pour toutes précisions sur l'enneigement des routes du massif du Ventoux (risques d'obstruction entre novembre et mai) téléphoner au ☎ 90 60 72 75 au Mont Serein ou au ☎ 90 67 20 88 à Carpentras.

## VERDUN

🔢 place de la Nation - 55016 - ☎ 29 86 14 18

**La Citadelle souterraine** – Visite en juillet et août de 9 h à 19 h, en avril, mai et juin de 9 h à 17 h 30, en septembre de 9 h à 13 h et de 14 h à 18 h, du 1er octobre au 12 décembre de 9 h à 12 h et de 14 h à 17 h, du 15 février au 31 mars de 9 h 30 à 12 h et de 14 h à 16 h 30, le reste de l'année de 14 h à 16 h. Fermé les 1er janvier et 25 décembre. 30 F. ☎ 29 86 62 02.

**Fort de VAUX** – Visite du 1er mai au 10 septembre de 9 h à 18 h 30, en mai de 9 h 30 à 18 h, du 13 février au 31 mars de 10 h à 12 h et de 14 h à 16 h 30, du 11 septembre au 29 décembre de 9 h 30 à 12 h et de 13 h à 17 h 30, du 2 janvier au 12 février de 11 h à 15 h. Fermé les 1er janvier et 25 décembre. 15 F. ☎ 29 88 32 88.

## VERSAILLES

🔢 7, rue des Réservoirs - ☎ 39 50 36 22

**Visite guidée de la ville** 🔺 – S'adresser à l'Office de tourisme.

**Château** – Tous les jours (sauf lundi). Réservation obligatoire sur place, le jour même. Entrée C ou D. Visite-conférence 1 h : 25 F, 1 h 30 : 37 F, 2 h : 50 F. ☎ 30 84 76 20.

**Chapelle et Grands Appartements** – Visite tous les jours (sauf lundi) de 9 h à 18 h du 2 mai au 30 septembre et de 9 h à 17 h le reste de l'année. 42 F. ☎ 30 84 76 20.

**Grand Trianon** – Visite tous les jours (sauf le lundi) de 10 h à 18 h du 2 mai au 30 septembre ; de 10 h à 12 h et de 14 h à 17 h du mardi au vendredi, de 10 h à 17 h le samedi et le dimanche, le reste de l'année. 29 F (billet jumelé avec le Petit Trianon). ☎ 30 84 76 20.

## VÉZELAY

**Basilique Ste-Madeleine** – Visite libre, tous les jours (sauf dimanche jusqu'à 13 h). Visite accompagnée sur demande écrite au Service des visites, place de la Basilique, 89450 Vézelay. ☎ 86 33 24 36.

## VIEIL-ARMAND

**Monument national du Vieil-Armand** – *Visite du 1er avril au 1er novembre tous les jours de 9 h à 12 h et de 14 h à 18 h.*

## VIENNE

🔢 cours Brillet - 38200 - ☎ 74 85 12 82

**Visite guidée de la ville** 🔺 – S'adresser à l'Office de tourisme.

**Église St-André-le-Bas** – Pour visiter demander la clé au gardien du cloître de St-André. Fermé le mardi (et également le lundi en hiver).

**Cloître St-André-le-Bas, théâtre romain, musée des Beaux-Arts et d'Archéologie, église St-Pierre** – Visite du 1er avril au 15 octobre, tous les jours sauf le mardi, de 9 h 30 à 13 h et de 14 h à 18 h (pas de fermeture le mardi pour le théâtre romain du 1er mai au 31 août) ; le reste de l'année, du mercredi au samedi de 10 h à 12 h et de 14 h à 17 h, le dimanche de 14 h à 18 h seulement. Fermé les 1er janvier, 1er mai, 1er et 11 novembre, 25 décembre. 8 F pour chaque monument (carte d'accès à l'ensemble des sites et monuments : 21 F ; 26 F en période d'exposition). ☎ 74 85 50 42. Visite accompagnée sur demande : s'adresser à l'Office de tourisme.

## Château de VILLANDRY

**Château** – Visite libre ou accompagnée (3/4 h) du 1er juin au 31 août de 9 h à 18 h 30 ; de mi-mars au 31 mai et du 1er septembre au 11 novembre de 9 h à 17 h. Château + jardin 41 F. ☎ 47 50 02 09.

**Jardins** – Visite du 1er juin au 31 août de 8 h 30 à 20 h ; du 1er avril au 31 mai et du 1er au 30 septembre, de 9 h à 19 h ; le reste de l'année, de 9 h à la tombée de la nuit. 27 F. ☎ 47 50 02 09.

## VILLEFRANCHE-DE-ROUERGUE

🔢 promenade Guiraudet - 12200 - ☎ 65 45 13 18

**Ancienne chartreuse St-Sauveur** – Visite accompagnée (1 h) de 10 h à 12 h et de 14 h à 18 h 30 du 1er juillet au 20 septembre. 20 F. ☎ 65 45 13 18.

## VILLENEUVE-LÈS-AVIGNON

🔢 1, place Charles-David - 30400 - ☎ 90 25 61 33

**Visite guidée de la ville** 🔺 – S'adresser à l'Office de tourisme.

**Chartreuse du Val de Bénédiction** – Visite de 9 h à 18 h 30 du 1er avril au 30 septembre, de 9 h 30 à 17 h 30 le reste de l'année. Délivrance des billets suspendue une 1/2 h avant la fermeture. Fermé les 1er janvier, 1er mai, 1er et 11 novembre, 25 décembre. 27 F. ☎ 90 15 24 24.

## VILLEQUIER

**Musée Victor-Hugo** – Visite libre ou accompagnée (1 h 30) de 10 h à 12 h 30 et de 14 h à 18 h 30. Le reste de l'année fermeture à 18 h. Fermé le mardi, le 1er janvier, le 1er mai et le 25 décembre. 20 F. ☎ 35 56 78 31.

## VITRÉ

🔢 promenade St-Yves - 35500 - ☎ 99 75 04 46

**Visite guidée de la ville** 🔺 – Visite tous les jours en juillet et en août. S'adresser à l'Office de tourisme.

# Index

Le Mont-St-Michel ...... Villes, curiosités et régions touristiques

*Anne de Bretagne* ...... Noms historiques, personnages célèbres

Les curiosités isolées (châteaux, abbayes, barrages, grottes, sources...) sont répertoriées à leur nom propre

Les Nos de pages en **gras** renvoient à la description principale

Les monuments ou sites français inscrits au Patrimoine mondial sont soulignés *de bleu* (voir la liste p. 304)

## Q

## R

# U

# V - W

# Y - Z

MANUFACTURE FRANÇAISE DES PNEUMATIQUES MICHELIN

Société en commandite par actions au capital de 2 000 000 000 de francs

Place des Carmes-Déchaux – 63 Clermont-Ferrand (France)

R.C.S. Clermont-Fd B 855 200 507

© Michelin et Cie, Propriétaires-Éditeurs 1995

Dépôt légal octobre 1995 – ISBN 2 06-049003-0 – ISSN 0293-9436

Printed in the EC 09-95

Photocomposition : MAURY Imprimeur S.A., Malesherbes

Impression et brochage : CASTERMAN, Tournai

Illustration de la couverture par Nathalie BENAVIDES/Jean-Luc ROYER